COLLECTION

DE

DOCUMENTS INÉDITS

SUR L'HISTOIRE DE FRANCE

PUBLIÉS PAR LES SOINS

DU MINISTRE DE L'INSTRUCTION PUBLIQUE

TROISIÈME SÉRIE

ARCHÉOLOGIE

COMPTES DE DÉPENSES

DE LA CONSTRUCTION

DU CHÂTEAU DE GAILLON

PUBLIÉS

D'APRÈS LES REGISTRES MANUSCRITS DES TRÉSORIERS DU CARDINAL D'AMBOISE

PAR A. DEVILLE

CORRESPONDANT DE L'INSTITUT (ACADÉMIE DES INSCRIPTIONS ET BELLES-LETTRES)

PARIS

IMPRIMERIE NATIONALE

M DCCC L

INTRODUCTION.

PREMIÈRE PARTIE.

RÉCIT HISTORIQUE.

Gaillon, nommé tour à tour dans nos anciennes chartes et chroniques *Gaillon, Gaillo, Gallio, Gallyo, Gallon, Guaillon, Gaillonium, Gaillum, Gaillun, Gaallonium, Gwailium*, n'y apparaît pour la première fois que vers la fin du XIIe siècle ; voici à quelle occasion :

La trêve conclue en 1195 entre Philippe-Auguste et Richard Cœur-de-Lion étant expirée, les deux rois étaient près d'en venir aux mains, lorsqu'ils convinrent d'un commun accord de se réunir, entre le Vaudreuil et le château de Gaillon, *inter Vallem Ruolii et castrum Gaallonii*, pour traiter définitivement de la paix. L'entrevue eut lieu au mois de janvier suivant, et la paix fut signée.

Dans le traité qui intervint, il fut stipulé que Richard Cœur-de-Lion céderait à perpétuité au roi de France Gaillon, et que la limite des deux états, de ce côté, serait fixée entre la forteresse de Gaillon et celle du Vaudreuil, *inter fortelitiam Gaillonis et fortelitiam Vallis Rodolii*[1].

Richard Cœur-de-Lion, en cédant Gaillon à Philippe-Auguste, ne faisait que consacrer un fait accompli : le roi de France avait mis la main dès l'année précédente sur cette forteresse.

Philippe-Auguste profitant de la captivité de son rival, s'était jeté sur la Normandie (1194). Après être entré dans Évreux, il s'était rapproché de la Seine pour marcher sur Rouen; en passant, il s'était emparé de quelques châteaux forts; Gaillon était du nombre.

Ce château était défendu par un chevalier du nom de Geoffroy Braket, qui, dans l'acte qui nous a révélé cette circonstance, prend le titre de châtelain de Gaillon. Il y fut fait prisonnier[2].

Philippe-Auguste confia la garde du château de Gaillon au chef des routiers Caldulc, autrement dit Cadoc, qui était à sa solde; il l'en nomma châtelain, et lui confirma peu après le don de cette forteresse par la charte suivante :

« Philippe, par la grâce de Dieu, etc., sachent tous, tant présents qu'à venir, que nous, à raison du fidèle service que Cadulc, châtelain de Gaillon, nostre cher et fidèle, nous a fait, donnons à perpétuité, à lui et à ses héritiers de son épouse légitime, le château de Gaillon avec toutes ses appartenances et ses domaines, et Thoeni, tant en fief qu'en domaine, ainsi qu'il l'a tenu jusqu'à présent, et la terre de Jean-de-l'Isle, du bailliage du Vaudreuil, et Sainte-Anastasie, du bailliage

---

[1] Rigord, *Recueil des Historiens de France*, t. XVII, p. 43-44.

[2] « Dominus Braket (alias Barket), qui fuit castellanus de Gaillône tempore comitis Ebroicensis, tamdiu quod dominus rex obsedit castellum, et cepit eum in castello. » (*Trésor des Chartes*, Normandie, I.)

d'Exmes. Or, le même Cadulc, et les héritiers de son épouse légitime, tiendra les choses susdites, de nous et de nos héritiers, à perpétuité, en fief et hommage lige, par le service de quatre chevaliers, selon les us et coutumes de Normandie[1]. »

La trêve passée entre Richard et Philippe-Auguste, que nous avons mentionnée plus haut, ne devait pas être de longue durée. Une année ne s'était pas encore écoulée, que la guerre éclatait de nouveau. Richard courut mettre le siége devant le château de Gaillon. Son cheval y fut tué sous lui, et lui-même reçut une blessure au genou. Le poëte de Philippe-Auguste, Guillaume le Breton, le seul qui nous ait transmis cet événement, le raconte ainsi :

> Nec multò post hæc, Gaillonis cingere muros
> Obsidione volens, ibat propè mœnia castri
> Explorando vias quibus ascensu breviori
> Difficilique minùs, arcem penetrare valeret.
> Quem dominus castri summâ de turre Cadocus
> Intuitus, jaculum balistâ misit ab arcu,
> Perque genu regis in equi latus impulit ictum.
> Vertitur in gyrum quadrupes, dominum que suorum
> Vix tulit ad cœtum lethali cuspide læsus,
> Gaillonis domino, vivat modò, multa minantem [2].

---

[1] « Philippus, Dei gratia, etc... Noverint universi presentes pariter et futuri quod nos, propter fidele servicium quod Cadulcus, castellanus Gallionis, dilectus et fidelis noster, nobis exhibuit, damus et concedimus in perpetuum eidem et heredibus suis de uxore sua desponsata, castrum Gallionis cum omnibus pertinentiis et domaniis et Thœniacum, tam in feodo quam in domanio, sicut inde tenens fuit usque modo, et terram Johannis de Insula, ballivia Vallis Rodolii, et Sanctam Anastasiam, de ballivia Oximarum. Hec autem supradicta tenebit idem Cadulcus et heredes sui de uxore sua desponsata, de nobis et heredibus nostris, in perpetuum in feodum et hominagium ligium per servicium quatuor militum, ad usus et consuetudines Normannie. »

Cette charte, dont M. Delisle, élève de l'École des chartes, a relevé pour nous la copie dans le cartulaire de Mortemer des mss. de Colbert, à la Bibliothèque nationale, ne porte pas de date.

[2] *Philippidos* lib. V, vers. 258.

A la suite de cet accident le siége fut levé.

Jean Sans-Terre étant monté sur le trône à la place de son frère Richard, confirma au roi de France la possession de Gaillon[1].

Ce fut de Gaillon que Philippe-Auguste partit pour se rendre au siége du château Gaillard, dont la prise décida de la conquête et du sort de la Normandie :

> Temporis id circà rex è Gallione profectus
> Venerat Andelii castrum visurus...... [2]

Il en avait emmené avec lui le châtelain, le terrible Cadoc.

> Cumque suâ nulli ruptâ parcente Cadocus.

Le chef des routiers seconda puissamment le roi de France à ce siége fameux; mais ce ne fut pas à titre gratuit. Si l'on en croit le chantre de la *Philippide*, il recevait par jour mille livres de solde.

> Cui rex quotidiè soli pro seque suisque
> Libras mille dabat.....

L'année qui suivit la reddition du château Gaillard, Cadoc faisait construire à Gaillon une chapelle, qui fut dédiée à la sainte Vierge et à saint Antoine par l'évêque d'Évreux[3].

Plus tard le châtelain de Gaillon faisait don de cent livres parisis aux chanoines de sa chapelle. Il pouvait se permettre cet acte de générosité; ce n'était que le dixième de la solde d'une de ses journées passées devant le château Gaillard, et le siége avait été long.

Des contestations s'étant élevées sur l'étendue et sur les droits de la châtellenie, il intervint une enquête, dans laquelle figura

---

[1] Anno 1200. *Recueil des Historiens de France*, t. XVIII, p. 340.

[2] *Philippidos* lib. VII, vers. 575.

[3] Archives du département de l'Eure, *Chapitre Saint-Antoine de Gaillon*, n° 1.

en première ligne, comme témoin, *juratus*, l'ancien châtelain de Gaillon, Geoffroy Braket, celui que Philippe-Auguste, en 1194, avait assiégé et fait prisonnier. (Voir *Pièces diverses*, I.)

Des pièces de 1207 et de 1208 (juillet) nous montrent Philippe-Auguste au château de Gaillon[1]. Ce prince, qui se plaisait à la guerre de siéges, dut être satisfait de l'armement de cette forteresse : on y comptait trois balistes à tourniquet, treize à deux pieds, et huit à étriers[2].

Nous ne suivrons pas le châtelain de Gaillon à l'assise du Vaudreuil, en 1210[3]; nous préférons le chercher sur le rôle des chevaliers bannerets de Normandie, dressé en 1214 pour la bataille de Bouvines[4]. Si Cadoc ne se fit pas suivre, à cette bataille, de ses routiers, il dut tout au moins s'y faire accompagner des quatre chevaliers stipulés dans l'acte de donation du château de Gaillon.

L'année précédente Cadoc avait fait partie de l'expédition que Philippe-Auguste méditait contre l'Angleterre. La flotte française, affalée sur les côtes de Flandre, fut dispersée ou détruite. Le chantre de Philippe-Auguste ne sachant à qui s'en prendre de cette malaventure, la rejette sur l'amiral de la flotte, qui ne s'était préoccupé, dit-il, que de faire main basse sur les richesses des marchands flamands, besogne dans laquelle il avait été aidé par Cadoc, qui n'avait point oublié son métier de *routier*, *sibi concinnente Cadoco*[5].

Soit que Philippe-Auguste voulût faire rendre gorge au châtelain de Gaillon et avoir sa part du butin, soit qu'il eût d'autres répétitions à faire sur lui, les choses allèrent si loin,

---

[1] Ms. de Rosny, Bibl. nationale.
[2] « Apud Gaillonem III balistas ad tornum, et XIII ad II pedes et VII ad estrif. » (Ms. 172, 1ʳᵉ partie, fᵒ IIII r°.)
[3] Fragments du cartulaire du Bec, aux archives du département de l'Eure.
[4] La Roque, *Anciens rolles*, p. 50.
[5] *Philippidos* lib. IX, versus 394.

que le roi, qui réclamait inutilement de Cadoc une somme de 14,200 livres, le fit jeter en prison.

L'ancien compagnon d'armes de Philippe-Auguste y resta de longues années; en effet, ce ne fut que sous la minorité de saint Louis, en 1227, qu'il put en sortir. Cadoc, pour racheter sa liberté, dut abandonner au roi la châtellenie de Gaillon, et restituer toutes les chartes de donations qui lui avaient été concédées. (Voir *Pièces diverses*, II.)

Le château de Gaillon, rentré dans les mains royales, y demeura jusqu'en 1262.

Cette même année-là saint Louis en fit la cession à l'archevêque de Rouen Odon Rigaut, en échange des moulins et du vivier des archevêques à Rouen, outre une somme de 4,000 livres tournois. L'acte d'échange est du mois de juillet 1262.

Il y est stipulé que le roi cède à l'archevêque de Rouen et à ses successeurs, à perpétuité, ses château et ville de Gaillon, *castrum nostrum et villa de Gallon*, ainsi que la tour et *ville* de Noes et les *villes* de Douvrent et de Humesnil, avec toute juridiction, justice et plein droit royal, *cum omnimoda juridictione et justicia in pleno jure regali*. En cas de vacance du siège archiépiscopal, le roi se réservait le droit de régale ou de jouissance; en cas de guerre en Normandie, il pouvait mettre garnison dans le château de Gaillon et dans la tour de Noes, et s'emparer de toutes les munitions, tant de guerre que de bouche, qui s'y trouvaient, sauf restitution à la paix. De son côté, l'archevêque se réservait, sur ses moulins, qui entraient dans l'échange, la libre mouture du blé nécessaire à sa maison et à son hospice de Rouen, et devait être servi avant tout autre, à l'exception du bailli du roi ou du capitaine du château de Rouen, encore si ceux-ci s'étaient présentés avant lui.

La charte royale se terminait ainsi; nous traduisons littéralement : « Et afin que cela demeure assuré et stable à toujours, nous avons fait fortifier la présente charte de l'autorité de notre sceau, et, plus bas, de l'apposition du signe de notre nom royal. Fait à Nevers, l'an de l'Incarnation de notre Seigneur mil deux cent soixante-deux, au mois de juillet, et de notre règne l'an trente-cinquième [1]. »

Bien que cet acte porte la date du mois de juillet de l'année 1262, la transaction qu'il consacra avait dû être convenue et arrêtée entre les parties dès le mois de mai. En effet, l'archevêque Odon Rigaut, dans le registre de ses visitations pastorales, nous apprend que, le 13 mai 1262, il recevait à Gaillon l'hommage de ses vassaux : *recepimus homagia nostra apud Gaillon.* Il paraît toutefois que le château ne fut remis que plus tard entre ses mains et quelques jours seulement avant la délivrance de la charte de saint Louis; c'est le prélat qui semble nous en instruire lui-même, quand il dit, dans son registre des visitations, à la date du 11e des kalendes de juillet (1262) : *Apud Gaillon fecimus introitus in castro nostro, et pernoctavimus ibi primo.*

L'année suivante Odon Rigaut faisait les honneurs de son château à celui qui le lui avait cédé : saint Louis, dont il était déjà le conseiller et l'ami, y coucha le 16 décembre [2].

---

[1] Nous donnons, aux *Pièces diverses*, III, le texte entier de la charte, tel que nous l'avons relevé sur l'acte original, que nous avons découvert dans les archives du département de la Seine-Inférieure.

[2] « MCCLXIII, XVI kal. januarii. apud Gaillon, et ibi tunc dominus rex pernoctavit in castro nostro. » (*Regestrum visitat.* p. 505.)

Deux ans après, en janvier 1265, l'archevêque y recevait le légat du pape, Simon, cardinal de Sainte-Cécile; enfin, au mois de juin 1269, l'évêque d'Albano, représentant du saint-siége[1]. Lui-même visitait souvent son château.

Nous trouvons à Gaillon le successeur immédiat d'Odon Rigaut, l'archevêque Guillaume de Flavacourt. Le jour de la Saint-Jean-Baptiste de l'année 1293, le bon archevêque y octroyait la dîme d'un certain pré aux prêtres de sa cathédrale, en échange d'une messe annuelle à dire sa vie durant, « voulant, » disait-il dans un poétique langage inspiré par la beauté du lieu, « voulant verser sur les blessures de mes péchés la douce rosée de leurs prières[2]. »

A vingt-sept années de là un des successeurs de l'archevêque Guillaume de Flavacourt, Guillaume de Durefort, recevait dans le château de Gaillon le roi Philippe le Long; ce prince y délivrait une de ses chartes au mois de mai 1320[3].

Bien que devenu propriété ecclésiastique et maison de plaisance des archevêques, Gaillon avait conservé son caractère de forteresse, ses tours et ses remparts étaient restés debout; aussi avait-il un capitaine en pied. Pierre de Lestranges, que son parent ou frère, l'archevêque Guillaume de Lestranges, avait revêtu de cette charge, eut affaire, le 22 octobre 1384, à un ennemi, dont l'attaque était, il faut en convenir, bénigne et courtoise; un sergent du roi se présentait aux portes du château, et remettait pour le châtelain, ès mains du capitaine, un ajournement dont le protocole était ainsi conçu : « Moi, Guillaume du Fou, sergent du roy, vostre petit subget, honneur, service et révérence, je viens avec toute obéissance, etc. » Ne

---

[1] *Regestrum visitat.* p. 506 et 629.
[2] Cartul. de la cathédrale de Rouen, charte 348.
[3] *Trésor des chartes*, reg. LIX, n° 111ᵉ xxvii.

RÉCIT HISTORIQUE.

croirait-on pas entendre ce bon monsieur Loyal, *natif de Normandie*, l'huissier à verge de Molière, disant à Orgon :

> Je ne me suis voulu, monsieur, charger des pièces
> Que pour vous obliger et vous faire plaisir.

Le châtelain de Gaillon eut à soutenir une affaire plus sérieuse. Cent quarante sujets de la châtellenie avaient été saisis dans leurs meubles, à la requête du verdier du roi, par acte de 1407, comme s'étant approprié le produit de la vente *d'aucuns loups* pris en forêt ; il paraît que c'était un commerce en grand. L'archevêque Louis d'Harcourt s'interposa énergiquement ; les vendeurs de loups eurent le dessus.

Une fois bien établis à Gaillon, les archevêques de Rouen, comme tous les propriétaires, firent des acquisitions successives pour augmenter et arrondir la châtellenie [1] ; des vignes en faisaient partie. Les habitants du lieu, détenteurs également de vignobles, faisaient naturellement concurrence au châtelain. Celui-ci y mit ordre : intervint une ordonnance du roi Charles V, qui enjoignait aux vignerons de Gaillon de ne rien vendre jusqu'à ce que l'archevêque eût écoulé ses vins, ou de ne le faire qu'avec sa permission spéciale [2]. Charles V a reçu de ses contemporains le surnom de *Sage ;* nous doutons fort que les vignerons de Gaillon aient été tentés de lui appliquer celui de *Juste*.

Les archevêques de Rouen restèrent paisibles possesseurs du château que leur avait cédé saint Louis, s'y récréant de temps à autre, et vendant tranquillement leurs vins, jusqu'au jour où

---

[1] Archives de la Seine-Inférieure. L'archevêque Odon Rigaut leur en avait donné l'exemple. Nous avons retrouvé un contrat de l'année 1263, par lequel un particulier de Gaillon vend à l'archevêque trois acres de terre moyennant la somme de quatre livres tournois.

[2] Archives de la Seine-Inférieure.

les Anglais, descendus en Normandie, au xv® siècle, s'emparèrent de cette province, et la rangèrent sous leur domination.

Le château de Gaillon, qui avait reçu sans doute une garnison royale, en vertu de la charte de saint Louis, n'avait pas ouvert ses portes aux Anglais. Le duc de Bedford se vit obligé de l'assiéger; il s'en empara après une assez faible résistance.

Ne voulant pas dégarnir son armée en y plaçant garnison, et craignant, d'autre part, de laisser debout une forteresse que son assiette pouvait rendre formidable, le duc de Bedford prit le parti de la raser de fond en comble. L'archevêque de Rouen, Jean de la Roche-Taillée, qui avait l'œil ouvert sur son château de Gaillon, fit entendre de vives réclamations en faveur de son patrimoine archiépiscopal. Tout ce qu'il put obtenir, fut que l'habitation personnelle des archevêques serait respectée; tout le reste devait être jeté par terre. Le duc de Bedford fit, en conséquence, délivrer au nom du jeune Henri V, son pupille, les lettres suivantes, que nous avons retrouvées dans nos archives:

« Henry, par la grace de Dieu, roy de France et d'Angletterre, aux bailli de Rouen, de Caux, de Vernon, d'Evreux et de Mante, venus de par nous à la demolicion des ville et chastel de Gaillon et de chascun d'eulx, ou à leurs lieuxtenents et depputez en ceste partie, salut. Combien que nagaires pour certaines causes à ce nous mouvans, et par l'advis et deliberation de nostre tres chers et tres ame oncle Jehan, regent nostre royaume de France, duc de Bedfford, vous ayons mandé faire desmolir et abattre les murs, tours, portes, ponts et toute fortiffication et emparement desdictes ville et chastel, toutesvoies c'est nostre intencion que les sales, chambres et habitacion, comme d'icellui chastel, avec les huys, fenestres et ferremens demeurent en estat sans desmolir ne tolir, pour la demeure et habitacion de nostre amé et feal conseiller l'arche-

RÉCIT HISTORIQUE. xi

vesque de Rouen, auquel icelle place a cause de son esglise appartient pourveu que la grosse tour et les aultres tours, murailles, pons, porte, tournelles et guerites soient abatues et ruées jus et les fossez comblez jusqu'à plaine terre, et que seullement l'habitation demeure en forme et maniere de maison plate sans deffense, en telle maniere que ennemis ne autres, pour nuyre au pays, n'y puisse avoir refuge ou retrait, car ainsi nous plaist il et voulons estre fait. Donné à Vernon, le xvie jour de juillet l'an de grace mil cccc vingt et quatre, et de nostre regne le second. Ainsi signé par le roy, à la relation de monsieur le regent, duc de Bedford. — J. DE RINEL. »

Les Anglais, qui avaient abattu la forteresse des archevêques de Rouen, n'entendaient pas respecter davantage les droits du châtelain. Saint Louis, en cédant Gaillon aux archevêques, leur avait abandonné ses droits de haute et basse justice. L'oubli ou l'interprétation de cette clause avaient déjà fait naître quelques difficultés dès le temps de Charles VI[1]; les Anglais ne se donnèrent même pas la peine de l'examiner, ils voulurent passer outre. L'archevêque de Rouen revendiqua ses droits seigneuriaux : « Expose en complaignant, disent des lettres royaux de 1426, que jà soit ce qu'il ait en sa chastellenie, terre et segneurie de Gaillon toute haulte, moyenne et basse justice, non ressortissant par devant notre bailli de Rouen et de Gisors et pour ce a sa juridicion de plés et assise, et quand l'en se deult et complaint, on apelle de son bailli de Loviers et de Gaillon par devant son dit seneschal et se l'en se complaint deult et apelle de son dit seneschal ce est et doit estre en sa justice et juridicion que de tout temps lui et ses predecesseurs ont acoustumé nommer eschiquier[2]. »

[1] En 1379: Archives du département de la Seine-Inférieure.
[2] Aux mêmes archives.

Le roi d'Angleterre avait fait droit à la réclamation de l'archevêque de Rouen : il était bien de ménager le chef du clergé de la province nouvellement conquise.

Le château de Gaillon resta dans l'état misérable où l'avaient réduit les Anglais. Cet état dura non-seulement pendant tout le cours de leur occupation, mais même quelques années après que Charles VII les eut expulsés de la Normandie.

Ce fut Guillaume d'Estouteville, nommé archevêque de Rouen en 1454, qui songea à relever Gaillon de ses ruines. Cet illustre rejeton d'une des plus anciennes familles normandes, en même temps qu'il édifiait, à Rouen, dans le manoir archiépiscopal, *un riche et somptueux ouvrage*, comme il l'écrivait lui-même[1], et qu'il poursuivait la construction de l'admirable nef de l'église de Saint-Ouen, faisait déblayer les décombres de Gaillon, et jetait les fondements du nouveau manoir qu'il voulait laisser à ses successeurs. Il y fit travailler sept années, de 1456 à 1463[2].

Le ministre de Louis XII, Georges d'Amboise, appelé à son tour à l'archevêché de Rouen, trouva trop modestes les plans du cardinal d'Estouteville. Ce prélat illustre, ami des arts, le Mécène de la France, voulut doter son pays d'un monument qui n'enviât rien à l'Italie, dont il avait admiré les naissantes merveilles. Le manoir du cardinal d'Estouteville ne lui parut digne ni de la résidence des archevêques de Rouen, ni de lui-même, premier ministre du monarque, légat du saint-siége,

---

[1] Pommeraye, *Histoire des archevêques de Rouen*, p. 549.

[2] Les constructions furent exécutées par un maître maçon de Rouen, Jehan Quesnel, qui les entreprit à raison de cinquante sous la toise, non compris la fourniture des matériaux.

On nomme après lui : Yvon Leblanc et Renoult Ferrant, qui se chargèrent de la charpente pour 300 livres et un muid de blé, Jehan Leviel, Pierres de Gisors, maîtres couvreurs, et Michel Trouvé, maître verrier. (Registres manuscrits du cardinal d'Estouteville.)

ni de son siècle. Dès lors il résolut d'y substituer une résidence vraiment royale. L'exécution devait suivre de près la pensée[1].

On a répété à satiété que le cardinal d'Amboise avait chargé le célèbre Jean Joconde, architecte véronais, de la construction de son château de Gaillon. Cette opinion, dont l'erreur avait été déjà entrevue par un judicieux critique, feu Émeric David[2], tombe complétement devant l'examen des comptes qui font l'objet de cette publication : le nom de Joconde n'y est pas prononcé une seule fois.

On y verra que si le cardinal d'Amboise employa quelques artistes italiens à son château de Gaillon, aucun d'eux n'en dirigea la construction, qui appartient tout entière à des architectes français; les artistes d'outre-monts n'y furent occupés qu'à des travaux secondaires et de simple ornementation. C'est un fait qui restera désormais acquis à l'histoire de l'art et à celle de l'école française.

Hâtons-nous d'ajouter que parmi les trois seuls artistes italiens mentionnés dans les comptes de la construction du château de Gaillon, dont les noms se perdent au milieu de ceux de plus de cent artistes français, un et peut-être deux d'entre eux étaient établis en France lorsque le cardinal d'Amboise les appela en Normandie.

On verra plus loin, dans la revue que nous nous proposons

---

[1] On ne sait point assez que le cardinal d'Amboise, ne trouvant pas non plus le palais archiépiscopal de Rouen, bâti par le même cardinal d'Estouteville, assez splendide, y fit d'importants embellissements. Pour en donner la mesure, il nous suffira de dire que nous avons constaté, d'après les registres des trésoriers de Georges d'Amboise, que la somme qu'il y consacra dépassa le tiers de la dépense totale de la construction du château de Gaillon. Ces embellissements consistaient principalement dans une magnifique galerie qui décorait le jardin, et dont il ne reste plus de trace aujourd'hui. On parle aussi d'une fontaine de marbre, d'une chapelle et d'un oratoire.

[2] *Biographie universelle*, article *Giocondo*.

de passer des principaux artistes employés à la construction et à la décoration de ce palais, la part respective qu'y prirent ces trois étrangers; et l'on restera convaincu que, quant au plan, à l'ordonnance, et nous dirons même à la décoration générale de l'édifice, elle est restée nulle. Si le mérite, si la gloire d'avoir bâti le château de Gaillon ne revient pas tout entière aux artistes de la localité, aux architectes normands, la France du moins peut seule la revendiquer.

Une autre erreur, non sans importance, qu'il convient également de rectifier, est celle de la date qu'on est convenu de donner à l'érection de ce monument, erreur qui se trouve consacrée, en quelque sorte, par l'inscription que l'on a placée sur le portique de la cour du palais des Beaux-Arts à Paris. Cette inscription est ainsi conçue :

FAÇADE DU CHATEAU DE GAILLON

BATI EN 1500

POUR LE CARDINAL GEORGE D'AMBOISE.

Feu Alexandre Lenoir, le créateur du musée des Petits-Augustins, qui transporta de Gaillon à Paris ces beaux débris, dit à cette occasion, « que la bâtisse du château de Gaillon fut commencée vers 1490, et terminée en 1500[1]. » C'est une opinion complétement erronée.

En 1490 Georges d'Amboise n'était point encore archevêque de Rouen, et n'a pu rien faire à Gaillon, domaine des archevêques.

Ce n'est qu'en 1494 seulement que ce prélat monta sur le

---

[1] *Musée des monuments français*, t. IV, p. 53.

siége de cette ville; il y a plus, il demeure constant que presque immédiatement après en avoir pris possession, Georges d'Amboise partit pour l'Italie, où il accompagna Charles VIII, et sortit peu de la cour. Ce ne fut qu'après l'avénement de Louis XII au trône, et après que lui-même, en sa qualité de premier ministre de ce prince, eut pourvu aux nécessités et aux embarras d'un nouveau règne, que Georges d'Amboise put s'occuper des affaires temporelles de son archevêché, et songer sérieusement aux grands travaux qu'il méditait pour la Normandie.

Aussi sera-t-on moins étonné de voir les comptes particuliers, qui furent rédigés par son ordre, d'année en année, pour la construction du château de Gaillon, ne s'ouvrir qu'à la Saint-Michel 1501, c'est-à-dire vers la fin de cette même année-là. Encore ce premier registre, dont le chiffre total monte à quatre mille livres, ne comprend-il, à l'exception d'une centaine de livres payées à divers ouvriers, que des approvisionnements de matériaux.

Ce n'est pas que le cardinal d'Amboise n'eût fait, dans les années précédentes, dès à partir de 1497, quelques dépenses pour Gaillon, soit pour l'entretien de la propriété, soit pour des travaux préparatoires, qui s'élevèrent en totalité à trois mille livres environ, disséminées sur ces trois ou quatre années; mais il n'en est pas moins certain que les grands travaux de construction proprement dits ne commencèrent qu'en l'année 1502. Ils se poursuivirent sans interruption jusqu'en 1507, et prirent alors un développement tout à fait extraordinaire, jusqu'à la fin de l'année 1509. La mort de Georges d'Amboise, arrivée en 1510, y mit fin.

Il n'est donc pas exact de donner à l'érection du château de Gaillon, ainsi qu'on l'a fait, la date de 1500, et moins encore celle de 1490; c'est à peine si les constructions, dont le portique du palais des Beaux-Arts, paré de la date de 1500, faisait partie, se rapportent à la fin de l'année 1508.

Bien que le château de Gaillon ait pu être considéré comme terminé à l'époque de la mort du cardinal d'Amboise, il paraît cependant que quelques travaux de décoration, au moins intérieure, restaient encore à faire, lorsque la mort enleva ce grand ministre à la France. On en trouve, ce me semble, la preuve dans un acte émané de Georges d'Amboise lui-même. Voici ce qu'on lit dans son testament[1] : « Je donne dix mille livres pour la fondation de Gaillon, que j'entens faire, *ma chappelle achevée,* tout ainsi qu'il apparoistra par la fondation ou par l'ordonnance de mes exécuteurs, et sera le patron monsieur saint George. »

Et plus loin :

« *Item,* donne ma chappelle et reliques, tant reliques d'or et d'argent[2] à ma chappelle de Gaillon, ensemble les ornemens que je y feray porter, *sitost qu'elle sera achevée.* »

Ce testament porte la date du 31 octobre 1509. Georges d'Amboise expirait, à quelques mois de là, à Lyon, le 25 mai 1510.

On raconte qu'à ses derniers moments, le cardinal d'Amboise, en parlant de Gaillon, exprima le regret d'avoir fait faire cette magnifique demeure, *moriens deploravit,* « craignant, ajoute son historien, que ses successeurs n'aimassent trop à résider dans un si délicieux séjour, qui n'est pas de leur diocèse. »

Quel qu'ait été le motif des regrets de Georges d'Amboise à ce moment suprême, où les vanités de ce monde nous apparaissent sous un jour si misérable, il est certain que, quant à

---

[1] L'original, signé de la main de Georges d'Amboise, existe dans les archives du département, à Rouen, où je l'ai découvert.

[2] Voir, aux *Pièces diverses,* l'inventaire du mobilier du cardinal d'Amboise.

RÉCIT HISTORIQUE.

lui, il résida peu dans cette *magnifique demeure,* qu'il avait bâtie, retenu et enchaîné qu'il était par les graves intérêts confiés à ses soins. Il est de fait que c'est à peine si le ministre de Louis XII entrevit ces somptueux bâtiments, ces beaux jardins, ce vaste parc, bâtis, dessinés à grands frais par ses ordres. Il n'y fit que de rares et courtes apparitions, dans l'intervalle de ses voyages en Italie et de sa résidence auprès du roi, qui ne pouvait se passer de son ami, du ministre l'âme de ses conseils et de ses desseins.

On en trouve la preuve en parcourant attentivement les registres des trésoriers de Georges d'Amboise et des capitaines du château de Gaillon, où sont consignés, semaine par semaine, les moindres faits ayant donné lieu à une dépense quelconque. On y voit que ce prélat fut attendu, pour la première fois, durant le cours des travaux, à Gaillon, le 24 octobre de l'année 1502; qu'il y reparut les 26 novembre et 18 décembre suivants; qu'il y revint le 26 de ce dernier mois, pour y rester jusqu'au 4 janvier. A chacun de ces courts voyages, on était obligé d'apporter de Rouen des provisions, du vin[1], de la tapisserie, des nattes, etc., et même de louer des lits pour le séjour du cardinal et de sa suite[2]. Nous retrouvons Georges d'Amboise à Gaillon le dernier jour de mai, le 12 juin et vers la fin du mois de novembre de l'année 1504; puis dans les premiers jours de janvier 1505, pour la venue de Louis XII, qui avait promis d'y passer le jour des Rois.

---

[1] Parmi les vins de la table de Georges d'Amboise, on cite du vin de Beaune payé 20ʰ la queue, du Saint-Pourçain payé 6ʰ, du vin d'Orléans 12ʰ, et du vin blanc de Paris.

[2] Comptes du capitaine du château et comptes extraordinaires, années 1502 et 1503.

A l'un de ces voyages, on fournit, à Gaillon, deux paires de chausses au cardinal pour cent sous.

Nos registres nous l'y montrent deux mois après, au commencement du mois de mars, y *devisant des affaires de son chasteau* avec un de ses architectes. Sa présence nous y est encore révélée par un article de nos comptes, du 26 septembre 1506, ainsi conçu : « *Item*, plus, païé aux massons pour le vin que Monseigneur leur ordonna quand il partit, LXXIII⁵. »

Il faut ensuite franchir trois années, et nous reporter au mois de janvier 1509, pour retrouver le cardinal au château de Gaillon : « A XI manœuvres, dit un article du 6 janvier, pour avoir porté ès salles et chambres du boys pendant que Monseigneur estoit au chasteau. »

Georges d'Amboise y revint au mois d'octobre, et y tomba assez sérieusement malade. Il en repartit, sur les instances de Louis XII, vers la fin du mois de novembre, pour n'y plus rentrer[1].

Ainsi, dans l'espace de huit ou neuf années, Georges d'Amboise ne visita Gaillon qu'une douzaine de fois; il n'a pu dans aucun cas y prolonger son séjour, abstraction faite de cette dernière circonstance, qui fut forcée.

Cela surprendra peu, si l'on se reporte, d'une part, à la vie si agitée de cet homme d'état, et si l'on réfléchit, de l'autre, que les travaux du château, toujours en pleine activité, ne permettaient guère à un prélat environné de tant d'éclat et de luxe et ne marchant qu'avec une espèce de cour, d'y faire un séjour un peu suivi. Nous nous contenterons de citer deux seuls faits à l'appui de cette assertion, que l'examen de nos comptes ne saurait laisser douteuse. En 1508 seulement, vers la fin d'août, on plaçait les portes et les fenêtres des deux principaux corps de logis (p. 330). A un an de là, dix mois avant la mort

---

[1] *Lettres du roi Louis XII*, t. I, p. 193 et 205.

du cardinal, en juillet 1509, la cour principale du château n'était point encore entièrement pavée (p. 413).

Georges d'Amboise, ainsi qu'on l'a écrit, n'a donc pu faire son séjour le plus habituel de son château de Gaillon.

On s'est peut-être également exagéré l'importance des sommes que l'on prétend que le cardinal d'Amboise engloutit dans ce palais, prodigalité dont son historien cherche ainsi à le disculper :

« S'il fit bastir Gaillon, maison la plus superbe qu'il y ait en France après les maisons royales, dit-il, ce ne fut point des deniers publics, mais des épargnes qu'il faisoit sur ses appointemens, des profits de sa légation, et des grosses amendes que par la permission du roi il tira, dans l'occasion, des villes rebelles d'Italie [1]. »

> Fundamenta domûs regalis janua jecit :
> Prima rebellantis fundamina jacta tributo [2].

Pour fixer le lecteur à cet égard, nous ne croyons pouvoir faire mieux que de donner ici, année par année, le montant de la dépense, relevé d'après nos comptes, qui embrassent les neuf années de 1501 à 1509, ainsi que nous l'avons dit. Pour les années antérieures à 1501, en supposant même que les dépenses faites pour cette résidence dussent entrer dans le compte général de la construction du château, nous avons pu consulter les registres du trésorier général du cardinal d'Amboise, qui portent en bloc, année par année, les sommes versées pour Gaillon; nous les ferons figurer dans ce tableau :

---

[1] Le Gendre, *Vie du cardinal d'Amboise*, p. 383.

[2] *Pastoralis descriptio Gallionis.*

INTRODUCTION.

Année 1497-1498, de St Michel en St Michel....	1,261[#] 5^s	5^d
— 1498-1499............ idem..........	1,143 4	6
— 1499-1500[1].......... idem..........	2,491 »	»
— 1500-1501............ idem..........	3,839 18	5
— 1501-1502............ idem..........	3,879 1	1
— 1501-1502 (extraordinaire) idem..........	1,074 12	10
— 1502-1503............ idem..........	10,473 19	5
— 1503-1504............ idem..........	4,448 15	7
— 1504-1505............ idem..........	12,055 13	2
— 1505-1506............ idem..........	20,114 9	4
— 1506-1507............ idem..........	15,566 5	5
— 1507-1508............ idem..........	44,217 19	5
— 1508-1509............ idem..........	33,034 11	3
Total......	153,600[#] 15^s	10^d

Cette somme paraît bien minime, au premier abord. Si nous la ramenons, d'après le prix de l'argent, à la valeur nominale de nos jours, nous trouverons qu'elle représente, à 11 livres pour marc, 13,963 marcs d'argent, qui vaudraient environ 754,000 fr. de notre monnaie actuelle. Si, au lieu de l'argent, nous prenions l'or pour base, ainsi que cela se pratiquait à l'époque de la construction du château de Gaillon, et comme nous en trouvons de fréquents exemples dans nos comptes, ces 153,600 livres, à 130 livres pour le marc d'or[2], donneraient 1,181 marcs et 1/2, lesquels équivaudraient à 945,000 fr. de la monnaie de nos jours. Mais cette échelle comparative des métaux monnayés ne donne, comme on le sait, qu'une appréciation peu exacte, qu'il importe de corriger par la va-

---

[1] Le registre de cette année manque. Nous avons pris la moyenne des deux années intermédiaires.

[2] Le Blanc.

leur comparative des objets de première nécessité et des salaires, si même on ne doit pas préférer exclusivement ce dernier mode d'évaluation.

Nous avons cherché à nous en rendre compte, et nous avons trouvé que le rapport des denrées alimentaires et de la paye des ouvriers, en Normandie, pris aux deux époques de 1508 et de 1849, est comme 1 : 18; ce qui porterait, si l'on devait se servir de cette échelle, les 153,600 livres qu'a coûtées la construction du château de Gaillon, à la somme de 2,764,800 fr. de notre monnaie; chiffre que nous ne serions pas éloignés, pour notre part, d'adopter, et qui ne paraîtra pas extraordinaire.

Quel que soit, au reste, celui auquel on veuille s'arrêter, toujours est-il que cette somme de 153,600 livres du temps, distribuée, comme elle le fut, en plusieurs années, n'était point au-dessus des facultés du cardinal d'Amboise; ses trésoriers y subvinrent avec facilité.

Il ne nous serait guère possible aujourd'hui d'apprécier quelle pouvait être l'importance des revenus de Georges d'Amboise, en négligeant même *les grosses amendes* qu'il tirait d'Italie [1]. Nous savons seulement que celui qu'il touchait comme archevêque de Rouen s'élevait par année à seize ou dix-sept mille livres [2]. Ce revenu de l'archevêché de Rouen, dont il faut défalquer les charges inhérentes, était loin de pouvoir suffire aux dépenses de la construction du château de Gaillon, surtout si on se reporte aux deux dernières années de nos comptes : la fortune personnelle du cardinal et les amendes tirées d'Italie vinrent en aide.

---

[1] Georges d'Amboise, à son lit de mort, dit-on, les portait à 30,000 ducats d'or de pensions annuelles, sans parler des sommes une première fois reçues. (*Histoire des archevêques de Rouen*, p. 594.)

[2] Nous en donnons le relevé général pour l'année 1506-1507. (Voir *Pièces diverses*, IV.) Ce document nous a paru digne d'intérêt.

A défaut de chiffre spécial, nous ne saurions mieux faire apprécier l'importance de cette fortune, et donner en même temps la mesure du luxe du créateur de Gaillon, qu'en faisant connaître les deux inventaires de ses meubles, dressés en 1508 et l'année même de sa mort. (Voir *Pièces diverses*, V et VI.) Si on les comparait aux inventaires du mobilier des archevêques ses prédécesseurs, on resterait frappé du contraste, et étonné du luxe plus que royal déployé par le ministre de Louis XII[1].

Le cardinal d'Amboise estimait lui-même, dans un projet de testament qu'il avait fait en faveur de son neveu Georges d'Amboise II, *toute sa déferre*, qu'il lui laissait, *deux millions d'or*.

C'est par ce même testament que le cardinal d'Amboise donnait à son neveu « les meubles de Gaillon et l'accommodement de la maison tel qu'il étoit[2]. »

Quant au château et à la terre, ils restaient la propriété de l'archevêché de Rouen.

Nous ne nous séparerons pas encore de Georges d'Amboise, pour passer à son neveu et successeur, sans rapporter une anecdote bien faite pour honorer la mémoire de cet homme célèbre; le château de Gaillon y joue un rôle.

Un gentilhomme fort respectable de son voisinage lui fit faire des ouvertures au sujet de sa terre, qui touchait le parc de Gaillon, et qui convenait sous tous les rapports au cardinal. Celui-ci ayant invité le gentilhomme à dîner, le prit à part au sortir de table, et lui exprima sa surprise de ce qu'il voulait se défaire de l'héritage de ses pères. « J'y trouve deux

---

[1] Le poids de la seule vaisselle d'or de l'un de ces inventaires, sans parler de la vaisselle dorée, s'élève au quart du poids de l'or monnayé que coûta la construction du château de Gaillon. Cette vaisselle d'or pesait près de trois cents marcs.

[2] Dom Pommeraye, *Histoire des archevêques de Rouen*.

avantages, répliqua le gentilhomme: le premier, de pouvoir vous être agréable; le second, de me procurer une dot pour marier ma fille. — Pourquoi ne pas plutôt emprunter à long terme, à peu ou point d'intérêts, de quoi la marier? — A peu ou point d'intérêts! mais où trouver des amis qui vous prêtent ainsi? — Il en est encore, reprit Georges d'Amboise; cet ami, ce sera moi. Gardez votre terre; je me charge de la dot de votre fille, vous me la rendrez quand vous le pourrez. » Le gentilhomme, confus de tant de bonté, de se jeter aux pieds du cardinal. Georges d'Amboise, en le quittant, dit aux personnes de sa maison: « Je viens de faire une bonne acquisition; non pas celle d'une terre, mais d'un ami. »

Quoique le cardinal d'Amboise n'eût peut-être pas mis la dernière main au château de Gaillon à l'époque de sa mort, il fallait qu'il y restât peu de chose à faire, puisque nous voyons cesser avec lui, en 1510, les comptes particuliers que nous publions ici, et que, dans les registres du trésorier de son neveu et successeur à l'archevêché de Rouen, Georges d'Amboise II, n'apparaissent que des sommes à peu près insignifiantes pour Gaillon.

Il serait, à coup sûr, de la dernière injustice d'expliquer ce silence par l'indifférence ou la parcimonie du neveu du créateur de Gaillon. Ce successeur du ministre de Louis XII a laissé en Normandie de trop nombreuses marques de sa libéralité et de son goût pour les arts, sans parler du culte qu'il portait à la mémoire de son oncle, pour suspecter de semblables motifs. Celui qui fit dresser à ses frais, dans la cathédrale de Rouen, le magnifique mausolée qui s'ouvrit plus tard pour recevoir ses restes à côté de la cendre de son oncle, ne saurait être soupçonné d'avoir vu d'un œil indifférent l'œuvre de son illustre parent et bienfaiteur.

INTRODUCTION.

L'inventaire qui fut dressé à la mort de Georges d'Amboise II, du mobilier du château de Gaillon, que nous transcrivons à la suite de ces Comptes, prouverait, au besoin, qu'aucune des parties de cette royale résidence n'avait été laissée par lui incomplète et dégarnie.

On voit toutefois, dans cet inventaire, que le splendide mobilier du cardinal-légat n'était pas resté tout entier dans les mains de son neveu; que sa magnifique vaisselle d'or, par exemple, n'était point entrée dans le château de Gaillon, ou en était sortie. On y voit que le nombre des tableaux qui le décoraient, était extrêmement minime, bien que la quantité fût rachetée sans doute par la qualité, et que la bibliothèque, *la librairie* du château, ne comptait que 195 volumes, tant imprimés que manuscrits, parmi lesquels il en était un d'un prix inestimable, la Bible de saint Louis.

Quant aux *ustensiles de guerre*, devenus bien peu nécessaires dans la maison de plaisance des archevêques de Rouen, et qui n'y figuraient peut-être que pour justifier la charge de capitaine du château toujours subsistante [1], ils tiennent une faible place dans l'inventaire : trois hallebardes, une arbalète et un épieu; voilà toutes les armes offensives.

Nous savons, par une lettre de François Ier, qui est conservée en original dans les anciennes archives de l'archevêché de Rouen, que le neveu de Georges d'Amboise se plaisait au château de Gaillon et en sortait peu. Voici dans quelle circonstance cette lettre, qui est adressée à ce prélat, lui avait été écrite.

François Ier, au moment d'entreprendre sa campagne d'Italie qui lui coûta la liberté, avait fait une demande de sub-

---

[1] Ce capitaine recevait 100 livres de gages par an, plus un muid de blé et deux queues de vin. (Compte de 1504.)

sides au clergé de Normandie. Le chapitre de la cathédrale de Rouen, pour sa part, avait fait la sourde oreille. « Chers et bien amez, leur fit dire François Ier, nous vous avons assez escript touchant l'argent dont la province de Normandie nous doibt aider, et si avons bien veue vostre response, qui nous semble une vraye dissimulation. » Le chapitre répondit à l'envoyé du roi : « Nous sommes très humbles subjectz et obeissants serviteurs et chappelains, mais les biens de l'Eglise sont les biens de Jeshus-Christ, et pour ce craignans Dieu et les censures de l'Eglise, nous ne luy povons accorder ce qu'il demande. » Le chapitre *dissimulait* de plus en plus. François Ier, pour vaincre les scrupules vrais ou supposés des chanoines de Rouen, s'adressa à leur archevêque; mais il ne trouva pas, de ce côté, beaucoup plus d'empressement.

« Mon cousin, écrivait-il le 19 juin 1523 à Georges d'Amboise II, je vous ay escript plusieurs lettres depuis votre partement d'avec moy et n'ay eu de vous une seule response par lettres, qui me fait penser que vous avez eu petite souvenance de mes affaires et de ce que je vous dis à votre partement d'avec moy, et sur ce propos vous povez considerer si je me doy contenter aussi de *ce que ne bougez de Gaillon*, et deveriez estre à Rouen pour faire diligenter l'affere qui me touche et à mon royaulme plus que vous ne pensez. »

Le roi, des prières ayant passé à la menace, les chanoines de Rouen finirent par s'exécuter, sans qu'on sache si Georges d'Amboise II bougea de Gaillon et s'entremit pour vaincre leur dissimulation et leur résistance.

Le successeur de Georges d'Amboise II à l'archevêché de Rouen, Charles de Bourbon, connu dans l'histoire sous le nom de Roi de la Ligue, ne se plaisait pas moins que son prédécesseur au château de Gaillon; on sait qu'il en faisait, lorsqu'il était en Normandie, sa résidence favorite. Aussi se plut-il à l'embellir, et construisit-il, à sa porte (1572), cette *Chartreuse de Gaillon*, devenue si célèbre, dont le feu du ciel dévora la belle église le 9 août 1696[1], et que 1793 fit complétement disparaître. Le fondateur de la chartreuse de Gaillon, si l'on s'en rapporte à une pièce de nos archives, se serait réservé pour lui et pour le prieur de la chartreuse des droits seigneuriaux, au moins singuliers, sur un certain fief qu'il attachait à cet établissement religieux : ces droits consistaient à prendre sur les vassaux du fief ayant maison, un plat de viande, deux pots de vin, deux pains, deux chandelles, et la première danse après le dîner des noces.

De la danse à la comédie il n'y a qu'un pas; le cardinal de Bourbon recevait, dans son château de Gaillon, à l'automne de l'année 1566, Charles IX et sa mère Catherine de Médicis. Pour fêter ses nobles hôtes, l'archevêque de Rouen ne trouva rien de mieux que de faire représenter devant eux des pièces ou scènes allégoriques en vers : *Thétis, Francine, les Ombres, les Naïades* ou *Naissance du Roi, Charlot*, et pour que la mère sans doute n'eût rien à envier au fils, *la Lucrèce* en cinq actes.

Le théâtre avait été dressé dans le grand pavillon du parc, qui était de toutes parts environné d'eau, et qu'on désigne, dans les pièces en question, à raison de cette circonstance et de la présence du roi et de sa mère, sous le nom de *l'Ile heureuse*. Ces représentations scéniques eurent lieu les 26 et 29 septembre 1566.

Le cardinal de Bourbon avait fait composer ces pièces par le poëte Nicolas Filleul de Rouen[2], et les fit imprimer dans

---

[1] Expilly, article *Gaillon*.

[2] « Nicolas Filleul, dit Farin, passa pour un excellent poëte latin et français; il fit la tragédie d'*Achille* et plusieurs autres poëmes dramatiques. » (*Histoire de la ville de Rouen*, t. II, p. 503.) L'*Achille* fut joué

cette même ville, avec dédicace à Catherine de Médicis, sous le titre suivant : *Les théâtres de Gaillon, à la royne* [1].

Henri III vint demander à son tour au château de Gaillon des délassements, et en même temps un abri contre les chaleurs de l'été, en 1578; *per schivare li gran caldi e per suo diporto,* dit l'ambassadeur vénitien Lippomano, qui avait suivi ce prince dans la maison de plaisance des archevêques de Rouen, qu'il appelle un lieu de délices, *luogho di delizie*. « Rien de plus magnifique, dit cet envoyé qui connaissait les beaux palais d'Italie, que le château de Gaillon du cardinal de Bourbon. On y voit des portiques, des aquéducs, des statues, des parcs, des étangs, et tout ce qu'on peut désirer dans une demeure royale. » L'Italien, dans son enthousiasme, compare ce château aux palais enchantés de Morgane et d'Alcine, créés par l'imagination des romanciers ; *machine reali e di quelle apunto che favoleggiano li romanzi esser state case di Morgana e di Alcina* [2].

Singulier rapprochement : c'est dans le même pavillon où le cardinal de Bourbon avait fait jouer devant Charles IX ses pastorales et ses tragédies rimées, où il avait donné un asile au voluptueux Henri III, que fut résolue la Ligue, qui devait enfoncer le couteau dans le sein de ce monarque, et placer une couronne d'oripeau sur le front tonsuré de son hôte.

Ce riche et élégant pavillon, appelé d'abord modestement *la Maison blanche*, puis débaptisé pour prendre le nom de *l'Ile heureuse*, ne se nomma plus dès lors que *le Pavillon de la ligue*. Plus tard nous le verrons transformé en *Parnasse de Gaillon*.

---

au collége d'Harcourt, à Paris, le 22 décembre 1563.

[1] *Catalogue de la bibliothèque dramatique de M. de Soleinne*, t. I, art. 757.

[2] *Relations des ambassadeurs Vénitiens*, t. II, p. 375 et 490, publiées dans la collection des Documents inédits de l'histoire de France.

d.

INTRODUCTION.

Enlevé, bientôt après, à son château de Gaillon et à ses rêves de royauté, le cardinal de Bourbon, jouet et victime des partis plus encore que de son ambition, alla s'éteindre dans l'ombre d'une prison, après deux années d'ennui, de regrets et de souffrances [1]. Il demanda, en mourant, que son corps fût déposé dans la chartreuse de Gaillon.

---

[1] Il mourut de la pierre, au château de Fontenay-le-Comte, le 2 mai 1590.

Les registres capitulaires de la cathédrale de Rouen renferment sur cet événement quelques détails inconnus, qui méritent d'être conservés :

« Mardi 21 mai (1590),

« Le sieur de Vergnettes varlet de chambre de feu de bonne memoire Charles de Bourbon, roy de France X° de ce nom et archevesque de Rouen, a presenté sur le bureau de chapitre unes lettres envoyez de la part de monsieur le cardinal de Vendosme son nepveu, signez Charles de Bourbon, desquelles a esté faict lecture mesme du rapport signé de plusieurs medecins et cirurgiens, lesquelz attestent avoir faict ouverture du corps dud. seigneur et trouvé par icelluy qu'il est decedé de la pierre. Lesdictes lettres deliberées, a esté ordonné, avant que envoyer response, elles seront communiquées à monsr de la Mailleraye et à messieurs de court de parlement.

« Et peu après a esté fait rentrer led. de Vergnettes, auquel ayant esté demandé si led. deffunct auroit faict testament et s'il avoit autre chose à dire de bouche, a dict qu'il n'avoit faict aucun testament ayant esté pressé de malladie, mais bien avoit declaré de bouche qu'il entendoit son corps estre inhumé en la chartreuse de Gaillon et son cœur en l'eglise de Rouen.

« La compaigny a porté un très grand regret de la mort de leur roy et archevesque, tant pour la perte qu'ilz ont avec tout le royaulme faicte de ce prince et pour la captivité en laquelle il auroit esté detenu prisonnyer depuis le meurtre massacre commis par Henry troisiesme, roy de France, aux personnes de messrs le cardinal et duc de Guise freres, depuis lequel massacre auroit esté led. deffunct roy archevesque tenu long tems prisonnyer aud. Blois et de là transporté à Amboise et depuis à Tours, de Tours à la Bourdaisiere, du depuis à Aisé-le-Bruslé et de là à Chinon, emené par les gens du roy de Navarre, et mené à Fontenay-le-Comte, où il est decedé comme il est contenu cy dessus.

« Copie des lectres du decebz de feu bonne memoire Charles de Bourbon, roy de France X° de ce nom et archevesque de Rouen :

« Messieurs, parmi les miseres de ce temps et l'extreme ennuy que ce m'a esté de la captivité de feu mon oncle, je m'estois promis ceste consolation de le veoir bientost en son entier liberté et contentement, comme estoit l'intention du roy; mais il a pleu à Dieu l'appeler à soy pour le faire joyr d'une vye heureuse après qu'il a longuement souffert la douleur intollerable de la pierre qui le travailloit il y a longtems et luy a enfin causé la mort, comme vous pourrez veoir par le rapport

Chose curieuse! c'est Henri III lui-même, et dans le château de Gaillon, qui avait donné le premier éveil à l'ambition du vieux cardinal. Laissons parler Pierre de l'Estoille, dans son journal :

« Au commencement de septembre (1584), le roy, dit-il, s'alla ébattre à Gaillon, où estant, il demanda au cardinal de Bourbon s'il lui diroit la vérité de ce qu'il lui demanderoit ; à quoy ledit cardinal ayant répondu qu'ouy, pourvu qu'il la seut, Sa Majesté lui dit : « Mon cousin, vous voyez que je n'ai « point de lignée, et qu'apparemment je n'en aurai point. Si « Dieu disposoit de moy aujourd'hui (comme toutes les choses « de ce monde sont incertaines), la couronne tombe de droite « ligne en votre maison. Cela avenant (encore que je sçaches « que ne le désirez point), n'est-il pas vray que vous voudriez « précéder votre neveu le roy de Navarre, et l'emporter par « dessus lui, comme le royaume vous appartenant, et non pas « à luy? — Sire, répondit le bonhomme, je crois que les dents « ne me feront plus de mal quand cela adviendra (aussi je prie « Dieu de bon cœur me vouloir appeler devant que je voye « un si grand malheur), et chose à quoy je n'ai jamais pensé, « pour être du tout hors d'apparence et contre ordre de nature. « — Oui ; mais, répliqua le roy, vous voyez comme tous les « jours il est interverti, et que Dieu le change comme il lui « plaît. Si cela donc advenoit, comme il se peut faire, je dé- « sire sçavoir de vous, et vous prie de me dire librement, si « vous ne le voudriez pas disputer avec votre neveu? » Alors

que je vous envoye des medecins et cirurgiens qui l'ont assisté à la mort, qui est une des plus grandes afflictions que je ai pu recepvoir et dont je prie Dieu me donner patience et à vous ceste bonne volonté de rendre à son ame, que Dieu absolve, les effectz de vostre devoir et pieté......
....

« De Tours, ce 15ᵉ may 1590.

« Vostre confrere et affectionné amy,

« Le cardinal DE BOURBON. »

Mʳ le cardinal, se sentant fort pressé par le roy, va lui dire : « Sire, puisque vous le voulez et me le commandez (encore « que cet accident ne soit jamais tombé en ma pensée, pour « me sembler éloigné du discours de la raison), toutesfois (si « le malheur nous en vouloit tant que cela advînt), je ne vous « mentirai point : Sire, je pense qu'il m'appartiendroit, et non « pas à mon neveu, et serois fort résolu de ne lui pas quitter. » « Lors le roy se prenant à sourire, et lui frappant sur l'épaule : « Mon bon amy, lui dit-il, le Châtelet vous le donneroit, mais « la cour vous l'ôteroit; » et à l'instant s'en alla, se moquant de lui.

Henri III, en venant fuir les grandes chaleurs de l'été au château de Gaillon, et en venant s'y ébattre aux beaux jours d'automne, n'avait pas renoncé à le visiter durant les rigueurs de l'hiver. Nous en trouvons la preuve dans le don qu'il avait fait au cardinal de Bourbon de la coupe de trois arpents de bois à prendre dans la forêt de Bort, « pour le chauffage du « roy lorsqu'il seroit au chasteau de Gaillon et pour celui du « cardinal. » Donation renouvelée depuis par Henri IV en 1594, par Louis XIII en 1639 et en 1640.

Charles II de Bourbon, successeur du vieux cardinal à l'archevêché de Rouen, dont le passage a peu marqué dans l'histoire de Gaillon, étant décédé en 1594, Henri IV, disent les Mémoires de Sully, fut tenté de s'approprier le château de Gaillon. Il voulait en faire une condition à l'abbé de Tiron, en l'élevant à l'archevêché de Rouen. Sully fut chargé de la négociation; elle échoua. Henri IV se décida à donner le siége de Rouen à son frère naturel, Charles III de Bourbon : cet archevêché était devenu une espèce de fief de famille.

Quelques années après, Henri IV comptant que le nouvel archevêque se montrerait facile et reconnaissant, le pria de donner la bénédiction nuptiale à sa sœur Catherine, qu'il mariait au prince de Bar. Catherine était de la religion réformée, le prince catholique. Le clergé de France s'opposait à ce mariage. L'archevêque de Rouen partagea sa résistance. Un des familiers de l'archevêque, à l'instigation de Henri IV, ne trouva pas de meilleur argument pour la vaincre que de faire entrevoir à l'archevêque que, s'il persistait, « il pourroit fort bien dire adieu à sa belle maison de Gaillon. » Il n'en fallut pas davantage; la bénédiction nuptiale ne se fit pas attendre.

C'est vers ce temps que le château de Gaillon fut visité par l'historiographe normand de Bras de Bourgueville, qui ne crut mieux pouvoir payer l'hospitalité qu'il y avait reçue, qu'en traçant le portrait suivant de cette royale demeure, qui avait tant de charme sur l'esprit de ses possesseurs : « Gaillon, dit-il, maison archiépiscopale, la plus belle, magnifique et plaisante qui soit en France, qui consiste en un grand parc bien muré et fourny d'orangers, fontaines à grandes cuves de marbre, qui coulent en divers endroits, et d'un délectable jardin et fruictiers, grands cyprès, volliers d'oyseaux, galleries grandes et magnifiques, avec tableaux exquis; tellement qu'il est transi en adage commun, quand l'on void une plaisante maison, l'on dict vulgairement : c'est un petit Gaillon [1]. »

Aussi les rigoristes du chapitre de Rouen regardaient-ils comme perdus les chanoines que les affaires de leur église appelaient au château de Gaillon. On avait coutume de leur adresser ces mots, en les y envoyant : « Allez à ce château qui est votre perdition, *ite in castellum quod contra vos est*. » Gaillon, c'était les jardins d'Armide.

Si Gaillon était déjà visité au XVIᵉ siècle par les curieux, il

---

[1] *Recherches et antiquités de la province de Neustrie*, 1588.

est moins étonnant encore que les voyageurs de marque, surtout ceux allant de Paris à Rouen, s'y arrêtassent. Ils étaient sûrs, en faisant cette halte, d'y trouver une royale hospitalité.

C'est ainsi que le cardinal de Florence, légat du pape, s'y reposa au mois de novembre 1596, avant de se rendre à Rouen pour assister à la joyeuse entrée de Henri IV et à l'assemblée des états [1]. Il y avait été devancé par Henri IV lui-même, qui s'y arrêta quelques jours, au mois d'octobre, en compagnie des princes de Conty, de Montpensier, de Nemours, de Mayenne et autres seigneurs.

Henri IV admira ce beau séjour, qu'il avait déjà visité une première fois [2].

Quelques années plus tard, il en montrait les merveilles à la reine Marie de Médicis [3].

De tous les successeurs des princes de Bourbon, ceux qui ont laissé le plus de traces de leur séjour au château de Gaillon sont sans contredit le cardinal de Joyeuse, élu archevêque en 1605, François de Harlay, qui lui succéda en 1615, et Nicolas Colbert, nommé en 1691.

Le premier répara les désastres que le feu avait fait subir à la chartreuse, annexe, en quelque sorte, du château, et réédifia son église. Le second, non moins célèbre par son goût pour les lettres et son savoir que par sa naissance, fit au château même et dans les jardins de nombreuses additions, dont il consacra le souvenir dans l'inscription suivante, qu'il avait fait graver au-dessus de la porte intérieure de la première cour du château, et qu'on y voit encore [4] :

---

[1] *Discours de la joyeuse entrée de Henri IV.*

[2] En 1590, au mois de février. (*Lettres missives de Henri IV;* t. III, p. 144.)

[3] En août 1603. (*Mémoires de Claude Groulart.*)

[4] Nous l'avons reproduite dans notre planche VI.

RÉCIT HISTORIQUE.

MEMORIÆ
POSTERITATI HONORI
SACRUM.

GALLIO et origine et usu et loci majestate regius
Regum Galliæ olim patrimonium ecclesiæ et
Pietatis Gallicanæ atque Neustriacæ provinciæ
Dignitatis tam unum quam æternum monumentum
A sancto Ludovico Odoni Rigaltio Rotoma-
genci archiepiscopo commutatione traditus a
Cardinale de Estotevilla hoc primo castri vestibulo
Solide munitus a legato de Ambasia Ludovici
XII munificentia regia ex rebellantis Genuæ
Tributo superba ædificiorum mole per juga
Montis ductus atque exstructus stupendo
Fonte marmoreo ex Venetorum munere illustratus
Templis donariis ac sanctorum reliquiis non
Minus magnifice quam religiose ornatus
Cardinalium a Borbonio diligentia auctus
Insigni carthusia nobilitatus cardinalis
A Joyeusa sumtu partim ex incendio instau-
ratus nunc demum successoris ejus a manu viva
Francisci de Harlayo viva manu deco-
ratus viva effigie avunculi sui Ambasii ejusque
Depictis sed adhuc spirantibus triumphis donatus
Fontibus per inferiores hortos deductis in
Exultantibus spiciem conversus vario passim
Opere novatus pastorali carmine decantatus
Sacrarum musarum studiis et a se institutæ
Pauli academiæ in doctorum virorum usum
Dicatus consecratus anno christiani orbis
CIƆIƆCXXXII Franciscus de Harlayo scrips
Ac inscrips.

xxxiv INTRODUCTION.

Malgré les honorables souvenirs que François de Harlay a laissés au château de Gaillon, nous ne devons pas laisser ignorer, en historien véridique et consciencieux, que ce prélat fut sur le point d'aliéner cette belle résidence, qu'en sa qualité d'archevêque de Rouen et de neveu du cardinal d'Amboise, son fondateur, il n'eût jamais dû permettre de laisser passer en des mains étrangères.

Voici la pièce, que nous avons découverte dans nos archives, qui constate ce fait.

« Aujourd'huy xixe de mars mil six cens seize, le Roy estant à Tours, sur ce qui a esté représenté à sa majesté de la resolution prise en l'assemblée capitulaire de l'eglise archepiscopalle de sa ville de Rouen tenue le xxxe de janvier dernier sur les offres qui ont esté faictes par monsieur le prince de Joinville au s^r archevesque dud. Rouen, de recompenser et avec revenu plus advantageux pour led. archevesché le chasteau de Gaillon et ses deppendances, sa majesté a permis à monsieur le prince de Joinville de traicter et convenir dud. eschange avec led. archevesque, pourveu que ce soit avec adventaige et proffict dud. archevesché, m'ayant pour tesmoignage de ceste sienne vollunté commandé d'expedier le present brevet qu'elle a signé de sa main et faict contresigner par moi son conseiller et secretaire de ses commandemens et finances. — LOUIS. — POTIER. »

Cette transaction n'eut heureusement pas de suite, sans qu'il nous soit possible de dire qui y mit obstacle[1]. Aussi François de Harlay put-il recevoir, l'année suivante, dans le château de Gaillon, le signataire de la permission qu'il avait,

[1] Le clergé de la cathédrale de Rouen, qui sollicitait cet échange, s'était montré moins facile en 1547. Il s'était opposé à la proposition qu'avait faite, en cette année-là, le prince de Condé d'échanger sa terre de Beausault près Neufchâtel contre Gaillon. (Regist. capitulaires.)

sinon sollicitée, du moins approuvée. Louis XIII se rendant à Rouen pour la tenue de l'assemblée des notables, s'arrêta à Gaillon, où il passa dix jours entiers, dans le courant du mois de novembre (1617). Le jeune prince s'y donna les ébats de la chasse, dit un recueil du temps[1]; il était accompagné de son frère Gaston.

Le poëte Bois-Robert, le commensal et le familier du cardinal de Richelieu, que l'on présume avoir fait partie de la suite de Louis XIII, fit, à cette occasion, les vers suivants :

> Gaillon, qui tient mon cœur et mes yeux arrêtés,
> Passe même des Dieux la demeure immortelle.
> Rien ne peut égaler sa grâce naturelle;
> Tout cède à ses appas, tout cède à sa beauté.

vers qui rappellent ceux dont un poëte de la même force accoucha devers le même temps :

> Trop aimable Gaillon, ta beauté sans seconde
> Te doit bien mettre au rang des merveilles du monde.

Les habitants de Gaillon s'étaient portés avec empressement sur le passage du jeune roi; les lettres patentes qu'il avait octroyées peu de mois auparavant en leur faveur, étaient présentes à leur esprit. Les habitants de la châtellenie étaient tenus, de temps immémorial, de faire le service de guerre au château de Gaillon; ils avaient été exemptés, à raison de ce service, de l'impôt pour la paye des garnisons des forteresses royales de Gisors et du Château-Gaillard. Depuis que Gaillon avait vu tomber ses tours et ses remparts, grande était l'appréhension des habitants de voir tomber l'exemption dont ils

[1] Le *Mercure françois*.

jouissaient. Ayant exposé à Louis XIII, que Charles IX, par lettres patentes du 20 février 1568, *en consideration de leur fidelité en la garde assiduelle qu'ils faisoient au chasteau de Gaillon*, la leur avait confirmée; que les feus rois Henri III et *Henri le Grand, son très-honoré pere*, en avaient fait de même, le roi, sans trop s'informer si les requérants faisaient au château de Gaillon le service qui leur avait valu le privilége qu'ils revendiquaient, leur en confirma la jouissance par lettres patentes du 29 mars 1617[1].

François de Harlay, à la sollicitation duquel elles avaient été délivrées, prenait moins de souci encore du service de guerre de ses vassaux dans son château, qu'il appelait *son désert*, et où il se livrait en paix à son goût pour l'étude. « Il se retiroit à Gaillon, dit l'historien de Georges d'Amboise, pour travailler en repos des sept à huit heures par jour; c'est là, qu'estudiant à fond l'Escriture, l'histoire et les Peres, il devint de bonne heure le prelat de son temps le plus universellement sçavant[2]. »

Son chapitre de Rouen vint un jour l'y distraire de ses études favorites, pour lui faire part de la nécessité où il se trouvait d'augmenter la musique et la bibliothèque de l'église cathédrale, et lui exposer en même temps la pénurie du chapitre François de Harlay, rapportent les registres capitulaires, « temoigna de grandes affections à la compagnie » en la personne de ses envoyés. Après avoir réfléchi quelques instants, il leur dit : « qu'il y avoit dans le parc de Gaillon, grande quantité d'arbres anciens qui dépérissoient sans aucun ornement, que ces arbres étoient à leur retour, tombant et empirant pour leur

---

[1] Mémoriaux manuscrits de la Chambre des comptes de Normandie, aux archives de la Seine-Inférieure.

[2] Louis le Gendre, *Vie du cardinal d'Amboise*, p. 384.

antiquité; » qu'il les abandonnait au chapitre pour subvenir aux besoins de la musique et de la bibliothèque. Grands remercîments de la part des chanoines; le prélat d'ajouter : que le chapitre, bien entendu, se chargerait de l'abatis du bois, et qu'on ne lui demandait seulement que de replanter quelques arbres pour l'ornement du lieu. A quelques jours de là, François de Harlay s'étant avisé de faire estimer par experts la valeur des arbres qu'il avait donnés, il se trouva qu'il y en avait pour quarante mille livres. Le prélat, à cette fois, d'ajouter aux demandes qu'il avait faites « la réédification d'un des pavillons du château de Gaillon qui étoit ruiné d'antiquité, et quelques autres réédifications nécessaires à son église. » C'est ce qu'on pouvait appeler se raccrocher aux branches. Les chanoines n'en acceptèrent pas moins le cadeau qui leur était fait; ils y trouvaient encore leur compte [1].

François de Harlay fit mieux; voulant contribuer à l'augmentation de la bibliothèque de son église cathédrale, qui avait été fort négligée depuis longtemps, et « n'ayant, comme il le disait lui-même, rien après l'honneur de Dieu, plus en recommandation que l'amour des bonnes lettres, » il fit don au chapitre, par acte du 3 janvier 1634, de sa bibliothèque entière du château de Gaillon « telle, disait-il, que je l'ai faicte avec curiosité et grande depense à cause du grand nombre de volumes de prix, de bons et rares livres dont elle est composée [2]. » Le prélat ajoutait le don de six cents livres de rente perpétuelle pour l'entretien d'un bibliothécaire et pour l'achat de livres.

« Je consigne entre les mains du chapitre, porte l'acte de

---

[1] Registres capitulaires, année 1626.

[2] Les livres de théologie dominaient dans cette bibliothèque; après venait la littérature classique. On n'y comptait qu'un petit nombre de manuscrits.

donation, cette bibliotheque comme un sacré depost, et entends qu'elle soit ouverte auxdits chanoines depuis le lever du soleil jusqu'au soleil couché; ainsi qu'aux personnes doctes et studieuses et aux etrangers [1]. »

Les chanoines s'empressèrent d'enlever du château de Gaillon la bibliothèque qui leur était donnée avec tant de générosité, et qui en était une des principales richesses.

A quelques années de là, François de Harlay faisait les honneurs du château de Gaillon au jeune Louis XIV, que sa mère Anne d'Autriche et le cardinal de Mazarin conduisaient en Normandie pour pacifier cette province, soulevée par le duc, disons mieux, par la duchesse de Longueville. Ils séjournèrent à Gaillon le 20 février 1658.

Précédemment François de Harlay y avait hébergé, un peu forcément, il est vrai, le 21 décembre 1639 et jours suivants, le chancelier Séguier, le maréchal Gassion et leur suite, envoyés en Normandie par le cardinal de Richelieu, afin de mettre à la raison la ville de Rouen. « Ils s'y trouverent magni« fiquement logés, dit le secrétaire du chancelier, et confes« serent que François de Harlay les avoit regalés avec une « magnificence incroyable. »

Le chancelier Séguier, qui se trouvait bien au château de Gaillon, y reçut des députations du parlement, et du corps de ville de Rouen, et, en attendant qu'il en allât châtier les habitants et en faire pendre quelques-uns, ne se fit pas faute de donner la chasse aux daims de leur archevêque.

---

[1] Archives du département de la Seine-Inférieure.

La donation de six cents livres, qui était à prendre sur les revenus de l'archevêché, fut confirmée par ordonnance de Marie de Médicis, le 27 juillet 1646, à Fontainebleau, contre-signée par Mazarin. (Archives du département.)

Dom Pommeraye, dans son Histoire de la cathédrale de Rouen, nous apprend que cette rente s'éteignit avec François de Harlay.

« Il se pourmenoit par la maison de Gaillon, ajoute son se-
« crétaire, et se recrea fort à voir certaines machines, au dés-
« soubz du lieu où estoit nagueres la bibliotheque, depuis
« donnée par M. l'archevesque au Chapitre de son eglize cathe-
« dralle, lesquelles machines ont divers mouvementz; et l'une
« d'icelles, qui est en forme de religieux de Saint-Benoist,
« s'estant approchée de mon dict seigneur le chancelier, avec
« une boëte pour quester, il y a mis une pistolle [1]. »

Désormais rassuré sur le sort de ses ouailles, et au milieu des douceurs de la paix, François de Harlay s'efforça d'attirer à Gaillon les savants, en leur ouvrant une académie, et en prenant une part active à leurs travaux. Il y établit même une imprimerie, d'où il sortit une collection de pièces, qui reçut de lui le titre de *Mercure de Gaillon*.

Une des pièces en vers de ce recueil, à laquelle François de Harlay semble faire allusion dans l'inscription que nous avons rapportée ci-dessus, *pastorali carmine decantatus,* donne sur le château de Gaillon des détails curieux, qu'on ne trouverait peut-être pas ailleurs, et que nous avons mis à profit dans la description qui fait suite à ce récit historique.

François de Harlay mourut au château de Gaillon le 22 mars 1654. Son cœur fut déposé dans la chartreuse; son corps fut porté à Rouen, et placé dans le tombeau des cardinaux d'Amboise, dont il était le parent par sa mère.

Nicolas Colbert, fils du ministre de Louis XIV, passe pour avoir fait des dépenses immenses au château de Gaillon; on les évalue à plus de deux cent mille écus. Ces travaux, qui ne portèrent pas sur le corps même de l'ancien château, mais sur les bâtiments accessoires, avaient été exécutés sur les des-

---

Diaire du chancelier Séguier, p. 14-39.

sins de Mansart. Cette dernière circonstance nous est révélée par une lettre de Fénelon, dans laquelle donnant un libre cours à ses sentiments de piété et de charité chrétienne, il adresse à Nicolas Colbert des observations, disons mieux, des reproches, sur les grandes dépenses qu'il méditait : « J'ap-
« prends, monseigneur, lui écrivait-il, que M. Mansart vous
« a donné de grands dessins de bâtiment pour Rouen et pour
« Gaillon. Souffrez que je vous dise étourdiment ce que je
« crains là-dessus. La sagesse voudroit que je fusse plus sobre
« à parler; mais vous m'avez défendu d'être sage, et je ne puis
« retenir ce que j'ai sur le cœur. » Après ces précautions oratoires, Fénelon cherche à prémunir l'archevêque de Rouen contre l'entraînement de semblables travaux; puis il ajoute avec une indignation toute chrétienne:

« En vérité, les pasteurs chargés du salut de tant d'âmes ne
« doivent pas avoir le temps d'embellir des maisons. Qui cor-
« rigera de la fureur de bâtir, si prodigieuse de notre siècle,
« si les bons évêques même autorisent ce scandale? Ces deux
« maisons qui ont paru belles à tant de cardinaux et de princes
« même du sang, ne vous peuvent-elles pas suffire? N'avez-vous
« pas d'emploi de votre argent plus pressé à faire? Souvenez-
« vous, monseigneur, que vos revenus ecclésiastiques sont le
« patrimoine des pauvres; que ces pauvres sont vos enfants, et
« qu'ils meurent de tous côtés de faim [1]. »

Ces paroles éloquentes, ces conseils que Fénelon devait si bien mettre lui-même en pratique dans son diocèse de Cambray, n'arrêtèrent pas l'archevêque de Rouen. Nicolas Colbert, élevé à l'école de Louis XIV, et qui disait sans doute, avec lui, que donner du travail au peuple c'est la meilleure ma-

---

[1] *Histoire de Fénelon,* par M. de Beausset, t. III, p. 514.

nière de lui faire du bien, n'en poursuivit pas moins les grands travaux dont Mansart lui avait tracé les plans [1].

Singulier jeu des destinées! c'est dans ce même château de Gaillon, où était conservée la lettre de Fénelon, que le prélat auquel elle était adressée rendit contre son auteur une sentence devenue fameuse. C'est à Gaillon, sous Nicolas Colbert, que se tint en effet, le 30 juin 1699, l'assemblée des évêques de Normandie, convoquée par lettre de Louis XIV, pour examiner le bref du pape Innocent XII, lancé contre le livre des *Maximes des saints* de Fénelon.

Les évêques, présidés par Nicolas Colbert, après avoir invoqué les lumières du Saint-Esprit dans la chapelle du château, se réunirent dans la grande salle, et là, après en avoir délibéré, acquiescèrent au bref du pape, et condamnèrent à leur tour le livre de l'archevêque de Cambray.

Si dans cette assemblée, à propos de Fénelon, on évoqua Priscillien, Élipande, Goteschalc, Apollinaire, Abailard, voire les Albigeois, style ordinaire de concile, la justice veut que nous rendions hommage à la modération dont les évêques de Normandie, leur primat en tête, firent preuve, en proclamant les vertus et le talent du vénérable archevêque dont ils se voyaient forcés de condamner les erreurs [2].

L'archevêque Colbert ne s'était pas contenté d'employer le talent de Mansart pour l'embellissement du château de Gaillon; il avait fait également appel à celui de le Nostre. Il demanda à ce dernier le plan d'un nouveau parc.

Déjà le Nostre avait mis la main à l'œuvre, lorsque le Chapitre de Rouen s'opposa à l'abatis des arbres de haute futaie

---

[1] Les travaux exécutés par Mansart au palais archiépiscopal de Rouen consistent dans la porte en pierre de la cour et dans le grand escalier conduisant à l'ancienne Salle des États. — [2] *Concilia Rotomagensis provinciæ*, première partie, page 249.

de l'ancien parc qui gênaient le plan de le Nostre. Nicolas Colbert se vit contraint de recourir à Louis XIV pour obtenir l'autorisation de passer outre. L'archevêque exposait, dans sa requête, « qu'il ne s'agissoit que de quelques arbres chesnes, « au nombre de cinq à six cens, épars çà et là, âgez de deux « cens ans, de très méchante qualité, dont la majeure partie « séchoit debout et le reste étoit sur son retour et dépérissoit « de jour en jour; que lesdits vieux arbres ne pouvoient tout « au plus servir qu'à son chauffage. »

Vérification faite, au lieu de 5 à 600 pieds de chênes, il s'en trouva, de compte fait, 2,771. Mais les experts[1], après avoir déclaré que ces arbres étaient effectivement *sur leur retour;* qu'il était constant, d'ailleurs, que, la vente du bois déduite, l'archevêque mettrait encore plus de trente mille livres *du sien,* et que par cette dépense il ferait un des plus beaux parcs du royaume, émirent un avis favorable. En conséquence, Louis XIV, par lettres patentes du 10 novembre 1691, accorda l'autorisation demandée, « à la charge par l'archevêque d'achever le plan « et le rétablissement du parc, suivant le plan qui en avoit « esté donné par le sieur le Nostre; » ce qui fut exécuté.

Le successeur de Nicolas Colbert, Claude-Maur d'Aubigné, passe pour s'être occupé de Gaillon. « Ce prélat, dit le conti- « nuateur de Farin, a rétabli et augmenté le palais archiépis- « copal, aussi bien que le château de Gaillon, et a rendu l'un « et l'autre plus commode[2]. »

Quelle était la nature de ces restaurations et agrandissements? Nous l'ignorons. Si le château de Georges d'Amboise y gagna sous le rapport de la commodité, il est peu probable qu'il en ait été de même sous le rapport de l'art.

---

[1] Parmi eux on nomme Pierre Petau, *jardinier du roy,* à Versailles.

[2] *Histoire de la ville de Rouen,* édit. de 1731, t. III, p. 547.

Vers ce temps, en effet, les successeurs du ministre de Louis XII prenaient peu souci de son œuvre; ils ne la comprenaient pas. En veut-on la preuve? Cet élégant pavillon de la Ligue, ornement du parc, l'archevêque d'Aubigné le laissait tomber en ruine; le beau canal qui y conduisait, la vase seule le remplissait alors, on le laissait sans eau; c'est Piganiol de la Force qui nous l'atteste [1]. Un peu plus tard la magnifique fontaine de marbre que Georges d'Amboise avait fait placer au centre de la cour du château et qui en faisait la principale décoration, ayant besoin de réparation, on trouva plus expédient de la démolir et d'en vendre les matériaux. Même chose fut faite à l'élégant clocher, couvert de figures, qui couronnait la chapelle. *Les pilliers qui le soutiennent étant pourris*, dit la pièce à laquelle j'emprunte ces détails, au lieu de remplacer ces quelques pièces de bois, on mit le clocher par terre, et on lui substitua *une forme de campanille ou lanterne* des plus lourdes. Ces actes de vandalisme furent consommés en 1757, sous M. de Saulx-Tavannes. La mémoire de cet archevêque ne doit pas seule en porter la peine; disons qu'ils furent autorisés par un arrêt du Conseil et par un mandement exprès de Louis XV [2].

Si M. de Saulx-Tavannes s'intéressait peu à Gaillon sous le rapport monumental, il ne le négligea pas sous un autre point de vue.

Ce fut lui qui parvint à affranchir cette résidence de la juridiction des évêques d'Évreux, dans le diocèse duquel elle était située. Les archevêques de Rouen, primats de Normandie, avaient toujours supporté avec peine de se voir ainsi placés sous la dépendance d'un de leurs suffragants. M. de

---

[1] *Nouvelle description de la France*, t. V, 117.

[2] Archives du département de la Seine-Inférieure.

Saulx-Tavannes, afin de les y soustraire, prit l'engagement, pour lui et ses successeurs, de payer aux évêques d'Évreux, à chaque mutation d'archevêque de Rouen, une somme de trois mille livres, plus une rente perpétuelle de quatre cents livres. En conséquence de cet arrangement, les évêques d'Évreux renonçaient à toujours à leur juridiction, tant spirituelle que temporelle, sur Gaillon, et à tous droits inhérents.

Cet accord fut confirmé par lettres patentes du roi du 10 mai 1740, enregistrées le 14 juillet suivant au Parlement [1].

Nous n'avons plus à signaler, comme derniers faits à noter pour l'histoire du château de Gaillon, que l'accueil qu'y reçut, en 1785, du cardinal de la Rochefoucauld, archevêque de Rouen, le célèbre Franklin, et la présence dans ses murs, en 1786, de Louis XVI, lors du voyage de ce prince en Normandie.

A quelques années de là, lorsque la tempête révolutionnaire éclatait dans toute sa fureur sur la tête de l'infortuné monarque, peu de jours avant le 10 août, un nouveau plan d'évasion lui fut proposé. On présentait à Louis XVI le château de Gaillon comme un sûr asile [2] : ce fut le Temple qui reçut le fils de Saint Louis, pour ne le céder qu'à l'échafaud.

L'épouvantable révolution qui arracha à ce malheureux roi la couronne et la vie fut le signal de la ruine du noble manoir donné par Saint Louis aux archevêques de Rouen, et que le ministre et l'ami d'un de ses plus dignes descendants devait élever à l'égal des plus splendides maisons royales.

En vertu du décret de la Convention du 20 août 1792, le château de Gaillon, qui avait été saisi comme propriété ecclésiastique, fut mis en vente. Quelques voix s'élevèrent

---

[1] Archives du département de la Seine-Inférieure.

[2] Hue, *Histoire des dernières années de Louis XVI*, édit. de 1814, p. 337.

dans le pays pour la conservation de ce monument. Elles furent couvertes par celle de l'ingénieur en chef du département, qui, consulté à ce sujet, trouva que « les bâtiments des « deux premières cours et la chapelle étaient d'une construc- « tion très-solide, tant pour la maçonnerie que pour la char- « pente, et en bon état; mais que tout cela, dans son ensemble, « ne pouvait être considéré comme un chef-d'œuvre de l'art, « dont on dût ordonner la conservation. » C'était *d'une architecture gothique,* disait l'ingénieur en chef dans son rapport; et Dieu sait si, en l'an V, où il le rédigeait, l'architecture gothique était en odeur de sainteté. Le château de Gaillon fut donc condamné à être vendu [1].

Les acquéreurs, qui avaient été guidés par l'appât d'une spéculation, s'empressèrent de dépouiller le château de tout ce qui en faisait l'embellissement, et en dénaturèrent la majeure partie. Les statues, les marbres, les menuiseries, les ornements en tout genre, disparurent dans cet encan général; les pierres elles-mêmes ne furent pas respectées. Enfin, en 1802, feu Alexandre Lenoir, dans la crainte que le portique et les deux belles galeries de la cour principale, qui étaient encore en place, ne vinssent à subir le même sort, préoccupation regrettable, en fit l'acquisition, pour le compte du gouvernement, et les transporta pierre par pierre à Paris, pour en orner le musée des Petits-Augustins, devenu depuis le palais des Beaux-Arts, où on peut admirer encore quelques-uns de ces beaux débris [2].

---

[1] On excepta le parc, qui était couvert de bois de haute futaie, et qui fut vendu, à son tour, en 1815, à une compagnie de marchands de bois, qui se le fit adjuger pour cinq cent mille francs.

[2] Une portion notable de ces corps d'architecture et d'ornements sculptés, longtemps délaissée dans les chantiers des Petits-Augustins, a fini par se dénaturer et par se détruire. Ceux qui survécurent ont

Enfin, en 1812, Napoléon ayant décrété la formation d'une maison centrale de détention, pour les cinq départements de l'Eure, de la Somme, de la Seine-Inférieure, de l'Orne et d'Eure-et-Loir, fit racheter, dans ce but, moyennant une somme de quatre-vingt-dix mille francs, l'emplacement et les restes du château de Gaillon.

Les travaux et les nombreuses constructions nécessitées par cette nouvelle destination, achevèrent de dénaturer l'œuvre de Georges d'Amboise. A peine aujourd'hui en reste-t-il debout quelques pans de murailles, quelques restes déshonorés. Aussi l'ami des arts et de nos souvenirs historiques, en visitant ces lieux, jadis si pleins de magnificence et de grandeur, séjour désormais du crime et de la misère et doublement dégradés, est-il près de s'écrier avec le poëte : *Etiam periere ruinæ!*

été employés dans la décoration du palais des Beaux-Arts par l'architecte, M. Duban, avec le goût et le talent qui distinguent cet artiste.

DEUXIÈME PARTIE.

DESCRIPTION.

Celui qui, pour connaître le château de Gaillon et se faire une idée exacte des bâtiments et des jardins élevés par le cardinal d'Amboise, augmentés depuis par ses successeurs, se transporterait sur les lieux, en reviendrait bientôt cruellement déçu. Il chercherait en vain ce que le temps avait épargné, mais que la main des hommes, plus impitoyable, a dénaturé, renversé, détruit. Pour contenter le désir qui le poursuivait, force lui serait de faire un appel au souvenir du petit nombre de vieillards du pays qui ont survécu à cette demeure vraiment royale, ou mieux encore aux récits de ceux qui, dans des temps plus éloignés de nous, l'ont visitée et décrite.

Pour l'aider, le guider dans cette investigation, mettons sous ses yeux les descriptions faites à un long intervalle, et par un artiste qui, dans le siècle même qui vit l'érection du château de Gaillon, le dessina et le décrivit, et par un historiographe qui le visitait un siècle et demi plus tard. Nous commencerons, en suivant l'ordre des temps, par Audrouet du Cerceau, qui écrivait en 1576; puis, nous passerons à Piganiol de la Force, dont le récit date de 1715.

« Ce bastiment, dit le premier en parlant du château de Gaillon, est au païs de Normandie, distant de la ville de Rouen, capitale du pays, dix lieues. Il est elevé sur un tertre ayant le regard fort beau du costé de l'Orient : auquel costé passe encores la riviere de Seine, à un quart de lieue près. Ce lieu fut ainsi dressé par un cardinal d'Amboise, du vivant du roy Loys douziesme : et est fort bien basty, de bonne maniere, et d'un riche artifice, toutefois moderne, sans tenir de l'antique, sinon en quelques particularités qui depuis y ont esté faites. En la court est une grande fontaine de marbre blanc, bien enrichie d'œuvre. Au pied du chasteau est le bourg, la montée duquel est malaisée, encores qu'il y ait moyen d'y faire des escalliers, qui se pourroyent pratiquer avec certaines terraces, qui se trouveroyent en hault au devant du bastiment. Ce logis est accommodé de deux beaux jardins : l'un desquels est au niveau d'iceluy, et entre deux une place, ou maniere de terrace, que monsieur le cardinal de Bourbon à present fait approprier d'edifices, tant au niveau dudit logis que au pied de la terrace, adjoustant à ce bas une gallerie d'assez belle ordonnance, selon l'antique, qui regarde sur le val. Or est ce jardin accompli d'une autre belle gallerie et plaisante, digne d'estre ainsi appelée à cause de sa longueur, et du moyen dont elle est dressée, ayant sa veue d'un costé sur le jardin et de l'autre sur ledit val, vers la riviere. Au milieu du jardin est un pavillon, où se voit encores une fontaine de marbre blanc. Quant à l'autre jardin, il est compris en ce val, sur lequel la gallerie a son regard merveilleusement grand, et où seroit facile de faire de grandes beautez : joignant lequel est un parc de vignes, dependant de la maison, non fermé. Outre plus au mesme val, tirant vers la riviere, ledit sieur cardinal a fait eriger et bastir un lieu de Chartreux, abondant en tout plaisir. Il y a davantage en ce lieu un parc auquel, si vous voulez aller, soit du logis, ou bien du jardin d'en hault, il faut souvent monter, tant par allées couvertes d'arbres que terraces, qui tousjours regardent sur le val; et continuant, vous parvenez jusques à un endroit où est dressée une petite chapelle et un petit logis, avec un rocher d'hermitage assis au milieu d'une eaue, ayant la cuve quarrée et entour icelle des petites allées à se pourmener : pour auquel entrer il faut passer une petite bascule. Près de là se voit un petit jardin, et dans icelui force piedesteaux, sur lesquels sont posées des figures entieres de trois à quatre pieds de hault, de toutes sortes de devises, avec ce quelques allées bercées, couvertes de couldres : estant la place de cet hermitage fort mignarde et jolie, et autant plaisante qu'autre qui se puisse trouver. Passant oultre, vous venez à un autre lieu, basti sur une eaue, qu'on appelle la Maison Blanche. Son premier estage est comme une salle ouverte à arcs de trois costez, ayant son regard dans l'eaue. L'autre costé est une montée, avec quelques petites garderobbes. De ceste montée l'on va en hault, où sont pareilles commoditez que dessous, excepté qu'au lieu d'arcs ce sont des fenetres quarrées. En la salle basse, du costé du buffet, il y a comme trois fontaines quarrées de deux ou trois pieds, dans lesquelles on descend pour avoir l'eaue, et tout se voit d'icelle salle avec quelques murailles garnies de niches. Somme, en ce parc y a tant d'autres jolivetez, et le lieu est si plaisant que merveilles, comme le pourrez comprendre par l'ordre que j'ay tenu en la continuation des dessins que je vous en ay figurez. »

Écoutons maintenant Piganiol de la Force.

« Le château de Gaillon a été bâti par le cardinal d'Amboise, archevêque de Rouen et ministre d'état sous le règne de Louis XII. Il pourroit passer pour la plus belle maison de France, si on avoit voulu y faire une entrée convenable et y faire venir des eaux dedans l'étang qui est au-dessus. Il faut en faire presque le tour, pour y entrer par une petite porte fort vilaine. On entre dans une cour, qui conduit dans une autre, qui est grande, quarrée, et au milieu de laquelle est une fontaine superbe. Le château est composé de quatre ailes de bâtimens, et accompagné d'une chapelle flanquée à une de ses encoignures. Le chœur de cette chapelle est hors d'œuvre, et porte un clocher tout à jour, revêtu de plomb et orné de plusieurs figures de même métal. Les ouvrages de sculpture et les autres ornemens de cette chapelle méritent l'attention des curieux. Dans le château, il y a deux grands appartemens l'un sur l'autre : celui d'en bas est composé de plusieurs grandes chambres, d'une galerie au bout, qui fait face à l'orangerie, et d'une colonnade, qui est une espèce de salon ouvert; à côté des chambres est une autre galerie, au bout de laquelle on trouve un grand salon; l'appartement d'en haut a le même nombre de chambres, la galerie et le salon comme en bas; mais au bout de la galerie, qui répond à celle du bas, qui donne sur l'orangerie, est un salon des plus beaux, d'où l'on entre dans la serre, et qui conduit de plain pied dans un parterre; le jardin est composé de plusieurs parterres, qui se communiquent par des rampes douces et conduisant dans un potager qui a plus de soixante arpens en quarré; l'orangerie est faite en amphithéâtre, et j'y ai vu plus de trois cents orangers. A côté est un grand parterre d'où l'on entre dans le parc, qui contient huit cents arpens : il est percé d'une infinité de routes, et ce qu'il y a de plus remarquable est le pavillon de la Ligue, qu'on laisse tomber en ruine, peut-être par rapport à la grande dépense que Nicolas Colbert, archevêque de Rouen, a faite au château. On prétend que ce prélat a dépensé plus de deux cent mille écus à augmenter ou embellir la maison. La vue de ce château est des plus belles de France, car, des quatre galeries et du corridor, l'on découvre plus de deux lieues de païs. A droite, on voit des coteaux chargés de vignes et de bouquets de bois, et à gauche est la rivière de Seine, qui serpente et paroît un grand canal, que la nature semble avoir fait exprès pour servir à l'embellissement du château. De l'autre côté de la rivière sont des bouquets de bois, qui couvrent une côte qu'ils rendent agréable. Dans la plaine sont plusieurs remises pour le gibier, qui y est en quantité et d'un fumet excellent. Il y a aussi une garenne, dont les lapins sont très-estimés. »

Quelque étendue que du Cerceau et Piganiol de la Force, qui avaient vu et visité les lieux, se soient plu à donner à leurs descriptions, combien l'une et l'autre laissent encore à désirer! Les dessins que du Cerceau a joints à la sienne, suppléent, en partie, il est vrai, à cette insuffisance, et comblent des lacunes qu'il serait impossible aujourd'hui de remplir. Aussi, nous sommes-nous empressé d'en reproduire quelques-uns, bien qu'ils ne se recommandent pas toujours par une fidélité scrupuleuse; tels qu'ils sont, ces dessins sont éminemment précieux pour l'histoire du château de Gaillon.

Si le temps a dénaturé, emporté presqu'en entier le monument, il a fait surgir de la poussière où ils étaient enfouis, les témoins écrits de sa construction. C'est un secours inattendu, qui nous permet de décrire, à notre tour, cette belle résidence. C'est une espèce de dépouillement des comptes, objet de cette publication, que nous allons faire, nous réservant de le combiner avec les souvenirs de nos devanciers et les débris eux-mêmes de l'œuvre du cardinal d'Amboise, que nous avons pu faire revivre dans les seize planches de l'atlas qui accompagne cet ouvrage. Les bornes d'une introduction nous interdisent, on doit le comprendre, des détails trop multipliés,

INTRODUCTION.

trop étendus. Le lecteur qui ne se contenterait pas de la rapide excursion que nous allons lui faire faire, pourra se livrer à de plus longs détours dans nos comptes eux-mêmes.

Gaillon, dans l'origine, véritable forteresse, se composait, à l'instar de tous les châteaux normands, d'une enceinte de hautes murailles garnies de tours et défendues par des fossés. Au centre se dressait une maîtresse tour, le donjon.

Cette donnée se trouve confirmée par le sceau du célèbre Cadoc, qui ne crut rien pouvoir mieux faire que d'y représenter la forteresse dont Philippe-Auguste l'avait nommé châtelain.

Les Anglais, au xve siècle, jetèrent par terre la maîtresse tour et rasèrent les remparts. (Voir ci-dessus, p. x.)

Le cardinal d'Estouteville, plusieurs années après, en relevant le château de Gaillon de ses ruines, sans prétendre lui restituer son caractère spécial de forteresse, conserva néanmoins l'ancien tracé, et répara les murailles d'enceinte. Des

DESCRIPTION.

fossés, des tours, des ponts-levis étaient encore, à cette époque, l'accompagnement obligé des châteaux : le système féodal n'avait point abdiqué.

Le cardinal d'Amboise, esprit novateur et amant passionné des arts, n'osa pas lui-même s'affranchir de ces nécessités. Au lieu de porter hardiment ses constructions hors de l'enceinte féodale, sur un terrain plus libre, où il eût pu leur donner tout le développement nécessaire et livrer carrière au génie des artistes inspirés par lui, il se renferma dans le périmètre du vieux château.

Étreint sur cette pointe de terre anguleuse, il fit appel à tout ce que l'art pouvait présenter de ressources et de richesse pour dissimuler et faire oublier ce défaut capital.

Bien qu'à l'époque où Georges d'Amboise édifiait le château de Gaillon on n'attachât pas à la régularité du plan général des édifices la même importance qu'on y mit plus tard, on sent quels efforts dut faire Georges d'Amboise pour combattre les difficultés du terrain; ces difficultés, il faut le dire, ne furent pas toutes vaincues.

Le château, sur la langue de terre où il est assis (voir pl. II), affecte la forme triangulaire.

Il était de toutes parts entouré de fossés (L, L, L).

Un pont-levis, défendu par deux tours basses plongeant sur le fossé, donnait accès au corps du château, en *a, b*.

Un pavillon carré, H, flanqué de tourelles à ses angles, et sur lequel s'appuyait, à droite et à gauche, un corps de bâtiment, conduisait à la première cour A.

Cette cour, de forme irrégulière, et assez étroite, donnait passage, en *e*, pour mener à la grande cour B.

La disposition du terrain n'avait pas permis de donner à cette cour principale la régularité désirable; pour cela, il eût fallu la resserrer encore davantage, et porter en avant la ligne de bâtiments, qui fuit en diagonale sur un des côtés : la cour eût perdu en dimensions ce qu'elle eût gagné en régularité; on renonça à cette combinaison.

Le principal corps d'habitation, C, formant un des côtés de la cour, regardait le sud-ouest. On y accédait par deux escaliers extérieurs, placés à deux angles opposés de la cour, *f, m*.

Une forte tour ronde, I, flanquait ce corps d'habitation du côté des fossés.

A l'opposé était la chapelle du château, J.

Les deux côtés latéraux de la cour, qui s'appuyaient aux deux escaliers, en équerre, formaient deux galeries, D, E, ouvertes au rez-de-chaussée, fermées à l'étage supérieur.

Au centre de la cour s'élevait une grande fontaine, *g*.

A l'angle nord-ouest de la cour, un pavillon carré, K, flanqué de tourelles en encorbellement, livrait passage, au moyen d'un pont-levis jeté sur le fossé, de la cour principale du château à une vaste terrasse ou esplanade, M, garnie, sur deux de ses côtés, de bâtiments.

De cette esplanade on entrait dans le jardin ou parterre, N.

Une immense galerie, O, occupait un des grands côtés du parterre.

Un petit pavillon se voyait à son extrémité; à la partie centrale était une fontaine, *q*, accompagnée de volières.

En sortant du jardin on entrait dans le parc.

Une immense avenue conduisait au lieu dit l'Hermitage et à la Maison-Blanche, si bien décrits par du Cerceau (voir ci-dessus, p. XLIX), et dont notre planche IX, empruntée aux dessins de cet architecte, achève de donner une idée aussi complète que possible.

Nous ne ferons que mentionner le parc boisé, qui s'étendait au delà de la Maison-Blanche, et qui n'occupait pas moins de huit cents arpents. Il se dessinait en longues allées, se croisant à un rond-point.

Un vaste jardin potager, qui descendait dans la plaine, en dehors de l'enceinte générale du château, du côté de l'est, complétait ce vaste ensemble.

Revenons maintenant sur nos pas, et, nos comptes à la main, arrêtons-nous un instant à chacune des parties que nous venons de parcourir à grands pas; nous allons faire plus ample connaissance avec elles.

Ramenons le lecteur dans la cour principale du château. Pénétrons avec lui dans le grand corps d'habitation; là commencèrent les travaux du créateur du château de Gaillon, suivons-le dans sa marche.

LA GRANT MAISON.

La *grant maison*, ou *grant corps d'ostel* (pl. II, c), ainsi désignée comme formant le principal bâtiment d'habitation du château, va nous occuper la première : c'est là qu'apparurent les premiers travailleurs.

Nos comptes nous apprennent qu'au mois de septembre 1501 commencèrent les approvisionnements de pierre de taille pour la *grant maison*. Les carrières de Saint-Leu et de Vernon en fournirent, dans le cours d'une seule année, plus de seize cents tonneaux, les premières, au prix de 7^s 6^d, les secondes, de 16^s le tonneau, pris à la carrière.

On compte, indépendamment des simples manœuvres, depuis trente jusqu'à soixante maçons et tailleurs de pierre employés aux travaux, lesquels ne durèrent pas moins de cinq années. Ils avaient été entrepris au mois d'octobre de l'année 1502.

Les ouvriers étaient payés à la journée, ainsi que le maître maçon en chef. Nous nous ferons un devoir de signaler le nom de cet architecte dans la revue des artistes qui fait suite à cette description; on y verra qu'il était de Rouen et établi dans cette ville.

Le marché pour la charpente de la grant maison fut passé le 13 décembre 1505 (p. 165). Dès l'année précédente, cinquante milliers d'ardoise étaient entrés à Gaillon pour la couverture (p. 112). En 1508 seulement on achevait de poser les portes et les fenêtres (p. 330).

Nos registres mentionnent, dans la grant maison, *la grande salle, la chambre de cuir doré, la chambre de parement, la chambre de velours vert*, dénominations empruntées à l'ameublement de ces pièces.

La grant maison subsiste encore; c'est un des seuls bâtiments du château qui ait survécu, mais dans sa masse seulement, car sa décoration tant intérieure qu'extérieure a disparu sous le marteau des Vandales; rien de plus misérable aujourd'hui. A peine, du côté qui regarde la campagne, retrouve-t-on quelques pilastres, quelques arceaux montrant encore des restes de sculpture. Quant au côté de la cour, il ne présente plus rien.

On devine, par un dessin fait à l'époque de la démolition du château, que nous avons reproduit, planche IX, que cette façade de l'édifice était assez richement décorée. On y aperçoit de petits piliers de style semi-gothique, coupant une chaîne d'archivoltes à anse de panier, garnies de *nacelles renversées* délicatement sculptées.

Le côté opposé, celui qui regardait la campagne, ainsi que

DESCRIPTION.

nous l'avons dit plus haut, était flanqué, en hors-d'œuvre, d'une riche galerie à jour surmontée d'une terrasse (pl. II, *h*).

Huit piliers de marbre, à base et chapiteaux en pierre de Vernon, en supportaient les arceaux. Des médaillons en marbre, somptueusement encadrés, qu'on désigne sous le nom d'*enticquailles* (p. 274), à raison des personnages de l'antiquité dont ils offraient les portraits, accompagnaient les archivoltes des arcades.

On vantait la beauté de cette galerie.

LA TOUR.

La tour (planche II, 1), à laquelle on donna la forme ronde, forme qui dominait depuis longues années dans les châteaux normands, faisait, en quelque sorte, partie de la *grant maison* ou *grant corps d'hostel* auquel elle était liée : aussi, la construction de ces deux bâtiments avait-elle marché de front ; ils sortirent des mêmes mains.

La tour a résisté, comme la grant maison, au marteau des démolisseurs : sa masse les effraya, mais ils ne l'abandonnèrent que dépouillée, dénudée, déshonorée.

Que sont devenues ces merveilleuses menuiseries du cabinet du créateur de Gaillon, éblouissantes d'azur et d'or, que la main de ces maîtres, épris de leur art, avait taillées, fouillées, rehaussées, caressées avec tant d'amour? Rien, plus rien!

Des murs nus ont remplacé ces délicieuses sculptures. À ces tables de cèdre, chargées de bassins et d'aiguières d'or, ont succédé de grossiers fourneaux, d'ignobles marmites[1].

La vue à vol d'oiseau, de notre planche III, peut donner

---

[1] C'est dans la chambre de Georges d'Amboise, au milieu de la tour, qu'est établie la cuisine des détenus.

une idée de la manière pittoresque dont la grosse tour était couronnée. Toute cette toiture élancée, qui lui donnait tant de légèreté et d'élégance, a disparu.

Avant de quitter la tour, pénétrons dans ses souterrains en pierre de taille, véritables oubliettes, dont nous n'avons rien à raconter.

MAISON PIERRE DELORME.

Le côté de la cour regardant le nord-est (planche II, F), qui fuit en diagonale, avait reçu le nom de *maison Pierre Delorme*, du nom du maître maçon qui l'avait édifiée.

La construction de ce corps de bâtiment, commencée au mois de septembre 1506, fut terminée en avril 1508 [1].

Il serait difficile de se rendre compte du véritable caractère de son architecture, d'après la vue à vol d'oiseau que nous avons empruntée à du Cerceau (pl. III). Nous aimons mieux renvoyer au dessin tiré du cabinet de M. Albert Lenoir, dont notre planche IX offre la répétition.

On voit, par le caractère des pilastres qui accompagnent les ouvertures, que l'architecte n'avait point encore renoncé à l'ancien style pour le nouveau, dont il épousait déjà, cependant, les données, à en juger par les médaillons avec cartouches, dont il avait garni l'entre-deux des fenêtres. Nous sommes dans le tâtonnement de la transition.

Pierre Delorme avait appliqué la même décoration aux pans de murs, ainsi qu'à la tourelle de l'ancien logis du cardinal d'Estouteville (pl. II, *l*), contre laquelle venait s'appuyer le bâtiment qu'il avait été chargé d'élever.

Pierre Delorme avait reçu l'ordre de remanier ces ancien-

---

[1] Il n'en reste plus une seule pierre en place.

DESCRIPTION.

nes constructions (pl. II, G), afin de les harmoniser avec les nouvelles. Sachons gré à cet artiste d'avoir respecté la porte de la tourelle, servant de cage à l'escalier, seul débris resté comme témoin de l'œuvre du cardinal d'Estouteville. Cette porte, surmontée de ses deux figures d'anges et de son couronnement ogival tout festonné, est d'un aspect aussi élégant que pittoresque.

PAVILLON PIERRE DELORME.

A l'un des angles de l'ancien château s'élevait une forte tour, qui fut jetée par terre en 1504 (p. 108), pour faire place à un pavillon carré, destiné à servir de communication entre la cour du château, le jardin et le parc (pl. II, K, i et j). La construction de ce bâtiment, qu'on désigne sous les noms de *portail neuf*, de *portail du jardin*, traîna en longueur durant trois années. Le maître maçon, Pierre Delorme, qui lui imposa également son nom, passait marché, le 1er février 1508, de le parfaire, moyennant 6^{tt} 10^s la toise, tout compris; il l'acheva dans l'année.

La vue à vol d'oiseau de du Cerceau (pl. III), et mieux encore le double dessin de notre planche IX, peuvent donner une idée du style de ce pavillon.

Ce bâtiment carré était flanqué, du côté du jardin, de deux grosses tours, et, du côté de la cour, de deux tourelles en encorbellement. Les deux premières servaient comme de défense au pont-levis qui était jeté là sur le fossé; les petites tourelles ne pouvaient être considérées que comme ornement.

Le couronnement de ces tours et tourelles, richement travaillé, se terminait par un toit aigu d'où s'élançait un épi en plomb.

Ces quatre clochetons, avec lesquels alternaient quatre élégantes lucarnes, accompagnaient de la manière la plus heureuse la haute toiture du pavillon, sur laquelle le plomb travaillé jouait son rôle ordinaire.

On reconnaît, dans ce bâtiment, la main qui construisit *la maison Pierre Delorme*: même mélange de l'ancienne et de la nouvelle école, même ornementation, même goût, même élégance.

GALERIES DE LA COUR.

Il ne nous reste plus, pour compléter cette revue des bâtiments de la cour principale, qu'à parler des deux corps de galeries, placés en regard, qui s'étendaient, l'un (planche II, B), de l'escalier de la tour au pavillon *Pierre Delorme*, l'autre (planche II, E), du grand escalier de la chapelle à la maison portant le nom du même architecte.

Ce n'est point à Gaillon qu'il faut aller demander ces précieux monuments; à peine si on y reconnaîtrait leur emplacement. Le palais des Beaux-Arts, à Paris, nous montrera quelques-uns de leurs débris; c'est là qu'ils sont venus chercher refuge.

Le corps de galerie E, celui qui s'appuyait au grand escalier, servait, au rez-de-chaussée, de passage ouvert, comme cela se voyait dans presque tous les châteaux et les grandes maisons de cette époque.

Des pilastres prismatiques, qui ne se distinguent des pilastres de style gothique que par les arabesques semées sur leurs pans, mélange que nous trouvons partout à Gaillon, supportaient la galerie supérieure.

Deux arceaux étaient jetés d'un pilastre à l'autre; ils se trouvaient divisés par une tête de pilastre, suspendue à vide, en forme de pendentif, qui leur servait de clef.

DESCRIPTION.   LXI

La galerie supérieure était éclairée par des fenêtres à meneaux en croix, qui s'appuyaient sur une frise, à enroulements se mariant à des figures allégoriques ou fantastiques.

Des pilastres, couverts d'arabesques, servaient d'encadrement aux fenêtres; au-dessus se dessinait une double corniche ornée dans le même style.

Les trumeaux des fenêtres étaient garnis de médaillons en marbre blanc, richement embordurés, auxquels étaient appendus des cartouches portant le nom des Césars et des impératrices dont les médaillons étalaient les images.

Au front de ceux-ci s'épanouissait une gerbe d'ornements. Rien de plus somptueux, de plus élégant que toute cette décoration [1] (pl. VIII).

Des lucarnes pyramidales, hérissées de clochetons, de crêtes, de dentelles, s'élançant de la toiture, complétaient ce bel ensemble.

Le corps de galerie opposé, B, n'était pas moins riche que celui que nous venons de décrire, si même il ne le surpassait pas [2].

A des pilastres semi-gothiques succèdent, ici, de courtes colonnes semées de fleurs de lis.

Au-dessus des arcades, portées par ces onze colonnes, s'étendait non plus une frise à arabesques, mais un long bas-relief en marbre, représentant la bataille de Gênes et l'entrée triomphante des Français dans cette ville [3].

La galerie basse était décorée de têtes de cerfs en bois, peintes

---

[1] Nous devons au crayon d'un habile architecte, M. Uchard, la restauration d'une portion de cette galerie, d'après les fragments disséminés au palais des Beaux-Arts.

[2] On en jetait les fondements en 1505, au mois de septembre (p. 131).

[3] La bataille de Gênes fut livrée dans le mois d'avril de l'année 1507. On sait que le cardinal d'Amboise eut la plus grande part à la reddition de cette ville.

au naturel. Elles se détachaient sur un fond de verdure, dû au pinceau du même artiste, Richard du Hay, de Rouen, qui avait été chargé également de rehausser d'or les caissons du plafond (p. 386).

Les plus riches couleurs avaient été prodiguées dans la galerie haute: l'or, l'azur couraient, serpentaient sur ses voûtes courbées en élégantes ogives, sur les *rondeaux et lettres* dont ses murs étaient semés, sur le manteau richement *estoffé* de la cheminée qui se dressait à l'une de ses extrémités (p. 386).

A l'extérieur, des médaillons en marbre, semblables à ceux du corps de galerie en regard, complétaient la série des douze Césars et des impératrices; l'ouverture du XVIe siècle avait été marquée par le réveil de l'antiquité.

En compagnie des douze Césars apparaissaient Louis XII et Georges d'Amboise. Nous avons pu reproduire le buste du bon roi (pl. I), que nous n'avons pas voulu séparer de son fidèle ministre [1].

LA COUR.

Cette cour (pl. II, B), si splendidement encadrée, répondait, par la beauté de la grande fontaine de marbre qui en occupait le centre, à la richesse des édifices environnants. Il n'était pas jusqu'à son dallage qui ne fût en harmonie et digne d'un si brillant entourage.

Le pavage d'une cour, dans nos palais et châteaux modernes, est regardé comme une chose sans importance aucune,

---

[1] Le buste de Louis XII était placé dans une niche centrale. Un peu au-dessous, à main droite, était la figure, également à mi-corps, de Georges d'Amboise, à main gauche, celle de Charles d'Amboise, grand maître de France.

Le buste de Georges d'Amboise, moins favorisé que celui de Louis XII, n'existe plus. Notre dessin a été relevé d'après la statue du tombeau du cardinal d'Amboise, à la cathédrale de Rouen; nous ne pouvions mieux le remplacer.

DESCRIPTION.

et se trouve abandonné au premier ouvrier venu. Il n'en était point ainsi à cette grande époque du XVIe siècle, où tout était traité avec le même soin, la même recherche, le même amour, et où chaque détail participait à la décoration générale.

La cour du château de Gaillon avait été garnie de dalles en pierre de liais, parfaitement jointées et polies, auxquelles se mariait, en façon de *marquetaige* (p. 398), de la pierre de diverses couleurs, noire, grise, verte (pag. 396, 398), de manière à former un dessin régulier, aussi riche qu'agréable à l'œil. Plusieurs artistes distingués avaient concouru à ce travail, dont l'exécution ne laissait rien à désirer (p. 325, 397, 401, 402, 413).

FONTAINE DE LA COUR.

Le plus bel ornement de la cour était la fontaine de marbre, qui s'élevait majestueusement à son point central.

C'était un don de la république de Venise, qui n'avait pas cru pouvoir faire un présent plus agréable au cardinal d'Amboise.

Stupendo fonte marmoreo ex Venetorum munere illustratus,

disent encore les murs du château de Gaillon.

Embarqués à Gênes, les marbres de cette fontaine avaient été transportés, par mer, à Honfleur, et de là, par la Seine, à Rouen, où ils furent transbordés sur un grand bateau, qui les amena aussi près que possible du château. Ils y entrèrent, non sans peine, traînés sur des charrettes.

Un maître fontainier, Pierre Valence, avait travaillé sans interruption plusieurs mois, de février en septembre 1506, pour amener les eaux, des hauteurs du parc, au milieu de la cour du château, où la fontaine devait être assise.

Ce fut un Génois, nommé Bertrand de Meynal, lequel avait été chargé de la conduite de la fontaine en France, qui en opéra la pose, conjointement avec le maître fontainier.

Cette opération fut terminée le 1er mai 1508; nos comptes disent, sous cette date :

« Pour le vin qui feust ordonné aux compaignons quant la « fontaine feust levée dedens la court, xxviii^s x^d » (p. 316).

Du Cerceau, dans son précieux recueil *Des plus excellents bâtiments de France*, où il ne pouvait oublier le château de Gaillon, a donné un dessin de cette fontaine. (Voir notre planche X.)

Elle se compose de deux vasques superposées, qui sont supportées par des figures de femmes nues, aux formes sveltes et élégantes.

La vasque supérieure est surmontée d'un vase, sur la panse et sur le pied duquel sont accroupis des Satyres et des Naïades.

Le tout est couronné par une grande figure d'homme, debout sur un socle taillé en forme de vase, dont il serait difficile de déterminer le caractère, faute d'attributs, en supposant que du Cerceau ait rendu exactement cette figure, chose douteuse à nos yeux [1].

La vasque inférieure avait 3 mètres 33 centimètres de diamètre; la vasque supérieure 1 mètre de moins.

L'ensemble du monument, tel que nous venons de le décrire, pouvait avoir, environ, 7 mètres de hauteur.

L'eau, jaillissant de vasque en vasque par des mascarons barbus, retombait dans un bassin octogone en marbre, ayant 5 mètres de diamètre.

Ce bassin inférieur ne faisait point partie de la fontaine

---

[1] Ducarel, qui visitait le château de Gaillon en 1767, veut y voir un saint Georges.

offerte par les Vénitiens à Georges d'Amboise ; il fut exécuté sur place par des maçons et tailleurs de marbre, en tête desquels figure, en première ligne, le Génois Bertrand de Meynal. Cet artiste reçut 42# 13ˢ 8ᵈ pour son travail.

Sur les trois panneaux du bassin inférieur (pl. X), on voit, au centre, saint Georges à cheval, terrassant le dragon ; à droite, les armes de Louis XII, le porc-épic couronné ; à gauche, les attributs du cardinal d'Amboise et son initiale G.

C'est sur le cartouche, supporté par deux anges, de ce dernier panneau, qu'on avait gravé l'inscription suivante, si toutefois elle n'occupait pas un panneau tout entier :

> PERPETUI FONTIS QUISQUIS MIRATUR HONORES
> ROTHOMAGI MUNUS PRÆSULIS ESSE SCIAT
> LEGATI, NOSTRO DUM JURE GEORGIUS ORBI
> PRÆSIDET, AMBASIÆ PURPURA PRIMA DOMUS
> HESPERIÆ ET GALLIS POST OTIA PARTA PERENNES
> EXTERNO CINGI MARMORE JUSSIT AQUAS.[1]

On s'est souvent demandé ce que signifiait cette espèce de gaîne ou de pilastre de forme et d'ornements assez bizarres, qui, implantée dans le bassin de la fontaine, domine la grande vasque inférieure. Nous ne pouvons qu'y voir une horloge hydraulique, qui était mise en jeu par les eaux de la fontaine.

Qu'est devenu ce délicieux monument, le plus bel ornement de la cour, si remarquable, du château de Gaillon ? Le croirait-on ? il tomba sous la main des archevêques de Rouen eux-mêmes ; l'ombre de Georges d'Amboise dut frémir indignée dans la tombe. La beauté de cette fontaine, ses marbres, ses sculptures, le souvenir historique qui s'y rattachait, le nom de Georges d'Amboise, rien ne put la sauver de son arrêt de mort.

[1] *Mercure de Gaillon.*

Nous eussions voulu pouvoir en douter, pour l'honneur des archevêques de Rouen; mais que répondre à l'affiche de vente imprimée en 1757, que nous avons sous les yeux, sur laquelle on lit en toutes lettres :

« *État des matériaux qui seront à vendre, provenant de la démolition de l'ancienne fontaine.*

« Une grande coquille de marbre, ornée de sculpture, d'environ sept pieds de diamètre, d'une seule pièce, saine et entière.

« Une autre grande coquille, d'environ dix pieds de diamètre, cassée en deux pièces.

« Huit pièces de marbre formant un bassin octogone, chacune de six pieds, ornées et enrichies de sculpture.

« Plusieurs marches en marbre blanc, de deux pieds de largeur sur six pouces d'épaisseur, composant ensemble environ quatre-vingt-dix pieds de longueur, une partie en grande pièce.

« Plusieurs morceaux de bronze, les uns servant d'ornements, les autres de liens et attaches. »

Négligée depuis longues années, par les successeurs des cardinaux d'Amboise, la fontaine de la cour avait besoin de réparations : on trouva plus expédient de la démolir et d'en vendre les matériaux : *proh pudor!*

Que mit-on à sa place? l'affiche va nous le dire :

« Sera pavé l'emplacement de l'ancienne fontaine, avec pavé de grès de six à sept pouces d'échantillon. »

Et l'on parle du vandalisme de 1793 !

DESCRIPTION.

ESCALIERS DE LA COUR.

L'escalier dit *la grant viz*, placé à l'angle sud-est de la cour (pl. II, *f*) qui conduisait à la chapelle, passait pour un des plus beaux ornements de cette même cour, si l'on s'en rapporte aux récits de ceux qui visitèrent le château de Gaillon au temps de sa splendeur, car cet escalier a été entièrement détruit.

On admirait, à l'extérieur, le luxe de sa décoration et de ses sculptures, à l'intérieur, les pendentifs formant clefs de voûte, enfin le saint Georges en cuivre qui en couronnait le faîte[1]. Cette figure avait été fondue par un artiste de Rouen (p. 406) sur le modèle fait par un sculpteur de la même ville (p. 403).

Il existait, dans la cour, un autre escalier, de forme sexagonale comme le premier, qui donnait accès aux appartements du *grant corps d'hôtel* ou *grant maison* (pl. II, *m*).

Sa cage était garnie, à ses angles extérieurs, de pilastres ornés d'arabesques, et se coiffait d'un toit à pans coupés, gracieusement armé d'un épi en plomb.

Ce second escalier, qui se liait au grand corps d'hôtel, avait été construit par le maître maçon de la grant maison. Il en jeta les fondements au mois de janvier 1505[2].

CHAPELLE.

La chapelle du château de Gaillon se faisait moins remarquer par la grandeur de ses proportions, qui étaient assez res-

---

[1] Le cuivre de cette figure, qui est qualifié de cuivre fin, avait été payé quatre sous la livre.

[2] Nous pensons qu'on doit lui attribuer également la construction de la *grant viz* conduisant à la chapelle.

treintes à en juger par la chapelle basse, qui seule a survécu, que par la richesse et l'élégance de sa décoration. Ses vitraux, ses peintures, ses stalles, ses sculptures, en faisaient un monument à part : « Cette chapelle est ouvragée partout, » écrivait Thomas Corneille, qui l'avait souvent visitée. « Elle réunit, disait, cinquante ans après, un voyageur anglais, une plus grande quantité d'ornements que l'espace ne semble le permettre, mais ils sont si bien disposés qu'ils ne présentent aucune confusion[1]. » Cet éloge dit tout.

« Le chœur de cette chapelle, ajoutait Thomas Corneille, est hors d'œuvre et porte un clocher tout à jour, revêtu de plomb et orné de figures de même métal; cet ouvrage est assez singulier dans son dessin. La pierre de marbre qui forme l'autel, les figures des douze apôtres en relief, les ouvrages de sculpture, les chaises du chœur, qui sont d'un bois rare, avec des ouvrages de pièces rapportées, les vitres et tout ce qui paroît au dedans et au dehors, sont des objets qui attirent une longue attention de ceux qui les examinent[2]. »

Rien de ce qui excitait l'admiration de Thomas Corneille n'existe aujourd'hui; le monument lui-même a été rasé. Quelques débris à peine ont échappé à ce désastre général. Nous nous sommes empressé d'en faire revivre le souvenir.

La chapelle, à en juger par la vue à vol d'oiseau (pl. III) que nous avons reproduite d'après du Cerceau, affectait, extérieurement du moins, la forme d'une croix. Son abside se dessinait, à l'est, en demi-cercle, et mordait sur le fossé. (Pl. II, J.)

Dix-huit fenêtres, à rangs superposés, y laissaient pénétrer la lumière du jour, adoucie par le feu voilé des vitraux peints.

Au centre s'élançait un clocher carré, surmonté d'une cam-

---

[1] Ducarel, *Antiquités normandes*.
[2] *Dictionnaire universel géographique et historique*, article Gaillon.

panille à jour, surnommée la *Syrène*, des figures qui la décoraient :

> Mire fabrecata Syrenes appellata turris.

Plus bas étaient rangées des Sibylles, *ibi et Sibyllæ*.

Trois de ces figures étaient sorties du ciseau de l'artiste rouennais Guillaume de Bourges. Le 9 août 1509, on lui comptait quinze livres *pour trois ymages de pierre à mectre sur la chappelle* (page 357).

Un autre Rouennais, Robert Devaulx, avait festonné la crête, les pignons, les arêtes de la toiture de plomb capricieusement ouvragés. Leur dorure scintillait aux feux du soleil.

On accédait à la chapelle par l'escalier désigné dans nos comptes sous le nom de *la grant viz*, qui s'élevait à l'un des angles de la cour centrale (pl. II, *f*). On pouvait encore s'y rendre par la grande terrasse *h*. C'est le long de cette terrasse que les archevêques, au sortir de leur cabinet, qui était placé dans la tour I, allaient à la chapelle.

Au mois d'octobre de l'année 1504, apparaissent les premiers articles de nos comptes relatifs à la construction de la chapelle. Les maîtres charpentiers en posaient les cintres à cette époque (p. 109 et 110). Au mois de novembre, on en taillait les pierres (p. 111). Il faut nous reporter à deux ans de là, en 1506, pour retrouver les maçons et manœuvres travaillant à la chapelle (p. 179-190). Un des maîtres maçons, au mois de juillet de la même année, était allé aux carrières de Saint-Leu *pour chouessir la pierre de la chappelle* (p. 183).

Le 12 février 1508, on passait le marché pour la charpente (p. 259); en 1509 on y travaillait encore (p. 426). Dans le courant de la même année, on s'occupait de la couverture en ardoise (p. 431).

INTRODUCTION.

La construction du corps de la chapelle haute entrait-elle dans le grand marché de 18000ᵗᵗ passé le 4 décembre 1507 par Pierre Fain, maître maçon de Rouen, et ses compagnons (p. 255)? Tout porte à le croire. A cet artiste donc reviendrait en grande partie l'honneur d'avoir construit ce monument, que la main des hommes a jeté impitoyablement par terre.

Un autre artiste, étranger à la Normandie, et que la Touraine réclame, Colin Biard, avait donné des conseils et peut-être des plans pour son érection. Nous attribuons aux études que cet architecte dut faire pour la construction de la chapelle, le dessin, exécuté à la plume, sur peau de vélin, dont nous reproduisons le *fac-simile* (pl. XIV). Ce dessin, qui est signé de l'initiale de l'artiste tourangeau, était conservé dans les archives du château de Gaillon.

Les vitres peintes de la chapelle répondaient à la beauté de l'édifice. Félibien, qui les avait vues au commencement du xviiᵉ siècle, en fait un éloge auquel il lui était difficile de rien ajouter, en laissant entendre qu'elles rivalisaient avec les plus belles verrières de Rouen, si justement célèbres [1].

Cet éloge est de nature à rendre plus vifs les regrets que fait éprouver aux amis des arts la perte irréparable de ces verrières.

Les comptes que nous publions n'entrent pas dans assez de détails pour que nous puissions attribuer, d'une manière certaine, leur exécution à deux maîtres verriers, Antoine Chenesson, d'Orléans, et Jean Barbe, de Rouen, qui déployèrent leur talent au château de Gaillon. (Voir plus loin, *Revue des artistes.*)

Les murailles de la chapelle devaient le disputer, par la

---

[1] *Entretien sur les vies et sur les ouvrages des plus excellents peintres*, t. III, p. 83. Voir aussi Levieil, *Traité de la peinture sur verre.*

DESCRIPTION.

beauté de leurs peintures, si même elles ne les effaçaient, à ses brillantes verrières. André de Solario, peintre milanais, appelé en Normandie par le cardinal d'Amboise, consacra deux années entières à ce grand travail, du mois d'août 1507 au mois d'août 1509.

On ignore complétement quels étaient les sujets, la disposition, l'étendue des compositions dont André de Solario avait embelli la chapelle de Gaillon. Nous n'avons trouvé à cet égard aucune indication : nos comptes, la tradition, les souvenirs des habitants du lieu, tout est muet. Le temps et la main des hommes ont voulu effacer jusqu'à la trace des travaux de l'élève de Léonard de Vinci.

Nous sommes plus heureux pour un tableau de chevalet que le cardinal d'Amboise avait commandé à André Solario durant son séjour à Gaillon. Nous lisons, dans l'inventaire qui fait suite à ces comptes : « Ung beau tableau de la Nativité nostre Seigneur que a faict maistre André de Solario, peintre de Monseigneur » (p. 540).

La sculpture avait payé son tribut pour l'embellissement de la chapelle de Gaillon.

On y remarquait douze grandes figures d'apôtres, en albâtre, dues au ciseau d'Antoine Just, artiste venu à Gaillon des bords de la Loire. (Voir *Revue des artistes*.)

Un autre artiste de l'école de Tours, Michel Coulombe, dont le nom n'est point sans célébrité, avait exécuté, pour l'autel, un grand bas-relief en marbre représentant saint Georges terrassant le dragon.

Plus heureuse que les figures d'apôtres d'Antoine Just, l'œuvre de Michel Coulombe est arrivée jusqu'à nous; elle est aujourd'hui déposée dans le musée de la sculpture française, au Louvre (pl. XV).

Saint Georges, armé de toutes pièces, la visière haute, lance son cheval au galop contre le dragon ailé, qu'il perce d'outre en outre de sa lance. L'énorme animal, dressé sur ses pattes de derrière, mord avec rage le bois de la lance. Dans le lointain, sur un rocher, une femme agenouillée invoque le ciel pour le chevalier qui vient lui sauver la vie.

Cette sculpture, d'un travail fini et soigné, se fait remarquer par une certaine grâce qui n'exclut pas l'énergie; elle accuse une main ferme et hardie, et cependant celle qui tailla ce marbre était presque octogénaire.

Ce bas-relief devait emprunter, de la place qu'il occupait, de son encadrement en marbre tout couvert de délicieuses arabesques, du jour mystérieux des vitraux qui tombait sur lui, un charme, un effet tout particulier. Aussi sommes-nous moins étonné qu'il ait constamment excité l'admiration de ceux qui venaient visiter Gaillon :

> Et bref, jamais ses mains (de la sculpture) n'acquirent tant de gloire
> Comme en ce chevalier, d'éternelle mémoire,
> Qu'elle arme d'une lance, et dont le zèle est tel
> Qu'il immole pour nous un dragon sur l'autel.
> Phidias, qui jadis par une œuvre si belle
> Sut couronner son front d'une palme immortelle,
> A peine eût su produire un ouvrage aussi beau,
> Quand sur un pareil marbre il eût mis le ciseau.

Il est fâcheux qu'un aussi mauvais poëte se soit chargé de donner un brevet d'immortalité à l'auteur de ce bas-relief, et surtout aux dépens de Phidias. Heureusement son œuvre parle pour lui.

L'autel, tout en marbre et couvert des plus riches sculptures, répondait à la beauté du bas-relief.

Une des principales richesses, un des plus beaux ornements de la chapelle du château de Gaillon consistait dans ses stalles en menuiserie.

Feu Alexandre Lenoir, qui avait été assez heureux pour les sauver de la destruction, et qui les avait transportées au musée des Petits-Augustins (an x), parle ainsi de ce monument :

« Cette boiserie magnifique est composée de trente-trois panneaux arabesques, plus légers et plus fins les uns que les autres, de quatôrze bas-reliefs enchâssés dans de petites colonnes aussi arabesques, et représentant des sujets du Nouveau-Testament, au-dessous desquels on voit treize tableaux en marqueterie, formés avec des bois de couleur incrustés, représentant divers sujets allégoriques; le tout formant onze siéges ou stalles mouvantes, chargées d'arabesques et d'instruments du dessin le plus léger et d'une exécution parfaite. Les portes de ce monument surpassent en beauté les autres parties de cette boiserie; huit panneaux arabesques, neuf pilastres et neuf moitiés de colonnes, ornées de leurs bases et de leurs chapiteaux composites, chargés de chimères et d'animaux hiéroglyphiques, composent l'ensemble de ces portes, sculptées en partie dans la masse. Enfin, percées à jour pour donner de la légèreté à l'ouvrage, elles montrent des difficultés sans nombre vaincues par le talent. »

Arrachée des Petits-Augustins, cette *boiserie magnifique* (l'éloge n'est point exagéré), disloquée, dépiécée, finit par aller s'égarer à l'église de Saint-Denis, où, tant bien que mal, l'architecte chargé de la restauration de cet édifice, chercha à en utiliser les débris. Sachons-lui gré, toutefois, de ne l'avoir pas laissé pourrir tout entière dans les magasins où elle était reléguée.

Les stalles, ou chaires, comme on les appelait alors, dans l'état où nous les présentons (pl. XII et XIII), forment deux travées, qui se composent chacune de six stalles proprement dites, ou stalles avec leur sellette et leurs accoudoirs, et garnies, en arrière-corps, de leurs dossiers, dont les divisions, au nombre de six, correspondent au nombre des stalles.

Ces siéges, d'un style fort simple, n'ont d'un peu remarquable que les figures, soit humaines, soit d'animaux, accolées aux montants des accoudoirs, et les sujets en relief empruntés soit à l'Ancien soit au Nouveau Testament ou aux légendes du moyen âge, qui occupent le pied de la sellette. Toutes ces figures sont touchées avec beaucoup d'esprit et d'originalité.

La simplicité de ces siéges fait ressortir davantage la richesse éblouissante des dossiers.

Entre deux grands montants semi-gothiques se dessinent, séparés entre eux par des pilastres, six panneaux, offrant, sur une double rangée, des sujets formant tableau, richement embordurés.

Les six tableaux du rang supérieur se composent de bas-reliefs en bois de chêne; les six tableaux de la rangée inférieure, de figures assises, exécutées en bois de marqueterie, ainsi que l'architecture qui leur sert d'encadrement.

Toute la décoration de ces panneaux, ornements, architecture, figurines, est dans le style qu'on est convenu d'appeler de la renaissance, et témoigne du goût exquis des artistes qui l'ont exécutée.

Je passe à l'indication des sujets :

PLANCHE XII.

Bas-reliefs de la rangée supérieure, en commençant à main gauche :

DESCRIPTION.

Saint Jean prêchant dans le désert;
Relevailles de la Sainte Vierge;
La Vierge et saint Joseph;
Naissance de saint Jean;
Baptême de Jésus-Christ;
Emprisonnement de saint Jean [1].
Tableaux en marqueterie de la rangée inférieure :
   La foi, FOY;
   La sibylle hellespontine, SIB. HELPONCIΣΔ;
   Une sibylle, SIBILLA (le nom manque);
   La justice, IVSTICE;
   Vertu, ou Sibylle;
   La Prudence.

PLANCHE XIII.

Bas-reliefs de la rangée supérieure :
   Le miracle de l'idole;
   Saint Jean-Baptiste conduit en prison (sujet répété);
   Mise en croix (de saint André?);
   Décollation de saint Jean;
   L'âme du mauvais riche ballottée par les démons;
   Les relevailles de la Vierge (sujet répété);
Tableaux en marqueterie de la rangée inférieure :
   La sibylle persique, SEBILLIA PERSICA [2];
   La force;
   La sibylle tiburtine, SIBILLA TIBVRTINA;
   La température, un frein à la bouche;

[1] On voit, par ces sujets, que les bas-reliefs ont été déplacés lors de leur restauration.

[2] Cette inscription a été oubliée dans la gravure.

La charité;
La sibylle delphique, SIBILE DELPHICEN.

La porte, en menuiserie, qui conduisait aux stalles, était digne en tout de celles-ci.

Nous avons pu recomposer cette admirable pièce de menuiserie, grâce au dessinateur qui nous a prêté le secours de son talent si fin, si précieux [1].

L'ancienne école, qui a semé nos monuments gothiques de tant de chefs-d'œuvre, apparaît encore là, dans toute la portion supérieure, mais comme pour y déposer son dernier soupir. La main de l'artiste, descendant aux panneaux inférieurs, les marque du cachet de la nouvelle école; elle les couvre, en jouant, de ces ravissantes arabesques, délicieux caprice qu'aucun ciseau n'effacera.

Comme pour rendre hommage à celui qui lui avait mis le ciseau à la main, et dater, en quelque sorte, son ouvrage, l'artiste y traça le portrait du créateur de Gaillon, et plaça en regard, afin qu'on n'en ignorât, l'écusson armorié du prélat, ainsi que son patron, le glorieux saint Georges.

Quelque mérite qui éclate dans les deux autres pièces de menuiserie appartenant également à la chapelle de Gaillon, que nous avons placées à côté de la porte de cette chapelle (pl. XVI, B et C), elles lui sont trop inférieures pour que nous nous y arrêtions.

Nous lisons dans nos comptes :

« A Thibault Roze, quinze sols pour vi peaulx de parchemin velin pour faire les pourtraicts des chaires de la chapelle, par quictance du derrein fevrier v^c huit (1509). »

---

[1] M. Hercule Catenacci. Le burin de M Henri Brevière s'est heureusement associé au crayon de l'artiste.

DESCRIPTION.

Pourquoi ne trouvons-nous pas, à la suite, le nom de celui qui couvrit ces six peaux de vélin? Peut-être devons-nous admettre que plusieurs artistes, et non la main d'un seul, y tracèrent le plan et les détails de ces riches menuiseries; car, à cette époque, la pensée et la main ne marchaient pas séparément comme de nos jours : toute liberté était laissée à l'ouvrier-artiste, il exécutait ce qu'il avait conçu.

Jusqu'à trente menuisiers furent occupés à la fois aux stalles de la chapelle; parmi ceux qui marquent en première ligne, on doit citer les maîtres menuisiers Richart Guerpe ou Carpe, Richart de la Place, Pierre Cornedieu, Colin Castille.

Les pièces en marqueterie, dans lesquelles entraient principalement des bois rouge[1] et jaune (page 314), durent passer, en partie, par les mains du maître *marquetier,* Michellet Guesnon.

Ce maître, afin de détacher les figures de ses tableaux, les cerna par un trait au burin qu'il remplit d'un mastic coloré, artifice emprunté au système des nielles.

Tous ces artistes, dont les noms étaient inconnus, appartiennent à l'école rouennaise.

CHAPELLE BASSE.

Seul reste de la chapelle de Gaillon, la chapelle basse, où l'on dit aujourd'hui la messe pour les condamnés de la maison centrale de détention, n'offre rien de bien remarquable, à moins qu'on ne veuille s'arrêter à la savante combinaison de ses nervures en pierre, soutien et berceau renversé de l'ancienne chapelle, à leurs culs-de-lampe aux armes d'Amboise, et à ces quelques figurines sculptées, qu'accompagnent des cartouches,

---

[1] Le bois rouge se vendait sur le pied de six sous la livre.

sur l'un desquels nous avons pu lire : *belles et bonnes femmes*, qu'un ciseau malicieux n'a pas craint de buriner là.

PORTIQUE DE L'AVANT-COUR.

Nous n'avons pas voulu enlever à ce beau morceau d'architecture, qui décore la cour du palais des Beaux-Arts, à Paris, la dénomination un peu ambitieuse qu'on est convenu de lui appliquer. On pourrait croire qu'il avait, au château de Gaillon, d'où il sort, la même destination que la restauration qu'on lui a fait subir et l'endroit où il est placé, lui ont donnée; ce serait une erreur. Ce portail (c'est ainsi qu'il est désigné dans nos comptes) n'était point dans une position isolée comme au palais des Beaux-Arts : il était appliqué contre un corps de bâtiment dont il était partie inhérente; il en composait l'entrée.

Les ouvertures latérales qui accompagnent l'arcade centrale, au palais des Beaux-Arts comme sur notre dessin (pl. VII), faisaient partie des fenêtres du bâtiment lui-même.

Nous avons restitué à l'arcade supérieure son véritable caractère et son ornementation du temps. Au lieu d'être à jour, cette arcade surbaissée servait d'encadrement à un écusson orné, portant les armoiries du créateur du château de Gaillon, du cardinal d'Amboise.

Nous ne nous appesantirons pas sur la grâce, l'harmonie de la composition de ce portail, sur l'élégance des détails, sur la délicatesse de son ornementation; tout le monde a pu l'admirer au palais des Beaux-Arts. La gravure que nous lui avons consacrée (pl. VII) suffira pour le rappeler au souvenir de ceux qui l'ont vu, et pour en donner une juste idée à ceux, en plus petit nombre, qui n'ont pas été à même d'en apprécier le mérite.

A un artiste rouennais appartient la gloire d'avoir produit

DESCRIPTION. LXXIX

ce petit chef-d'œuvre; il avait nom Pierre Fain. On lit dans nos registres :

« Pierre Fain (*alias*, maistre maçon demourant à Rouen) et ses compaignons maçons, ont fait marché de faire de pierre de Vernon le portail qui clost la court du chasteau » (p. 431).

En marge de l'article est écrit : « Portail qui clost la basse-court, » et, dans le corps des payements : « qui clost la court où est l'entrée de Gennes. »

L'entrée de Gênes était ce long bas-relief, représentant la reddition de cette ville, qui décorait la galerie de la cour principale, dont nous avons parlé plus haut (p. LXI). Le portail était placé au point de partage des deux cours. (Voir planche II, *e*.)

Nos comptes nous apprennent que, commencé vers la fin de l'année 1508, ce portail fut achevé dans le mois de septembre 1509.

PAVILLON D'ENTRÉE.

Jusqu'à présent, c'est loin de Gaillon, ou à d'anciens souvenirs, que nous avons dû nous adresser pour la description que nous avons entreprise; nous allons être plus heureux par exception.

Le pavillon qui, de tous temps, et encore aujourd'hui, forme l'entrée du château, va nous étaler sa richesse primitive; nous n'aurons à regretter que sa haute toiture si pittoresque, si élégante.

Un coup d'œil jeté sur notre planche II, H, fera saisir le plan et comprendre la disposition de ce pavillon; nos planches V et VII nous montreront, la première, sa façade extérieure, la seconde, sa façade intérieure. Le dessin de ces deux façades, relevé sous nos yeux avec une exactitude, une fidélité qui ne laissent rien à désirer jusque dans les plus petits détails, peut permettre d'apprécier l'importance et le mérite de cette double composition [1].

FAÇADE EXTÉRIEURE.

Cette façade extérieure, ainsi que celle qui lui correspond à l'intérieur, se fait moins remarquer par le grandiose des proportions, par la richesse de la composition, que par l'élégance du style et la délicatesse de l'ornementation. (Planche V.)

L'arcade servant d'entrée est flanquée de deux colonnes engagées, à fût cannelé, qui supportent une longue architrave ornée de chimères et d'arabesques. Cette arcade est privée d'archivolte et d'imposte, ce qui tient à ce que son encadrement servait d'appui au pont-levis lorsque celui-ci était levé.

A main gauche de la porte est une petite poterne basse, dans le même système, qui desservait la passerelle des gens de pied et de service. De charmants pilastres remplissent le surplus du panneau où cette petite ouverture est percée.

Dans le panneau opposé est une fenêtre à meneaux en croix, couronnée par une coquille, ornement qui se répète aux petites ouvertures latérales du pavillon.

Deux fenêtres superposées, de forme carrée, à traverses également en croix et garnies de pilastres, s'ouvrent aux deux étages supérieurs, et répondent aux ouvertures latérales de la porte d'entrée.

Entre les fenêtres du premier étage se dessine une arcade surbaissée, entièrement pleine et nue.

---

[1] Ces dessins sont dus au talent d'un jeune architecte, M. Desmarets. L'artiste a mis sur un même plan, dans son dessin, le corps de bâtiment et les avant-corps octogones qui le flanquent, afin de faire mieux saisir l'ensemble.

DESCRIPTION.

Il est impossible que l'artiste qui dessina ce charmant portail ait voulu laisser dégarni le fond de cette arcade. Peut-être est-ce là qu'on voyait placées, dans deux niches séparées par des colonnettes à jour, les deux figures de Louis XII et de Georges d'Amboise, qu'on dit avoir existé au-dessus d'une des portes d'entrée du château. Rien ne l'indique aujourd'hui sur place. Peut-être y avait-il, dans le trumeau central de l'étage supérieur, une décoration du même genre, à l'instar de celle qui se voit à la façade intérieure (planche VI). Nous n'oserions pourtant l'affirmer.

Trois petites fenêtres superposées, et reliées entre elles d'étage en étage par une chaîne de pilastres, disposition pleine de goût et d'élégance, donnent du jour aux deux ailes de la façade, ailes détachées en avant-corps, ainsi que nous l'avons dit.

FAÇADE INTÉRIEURE.

La courte description que nous venons de faire de la façade extérieure du pavillon d'entrée pourrait, à la rigueur, s'appliquer à la façade intérieure. Il sera facile de s'en convaincre en mettant en regard nos deux planches V et VI, qui les représentent : même disposition générale, même forme des ouvertures, même système de décoration. L'architecte, on le voit, s'est mis peu en frais d'imagination.

Il avait cependant, ici, à vaincre une difficulté, dont il s'est tiré avec adresse et bonheur.

L'avant-corps, placé à main gauche, servait de cage à l'escalier du pavillon [1]. Forcé d'y multiplier les jours afin d'éclairer l'escalier, l'architecte, en les enchaînant les uns aux autres par une élégante décoration continue, sut harmoniser cet

---

[1] Sous l'avant-corps opposé il a dû exister un caveau voûté servant d'oubliettes.

avant-corps avec celui qui lui est opposé. La porte de l'escalier, qui s'ouvrait sur la façade même, est ornée avec un goût tout particulier [1].

Les deux figures d'anges, qu'on voit dans la niche placée au deuxième étage, dans le trumeau central, devaient supporter un écusson aux armes d'Amboise ou de France. Les mutilations qu'elles ont subies en 1793, achèveraient, s'il était nécessaire, de le prouver.

C'est dans l'arcade au-dessous que se lit la longue inscription latine

MEMORIÆ

POSTERITATI HONORI

SACRVM, ETC.

que nous avons rapportée dans le Récit historique qui précède cette Description (p. xxIII), et dont notre dessin (pl. VI) offre le *fac-simile*.

Cette inscription, postérieure de plus d'un siècle à la construction de cette portion du château, dut remplacer une décoration d'un autre genre, bas-relief ou autre, dont il ne reste ni trace ni souvenir.

Le nouveau style brille, presque pur, dans la double façade de ce pavillon, qui sert d'introduction au château de Gaillon.

Comme dans presque tous les monuments du siècle qui le vit naître, les ornements arabesques, qui constituent un des principaux caractères de ce nouveau style, toujours en harmonie pour la masse, d'un membre d'architecture à l'autre, sont constamment variés dans le détail. Les artistes de cette époque, supérieurs en cela à ceux de nos jours, s'étudiaient à ne pas se répéter. Leur génie ne pouvait s'emprisonner dans

---

[1] Cette porte est aujourd'hui murée.

DESCRIPTION. LXXXIII

une imitation absolue, froide et stérile. Ils se complaisaient à cette liberté pleine de caprice et de charme, qui rend si attrayante l'étude de leurs œuvres.

Pour tout œil exercé, l'architecture du pavillon d'entrée du château de Gaillon a l'analogie la plus complète avec le portail aujourd'hui déposé au palais des Beaux-Arts. Il est impossible de ne pas retrouver sur ces deux monuments un cachet de famille; ils doivent être sortis de la même main.

A un Rouennais donc reviendrait l'honneur de cette nouvelle composition. La construction de ce pavillon rentrait dans le marché à forfait conclu par cet architecte et ses *compaignons* vers la fin de l'année 1507, et doit appartenir à l'année 1508 ou à l'année 1509 au plus tard. (Voir p. 255.)

Nous avons passé en revue tout le corps du château; portons-nous dans les cours extérieures et dans les jardins. Là se terminera notre excursion.

JEU DE PAUME.

Traversons l'avant-cour, où nous nous étions placés, il n'y a qu'un instant, pour examiner la façade intérieure du pavillon d'entrée; rappelons, en passant, à notre pensée, le beau portail aujourd'hui exilé au palais des Beaux-Arts; pénétrons de nouveau dans la cour du château, non sans jeter un souvenir à sa grande fontaine de marbre, à ses belles galeries, à ses riches escaliers, à sa chapelle; pénétrons sous le pavillon auquel le maître maçon Pierre Delorme a légué son nom. Avant de franchir le pont-levis jeté là sur l'ancien fossé du château, plongeons notre regard à notre main droite, sur le fossé lui-même.

l.

Là (pl. II, *n*), était un jeu de paume couvert, que, dans nos comptes, on désigne sous le nom de *Tripot*.

Ce jeu de paume, commencé vers la fin de l'année 1508, fut achevé en 1509 (p. 379).

GRANDE TERRASSE.

Nous sommes sur la vaste esplanade (pl. II, M) qui sépare le corps du château du jardin.

Ce ne fut que sous le cardinal de Bourbon, *le roi de la ligue*, arrière-successeur de Georges d'Amboise, que cette terrasse, à son extrémité nord-est, fut fermée par une galerie basse « d'assez belle ordonnance, selon l'antique, qui regarde sur le val, » dit Androuet du Cerceau, qui assista à sa construction.

Un siècle après, l'archevêque Nicolas Colbert faisait surmonter cette galerie d'un étage à arcades à jour, d'après les dessins de Mansart, et la flanquait, à l'une de ses extrémités, d'un pavillon carré dans le style grandiose de l'époque. Seul, de ces constructions, ce pavillon est encore debout.

L'étage bâti par l'archevêque Colbert, moins solide que la galerie du cardinal de Bourbon, fut renversé, le 15 janvier 1703, par un ouragan.

Mansart, à l'extrémité opposée de la grande terrasse, construisit une orangerie et disposa cette portion de la terrasse en amphithéâtre, pour l'exposition des orangers, au retour de la belle saison [1].

POTAGER.

Je n'entrerai point dans la description du grand jardin potager, qui, à partir du pied de la galerie retouchée par Man-

---

[1] En 1764, on y comptait trois cents orangers.

sart, se prolongeait dans la plaine, sur une étendue de soixante arpents.

Plus tard, sous Nicolas Colbert, ce potager, d'après les conseils et sous la direction de le Nostre, fut relié au jardin du château par des rampes d'accession, embellissement entrevu, un siècle auparavant, par l'architecte du Cerceau. (Voir ci-dessus, p. XLVIII.)

La distribution du potager fut remaniée en même temps.

JARDIN OU PARTERRE.

Le jardin d'agrément, le parterre du château de Gaillon, beaucoup moins vaste que le potager, était placé dans une autre direction; il faisait suite à la grande terrasse, vers le nord-ouest, et occupait un carré long (pl. II, N), fermé sur deux de ses côtés, par un simple mur, sur les deux côtés opposés, par une ligne de bâtiments et par une immense galerie (pl. II, O).

Ce parterre était divisé en carrés, appelés, dans nos comptes, *parquets,* au nombre desquels figuraient deux labyrinthes, enjolivement qui devait se perpétuer dans les parcs de nos châteaux et dont nous trouvons ici la première trace.

Ces carrés étaient clos par une espèce de palissade basse, ayant des portes en bois; les allées qui les séparaient étaient sablées.

Chaque parquet offrait un dessin varié, dans le système d'ornementation qui commençait à poindre à cette époque. (Voir pl. II.) Des ardoises découpées, des carreaux de terre cuite entraient dans cette décoration (p. 367 et 368). Rien n'avait été épargné pour satisfaire le goût et plaire à l'œil.

Au nombre des fleurs qui garnissaient le parterre, on cite

des violettes, des marguerites, des œillets en pot, de la marjolaine, du romarin.

Au nombre des arbres fruitiers, tant du parterre que du potager, figurent des poiriers, des cerisiers, des guigniers, des merisiers, des groseilliers, des mûriers blancs[1], et, ce qui est plus à remarquer, des pêchers. Ces derniers arbres avaient été achetés sur le pied de deux sous pièce, le double du prix des poiriers (p. 367).

Les jardins de Gaillon avaient été tracés et plantés sous la direction du jardinier de Louis XII, qui s'était rendu de Touraine en Normandie, au commencement de l'année 1506, pour répondre au désir du cardinal d'Amboise. Il se nommait Pierre de Mercolienne, et prenait le titre de *Doyen du Plessis, jardinier du roy*. Il s'était fait accompagner par un jardinier de Blois, du nom de Masse ou Massé.

Le doyen du Plessis reçut pour ses honoraires, du mois de janvier au mois de juillet 1506, une somme de 116ᵗᵗ 5ˢ.

Quant au jardinier ordinaire du château, Thomas de Lyon, il était payé sur le pied de 3ᵗᵗ par mois, et de 18 deniers par jour pour son entretien.

PAVILLON DU JARDIN.

Au centre du jardin s'élevait un petit pavillon, de forme octogone, surmonté d'une calotte sphéroïdale, et flanqué, sur quatre de ses côtés, d'élégantes volières (pl. II, *q*, et pl. III).

Ce pavillon avait été construit avec un soin particulier par un maître maçon, qu'on qualifie, à cette occasion, de *tailleur d'antique* (p. 244-245).

---

[1] On parle de deux cents mûriers blancs (p. 142).

DESCRIPTION.

On n'avait rien épargné pour l'embellir. Il était couronné d'une figure de saint Jean, en cuivre (p. 433).

Indépendamment de ses quatre volières, où se jouaient des faisans, des paons, des perdrix, des outardes, des pigeons, des *poulles daindes*[1], le pavillon empruntait un notable embellissement de la fontaine de marbre qui se dressait à sa partie centrale.

FONTAINE DU JARDIN.

Plus favorisée que la grande fontaine de la cour donnée par les Vénitiens à Georges d'Amboise, la fontaine du jardin a survécu, en partie, à la destruction de tant d'objets d'art dus au créateur de Gaillon.

Le musée de la sculpture française, au Louvre, en est dépositaire.

Nous avons pu, à l'aide d'un dessin exécuté sur place au château de Gaillon[2], restituer à cette fontaine sa vasque inférieure, qui la complète si heureusement (pl. XI).

Il serait difficile de trouver un monument du même genre d'un goût plus achevé, d'une exécution plus soignée. Le dessin que nous en donnons nous dispense d'entrer dans une description détaillée, qui n'ajouterait rien à l'éloge que nous venons d'en faire. Nous ferons seulement remarquer que le nouveau style brille ici dans toute sa pureté; c'est un de ses types les plus parfaits.

---

[1] On parle d'étuves pour les *poulles daindes* (p. 331), ce qui prouverait que ces oiseaux, déjà apportés en France, n'y étaient point encore acclimatés.

Ce ne serait donc pas aux jésuites, ainsi qu'on le croit généralement, qu'on devrait leur introduction en Europe.

[2] Nous devons à la complaisance de M. Albert Lenoir la communication de ce dessin.

On ignore ce qu'est devenue la vasque qui s'y trouve reproduite.

Il ne manque à ce délicieux morceau que la statue dont il était surmonté. Nous nous serions fait un scrupule d'y suppléer sur notre dessin en l'absence de l'original [1]. On sait seulement que c'était une figure de Diane; on ignore ce qu'elle est devenue.

GRANDE GALERIE DU JARDIN.

Notre planche III peut donner, sur une faible échelle, une idée de la grandeur et de la beauté de la galerie du jardin, qui en fermait un des côtés. Indépendamment de ses cinq arcades ou portes monumentales, on y comptait jusqu'à trente-six fenêtres, toutes surmontées de riches lucarnes en pierre. L'intérieur répondait à la richesse de l'architecture; il était garni, sur toute la longueur de la galerie, de lambris en bois sculptés, sortis du ciseau de l'un des plus habiles artistes employés par le cardinal d'Amboise.

Deux peintres rouennais furent chargés d'en peindre et dorer les murailles (p. 262).

La grande galerie du jardin, commencée en 1506, ne fut complétement terminée que deux ans après; on achevait de la paver au mois de juillet 1508 (p. 324).

LIDIEU.

Au sortir du jardin, une immense avenue de près de trois cents toises de long, prise sur le parc, conduisait à l'endroit connu sous le nom du Lidieu. Tout cet espace, dans l'origine, était planté de vignes, qui furent arrachées en 1503.

---

[1] C'est par suite de la même réserve, que l'artiste, auquel nous devons ce beau dessin, s'est abstenu de restituer, au tambour cannelé du pied de la vasque supérieure, les volutes qui devaient y exister et dont on voit encore les amorces.

DESCRIPTION. LXXXIX

Là s'élevaient des tonnelles, un ermitage, une chapelle. Plus loin apparaissait la *Maison blanche*. (Voir pl. IV.)

TONNES OU TONNELLES.

Ces tonnelles, qui jouent un assez grand rôle dans les comptes de Gaillon, se composaient de trois longues allées couvertes, placées côte à côte, faites en charpente et en menuiserie, et couvertes de vignes et de plantes grimpantes.

Elles côtoyaient un petit parterre orné de statues.

ERMITAGE.

Au débouché de ces tonnelles, on arrivait à un grand bassin carré, au centre duquel se dressait un rocher factice, dans lequel était creusé un ermitage.

Les dessinateurs de nos jardins, avec leurs rochers et leurs grottes, ne sont, malgré leur prétention, que de pauvres copistes. Il y a trois siècles qu'on avait trouvé ces belles choses-là.

CHAPELLE.

En face de l'ermitage était placée la chapelle du Lidieu.

Cette petite chapelle était voûtée en pierre, ses fenêtres étaient à meneaux (p. 63), ses contre-forts extérieurs à clochetons ouvragés.

La maisonnette y attenante paraît avoir porté le nom de maison ou pavillon du Lidieu. On y avait placé une héronnerie.

MAISON BLANCHE.

La Maison Blanche, ce magnifique pavillon nommé depuis

le Parnasse de Gaillon, qui était entourée des eaux du canal, qui la reliait, en quelque sorte, à l'ermitage (pl. IV), faisait-elle partie du *Lidieu?* doit-elle être confondue avec la *Maison du parc, le Pavillon du bout des Tonnes* (p. 99), qui tient une assez large place dans nos registres? Nous hésitons à le croire, tout en regrettant que leur laconisme ne nous mette pas à même de trancher la question.

Le caractère d'architecture de ce bâtiment, qui ne nous est connu que par les gravures de du Cerceau, semblerait lui donner une date un peu moins ancienne. Là, plus de trace de l'ancien style, lequel se trahit presque toujours dans les constructions de Georges d'Amboise au milieu de l'invasion de la nouvelle école. Ici, nous nous trouvons en pleine renaissance; aussi sommes-nous disposé à croire que le neveu et successeur du cardinal d'Amboise aura doté le parc de Gaillon de ce beau monument. Il est certain toutefois, d'après le témoignage de du Cerceau, qu'il existait déjà sous le cardinal de Bourbon, qui ne fit son entrée à Gaillon qu'en 1550.

Nous étant fait une loi de nous appuyer constamment sur les comptes objet de cette publication, dans la revue que nous nous proposions de passer, nous croyons devoir nous borner à renvoyer le lecteur désireux de faire plus ample connaissance avec la Maison Blanche, aux dessins de du Cerceau, qui en donnent une idée assez complète.

Nous ne conduisons pas le lecteur dans le parc immense qui couronnait les hauteurs au pied desquelles s'appuyait le château de Gaillon; il doit être fatigué de la longue excursion que nous venons de lui faire faire.

TROISIÈME PARTIE.

REVUE DES ARTISTES
EMPLOYÉS A LA CONSTRUCTION ET A LA DÉCORATION
DU CHÂTEAU DE GAILLON.

Après avoir parcouru les diverses parties du château de Gaillon, occupons-nous des artistes qui les ont construites, décorées, embellies. Cette revue complétera le tableau général que nous avons pris à tâche de tracer.

Afin d'éviter toute confusion et de montrer la part qui revient à chaque profession dans l'œuvre commune, nous rangerons ces artistes par classes, sous les titres ci-après :

Maçons,	Serruriers et maréchaux,
Charpentiers,	Ardoisiers-couvreurs,
Imagiers,	Chaufourniers,
Peintres,	Carriers,
Peintres-verriers,	Orfévres,
Menuisiers,	Brodeurs et tapissiers,
Fondeurs,	Lingers et toiliers,
Plombiers,	Parcheminiers, relieurs,
Orbateurs,	écrivains et enlumineurs.
Briquetiers,	

m.

MAÇONS.

Si, parmi les cent quatre-vingts et quelques noms de maçons que nous avons relevés dans les registres du château de Gaillon, un très-grand nombre appartient à de simples ouvriers et ne présente aucun intérêt sous le rapport de l'art, il en est plusieurs qui méritent une attention spéciale, et qui, révélés ici pour la première fois, viennent heureusement grossir la liste de nos artistes nationaux. L'apparente modestie de la qualification ne doit pas nous en imposer; qui disait maître maçon disait un homme également versé dans la théorie et dans la pratique de l'art, également habile à exécuter et à concevoir. On ne connaissait pas, à cette époque, d'autres architectes, pour nous servir du mot dans son acception moderne, que les maîtres maçons; nous ne chercherons pas ailleurs ceux du château de Gaillon.

Voici ceux dont nous nous proposons de parler ici :

Guillaume Senault,
François Senault,
Jehan Fouquet,
Jehan Moulin,
Michellet Loir,
Toussaint Delorme,
Jehan Gaudars,
Mathieu Litée,
Guillaume Mainville,
Martin Arrault,
Henry Neauldet,

Jehan Gifart,
Raulin Boudin,
Jehan Guignant,
Jehan Decaux,
Pierre Fain,
Pierre Delorme,
Bertrand de Meynal,
Geraulme Pacherot,
Colin Byard,
Pierre Valence,
Roulland Leroux.

Nous allons les passer successivement en revue.

Guillaume Senault paraît pour la première fois, dans les registres du château de Gaillon, vers les derniers mois de l'année 1502. C'est l'époque du commencement des grands travaux. C'est ce maître maçon qui dressa le plan du grand corps de logis, ou Grant Maison, à la construction de laquelle il travailla lui-même, presque sans discontinuation, du mois d'octobre 1502 au mois de novembre 1507. Il recevait, pour son travail manuel et pour son regard sur les ouvriers, 7^s 6^d par jour; il était payé tous les samedis, ainsi que les autres ouvriers. Le maître maçon en second sous lui, Jehan Fouquet, avait 6^s 3^d par jour; les autres maçons de 3 à 4^s; les manœuvres, qu'on désigne quelquefois sous le nom de forts hommes, de 1^s 4^d à 2^s.

Un article de nos comptes nous montre Guillaume Senault, sous la date du 21 janvier 1503, allant à Rouen pour faire voir les plans du bâtiment qu'il était chargé de construire : « A maistre Guillaume Senault, pour la despence de huyt jours de lui et de son cheval d'estre allé à Rouen porter les *pourtraictz*, et pour estre allé ung jour voir les careures (carrières) où l'en prent de la pierre, xxxvii^s iii^d » (p. 39).

Guillaume Senault faisait, plus tard, une autre visite aux carrières de Vernon et de Louviers (p. 185).

En 1506, au mois de septembre, il était appelé de Gaillon à Rouen, pour donner son avis sur les *cintres de la tour de Beurre* de la cathédrale. Il est qualifié, à cette occasion, dans les registres capitulaires, de maître maçon des œuvres du cardinal d'Amboise à Gaillon.

A peu de temps de là, le maître maçon des œuvres de Gaillon était mandé à Bourges pour donner son opinion sur la tour neuve de l'église Saint-Étienne[1]; il revint bientôt après au château de Gaillon.

Le 4 décembre 1507, il y passait marché, en compagnie de Jehan Fouquet et de Pierre Fain, de faire les cuisines, au prix de 7^{lt} 10^s par toise, *toutes matières fournies* (p. 319).

Guillaume Senault était de Rouen. Il y fut employé par le cardinal d'Amboise aux travaux de son palais archiépiscopal[2]. C'est un nom de plus à ajouter à la liste des architectes français de la grande époque du XVIe siècle.

François Senault.

François Senault était fils de Guillaume Senault, et travaillait au château de Gaillon sous son père. Il ne devait pas être dépourvu de talent, puisqu'on lui confia la sculpture des armoiries du cardinal sur une des portes du parc (p. 88).

Jehan Fouquet.

Ce maître maçon, de Rouen, devait être un homme de talent, à en juger par le salaire qu'il recevait comme second de Guillaume Senault. Tandis que les autres maîtres maçons étaient payés à raison de 4^s par jour, lui touchait 6^s 3^d.

Nous avons dit qu'il entreprit, avec Guillaume Senault et Pierre Fain, la construction des cuisines.

Jehan Moulin.

Jehan Moulin fut employé successivement à la grande maison, à la chapelle, au pavillon du jardin et aux portes du parc.

En 1503, il taillait 400 pieds de pierre de Vernon, pour la grande maison, à 5^d le pied; pour les voûtes de la chapelle, 1,100 petites pierres, ou *pendants*, à 7^s 6^d le cent (p. 64). En 1504, il *moulait et taillait* 103 pieds de pierre de Saint-Leu pour la porte du parc, et travaillait à la *taille des ogives* du pavillon du jardin (p. 249).

[1] *Bulletin archéologique*, 1843, p. 468.   [2] Archives du départ. de la Seine-Inférieure.

Michellet Loir et Toussaint Delorme déployèrent leur talent Michellet Loir. dans la décoration de la galerie et de la terrasse de la grande Toussaint Delorme. maison du côté des fossés. Toussaint Delorme fut chargé, par marché du 11 janvier 1508, de la pose des piliers de cette galerie, qui étaient en marbre, et de faire les bases et chapiteaux en pierre de Vernon, à 200ᵗᵗ pour le tout (p. 269). Neuf médaillons en marbre furent encastrés dans la muraille de la terrasse. Michellet Loir, *tailleur de pierre de taille*, passa marché pour la façon de l'encadrement en pierre de Vernon de ces médaillons. Il reçut 36ᵗᵗ, prix fait à 4ᵗᵗ pièce, « pour le tour de ces neuf anticquailles assises sur la tarasse haulte » (p. 274).

Jean Gaudars ne fut pas employé au bâtiment du château, Jehan Gaudars. mais il fit d'assez importants travaux dans les jardins. Il travailla, en juillet et août 1507, à la construction de la grande galerie, aux portes du pavillon et aux cabinets du jardin.

Mathieu Litée travailla également pour les jardins, au ca- Mathieu Litée. binet (p. 240), à la galerie peinte (p. 215), à la volière, à la fontaine (p. 100), aux murailles, aux portes. Il mit aussi la main aux bâtiments du château. C'est ainsi qu'il entreprit le talus des fossés, vers l'entrée, le long du vieux logis (p. 333), qui devait être « de bloc et non enduit, de quatre piez de large en fons et de deux piez et demi en hault en amortissement, » pour 7ˢ 6ᵈ la toise; on lui fournissait le bloc, la chaux et le sable (p. 384).

Ce maître maçon, qui travaillait à la grande maison sous Guillaume Mainville. Guillaume Senault, à 3ˢ 4ᵈ par jour, n'en fut pas moins chargé, par entreprise, de travaux assez considérables. Le 17 janvier

1509, il traitait, à raison de 3ᴸᴸ 15ˢ la toise, « pour faire les apuyz et acoutouers du long des fossez depuis le viel portail jusques au logis que fait Pierre Delorme, de pierre de Sᵗ-Leu, et led. acoutouer de pierre de Vernon » (p. 383).

Précédemment, il avait entrepris, moyennant 5ᴸᴸ 10ˢ par toise, la « construction d'une cuisine et creneaulx près du portail du jardin. » Du 5 février au 4 septembre 1508, il reçut, pour ce travail, 933ᴸᴸ 10ˢ (p. 270).

Le nom de Guillaume Mainville est fréquemment cité lors de la construction de la grande galerie du jardin.

Martin Arrault. Henry Neauldet. — Martin Arrault et Henry Neauldet s'engageaient, le 20 avril 1509, « à tailler, polyr et faire les quatre joingts de la moitié de vIIIˣˣ (160) toises de pierre de liaiz pour le pavement de la grant court, au pris chacune toise de Lvˢ » (p. 401).

Jehan Gifart. Raulin Boudin. Jehan Guignant. — Trois mois après, trois autres maîtres maçons, Jehan Gifart, Raulin Boudin et Jehan Guignant, se chargeaient, au prix de 42ˢ 6ᵈ la toise, de tailler, polir et faire les joints de 48 toises du pavé de la même cour (p. 413). C'était une diminution assez sensible sur le marché précédent.

Jehan Decaux. — Jehan Decaux fit de nombreux travaux du même genre au château de Gaillon. Ce fut lui qui pava la salle, les chambres, garde-robes et cour du Lidieu (p. 68); la grande galerie du jardin, pour 3ˢ 4ᵈ la toise « pour peine d'ouvrier seulement » (p. 324); la chambre et galerie haute à jour du portail neuf (p. 415); *la chambre dorée* (p. 329).

En 1508, il s'était chargé, en compagnie de Guillaume Créquin et de Jehan Louesse, avec lesquels il s'était déjà associé pour quelques travaux de pavage, « d'enduire à pierre perdue les murailles de derriere les galleries du jardin depuis la porte du premier pillier d'en hault jusques au sixieme d'embas, et briqueter tout led. enduit à huille, au pris de 8# 10ˢ pour chaque pan de pillier, pour peine d'ouvrier » (p. 334).

Jean Decaux reparaît encore pour quelques autres travaux moins importants.

De tous les marchés qui eurent lieu pour la construction du château de Gaillon, le plus considérable est, sans contredit, celui qui fut fait et passé le 4 décembre 1507, par Pierre Fain *et ses compaignons, à present besongnans au chasteau de Gaillon*, ajoute le registre; il se montait à la somme de 18,000 livres, « à quoy, disent les comptes, ils ont marché pour plusieurs bastimens qu'ilz doivent faire aud. Gaillon, à plain declarés ou [au] marché sur ce fait » (p. 255).

Pierre Fain.

Nous ne possédons pas ce marché; mais on voit, à propos d'un payement fait à Pierre Fain, qu'il s'agissait principalement de la construction de la chapelle et du grand escalier qui conduisait à celle-ci, « de la maçonnerie de la chappelle et grant viz[1] » (p. 425).

Le 29 septembre de l'année 1509, Pierre Fain touchait le solde des 18,000 livres de son marché. Moins de deux années avaient suffi pour mener à fin ces grands travaux.

Nous sommes porté à croire que, parmi les compagnons de Pierre Fain, il faut ranger les maîtres maçons Guillaume Senault et Jean Fouquet; nous lisons, en effet, ce qui suit, au compte de 1508 :

« Pierre Fain, Guillaume Senault et Jehan Fouquet, maçons, ont fait marché de faire les cuisines du chasteau de Gaillon,

---

[1] Ailleurs, nous voyons figurer plusieurs payements faits « aux massons qui font la grant maison, galleries, chappelle et la viz (p 184-190). »

fournir toutes matieres, les rendre prestes dedens la Toussains prouchain venant, moiennant sept livres dix solz tournois pour toise, ainsi que plus à plain est declaré ou [au] marché sur ce passé le iiii⁰ jour de decembre mil v⁰ et sept.

« Payemens sur ce :

« Aud. Pierre Fain et *ses compaignons*, etc. » (p. 319.)

Nous retrouvons ici Pierre Fain et ses compagnons, et ces compagnons sont Guillaume Senault et Jean•Fouquet. D'un autre côté, cette convention porte la même date que celle du marché des 18,000 livres; il est présumable qu'elle n'en était qu'une annexe.

En dehors de ce marché, Pierre Fain exécuta quelques travaux, comme, par exemple, « deux demyes croisées et une lucarne au grant corps d'ostel, » pour lesquelles il reçut 324ᴸ 10ˢ (p. 417). Cette somme, qui, comparativement, semble un peu forte, cessera de le paraître si on veut se rendre compte de l'élévation et de la richesse ornementale de ces lucarnes, décoration obligée des hautes toitures de l'époque, dont il nous est resté quelques spécimens si remarquables en Normandie.

Un autre travail, plus important, entrepris par cet artiste, fut celui du portail, du portique, comme on voudra l'appeler, qui donnait passage de l'avant-cour du château, de la basse-cour, comme on disait alors, à la cour principale, et que nous avons décrit plus haut (p. LXXVIII).

C'est celui qui fut transporté, par feu Alexandre Lenoir, à Paris, et qui fait aujourd'hui le principal ornement de la cour du palais des Beaux-Arts.

Ce beau fragment du château de Gaillon nous donne la mesure du talent de Pierre Fain, qui l'a exécuté. Cet artiste en entreprit la construction pour la somme de 650 livres

(p. 431); les derniers payements datent du 29 septembre de l'année 1509.

Pierre Fain était de Rouen; nos comptes nous en instruisent. « A maistre Pierre Fain, maistre maçon demourant à Rouen, » disent-ils, à propos d'un voyage qu'il avait fait à Gaillon, au mois d'août 1506 (p. 186).

Le cardinal d'Amboise avait déjà mis à l'épreuve le talent de cet habile architecte. Il l'avait employé, en 1501 et 1502, à son manoir archiépiscopal de Rouen. Pierre Fain en dirigea les travaux.

L'abbé de Saint-Ouen, de la même ville, Antoine Boyer, dit *le grand-bâtisseur*, lui confiait, plus tard, les travaux de son manoir abbatial (en 1507).

Le nom de Pierre Fain, qui tient une si large et si brillante place dans la construction du château de Gaillon, était resté jusqu'à ce jour complétement inconnu.

Celui de Pierre Delorme, à part sa ressemblance avec le nom du célèbre architecte lyonnais, Philibert Delorme, n'était pas connu davantage. Nos comptes du château de Gaillon en sont pleins[1]. *Pierre Delorme.*

Ce fut cet architecte qui construisit un des quatre côtés de la cour centrale. Ce corps de bâtiment faisait face à celui qu'on désignait sous le nom de grand corps d'hôtel ou de la grande maison bâti par Guillaume Senault. Pierre Delorme en avait entrepris la construction moyennant 4ᴸ 5ˢ la toise, *de peine d'ouvrier* (p. 256). Il toucha en totalité 2,072ᴸ 3ˢ 9ᵈ. Ce bâtiment reçut le nom de celui qui l'avait construit; dans tous nos comptes on l'appelle la *maison Pierre Delorme*.

---

[1] Dans un compte rendu de 1502, on écrit son nom *Pierres de Lourme*.

Cette aile venait se couder, par un angle obtus, à la portion de l'ancien château commencé par le cardinal d'Estouteville, qu'on avait laissé subsister vers l'angle sud-ouest de la cour. On sentit la nécessité d'en raccorder la décoration avec celle du nouveau bâtiment. Pierre Delorme se chargea, le 30 décembre 1507, de réparer *ce viel corps d'ostel*, moyennant la somme de 800^{lt}, tout compris (p. 257). Il en refit les trois lucarnes, et retoucha les croisées ainsi que la tourelle de l'escalier. (Voir p. 318.)

Après avoir terminé ces remaniements, Pierre Delorme s'occupa de *parfaire le portail,* ou pavillon carré, dit le portail neuf, qui se liait à l'aile qu'il avait construite et qui conduisait à la grande cour précédant le jardin. Il en passa le marché le 1er février 1508, au prix de 6^{lt} 10^s tournois la toise, la fourniture des matériaux comprise (p. 258). Le travail de ce maître maçon s'éleva à 122 toises 4 pouces, et lui fut payé 849^{lt} 15^s; les quatre lucarnes du pavillon comptées à part pour 264^{lt}; le tout était terminé à la fin de l'année 1508 (p. 384).

Pierre Delorme entreprit ensuite, par marché du 6 juillet 1508, à 4^{lt} par toise, « le pavement de la court au long du grand corps d'ostel, gallerie et les corps que a fait, compris les marches des entrées des portes pour recevoir les eaux qui tomberont des corps d'ostel neuf et viel qu'il a faiz » (p. 325-326). Ce pavage, pour lequel il reçut 263^{lt} 1^s, ce qui le porte à 66 toises environ, fut achevé le 28 août.

L'année suivante, Pierre Delorme fut chargé « de tailler, pollir, faire les quatre joincts de la pierre de liaiz qu'il fauldra à paver la grant court du chasteau, moiennant lv^s pour toise, icelle faicte bien et deuement. » Le marché est du 20 avril 1509; le dernier payement, du 31 août.

Nous avons vu, plus haut, que Jehan Gifart et deux autres maîtres maçons avaient taillé 48 toises de ce même pavé; Pierre Delorme en fit 56 toises (p. 402).

Précédemment, il avait passé un autre marché « de faire le tallud des fossez et jeu de paulme d'entre le pont neuf et la grosse tour de la hauteur d'un homme, de pierre de Vernon, et le demourant de pierre de Saint-Leu, avec l'acoutouer aussi de pierre de Vernon, et sera tenu tout livrer moiennant quatre livres pour toise » (p. 379).

Ce travail, commencé en octobre 1508, ne fut achevé qu'en septembre 1509, et coûta 2,171^{lt} 12^{s} 6^{d}. Plus de quatre-vingts manœuvres avaient été occupés, à la fois, à vider les terres.

Un second marché suivit de près, pour le dallage du jeu de paume, pour *le solage du tripot*, sur le pied de 45^{s} la toise; Pierre Delorme reçut 90^{lt} pour 40 toises, compris les fondations.

Cet infatigable entrepreneur passait encore un marché « de faire et tailler à l'entique et à la mode françoise, de pierre de Vernon, les entrepiez qu'il fault à asseoir les medailles baillées par messire Paguenin, icelles asseoir soubz la terrasse basse du grant corps d'ostel, livrer toutes matieres; moiennant huit livres tournois piece, qui en sera paié aud. Delorme avec dix livres tournois, oultre les VIII livres pour entrepié » (p. 405).

Ici se dessine le talent de Pierre Delorme, non-seulement comme architecte, mais encore comme sculpteur; ces entre-pieds, à l'antique et à la mode française, n'étant autres que les supports et encadrements de ces médaillons, dessinés et sculptés dans le goût de l'antique, qui commençait à se répandre en France.

Quant aux médaillons eux-mêmes, nous les supposons de

provenance italienne, tout en ignorant quel était ce messire Paguenin qui les avait livrés, mais dont le nom a toute la couleur italienne.

Ces entre-pieds étaient au nombre de vingt, ce qui nous donne le compte des médaillons; ils étaient en place le 25 août 1509.

Au milieu de ces nombreuses entreprises, Pierre Delorme trouva encore le temps et le moyen de travailler, en 1506, aux croisées du Lidieu (p. 204-205); en 1507, aux baignoires de la volière (p. 308) et aux croisées du pavillon du jardin (p. 311), et de sculpter, en pierre, les armoiries du cardinal (p. 309).

Il fit, en outre, dans l'intervalle, plusieurs voyages, tant à Vernon qu'à Paris, pour présider à des achats de pierres et d'autres matériaux (p. 354 et 395). Nous le voyons prendre encore un caractère plus spécial d'architecte, en mesurant et vérifiant l'ouvrage d'un autre maître maçon (p. 269), et à l'occasion d'un marché soumissionné par un maître charpentier, marché stipulé *passé en sa présence* (p. 318).

Il serait difficile de nommer un artiste plus occupé dans les travaux du château de Gaillon[1].

Après les maîtres maçons normands que nous venons de passer en revue, nous avons à nous occuper de deux artistes, étrangers à la localité bien que français, Pierre Valence, de Tours, et Colin Biard, de Blois, et de deux maîtres d'origine italienne, Bertrand de Meynal et Geraulme Pacherot. Nous parlerons d'abord de ces derniers.

---

[1] Pierre de Lorme avait été employé, en 1502, par Georges d'Amboise « à conduire l'œuvre des pilliers de marbre et apuys de la grande galerie et du preau du jardin » de son manoir archiépiscopal de Rouen. Il avait vingt-deux maçons sous ses ordres.

Bertrand de Meynal, ou de Myenal, dont le nom paraît plusieurs fois dans les comptes des années 1508 et 1509, avec la désignation de *Genevois, masson et tailleur de marbre*, était, non de Genève, comme de prime abord on est porté à le croire, mais de Gênes; ce qu'il y a de certain, c'est qu'il vint directement de Gênes en France, pour y conduire la fontaine de marbre qui fût placée dans la cour du château de Gaillon (p. 363). Il avait dû quitter cette ville dans le mois de novembre 1507, d'après un article de nos comptes, qui mentionne, à la date du 28 janvier 1509, le dernier payement fait à Bertrand de Meynal, de 14 mois de gages, à raison de 10 livres par mois, « qui lui ont esté ordonnés pour avoir compaigné et assiz la fontaine de mabre » (p. 356). Dans ce dernier travail, on doit comprendre la taille et la sculpture du bassin inférieur de la fontaine, qui fut exécuté sur place.

Après avoir terminé la pose de la fontaine, Bertrand de Meynal fut employé à la décoration de l'autel en marbre de la chapelle. Il y travailla, à raison de cinq sous par jour, dans les mois d'octobre, novembre et décembre de l'année 1508 et dans les premiers jours du mois de janvier suivant (p. 356). C'est sans doute à lui qu'on doit en partie les délicieuses arabesques, formant l'encadrement du bas-relief qui décorait cet autel, dont feu Alexandre Lenoir nous a conservé le dessin[1].

J'arrive à Geraulme Pacherot. Cet artiste est qualifié, dans nos comptes, de maçon italien; mais ils nous apprennent, en même temps, qu'il était établi à Amboise (p. 343), où il avait été attiré, sans doute, par le cardinal d'Amboise. Ce ne serait

---

[1] *Musée des monuments français*, tome II, planche 83.

pas le seul exemple d'artistes venus d'au delà des monts qui se seraient fixés en France.

Geraulme Pacherot travailla, comme son compatriote Bertrand de Meynal, à la fontaine de marbre (p. 317); il y plaça six roses de cuivre doré (p. 318). Ce fut lui qui fut chargé de conduire, de Gaillon à Tours, « la tumbe ou table de marbre, où sera le s^t George en la chapelle, » dit le registre de 1508, et de la livrer au sculpteur qui devait exécuter ce bas-relief[1].

A son retour au château de Gaillon, le 29 juillet 1508, Geraulme Pacherot passa marché de faire l'appui, ou acoutouer, « d'auprés du portail neuf » dans la cour, à raison de 7^{lt} 10^s la toise (p. 337).

Nous le voyons, plus tard, occupé, du mois d'octobre 1508 au mois de septembre 1509, à travailler à l'autel en marbre de la chapelle, en compagnie de Bertrand de Meynal et de Jehan Chersalle (p. 358-361). Le prix de la journée de ces trois artistes doit nous donner la mesure de leur talent respectif. Jehan Chersalle recevait 4^s 6^d par jour, Bertrand de Meynal 5^s, Geraulme Pacherot 7^s 6^d. Cette grande différence, en faveur de ce dernier, prouve suffisamment que c'était un artiste d'un talent distingué.

Aussi serons-nous moins étonné de voir Geraulme Pacherot chargé de la composition d'un arc de triomphe, *de l'arc triumpfant,* que, d'après un article de nos comptes, nous supposons avoir été érigé en verdure[2], soit pour orner quelque partie du jardin, soit pour célébrer l'arrivée au château du cardinal d'Amboise ou peut-être de Louis XII. Geraulme Pacherot tra-

---

[1] Voir ci-après, aux *imagiers*, article *Coulomb.*

[2] En effet, on y parle du buis et de l'if de l'arc triumphant, liés avec de la corde

vailla seize jours à cet arc de triomphe, pour lesquels il reçut, le 5 novembre 1508, six livres tournois (p. 434).

Pour épuiser la liste des maîtres maçons du château de Gaillon, il ne nous reste plus qu'à parler de Pierre Valence et de Colin Byart, aux noms desquels nous ajouterons celui de Roullant Leroux.

Le nom de Colin ou Nicolas Byart[1], « maître maçon en la ville de Blois, » paraît pour la première fois dans les comptes de Gaillon, à la date du 30 mai 1504, en ces termes : « A esté ratiffié à monsieur le general de Normandie, qu'il avoit baillé à maistre Colin Brian, dès le penultieme jour de may mil v^c et quatre, pour ung voyage qu'il a fait de Bloys à Gaillon, visiter les bastimens, par quictance rendue par mond^t sieur le general, la somme de LXX^s » (p. 133).

Colin Byart.

A un an de là, le cardinal d'Amboise, qui se trouvait à Blois, envoya de nouveau Colin Biard en Normandie, pour visiter ses édifices de Gaillon et de Rouen :

« A esté donné, » dit un article du 24 mai 1505, « à maistre Collin Byart qui a esté envoyé de par monseigneur de Bloys à Gaillon et Rouen visiter les edifices que mondit seigneur y fait faire, la somme de dix escus soleil[2], qui vallent XVIII^{tt} v^s » (p. 126).

Colin Biard, vers la fin de la même année, fit un troisième voyage à Gaillon : « Paié, le samedi xxe jour de decembre mil cinq cens et cinq, à Colin Biard, maistre maçon en la ville de Bloys, comme il apert par sa quictance, la somme de XVII^{tt} x^s, » et en marge : « Me Colin Byart en don à luy fait d'Evreux » (p. 166).

---

[1] Nous le trouvons écrit *Biart, Byart,* et même *Brian.*

[2] L'écu soleil était en or, à la taille de 70 au marc, et à 23 carats $\frac{1}{4}$ de fin.

Au mois de mars de l'année suivante, Colin Biard apparaît à Gaillon au moment où l'on jetait les fondements de la chapelle du château (p. 162).

Le 28 juillet, il va, en compagnie du capitaine du château de Gaillon, « à Saint Leu d'Estrés pour chouessir la pierre de la chappelle de la grant maison » (p. 183). Le 8 août, il faisait un second voyage aux carrières; il était accompagné du maître maçon Guillaume Senault : « Paié à maistre Colin Biard et maistre Guillaume Senault, ainsy qu'il apert de la descharge des dessusditz pour despence à aller à la pierre à Vernon et Lovyers, xx^s » (p. 185). Le 29 août, sans doute à leur retour, ils recevaient, en outre, 10^s pour leur dépense (p. 186).

Le nom de Colin Biard est rapporté, pour la dernière fois, dans les comptes du château de Gaillon, à la date du 26 septembre 1506; encore cet article pourrait-il bien faire double emploi avec celui ci-dessus, du 28 juillet. Au surplus, en voici la teneur :

« Pour la despence du cappitaine et maistre Colin de quant ils furent à St-Leu, xxxv^s » (p. 189).

Colin Biard, à la différence des autres maîtres maçons que nous avons cités jusqu'à présent, ne travailla pas de ses mains au château de Gaillon, et n'entreprit aucune de ses constructions; il fut simplement consulté par le cardinal d'Amboise, dont il paraît avoir eu toute la confiance, et chargé par lui d'inspecter les travaux et de les diriger. Non que nous pensions qu'on doive le considérer, dans l'acception moderne du mot, comme l'architecte du château de Gaillon, mais bien comme un des architectes. Nous voyons, en effet, dans une certaine circonstance, le maître maçon Guillaume Senault, celui qui construisit la grande maison et la tour avoisinante, lui être assimilé.

Ces deux artistes ayant été mandés, de Gaillon à Rouen, le 14 septembre 1506, pour émettre leur opinion sur la construction de la tour de Beurre[1] de la cathédrale, sont désignés collectivement, dans les registres capitulaires, où ce fait est consigné, sous le titre de « maistres maçons des œuvres du cardinal d'Amboise à Gaillon. » Dans la consultation de même nature, qui fut faite à Bourges, en décembre de la même année, dont nous avons déjà parlé à l'article de Guillaume Senault, si Colin Biard est qualifié de « maistre masson de Gaillon, » Guillaume Senault est désigné sous le même titre. Il est à remarquer, d'ailleurs, que Colin Biard ne fit que de courtes apparitions à Gaillon, entre les mois de mai 1504 et septembre 1506, sauf, peut-être, dans cette dernière année[2]; qu'avant qu'il eût été appelé au château de Gaillon, Guillaume Senault avait déjà commencé la construction de la grande maison sur ses propres dessins; qu'après que l'artiste blésois eut quitté Gaillon, pour n'y plus revenir, Pierre Fain passait marché pour ses grands travaux, et Pierre Delorme, à deux et trois ans de là, pour les siens, sauf l'aile de la cour qu'il construisait plus tard.

Nous avons dû insister sur ces faits, non pour ravir à l'artiste de Blois la part qui lui revient dans l'érection du château de Gaillon, comme architecte, mais pour la restreindre à ses véritables limites.

Nous sommes porté à croire que le dessin dont nous donnons le *fac simile* dans l'atlas qui accompagne la publication de ces comptes (pl. XIV), et qui paraît se rattacher à un projet de décoration de la chapelle de Gaillon, est de la main

---

[1] On l'appelait ainsi, des indulgences accordées, pour le carême, aux fidèles qui avaient fait des dons en argent pour la construction de cette tour

[2] Il dut séjourner trois mois environ, soit à Gaillon, soit à Rouen, à cette époque.

de Colin Biard. En effet, ce dessin, qui est du temps et qui était conservé dans les archives du château de Gaillon, porte une marque tracée à la plume, véritable signature du dessin, qui se compose d'un triangle renfermant un B, lettre initiale de l'artiste blésois. Ce curieux spécimen acquiert, de cette circonstance, un prix tout particulier[1].

Colin Biard méritait, à coup sûr, la confiance dont le cardinal d'Amboise l'avait investi; c'était un artiste d'un mérite éprouvé. « Colin Biart, » disent les précieux documents découverts par M. le baron Girardot de Bourges, « depuis son jeune aige a toujours esté meslé et entremis du faict de massonnerie, et entr'aultres a esté à conduire le commencement des pons Notre-Dame de Paris. Depuys fust appellé par le seigneur de Guyer (Gyé), mareschal de France, à veoir, faire et visiter quelqu'œuvres du chasteau de Verpré et au chasteau d'Amboyse, et depuys au chasteau de Blois, qui sont choses somptueuses et de grant entreprise, et a toujours hanté et fréquenté plusieurs maistres expérimentés audict mestier[2]. »

On croit que Colin Biard était né en 1460.

Pierre Valence.

Colin Biard n'est pas le seul artiste que le château de Gaillon ait emprunté aux rives de la Loire. Pierre Valence, maître maçon de Tours, fut, comme lui, appelé à Gaillon pour en visiter les bâtiments; mais il y parut plus tôt que Colin Biard, y vint plus fréquemment, et y séjourna davantage[3]. Il fit plus que son compatriote; il y déploya ses talents tour à tour comme maçon, menuisier, charpentier, peintre, hydraulicien;

---

[1] Il nous a été communiqué par M. Albert Lenoir, qui le tenait de feu son père.
[2] *Bulletin archéologique*, année 1843, page 469.

[3] Le nom de Colin Biard est cité sept fois dans les registres du château de Gaillon, celui de Pierre Valence près de quarante.

car Pierre Valence était un de ces artistes à la façon des Léonard de Vinci, des Michel-Ange, des Bandinelli, maniant également bien le compas, le pinceau, l'équerre, le ciseau.

Le nom de Pierre Valence n'était pas entièrement inconnu; nous l'avions déjà signalé à propos de l'érection du tombeau du cardinal d'Amboise dans la cathédrale de Rouen [1]; voici dans quelle circonstance :

Le neveu du créateur de Gaillon, Georges d'Amboise II, ayant résolu d'élever à son oncle un mausolée digne de ce prélat et de la basilique dans laquelle il avait choisi sa sépulture, avait jeté les yeux, pour l'exécution de ce monument, sur Pierre Valence. Il envoya devers lui, à Tours, « pour avoir son oppinion sur le faict de ladite sepulture, et pour sçavoir s'il voudroit entreprendre l'ouvrage d'icelle avec ses compagnons. » Pierre Valence, sans qu'on sache le motif de son refus, n'accepta pas. A son défaut, le maître maçon de la cathédrale de Rouen, Roullant le Roux, eut la gloire d'élever le magnifique mausolée que nous admirons aujourd'hui.

Pierre Valence précéda de dix-sept mois Colin Biard à Gaillon. « A Pierre Valence, » dit le registre de 1503 (p. 11), « pour IIII jours de luy et ung cheval qu'il a esté à Gaillon, payé le XIe de janvier MV^{cc} et II (1503), XV^s. »

Quelques jours après, Pierre Valence était envoyé de Rouen à Blois, et recevait trente sous pour son voyage : « A Pierre de Valence, pour XII journées qu'il a vacqué pour aller de Rouen à Bloiz, avec mons^r de Sauveterre, le XXIIII de fevrier, XXX^s. »

Le 25 février, il était de retour à Gaillon, où « il toisoit la vigne là où monseigneur veult faire faire une allée et pavillons » (p. 42); le 29 avril, il revenait à Gaillon « veoir et visiter la place où monsieur fait faire la grande tonnelle » (p. 48).

---

[1] Voir *Tombeaux de la cathédrale de Rouen.*

Le 24 juin de la même année, Pierre Valence faisait une nouvelle visite, dans le même but : « Pour la despence de Vallence, qui estoit venu pour visiter la tonne » (p. 26).

Le 12 d'août, il reparaît visitant « les tonnes et aultres edifices que monsieur fait » (p. 54-55). Le 30 du mois suivant, le payeur de Gaillon porte sur son registre une somme de 4^s 2^{ds} « pour la despense de Jehan Valence, qui estoit venu à Gaillon pour visiter les tonnes, maison et oratoire que on faict dedens le parc, pour luy et son cheval » (p. 57); et, le 25 mai 1504, 13 sous pour une nouvelle visite, faite en commun avec deux maîtres charpentiers, « aux tonnes, maison du Lydieu et chapelle » (p. 70).

Le 24 août, même année, on note deux voyages de Pierre Valence à Gaillon, pour inspecter « les ediffices de monsieur le legat, » payés 8^s 6^{ds} (p. 76). Le 31, en compagnie du maître menuisier, nouvelle visite des pavillons et tonnes (p. 77). En septembre, octobre, novembre, apparitions réitérées « pour revisiter les edifices de monseigneur; les volleries (volières) et le pavillon » (p. 92, 101).

La fréquence de ces excursions et la modicité du salaire prouvent suffisamment que Pierre Valence venait, non de Tours ou de toute autre ville éloignée, pour se rendre à Gaillon, mais simplement de Rouen, où il était, en effet, occupé aux travaux du manoir archiépiscopal. Un article, inséré par erreur dans les comptes du château de Gaillon, et bâtonné depuis, nous apprend qu'à cette époque il faisait, dans la galerie du jardin archiépiscopal, *un pavé esmaillé*, pour lequel, d'après l'article, il recevait, à valoir, une somme de 30^{lt} (p. 132). Le 24 décembre 1503, Pierre Valence (Pierre de Vallence [*sic*] avait fait, pour le même palais de Rouen, « un cerf avec les armes et ordre du roy, » qui lui était payé 10^{lt} 4^s 11^{ds}.

A un an de là, Pierre Valence était appelé, comme maître charpentier, à la conférence tenue à la cathédrale de Rouen, « pour sçavoir se la neuve tour de ladite esglise seroit admortie ou achevée à esguille ou à terrasse. » Malgré l'avis unanime de Pierre Valence et de ses confrères, qui « dirent tous ensemble que elle seroit mieulx à esguille, » la tour fut terminée en terrasse et à couronne, suivant la mode qui commençait à s'introduire en Normandie et qui entraîna le Chapitre. Celui-ci n'en fit pas moins délivrer aux maîtres maçons et aux maîtres charpentiers de la conférence trois pots de vin et un grand pain, de 3^s 4^d, en sus d'une indemnité de 5^s pour chacun d'eux.

Le cardinal d'Amboise étant venu passer quelque temps à Gaillon, vers la fin du mois de février 1505, y fit venir Pierre Valence, ainsi que le témoigne le compte de cette année-là : « a esté payé du viiie mars, à Pierre Vallence, pour ses vacations qu'il a esté l'espace de dix jours, au mandement de monseigneur, qui estoit lors à Gaillon, pour luy deviser des affaires dud. Gaillon, pour ce LXXV^s. » (p. 42). C'était 5^s 6^d par jour. Nous nous le rappelons, le maître maçon Guillaume Senault recevait, par jour, 7^s 6^{ds}; mais il travaillait de ses mains.

Nous allons bientôt voir Pierre Valence imiter ce dernier, et occupé d'autres travaux que ceux de visite et de conseils.

Au commencement de l'année 1506, il entreprend la conduite des eaux du parc dans le château. Ici s'ouvre, dans nos registres, une série de payements pour ce travail long et difficile. Le premier article, sous la date du 9 février 1506, est ainsi libellé : « Paié à Valence, sur la somme qui doibt avoir de faire venir la fontaine d'auprès la chappelle du parc au chasteau de Gaillon, par quictance faite le ixe jour dudit moys, c^{tt}. » Suit, presque semaine par semaine, jusqu'au

26 septembre 1506, le payement d'à-comptes « pour la fontaine, pour le cours de la fontaine, » dont le total s'élève à 1,250ᵗᵗ (p. 171-189).

Dans l'intervalle, Pierre Valence avait été appelé auprès du cardinal, qui devait être à Blois ou à Amboise; nos registres portent une somme de 10ᵗᵗ, payée, le 25 avril, à « Pierres Valence, pour aler devers monseigneur » (p. 176).

Au fontainier va succéder le menuisier. Pierre Valence prend la varlope et le ciseau. C'est lui qui coupe et sculpte les lambris de la grande galerie du jardin (p. 236-244); du mois d'avril au mois d'octobre (1506) il poursuit avec ardeur et mène à fin cet important travail.

De la grande galerie du jardin, il passe, dans le parc, à la chapelle et à la chambre du Lydieu; il en taille les lambris, qui lui sont payés sur le pied de 35ˢ la toise (p. 279). Il avait fait, en tout, trois cent cinquante-deux toises de menuiserie.

Lorsque la grande fontaine de marbre, donnée par les Vénitiens au cardinal d'Amboise, fut arrivée au château de Gaillon, Pierre Valence, qui avait amené les eaux destinées à l'alimenter, dut naturellement être chargé de la mettre en place :

« A Pierre Valence, fontainier, dit le compte de 1508, et ung Ytalien, la somme de vingt six solz six deniers tournois, pour III jours dud. Valence, qu'il vint pour visiter la fontaine, et à l'Ytalien pour sa despense, par quictance du VIIIᵉ avril » (p. 317).

L'Italien dont il est ici fait mention n'est pas nommé, mais il nous paraît hors de doute qu'il ne s'agisse du génois Bertrand de Meynal, qui avait été chargé, comme on l'a vu plus haut, d'amener la fontaine de Gênes en France, et qui travailla à sa pose.

Du moment que la fontaine fut entrée dans la cour du

château de Gaillon, Pierre Valence fut exclusivement occupé à son organisation. On lui accorda un traitement fixe de 20ᵗᵗ par mois, qu'il toucha en avril et mai (p. 302, 303, 317). Bertrand de Meynal était sous ses ordres [1]. Pierre Valence dut retourner à Tours en juin 1508. Il en fut rappelé en octobre : « A Pierre Valence, pour un voyage estre venu de Tours à Gaillon, par quictance du xxiiiie jour d'octobre v^c huit, x^{tt} » (p. 354).

Au mois de février de l'année suivante, il revenait à Gaillon « pour visiter la fontaine » (p. 354). C'est la dernière fois que son nom reparaît dans nos comptes.

Pierre Valence avait amené avec lui son fils en Normandie.

Germain Valence travailla, avec son père, au château de Gaillon, et entreprit même le pavage d'une portion de la cour (p. 354, 397, 398), ce qui peut faire supposer que c'était un homme fait, et que son père, par conséquent, était avancé en âge.

Si on ne connaissait Roullant Leroux que par ce qu'en disent les registres du château de Gaillon, son nom ne mériterait pas d'être ici mentionné. On ne l'y cite que pour avoir présidé, en 1508, au transbordement de la fontaine de marbre envoyée d'Italie (p. 313); mais le nom de cet artiste brille d'un tel éclat à Rouen, dans les travaux du Palais de Justice, et dans ceux de la cathédrale, au grand portail, à la tour centrale, au tombeau, surtout, de Georges d'Amboise[2], que nous n'avons

Roullant Leroux.

---

[1] Vers la même époque, Pierre Valence était appelé à Rouen, par l'abbé de Saint-Ouen, pour organiser la conduite des eaux d'une fontaine en marbre qu'il faisait exécuter dans le jardin de son manoir abbatial.

Cet artiste, de talents si variés, avait fait, pour le même abbé, « deux armaries de carreaulx esmaillés, où sont les escuchons et armaries de mons^r, assis au devant du corps de la maison, sur la court. » Elles lui furent payées 3ᵗᵗ 10^s.

[2] Voir mon ouvrage sur les tombeaux de la cathédrale de Rouen.

pu résister au désir de l'exhumer des registres du château de Gaillon, et de le placer à côté de ceux des artistes qui dotèrent la France de ce beau monument.

On se demande, à la suite de la revue que nous venons de passer, quel est celui de ces artistes qu'on peut regarder comme l'architecte du château de Gaillon. Nous répondrons, et le lecteur le répétera sans doute avec nous, aucuns et plusieurs.

Tous ces maîtres maçons (ce mot n'effarouchera pas sous notre plume, on sait ce qu'il veut dire) étaient, pour la portion qu'ils exécutaient, indépendants et créateurs. Ils n'agissaient pas sous l'impulsion d'une pensée unique et directrice, personnifiée, comme cela eut lieu plus tard, dans un artiste en chef, dominant tout, auquel on a appliqué la dénomination d'architecte. En France, rien de semblable dans les premières années du xve siècle. Ceux même qu'on consultait purement et simplement, comme nous en avons vu des exemples pour Gaillon, ne l'étaient que par occasion et en leur qualité de praticiens, non spéculativement, si on peut se servir de cette expression; la pensée, à cette époque, n'était pas encore séparée de la main, l'artiste, de l'ouvrier. Aussi, le plan général, l'harmonie de l'édifice, convenons-en, pouvaient laisser à désirer; ils se ressentaient de cette liberté laissée à chacun. L'unité souffrait; mais quelle variété, quelle originalité, quelle perfection de conception et d'exécution combinées, dans les parties!

A plusieurs donc, non à un seul, le mérite et la gloire d'avoir construit le château de Gaillon. S'il fallait désigner ceux qui ont le plus de droits à se la partager, nous nommerions, sans hésiter, les trois artistes rouennais, Guillaume Senault, Pierre Fain, Pierre Delorme, auxquels nous adjoindrions Colin Biard, de Blois, et Pierre Valence, de Tours. On

REVUE DES ARTISTES.

le voit, l'Italie n'a rien à revendiquer ici; l'école française y brille seule et sans partage.

CHARPENTIERS.

Après les maçons, les charpentiers occupent, par le nombre, le second rang parmi les ouvriers et artistes occupés à la construction du château de Gaillon. Nos registres en nomment trente-huit et ne les nomment pas tous. Plusieurs d'entre eux figurent comme maîtres et travaillaient à forfait; les autres recevaient généralement trois sous par journée, les maîtres quatre sous, lorsqu'ils n'étaient pas à la tâche.

Nous allons signaler rapidement ceux d'entre eux qui, à raison de l'importance ou de la spécialité de leurs travaux, nous ont paru dignes de mention; ce sont :

Jehan Vallés,
Gieffroy Thibault,
Guyot Morisse,
Louis de la Haye,
Guillebert le Cousturier,
Jehan de la Haye,
Raulin de la Haye;

Denis Fremievre,
Henry Vidié,
Richard Eudes,
Richard Jouy,
Jehan Dumouchel,
Martin Desperroiz,
Jehan Avisse.

Tous étaient maîtres charpentiers, et peuvent être considérés comme de véritables artistes.

Jehan Vallés, ou Vallez, fut chargé de la charpenterie de la maison du Lydieu (p. 50-57); Gieffroy Thibault, maître charpentier d'Évreux, de celle de la maison Pierre Delorme, qu'il acheva en septembre 1507 (p. 205); Guyot Morisse, avec

<sub>Jehan Vallés.
Gieffroy Thibault.
Guyot Morisse.
Louis de la Haye.</sub>

p.

Louis de la Haye, de celle de la chapelle du Lydieu (p. 211).
Ce dernier, en 1503, travaillait aux tourelles du parc (p. 87).

Guillebert le Cousturier. Jean de la Haye.

Nous voyons Guillebert le Cousturier travailler au pavillon du jardin (p. 237); Jehan de la Haye, aux grandes tonnes du jardin (p. 51-54).

Raulin de la Haye.

Raulin de la Haye travaille également au pavillon et aux tonnes; il dirigeait l'ouvrage en chef. Ce maître charpentier fit faire *par ses gens*, en octobre 1504, à raison de 4^s par jour, « les chintres des allées et cabinés de la chappelle de la grant maison » (p. 110). Précédemment, en mai de la même année, il était venu visiter, en compagnie de Colin Castille et de Pierre Valence, les travaux du Lydieu (p. 70). Raulin de la Haye était de Rouen.

Denys Fremievre.

Denys Fremievre, maître charpentier de Rouen, comme le précédent, fait, en janvier 1508, la charpente de la galerie joignant la tour et le portail neuf (p. 277), et travaille aux lucarnes de la grande galerie du jardin (p. 279).

Henry Vidié.

Henry Vidié, « maistre des œuvres de charpenterie au bailage d'Evreux, » entreprend, en décembre 1505, « la charpenterie de la grant maison de Guillaume Senault; » il reçoit, avec ses compagnons, 50^s pour le vin du marché (p. 165).

Richard Eudes. Richard Jouy.

Richard Eudes et Richard Jouy, presque constamment associés, font les lices du Lydieu et celles du jardin, le long des galeries, à raison de 4^s 6^d la toise de longueur (p. 273). En mai 1508, ils entreprennent la charpente intérieure de la maison Pierre Delorme (p. 333), et refont, en juillet de la même année, le comble de l'escalier et les trois lucarnes du vieux corps d'hôtel, restauré par Pierre Delorme (p. 318).

Richard Jouy fait, séparément, « les chintres de la chapelle de la grant maison (p. 109), et des petits parquetz pour le jardin » (p. 294).

Le nom de Jehan Dumouchel ne paraît qu'une seule fois dans les comptes du château de Gaillon. C'était un maître charpentier très-habile, de Rouen, qui présida avec le maître maçon Roullant Leroux, au transbordement de la fontaine de marbre, venue par mer, d'Italie (p. 313).

Jehan Dumouchel.

Jehan Dumouchel faisait partie de la conférence relative à l'achèvement de la tour de Beurre de la cathédrale de Rouen, dont nous avons parlé plus haut à l'article de Pierre Valence. C'était lui qui tenait la plume; son procès-verbal lui fut payé, par le Chapitre, 7^s 6^d [1].

Martin Desperroiz, autre Rouennais, qui assistait à la même réunion comme maître charpentier de la tour de Beurre, avait été chargé, dans l'origine, de la construction de la flèche de la cathédrale de Rouen, que Robert Becquet exécuta à sa place. On avait assigné à Martin Desperroiz 60 livres par an, tant que durerait le travail. Déjà il avait dressé le plan de la flèche, qu'il devait rétablir dans sa forme antique, disent les registres capitulaires de 1523; mais la mort, par suite des retards extraordinaires qu'éprouva ce grand travail, l'empêcha de mettre son nom à cette œuvre. Un autre en eut les honneurs [2].

Martin Desperroiz.

Martin Desperroiz fut appelé à déployer son talent au châ-

[1] Comptes de la fabrique.
[2] Martin Desperroiz doit être mort de 1526 à 1530; il était fils de Jean Desperroiz, maître charpentier de Rouen comme lui.

La flèche construite par Robert Bec-

teau de Gaillon. C'est lui qui fit la charpente « de la chapelle, de la grant vis et de la galerie d'entre lad. grant vis et les vieilles cuisines, » le tout pour la somme de 2,200 livres tournois, la fourniture du bois comprise (p. 259 et 425). Le marché en fut passé le 12 février 1508. Le 23 septembre de l'année suivante, il avait déjà reçu à valoir 1,900ᵗᵗ.

Par un second marché, du 20 mars 1509, Martin Desperroiz se chargea, pour la somme de 200ᵗᵗ, de faire la charpente de la galerie du côté de la cour et du côté du jeu de paume (p. 404).

Jehan Avisse. Jehan Avisse entreprit, conjointement avec Denis Fremievre, la charpente de la galerie du jardin. Il avait travaillé un des premiers, comme maître charpentier, à la grande maison de Guillaume Senault : au mois d'avril 1503 (p. 21), il cintrait le berceau des caves, qu'il décintrait au mois d'août suivant (p. 30); en 1504, il posait le plancher du premier étage (p. 133). Plus tard, il fut occupé à la volière et au pavillon du jardin, aux combles de la cuisine neuve qu'il faisait pour 35ᵗᵗ. En mars 1508, il dressait un pont de bois sur les fossés du château, pour le passage de la fontaine de marbre (p. 314-315). Deux mois après, « Jean Avisse travaillait à la viz de la grande gallerie et autres agremens » (p. 326, 328). Le nom de ce maître charpentier est un de ceux qui reparaissent le plus fréquemment dans nos comptes.

quet, en son lieu et place, a été détruite par le feu du ciel, en 1822; on y a substitué une flèche en fonte de fer, qui n'est point encore terminée à l'heure où nous écrivons.

REVUE DES ARTISTES.

IMAGIERS.

Les sculpteurs, qui apparaissent dans nos comptes, sont en fort petit nombre. Il est vrai qu'il serait facile et jusqu'à un certain point convenable d'y adjoindre les maîtres maçons et même les maîtres menuisiers, ainsi que quelques autres artistes qui taillaient dans la pierre, dans le bois, ou ciselaient dans les métaux, non-seulement l'ornement, mais même la figure, et souvent avec le plus grand talent. Les exemples ne nous manqueraient pas, s'il était nécessaire, en dehors des registres de Gaillon, et dans ces registres eux-mêmes; mais, pour nous borner ici aux artistes qui y sont qualifiés d'imagiers, tailleurs d'images, nous dirons qu'ils sont au nombre de sept seulement; ce sont :

Hance ou Jean de Bony,
Guillaume de Bourges,
Michellet Descombert,
Pierres le Masurier,

Denis le Rebours,
Michault Coulombe,
Anthoine Just.

Sur ces sept sculpteurs, cinq appartiennent à la Normandie, et plus spécialement à la ville de Rouen. Deux seulement, Michault ou Michel Coulombe et Anthoine Just, lui sont étrangers.

Nous aurons à ajouter un huitième nom, celui de Laurent Demugiano, de Milan.

Hance, ou Jehan, de Bony est cité quatre fois dans les comptes de Gaillon : la première, en juillet 1508, « pour avoir fait un St Jehan pour asseoir au pavillon du jardin, au prix de

<small>Hance de Bony.</small>

12ᵗᵗ » (p. 310); la seconde, en août de la même année, « pour avoir fait ung monstre, une melusine, des anges de boiz, » payés 24ᵗᵗ (p. 311); la troisième, en avril 1509, « pour xv testes de serf de boiz, » payées 18ᵗᵗ (p. 357), qui furent placées dans la galerie basse allant de la tour au portail du jardin; enfin, le 20 du même mois, « pour avoir fait la façon du sainct George qui sera assiz sur la grant viz, » moyennant la somme de 20ᵗᵗ (p. 403). Cette figure fut fondue en cuivre.

Hance de Bony faisait partie de la corporation des *ymaginiers* de Rouen. Après être sorti de Gaillon, il travailla, en 1511, à la cathédrale de cette ville. Il fit, pour le grand portail, deux statues en pierre, qu'on y voit encore; lesquelles lui furent payées 22ᵗᵗ 10ˢ chaque [1].

Guillaume de Bourges.

Cet artiste devait être originaire de la ville de Bourges, ainsi que l'indique son nom. Nous n'hésitons pas, cependant, à le ranger parmi les artistes rouennais. En effet, il faisait nominativement partie de la corporation des « peintres et tailleurs d'ymages de Rouen, et fut un des maistres et ouvriers et besongnant dudit mestier, residants et demourants en ceste dite ville et banlieue de Rouen, » qui provoquaient, en 1507, le renouvellement des statuts de la corporation [2].

Guillaume de Bourges n'est cité que trois fois dans les comptes de Gaillon : en janvier 1508, « pour quatre medailles (médaillons) de bois au pris de xxvIIˢ la piece, et pour v petits enfans au pris de IIˢ vIᵈ piece » (p. 308); en mai de la même année, pour un solde de compte de 10ᵗᵗ 2ˢ tournois, « d'avoir fait xLII medailles » (on ne dit pas si ces quarante-deux médaillons étaient en bois ou en pierre); enfin, en août 1509, « pour trois ymages de pierre à mectre sur la chappelle, » payées

[1] Comptes manuscrits de la fabrique. — [2] Archives du département.

15ᵗᵗ (p. 357). Guillaume de Bourges, à ces trois articles, est qualifié d'*ymagier*.

Michellet Descombert, en compagnie de Pierre le Masurier, « ymagiers, demourant à Rouen » (p. 323), passa marché, en mai 1508, « de faire entailler tous les marmoucetz de bois » des lices du jardin, à raison de 5 sous pièce.

Michellet Descombert.

Denis le Rebours figure à côté de Guillaume de Bourges au livre des statuts des peintres et imaginiers de Rouen. Ce faiseur d'images (p. 308) recevait, le 28 février 1508, 16ᵗᵗ « pour ses peines d'avoir entallé en pierre deux armoisies (armoiries). » Cet artiste travaillait, à quelques années de là, en 1512, au portail de la cathédrale de Rouen; il y plaça une statue qui lui fut payée 25ᵗᵗ.

Denis le Rebours.

Il nous reste à parler maintenant de Michault, ou Michel Coulombe, d'Anthoine Just et de Laurent Demugiano, les seuls parmi nos imagiers que la Normandie ne puisse pas réclamer pour siens.

Nous trouvons ici le nom d'un de nos plus habiles sculpteurs français, d'un de ceux qui ouvrirent si noblement la route à cette pléiade d'artistes du XVIᵉ siècle. Il appartenait à Georges d'Amboise d'employer à son château de Gaillon celui qui venait de déployer un si beau talent dans le tombeau de François II, duc de Bretagne[1].

Michault Coulombe.

---

[1] Ce riche mausolée, qui fut terminé en 1507 par *Michel Columb*, se voit aujourd'hui dans la cathédrale de Nantes. C'est une admirable composition, qui marque la transition entre l'ancien style, dit *gohique*, et le style de la renaissance, et qui classe Michel Coulombe parmi nos plus grands artistes.

Le nom de cet artiste est écrit, sur l'un des pavés qui encadrent le tombeau de François II, *Michel Columb*; dans les registres de Gaillon, il est écrit *Coulombe*;

Michault Coulombe fut chargé de sculpter le dessus d'autel, en marbre, de la chapelle du château de Gaillon. Il y représenta le patron du cardinal d'Amboise, saint Georges terrassant le démon. Ce beau morceau de sculpture, un des seuls qui aient échappé à la destruction de Gaillon, après avoir été recueilli au musée des Petits-Augustins, où il servait de soubassement au tombeau de Philippe de Comines, a été transporté au Louvre, où on peut le voir dans les salles de la sculpture française.

« Ce bas-relief, dit M. Alexandre Lenoir dans son *Musée des Monuments français*, était au château de Gaillon, et a été exécuté par Paul Ponce, qui l'avait fait pour Georges d'Amboise, ministre de Louis XII [1]. »

Il n'est plus permis, après la lecture des comptes du château de Gaillon, d'enlever à Michel Coulombe la gloire d'avoir produit cette belle sculpture; elle ajoute un nouveau fleuron à la couronne de l'auteur du tombeau du duc François II.

Michel Coulombe était, dit-on, originaire de Bretagne [2]. Quoi qu'il en soit de cette assertion, il est certain que cet artiste appartenait à l'école de Tours, si féconde en hommes de mérite, et qu'il résidait dans cette ville. Il est constant qu'il y exécuta le bas-relief du saint Georges, destiné au château de Gaillon. C'est ce qui ressort de deux articles de nos comptes, où l'on parle, sous la date de 1508, du transport de la table de marbre où sera le St George en la chapelle de Gaillon, à Tours, en passant par Orléans (p. 308 et 332). Michel Coulombe exécuta donc ce bas-relief à Tours dans son atelier.

---

c'est l'orthographe que nous avons dû naturellement adopter. Le nom de cet artiste se trouve écrit de la même manière sur une pièce du temps, aux archives de Lille.

[1] Tome II, page 33.
[2] *Biographie universelle*, Supplément, article *Colombe*, par Émeric David.

La réputation dont jouissait cet artiste, et plus encore son grand âge et ses infirmités, l'avaient fait dispenser du voyage et du séjour à Gaillon pour le travail sur place. En effet, lorsque l'envoyé de Marguerite d'Autriche vint, en 1511, à Tours, pour demander à Michault Coulombe les modèles des tombeaux que cette princesse se proposait d'ériger dans l'église de Brou, il trouva « le bonhomme Coulombe fort ancien et pesant, c'est assavoir environ de IIII^{xx} (80) ans, goutteux et maladif à cause des travaulx passés [1]. » Coulombe accompagna-t-il lui-même son bas-relief en Normandie pour en toucher le prix? L'article de nos comptes, où ce payement est relaté, peut laisser quelques doutes à cet égard, bien que, cependant, il me paraisse indiquer un payement direct. Il est ainsi conçu :

« A Michault Coulombe, sur le marché à lui fait pour la façon de faire le St George, tailler et graver sur led. marbre, par certification de Patris Binet, du xxve jour de fevrier v^c huit, pour ce cy, III^c l^s.

« Total pour soy » (p. 419).

On lit en marge :

« La table d'ostel de marbre où sera le St George. »

Cette somme de trois cents livres est très-considérable pour le temps, et témoigne de l'estime que l'on faisait du talent de Michault Coulombe.

Le bas-relief du saint Georges est le seul qui ait été demandé à Michault Coulombe pour le château de Gaillon. C'est également le seul morceau, avec le tombeau de François II, qu'on puisse lui attribuer aujourd'hui d'une manière authentique, parmi les nombreux ouvrages de sculpture que nous a légués le XVIe siècle et qui sont parvenus jusqu'à nous.

---

[1] *Annales archéologiques*, février 1835.

Anthoine Just.

Anthoine Just était-il de cette même école de Tours, illustrée dans la personne de Michault Coulombe? Est-ce un frère, un parent du sculpteur Jean Juste, de cette ville, qu'on s'accorde aujourd'hui à reconnaître pour l'auteur du tombeau de Louis XII [1]? Jean et Antoine, par confusion ou double emploi de prénoms, ne seraient-ils pas un seul et même artiste? Le rapprochement de nom, de résidence, d'époque, serait de nature à justifier cette opinion, que nous pourrions appuyer, au besoin, de plus d'un exemple [2]. Si nous possédons encore le mausolée de Louis XII, nous n'avons malheureusement plus les ouvrages dont notre Anthoine Just embellit le château de Gaillon, lesquels nous eussent peut-être permis, par la comparaison du faire et du style, de décider la question.

Si elle devait l'être affirmativement, il s'ensuivrait que Just pouvait être établi à Tours et y exercer son talent, mais il n'est pas moins vrai qu'il était né sous un autre ciel. En effet, dans les comptes de Gaillon, le sculpteur de Tours est qualifié d'artiste florentin : « maistre Anthoine Just, disent-ils, *fleurentin*, faiseur d'ymages » (p. 435).

De tous les sculpteurs employés au château de Gaillon, Anthoine Just est celui qui fut chargé des plus nombreux et des plus importants travaux. Il y fut occupé durant les années

---

[1] Cette opinion se trouve pleinement justifiée par une pièce de la collection Joursanvault, où l'on voit que Jean Juste, sculpteur du roi, reçoit certaine somme pour faire conduire à ses frais, de Tours à Saint-Denis, la sépulture de marbre de Louis XII et d'Anne de Bretagne. (*Catalogue*, tome I, page 141.)

[2] M. Alexandre Lenoir dit, sans citer toutefois ses autorités, que Jean Just était le sculpteur du cardinal d'Amboise, et que celui-ci l'avait envoyé à Rome, à ses frais, étudier les fresques de Raphaël. Nous regrettons que M. Lenoir n'ait point indiqué la source où il a puisé ce renseignement, qui, sur un point, est certainement entaché d'inexactitude : le cardinal d'Amboise était déjà mort lorsque Raphaël peignit, à Rome, ses premières fresques, dans la salle de la *Segnatura*. Ces fresques portent la date de 1511; Georges d'Amboise mourut le 25 mai 1510.

1508 et 1509. Nos registres ne mentionnent malheureusement pas tous les ouvrages sortis de son ciseau, et se contentent assez souvent de relater les sommes qui lui furent comptées « pour ouvrages qu'il a fait de son mestier. » Cependant nous y trouvons l'indication de plusieurs pièces exécutées par lui; ce sont : « les ymages de la chappelle, » qui se composaient de douze grandes figures d'apôtres, en albâtre; un immense bas-relief en marbre, représentant la bataille de Gênes (voir ci-dessus, page LXXII); un buste du cardinal d'Amboise, un grand lévrier, un enfant, une grande tête de cerf (p. 436).

Il nous paraît difficile, quelles que fussent l'habileté et la pratique d'Anthoine Just, qu'il ait pu exécuter, dans le cours de deux années, indépendamment des ouvrages que nous venons de mentionner, des sculptures de quelque importance au château de Gaillon, surtout si on réfléchit qu'à cette époque le sculpteur faisait presque tout de ses mains et n'avait pas sous lui, comme cela a lieu de nos jours, des praticiens qui lui épargnaient les sept huitièmes du travail matériel.

En faisant la récapitulation des sommes payées à Anthoine Just par les trésoriers de Gaillon, nous n'arrivons qu'à un total de quatre cent quarante-sept livres, chiffre qui paraîtra bien peu élevé, si on le compare à celui des trois cents livres que reçut Michault Coulombe pour le seul bas-relief du saint Georges. Tout ce qu'il nous est possible d'en inférer, c'est que le talent de l'artiste français était supérieur au talent de l'artiste florentin; qu'il était jugé, du moins, tel par ceux qui avaient employé l'un et l'autre.

Aux morceaux de sculpture exécutés pour le château de Gaillon dont nous avons parlé, nous aurions encore à ajouter

<small>Laurent Demugiano.</small>

trois figures en marbre, « trois personnages de marbre, » qui furent envoyées de Milan à Gaillon, où elles parvinrent au commencement de l'année 1509, en passant par Lyon et Paris. Elles offraient « les portraictures du roy, de M. le légat et de M. le Grant maistre » (p. 287).

Nous ignorons ce que sont devenus ces portraits du cardinal d'Amboise et du grand maître, son neveu, Charles d'Amboise. Quant à la statue de Louis XII, M. Alexandre Lenoir nous apprend qu'elle avait été horriblement mutilée, au château de Gaillon même, en 1793, et qu'il en enleva le torse pour le déposer au musée des Petits-Augustins, après l'avoir fait restaurer. Ce morceau de sculpture est ainsi décrit par lui : « Débris d'une statue de Louis XII, mutilée, en 1793, au château de Gaillon. Demugiano, qui en est l'auteur, a représenté sur la cuirasse un combat et des ornements qu'il a traités avec beaucoup de finesse et dans le style de l'antique [1]. »

Le bronze, moulé d'après le marbre, qu'on voit au Louvre, dans les galeries de la sculpture française, dont nous donnons le dessin (voir l'atlas, pl. I), permet d'apprécier l'éloge qu'en fait M. Lenoir. Les statues du cardinal d'Amboise et de son neveu devaient être de la même main. Celle de Louis XII porte cette inscription sur la bordure inférieure de la cuirasse :

MEDIOLANENSIS LAVRENCIVS DEMVGIANO OPVS FECIT 1508.

PEINTRES.

Nous plaçons les peintres immédiatement à la suite des sculp-

---

[1] *Musée des Monuments français*, t. II, pl. 87.

teurs, car ces deux classes d'artistes ne formaient, à Rouen, à l'époque de la construction du château de Gaillon, qu'une même corporation, qu'une même confrérie.

La liste de nos peintres ne s'élève pas à moins de quarante (voir la table par professions). Sur ces quarante noms, un seul, celui d'André de Solario, était déjà connu dans les fastes de la peinture. Deux autres, ceux de Richart Duhay et de Liénard de Feschal, avaient été signalés par nous, dans notre ouvrage sur les Tombeaux de la cathédrale de Rouen; tout le reste est ici nommé pour la première fois.

A une très-faible exception près, tous ces peintres appartiennent à la corporation rouennaise; nouveau démenti donné à ceux qui veulent que les Italiens aient impatronisé les arts sur tous les points de la France et y aient ouvert les travaux du XVIe siècle. Bien que plusieurs de ces peintres ne figurent ici que pour des ouvrages de simple peinture et de dorure, ils n'en étaient pas moins en état de traiter l'ornement et même la figure; c'était une des conditions de la maîtrise, et nul n'était admis s'il n'avait fait ses preuves à cet égard. Nous devons donc regarder comme de véritables artistes les peintres dont les noms seront cités par nous, tout en reconnaissant que quelques-uns d'entre eux pouvaient avoir un talent à part, comme cela arrive dans toute corporation.

Si nous devions juger du mérite de ces nombreux artistes par le prix attaché à leur travail, il faudrait ranger en première ligne, en mettant de côté ceux qui recevaient un traitement mensuel ou qui travaillaient à forfait :

Jehan Barbe,	Jehan Dyacre,
Pierres Loys,	Jacques Leguerleux,
Robert Morin,	Henry Lequié,

qui furent payés, dans une circonstance, sur le pied de cinq sous par jour (p. 140).

Puis :

> RICHARD DU HAY,
> HENRY ACIEZ [1],

payés à quatre sous six deniers par jour. Le reste touchait quatre sous.

Cette échelle d'appréciation ne serait peut-être pas très-exacte; le prix de la journée ayant pu varier suivant le genre de travail, la saison, ou toute autre circonstance qu'il ne nous est pas possible d'apprécier au juste. C'est ainsi que nous voyons le même peintre, Jacques le Guerleux, par exemple, recevoir tantôt cinq sous, tantôt quatre sous six deniers et même quatre sous. Jehan Barbe se trouve dans le même cas.

Aussi ne nous arrêterons-nous, dans le court examen que nous allons faire, qu'à ceux de ces artistes qui, soit par la nature, soit par l'importance de leurs travaux, ou par la spécialité de leur talent, nous paraissent mériter une mention à part. Nous réserverons, en dernier lieu, les peintres étrangers à la localité. Voici ceux dont nous allons parler d'abord :

JACQUES LE GUERLEUX,	PIERRES LEPLASTRIER,
PIERRES ARCHAMBAULT,	JEHAN BARBE,
JEHAN BRIQUENSOT,	JEHAN TESTETORT,
RICHART DU HAY,	GERAULME DE TOURNIELLES.
LIÉNARD (LÉONARD) FESCHAL,	

Jacques le Guerleux.

Ce laborieux artiste est cité plus de vingt fois dans nos

[1] Henry Aciez avait été employé par le cardinal d'Amboise à son manoir archiépiscopal, en 1501-1502, pour des peintures et dorures.

comptes, travaillant successivement, comme peintre et comme doreur : à la maison du Lydieu, en 1504, au pavillon du jardin, en 1505, à la grande maison, en 1506. Son salaire variait de quatre à cinq sous par jour.

Pierres Archambault est presque constamment nommé en tête des peintres chargés de décorer la petite chapelle du parc, désignée sous le nom de la chapelle du Lydieu. Il était payé, ainsi que ses camarades, sur le pied de quatre sous par jour.

<small>Pierres Archambault.</small>

Ce peintre n'était pas payé à la journée, mais à la tâche (p. 217). Il entreprenait, vers la fin de l'année 1506, la peinture de la galerie du Lydieu, moyennant une somme de 15^{lt} (p. 278), et, en septembre 1508, celle d'une salle construite par Pierre Delorme, moyennant 10^{lt} (p. 311).

<small>Jehan Briquensot.</small>

Richart Duhay nous était déjà connu par le marché qu'il avait passé, en société avec Léonard Feschal, de la peinture et dorure du tombeau de Georges d'Amboise, dans la cathédrale de Rouen, moyennant 180^{lt} tournois [1]. Il avait été employé par Georges d'Amboise lui-même, dès l'année 1501, à son manoir archiépiscopal, pour peindre et dorer un *tableau* où étaient les armes du cardinal. Il avait été employé pour d'autres travaux [2].

<small>Richard Duhay.</small>

Richart Duhay fut chargé des plus importants travaux au château de Gaillon. En décembre 1504, il recevait 14^{lt} 10^s « pour avoir paint et doré une douzaine de paguettes de boys avecques ung grand escuchon et deux aultres où sont les armes de monseigneur, et est pour mestre au pavillon des tonnes »

---

[1] *Tombeaux de la cathédrale de Rouen*, 1837, pages 97-98.   [2] Comptes manuscrits de 1501-1502.

(p. 103). Au mois de mai 1508, il passait marché de paindre « et dorer les clerevoix, pillers et plate-bandes de pelon assises sur les festes, (faîtes) des corps d'ostel du chasteau de Gaillon, à l'enticque, au pris de xx^s pour toise » (p. 321). Il était tenu de tout fournir à l'exception de l'or. Le 9 septembre de la même année, Richart Duhay avait déjà reçu 200^{tt} sur son travail, dans lequel se trouvaient compris, pour 50^{tt}, « les parquets et filateres assis en la chambre devers la chappelle et la salle » (p. 321).

Ce fut lui qui termina, conjointement avec Pierres Leplastrier, pour le prix de 200^{tt}, la peinture et dorure du cabinet du cardinal, qui avaient été entreprises et non menées à fin par Léonard de Feschal. Il était tenu d'y employer « fin or et azur et aultres couleurs, et de le bien dorer et estofer. » Ce travail fut achevé le 8 de septembre 1509 (p. 386).

Richard Duhay se chargea encore « de paindre de verdure la gallerye basse d'entre le grant corps d'ostel et le portail neuf, » de peindre les têtes de cerf qui la décoraient, moyennant 40^{tt} (p. 410), et de peindre et dorer les *parquetz*, au nombre de soixante-dix-neuf, *du plancher* de la même galerie, au prix de quarante sous le parquet, toutes fournitures comprises.

Précédemment, il avait entrepris, avec Pierre Leplastrier, par marché du 10 novembre 1508, « de paindre et dorer le demourant du plancher de la gallerie haulte, du même bâtiment, c'est assavoir les courbes, les ogives et les rencos d'or et d'azur, les rondeaux et lettres qui sont et seront semées en toute lad. gallerie, et si sont tenus d'estoffer le manteau de la cheminée de ladite gallerie, » le tout moyennant 320^{tt} (p. 386). Le dernier payement eut lieu le 17 février 1509. Ils avaient « paint, doré et livré toutes estoffes en ceste même gallerie. »

REVUE DES ARTISTES.

Jehan Testefort devait être un artiste de talent, puisqu'on lui confia une partie de la décoration du cabinet du cardinal. Il fut chargé, pour le prix de 600ᵗᵗ tournois, somme considérable pour le temps, « de la peinture et dorure des parquetz du plancher » de cette chambre, travail qu'il avait terminé dans les premiers jours de janvier 1508 (p. 279). On a vu, plus haut, que d'autres peintres avaient été employés à la décoration de ce même cabinet.

Jehan Testefort.

Peu de jours après, il fit marché, conjointement avec Lyenard de Feschal, peintre rouennais comme lui, « de paindre et dorer tout le pavillon du jardin, ensemble toutes les murailles de la gallerie, du volouer (volière) dudit jardin, tous les murs, porteaux (poteaux) et trailles (treilles), moiennant la somme de quinze cens livres tournois » (p. 262). On leur fournissait l'or, l'azur et autres couleurs, ainsi que les vernis dont ils avaient besoin[1].

Ces deux associés, le 23 mai 1509, recevaient vingt livres tournois « pour avoir doré partie de la gallerie haulte d'entre le portail neuf et le grant corps d'ostel. »

Ce n'était pas la première fois que le cardinal d'Amboise employait Jehan Testefort. Il l'avait déjà fait travailler à son palais archiépiscopal de Rouen, dans les années 1501-1502.

Jehan Testefort, ainsi que Richart Duhay et Pierres Leplastrier, dont le nom suit, figurent comme maîtres dans l'acte de renouvellement de la confrérie des peintres et imagiers de Rouen, qui eut lieu le 12 novembre 1507.

Nous avons cité les noms de Lyenard de Feschal et de Pierre Leplastrier en parlant des travaux de Richart Duhay et de

Lyenard de Feschal.

[1] Voici les prix de plusieurs couleurs : azur, 3ᵗᵗ et 4ᵗᵗ la livre; massicot, 7ˢ 6ᵈ; blanc de plomb, 2ˢ 6ᵈ; vermillon, 12ˢ 6ᵈ; vert de gris, 5ˢ.

Pierres Leplastrier. Jehan Testefort. Nous ne nous étendrons pas davantage sur ces deux peintres; nous dirons seulement, d'après les registres capitulaires de la cathédrale de Rouen, que Lyenard de Feschal, en l'année 1528, obtenait du Chapitre l'autorisation de bâtir une échoppe contre l'église, pour vendre « ses peintures et ymages. »

Jehan Barbe. Cet artiste mérite une mention à part; il était, à la fois, peintre et verrier, et fut employé, en cette double qualité, au château de Gaillon. Il était payé sur le pied de quatre sous et demi, et plus souvent de cinq sous par jour, ce qui prouve l'estime qu'on faisait de son talent[1]. J'ai indiqué ailleurs[2] que Jehan Barbe avait succédé à son père comme maître verrier de la cathédrale de Rouen. Il y exerça la maîtrise durant quarante-deux années, de 1488 à 1530, et remania presque toutes les verrières de ce beau temple. Jehan Barbe, verrier, peintre, doreur, était initié à tous les procédés, à tous les secrets de ces arts divers, qu'il cultivait avec un égal succès; il en pratiquait lui-même toutes les manipulations. Aussi, ne devons-nous pas être étonnés de le voir quitter le pinceau pour fabriquer et vendre des couleurs (p. 307, 373); l'artisan, l'ouvrier ne se séparait pas de l'artiste. Il n'est pas jusqu'à des lanternes qu'il ne fabriquât, comme verrier; on les lui payait quinze sous pièce au château de Gaillon (p. 346).

Géraulme de Tournielles. Comme peintre proprement dit, Géraulme, Hiérosme, Gérosme de Tournielles ou de Tournieres[3] (car l'orthographe de son nom varie dans nos comptes) nous paraît avoir eu un ta-

---

[1] Les peintres ordinaires ne recevaient que quatre sous. — [2] *Essai sur la peinture sur verre*, par E. H. Langlois, page 181. — [3] Alias *Tourniel, Tourniol*

lent supérieur à ceux des artistes que nous venons de passer en revue. C'était sous sa direction, en effet, que ceux-ci travaillaient à la décoration de la maison du Lydieu et du pavillon du jardin. Tandis qu'ils étaient rétribués à tant par jour, lui, outre le prix de son travail journalier, recevait un traitement fixe, et sa dépense lui était payée séparément. Ce traitement était peu considérable, suivant l'usage de ces temps éloignés, où le travail manuel dominait tout et ne se séparait pas de la pensée, ni même de la surveillance journalière. Cependant il faut convenir que le cardinal d'Amboise s'était montré grand et généreux. Tandis que le maître maçon de la cathédrale de Rouen recevait du Chapitre de cette église, à titre de regard sur les ouvriers, un traitement annuel de 5^{tt} 10^{s} [1], Géraulme de Tournielles touchait ses gages, pour nous servir de l'expression du temps, sur le pied de 45^{tt} environ par année : le cardinal d'Amboise n'avait pas voulu imiter la parcimonie traditionnelle de son Chapitre.

Nos comptes ne nous disent pas de quels sujets Jérôme de Tournielles avait embelli les bâtiments du château de Gaillon. Le samedi 20 avril 1504, il recevait, à valoir « *sur son service* « *six escus à la roze, vallant* x^{tt} xix^{s} » (p. 69).

Le nom de Jérôme de Tournielles figure dans les comptes de Gaillon du mois d'avril 1504 au mois d'août 1509. Il est appelé, dans un registre particulier du receveur de la châtellenie de 1502, « le peintre de monsieur » (du cardinal). Il était venu à cette époque au château « avec son garson, pour rabillier la gallerie. » Il employa vingt-neuf jours à ce travail. En 1504, on lui donna le même titre de peintre de monsieur.

Les peintres dont nous venons de passer la revue appar-

---

[1] Son travail manuel lui était payé à part quatre sous par jour. (*Registres capitulaires.*)

tiennent tous à la corporation rouennaise. Il faut, toutefois, en excepter le dernier d'entre eux, que Georges d'Amboise avait fait venir, vers la fin de l'année 1501, de *son pays*, dont on ne cite pas le nom. Voici ce que nous lisons dans les registres d'un des trésoriers du cardinal, où il est question de travaux de peinture exécutés dans son manoir archiépiscopal et dans celui de Déville auprès de Rouen :

« Le xxve d'avril (1502), à Jérosme de Tourniol, tant ce que mondit seigneur luy a ordonné pour la despence que a faict à venir de son pays que pour ses gaiges, payé xvi escus soleil, qui valent xxix^{tt} iiii^s.

« Le xxviie de septembre, à Jérôme Tourniol, pour parfaire son payement de xxv escus pour ses gaiges et de dix escus que mond. seigneur lui a ordonnés pour sa despence à venir de son pays, xvi escus soleil, qui vallent xxix^{tt} iiii^s vi^d.

« Payé à Hierosme Tourniel, paintre, pour une année des gaiges que mond. seigneur le cardinal luy a ordonnés, eschue à la Saint-Michel m v^c et troys, la somme de xxv escuz d'or au soleil, qui vallent xlv^{tt} xii^s vi^d. »

Jérôme de Tournielles ne pouvait être un artiste venu d'Italie, ainsi que quelques personnes, qui veulent toujours voir la main des Italiens dans tous nos monuments du xvie siècle, seraient disposées à le penser. La modicité des frais de voyage alloués à ce peintre viendrait combattre victorieusement cette opinion. Ces frais de voyage ne s'élevèrent qu'à dix écus soleil, soit 18^{tt} 5^s; ils eussent été quadruplés au moins si Jérôme de Tourniolles eût franchi les Alpes pour venir en France. En effet, nous voyons un autre artiste, Pierre Valence, recevoir plus de la moitié de cette somme, dix livres tournois, pour être venu seulement de Tours à Gaillon, qui ne sont séparés que par une cinquantaine de lieues.

REVUE DES ARTISTES.

Il nous reste à signaler, dans la liste des peintres, trois autres noms également étrangers à la Normandie.

Pierre Bonté était de Lyon; il fit, en 1509, le dessin d'une broderie sur velours destinée au château de Gaillon, qui fut exécutée à Milan (p. 342).

Pierre Bonté.

Jehan Fanart, « paintre demourant à Amboise, » dorait, dans le courant du mois de septembre 1508, pour la somme de 48 écus d'or soleil, valant 88 livres, le grand bas-relief en marbre de la bataille de Gênes, dû au ciseau d'Anthoine Just (p. 343).

Jehan Fanart.

André de Solario, peintre milanais, de l'école de Léonard de Vinci, que le cardinal d'Amboise avait fait venir en Normandie, fermera cette liste.

André de Solario.

Sans parler de ceux qui ont confondu le peintre napolitain Antoine Solario, dit *Zingaro*, avec notre peintre milanais, la plupart des biographes ont altéré le nom de ce dernier, qu'ils écrivent tour à tour André Solario, Solari, Salai, Salaini. Son véritable nom est André de Solario, comme cela ressort de nos registres et de l'examen des tableaux de ce maître, qu'il avait toujours soin de signer [1].

Maître André de Solario[2], *peintre de Milan*, fut choisi par le cardinal d'Amboise, et appelé, vers le milieu de l'année 1507, en Normandie, pour peindre la chapelle de son château de Gaillon. C'était le grand-maître Charles d'Amboise, gouver-

---

[1] Sur le charmant tableau de la Vierge allaitant l'enfant Jésus, de la collection du Louvre, on lit : *Andreas de Solario fa*.

[2] Cette dénomination de nos registres se trouve confirmée par la signature d'un autre tableau de la même collection, le Jésus en croix : ANDREAS. MEDIOLANENSIS. FA. 1503.

neur du duché de Milan, neveu du cardinal, qui s'était abouché, en son nom, avec André de Solario, et qui lui fit compter, au moment de son départ pour la France, 70 écus au soleil valant 129^{lt} 10^s (p. 418), pour servir, sans doute, aux frais du voyage. Une somme de 8^{lt} 6^s 6^d fut allouée par mois au peintre milanais, pour sa dépense, celle de *son homme et d'un cheval*, et, pour son traitement personnel, une somme de 23^{lt} 2^s 6^d, également par mois.

André de Solario les toucha pendant deux années consécutives, à partir du 6 août 1507 jusqu'à la fin de septembre 1509. Ses *gages*, on le voit, s'élevaient à 15^s 5^d par jour, chiffre triple et même quadruple de celui de la journée des peintres ordinaires qui furent employés, comme lui, au château de Gaillon. La différence paraîtrait plus grande encore, si l'on faisait entrer en ligne de compte les frais de dépense journalière, qui étaient remboursés à André de Solario.

Rien n'était épargné pour mettre le peintre milanais à même de donner à son ouvrage toute la perfection désirable sous le rapport matériel, ainsi que le prouve cet article du compte de 1508-1509 : « A..... pour une onze et demie d'azur qu'il a fait venir de Venize, lequel a esté livré à André de Solario, paintre de Milan, pour besongner à Gaillon, par quictance dud. paintre, xxii^{lt} xvi^s » (p. 343).

André de Solario étant payé par mois, et les comptes de Gaillon, qui ne s'arrêtent qu'au 31 octobre 1509, ne relatant aucun nouveau payement fait au peintre milanais depuis la Saint-Michel de la même année, on doit en inférer que Solario avait, à cette époque, terminé les peintures dont il avait été chargé.

REVUE DES ARTISTES. CXXXVII

PEINTRES-VERRIERS.

Cinq peintres-verriers seulement, Alexandre Duboys, Louis Coueffard, Jehan Leviel, Anthoine Chenesson et Jehan Barbe, sont nommés dans les registres de Gaillon.

Alexandre Duboys, Louis Coueffard et Jehan Leviel paraissent avoir travaillé à la vitrerie du château sous les ordres de Jehan Barbe, dont nous avons déjà parlé au chapitre des peintres. Le premier est cité, spécialement, pour avoir verrié la chapelle du Lydieu, au mois d'août 1508 (p. 266); le second, pour avoir travaillé à la même maison du Lydieu, en 1507 (p. 217-218). Quant à Jehan Leviel, il recevait, en deux fois, aux mois d'août et de septembre 1508, 38ᴸ 6ˢ, pour 381 pieds « de verre blanc neuf » au prix de 2ˢ le pied (p. 266-267). La famille des Leviel, Levieil, de tout temps et encore de nos jours, était adonnée à l'art de la verrerie dans la ville de Rouen. Le plus notable de ses membres, Pierre Levieil, l'auteur du *Traité de la peinture sur verre*, n'avait pu, dans son ouvrage, faire remonter sa filiation artistique plus haut que le commencement du XVIIᵉ siècle. Nous avons retrouvé un Guillaume Levieil, maître verrier de l'église de Saint-Maclou de Rouen en 1584, un Richard Leviel, occupé à l'église de Saint-Godard de la même ville de 1548 à 1561. Enfin, plus anciennement encore, nos registres de Gaillon nous montrent, sous la date de 1508, un Jehan Leviel, souche de cette famille d'artistes.

Alexandre Duboys. Louis Coueffard. Jehan Leviel.

Anthoine Chenesson n'appartient pas à la Normandie; il était d'Orléans. Ce maître verrier passa un marché, le 15 janvier 1507, au château de Gaillon, pour « des verrines d'Or-

Anthoine Chenesson.

léans. » Au mois de septembre de l'année 1509, il lui était encore dû une somme de 497^{tt} 10^s; il avait touché précédemment 550^{tt} (p. 266).

Les travaux de ce maître verrier, à en juger d'après l'importance relative des sommes qui lui furent comptées, devaient être assez considérables. On n'en trouve malheureusement pas la désignation spéciale.

Jehan Barbe. Ce peintre-verrier de Rouen avait précédé Anthoine Chenesson au château de Gaillon. Il y était employé dès le mois de janvier de l'année 1502 : « A Jehan Barbe, dit le compte de 1501-1502, pour CIIII piez et demy de voyre pour le portail du chasteau, à II^s pour pié, et avoir lavé les voyrrières de la chambre de monseigneur, XI^{tt} XVI^s VI^d » (p. 6).

Deux ans après, en 1504, Jehan Barbe touchait 100^{tt} « sur ce qui lui pouvoit estre dû pour la maison du parc ou Lydieu, » dont il fit les verrières (p. 85); puis, en 1508, 211^{tt} 19^s; enfin, en 1509, 50^{tt} pour la vitrerie des cuisines (p. 432).

Le verre blanc était payé à ce peintre-verrier à raison de 2^s le pied, le verre « bordé à grant bort de painture, » à raison de 4^s.

Jehan Barbe avait succédé, en 1485, à son père, Guillaume Barbe, dans la maîtrise de la verrerie de la cathédrale de Rouen, qu'il occupa près d'un demi-siècle. On voit encore dans cette église des verrières peintes de ce maître, qui se font remarquer par la grâce et la naïveté du dessin. On trouve là la preuve que Jehan Barbe pouvait faire autre chose que de laver des verrières, fournir du verre blanc et même du verre à grand bord de peinture; c'était un artiste de mérite.

MENUISIERS.

La menuiserie, réduite aujourd'hui à un rôle si modeste, pour ne pas dire si mesquin, même dans les édifices publics, en jouait un des plus importants, aux XVe et XVIe siècles, dans la décoration des châteaux, des églises et même des maisons privées. Qui n'a admiré ces stalles, ces dais, ces chaires, ces meubles, ces lambris, ces plafonds en bois, où le ciseau de l'artiste s'est joué avec tant de caprice, de grâce, de profusion, et dont nos églises, quelques châteaux, et les collections publiques ou particulières, nous ont conservé de si beaux spécimens? Le château de Gaillon en était plein.

Parmi les vingt et un menuisiers, nommés dans nos comptes, qui contribuèrent à sa décoration, quelques-uns marquent en première ligne; ce sont :

Pierre Cornedieu,
Jehan Dubois,
Richart Delaplace,
Racet Delance,
Richart Lemaryé,
Michellet Guesnon,
Richart Guerpe,
Colin Castille,

tous artistes rouennais. Les deux derniers, surtout, jouent un rôle important dans les travaux du château de Gaillon.

Pierre Cornedieu est cité dans le registre de 1501-1502, puis dans celui de 1507-1508. A cette dernière date, il fournissait dix-huit chaires et dix-neuf escabelles moyennant 17# 5^s (p. 346); ainsi que plusieurs pièces pour les chaires de la chapelle, qui lui étaient payées 36# 10^s (p. 392). Pierre Cornedieu avait été précédemment employé, à Rouen, au manoir archiépiscopal en 1501-1502.

Pierre Cornedieu.

<small>Jehan Dubois.
Richart
Delaplace.</small>

Jehan Dubois et Richart Delaplace avaient travaillé, avec le précédent, aux stalles de la chapelle, en décembre 1508 (p. 392).

<small>Racet Delance.</small>

Racet Delance, en septembre de la même année, recevait 5# 4ˢ « pour asseoir le pendent de la voûte de la chambre de monsieur dedens la tour » (p. 278), et 5# 4ˢ « pour avoir besongné de son mestier à faire ung banc, dressouer, chassiz pour le cabinet de la librairie de monseigneur » (p. 332).

<small>Richart
Lemaryé.</small>

Le 1ᵉʳ janvier 1508, le trésorier de Gaillon comptait à Richart Lemaryé le solde de 58#, « pour ses peines d'avoir fait à la taille d'anticque de six coulombes servans au revestement de la cheminée et des croisies de la chambre de la tour » (p. 278).

<small>Michellet
Guesnon.</small>

Nous devons compter, parmi les maîtres menuisiers, Michellet Guesnon, qualifié de *marquetier*. Voici l'article qui le concerne :

« Marché fait à Michellet Guesnon, marquetier, de faire la marqueterie à lui devisée aux armoires du cabinet de monseigneur, ce passant pour pié de la grant frize xˢ, pour la moyenne iiiˢ, et pour la petite xᵈˢ, et doyt ledit Guesnon tout livrer; ledit marché fait et passé le xxviᵉ juillet mil vᶜ neuf » (p. 415). Il entrait dans cette marqueterie des bois de plusieurs nuances, et particulièrement du bois rouge (p. 394). Les bois les plus précieux avaient été mis à contribution pour l'embellissement du château de Gaillon; c'est ainsi que nous voyons figurer, dans nos comptes, un banc et une table en cèdre (p. 346).

Un Richart Quesnon, probablement le père de Michellet, qualifié comme lui de *marquetier*, recevait, le 18 février 1502, du trésorier du cardinal d'Amboise, « 4ᵗᵗ tˢ pour avoir marqueté la table de cyprès. » Cette table était destinée au manoir archiépiscopal. Peut-être, plus tard, fut-elle transportée à Gaillon.

Richard Guerpe ou Carpe, « menusier demourant à Gaillon » (p. 123), dans les quatre années qui s'écoulèrent de 1504 à 1508, exécuta de nombreux travaux de menuiserie, particulièrement pour la grant maison et la cour attenante (p. 108-123); il fut occupé encore à la chapelle du Lydieu, ainsi qu'aux *chaires* de la grande chapelle (p. 391-392).

Richart Guerpe.

C'est lui qui avait fait la clef de voûte en bois, ou *pendent* de la chambre du cardinal, que le menuisier Racet Delance avait mise en place, ainsi que « les moulles pour les pilliers de la vis de la grande maison (p. 113); les esquerres, règles et tables à pourtraire, destinées aux maîtres maçons » (p. 124).

Il avait été chargé, en outre, d'achats de bois, à Rouen, pour la confection des stalles de la chapelle (p. 391), auxquelles il travailla lui-même.

Peut-être était-il du nombre des huit menuisiers qui avaient « besongné aux moulures, ymages et marmoucetz du pont de boys du portail neuf, » en septembre 1508, et de ceux qui avaient « fait au jardin des testes de serf, une biche et une de lévrier, et autres ouvrages. »

Colin Castille, dont nous avons eu déjà occasion de parler à l'article des maîtres maçons, clôt la liste des maîtres menuisiers que nous avons donnée plus haut; il était de Rouen.

Colin Castille.

Le nom de cet habile et laborieux artiste reparaît, à lui seul, plus de cinquante fois dans les comptes de Gaillon, à partir du mois de juillet 1503 jusqu'au mois de septembre 1509. Nous ne l'avons rencontré guère moins fréquemment dans ceux de la fabrique de la cathédrale de Rouen. Colin Castille était le maître menuisier de cette église [1].

Nous allons énumérer rapidement les travaux de cet artiste au château de Gaillon.

En 1504, il entreprend la menuiserie des pavillon, tonnes, tonnelles, volière ou héronnerie, chapelle, oratoire et grand pavillon du jardin. Dans ce dernier, il y avait chambre haute et chambre basse; Colin Castille garnit la chambre haute, tout à l'entour, de lambris sculptés (p. 147-148). En 1507, nous le trouvons encore occupé au pavillon central du jardin, qui était en charpente et en menuiserie, et qu'on désignait sous le nom du Pavillon vert ou du Pavillon de la fontaine (p. 240-241). A la même époque, il travaillait, concurremment avec Pierre Valence, aux lambris de la galerie du même jardin (p. 238-241). Dans une autre occasion, Colin Castille est appelé *tailleur d'antique*.

Le 30 décembre, ce maître menuisier passe un marché général *de faire et parfaire* les menuiseries du château, moyennant la somme de 4,850^{lt} tournois (p. 261). On y avait compris l'achèvement du cabinet et de la chambre du cardinal, commencés par Richart Guerpe.

---

[1] La porte centrale du grand portail, qui fut placée en 1514, est le seul ouvrage de Colin Castille que la cathédrale de Rouen ait conservé à notre connaissance; encore est-il dénaturé par les remaniements et les badigeonnages successifs qu'il a subis. On y remarque des arabesques délicatement travaillées.

Colin Castille est qualifié, dans les registres capitulaires, à l'occasion de cette porte, d'architecte, *architector*, dénomination qu'on y donne également à un autre maître menuisier, sans que nous l'ayons jamais trouvée appliquée à aucune autre classe d'artistes.

Colin Castille avait été employé par le cardinal Georges d'Amboise à son manoir archiépiscopal en 1501-1502, et par l'abbé de Saint-Ouen, en 1507-1508, à sa maison abbatiale. Il y exécuta d'importants travaux.

Ces travaux furent conduits avec une grande célérité, puisqu'au bout de huit mois et demi, Colin Castille, qui était payé au fur et à mesure de leur avancement, avait déjà reçu 4,250ᵗᵗ sur son marché (p. 262).

Pour donner une idée de l'importance de ces travaux, il nous suffira de citer l'article des comptes relatif au transport des bois adressés à Colin Castille au château de Gaillon : dans le seul mois de janvier 1508, douze charretiers firent cent dix-neuf voyages du Port aux pierres sur la Seine, au château, pour lui amener du bois *merein* (p. 281). D'autres envois se succédèrent en février et en mars : six charretiers, chargés de bois, faisaient encore trente-cinq voyages à cette dernière date (p. 283). Ces bois venaient de Rouen.

En dehors de son marché, par suite des additions faites aux constructions commencées, ou à raison d'omissions, Colin Castille exécuta quelques autres menuiseries au château de Gaillon, telles, par exemple, que « les bancs à dossier du corps d'ostel neuf, » bâti par Pierre Delorme, qu'il fit à 10ˢ du pied, le plancher, en membrures de deux pouces d'épaisseur, « de la galerie haulte d'entre le portail neuf et le grant corps d'ostel, avec le cabinet de monsieur, moiennant la somme de lxxᵗᵗ » (p. 406), ainsi qu'une partie des stalles de la chapelle (p. 393).

On peut dire que la menuiserie du château de Gaillon passa presque tout entière par les mains de ce maître menuisier de Rouen.

FONDEURS.

Trois fondeurs seulement, et tous trois établis à Rouen, Jacques Billon, Jehan Helot ou Helyot et Benoist Huart,

CXLIV INTRODUCTION.

eurent occasion de déployer leur talent dans la construction du château de Gaillon.

Jacques Billon. Jacques Billon avait entrepris et commencé la fonte du saint Georges, sculpté par Jehan de Bony; mais ce travail, sans qu'on en connaisse le motif, lui fut retiré pour passer entre les mains de Jehan Hélot et de ses compagnons. Ce dernier s'en occupait en septembre 1509 (p. 406).

Jehan Hélot. Le même Jehan Hélot avait fait précédemment, en octobre 1508, un saint Jean en cuivre et son piédestal, qui furent placés sur le pavillon du jardin (p. 433). On ne nomme pas le sculpteur qui fit le modèle de cette figure, à moins qu'on ne veuille inférer du silence des comptes, que Jehan Hélot ne l'ait exécuté lui-même, ce qui me paraît assez vraisemblable.

Benoist Huart. Benoist Huart [1] n'est cité qu'à propos de quelques fournitures de son métier, spécialement pour la grande fontaine de marbre (p. 316, 355, 433). Ce n'en était pas moins un artiste d'un mérite distingué, et il en donna la preuve en exécutant, en 1524-1528, en compagnie de Guillaume Boucher, qui demeurait avec lui en la paroisse Saint-Martin sur Renelle à Rouen, les belles clôtures en cuivre du chœur de la cathédrale de cette ville[2], somptueux ouvrage, *opus sumptuose inchoatum*, disent les registres capitulaires, auxquels nous empruntons ces détails. Ces grilles, augmentées par les deux mêmes fondeurs, en 1542, et complétées à deux siècles de là, en 1731, malgré

---

[1] Il signait *Benest Huart*.
[2] Elles furent substituées à des grilles en fer des premières années du XIVᵉ siècle, dont le musée des antiquités de Rouen conserve une des portes. La serrurerie en est d'un beau travail et d'une grande élégance.

la disparate des styles, formaient un ensemble admirable, de la plus éblouissante richesse. Elles ne purent trouver grâce devant la rapacité des niveleurs de 1793; malgré l'opposition et les réclamations des habitants de Rouen, elles furent arrachées et fondues.

Benoist Huart mourut en 1552.

Le cuivre, de son temps, se payait 10ˢ la livre.

PLOMBIERS.

Nicolas Dupuis,
Pierres Houel,
Robert Devaux.

Nicolas Dupuis, sous la date du 15 mai 1507, recevait 80ᵗᵗ, pour la plomberie des galeries du jardin (p. 237). Pierres Houel, de Rouen[1], recevait, en mars et août 1505, 400ᵗᵗ pour celle de la maison du Lydieu. Mais presque tous les grands travaux de plomberie du château de Gaillon furent exécutés par Robert Devaux, maître plombier de Rouen.

Le plomb, on le sait, jouait un grand rôle dans la décoration extérieure des édifices des XVᵉ et XVIᵉ siècles. Il y brillait sous toutes les formes : crêtes, épis, gargouilles, lucarnes, écussons, bordures, figures, bas-reliefs. Les maîtres plombiers étaient, de toute nécessité, initiés aux arts du dessin; c'étaient plus que des ouvriers, c'étaient des artistes. Robert Devaux se range incontestablement dans cette classe.

Le 25 décembre 1507, ce maître plombier avait passé un marché, d'après lequel chaque livre de plomb qu'il livrait et

---

[1] Il habitait sur la paroisse de Saint-Pierre-du-Châtel.

mettait en œuvre, « tant moulures que plain, » lui était payée sur le taux de 9^d (p. 264). Robert Devaux, par suite de ce marché, fournit et mit en œuvre, du mois de janvier 1508 au mois de septembre 1509, 116,967 livres de plomb, dont il toucha le prix au taux convenu de 9^{ds}. Dans l'espace de neuf mois, il avait employé 475 livres de soudure [1], qui lui furent payées à part, sur le pied de 2^s la livre (p. 366). Avant d'avoir passé son marché, Robert Devaux avait déjà fourni 15,243 livres de plomb, ce qui porte la totalité du plomb livré et ouvré par ce seul maître plombier, pour le château de Gaillon, sans parler de la soudure, à 132,210 livres.

ORBATTEURS.

La dorure, dont l'emploi reprit une nouvelle faveur au XVIe siècle, occupait un grand nombre d'ouvriers. Les orbatteurs préparaient l'or en feuilles; ils vendaient aussi des couleurs. Rouen se distinguait dans ce genre d'industrie. Ses orbatteurs approvisionnèrent le château de Gaillon. Dans l'espace de deux ou trois années, ils livrèrent aux peintres du château 115 milliers de feuilles d'or, au prix de 13 le mille. On ne trouve qu'une seule livraison de 300 feuilles d'argent, qui sont comptées à 2^{lt} 10^s le millier.

Ces orbatteurs sont :

JEHAN DE BARTREVILLE,	GUILLAUME DE RONNESALLES,
NICOLAS DELAPLANCHE,	NICOLAS LESEIGNEUR,
NICOLAS DUBENSE,	NICOLAS DE RONNESALLES,
ROBERT DUMOUCHEL,	GUILLAUME DE LAMARE.
GEOFFROY LOUVET,	

[1] L'étain se vendait, à cette époque, 17^{lt} 15^s les cent livres.

Les deux derniers figurent, à eux seuls, pour 56 milliers de feuilles, dans la fourniture ci-dessus relatée; Nicolas de Ronnesalles pour 27 milliers, Guillaume de Lamare pour 39 milliers.

BRIQUETIERS.

Quinze fabricants de briques, tuiles et carreaux, furent largement occupés pour le château de Gaillon. La plupart travaillaient sur place; Gaillon fournissait l'argile et le bois.

Parmi ceux qui fabriquaient plus particulièrement de la brique, il faut remarquer les frères Estienne et Guillaume Bellay; ils firent, sur les lieux, un assez grand nombre de fournées, qui comprenaient 50,000 briques à la fois. On les leur payait 9^s le mille. La tuile coûtait généralement le double. *Estienne et Guillaume Bellay.*

Ces briques entrèrent dans la construction du grand corps d'hôtel bâti par Guillaume Senault, dans celle de la chapelle et de la maison du Lydieu, des murs et piliers du jardin et de quelques autres édifices.

Richart Périer, Jehan Foursin et, en première ligne, Richart Behier, fournirent la tuile qui fut employée à la couverture des tourelles de la porte du parc (p. 88), du tripot ou jeu de paume, et de quelques bâtiments accessoires; l'ardoise était réservée pour le corps du château. *Richart Périer. Jehan Foursin. Richart Behier.*

Parmi les fabricants de carreau, tant plombé que non plombé (verni ou non verni), il faut mettre au premier rang Richart Behier, qui fournit, lui seul, près de 80,000 carreaux non plombés, dans les seules années 1508 et 1509. La grande galerie du jardin en absorba une partie. On les lui payait 30 sous le mille; on trouve aussi le prix de 25 sous.

t.

Pour le carreau plombé, citons Jehan Behier, Jehan Foursin déjà nommé, Jehan Morin, Guillaume Regnault, Geoffroy et Guillaume Touroulde, enfin Guillaume Thibault.

Ces carreaux étaient à une ou deux couleurs, et formaient, soit par leur assemblage, soit par les dessins dont ils étaient incrustés, soit par ces deux moyens réunis, une brillante marqueterie qui s'harmonisait avec la décoration des pièces dont ils composaient le pavage. Ce genre de dallage, aujourd'hui perdu pour nous, mériterait d'être ressuscité [1]. Ces carreaux plombés coûtaient de 2^{tt} 10^s à 3^{tt} 10^s le mille, mais plus généralement 3^{tt} 10^s. Guillaume Touroulde en fournissait à 2^{tt} 10^s en janvier 1504, pour le pavage de la chapelle du Lydieu (p. 66); Jehan Morin [2], à 3^{tt} 10^s, pour celui du premier étage du pavillon (p. 141); Guillaume Regnault et Guillaume Thibault livraient à ce dernier prix, en janvier 1509, le premier, 9 milliers, le second, 17 milliers « de carreau plombé blanc et rouge » (p. 305).

Guillaume Touroulde.
Jehan Morin.
Guillaume Regnault.
Guillaume Thibault.

Les carreaux en terre cuite étaient employés, non-seulement à l'intérieur des bâtiments, mais encore à l'extérieur, comme cela eut lieu au château de Gaillon pour le dallage des cours, et même pour la décoration des plates-bandes des jardins : « Pour 11 mille et ung cent de carreau, dit le registre de 1508-1509, pour faire des petits parquez dedens les grans du jardin : » Ces derniers carreaux furent fournis par Jehan Foursin.

Jehan Foursin.

Nous dirons ici quelques mots des potiers, dont le travail n'est pas sans analogie avec celui des briquetiers. Les comptes de Gaillon ne les mentionnent qu'à propos de fournitures pour

---

[1] Des essais ont été, depuis peu, tentés en Angleterre. Ils ont été couronnés d'un plein succès.

[2] Il est à noter que ce fabricant était établi à Rouen.

les repas des ouvriers ou pour le jardin; il s'agit de poteries communes. Il n'est peut-être pas sans intérêt d'avoir une idée des prix auxquels on les fabriquait à cette époque.

Vingt-six *poales* (poêlons) de terre et douze douzaines d'écuelles, sont vendues pour la modique somme de 21^s, par un nommé Guillaume Desbarres (p. 355); quatre douzaines d'écuelles, pour 8^s, par un nommé Jehan Giffart. Un Symont Yvart vend, pour 12^s, dix-huit *tarins* (terrines) *à mectre eulletz* (p. 367). Ces derniers vases, à en juger comparativement par le prix, devaient être d'une forte dimension, et peut-être ornés.

SERRURIERS ET MARÉCHAUX.

Nous réunissons les maréchaux aux serruriers; les maréchaux, à cette époque, s'occupant des ouvrages courants de serrurerie, comme cela a lieu encore de nos jours en Normandie, dans les campagnes. Parmi les serruriers, nous nommerons :

Jehan Piesseval,   Gilles Dumesnil,
Pierres Lejeune,   Michel Leserf.

Parmi les maréchaux :

Bertrand et Guillaume Hervieu.

Jehan Piesseval recevait 35^s pour quatre serrures placées aux caves de la grande maison (p. 14); Pierre Lejeune, 31^s pour plusieurs serrures « et aultres aggrémens de son mestier pour servir à la grant maison » (p. 20). Jehan Piesseval.
Pierre Lejeune.

Ce fut Gilles Dumesnil, serrurier de Rouen, qui fournit, en 1503 et 1504, la ferraille pour le Lydieu, maison et chapelle (p. 84-85). Mais, de tous les serruriers employés au château Gilles
Dumesnil.

de Gaillon, Michel Leserf, maître serrurier de Rouen, que nous retrouvons dans les travaux du manoir archiépiscopal de Rouen, est celui qui tient le premier rang par l'importance des fournitures.

Dès l'année 1501, ce maître serrurier avait livré « la ferraille de la grant porte du parc et aultres gonz et vertevelles, le tout pesant iiii^{cc} vii^{tt}, » au prix de 10 deniers la livre (p. 6). En 1506, il travaillait au pavillon du jardin. Le 30 janvier 1508, il passait deux importants marchés : l'un, « de faire la cage et volouer (volière) du jardin, » qu'il devait livrer trois mois après, pour la somme de 450^{tt} tournois (p. 265); le second, « de bailler et livrer au chasteau de Gaillon, toute ferraille qui y sera nécessaire, c'est assavoir, en grosse ouvrage comme pour la plomberie, cheminées et autres non portant façon, au pris de x^{ds} livre, et pour chacune livre de fer qu'il livrera en pannelles, gons à pendre huis et autres semblables ferrailles, il aura 12^{ds} » (p. 267). En quelques mois, Michel Leserf avait livré plus de 30,000 livres de fer ouvré.

La façon du fer, sans fourniture, se payait 4^s la livre, le mille de clous à lattes 4^s.

Nous passons aux maréchaux.

Bertrand Hervieu.

Bertrand Hervieu est nommé comme faisant des pics pour les maçons, et forgeant, moyennant 12 ^{s}, deux cents *pointes de ferremens* pour Géraulme Pacherot, pour le travail des marbres de la chapelle (p. 359). Plus tard, il forge 600 autres *pointes de siceau* pour la somme de 26 sous (p. 360-361).

Guillaume Hervieu.

Guillaume Hervieu, maréchal, demeurant à Gaillon comme le précédent, paraît dans tous les comptes de la construction de Gaillon, depuis l'année 1502 jusqu'à l'année 1509. Il livre du fer « pour servir ès édifices » au prix de 7^d la livre; des pentures et fiches pour les portes des caves de la grande maison; *un gril* (grillage) pesant 74 livres « pour mestre à la tour » de la même maison; deux scies pour la pierre de taille, à 4^s 6^d la pièce; des coins, des marteaux, des masses « à briser la vieille machonerie, » des pelles et des houes pour les jardiniers, des barreaux, des étriers, des crampons pour les cheminées, « et autres agrémens. » Il fournit, toujours au prix de 7^d la livre, du fer pour le pavillon du jardin, pour les tonnelles, la héronnerie, les portes, la chapelle, les murailles du parc, pour la loge aux cerfs, la lanterne du pavillon, le pont du portail, etc. L'enclume de cet infatigable ouvrier ne reste pas un moment en repos.

ARDOISIERS, COUVREURS.

A l'époque de la construction du château de Gaillon, l'ardoise, comme de nos jours et plus encore, était la couverture de luxe; presque tout le château en fut garni[1]. Les fournitures d'ardoises, d'après nos comptes, ne s'élèvent pas à moins de 585 milliers. Massé Mouchet en fournit, lui seul, 512 milliers, qui lui furent payées sur le pied de 3^{lt} 10^s à 3^{lt} 15^s le mille. Les autres fournisseurs sont Galles Bernard et Jehan Choppin. Massé Mouchet.
Galles Bernard.
Jehan Choppin.

Les registres de Gaillon n'indiquent pas la provenance de ces ardoises, qu'ils qualifient de fines; mais d'après un article de l'année 1507-1508, où il est question d'un certain Mathelin Quatreux, « couvreur d'ardoise, démourant à Tours, » qui fait un voyage à Orléans et autres lieux (p. 344) pour le pas- Mathelin Quatreux.

---

[1] En 1460, le cardinal d'Estouteville faisait couvrir en ardoise les bâtiments de Gaillon. Le millier d'ardoises lui coûtait 1^{lt} 17^s 3^d. En moins de cinquante ans le prix avait doublé.

sage des ardoises destinées au château de Gaillon, nous ne doutons pas qu'elles ne fussent tirées de l'Anjou, de tout temps pays de production de l'ardoise, et apportées par Tours et Orléans, et de là, par Chartres et Dreux, jusqu'à Gaillon. Nous savons, d'ailleurs, que Massé Mouchet, le grand fournisseur de Gaillon, était établi aux Pontx de Cé, près Angers[1].

Parmi les couvreurs qui mirent en œuvre les 585 milliers d'ardoises envoyées de l'Anjou, Jehan Lemoigne ou Lemoine occupe la première place [2]. C'est à peine si l'on doit nommer après lui Jehan Chapperon, Jehan Luillier, Colin David, Georges Vyalles, employés à 4^s 6^{ds} et 5^s par jour. Le dernier de ces couvreurs, cependant, mérite une exception; il est cité « pour avoir taillé de l'ardoise pour faire petis careaulx et armoiries au jardin » (p. 368). L'ardoise, ainsi que la tuile, n'étaient pas considérées, à cette époque, comme de simples matériaux destinés à préserver les édifices des injures du temps; on savait les faire concourir à la décoration générale par leur disposition, leur taille, leur mélange. Les toitures formaient comme autant de mosaïques qui se mariaient à l'ornementation des diverses parties extérieures de l'édifice. Aujourd'hui on ne semble pas même soupçonner le parti qu'il serait possible d'en tirer. Nous en dirons autant des cheminées et des gouttières, qui sont la honte de nos édifices modernes.

La couverture du château de Gaillon passa presque tout en-

---

[1] *Registre manuscrit de l'hôtel-de-ville de Rouen.* Ce fut cet ardoisier qui fournit l'ardoise nécessaire à la couverture du Palais de justice de cette ville.

[2] Jehan Lemoine avait été occupé, dès l'année 1501, à la couverture des galeries bâties par le cardinal d'Amboise à son manoir archiépiscopal de Rouen. On y employa cent milliers d'ardoise fine, qui furent achetés sur le pied de 4^{lt} 5^s le millier.

Cette ardoise venait des carrières de l'Anjou. En 1499, on employait, à l'abbaye de Saint-Ouen, de l'ardoise d'Angleterre.

tière par les mains de Jehan Lemoine; dans le parc, celle de la maison du Lydieu, des tourelles, des portes, de la chapelle; dans le jardin, celle du pavillon central, qu'il devait faire en « ardoise taillée à escaille de poisson, » de la grande galerie, du pavillon séparant le jardin du parc; dans le château proprement dit, celle de la maison Pierre Delorme, de la grande chapelle, d'une portion de la galerie et de la moitié des cuisines.

Ces travaux furent exécutés, partie à forfait, partie sur le pied de 10^s par toise courante [1]. Le maître couvreur répondait de son ouvrage pendant une année.

CARRIERS.

On se figure facilement quelle quantité de pierre dut employer un château aussi considérable que celui de Gaillon. Elle fut tirée principalement des carrières de Vernon et de Saint-Leu. Un seul carrier de Saint-Leu, nommé Guillaume Dumont, en livra plus de 8,000 tonneaux[2].

<small>Guillaume Dumont.</small>

La pierre de Saint-Leu coûtait, sur la carrière, de 7^s à 7^s 6^{ds} le tonneau; la pierre de Vernon, en pierre d'appareil, de 15 à 16^s, en libage, 8^s, en carreau, 5^{tt} 10^s le cent, en pierre *de pavement*, 30^s le tonneau.

La pierre de liais, tirée de Paris, y coûtait 2^{tt} 15^s la toise.

On tirait aussi de la pierre de Louviers, mais en petite quantité et spécialement pour faire des marches d'escalier, ainsi que du *val Vendrin* (p. 111).

La carrière de Louviers est aujourd'hui fermée; celles de Vernon et de Saint-Leu sont encore inépuisées. Saint-Leu fournissait de la pierre dès le temps de la domination romaine; on

---

[1] La pose de la tuile revenait à 7^s la toise.

[2] Le tonneau est compté pour 2,000 livres pesant.

en a retrouvé dans les fondations de la muraille militaire antique de Lillebonne et de Rouen.

Plus de trente carriers de Saint-Leu, de Vernon, de Louviers, furent occupés pour le château de Gaillon. Leurs noms reparaissent à presque toutes les pages de nos comptes. Ceux de Simonnet Lecousturier, Jehan Bansse, Pierre Fauquet de Vernon, de Guillaume Dumont et de Guillaume Delahaye de Saint-Leu, sont ceux qui reviennent le plus fréquemment.

CHAUFOURNIERS.

Une trentaine de chaufourniers approvisionnèrent de chaux les maçons du château de Gaillon. Je porte à 5,000 au moins, d'après le relevé que j'ai cherché à en faire, le nombre de poinçons qu'ils fournirent. Le prix du poinçon de chaux, dans tous nos registres, est porté à 5^s, une seule fois à $5^s\ 6^d$ par exception. On parle aussi de la queue, qui équivalait à un poinçon et demi, et qui valait $7^s\ 6^{ds}$.

Guillotin Tubeuf. — Parmi les chaufourniers, je citerai en première ligne, pour l'importance de la fabrication, Guillotin Tubeuf, qui fournit, à lui seul, près de 2,000 poinçons.

ORFÉVRES.

Aux catégories que nous venons de passer en revue, nous joindrons quelques classes d'ouvriers et d'artistes qui concoururent à la décoration intérieure et à l'ameublement du château de Gaillon. Les orfévres, dont nous allons nous occuper d'abord, sont du nombre. Nous parlerons ensuite des brodeurs et tapissiers, puis nous terminerons en disant quelques mots des lingers et toiliers.

Nous n'avons à nommer, avec les comptes du château, que trois orfèvres :

> Jacques Delongchamp,
> Estienne Lesignerre, ou Signerie,
> Robin Rousseau.

Jacques Delongchamp.

Encore le premier pourrait-il être rangé dans la classe des doreurs, ou toute autre correspondante, à en juger d'après ses travaux, si le mot *orfévre* ne se trouvait deux fois à la suite de son nom. On parle, en effet, de Jacques Delongchamp comme ayant fait et doré des écriteaux en cuivre (p. 310, 346), et comme ayant travaillé *aux roleaux des antiquailles* (p. 187-189), expression qu'on doit entendre, sans doute, de l'entourage des médaillons.

Estienne Lesignerie. Robin Rousseau.

Estienne Lesignerie et Robin Rousseau (ce dernier était de Tours) furent chargés, par le cardinal d'Amboise, de monter et d'enchâsser les pierreries et les perles qu'il avait fait venir de Venise et de Milan, pour en orner son cabinet à Gaillon (p. 420). Robin Rousseau reçut, lui seul, pour sa part, dans ce travail, 347^{lt} 5^s, somme considérable pour l'époque. Colin Castille, dont nous avons parlé à l'article des menuisiers, y avait été également employé, ce qui achève de prouver quelle était la diversité des talents de cet artiste remarquable. Il avait fourni « du laton, or cliquant (clinquant) et feulles de couleurs pour asseoir les chatons de la pierrerie, » dit le compte de l'année 1507-1508 (p. 346).

BRODEURS ET TAPISSIERS.

Bien que le château de Gaillon ne fût pas complétement terminé au moment de la mort du cardinal d'Amboise, quelques-uns de ses bâtiments, et spécialement la portion destinée au logement particulier du cardinal, faisaient exception, puisque nous voyons que cet appartement avait reçu son ameublement. On jugera quelle devait en être la richesse d'après les citations que nous allons faire en parlant des tapissiers et des brodeurs. Une vingtaine de noms se présentent ici à nous; nous ne nous arrêterons qu'aux plus notables.

L'Italie et la Touraine se partageaient, à l'époque de la construction du château de Gaillon, l'industrie des étoffes de soie, et la conservèrent durant plusieurs siècles. Lyon, qui y était déjà initié[1], ne saisit que plus tard la prééminence. Dans nos comptes figurent en première ligne, Gênes, Milan, Tours. Si les premières fabriques de soieries ne furent établies à Tours qu'en 1470, ainsi qu'on le prétend, il faut convenir que cette industrie y avait fait de bien rapides progrès. Paris est cité également dans nos registres pour son commerce des étoffes de soie.

En septembre 1508, 243 aunes et demie de velours vert, fabriquées à Gênes pour la somme de 737 écus sol, soit 1335^{lt} 16^s 3^d (p. 341), sont envoyées au château de Gaillon. On fait partir, peu après, de la même ville, 14 aunes de velours cramoisi, payées 7 écus soleil l'aune et 2 écus en sus « pour les pantes du cyel du lyt d'escarlate » du cardinal (p. 343).

Les franges de ce lit sont fabriquées à Milan, pour la somme de 79^{lt} 6^s 4^{ds} (p. 343).

Tours fournit du velours bleu pour faire les écussons aux armes du roi et de la reine, « de la soye de fillet de toutes couleurs » pour les bordures (p. 344); du drap raz d'or cramoisi, à

---

[1] Nous avons nommé, plus haut, un peintre de Lyon qui donna, pour le château de Gaillon, le dessin d'une broderie sur velours. (Voir p. cxxxv.)

13 écus soleil l'aune, de la toile d'or et d'argent, du satin cramoisi, à 4 écus soleil l'aune (p. 342-344).

Paris envoie du damas blanc à 3ᵗᵗ 10ˢ l'aune, du velours tant vert que blanc, du taffetas vert « et autres draps de soye » (p. 340).

Une chambre en velours vert brodé est commandée en Italie. Loys Demousse, de Milan, en confectionne la broderie pour la somme de 532ᵗᵗ 16ˢ. A l'arrivée de cette chambre en France, lorsqu'elle fut retirée « des quatre coffres à bahu, tant vieux que neufs, » dans lesquels elle avait été renfermée, elle ne fut pas jugée assez splendide. Un brodeur de Tours, Jehan Galle, fut chargé de *l'enrichir*. On lui compta 150 écus sol, soit 275ᵗᵗ pour son travail, et comme il ne s'était pas tenu pour content, on ajouta 46ᵗᵗ 5ˢ (p. 342). Cette tenture était rehaussée de soie de diverses couleurs, de rubans, d'étoffes d'or et d'argent, de satins verts, bleus et cramoisis, de franges d'or et de soie, ainsi que de fils d'or, fabriqués à Florence au prix de 8 écus et demi soleil le marc pesant.

Le même Jehan Galle de Tours, qui avait rehaussé cette riche tapisserie, broda quatre écussons aux armes du roi et de la reine sur velours bleu (p. 344), et en fit deux autres, aux armes du cardinal, avec « chappeaux, houpes et boutons. » Il fournit, en outre, 123 fleurs de lis brodées, sur le pied de 10ˢ pièce (p. 418). Ce maître brodeur avait envoyé, de Tours à Gaillon, six brodeurs pour travailler à l'ameublement du château, savoir : Jehan Lepage, Colas Levallois, Jehan de Brucelles, Jehan Legay, Colas Leflament et Mathurin Moireau.

Un autre maître ouvrier de Tours, Jehan Alixandre, avait été aussi employé à la chambre de velours vert (p. 343). Un

Normand, Guillaume de Bayeux, avait aidé à faire « les paalles de drap d'or » (p. 379).

Nous passons aux tapissiers.

Cardinot Sirende recevait 4^{lt} 4^s « pour avoir couvert un banc et une chaise de velours vert et ung lit de camp d'escarlate » (p. 336); Cardin Manneveu, 40^s « pour la façon de la couverture d'escarlate et de deux grans rideaux jaunes » du lit du cardinal (page 346); Nicolas Dufour, 29^{lt} 10^s « pour avoir fait vi^{xx}ii fleurs de liz d'or au poille de monseigneur » (p. 345); Nicolas Georget, 48^s 8^d pour avoir fourni « xii^c de basanes et lx aulnes de ruban vert » pour la tapisserie de velours vert (p. 310); Nicolas Lefaut, 11^{lt} 5^s, pour avoir fait « deux poilles de drap d'or et trois litz de camp » (p. 311); enfin Richard Cirende, 4^{lt} 15^s pour le cuir doré qu'il avait mis en besongne au château (p. 336).

Deux tapissiers de Paris, Guillaume Race et Anthoine Grenier, fournirent leur contingent. Le premier livra deux chambres de tapisserie, dont l'une était destinée à la pièce entre la chambre et la chapelle, le tout pour 821^{lt} 4^s 8^d. Le second livra « trois chambres de tapisserie et une salle » pour servir au corps d'hôtel fait par Pierre Delorme. Il reçut 1335^{lt} 16^s 3^{ds} (p. 341). L'importance de ces deux dernières sommes doit donner une haute idée de la richesse des ameublements livrés par ces deux tapissiers de Paris.

C'est sans doute à la fourniture d'Anthoine Grenier que doit se rapporter celle d'un autre maître tapissier, Grégoire Leroy, auquel on comptait, à la même époque, 46^{lt} 6^s 10^d, « tant pour la garniture des trois chambres et de la salle, xxi livres

11 onces franges et autres parties, que pour ses journées (p. 434).

Ce maître tapissier était payé à raison de 6ˢ par jour. C'était presque moitié en sus de ce que recevaient les peintres et les verriers, ce qui prouverait, ou le talent remarquable de maître Grégoire Leroy, ou l'importance qu'on attachait, devers ce temps, aux travaux de tapisserie.

Nous terminerons ici ce qui concerne les brodeurs et tapissiers, en engageant le lecteur qui serait désireux de se rendre un compte plus détaillé du luxe qui présida à l'ameublement du château de Gaillon, à se reporter au registre de 1507-1508, p. 340-345.

LINGERS ET TOILIERS.

Les lingers viennent naturellement après les tapissiers; nous ne sortons pas de l'ameublement.

Les toiles de Hollande avaient déjà, aux xivᵉ et xvᵉ siècles, comme encore de nos jours, une grande réputation. Paris en était le principal entrepôt. Nous en trouvons la preuve dans les registres de Gaillon; nous y lisons, sous la date de 1508 :

« Linge envoyé de Paris.

« A Jacques Ains, marchant, pour ix pièce de toille de Holande, ɪɪᶜ ʟxxɪxᵗᵗ xˢ.

« A Guillaume Descordes, marchant, pour quatre pièce de toille de Holande, vɪɪˣˣvɪɪᵗᵗ ɪɪˢ ɪɪᵈ.

« A Pierre Painnart, pour ix aulnes de naples (nappes), ɪɪɪ xɪɪᵉˢ de serviectes et demie, ix aulnes de toille de Holande, ʟxxᵗᵗ. »

On connaissait déjà le linge damassé, témoin cet article du même registre :

« A Phylipote Lapatrouillarde, pour deux naples contenant ix aulnes à l'œuvre de damas, xiii^{lt} x^s » (p. 340).

Nous voyons encore mentionnés du canevas, de la toile cirée (p. 340), du bureau, du bougran, de la toile Perse (p. 342).

Si nous avons perfectionné depuis, ce qui serait peut-être contestable, nous avons peu inventé.

Le linge damassé, d'après l'article ci-dessus, revenait à quinze sous l'aune; la toile ordinaire, pour draps de lit, ne coûtait que 3^s 6^d; la toile de couleur, verte, noire et jaune, se payait 5^s 4^d l'aune; une pièce de toile bleue ordinaire, 17^s 6^{ds}; 20 aunes et quart de *blanchet*, 96^{lt} 3^s 9^d. Pour teindre ce blanchet en écarlate, il en coûta 3^{lt} par aune.

PARCHEMINIERS, RELIEURS, ÉCRIVAINS ET ENLUMINEURS.

Puisque dans la nomenclature des artistes et ouvriers employés par le cardinal d'Amboise à son château de Gaillon, nous avons cru pouvoir faire entrer ceux qui prirent part à la confection et à la fourniture de simples objets d'ameublement, on ne trouvera pas extraordinaire que nous y fassions figurer les noms de quelques-uns de ceux dont ce prélat, ami des lettres et des arts, utilisa les talents pour sa bibliothèque; ces noms apparaissent ici pour la première fois.

Nous commencerons par les parcheminiers.

Philippe Costé. Ce parcheminier fournit, du mois de février au mois de septembre 1503, environ cent cahiers et seize douzaines de peaux de parchemin; les premiers aux prix de 5, 10 et 12^s le cahier, les peaux, à 30 et 36^s la douzaine. Ce parchemin était destiné à l'écriture d'un bréviaire pour Georges d'Amboise, d'un Sénèque, d'un Tite-Live et autres ouvrages.

REVUE DES ARTISTES.

Guillaume Duguey est cité pour la fourniture de treize peaux de parchemin pour une bible, sur le pied de 33^s 3^d.   *Guillaume Duguey.*

Collin Bavent vendait, en septembre et octobre 1502, des peaux de parchemin à 27 et à 33^s, et des cahiers, depuis 4 jusqu'à 10^s, pour la bible, le bréviaire, le Tite-Live, etc.   *Collin Bavent.*

RELIEURS.

Quatre relieurs, dont les noms suivent, figurent dans le compte extraordinaire de 1502-1503 :

Denis,	Guillaume le Delyé,
Hector Dauberville,	Guillaume Gallet.

Le premier de ces relieurs, qualifié d'*endoreur*, reçut pour 22^{lt} 15^s d'or, destiné à dorer « plusieurs garnitures de livres couvers de veloux. »   *Denis.*

Hector Dauberville reçoit 15^s « pour avoir couvert et capitulé de fil d'or les 11 volumes de Valère, » et 50^s « pour avoir lyé le premier volume de la Cité de Dieu. » Le Valère est ainsi désigné dans l'inventaire de la *librairie* du cardinal, dressé en 1508, que nous avons transcrit dans les pièces diverses qui font suite à ces comptes : « Valère le Grand, en deux volumes de parchemin, couverte de veloux vert. »   *Hector Dauberville.*

On paye à Guillaume le Delyé 10^s pour avoir *lyé* le Droit canon.   *Guillaume le Delyé.*

Le trésorier du cardinal d'Amboise comptait à Guillaume Gallet, le 27 juillet 1503, 40^s « pour avoir lyé le livre des   *Guillaume Gallet.*

Proverbes de Sénecque, l'avoir doré et fait les armes de mons^r le cardinal. »

ÉCRIVAINS.

Nous avons à enregistrer les noms de onze écrivains ayant travaillé pour la bibliothèque.

Pierre Giraud. Un seul paraît avoir été employé à l'année; il se nommait Pierre Giraud (Girault). Ses gages se montaient à 32^{lt} 17^s par an, sans compter le bois et la chandelle, qu'on lui fournissait.

Les dix autres étaient payés en raison du nombre de cahiers écrits, dont le prix variait, suivant le format et le talent de l'écrivain, depuis 15 jusqu'à 20^s. Le cahier se composait de huit feuillets.

Nicolle de Saint-Lô. Pierre Permetot. Pierre Delapoterne. Leboucher. Quatre d'entre eux, messire Nicolle de Saint-Lô, messire Pierre Permetot, Pierre Delapoterne, et messire Leboucher, travaillèrent plus spécialement au bréviaire du cardinal; le premier, pour cinq cahiers, le second, pour quatre cahiers et cinq feuillets, le troisième, pour trois cahiers. Le quatrième, à lui seul, fit dans le laps de six mois, vingt-six cahiers, qui lui furent payés 16^s chaque.

Boyvin. Michel Leroux. Guillaume Leroux. Un Tite-Live ainsi inventorié : « Ung grant volume en parchemin nommé Titus Livius, richement enluminé et hystorié, garny d'argent blanc à ouvraige antique, » occupe messire Boyvin du 26 janvier au 30 août, pour six cahiers à 30^s, Michel Leroux, pour vingt-quatre cahiers, sur le pied de 30^s, et messire Guillaume Leroux pour 100^s d'écriture.

Une grande bible, texte et glose, exerça le talent d'un sous-prieur des Augustins de Rouen, nommé frère Jehan Langlois ou Anglici, du 9 juillet 1502 au 1ᵉʳ août 1503. On parle de vingt-six cahiers qui lui furent payés 20ˢ pour l'écriture et 20ˢ pour le réglage.

Jehan Langlois.

Cette bible est désignée ainsi à l'inventaire de 1508 : « Troys volumes de la bible, escrips par le sous-prieur des Augustins de Rouen, deux couvers de velours noir et l'aultre de cuyr rouge. »

Estienne Devaulx, vers le même temps, remplit vingt-trois cahiers d'un livre du Décret, pour lequel il était payé sur le pied de 25ˢ le cahier.

Estienne Devaulx.

Nous retrouvons ces Décrétales à l'inventaire de la bibliothèque du cardinal, sous la désignation suivante : « Troys volumes du grant Décret, dont le premier contient les distinctions; le second, jusques à la XIXᵉ cause, et le tiers contient le reste des causes avec *de penitencia*. »

Un certain Jehan Hunin avait vendu au cardinal, le 15 octobre 1502, « un Décret pour servir d'exemple » à l'écrivain.

Il ne nous reste plus qu'à mentionner le fils du breton Raulet, pour un solde qui lui était dû sur l'écriture du livre de la Mer des histoires, payée à raison d'un écu d'or, soit d'environ 36ˢ par cahier.

Raulet fils.

Une main de papier à écrire, d'après nos comptes, coûtait un sou.

ENLUMINEURS.

Cinq enlumineurs, dont un seul était étranger à la Normandie, déployèrent leur talent pour la bibliothèque de Georges d'Amboise, ce sont :

JEHAN SERPIN,   ROBERT BOYVIN,
NICOLAS HIESSE,   JEHAN PICHORE.
ESTIENNE DUMOUSTIER,

Ce dernier était établi à Paris.

Jehan Serpin.   Cet artiste, qui est qualifié d'enlumineur, reçut, le 24 décembre de l'année 1501, 50^s « pour v vignetes et ung cent de lettres fleuryes faictes en troys cayés du bréviaire de nostredict seigneur; » et plus tard, en deux payements, 17^{tt} 15^s 5^d, pour l'enluminure du même bréviaire, qui ne fut terminée que le 3 août 1503.

On paye à Jehan Serpin, le 6 janvier 1502, 30^s « pour avoir recouvert de lettres d'or l'envyronnements de huit histoires du grant livre de Vallère, » et le 25 novembre de la même année, 6^{tt} 14^s 9^d pour l'enluminure du second volume de saint Augustin.

Il reçoit, pour celle des *Proverbes de Sénèque,* du 6 mars au 27 juin, 17^{tt} 5^s, et le 10 septembre 1503, 100^s pour avoir enluminé les Épîtres du même auteur. Ce volume des Épîtres de Sénèque fut couvert « de velours cramoisi bordé à ceintures de G (initiale du prénom du cardinal d'Amboise), et garni de cuyvre doré. »

Jehan Serpin travailla aussi à la grande bible.

Nicolas Hiesse.   Cet infatigable enlumineur exécuta, en cinq mois de temps, d'avril en septembre de l'année 1503, au bréviaire, au Tite-Live et autres manuscrits, quarante-sept grandes *histoyres* et soixante petites; les grandes au prix de 6 et 10^s, les petites, de 2^s environ. Aussi n'est-il pas étonnant qu'un des manuscrits qui passa par les mains de Nicolas Hiesse, le Tite-Live, ait été qualifié de « richement enluminé et hystorié. »

Estienne Dumoustier fut occupé, ainsi que Jehan Serpin et Nicolas Hiesse, au bréviaire de Georges d'Amboise; mais il dut y travailler plus que ceux-ci, à en juger par les sommes qui lui furent comptées. Elles s'élevèrent à 65^{tt} 7^s 9^d, soit 40 écus d'or, chiffre bien considérable pour le temps. Le dernier payement est du 15 juillet 1503.

Estienne Dumoustier.

On mentionne spécialement dans cette enluminure du bréviaire « des vignettes, jettons et lettres d'or. » Ce bréviaire, auquel tant d'habiles artistes coopérèrent, et qui était destiné à Georges d'Amboise lui-même, est ainsi porté à l'inventaire de 1508 :

« Un bel et magnifique bréviaire en parchemin, usaige de Rome, couvers de drap d'or, qui fermoit à fermeaulx d'or en quatre endroiz. »

Robert Boyvin est cité pour « deux hystoires au *Titus Livius*, » à 10^s pièce, et pour une histoire au Sénèque.

Robert Boyvin.

Jehan Pichore reçut du trésorier du cardinal d'Amboise, au commencement de l'année 1502 et en juin de l'année suivante, 16^{tt} pour des histoires tant grandes que petites, faites au livre de la Cité de Dieu et à un autre manuscrit qu'on ne nomme pas.

Jehan Pichore.

Dans ces payements, trois grandes histoires et vingt-sept petites figurent pour 4^{tt}.

Ici se termine la revue que nous nous étions proposé de

passer des artistes en tout genre qui furent employés, par le cardinal d'Amboise, à la construction et à la décoration de son château de Gaillon. En les classant, en les groupant ainsi que nous l'avons fait, en résumant leurs travaux respectifs, nous avons voulu épargner au lecteur la fatigue d'un travail long et pénible. Si le tableau que nous en avons présenté peut lui rendre plus faciles la lecture et l'étude des comptes qui font l'objet de cette publication, notre but aura été rempli.

COMPTES DE DÉPENSES

DE LA CONSTRUCTION

DU CHATEAU DE GAILLON

SOMMAIRE.

La mise des bastimentz............................ Années	1501-1502. Page	1
Mises pour les bastiemens............................	1503-1504.	8
La mise de la grant maison et aultres édifices.......	1502-1503.	35
La mise de la chapelle, pavillons et maisons.........	1503.	46
La mise des tonnes, maison, oratoire et parc........	1503-1504.	59
La mise des tonnes.................................	1504.	91
La mise de la grant maison.........................	1504.	106
Édiffices pour le bastiment de Gaillon..............	1504-1505.	117
Mise pour le pavillon de la grosse tour et pour le jardin.	1505.	140
La mise du jardin...................................	1505-1506.	151
La mise de la menuyserie et le talud de la chappelle..	1506.	159
La mise de la grande maison........................	1505-1506.	163
La mise de la maison que fait Pierres Delorme.......	1506-1507.	191
La mise de la maison et allées du Lit Dieu..........	1506-1507.	206
La mise du talud d'entre le portal de devant et le talud de la chappelle de la grant maison...............	1507.	219
La mise des vignes d'Orleans.......................	1506-1507.	222
La mise du jardin...................................	1506-1507.	229
Despense des bastimens............................	1508.	251
Despense des bastimens............................	1508-1509.	348
Despense des bastimens............................	1508.	421
Mise pour les livres.................................	1502.	437

COMPTES DE DÉPENSES

DE LA CONSTRUCTION

DU

CHÂTEAU DE GAILLON.

CHASTEAU DE GAILLON.

LA MISE DES BASTIMENTZ.

1501-1502.

La mise des bastimentz faictz par le commandement de très resverend pere en Dieu monseigneur le cardinal d'Amboyse, archevesque de Rouen et legat en France, par moy Pierre Mesenge, chanoine de Rouen et tresorier de mond. seigneur, depuis le jour saint Michel mil v^c et ung jusquez au jour saint Michel m v^c et deux.

MISE POUR LES BASTIMENS DE GAILLON.

ACHAT DE PIERRE DE S^t LEU.

Le xvie jour de novembre m v^c et ung, payé à Guillaume Dumont, pour ii^c xvi tonneaulx et demy de pierre de Saint-Leu à vii^s i^d ^{ts} pour tonneau, lxxvi^{lt} xiii^s.

Le premier jour de janvier, aud. Dumont, pour CLXXIX tonneaulx III piez audᵗ prix, LXIIIᵗᵗ IXˢ VIIIᵈ.

Le XVIIIᵉ de may, audit Dumont, pour VIIIᶜᶜ XVIII tonneaulx de pierre, LXIIIᵗᵗ Xᵈ.

Le XIIᵉ de juillet, aud. Dumont, pour IIᶜᶜ XXVI ton. de pierre aud. pris, IIIIˣˣᵗᵗ Xᵈ.

Le XVᵉ jour de septembre, aud. Dumont, pour IIᶜᶜ XXIIII ton. de pierre, LXXIXᵗᵗ IIIˢ Iᵈ.

Summa hujus cap. IIIᶜ LXIIᵗᵗ VIIˢ Vᵈ ᵗˢ.

ACHAT DE PIERRE DE VERNON.

Le XXᵉ de decembre M Vᶜ et ung, payé à Symonet le Cousturier, pour ung miller VIIᶜᶜ IIIIˣˣ XIIII carreaux de pierre de Vernon, au pris de LVᵗᵗ pour millier, en ce compris IX avoir deschargé ladite pierre, CVIIᵗᵗ XIIIˢ Vᵈ.

Le XVIIᵉ jour de mars, aud. le Cousturier, pour XIIᶜᶜ XXV carreaux à LXᵗᵗ pour millier et pour C LXIIII tonneaux de pierre d'appareil à XVI sous pour tonneau, compris IIIIˢ pour avoir deschargé ladᵉ pierre, IIᶜᶜ VIIᵗᵗ XVIIIˢ ᵗˢ.

Le XXIIᵉ jour de may, aud. le Cousturier, pour IIIIˣˣ XIII tonneaux de pierre aud. pris, et pour LXIX carreaux, en ce compris le deschargement, LXXIXᵗᵗ IIˢ VIIIᵈ.

Le penultieme de septembre, à Maciot Bense, pour XLV ton. de pierre d'appareil à XVˢ pour tonneau, VIII marches de IIII piés de long à IIIIˢ piece, IX marches de VI à VII piez de long à VIˢ piece, XXXVIIIᵗᵗ Iˢ.

Summa hujus capit. IIIIᶜ XXXVII XXXVIIIᵗᵗ XVˢ Iᵈ.

MISE POUR LE CHARROY ET VOIUTURE DE LA PIERRE.

Le IXᵉ jour de novembre M Vᶜᶜ et ung, payé à Guillaume de la Haye, pour le batelage de C XIII tonneaulx VI piés de pierre qu'il a porté de Saint-Leu à Gaillon, au pris de Vˢ pour tonneau, XXVIIIᵗᵗ VIIˢ VIᵈ.

Le xᵉ jour de janvier, aud. de la Haye, pour l'aportage de CLXXIX ton. III piez de pierre aud. pris, XLIIII‡‡ XVIˢ.

Le XVIIIᵉ jour de may, aud. de la Haye, pour le voiuturage de VIIIˣˣ XVIII tonneaulx de pierre aud. pris, XLIIII‡‡ Xˢ ᵗˢ.

Le XXIᵉ de juillet, aud. de la Haye, pour le voiuturage de IIIᶜXXVI ton. X piez de pierre aud. pris, IIIIˣˣI‡‡ Xˢ.

Le XVᵉ de septembre, aud. de la Haye, pour le voiuturage de IIᶜ XXIII ton. de ladᵉ pierre de Sᵗ Leu aud. pris, LIIII‡‡ XVIIˢ VIᵈ.

Summa hujus capituli IIᶜ LIIII‡‡ Iˢ.

MISE POUR EXTENSILLES.

Le XXVIIIᵉ jour de juing M Vᶜᶜ II, à Jaquet Tibault, pour XXII brouetes à V sous piece, VIII aultres brouetez à Vˢ VIᵈ pour Gaillon, compris VI pelles pour Rouen, VII‡‡ XVˢ.

Le XVIIᵉ de septembre, à Roger Ma...... pour ung cable et II brachelez pesant CX‡‡, au pris de X deniers pour l'une, IIII‡‡ XIˢ VIIIᵈ.

Le VIIIᵉ jour de mars, M Vᶜᶜ I, à Robin Adam, pour V XIIⁿᵉˢ et demye de claez au pris de XV sous pour XIIⁿᵉ.., IIII‡‡ IIˢ VIᵈ.

Le derrain jour de may, aud. Adam, pour VIˣˣ IIII claez à XVᵈ pour piece, VII‡‡ XVˢ.

Le Xᵉ jour de septembre, audit Adam, pour Iᶜ et demy de claez, IX‡‡ VIIˢ VIᵈ.

Summa hujus capituli, XXXIII‡‡ XIˢ VIᵈ.

MENUISERIE.

Le IIIᵉ jour de decembre M Vᶜ I, à Pierre Cornedieu, sur ce qu'il luy sera deu pour la menuyserie du chasteau, XX‡‡.

Le VIIIᵉ de janvier, aud. Cornedieu, sur ladᵉ menuyserie, XX‡‡.

Le XXIX de juillet, aud. Cornedieu, sur ladᵉ menuyserie, XXV‡‡.

Summa hujus cap. LXV‡‡.

MISE POUR LA FERRURE ET FERRAILLE.

Le xxiiie jour de novembre m v^{cc} et ung, payé à Michelet Lecerf, sur ce qu'il luy sera deu pour ce qu'il fait à Gaillon, viii^{lt}.

Le xxiiiie de decembre, audit Lecerf, pour la ferraille de la grant porte du parc et aultres gontz et vertevelles, le tout pesant iiii^{cc} vii^{lt}, à x^d pour livre, xvi^{lt} xix^s ii^d.

Le xiie de janvier, audit Lecerf, sur la ferraille du chasteau, viii^{lt}.

Le xiie jour de may, à Guillaume Chapelain, pour tout le clou qu'il a baillé depuis la Saint-Michel jusquez aud. jour, lxviii^s viii^d.

Summa hujus capituli, xxxvi^{lt} vii^s x^d.

VOYRRERYE.

Le xxixe de janvier m v^{cc} ung, à Jehan Barbe, pour ciiii piez et demy de voyre pour le portail du chasteau, à ii^s pour pié, et avoir lavé les voyrrieres de la chambre de monseigneur, xi^{lt} xvi^s vi^d.

Summa hujus cap. xi^{lt} xvi^s vi^d.

MISE POUR LES DENIERS BAILLÉS A RICHART GUERE, S^r DE COURCELLES,
POUR EMPLOYER AUX BASTIMENTZ DU CHASTEAU DE GAILLON.

Le ixe jour de novembre mil v^{cc} ung, payé à Richart Guere, ii^{cclt}.
Le iiiie jour de decembre, payé aud. Guere, iiii^{xx}xi^{lt} v^s.
Le xe jour de decembre, payé aud. Guere, ii^{cclt}.
Le xiiie jour de fevrier, payé aud. Guere, c^{lt}.
Le xve jour de fevrier, payé aud. Guere, ii^{cclt}.
Le iie jour d'avril, payé aud. Guere, iii^{cclt}.
Le premier jour de may, payé aud. Guere, c^{lt}.
Le xiie de may, payé aud. Guere, iii^{cclt}.
Le vii de juing, payé aud. Guere, ii^{cclt}.

Le xxe de juing, payé audit Guere, II$^{cc\,tt}$.
Le xxII^e de juillet, payé audit Guere, II^{cc} xxxvI^{tt} x^s.
Le xvII^e de septembre, payé aud. Guere, c^{tt}.
Le penultieme de septembre, payé aud. Guere, c^{tt}.
Le penultieme de septembre, payé aud. Guere, IIII$^{cc\,tt}$.

Summa hujus capituli, II^m vII^{cc} xxvII^{tt} xv^s.

MISE POUR LES MOULINS D'AUBEVOYE.

Le xxvIII^e jour de novembre m v^{cc} et ung, payé à Jehan Advisse, sur ce qui luy peult estre deu pour les auges qu'il fait aux moulins, xx^{tt}.

Summa hujus cap., xx^{tt}.

Summa totius expensæ pro Gaillon, trois mil neuf cens quarante trois livres quatorze sols six deniers tournois.

MISES POUR LES BASTIEMENS.

1503-1504.

Mises pour les bastiemens faictz par le commandement de très-reverend pere en Dieu, monseigneur le cardinal d'Amboise, archevesque de Rouen et legat en France, faictes par moy Pierre Mesenge, chanoine de Rouen et tresorier de mondict seigneur, depuis le jour saint Michel mil v^c et troys.

MISES POUR LES BASTIEMENS DE LA GRANT MAISON DE GAILLON.

ACHAT DE PIERRE.

A Colin Vignart, pour LXXVIII tonneaux de pierre de Vernon, au pris de xv^s pour tonneau, le premier jour de decembre v^{cc} et II, payé, LVIII^{lt} x^s.

A Maciot Bense, pour LII tonneaux et demy de pierre de Vernon, III quarterons de carreau à vi^{lt} le cent, payé le IXe de decembre, XLVI^{lt} x^s.

A Robinet Lambert, pour xxv tonneaux de pierre de Vernon, à xv^s pour tonneau, payé le XIIIe de decembre, XVIII^{lt} xv^s.

A Guillaume Dumont, pour II^c xxv tonneaux de pierre de Sainct-Leu, à VII^s VI^d pour tonneau, payé le IIIIe jour de janvier la somme de LXXIX^{lt} XIII^s I^d.

A Symonnet le Cousturier, pour CLIX tonneaux x piez de pierre de Vernon, à XVI^s pour tonneau, XIX carreaux, et XL^s pour avoir deschargé deux bateaux, payé le XIIe jour de janvier, CXXXI^{lt} x^s VI^{d ls}.

A Robert Lambert, pour II^c XXXVIII carreaux de pierre de Vernon, xii tonneaux et demy de pierre d'appareil, payé le xiiii° d'avril, xxi^tt xvii^s ii^d.

A Robin le Duc, pour xxx tonneaux et demy de pierre de Vernon, cent et iii carreaux, au pris de cx^s pour cent, payé le xviiie jour d'avril, xxviii^tt x^s ix^d.

A Jehan Esquart, pour xxxvii tonneaux ix piez de pierre de Vernon, à xv^s pour tonneau, iii^c xlii carreaux à cx^s pour cent, payé le xviiie d'avril, xlvii^tt i^s ix^d.

Aud. Esquart, pour xxxvii tonneaux de pierre de Vernon, iii toyses xxix piez de pavement à xxx^s pour toyse, payé le xiie de may, xxxiiii^tt v^d ^ts.

A Guillaume Dumont, pour ix^xx vii tonneaux iiii piez et demy de pierre de Sainct-Leu, à vii^s vi^d pour tonneau, payé le xxe jour de may, lxvi^tt vi^s.

A Symonnet le Cousturier, pour vii^xx x tonneaux viii piez de pierre de Vernon, à xvi^s pour tonneau, ii^m iii^c iiii^xx xvi carreaux à vi^tt pour cent, i toyse et demye de pavement à xxx^s pour toyse, payé le xviie de juing, ii^c iiii^xx xvi^tt xi^s iiii^d.

A Jehan Esquart, pour xliii tonneaux ung pié de pierre de Vernon, payé le viie d'aoust, xxxii^tt vi^s iii^d.

A Guillaume de la Haye, pour xxxvii tonneaux ii piez de pierre de Sainct-Leu, au pris de xii^s i^d pour tonneau, comprins la voiture, payé le xixe jour d'aoust, xxii^tt vii^s iii^d.

A Guillaume Dumont, pour ix^xx tonneaux v piez de pierre de Sainct-Leu, le premier jour de juing, payé, lxvii^tt i^s.

Aud. Dumont, pour vii^xx xvii tonneaux iiii piez, à vii^s i^d pour tonneau, payé le premier jour de juing, lv^tt xiii^s ix^d ^ts.

vi^c xxi^tt vii^s ix^d.

MISE POUR VOYTURE ET CHARROY.

A Guillaume Dumont, sur ce qu'il luy sera deu pour vaiture, tant de clayes que de brouettes, payé le derrain jour de novembre, xl^s.

A Guillaume de la Haye, pour la vaiture de ii^{cc} xxv tonneaux de pierre de Sainct-Leu, au pris de v^s pour tonneau, payé le iiiie de janvier, lvi^{tt} v^s.

A Guillaume de la Haye, pour la vaiture de ix^{xx} vii tonneaux iiii piez et demy de pierre de Sainct-Leu, payé le xxe de may, xlvi^{tt} xvi^s.

A Guillaume de la Haye, pour la vaiture de vii^{xx} xvii tonneaux iii piez de pierre de Sainct-Leu, payé le premier jour de juing, xxxix^{tt} vi^s.

A Geoffroy Bourdet, pour la vaiture de ix^{xx} tonneaux v piez de pierre de Sainct-Leu, à v^s pour tonneau, payé le xiie de juing, xlvii^{tt} v^s.

A Guillaume Dumont, pour plusieurs parties contenues en ung feuillet de papier portez de Rouen à Gaillon, payé le xiiiie de juillet, c^s.

ix^{xx} xvi^l xii^s.

MISE POUR USTENSILLES.

A Jaquet Thibault, pour xxix brouettes, xviii au pris de vi^s pour piece et xxi au pris de v^s, payé le xiie de janvier v^c et ii, x^{lt} ii^s.

A Robinet Adam, pour ung cent de clayes à xv^d pour piece, payé le viiie de mars, vi^{tt} v^s.

A Jaquet Thibault, pour ii xii^{es} de brouettes à v^s pour piece, payé le xxiie de mars, vi^{tt}.

A Roger Maugier, pour xxx^{tt} de corde pour servir au toilles, payé le xv d'avril, xxv^s.

A Jaquet Thibault, pour xviii brouettes, payé le xxviie de may, iiii^{tt} x^s.

A Robinet Adam, pour vii^{xx} iiii clayes, payé le xviiie de juillet, ix^{tt} iii^s iiii^d.

DU CHÂTEAU DE GAILLON.

MISE POUR MENUYSERIE.

A Collin Castille, sur ce qu'il luy sera deu pour la menuyserie de la maison du parc de Gaillon, payé le xxiiie jour de septembre mv^{cc} et iii, xx^{lt}.

lvii^{lt} v^s iiii^d.

CLOUTERYE.

A Guillaume Chappellain, pour toute la ferraille qu'il a livrée à Gaillon depuis le jour sainct Michel jusques au jour present, payé le xie d'avril v^c ii, x^{lt} xvi^s x^d.

POUR VOYAGES.

A Pierre de Valence, pour iiii jour de luy et ung cheval qu'il a esté à Gaillon, payé le xie de janvier mv^c et ii, xx^s.

A Collin Castille, pour la despense de luy et de Me Jehan le Boucher, pour avoir fait mener la greue de l'Ostel-Dieu sur le cay et autres choses contenues en sa cedulle, payé le xxixe de juillet v^c et iii, iiii^{lt} iii^d.

xv^l xvii^s i^{d ts}.

ARGENT PAYÉ A RICHARD GUERE.

A Richard Guere, s^r de Courcelles, durant ceste presente année, a esté payé par moy, tresorier, pour distribuer au massons et manouvriers qui font le chasteau de mondit seigneur à Gaillon, comme appert par le compte et estat que a rendu ledit Guerre à la Sainct-Michel mil v^c et ii, la somme de troys mille huit cens soixante-dix-neuf livres i^s i^d, pour ce, iii^m viii^c lxxix^{lt} i^s i^d.

iii^m viii^c lxxix^l i^s i^{d ts}.

Summa hujus capituli in edificiis apud Galionem v^m clvi^{lt} x^s ii^{d ts}.

LA MISE DE LA GRANT MAISON

ET AULTRES EDIFICES.

1502-1503.

. . . .

(Le premier feuillet manque.)

Item, à tailler et massoner à la tour de la grant maison, à maistre Guillaume Senault IIII jours, au pris de VII^s VI^d par jour. *Item*. A Guillaume Mainville, Guillaume Thibault, Jehan le Feuvre, Mathelin Couppé, Jehan Gaudin, Guillaume Theroult, Benard Grantdix[1], Guiffray Tuyer, Jehan Theroult, Pierres Grosmain, André Gaultier, tous chacun IIII jours; Vincent Oultreleaue, Colin Morisse, Jehan Chevalier, chacun troys jours; Massé Joubert, III jours et demy, toulx au pris de III^s IIII^d pour jour; Jehan Guyot, Coulas Gellin, Jehan Gaudin, chacun IIII jours; Thomas Mouton, III jours à III soulz pour jour; Raulin Lemaistre, Robert Alexandre, chacun IIII jours à II soulz VI^d pour jour, Thomas Senault, IIII jours, Pierre Trubel, III jours à II^s pour jour; qui est pour toult, XIIII^{lt} XVII^s IIII^d.

Item, le VIIIe jour dud. moys, à Jehan le Maesier, voueturier, pour sa paine d'avoir amené plusieurs auges à servir à faire les moulins d'Aulbevoye, LI^s X^d.

Paié, le samedi XIIe jour dud. moys de novembre, à Colin Tubeuf,

---

[1] Alias Grandé.

DU CHÂTEAU DE GAILLON.

pour la livrée de xxv ponchons de chaulx au pris de v$^{s\,ts}$ pour ponchon, vallent vi^{tt} v^s.

Item, ce jour, payé aulx massons de la grant maison, à maistre Guillaume Senault, v jours à vii^s vi^d pour jour; Guillaume Mainville, Jehan le Febvre, Jehan Gaudin, Mathelin Couppé, Guillaume Theroult, Jehan Chevalier, Massé Joubart, Allain Mourisse, Guiffray Tuyer, Benard Grandé, Jehan Theroult, Pierres Grosmain, Vincent Oultreleaue, André Gaultier, chacun v jours, à chacun iii^s iiii^d pour jour; Thomas Mouton, Jehan Guyot, Colas Gellin, Jehan Gaudin le jeune, chacun v jours à iii^s pour jour; Raulin Lemaistre, Robert Alexandre, chacun v jours; Jehan Langloys, Jehan Langlois le jeune, chacun iii jours et demy à ii^s vi^d pour jour; Thomas Senault, Pierres Trubel, chacun v jours, Guillaume Langlois, iii jours et demy à ii^s pour jour, qui est pour tout, xx^{tt} iiii^d.

Item, ce jour, payé au manoeuvriers de la grant maison.

[6, au prix de 2^s par jour,]
[11, au prix de 20 deniers par jour,]
qui est pour tout, vii^{tt} vi^s viii^d.

Item, à Guillotin Tubeuf, pour la livreson de xx ponchons de chaulx pour la tour de la grant maison, au pris de v$^{s\,ls}$ pour ponchon, vallent c^s.

Paié, le samedi xixe jour dud. moys de novembre mil cinq cens et deulx, aulx massons qui font la grant maison à maistre Guillaume Senault, pour vi jours à vii^s vi^d pour jour; Guillaume Thibault, v jours pour v jours qui luy sont deubz de la sepmaine passée; Guillaume Theroult, Jehan Theroult, Guillaume Mainville, Jehan Chevalier, Guiffray Tuyer, Pierres Grosmain, Jehan Gaudin, André Gaultier, Benard Grandé, Colin Morisse, Vincent Outreleaue, Massé Joubart, chacun vi jours de iii^s iiii^d pour jour, rabatu viii^d aud. Joubart; Thomas Mouton, Jehan Guyot, Collas Gellin, Jehan Gaudin le jeune, chacun vi jours au prix de iii soulz pour jour, Louys Desnoues, Michault, etc^a........ [à 2^s et à 20 deniers par jour], qui est pour le tout, xxix^{tt} iiii^s vi^d.

Item, ce jour, paié à Guillaume Hervieu, marechal, pour avoir livré et mis en œuvre ix^{xx} x livres de fer, pour servir ès edifices à vii^d ^{ob} pour livre, vallent v^{lt} xvii^s vi^d.

Item, ce jour, à Jehan Advisse et Michellet des Noyers, pour avoir fait deulx huys et auchuns agrémens de son mestier pour servir aulx caves de la grant maison, xxxv^s.

Item, ce jour, à Jehan Piesseval, serrurier, pour iiii serrures pour mectre es huys desd. caves, xxxii^s.

Item, à R., sieur, pour avoir syé plusieurs membrures pour la maison, xix^s ix^d.

Item, ce jour, à Michault Bourdon, chauchumier, pour avoir livré pour lad. maison xliiii poinchons de chaux, xi^{lt}.

Item, ce jour, paié aux maneuvres de la grant maison [33 maneuvres à ii^s et à xx^d par jour], xv^{lt} xv^s x^d.

Item, le xxie jour dud. moys, à Jehan Aubin et Benest Dumont, qui avoit estés auchunement dedommagés de la pierre de taille qu'il avoit au chastel, et a esté ordonné par mons^r de Sauveterre et auditeurs des comptes, xl^{lt}, pour ce, xl^{lt}.

Paié, le samedi xxvie jour de decembre mil cinq cens et deulx, aulx massons de la grant maison, à maistre Guillaume Senault, iiii jours à vii^s vi^d pour jour. *Item*, à Guillaume Thibault, etc^a, chacun iiii jours à iii^s iiii^d; à Thomas Mouton, etc^a, chacun iiii jours à iii^s pour jour; Louis Denoux, etc^a, chacun iiii jours à ii^s vi^d pour jour; Thomas Enault, etc^a, à xx^d pour jour, xvii^{lt} iiii^s.

Item, paié ce jour aux maneuvres, à ii^s et à xx^d pour jour, cxix^s iiii^d.

Item, paié, le premier jour de decembre, à Guillottin Tubeuf, pour vingt et ung ponchon de chaulx par luy livrez pour la grant maison, cv^s.

Item, paié à Jehan Pinchon, voiturier, pour avoir amené d'Orleans jusquez à Gaillon quatre pieches de vin, lequel avoit esté envoyé par Jehan Bouchier, par marché fait aud. voiturier par ung escu d'or chacune pieche, vii^{lt}.

Paié, le samedi iiie jour de decembre mil cinq cens deux, à faire la tour de la grant maison, à Pierrot Connille pour avoir fait ung millier et demy de latte, pour mettre au gallatas du grand portail, et par le commandement de monsʳ de Saulveterre, vˢ vɪɪᵈ.

 Item, ce jour, paié aulx massons à maistre Senault, pour v journées à vɪɪˢ vɪᵈ pour jour [autres à 3ˢ 4ᵈ, 3ˢ 2ˢ et 20ᵈ par jour], xxvˡˡ ɪɪˢ vɪᵈ.

 Item, paié à ʟx maneuvres à ɪɪˢ et à xxᵈ par jour, xxɪɪɪˡˡ vɪɪɪᵈ.

 Item, paié à Pierres Lemoysnier, pour avoir amené du bois de Clerc deux milliers et demy de late pour le portail, xˢ.

 Paié, le vɪɪɪᵉ jour dud. moys, à Guillot Bourdon, pour xxx poncons de chaux à v s. pour poncon, vɪɪˡˡ xˢ.

 Paié, le samedi xɪᵉ dud. moys, aux massons à maistre Guillaume Senault, à vɪɪˢ vɪᵈ pour jour [30 autres à 3ˢ 4ᵈ, 3ˢ, 2ˢ et 20ᵈ par jour], xɪxˡˡ xɪɪɪɪˢ.

 Item, paié ce jour aux maneuvres [à 2ˢ et à 20ᵈ par jour], xˡˡ ɪɪɪɪˢ vɪɪɪᵈ.

 Paié, le samedi xvɪɪᵉ jour de decembre, aux massons à maistre Guillaume Senault, à vɪɪˢ vɪᵈ pour jour [autres à 3ˢ 4ᵈ, 3ˢ, 2ˢ et 20 deniers par jour], xxɪxˡˡ xɪˢ.

 Aux maneuvres, xvɪɪˡˡ xvɪɪˢ ɪɪɪɪᵈ.

 A Jehan Aulbin et Benest Dumont, pour leurs peines d'eulx et leurs charroys d'avoir amené ɪɪɪɪˣˣ tonneaulx et demy de pierre de Vernon, à ɪɪɪɪˢ pour tonnel, xvɪɪˡˡ ɪɪˢ.

 Item, paié à Pierres Lemaistre, pour xxɪɪ queux de chaulx par luy livrés, vɪɪɪˡˡ vˢ.

 Item, à Colin Tubeuf, pour xxx poncons de chaulx, à vˢ pour poncon, vɪɪˡˡ xˢ.

 Item, paié à G. Hervieu, mareschal, pour la livraison de c livres de fer mises en pentures et en gontz, à vɪɪᵈ livre, ʟxɪɪˢ vɪᵈ.

 Item, à Michellet des Noyers, pour avoir fait deulx huys pour servir aux caves de la grant maison, xxvɪˢ.

 Paié, le samedi xxɪɪɪɪᵉ jour dud. mois de decembre, aulx massons qu'ilz font la grant maison, à maistre Guillaume Senault, v jours à vɪɪˢ vᵈ pour jour [autres à 3ˢ 4ᵈ, 3ˢ, 2ˢ et 20ᵈ par jour], xxˡˡ xvɪɪˢ xᵈ.

 Item, paié ce jour aux maneuvres [à 2ˢ et 20ᵈ par jour], xɪɪɪˡˡ xvɪɪɪˢ ɪɪɪɪᵈ.

16 DÉPENSES DE LA CONSTRUCTION

A Michault Bourdon, pour xxIIII poncons de chaulx à v^s pour poncon, vi^{lt}.

Item, paié à G. Hervieu, marechal, pour plusieurs pentures et fiches de fer pour servir aulx huys des caves de la grant maison, le tout pesant LXXIIII l^s de fer, à vii^d pour livre, vallent XLVI^s III^d.

Item, paié le IIe jour de janvier mil v^c et deulx, à maistre Richard, menuisiers, pour deux petitz ceaulx par lui livrés pour servir à tailler la pierre pour le corps de la grant maison, xvII^s vi^d.

Payé, le samedi desrain jour de decembre, aulx massons de la grant maison, à maistre Guillaume Senault, à vii^s vi^d par jour et à..... [à 3^s 4^d, 3^s, 2^s et 20^d], xii^{lt} xix^s vi^d.

Paié aux maneuvres (à 2^s et 20^d par jour), vi^{lt} xvii^s viii^d.

Paié, le samedi viie jour de janvier mil cinq cens et deulx, aux massons à maistre Guillaume Senault, etc^a, xxi^{lt} v^s.

Item, aux maneuvres, etc^a, xii^{lt} xiii^s iii^d.

Item, paié à Pierres Duché, pour plusieurs parties de ficelle pour servir auxd. ediffices, xxii^s viii^d.

Paié, le samedi xiiiie jour de janvier M cinq^c et deulx, à Regné Ducloux et à Franchois Senault, pour avoir tallé vi^c iiii^{xx} xvii piés de pierre de Saint-Leu, à troys d^s le pié, viii^{lt} xiiii^s iii^d.

Item, ce jour, à Jehan Aulbin, pour sa paine d'avoir amené iiii^{xx} tonneaulx de pierres de Saint-Leu pour faire le corps de la grant maison, xvi^{lt}.

Item, ce jour, paié aulx massons à maistre Guillaume Senault vi jours à vii^s vi^d pour jour [autres à 3^s 4^d, 3^s, 2^s et 20^d par jour], xxiii^{lt} xix^s x^d.

Item, paié ce jour, aulx maneuvres (à II^s et 20^d par jour], xiii^{lt} ix^s.

Item, ce jour, à P. Levassor, pour avoir fait sept chivieres pour porter la pierre aux massons, vii^s.

....
....

Paié, le samedi xxie jour dud. moys, à conduire, tailler et assoir la pierre de taille à la tour de la grant maison, à maistre Guillaume

DU CHÂTEAU DE GAILLON.

Senault v jours à vii^s vi^d pour jour (et 30 autres aux prix ci-dessus), xxii^{lt} v^s ii^d.

Item, paié ce jour aux maneuvres (à 2^s et 20^d), xii^{lt} xiiii^s iiii^d.

A Jehan Hamel et Guiffray Grantjehan, pour chariage de lxix banellées de sablon, à xii^d la banelle, lxix^s.

Item, à G. Amyot, pour avoir tiré vi^{xx} ix banelles de sablon, xvii^s xi^d.

Paié, le samedi xxviiie jour dud. moys de janvier, à Jehan Aulbin et Benest Dumont, voituriers, pour avoir amené lxxv tonneaulx de pierre de careau pour faire le talud des fousés de la grant maison, à iiii^s par tonnel, xv^{lt}.

Item, à G. Hervieu, marechal, pour avoir fait ung gril pesant lxxiii livres de fer pour mestre à la tour de la grant maison, à vii^d pour livre, xlvi^s iiii^d.

A Colin Tubeuf, pour xxii ponchons de chaulx pour lad. tour, cx^s.

Item, à P. Bellot, pour xxi queues et demye de chaulx pour ladite tour, viii^{lt} i^s iii^d.

Item, aulx massons à maistre Guillaume Senault, v jours à vii^s vi^d par jour (autres à 3^s 4^d, 3^s, 2^s et 20^d par jour), xxi^{lt} xiii^s iiii^d.

Item, aulx maneuvres (à ii^s et 20^d par jour), xiiii^{lt} xiii^s iiii^d.

Item, paié, le iie jour de fevrier aud. an, à Richard Gouy et Guillaume Aulbry, pour avoir fait une clouture au galletas de la grant maison, xxxvi^s vi^d.

Item, ce jour, à G. Lebeuf, pour avoir livré xxxvii ponchons de chaulx pour la grant maison, au prix de v soulz pour ponchon, ix^{lt} v^s.

Paié, le samedi iiiie jour du mois de fevrier mil cinq^c et deulx, aulx massons à maistre Guillaume Senault, pour iiii jours à vii^s vi^d pour jour (autres à 3^s 4^d, 2^s 6^d, 2^s et 20^d par jour), xvii^{lt} vi^s viii^d.

Item, ce jour, aux massons qui taille ez pierre à Franchois Senault, pour avoir taillé vii^{xx} xv piés de pierre de Saint-Leu, à v^d les deulx piés, valent xxxii^s ii^d; *item*, à Regné Ducloux, pour ii^c xiii piés aud. prix, pour ce xliiii^s iiii^d; *item*, à Jehan Moulin, pour lx piés, pour ce xii^s vi^d, qui est pour tout, iiii^{lt} ix^s.

Item, à......... pour avoir amené LXXVIII banelés de sablon pour la grant maison, à XII^d la banelée, LXXVIII^s.

Item, aulx maneuvres (à 2^s et 20^d par jour), XI^lt v^s VIII^d.

Item, ce jour, à Colin Tubeuf, chauchumier, pour avoir livré pour la grant maison XXXI poncon de chaulx, à v^s pour ponchon, VII^lt xv^s.

Paié, le samedi x^e jour de fevrier mil v^c et deulx, à Benest Dumont et Jehan Aulbin, voituriers, pour avoir charié LXXIII tonneaulx de pierre pour faire la grant maison, à IIII^s pour tonnel, XIIII^lt XII^s.

Item, payé ce jour, à G. Hervieu, marechal, pour avoir refait deulx siez pour syer la pierre de taille, IX^s.

Item, paié ce jour, aux massons à maistre Guillaume Senault, VI jours à VII^s VI^d pour jour (et 28 autres à 3^s 4^d, 3^s, 2^s 6^d, 2^s et 20^d par jour), XXVI^lt XVIII^s.

Item, aux maneuvres (à 20^d par jour), XVII^lt XIX^s v^d.

Paié, le samedi XVIIIe jour de fevrier mil v^c et deulx, aux massons qui taillent la pierre à la grant maison, premierement à maistre Guillaume Senault pour VI jours de sa paine, à VII^s VI^d pour jour; *item*, à.......... (28 autres à 3^s 4^d, 3^s, 2^s 6^d, 2^s et 20^d par jour), XXVI^lt v^s.

Item, à P. Amyot, pour avoir tiré pour la grant maison VII^xx XVII banelés de sablon, XXVI^s.

Item, paié à Denys Seglas et Jehan Philippes, pour avoir amené IIII^xx et xv banelés de sablon à XII^d pour banelée, IIII^lt xv^s.

Item, à........ pour avoir amené LXII banellées de sablon aud. prix, LXII^s.

Item, à.......... pour avoir livré XXXVI ponchons de chaulx, au prix de v^s pour ponchon, IX^lt.

Item, à.......... pour LII poncons de chaulx aud. prix, XIII^lt.

Item, aulx massons qui taillent la pierre pour faire le talud de la grant maison à Jehan Chalumau, pour VII^xx XIII piés, à v^d pour pié; à.......... pour CXV piés et demi, à......... pour CXVIII piés et ung tiers, à......... pour CVIII piés, à........ IIII^xx VII piés, à........ pour CVI piés, à....... pour IIII^xx XIIII piés, à....... pour IX piés et demy, ... qui est, en somme toute, aud. prix de v^d le pié, XVI^lt VII^s XI^d.

DU CHÂTEAU DE GAILLON. 19

Item, aulx maneuvres de la grant maison (à 2ˢ et à 20ᵈ), xɪɪɪᵗᵗ xˢ ɪɪɪɪᵈ.

Item, paié, le xxɪɪɪɪᵉ jour dud. moys, à Benest Dumont, pour avoir amené xxxɪɪ tonneaulx de pierre de Vernon; *item*, à Jehan Aulbin, pour ʟx tonneaux de pierre, le tout pour faire la grant maison, xvɪɪɪᵗᵗ vɪɪɪˢ.

Paié, le samedi xxvᵉ jour de fevrier mil cinq cens et deulx, à G. Tubeuf, pour avoir livré ʟxxɪx poncons de chaulx pour la grant maison, à vɪˢ pour ponchon, xɪxᵗᵗ xvˢ.

A.........; pour avoir amené cent xv banelées de sablon, au prix de xɪɪᵈ la banelée, cxɪɪɪɪˢ.

Item, paié aux massons, et premierement maistre Guillaume Senault, à vɪɪˢ vɪᵈ pour jour (et 15 autres à 3ˢ 4ᵈ, deux à 3ˢ, quatre à 2ˢ 6ᵈ, deux à 2ˢ et un à 20ᵈ par jour), xɪxᵗᵗ vɪɪˢ vɪɪɪᵈ.

Item, paié aulx maneuvres à xxᵈ pour jour, xɪɪɪɪᵗᵗ xɪɪɪˢ.

. . . .

Paié, le samedi ɪɪɪɪᵉ mars mil vᶜ et deulx, à B. Dumont, pour avoir amené xxxɪɪ tonneaulx de pierre de Vernon; à Jehan Aulbin, pour xxv tonneaulx, pour faire la grant maison, xɪᵗᵗ vɪɪɪˢ.

Item, paié aulx massons, *idem*, *idem*, xɪxᵗᵗ xˢ ɪɪᵈ.

Item, paié aulx massons, *idem*, *idem*, xvɪɪᵗᵗ ɪˢ ɪxᵈ.

Item, payé aulx maneuvres, *idem*, xɪɪᵗᵗ xvɪɪɪˢ.

Paié, le samedi xɪᵉ jour du moys de mars mil cinq cens et deulx, à conduire et massoner la tour de la grant maison, à maistre Guillaume Senault, au pris de vɪɪˢ vɪᵈ pour jour (et autres à 3ˢ, 2ˢ 6ᵈ et 20ᵈ par jour), xɪxᵗᵗ xɪɪˢ vɪᵈ.

Item, ce jour, paié aulx massons qui taillent le talut de la grant maison, pour leur peine d'avoir taillé vɪˣˣ xɪɪɪɪ piés et demy de pierre, à vᵈ pour pié, xɪɪᵗᵗ xvɪˢ.

Item, paié, ce jour, à,........ pour cent ponchons de chaulx pour faire la grant maison, à vˢ pour ponchon, xxvᵗᵗ.

Item, à G. Amyot, pour avoir tiré vɪˣˣ et xv banelées de sablon, xɪᵗᵗ ɪɪɪᵈ.

Item, aux maneuvres (à 2ˢ et à 20ᵈ par jour), xvᵗᵗ ɪɪɪɪᵈ.

3.

20 DÉPENSES DE LA CONSTRUCTION

Item, à.......... pour leurs paines d'avoir charié XLVII tonneaux de pierre au pris de IIII^s pour tonnel, IX^{tt} VIII^s.

Paié, le samedi XVIIIe jour de mars V^c et deulx, aulx massons à maistre Guillaume Senault, à VII^s VI^d pour jour (autres à 3^s 4^d, 3^s, 2^s 6^d et 20^d par jour), XXVII^{tt} VIII^s.

Item, paié aulx maneuvres, à II^s III^d et II^s pour jour, XX^{tt} XVII^s.

Item, paié à G. Bourdon pour livreson de XXXIX poncons de chaulx par luy livrés pour la grant maison, à V soulz pour poncon, IX^{tt} XV^s.

A G. B., pour XXVI poncons de chaulx aud. prix, VI^{tt} IX^s.

A G. Hervieu, marechal, pour XLII l. de fer à VIII^d obole la livre, et pour troys coins de fer, XLVI^{tt} III^d.

A P. Levavasseur, pour troys chivieres à porter la pierre, III^s.

A Rogier Duport, pour XII mons de plâtre pour servir au portail, VI^{tt}.

....

Paié, le samedi XXVe jour de mars V^c et deulx, aux massons quilz font la grant maison, à maistre Guillaume Senault, à VII^s VI^d pour jour (et autres à 4^s, 3^s 4^d, 3^s, 2^s 6^d et 2^s par jour), XXIIII^{tt} I^s VI^d.

Item, à G. Hervieu, marechal, pour VI maces à deffaire le mortier pour la grant maison, XXX^s.

Item, paié, ce jour, aux maneuvres, à II^s pour jour, XVIII^{tt} III^s.

Item, ce jour, paié pour polir les grosses pierres de taille affaire la grant maison, à.......... à II^s pour jour, LXVII^{tt} VI^d.

Item, ce jour, pour l'achat de VI seilles et demie corde à servir pour la grant maison, VII^s.

Item, ce jour, paié à Pierre Lejeune, serrurier, pour plusieurs serrures et aultres aggremens de son mestier pour servir à la grant maison, XXXI^s.

A Colin Tubeuf et Guillotin Tubeuf, pour la livreson de LXXVII ponchons de chaulx à V^s pour ponchon, XIX^{tt} V^s.

Paié, le samedi premier jour d'avril mil cinq cens et deulx devant Pasques, aulx massons qui taillent la pierre de la grant maison à maistre Guillaume Senault, pour VI jours au prix de VII^s VI^d pour jour; *item*, à... (autres à 4^s, 3^s 4^d et 2^s pour jour), XXVIII^{tt} XIX^s.

Item, aux maneuvres, à IIˢ pour jour, XXIII˖˖ IIˢ.

Item, à P. Viel, pour la livreson de VIII ponçons de chaulx, à Vˢ pour ponçon, XLˢ.

Paié, le samedi VIII˖ jour d'avril mil cinq cens et deulx, à Jehan Chalumeau, etc., depuis troys sepmaines dont ilz ne ont point eu de paiement, et polir et tailler la pierre de la grant maison, valent les-dictes journées, XIIII˖˖ XIIIIˢ.

Item, à Jehan Aulbin, pour avoir amené pour faire les talluz XLIX tonneaulx de pierre, IX˖˖ XVIˢ.

Item, paié, ce jour, aulx massons de la grant maison, pour assoir la pierre de taille et tailler, à maistre Guillaume Senault, VI jours au prix de VIIˢ VI᷎ par jour (autres à 4ˢ, 3ˢ 4᷎, 2ˢ 6᷎ et 2ˢ par jour), XXV˖˖ XIˢ VI᷎.

Item, paié aulx maneuvres, à IIˢ pour jour, XIII˖˖ XIIˢ.

Item, paié aulx massons de la grant maison, le samedi XV˖ jour dud. moys, à maistre Guillaume Senault, pour V jours et demy, à VIIˢ VI᷎ pour jour (autres à 4ˢ et à 2ˢ 6᷎ par jour), XX˖˖ Xˢ X᷎.

Item, paié aulx maneuvres, à IIˢ pour jour, X˖˖ IXˢ-VI᷎.

Item, à B. Dumont, pour le chariage de C tonneaulx de pierre, au prix de IIIIˢ pour tonnel, X˖˖.

Item, à R. Caen, pour le siage de demy-cent de membrures, XVˢ.

Item, à Jehan Advisse, charpentier, pour avoir fait les chintres de l'allée de la cave de la grant maison, XLVˢ.

A Jehan Aulbin, pour avoir amené LXX tonneaulx de pierre de Saint-Leu, à IIIIˢ pour tonnel, XIIII˖˖.

Paié, le samedi XXII˖ jour d'apvril mil cinq cens et troys après Pasques, aulx massons de la grant maison, à maistre Guillaume Senault, pour troys jours à VIIˢ VI᷎ pour jour (autres à 4ˢ, 3ˢ 4᷎ et 2ˢ 6᷎ par jour), XII˖˖ XIIˢ.

Item, aulx maneuvres, à IIˢ pour jour, X˖˖ Iˢ.

Item, ce jour, à tailler la pierre pour la grant maison, à..... pour avoir taillé VI˟˟ XV piés de pierre de Saint-Leu, au prix de V᷎ les deulx pierres et IIII˟˟ XXXVIII piés et demy de pierre de Vernon à IIIˢ V᷎ pour pié, XVI˖˖ IIIˢ VI᷎.

Paié, le samedi penultieme jour d'apvril mil cinq cens et troys, à B. Dumont, pour avoir amené pour la grant maison xliiii tonneaulx de pierre de Vernon, à iiii^s pour tonnel, viii^{tt} x^s vi^d.

Item, ce jour, aulx massons à maistre Guillaume Senault, v jours à vii^s vi^d pour jour (25 autres à 4^s, 3^s 4^d, 2^s 6^d), xxiiii^{tt} i^s v^d.

Item, aux maneuvres, à ii^s pour jour, xv^{tt} xviii^s ix^d.

Item, le xxxe jour d'apvril, pour l'achat de huyt molles de sercles, pour servir affaire les baqués à mettre le mortier et aultres aggremens pour faire le corps de la grant maison, v^s viii^d.

Paié, le samedi vi^e jour de may mil cinq cens et troys, aulx massons de la grant maison, à maistre Guillaume Senault, iii jours à vii^s vi^d pour jour (autres à 4^s, 3^s 4^d et 2^s 6^d par jour), xiiii^{tt} ix^s vi^d.

Item, ce jour, à Coullas ditz Roussellet, pour vii tonneaulx liii piés de pierre de apparail, iiii^{xx} quariaulx, xiii^{tt} v^s iiii^d.

Item, ce jour à Jehan Lejeune, pour avoir amené xxvi ballenées de sablon pour la grant maison, xxvi^s.

Item, à .... pour huit voyages de eulx et de leurs harnois à amener du boys pour faire les establis de la grant maison, xx^s.

Item, paié aulx maneuvres, à ii^s pour jour, x^{tt} iii^s iiii^d.

Item, le samedi xiiie jour dud. moys de may mil cinq cens et troys, à Jehan Aulbin, pour avoir amené pour faire le corps de la grant maison xxix tonneaulx de pierre, cxvi^s.

Item, à Colin Thomas, cordier, pour l'achat de plusieurs cordes à servir à lad. maison, xxxvii^s vi^d.

Item, à G. carrieux, pour avoir livré troys marche pour la vis de la grant maison, c^s.

A....... pour avoir amené iiii^{xx} et ii balnellés de sablon, à xii^d pour balnellée, iiii^{tt} ii^s.

Paié, ce jour, aulx massons de la grant maison, à maistre Guillaume Senault, vi jours à vii^s vi^d pour jour (autres à 4^s, 3^s 4^d, ii^s 6^d par jour), xxxiiii^{tt} iii^s iiii^d.

Item, aulx maneuvres, à ii^s pour jour, xxx^{tt} iiii^s vi^d.

Item, le xve jour de may, à Coullas Rousselet, carrieux, pour xi tonneaulx IIII piés de pierre, à XIII^s pour tonnel; *item*, pour LX carreaulx et LX et VI marches de XXIIII piés de long, à IIII^s pour marche, qui vault le tout XI^{lt} XI^s IIII^d.

Item, à .... pour XX mons de plastre par luy livrés pour la grant maison, X^{lt}.

Paié, le samedi XXe jour de may mil cinq cens et troys, aulx massons de la grant maison, à maistre Guillaume Senault, pour VI jours à VII^s VI^d pour jour (autres à 4^s et 2^s 6^d par jour), XXXI^{lt} XXVII^s.

Item, à Denis Seglas, pour IIII voyages de luy et des harnoys à amener des establies pour la grant maison, X^s.

Item, paié aulx maneuvres (à 2^s 6^d, à 2 7^d, à 2^s par jour), XXXVII^{lt} I^s VI^d.

Item, à J. Aulbin, pour avoir amené LXXII tonneaulx et IX piés de pierre, à IIII^s pour tonnel, XIIII^{lt} XI^s IIII^d.

A.......... pour avoir amené XXIIII tonneaulx de pierre de la Roqueste, IIII^{lt} XVI^s, et pour avoir amené XL tonneaulx de pierre de Saint-Leu, pour ce VIII^{lt}, XII^{lt} XVI^s.

Paié, le samedi XXVIe jour du moys de may V^c et troys, aulx massons de la grant maison, à maistre Guillaume Senault, V jours à VII^s VI^d pour jour (autres à 3^s 4^d par jour), XX^{lt} XIIII^s II^d.

Item, ce jour, aulx maneuvres, à II^s VI^d et à II^s, XX^{lt} IIII^s IX^d.

Item, paié, à amener du sablon pour faire les tallux de la grant maison, à Pierre Couille, pour XI banellées, à XII^d pour banelée, XI^s.

Item, à P. Viel, pour amener IIII^{xx} ponchons de chaulx, à V^s pour ponchon, XXII^{lt} X^s.

Item, à amener cent XVII poncons de chaulx aud. prix, XXIX^{lt} V^s.

Item, à Jehan Advisse, pour avoir dollé des crochés à faire des huytz et membrures, et membrures pour les portes de la cave de la grant maison, XXX^s.

Item, à Robin Cain, sur le siage qui fault à faire les huytz de la cave de lad. maison, XXX^s.

Item, le premier jour du moys de juing mil cinq cens et troys, à Guiffray Dumesnil, pour avoir amené du port aulx pierres vingt mons de plastre, à IIII^s pour mont, IIII^{lt}.

Item, le samedi IIIe jour de juing, à faire les tallus de la grant maison, à.......... tous voituriers, pour avoir amené troys cens XIX banellées de sablon, à XII^d pour banellée, XV^{lt} XIX^s.

Item, ce jour, paié aulx massons de la grant maison, à maistre Guillaume Senault, VI jours à VII^s VI^d pour jour (autres à 3^s 4^d, 3^s par jour), XXXI^{lt} XIIII^s.

Item, à Jehan Maulin, pour avoir taillé troys cens vingt piés de pierres de Vernon, à V^d pour pié, VI^{lt} XIII^s IIII^d.

Item, (maneuvres) à servir lesd. massons, à XXVII^d et à II^s pour jour, XXV^{lt} XIX^s.

Item, à.......... charpentiers, pour estayer les terres pour faire le talut de la grant maison, XLVI^s.

Item, à Benest Dumont, Jehan le Masier, voituriers, pour avoir amené XLVI tonneaux de pierre de Saint-Leu pour faire la grant maison, à IIII^s pour tonnel, XIII^{lt} IIII^s.

A Robin Can, sieur de hez, sur le siage de deux cens haiz, pour servir à la maison, XXXV^s.

A Jehan Aulbin, pour le cariage de cent ung tonnel de pierre, à IIII^s pour tonnel, XX^{lt} IIII^s.

A Jehan Racine, pour X voyages de son harnoys à amener du boys pour cuire le plastre, XXV^s.

Item, à T. Dumoustier, pour avoir livré XXXVI ponçons de chaulx, à V^s pour ponçon, IX^{lt}.

Item, pour LVIII ponçons de chaulx comme dessus, XIIII^{lt} X^s.

Item, pour XII ponçons de chaulx aud. prix, LX^s.

Item, à G. Amyot, pour avoir tiré IIII banelées de sablon à ung denier pour banellée XXXIII^s IIII^d.

Item, le IXe jour de juing, à T. Dumoustier, pour avoir livré XXVI ponçons de chaulx pour les talus de la grant maison, VI^{lt} X^s.

Paié, le samedi X^e jour de juing mil cinq cens et troys, à Benest Dumont, pour avoir amené IIII^{xx} tonneaulx de pierre de Saint-Leu au prix de IIII^s pour tonnel, XVI^{lt}.

Item, à G. Amyot, pour avoir tiré vii^{xx} ii banellées de sablon pour faire les talux de la grant maison, à ung denier la banellé, xi^s x^d.

Item, à amener et charier le sablon, lesd. vii^{xx} ii banellés, à xii^d pour banellée, vii^{tt} ii^s.

Item, à P. Viart, pour xlv ponchons de chaulx pour les talus, à v^s pour poncon, xi^{tt} v^s.

Item, à R. Can, sieur de haiz, sur le siage de iii^c de haiz pour servir à la grant maison, xx^s.

Item, à Mathelin Guallopin, pour avoir taillé xxii piés de careau de pierre de Vernon pour les talus de la grant maison, à v^d pour pié, ix^s ii^d.

Item, aulx massons de la grant maison, à maistre Guillaume Senault, à vii^s vi^d pour jour (autres à 4^s, 3^s 4^d, 3^s et 2^s par jour) xvi^{tt} xiii^s vi^d.

Item, paié aulx maneuvres (à xxvii^d et ii^s par jour), xiiii^{tt} iiii^s ix^d.

Paié, le samedi xviie de juing mil cinq^c et troys, aulx massons de la grant maison, à maistre Guillaume Senault, v jours à vii^s vi^d pour jour (autres à 4^s, 3^s 4^d et 3^s par jour), xxix^{tt}.

Item, à......... pour avoir amené lxxix banellés de sablon, à xii^d pour banellé, lxxix^s.

A G. Tubeuf, pour lxvi ponchons de chaulx, et C. Bagot, pour lx poncons de chaulx, à v^s pour ponchon, pour faire les tallux de la grant maison, xxxi^{tt} x^s.

Item, à P. Viart, pour xxx poncons de chaulx au prix de dessus, vii^{tt} x^s.

Item, ce jour, paié aulx maneuvres, à xxvii^d et à ii^s pour jour, xxiii^{tt} xii^s iii^d.

Item, à J. Aulbin, voiturier, pour sa peine d'avoir amené cent tonneaulx de pierre de Saint-Leu pour le corps de la grant maison, à iiii^s pour tonnel, xx^{tt}.

A............ pour troys voyages de son harnoy pour aller querir des espines pour cloure les foussés, vii^s vi^d.

Item, paié à J. le Masier, pour avoir amené xx tonneaulx de pierre de la Roqueste, à iiii^s pour tonnel, xli^s.

Item, à... pour avoir fait vi bars, vi chivieres à porter la pierre, vi^s.

Item, à Guiffray Dumesnil, pour xvii marches de pierre de iii piés de loung, à iiii^s pour marche; *item*, pour deulx tonneaulx de pierre d'aparail à xiii^s pour tonnel, et lxvii piés et demy de pierre à xxv^s pour toysse, et unze carreaux à pris de cent soulz pour cent, vii^{lt} x^s ix^d.

Item, le xxiiiie de juing, à R. Can, sieur de haiz, pour troys cens haiz à servir à la grant maison, xlv^s.

Paié, le samedi xxiiiie jour de juing mil v^c et troys, à B. Dumont et J. le Masier, voituriers, pour avoir amené pour faire les talus de la grant maison, lx ung tonneaulx quattres piés de pierre de Saint-Leu, xii^{lt} x^s.

Item, pour avoir amené lxvii tonneaulx de pierre conime dessus, xiii^{lt} viii^s.

Item, à .... : pour avoir amené pour faire les talus de la grant maison iiii^{xx} iiii banellées de sablon, à xii^d pour banellée, iiii^{lt} iiii^s.

Item, paié aulx massons à maistre Guillaume Senault, au prix de vii^s vi^d pour jour (autres à 4^s, 3^s 4^d, 3^s et 2^s par jour), xxix^{lt} xiii^s ii^d.

Item, aulx maneuvres, à ii^s iii^d, ii^s i^d et ii^s pour jour, xxiii^{lt} xvii^s iii^d.

. . . .

Item, à P. Levavasseur, pour vii chivieres affaire les talluz, à xii^d pour piece, vii^s.

Item, pour l'achat de seilles, pelles et escuelles pour servir à la grant maison et pour la despence de Vallence, qui estoit venu pour visiter la tonne, qui est pour tout xxiiii^s viii^d.

A J., pour avoir taillé vii^{xx} deux piés de carriau de pierre de Vernon, au prix de v^d pour pié, lxii^s ii^d.

A G. Tubeuf, chauchunier, pour avoir livré lxx poncons de chaulx pour les tallux de la grant maison, au prix de v^s pour poncon, xvii^{lt} x^s.

Item, à Pierres Lejeune, pour avoir relevé xiiii serrures, fait les clées et crampons à servir à la maison du chasteau et à la gallerie, xxii^s.

Paié, le samedi premier jour de juillet mil v^c et troys, aulx massons à maistre Guillaume Senault, pour v jours à vii^s vi^d pour jour [30 autres à 4^s, 3^s 4^d, 3^s et 2^s par jour], xxvii^{lt} x^s ii^d.

Item, aulx maneuvres [41 à 2^s 6^d, à 26^d, à 2^s par jour], xx^{lt} x^s iii^d.

DU CHÂTEAU DE GAILLON.

Item, à G. Thibault, pour cinq jours de sa paine de tailler la pierre pour faire le corps de la grant maison, à iiii^s. pour jour, xx^s.

Item, à.... pour avoir amené pour faire le corps de la grant maison lxii tonneaulx iiii piés de pierre de Vernon, à iiii^s pour tonnel, xii^{lt} ix^s iiii^d.

Item, à J. Aulbin, pour avoir amené xlv tonneaulx de pierre aud. prix, ix^{lt}.

A G. Hervieu, marechal, pour avoir fait deulx marteaux et troys maces de fer, xxvi^s vii^d.

Paié, le samedi viiie jour dud. moys de juillet, à G. Hervieu, marechal, pour avoir livré cinquante-une livres de fer et pour la faison de iiii piez d'un gril, xxxix^s x^d.

A Guillet Rousselet, pour avoir livré xvi marches de pierre à v piés de long; *item*, aultres cinq marches et pour deulx toyses des parpoin. vii^{lt} iiii^s.

Item, paié aulx massons de la grant maison, à maistre Guillaume Senault, pour vi jours, à vii^s vi^d pour jour (autres à 4^s et à iii^s). xxxii^{lt} x^s viii^d.

Item, aulx maneuvres (à 2^s 6^d et 2^s par jour), xxvii^{lt} ii^s vi^d.

Item, à......... pour avoir amené, pour faire le corps de la grant maison, xvi marches de iiii piés de loung, cinq marches de v piés et deux toyses qui font huit tonneaulx viii piés, au prix de iiii^s pour tonnel, xxxv^s.

Paié, le samedi xvie jour de juillet mil cinq cens et troys, à..... pour avoir taillé vii^{xx} xiii piés de carriau de pierre de Vernon, au prix de v^d pour pié, lxiii^s ix^d.

Item, paié aux massons à maistre Guillaume Senault, pour vi jours à vii^s 6^d par jour (autres à 4^s et 3^s 4^d par jour), xxxvi^{lt} iii^s.

Item, paié aulx maneuvres (à 2^s 9^d et 2^s par jour), xxv^{lt} xix^s vi^d.

A G. Hervieu, marechal, pour avoir livré vii coins de fer et ung marteau, le tout pesant lviii livres de fer, au prix de vii^d obole pour livre, pour rompre les talux de la grant maison, xxxvi^s iii^d.

Item, pour la despence des massons, qui a coustume Monseigneur

4.

leur donner à disner le jour de l'Ascencion, la somme de c soulz t⁵, qu'il leur fait ordonné de par monsieur de Sauveterre, cˢ.

Item, pour aultre despence faite de Castille[1] et du maistre masson de Rouen[2] qui estoit venuz à Gaillon avecques monsʳ de Sauveterre visiter et voyir l'asiete de la grant maison et aultres edifices, et pour deulx fers à cheval à Nicolas Jorget, qui estoit venu à Gaillon apporter de l'argent, xxᵈ, qui est pour tout xvɪˢ vɪɪɪᵈ.

Item, à .... pour xlɪɪɪɪ poncons de chaulx, au pris de vˢ pour poncon, xɪᴸᵗ.

Paié, le samedi xxɪɪᵉ jour de juillet an mil vᶜ et troys, à P. Viel, pour la livreson de lɪɪɪ poncons de chaulx pour faire les tallux de la grant maison, au prix de vˢ pour poncons, xɪɪɪᴸᵗ vˢ.

Item, pour xlvɪɪ poncons de chaulx, à vˢ pour poncon, xxɪxᴸᵗ xvˢ.

Item, à P. Levavasseur, pour avoir fait vɪ chivieres, vɪˢ.

Item, aulx massons de la grant maison, à Guillaume Senault, pour v jours à vɪɪˢ vɪᵈ pour jour (autres à 4ˢ, 3ˢ 4ᵈ et 2ˢ 6ᵈ par jour), xxxɪɪɪᴸᵗ xɪɪɪˢ vɪᵈ.

Item, aulx maneuvres (à 2ˢ 6ᵈ et 2ˢ par jour), xxvɪɪᴸᵗ ɪxˢ ɪɪɪᵈ.

Item, paié à B. Dumont et à J. Aulbin, pour le chariage de cent ɪɪɪɪ tonneaulx de pierre pour faire la grant maison, au prix de ɪɪɪɪˢ pour tonnel, xxᴸᵗ xvɪˢ.

Item, pour la livreson de xxxv mons de plastre à xˢ pour mont, xvɪɪᴸᵗ xˢ.

Paié, le samedi xxɪxᵉ jour de juillet, à .... pour avoir amené du port aulx pierres la grue pour servir à la grant maison, xxxˢ.

Item, ce jour, pour l'achat de xɪɪ escuelles et de xɪɪ seilles pour porter l'eaue à servir lesd. massons de la grant maison, ɪxˢ vɪᵈ.

Item, à J. Delahaye, charpentier, pour ɪɪ jours et demy pour mestre les establis aux tallux de la grant maison, xˢ.

Paié aulx massons à maistre Guillaume Senault, pour ɪɪɪɪ jours à vɪɪˢ vɪᵈ pour jour (autres à 4ˢ, 3ˢ 4ᵈ et 3ˢ par jour), xxvɪɪᴸᵗ vɪɪɪᵈ.

---

[1] Nicolas Castille, maître menuisier de Rouen.
[2] Le maître maçon de la cathédrale de Rouen, Jacques Leroux.

DU CHÂTEAU DE GAILLON. 29

Item, aulx maneuvres (à II^s 6^d et II^s par jour), XXII^{lt} XIII^s.

Item, le IIIe jour d'aoust, à.... pour avoir livré XLI ponçons de chaulx pour les tallux, à V^s le ponçon, X^{lt} V^s.

Paié, le samedi V^e jour de aoust, à M. Bourdon, pour LX ponçons de chaulx aud^t prix, XV^{lt}.

Item, aulx massons à maistre Guillaume Senault, pour V jours à VII^s VI^d pour jour (autres à 4^s, 3^s 4^d, 3^s et 2^s 3^d), XXXVII^{lt} XV^s V^d.

Item, aulx maneuvres (à 2^s 6^d et 2^s par jour), XXIX^{lt} X^s IIII^d.

Item, à..... pour avoir amené XXXV mons de plastre depuis le port aulx pierres jusques au chastel, VI^{lt}.

Item, à J. Moulin, masson, pour avoir taillé IX^{xx} piés de pierre, LXXV^s.

Paié, le samedi XIIe jour dud^t moys d'aoust mil V^c et troys, à P. Viel, pour avoir livré LXIIII ponchons de chaulx pour faire le corps de la grant maison, au prix de V^s pour ponchon, XVI^{lt}.

Item, ce jour, paié aulx massons à maistre Guillaume Senault, pour IIII jours au prix de VII^s VI^d pour jour (vingt-deux autres à 4^s, cinq à 3^s 4^d, neuf à 3^s, un à 3^s, un à 2^s 3^d, deux à 2^s par jour), pour avoir massonné, conduit, taillé et assis aulx tallux de la grant maison, XXVIII^{lt} XIX^s IIII^d.

Item, aulx maneuvres (six à 2^s 6^d, un à 2^s 3^d, quarante-deux à 2^s par jour), XIX^{lt} IX^s.

Item, à....... pour avoir fait XXIIII cordes de boys pour cuire le plastre, XXX^s.

Item, à B. Dumont et à J. le Massier, pour avoir amené du port aux pierres au chastel de Gaillon, pour faire le corps de la grant maison, C tonneaulx de pierre au prix de IIII^s pour tonnel, XX^{lt}.

Item, à Simon et Jehan, ditz les Albins, pour avoir amené, pour faire le corps de la grant maison, XXXVIII tonneaulx de pierre de Saint-Leu, au prix de IIII^s pour tonnel, VII^{lt} XII^s.

Le samedi XIXe jour d'aoust, aud. an, paié aulx massons à maistre Guillaume Senault, à VII^s VI^d pour jour (autres à 4^s, 3^s 4^d, 3^s et 2^s 3^d par jour), XXXVIII^{lt} I^d.

Item, aulx maneuvres (à 2^s 6^d et 2^s par jour), XXVII^{lt} VI^s III^d.

DÉPENSES DE LA CONSTRUCTION

Item, à Simon et Jehan Aubins, pour avoir amené du port aulx pierres XLIII tonneaulx de pierre, à IIII^s pour tonnel, VIII^{lt} XII^s.

Item, à ..... pour avoir taillé VII^{xx} XIX piés de pierre de Vernon, pour les tallux de la grant maison, LXVI^s V^d.

Paié, le samedi XXVIe jour d'aoust mil cinq ^{cs} et troys, à J. le Massier et B. Dumont, pour avoir amené LXXVIII tonneaulx de pierre de Vernon, au prix de IIII^s pour tonnel, XV^{lt} XII^s.

Item, aulx massons à maistre Guillaume Senault, pour V jours à VII^s VI^d pour jour [autres à 4^s, 3^s 4^d, 3^s, 2 7^d et 2^s par jour], XXXVI^{lt} XI^s I^d.

Item, à servir les massons [maneuvres à 2^s 6^d, 2 7^d et 2^s], XXVI^{lt} VIII^s III^d.

Item, à ... pour avoir amené XXXIIII banelées de sablon, XXXIII^{lt}.

Item, à J. Liénard, pour avoir livré XXIII brouetes pour vuider les tallus de la grant maison, V^{lt} XV^s.

Item, à P. Viel, pour avoir livré XLVI poncons de chaulx, XI^{lt} X^s.

Item, le penultieme jour dud. moys, à Jehan Avisse, charpentier, pour avoir dollé plusieurs pieches de boys affaire des hayz, pour faire les clausaulx, et avoir rabatu les chaintres des caves, et fait les establis des talux des foussés, LXV^s.

Item, ce jour aud. Avisse, pour avoir dollé et abatu II^c toyses de boys, pour faire les galleries, LVII^s.

Item, le desrain jour dud. moys, à P. Labeste et .... tous massons, pour avoir taillé chertain nombre de pierre de Vernon, IIII^{xx} VII^s XI^d.

Paié le IIe jour de septembre, à charier du sablon pour la grant maison, pour LXI banlées, à XII^d la banelée, LXXII^s.

....

Item, à G. Bellay, à faire la bricque qui faut pour le corps de la grant maison, C^s.

Item, aulx massons à maistre Guillaume Senault, pour V jours au prix de VII^s VI^d par jour [autres à 4^s, 3^s 4^d, 3^s, 2^s 3^d et 2^s par jour], XXVII^{lt} XIX^s II^d.

Item, paié aulx maneuvres [à 3^s 3^d et 2^s par jour], XX^{lt} XII^s.

Item, à Richard Behier, pour avoir livré deulx miliers de bricque, pour les cheminées de la grant maison, XXXV^s.

Item, aud. Behier, pour avoir amené iiii^{xx} x cordes de boys pour cuire la bricque affaire le dedens de la grant maison, et avoit esté oublié, comme dessus, xviii^{tt}.

Item, aud. Behier, comme dessus, pour avoir amené x cordes de boys pour cuire le plastre, xl^s.

Paié le samedi ixe jour de septembre mil cinq^c et troys, à Philipot le Senechal, sur le dollage qui fait au bois de Clerc pour servir à la grant maison, xl^s.

Item, aulx massons à maistre Guillaume Senault, pour v jours à vii^s vi^d pour jour [autres à 4^s, 3^s 4^d, 3^s et 2^s par jour], xxxii^{tt} xi^s v^d.

Item, aulx maneuvres [à 2^s 6^d, 2^s 3^d et 2^s par jour], xxii^{tt} xvi^s iii^d.

Item, à Colin Tubeuf, pour avoir livré xxxvi ponçons de chaulx, au prix de v^s pour ponchon, ix^{tt}.

Item, à tailler la pierre pour les talux de la grant maison, et sy est pierre de Vernon, xi^{tt} vi^s iiii^d.

Paié, le samedi xvie jour dud. moys, aulx massons à maistre Guillaume Senault, pour v jours à vii^s vi^d pour jour [autres à 4^s, à 3^s 4^d, 3^s et 2^s par jour], xxxi^{tt} xvi^s ix^d.

Item, à charier du sablon, viii^{xx} xiiii banelées à xii^d pour banelée, viii^{tt} xiii^s.

Item, ce jour à .... pour avoir livré xxxix ponchons de chaulx, au pris de v^s, ix^{tt} xv^s.

Item, à P. Viard, pour xxxii ponchons de chaulx, aud. prix, viii^{tt}.

Item, paié aulx maneuvres, à ii^s vi^d et ii^s pour jour, xxvi^{tt} xii^s iii^d.

Item, à Symon Chevalier, pour v jours de son harnoy pour charier du moelon pour les tallus de la grant maison, à vii^s vi^d pour jour; *item*, à J. Chevalier, pour v jours de sa peine à servir les massons, xlvii^s vi^d.

Item, à Guillaume Bellay, bricquetier, sur la bricque qui fait pour la grant maison, vii^{tt}.

Paié, le samedi xxiiie jour de septembre, à Jehan du Baston et ses compaignons, pour avoir taillé v^{xx} vi piés de pierre de St Leu pour la grant maison, v^{tt} v^s v^d.

Item, aulx maneuvres, xxxi^{lt} iiii^s iii^d.

Item, aulx massons à maistre Guillaume Senault, pour v jours à vii^s vi^d [autres à 4^s, 3^s 4^d, 3^s et 2^s par jour], xxxi^{lt} xii^s i^d.

A P. Levassor, pour la façon de dix chivieres, pour porter la pierre pour faire les tallux de la grant maison, x^s.

Paié le samedi desrain jour de septembre mil v^c et troys, à Robin Can, sieur de hés, pour avoir syé plusieurs hez pour faire les chaintres à la grant maison, xliii^s ix^d.

Item, à J. Delahaye, pour xi jours et demy de luy et de ses gens, à faire ung engin pour lever les chaintres et tallux de la grant maison, xliiii^s xi^d.

Item, à maistre Guillaume Senault, pour ii jours de luy et du louage de son cheval, de estre allé à Rouen, et pour l'achat de six seilles, vi hars de hestre, et aultres petites negosses, le tout à servir à lad. grande maison, xxiii^s iiii^d.

. . . .

Item, ce jour aulx massons à maistre Guillaume Senault, pour v jours, au prix de vii^s vi^d pour jour [autres à 4^s, 3^s et 2^s par jour], xxxi^{lt} xix^s v^d.

Item, aulx maneuvres (à 2^s 6^d et 2^s par jour), xxv^{lt} iii^d.

Item, à tailler la pierre, à Pierre Labeste, masson, pour ix^{xx} iiii piés de pierre de Saint-Leu, à ii^d obol. pour pié, Jehan Moulin, pour ii cens xxvii piés aud. prix, qui est pour tout, cxvi^s iii^d.

. . . .

AULTRE MISE FAICTE POUR LES VIGNES D'ORLEANS.

Paié, le samedi penultieme jour d'apvril mil v^c et troiz, à ....
à xii^d par jour, lxx^s viii^d.

Item, à Jehan Goudet, pour l'achat de ix milliers de eschallas, à vii^s vi^d pour millier, lxvii^s vi^d.

Item, pour ii milliers et demy d'eschallas, xx^s.

Item, paié à labourer les vignes d'Orleans, iiii^{lt} vii^s.

Paié, le samedi xxvii® jour de may aud. an, à coupper les vignes d'Orléans, à .... à xii^d pour jour, viii^lt xix^s ix^d.

....

....

Item, paié le samedi xv® jour de juillet mil v^c et troys, à .... pou abatre six cuves et les relier, xl^s.

Item, repicquer les vignes du clos d'Orleans, à ii^s pour jour, lxxii^s.

Item, pour xiii jours à rellever les vignes du clos d'Orléans, xvii^s vi^d.

Item, pour paine de batre et rellier vi cuves pour mectre les vingtz, lxv^s.

Paié, le samedi v® jour d'aoust, pour l'achat de cent molles d'osier pour rellier la futaille, c^s.

A ..... pour avoir rellyé xl demyes queues pour mectre les vins de monsigneur, au prix de xii^d pour piece, xl^s.

Paié, le samedi xxvi® jour d'aoust, pour avoir fait ung millier de merrain, au boys de Clerc, pour faire la futaille à mectre le vingtz de monseigneur, xl^s.

A .... batellier, pour avoir amené de Rouen xviii pieces de futaille pour mectre les vins de monseigneur, vii^s vi^d.

....

Item, paié le derrain jour de septembre, pour avoir faict les vendenges des vignes du Complait, de celles d'Orleans et Labriere; premierement, dix jours à hotter la vendenge au prix de xx^d pour jour; *item*, en vendengeuses, xxviii jours, au prix de xx^d chacune, pour cxxiii^s iiii^d; *item*, pour l'achat d'ung quartier de beuf, pour la despence des dessusd. xvii^s vi^d; *item*, ung cartier de mouton, iii^s ix^d; *item*, en .... et ung fromage, xviii^d; en morue, ii^s viii^d; *item*, une livre et demye de chandelle, xx^d, qui est pour le tout, lxxvii^s ix^d.

Item, pour l'achat de six poncons de fustaille venduz, pour mectre les vingz, à vi^s iii^d pour piece, xxxvii^s vi^d.

Somma totius misie iii^m ix^c lxviii^lt xi^s i^d.

Per finem hujus presentis compoti per Ricardum Guere facti et exhibiti super expensis majoris domus de Gaillon, per mandatum domini legati factæ misiæ ascendunt ad sommam III^m IX^c LXVI^l XI^s I^d, et recepta per dictum Guere a domino thesaurario ac magistro Petro Mesenge, canonico Rothomagi, facta, ascendit ad sommam III^m VIII^c V^l, et sic collatione facta et misia ad receptam debentur computati $CLXI^l$ XI^s I^d, et per finem compoti anni predicti debebat dictus computatus sommam IIII^{xx} VII^l X^s. Sic omnibus deductis debentur eidem Guere sommarum LXXIII^l I^s I^d, quam sommam solvit idem thesaurarius, et inde quictus.

Actum hac die XVIII^a octobris anno Domini millesimo quingentesimo tertio.

JA. DE CASTIGNOLYS.

NICOLAY.

LA MISE DU PARC.

1502-1503.

Declaration des deniers receuz par Richard Guere de monsieur de Sauveterre, chanoine de Rouen, pour ung an commenchant à la Sainct-Michiel mil v^{cc} et deulx jusques à la Sainct-Michiel ensuivant, les queulx pour distribuer pour la façon du parc jouxte les parties en ce present cayé.

PREMIEREMENT :

Le xviiie jour de decembre mil v^c et deux, receu de monsieur de Sauveterre, par la main de mon filz Loïz Guere, qui en a baillé sa cedulle, cent livres ts.

Le iie jour de janvier ensuivant, cent livres.

Le xve dud^t mois, ix^{xx} iiii^{tt} xviii^s xi^d.

Le xxiiiie dud^t mois, ix^{xx} ii^{tt} x^s.

Le ve de febvrier, vi^{xx} tt.

Le xixe dud. moys, trois cens livres.

Le xxve dud. moys, troys cens livres.

Le iiiie de mars, troys^c iiii^{xx} ii^{tt} x^s.

De laquelle somme a esté baillé cent escus à la roze.

Le xvie dud^t moys, deux^c lxxvii^{tt} x^s.

Led^t jour, troys^c l livres.

Le viiie jour d'apvril avant Pasques, quatre cens livres.

Le xie jour dud^t moys, deux cens livres.

Le xxiiie jour d'apvril v^c et troys après Pasques, deux cens livres.

Le iiie jour de juing, troys cens livres.

Le xᵉ jour dud. moys, trois cens Lᶦᶦ.
Le xvɪɪᵉ dud. moys, cent livres.
Le xxɪɪɪɪᵉ dud. moys, deux cens livres.
Item, plus, receu troys cens livres.
Le vɪɪɪᵉ jour d'aoust, cent cinquante livres.

Somma totius receptæ usque hic ɪɪɪɪᵐ. ɪɪɪɪᶜ ɪɪɪɪˣˣ vɪɪˡ vɪɪɪˢ xɪᵈ.

LA MISE DU PARC,

COMMENCHANT LE SAMEDI XVIIᵉ JOUR DE DECEMBRE MIL CINQ CENS ET DEUX.

PREMIEREMENT.

Paié le samedi xvɪɪᵉ jour de decembre mil cinq cens et deux, à Jehan Geuedeville, pour la fourniture de pierre pour faire deux perches de mur, ɪɪɪɪᶦᶦ xˢ.

Item, à ..... pour ɪx perches que dessus, xvɪɪᶦᶦ xvˢ.

Item, à ..... pour ɪɪ perches de mur, Lvˢ.

    «   pour une perche de mur, xLɪˢ ɪɪɪᵈ.

    «   pour quatre toises de mur, xɪɪɪˢ ɪxᵈ.

    «   pour xvɪ toises des fondemens du mur, ɪɪɪɪᶦᶦ xɪɪɪˢ.

    «   pour ɪx toises, Lɪɪɪɪˢ.

Item, à Jaquet Louesse, et à Richard Levavasseur, pour avoir tiré de la pierre à faire une perche de mur, xLɪˢ ɪɪɪᵈ.

....

Item, paié à Jehan Advisse, sur la charpenterie de la bonde de l'estanc du Lydieu, Lxˢ.

A ..... au prix de xxᵈ pour jour, pour faire les fondemens de l'estang, xLvɪɪɪˢ ɪɪɪᵈ.

Item, pour l'achat de six seilles et six pelles à servir à faire led. estang, vˢ vɪɪɪᵈ.

A T., scieur de hés, pour avoir syé du bois à faire la bonde de l'estang du Lydieu, xvɪɪˢ ɪɪᵈ.

DU CHÂTEAU DE GAILLON.

A .... pour faire les fondemens du mur, à II^s V^d pour jour, XLIX^s.

Le samedi XXIIIIe jour dud. moys de decembre mil V^c et deux, à G. Leprevost et G. Dumont, pour avoir tiré de la pierre à faire deux perches des murs dud. parc, LV^s.

Item, à Maulfras, pour avoir tiré de la pierre et fourny à faire une perche des murs, LIII^s IX^d.

Item, à ..... pour avoir fourny des murs une perche et demye de pierre, XVIII^s.

Item, à ..... pour II perches fournis, LV^s.

«   III id. VI^{tt} XV^s.
«   une id. XLV^s.
«   une id. XLV^s.
«   deux id. IIII^{tt} X^s.
«   deux id. IIII^{tt} X^s.
«   une et demye id. LXVII^s VI^d.
«   II id. IIII^{tt} X^s.
«   II id. IIII^{tt} X^s.

A J. Resmond, masson, pour avoir fait une perche et demye des fondemens dud. mur, LXXII^s.

A Coulas Rousselet, pour avoir livré huyt tonneaux de pierre d'apparail prins à la fontaine Hebert, LXIIII^s.

Item, à tailler de la pierre de taille, pour faire les parties du parc, L^s.

Item, à R. Fouchier, pour la livreson de XXV queues de chaulx, à VII^s VI^d pour queue, IX^{tt} VII^s VI^d.

Item, à J. Lambert, pour IIII jours de sa paine à besongner à l'estang du Lydieu, VIII^s.

Aulx massons qu'ilz font led. estang, au prix de II^s pour jour, LXX^s.

....

Paié le samedi desrain jour dud. moys de decembre mil V^c et deux, pour faire les foussés, et assoir aux fondemens des murs du parc, à II^s pour jour, XVII^s VI^d.

Item, à C. Tubeuf, cauchumier, pour xxxiiii poncons de chaux par luy livrés pour led. parc, viii^{tt} x^s.

Item, à faire la chaussée de l'estang du Lydieu, à ii^s et à xx^d pour jour, iiii^{tt} vi^d.

A ...... pour fin de paiement d'avoir fait xxiii perches de foussé pour assoir les fondemens dud. mur et les fondemens de l'estang, xxii^s viii^d.

Item, à tailler les pierres de taille pour faire les portes du parc, xxx^s.

Paié le samedi viie jour dud. moys de janvier mil v^c et deux aulx massons qu'ilz taillent la pierre pour faire les portes du parc, à iii^s iiii^d pour jour, l^s.

Item, ce jour à J. Advisse, charpentier, pour fin de paiement d'avoir fait la bonde à l'estang, x^s.

Item, à J. Philippes, pour avoir charié xxxiii banellées de sablon pour faire les murs du parc, x^s.

Item, à Coulas Rousselet, carrieux, pour vi tonneaux de pierre pour faire les portes du parc, à viii^s pour tonnel, xlviii^s.

Item, à G. Dumesnil et R. Lecarpentier, pour avoir amené xxxv tonneaux de pierre de la fontaine Hebert pour faire les portes du parc, lii^s vi^d.

Item, aulx maneuvres de l'estang qui est dedens le parc, à ii^s et à xx^d pour jour, x^{tt} vi^d.

Le xxiie jour dud. moys de janvier, à J. Louesse, pour avoir tiré de la pierre pour faire deux perches de mur, lv^s.

Item, à ..... pour avoir fourny de pierre trois perches dud. mur, iiii^{tt} ii^s vi^d.

A P. Viel, pour livreson de cinquante et ung poncons de chaulx, au prix de v^s pour poncon, xii^{tt} xv^s.

Paié le samedi xiiiie jour de janvier mil v^c et deux, à faire la chaussée de l'estang du Lydieu, à .... à ii^s vi^d et à xx^d pour jour, vi^{tt} iii^s viii^d.

Item, pour avoir taillé de la pierre pour les portes du parc, lx^s.

Item, pour LVII poncons de chaux pour les murs du parc, à v^s pour poncon, XIIII^{lt} v^s.

Item, le xx jour dud. moys, à J. Advisse, pour fin de paiement de ce qu'il devoit avoir pour faire la porte du parc, XL^s.

A G. Hervieu, marechal, pour avoir ferré lad. porte, et icelle ferrure pesant troys cens troys livres de fer, à VII^d obol pour livre, IX^{lt} IX^s III^d.

Paié le samedi XXIe jour du moys de janvier, pour avoir fourny de pierres deux perches de mur, IIII^{lt} x^s.

Item, pour une perche, XLV^s.

« pour III perches, VI^{lt} XV^s.

« pour II perches, LV^s.

Item, à P. Resmond, masson, pour avoir taillé de la pierre à faire une des portes du parc, XX^s.

Item, aulx maneuvres du parc, à II^s VI^d, II^s et XX^d pour jour, X^{lt} II^d.

Item, à maistre Guillaume Senault, pour la despence de huyt jours de lui et de son cheval, d'estre allé à Rouen porter les pourtraictz, et pour estre allé ung jour voir les careures où l'en prent de la pierre, XXXVII^s III^d.

A M. Bourdon, pour livreison de XVI poncons de chaux, v^s pour poncon, IIII^{lt}.

Paié le samedi XXVIIIe jour de janvier mil v^c et deux, pour XXXI queux de chaux, à VII^s II^d pour queue, XVI^{lt} XVII^s VI^d.

Item, pour avoir fourny de pierre une perche de mur, XLV^s.

« pour II perches que dessus, IIII^{lt} VI^s.

« pour IIII perches, IX^{lt}.

« pour II perches, IIII^{lt} x^s.

« pour une perche, XXVII^s VI^d.

« pour VI perches, XIII^{lt} x^s.

Item, aulx maneuvres de l'estang, à II^s et XX^d pour jour, X^{lt} XI^s VIII^d.

Item, aulx manœuvres qui font les fondemens du parc, à II^s VI^d, II^s et XX^d pour jour, VI^{lt} XV^s II^d.

Paié, le samedi IIII[e] jour de fevrier mil v[c] et deux, aux chauchumiers du mur, pour XXII queux de chaux,

   Id.   VIII *id.*
   Id.   XXI *id.*
   Id.   XX *id.*
   Id.   VII *id.*
   Id.   III *id.* et demye.
   Id.   III *id.*
   Id.   VI *id.*

à VII[s] VI[d] pour queue, XXXIII[lt] XVIII[s] IX[d].

A G. Amyot, pour avoir tiré LXXVIII banelées de sablon, pour led. mur, X[s] X[d].

A Coullas Rousselet, carieux, pour avoir livré X tonneaux de pierre, au prix de VIII[s] pour tonnel, IIII[lt].

Item, à..... pour XXXI tonneaux de pierre pour faire lesd. portes, XLVI[s] VI[d].

Item, aulx maneuvres du parc, à II[s] et à XX[d] pour jour, XIIII[lt] X[s].

Item, aulx maneuvres de l'estang du Lydieu, à II[s] et XX[d] pour jour, XI[lt] XVI[s] VIII[d].

Item, à Richard Behier, pour avoir livré et fait V molles de sercles, deux milliers et demy de tuille, XVIII festures, et pour sa paine et vaccation de troys jours et demy de son harnoix à amener la bonde du parc, LXXIX[s] III[d].

A J. Langlois, masson, pour avoir fait VI toises et deux tiers des fondemens du mur, au prix de V[s] pour toise, XXXIII[s] IIII[d].

   Id.   pour XVI toises, IIII[lt] III[s] IIII[d].
   Id.   XX toises, C[s].
   Id.   XVII toises, IIII[lt] V[s].
   Id.   X toises, L[s].
   Id.   VI toises II tiers, XXXIII[s] IIII[d].
   Id.   X toises, L[s].
   Id.   III toises et ung tiers, XVI VII[d].
   Id.   VI toises et deux tiers, XXXIII[s] IIII[d].

DU CHÂTEAU DE GAILLON.

Item, pour la despence de monsieur Duval, maistre Robert Bellevesque, monsieur de Hectot, monsieur le procureur du Roy de Evreux et du seigneur dud. lieu, qui estoient XIII hommes et XIII chevaulx, avecque plusieurs gens tant d'eglise que seculiers, environ XXX personnes venuz pour l'apressiaction tant des maisons du Lydieu que de Aubevoye appartenans à messieurs abbé et couvent de la   , ce jour, à disner V douzaines de pain de X^s, XVIII pos de vins de XVIII^s, en harenc II^s, en œufz III^s, en poisson V^s, en beurre III^s; *item*, à soupper VII douzaines et demye de pain de XV^s, en vin, XXVIII^s, en harenc troys solz IIII^d, en deux brochés et quatre barbeaux, et en œufs II^s, en beurre III^s, en belle chiere X^s, et pour les chevaux XXXII^s VI^d, qui est pour tout, VIII^{lt} XIIII^s X^d.

Paié, le samedi XIe jour de febvrier mil V^c et deulx, aulx maneuvres des murs dud. parc, à II^s VI^d, II^s et à XX^d pour jour, XX^{lt} V^s IIII^d.

Item, à Guillaume Hervieu, marechal, pour avoir livré deux gondz pesant XLIII livres de fer et V barreaux pesant XXII livres de fer, et ce pour avoir refait deux brouettes, XLIII^s I^d.

Item, paié, pour XXII queuex de chaux,
    Id.   XXIII *id.*
    Id.   XXXV *id.*
    Id.   XVI *id.*
    Id.   XVI *id.*
    Id.   XXII *id.*
    Id.   XVII *id.*
    Id.   XXIIII *id.*
    Id.   XXX *id.*
    Id.   XIX *id.*

le tout au prix de VII^s II^d pour queue, IIII^{xx} IIII^{lt} XVIII^s IX^d.

Paié à ..... pour avoir arraché les vignes des plantes de dedans le parc, à XX^d pour jour, X^{lt} X^s.

Item, paié aulx maneuvres de l'estang du Lydieu, à II^s et à XX^d pour jour, XIII^{lt} XII^s VIII^d.

. . . .

. . . .

Item, à Coulas Rousselet, pour avoir livré quatre tonneaux et ung pié de pierre et xix carreaus pour faire les portes du parc, LV^s VIII^d.

Item, à tirer du sablon pour faire les fondemens des murs du parc, à..... à II^s VI^d, II^s et XX^d pour jour, XVIII^{lt} X^s IIII^d.

Item, paié aulx massons, pour avoir fait de leur mestier IX^{xx} une toise et ung tiers de toise des fondemens dud. mur, au prix de V^s pour toise, XLV^{lt} VI^s VIII^d.

Paié, le samedi XXVe jour dud. mois, aulx maneuvres qu'ilz tirent du sablon pour faire les fondemens du mur, à II^s VI^d, II^s et XX^d pour jour, XVI^{lt} V^s X^d.

. . . .
. . . .

Item, paié, pour la despence de maistre Guillaume Dumouchel, Colin Castille, Valence et autres qui les avoit aidé à toiser la vigne là où monseigneur veult faire faire une allée et pavillons, et pour ce, XXVII^s VIII^d.

. . . .
. . . .

Item, à Thomas Dumont, pour le recompenser de certain heritaige vendu à mond^t sieur par luy, qui est enclos dedans le parc, ainsi qu'il est plus amplement declaré es lettres de la vendue passez devant les tabellions de Gaillon, dont en a prins la cherge le cappitaine de les recueillir pour le prix de IX livres, IX^{lt}.

Item, à Guillaume Queron, comme dessus, pour certain heritaige par luy vendu à mond. sieur, qui est enclos dedans led. parc, par le prix de VI livres t^s, VI^{lt}.

A..... pour amener les pieux de l'estang, IIII^{lt} VII^s III^d.

Item, à messire Jacques Lelouyer, pour avoir achaté du poisson pour peupler les mares de l'estanc du Lydieu, XX^{lt}.

. . . .
. . . .

DU CHÂTEAU DE GAILLON.

Paié, le samedi vıııe jour du mois d'apvril à Robin Can, pour avoir syé de la contre-latte à faire les caiges des faisans, Lvs vd.

A..... pour rehausser l'estanc du Lydieu, à IIs pour jour, IIIItt vIIId.

A Pierres Lejeune, serrurier, pour plusieurs ferrures qu'il a baillées et mises aux portes du parc, LVIIs vId.

A Guillaume Leforestier, pour la vendue de xx carpes de poisson pour mettre à l'estanc du Lydieu, au prix de IIIs pour piece; *item*, avecque ce, pour la livreson de cent xII tenches et deux cens de palle, par marché à luy fait de tout pour le prix et somme de vIItt xvIIIs.

. . . .

Paié, le samedi vıe du moys de may mil ve et troys, aulx massons du parc qu'ilz besoignent ès portes, à IIs IIIId pour jour, IIIItt xs.

Item, à faire l'estanc du Lydieu, à IIs pour jour, xLIIs.

Item, paié, pour xxIIII poncons de chaux, à vs pour poncon, vItt.

Item, aulx massons des portes du parc à IIIs IIIId pour jour, xItt xIIs vIIId.

Item, à..... pour faire deux cuves pour recueillir les eaulx à servir les massons à faire les murs, xxs.

Item, aulx massons du parc (56 à 2s 6d et 2s par jour), xxxItt xvs.

Item, à... pour la livreson de cent xIIII queux de chaux, à vIs pour queue, xxxIIIItt IIIIs.

Paié, le samedi xxe jour du mois de may, à Jehan le Conte et T. Goffin, quilz doibvent avoir de faire deulx cuves à la chappelle Sainct-Fiacre, pour deulx aultres cuves qu'ilz furent prinses aud. lieu pour servir à mettre l'eaue à faire les murs du parc, xxxs.

A G. Dumont, carrieux, pour avoir livré, pour faire les portes du parc, IIIIxx Ix tonneaux de pierre de Sainct-Leu, à vIIs Id pour tonneau, vallent xxxItt xIs vd; *item*, à G. de la Haye, pour avoir amené lad. pierre, pour ce xxIItt xs, qui est pour le tout, LIIItt xvIIs vd.

Aulx maneuvres du parc à Jehan Maquereau, à IIs vId pour jour (et 88 autres à 2s par jour), Ltt vIIIs.

Item, à..... pour xxII poncons de chaux, à vs pour poncon, vtt xs.

Item, à G. Hervieux, marechal, pour avoir ferré la porte du parc des plantes, et pour avoir fait ung gril, xtt IIIs Ixd.

44 DÉPENSES DE LA CONSTRUCTION

Paié, le samedi xxviie jour dud. moys de may, aulx massons des portes du parc, à iii^s iiii^d pour jour, ciii^s iiii^d.

Aulx maneuvres du parc à ii^s pour jour, xxv^{tt} xiiii^s.

Paié, le samedi iiie jour de juing, à G. Hervieux, marechal, pour ferrer unez dez portes du parc, et pour en ung huys ès mur, le tout pesant iiii^c iiii^{tt} de fer, à vii^d obole pour livre, xii^{tt} xiii^s vi^d.

. . . .

Paié, le samedi x^e jour de juing mil v^c et troys, à . . . . . pour avoir livré L queues de chaulx, au prix de vi^s pour queue, xv^{tt}.

Item, aulx maneuvres du parc, tous au prix de ii^s pour jour, xv^{tt}.

. . . .
. . . .

A . . . . . à vuider les terres de la grande allée du parc, c^s.

. . . .

Paié, le samedi iie jour de septembre, à tailler les portes du parc, à iii^s iiii^d pour jour, liii^s.

Item, à faire la chaussée de l'estang, à vii^s vi^d pour jour, iiii^{tt} x^s.

. . . .

Paié, le samedi ixe jour de septembre, à faire la chaussée de l'estang, à vii^s vi^d pour jour, ci^s iii^d.

Item, à faire l'estang comme dessus, à . . . . . (à 2^s 6^d, et 2^s par jour), ciii^s vi^d.

Item, à faire la grande allée des murs du parc, L^s.

Item, ce jour aulx massons du parc, qui font les portes, vi^{tt} xv^s iiii^d.

Paié, le samedi xvie jour dud. moys de septembre, à . . . . pour avoir fait xvi toyses et demye du mur, à v^s pour toise, iiii^{tt} vii^s vi^d.

Item, à faire et vuider les terres de l'estang, au prix de vii^s vi^d pour jour, lxvii^s vi^d.

. . . .

Le samedi xxiiie jour dud. moys, à curer les fondemens et les terres, et servir les massons des murs du parc, à ii^s pour jour, vii^{tt} xviii^s.

Paié, le desrain jour dud. moys de septembre, aulx massons des portes du parc, à III^s IIII^d pour jour, LXXVI^s VIII^d.

Item, aulx maneuvres, à II^s pour jour, XI^{lt} X^s.

Item, à charger les baneaulx des vuidenges de l'estang, XL^s.

Item, à greer la grande allée du parc, à II^s pour jour, XLIIII^s.

. . . .

Somma totius misiæ, IIII^m VII^c XLVIII^l XV^s VI^d.

Somma totius receptæ factæ per dictum Ricardum Guere a domino de Salvaterra, ut in precedenti compoto ascendit ad sommam IIII^{mil} IIII^c IIII^{xx} XVI VIII^s XI^d, et per finem sui precedentis compoti debebat sommam CIX^l I^s VI^d, sic collatione facta de misia ad receptam debentur eidem Guere sommam CXLIII^l VI^s I^d, quamquidem sommam centum quadraginta trium librarum quinque solidorum unum denarium Turonensium idem dominus de Salvaterra solvit manualiter eidem Ricardo Guere presenti compoti, et ideo quictus hic. Actum anno Domini millesimo quingentesimo tertio die vero XVIII^a mensis octobris. Auditus, examinatus et clausus fuit presens status per nos subsignatos a reverendissimo domino domino legato ad hoc commissos et deputatos anno et die predictis.

JA. DE CASTIGNOLYS.

GUERE.

LA MISE DE LA CHAPPELLE,

PAVILLONS ET MAISONS

QUE MONSIEUR LE LEGAT FAIT FAIRE DEDANS SON PARC DE GAILLON.

Declaration de l'argent receu par led. Guere de monsieur de Sauveterre, chanoine de Rouen, lequel est distribué aulx ouvriers qui font les tonnes, maisons et oratoire que monsieur le legat fait faire dedans son parc de Gaillon, jouxte les parties qu'ilz ensuivent.

PREMIEREMENT :

Receu de mond^t Sr de Saulveterre, chanoine de Rouen, le xxiiie de apvril mil v^c et troys, deux cens xxxii^{lt}.

Item, plus par led^t, le vi^e jour de may aud. an, vii^{xx} vi^{lt}.

Item, par la main du cappitaine de Gaillon, le xxiiii^e dud moys de may., deux cens^{lt}.

Item, par la main de Nicolas Georget, le xe jour du moys de juing ensuivant, ix^{xx} ii^{lt} x^s.

Item, le xxiiii^e dud. moys, par led. Georget, deux cens xxxviii^{lt}.

Item, le xv^e de juillet, id. quatre cens^{lt}.

Item, le xxv^e dud. moys, par la main dud. Saulveterre, troys cens^{lt}.

Item, le viii^e jour d'aoust, par mon fils, cens livres.

Item, le xiie jour dud^t moys, par la main dud. Georget, viii^{xx} ii^{lt} xi^s.

Somme, mil ix^c xli^l i^s.

DU CHÂTEAU DE GAILLON.

LA MISE FAICTE PAR RICHARD GUERE

TANT SUR LA MAISON, TONNES ET ORATOIRE QUE MONSIEUR LE LEGAT FAIT FAIRE DEDANS SON PARC DE GAILLON.

PREMIEREMENT :

Paié, le xxIIII^e jour de mars mil cinq cens et deux, à Raoulin de la Haie, charpentier, sur ce qui doibt avoir de la besoigne et façon des tonnes, xII^{lt}.

Item, paié à luy sur led. ouvraige, le vIII^e d'apvril aud. an, xx^{lt}.

Item, ce jour, paié à faire les fondemens de la chappelle de dedans led. parc, et servir les massons à Jehan Letellier, etc., à II^s pour jour, xI^{lt} xvIII^s.

Item, paié led. jour aulx massons qui font les fondemens de la chapelle, à Jehan Louesse, Robin Senechal, Robert Alixandre, chacun IIII jours, Raoullin Lemaistre, troys jours au prix de III^s IIII^d pour jour, Thomas Senault, IIII jours, Pierres Trubert, III jours à II^s vI^d pour jour, Allain Louesse IIII jours à II^s, qui est pour tout, LXXV^s vI^d.

Item, paié ce jour à drechier la place pour faire les tonnes du preau, à ..... à II^s pour jour, LII^s.

Item, ce jour, à J. Hamel, voiturier, pour avoir amené du boys à faire la loge pour faire la brique, et pour faire la maison dedens le parc, c^s.

Item, à ..... pour troys jours de luy et de son harnoix, amener des genettres à couvrir lad. loge, là où c'on fait lad. brique, xxII^s vI^d.

Item, à coupper des genettres et plions, pour faire lad., à II^s pour jour, IIII^{lt} vIII^s.

Item, le xIII^e jour dud. moys, à Guillaume Bellay, briquetier, sur et tant mains de ce qui doibt avoir pour faire lad. brique, vI^{lt}.

Paié, le samedi xve jour dud. moys, vigille de Pasques, v^c et troys, à ... pour cinq jours à coupper des genettres pour couvrir la loge, xvI^s.

DÉPENSES DE LA CONSTRUCTION

Item, ce jour, à faire les fondemens de la chappelle, à ... à II^s VI^d et II^s pour jour, LVIII^s.

Item, ce jour, aulx manoeuvres, à mettre le sablon pour lad. chappelle, à II^s pour jour, VII^{tt} II^s.

Item, ce jour, paié aulx cauchumiers de la chappelle, pour avoir livré IIII^{xx} VI queux et demye, à VI^s pour queue, XXV^{tt} XIX^s.

Paié, le samedi XIIe jour de dud. moys d'avril après Pasques V^c et troys, aulx manoeuvres de la chappelle, à II^s pour jour, CXIII^s.

Item, ce jour, aulx massons de la chappelle, pour faire les fondemens, à III^s IIII^d, II^s VI^d et II^s pour jour, XLIII^s VI^d.

A Jehan Conille, pour avoir tiré de la pierre à faire une perche des fondemens de la chapelle, XXVII^s VI^d.

Item, à Philippot Benest, sur et tant mains de faire le boys pour cuire la brique, XXX^s.

Paié, le samedi penultieme d'avril mil cinq cens et troys, à faire les fosses des fondemens de la maison du parc, à II^s pour jour, XVIII^s.

Item, à Guillaume Bellay, sur et tant mains de ce qui doibt avoir de faire la brique pour lad. maison, VI^{tt}.

Item, ce jour, à faire l'allée de la tonne d'auprès le preau, à Pierres Leroy, etc. ..... à II^s pour jour, CXVIII^s.

Item, ce jour, pour avoir amené du boys à faire la tonne, à V^s pour voiage, VII^{tt} V^s.

Item, ce jour, à moultoner aux fondemens de la chapelle du parc, à III^s IIII^d, II^s VI^d et II^s pour jour, XLVII^s X^d.

Item, ce jour, aulx manœuvres de la chappelle du parc, tous à II^s pour jour, VIII^{tt} XIII^s.

Item, paié ce jour, pour la despence de Jehan Valence et maistre Raoult, charpentier, qui estoit venus à Gaillon pour voir et visiter la place où monsieur fait faire la grande tonnelle, XVI^s.

Paié, le samedi VIe jour de may mil cinq cens et troys, à amener du sablon à faire la maison de dedens le parc, à II^s pour jour, XL^s VI^d.

Item à ..... pour X queux de chaux, à VI^s pour queue, LX^s.

DU CHÂTEAU DE GAILLON.

Item, à Raoulin de la Haye, sur et tant mains de ce qui doibt avoir pour faire la tonne du preau, xx^{lt}.

Item, pour amener du boys pour les tonnes du parc, xii voiages, à v^s pour voiage, lx^s.

Item, ce jour, à faire l'allayée de lad. tonne du preau, à ii^s pour jour, iiii^{tt} ix^s.

Item, pour reste de paiement de xlviii cordes de boys pour cuire la brique à faire la maison du parc, x^s.

Item, pour avoir fait et aggréer le chemin pour amener du Ru des Preux le boys à cuire la brique pour la maison du parc, xxiiii^s.

Item, ce jour, à agreer et drecher les terres de la chappelle du parc, xlviii^s.

Item, paié le ix jour de may cinq cens et troys, à amener du boys de Cleres pour faire les tonnes, à x^s pour jour, xi^{tt} v^s.

Paié, le samedi xiiie jour dud^t moys de may mil cinq cens et troys, à faire l'allée pour assoir la tonne, à ..... à ii^s pour jour, xiii^{lt}.

Item, ce jour, à Denis Seglas et Jehan Conille, pour avoir de pierre xxv toises et deux tiers des fondemens de la chappelle, iiii^{tt} viii^s.

Item, ce jour, à Guillaume Bellay, briquetier, sus et tant mains de faire la brique pour faire la maison du parc, c^s.

Item, ce jour, à tailler et assoir lad. maison du parc, à Henry Nyaudet et Pollet Lemasson, pour chacun ii jours à iiii^s pour jour, xvi^s.

A ... pour avoir amené xlviii cordes de boys pour cuire la brique pour faire lad. maison, ix^{tt} xii^s.

Item, à amener de l'eaue et du sablon pour faire lad. maison, à ii^s pour jour, iiii^{tt} viii^s vi^d.

A ..... pour avoir amené à la maison dud. parc, lix tonneaulx de pierre, à ii^s vi^d pour tonneau, vii^{tt} vii^s vi^d.

A ...... pour avoir livré xxxii queux de chaulx pour lad. maison, pour ce ix^{tt} xii^s.

Paié, le samedi xxe jour de may mil cinq^c et troys, à Raoulin de Lahaye et Jehan de Lahaie, charpentiers, sus et mains de faire et doller le boys pour faire les tonnes, xx^{tt}.

Item, à charier du boys pour faire les tonnes, à ..... de eux et de leurs harnoix, au prix de x^s pour jour, xxxi^{lt}.

Item, à ...... pour quatre jours de son cheval et de son homme, amener les camyons pour faire l'allée de la tonne, xvi^s.

Item, à charier du boys de Clerc, pour faire la maison du Lydieu, xxxv^s.

A Guillaume Dumont, carrieux, pour avoir livré lIII tonneaux v piés et ung quart de pierre de Saint-Leu, pour faire la maison du parc, à vII^s vI^d pour tonneau, vallent xIx^{lt} vII^s vI^d; *item*, à G. de Lahaye, pour avoir amené lad. pierre, xIII^{lt} xII^s, qui est pour tout, xxxII^{lt} xIx^s vI^d.

Item, à Jehan Vallés, charpentier, sur ce qu'il doibt avoir de faire lad. maison, lxx^s.

Item, pour xx mons de plastre pour faire lad. maison, x^{lt}.

Item, à Jehan Chalumyau et Jehan Herment, pour avoir taillé une croysée et demye des fenestres de la maison du parc, par marché fait avec eulx, vII^{lt} x^s.

Item, ce jour, à tailler et assoir en la maison du Lydieu, à ..... à II^s pour jour, v^{lt} xII^s vIII^d.

Paié, le samedi xxvII^e jour dud^t moys de may, à tailler et assoir à la maison dedans le parc, à III^s IIII^d et à II^s pour jour, qui est pour le tout xI^{lt} v^s.

Item, à Jehan Vallés, sus et tant mains de ce qui doibt avoir pour faire et besongner à la maison du parc, lxx^s.

Item, à vuider les terres pour asoir les tonnes et faire l'allée, à II^s pour jour, vI^{lt} xII^s.

Paié, le samedi IIIe jour du mois de juing mil v^c et troys, pour avoir amené à la maison du Lydieu lIII tonneaulx de pierre, à vI^s pour tonneau, xvI^{lt} vII^s vI^d.

Item, ce jour, à Guillaume Bellay, sur et tant mains de faire la brique, xI^{lt}.

Item, à Denis Binet et ses compaignons, pour avoir amené à la maison du parc xlv milliers de brique, à III^s pour millier, vI^{lt} xv^s.

Item, à servir les massons à la maison du Lydieu, à II^s pour jour, IIII^{lt} v^s.

DU CHÂTEAU DE GAILLON.

Item, à Jehan Vallés, charpentier, sur et tant mains de la charpenterie de lad. maison, xiii^{lt}.

Item, à charier le boys, xviii^{lt}.

Item, à charier le boys à faire la tonne, ix^{lt}.

Item, à aggréer et faire l'allée de la tonne, vii^{lt} vi^s.

Item, à tailler la pierre pour faire la chappelle, à .... à iii^s iiii^d pour jour, ix^{lt} iiii^s viii^d.

Paié, le samedi x^e jour de juing v^c et troys, aulx massons de la chappelle, à iii^s iiii^d pour jour, xliiii^s.

Item, ce jour, à G. Bellay, sur et tant mains de faire la brique, c^s.

Item, à P. Benest, pour avoir fait vii^{xx} xi cordes de boys pour cuire la brique, liii^s ix^d.

Item, à Jehan Chalumeau et Jehan Herment, pour avoir taillé une croisée de la maison du parc, pour ce et par marché fait, c^s.

Item, à faire la place pour assoir la tonne, à ii^s pour jour, lxvi^s.

Paié, le samedi xviie jour de juing mil v^c et troys, aulx massons de la maison du Lydieu, à iiii^s, iii^s iiii^d, et ii^s pour jour, x^{lt} vi^s iii^d.

Item, à Jehan Vallés, charpentier, sur et tant mains de la charpenterie de la maison du Lydieu, x^{lt}.

Item ..... à amener de la pierre de taille à la maison du Lydieu, xxx^s.

Item, à P. Benest, tant mains sur ce qui doibt avoir à faire le boys, pour faire la brique pour la maison de Lydieu, xl^s.

Item, à charier du boys pour faire la maison du parc, à .... à vii^s vi^d pour jour, viii^{lt} xvii^s vi^d.

Item, à servir les massons de la chappelle du parc, à ii^s pour jour, xxx^s.

Paié, le samedi xxiiiie jour de juing mil v^c et troys, à Jehan de Lahaye, charpentier, sur ce qui doibt avoir de faire la tonne, xx^{lt}.

Item, aux massons de la maison du parc (13, à 4^s, 3^s 4^d, 2^s 6^d, 2^s 3^d, 2^s), ix^{lt} vi^s iii^d.

Item, à ... pour vii poncons de chaux pour faire la chappelle du parc, xliiii^s.

Item, pour avoir amené de la pierre de taille pour faire la chappelle, iiii^{xx} xix.

Item, aulx massons de lad. chappelle, à iiii^s et iii^s iiii^d pour jour, iiii^{lt} x^s.

Paié, le samedi xxiiiie jour de juing, à ..... pour avoir livré lx milliers de brique pour faire la maison du Lydieu, ix^{lt} v^s.

A Jehan Herment et à Jehan Chalumeau, massons, pour avoir fait ii croisées à la maison du Lydieu, à c^s pour croisée, x^{lt}.

A Jehan Vallés, charpentier, sur ce qui doibt avoir de faire la charpenterie de lad. maison de Lydieu, xx^{lt}.

Item, à mener de la latte, des courbes et aultres boys pour faire la tonne, et pour xv voiages à mener le boys, iiii^{xx} xix^s.

Paié, le samedi premier jour de juillet, aulx massons de la maison du parc, Henry Niaudet, Colinet Lemasson, chacun v jours à iiii^s pour jour (autres à 3^s 4^d, et 2^s 4^d par jour), ix^{lt} vi^s iii^d.

A servir les massons, à ii^s pour jour, xl^s vi^d.

Item, aulx massons de la chappelle dud. parc, à Coullas de Challons, etc. (à 4^s et 3^s 4^d pour jour), iiii^{xx} iii^s iiii^d.

Item, à faire l'allée pour assoir la tonne, iiii^{lt}.

Item, à G. Hervieu, marechal, pour avoir livré neuf gondz pour servir à la chappelle du parc, à vii^d obole, xxi^s iii^d.

Paié, le samedi viiie jour de juillet, à charier le boys pour faire la tonne, vii^{lt} v^s.

Item, à faire l'allée pour assoir lad. tonne, v^{lt} xvii^s.

Item, aulx massons de la chappelle, Coullas de Challons, etc., à iiii^s, iii^s iiii^d, iii^s et ii^s pour jour, xii^{lt} ii^s.

Item, pour avoir fait des croisées pour la maison du parc, à Jehan Chalumeau et Jehan Herment, pour reste et fin de paiement de v croisées et demies, taillé xix piés des lermiers, vi^{lt} xviii^s.

Item, à J. Aulbin, pour avoir amené du chasteau à la chappelle du parc unze tonneaux de pierre de Saint-Leu, au prix de ii^s pour tonneau, xxii^s.

Paié, le samedi xve jour de juillet mil v^c et troys, aulx massons de la maison, à Henry Niaudet, etc., à iiii[s], iii[s], iiii[d], ii[s] vi[d], ii[s] iii[d] et ii[s] pour jour, ix[xx] iii[s] vi[d].

Paié, le samedi xxii[e] jour de juillet, aulx massons de la chappelle du parc, Coullas de Challons, etc., à iiii[s], iii[s] iiii[d], et iii pour jour, viii[xx] xvii[s] viii[d].

Item, à servir les massons, à ii[s] pour jour, vi[xx] x[s].

Item, à P. Benest, tant mains sur la busche qui fait pour cuire la brique pour lad. chappelle, xl.

Item, à G. Bellay, sur et tant mains de faire la brique pour lad. chappelle, vi[xx].

Item, à J. Delahaye, charpentier, tant mains sur la fachon de la charpenterie de la tonne, xx.

A Jehan Bardel et à Roger le Carpentier, pour avoir charié vingt milliers d'ardoisse de Saine en la maison du Lydieu, l[s].

Item, pour la despence des charpentiers qui estoit venuz visiter la maison du Lydieu, par le commandement de monsieur de Saulveterre, leur feut deslivré, xl[s].

Item, pour viii ponchons de chaux pour la chappelle du parc, et pour ung voiage pour amener des claiz, xlvi[s] vi[d].

Item, à ..... pour le chariage de six tonneaux de pierre, pour la chappelle, au prix de vi[s] pour tonneau, xxxvi[s].

Paié, le samedi xxix[e] jour de juillet aud. an, à Ph. Vallés, pour avoir fait ung engin à lever la maison du Lydieu, xl[s].

A .... pour avoir fait troys milliers de latte pour couvrir lad. maison, xxii[s] vi[d].

Item, à assoir et tailler et briqueter à la chappelle, vi[xx] vi[s] viii[d].

Item, à mener de l'eaue à la maison du parc, xv[s].

Item, à servir les massons du Lydieu, à ii[s] vi[d] et ii[s] pour jour, lxxiiii[s].

Item, paié à Colin Thomas, pour cinq voiages de luy et de son harnoys, pour amener le boys de la tonne, au prix de v[s] pour voiage, vallent xxv[s] [ts], pour troys milliers de latte pour lad. tonne, au prix de iiii[s] pour mille, qui est pour le tout xxxvii[s].

Paié, le samedi vᵉ jour d'aoust mil vᶜ et troys, à faire l'allée, et pour assoir lad. tonne, à ıısᶠ pour jour, ʟˢ.

A J. Delahaye, sur la charpenterie de la tonne, xᶫᶫ.

A Louis Delahaye, sur la charpenterie de la chappelle du parc, ʟˢ.

Item, aulx massons de la chappelle, à ıııˢ et ıııˢ pour jour, vıııᶫᶫ xıˢ vıııᵈ.

Item, à G. Bellay, briquetier, sur la fachon de la brique pour faire ladite chappelle, cˢ.

Aulx massons de la maison du parc, ıııᶫᶫ vˢ xᵈ.

....

Paié, le samedi xııᵉ jour d'aoust vᶜ et troys, à G. Delahaye, pour avoir livré au port aux pierres xxıx tonneaulx de pierre de Saint-Leu pour faire la chappelle, xxvıılᶫ xˢ vᵈ.

Item, à Robin Plaisance, sur la livreson des cheverons de lad. chappelle, cˢ.

Item, à G. Bellay, sur et tant mains de la brique pour la chappelle, cˢ.

Item, aulx massons de la chappelle, vııᶫᶫ xıxˢ ııııᵈ.

Item, à J. Lesenechal, pour avoir couppé et syé deux cens pieces de boys au boys de Clere, xxıııˢ.

Item, à Philipot Lesenechal, sur le dollage qui faict aud. boys de Clere, xʟˢ.

Item, à Denis Buet, pour avoir amené à la maison du Lydieu ıx milliers de brique, à ıııˢ pour millier, et à Guillaume Lecamus, pour v milliers que dessus, xʟıııˢ vıᵈ.

Item, à G. Delahaye, pour avoir livré au port au pierres xvı tonneaulx et demy de pierre de Saint-Leu pour faire lad. maison du Lydieu, ıxᶫᶫ xıxˢ ıııᵈ.

....

Item, pour la despence de Jehan Valence, qui estoit venu à Gaillon visiter les tonnes et aultres edifices, tant pour luy que son cheval, que de ung nomme qu'il avoit amené avecques luy, xˢ.

Paié, le samedi xıxᵉ jour dud. moys, aulx massons de la chappelle, à ıııˢ, ıııˢ ıııᵈ et ıııˢ pour jour, xıᶫᶫ xvıˢ ıııᵈ.

DU CHÂTEAU DE GAILLON. 55

A Jehan Lemoigne, couvreur d'ardoise, sur la façon de la maison du Lydieu, x^{lt}.

Item, à charier de la brique pour la chappelle, xxii^s vi^d.

. . . .

Paié, le samedi xxvie jour de aoust mil cinq cens et troys, aulx massons de la chappelle, x^{lt} v^s.

Item, à servir les massons, à ii^s pour jour, iiii^{lt} xiiii^s.

A..... pour huyt voiages de son harnoys au bois de Clere, pour amener du boys pour faire la maison du parc, à v^s pour voiage, xl^s.

A Jehan Vallés, charpentier, sur la façon de la charpenterie qui fait à la maison du Lydieu, iiii^{lt}.

A G. de la Haye, pour avoir amené xx milliers d'ardoise pour couvrir la maison du parc, au prix de ii^s pour millier, xl^s.

A G. de la Haye, pour avoir amené xxx milliers d'ardoise de Rouen pour couvrir la chappelle, à ii^s pour millier, lx^s.

. . . .
. . . .

Item, à Martin Philippes et Gueffroy Dumesnil, pour avoir mené au Lydieu vii mons de plastre pour faire la maison, iiii^{lt} xiii^s vi^d.

Item, le premier jour de septembre, à Guillaume, le syeux, pour ix trais de sye à syer xviii cheverons de trente-deux piés de long, xviii^s.

Item, pour la despence de Jehan Vallence, qui estoit venu visiter les tonnes et aultres edifices que Monsieur fait à Gaillon, iii^s iiii^d.

Item, pour amener du sablon et de la brique en la chappelle du parc, xxxiii^s ix^d.

Paié, le samedi iie jour de septembre, à G. Bellay, pour reste de lx milliers de brique, pour la chapelle du parc, xx^s.

Item, à G. Ruette, mil xvi piés de boys pour faire les cheverons à couvrir et faire à la maison du Lydieu, lxii^s x^d.

Item, à Louys de la Haye, charpentier, sur la charpenterie de la chappelle, cx^s.

Item, à Jehan Vallés, charpentier, sur la charpenterie de la maison du Lydieu, lxx^s.

Item, aulx massons de la maison du Lydieu, Jehan Challumeau, etc..... à iiii^s, iii^s iiii^d et iii^s pour jour, iiii^{tt} iiii^d.

Item, à charier de l'eaue et du sablon pour la maison du parc, vii^{tt} x^s.

Item, à Richard Behier, pour avoir amené xx cordes de boys à la maison du Lydieu pour cuire le plastre, iiii^{tt}.

Item, le viiie jour de septembre, à Jehan Lemoigne, couvreur d'ardoise, sur ce qui doibt avoir de couvrir la maison du Lydieu, c^s.

Paié, le samedi ixe jour de septembre v^c et troys, à..... pour avoir charrié xxx milliers d'ardoise pour couvrir lad. chapelle du parc, lxxv^s.

Item, à faire les fosses pour assoir les tonnes, à ii^s pour jour, xxxiiii^s.

Item, à..... pour le cheriage de xx milliers d'ardoise pour couvrir la maison du parc, l^s.

Aulx massons de la maison du parc, Jehan Challumeau, etc., vii^{tt} i^s viii^d.

Item, à servir les massons, à ii^s pour jour, lvi^s.

Item, à Richard Behier, pour avoir livré ii milliers de brique pour le contrecueur dez cheminées de la maison du parc, xxxv^s.

Item, à bricquetter à la chappelle du parc, à iii^s iiii^d et iii^s pour jour, lx^s.

Paié, le samedi xvie jour de septembre, à faire les fondemens des tonnes, à ii^s pour jour, xxii^s.

Item, aulx massons de la maison du parc, cxv^s.

Item, à J. Vallés, charpentier, sur la façon de la maison du Lydieu, vi^{tt}.

Item, pour la livreson de xxiiii poncons de chaulx pour la maison du parc, au prix de v^s pour poncon, vi^{tt}.

Item, pour la livreson de xx poncons de chaulx aud. prix, cx.

Aulx massons de la chappelle, à iii^s iiii^d et iii^s pour jour, cv^s iiii^d.

. . . .

Item, à G. Hervieu, mareschal, pour avoir faict et livré le pesant de xlviii^{tt} de fer et iiii lians pour servir à faire les chambages des cheminées de la maison, xxxiii^s iiii^d.

Paié, le samedi desrain jour de septembre, au maneouvres de la maison du parc (sept à 2^s 6^d et 2^s), lxxii^s vi^d.

Item, ce jour, pour la despence de Jehan Vallence, qui estoit venu à Gaillon pour visiter les tonnes, maison et oratoire que on faict dedens le parc, pour luy et pour son cheval, IIII^s II^d.

Item, pour aultre despence faicte par led. Vallence et Colin Castille, qui estoient venus à Gaillon visiter les edifices que dessus, tant pour eulx que pour leurs chevaulx que de leurs gens, XII^s VI^d.

A R. Hamel, pour avoir syé VIII douzaines de marches et six cens six piés de cheverons : le tout pour lad. maison du Lydieu, LVII^s X^d.

A Richard Behier, pour avoir livré ung millier de bricques contrecueurs des cheminées de lad. maison, XVII^s VI^d.

Item, aulx massons de la maison du Lydieu [huit à 4^s, 3^s 4^d et 3^s par jour], CXV^s.

Aulx massons de la chapelle du parc [trois à 3^s 4^d et 3^s par jour], XLVIII^s IIII^d.

. . . .

Item, à amener du boys pour la tonne, IX^{lt} XV^s.

Item, à servir les massons de la chappelle du parc [cinq à 2^s par jour], XLVIII^s.

Item, à Jehan de Baudes et pour Jehan Vallez, pour avoir moullé deux lucarnes à la maison du Lydieu, au prix de V^s pour lucarne, X^s.

Item, à Ph. Lesenechal, pour avoir dollé ung cent de membrures, XL^s, et à Jehan Senechal, pour avoir rongné led. boys, qui est pour tout LII^s VI^d.

Somma totius misiæ, mil VII^c LVIII^l XII^s X^d.

Et recepta facta per dictum Guere a domino de Salvaterra, ut dictum est, ascendit ad sommam mil IX^{cc} LXI^l I^s.

Sic, collatione facta de misia ad receptam usque hic, debet dictus computans per hunc presentem compotum, sommam II^{cc} II^l VIII^s II^d, quam quidem sommam dictus Guere solvit punctualiter eidem domino de Salvaterra, et ideo quictus. Hic auditus et clausus fuit presens status per nos subsignatos anno Domini millesimo quingentesimo tercio, die XVIII^a octobris.

J<small>A</small>. DE CASTIGNOLYS.

Sequitur status composti Ricardi Guere presentis, super expensis per mandatum domini legati factis, tam pro parco quam pro oratorio et tonnellis ejusdem parci de Gaillon, pro anno finito die ultima septembris anno millesimo quingentesimo tercio.

Et pro predicto parco :

Ut patet per codicem ejusdem parci verificatum cum quitanciis misie, ascendunt ad sommam IIII^m VIIe XLVIII^l XV^s VI^d, et recepta per eundem Guere a domino de Salvaterra facta, ascendit ad sommam IIII^m IIII^{cc} IIII^{xx} XVI^l VIII^s XI^d. *Item*, idem Guere, per compotum anni precedentis, debebat sommam CIX^l I^s VI^d. Sic collatione facta de misia ad receptam debentur eidem Guere computanti, sommam $CXLIII^l$ V^s I^d.

Pro predicto oratorio :

Misiæ, ut in secundo codice continetur, ascendit ad sommam mil VII^{cc} LVIII^l, XII^s X^d, recepta a predicto domino de Salvaterra per eundem Guere facta est mil IX^{cc} LXI^l I^r. Sic collatione facta de misia ad receptam, debet dictus Guere computans sommam II^{cc} II^l VIII^s II^d, et sic patet quam ex hiis duobus precedentibus compotis, omnibus deductis, per finem hujus presentis status debet idem Ricardus Guerre presens computans sommam quinquaginta novem librarum trium solidorum unum denarium Turonenses, quam quidem sommam dictus Guere solvit, ut patet ex compotis precedentibus. Actum die XVIII^a mensis octobris anno predicto millesimo quinquagesimo tercio.

JA. DE CASTIGNOLYS.

GUERE.

LA MISE DES TONNES,

MAISON, ORATOIRE ET LE PARC.

1503-1504.

Ce sont les parties de l'argent receu par Richard Guere de monsieur de Sauveterre, pour employer aulx tonnez, maison et oratoire; le tout dedens le parc, depuis la Sainct-Michel desrain passé mil cinq cens et troys.

PREMIÈREMENT :

Le xixe jour d'octobre mil cinq cens et troys, receu de monsieur de Sauveterre, LIX^{tt} III^s I^d.

Item, le IIIe de decembre, dud^t s^r de Sauveterre, II^c IIII^{xx tt}.

Item, dud^t s^r de Sauveterre, II^{c tt}.

Item, plus id. VI^{xx tt}.

Item, plus id. IIII^{c tt}.

Item, plus id. le xxix^e jour de juing, III^{c tt}.

Item, id. le XIIIe jour de juillet, II^c LXXII^{tt} III^s.

Item, id. le xix^e jour de juillet, V^c XXXVII^{tt} X^s.

Item, id. le xe jour d'aoust, III^{c tt}.

Item, id. le VIIIe jour de septembre, III^c LXV^{tt}.

Item, id. le xxe jour de septembre, CXV^{tt} V^s IIII^d.

Item, id. le xxixe jour de septembre, IX^{xx} XII^{tt} V^s VIII^d.

Item, id. II^c VI^{tt} VII^s VI^d.

Item, id. le xxvie de septembre, IIII^c XIII^{tt}.

DÉPENSES DE LA CONSTRUCTION

LA MISE FAICTE PAR RICHARD GUERE

POUR LES EDIFICES DEZ TONES, ORATOIRE ET MAISONS, LE TOUT DEDANS LE PARC QUE MONSEIGNEUR FAIT FAIRE À SA CHASTEL DE GAILLON, COMMENCHANT LE SAMEDI VIIe JOUR D'OCTOBRE APRÈS LA SAINCT-MICHIEL MIL V^c ET TROYS.

PREMIÈREMENT :

Ouvriers pour la chappelle.

Paié, le samedi VIIe jour d'octobre mil v^c et troys, aulx massons de la chappelle dedans le parc, à Jehan de Caux, Colin de Caux, chacun vi jours à III^s IIII^d pour jour, Franchoys Gayot, vi jours, à III^s pour jour, qui est pour le tout LVIII^s.

Maneuvres. — La chappelle.

Item, ce jour, à servir les massons, à ... chacun vi jours, à II^s pour jour, vallent LXXII^s.

Maçons. — Lidieu.

Item, ce jour, aux massons de la maison du parc, à Pollet Masson, Collas Cousin, à IIII^s pour jour, Robert Alixandre, Guillaume Crequin, Jehan Goussay, chacun v jours, à III^s IIII^d pour jour, VII^{tt} XVIII^s.

Voicturages pour les tonnes.

Item, à ..... à amener du boys à fere les tonnes, LX^s.

Charpenterie. — Tones.

Item, à Raulin Delahaye, charpentier, pour la charpenterie de la tonne, XL^s.

Briquetage au Lidieu.

Item, à G. Bellay, bricquetier, pour deux jambaiges de chemynée pour la maison du Lydieu, XVII^s VI^d.

Chariage d'eaue, de sablon et briques pour le Lidieu.

Item, à charrier de l'eaue, du sablon et de la bricque pour lad^e. maison, IIII^{tt} XIX^s.

Feraille pour le Lidieu.

Item, à Guillaume Hervieu, marechal, pour avoir livré VI fiches de fers et reforgé ung pic, le tout pour servir à la maison du Lydieu, XLII^s.

Chaux. — Le Lidieu.

Item, à Colin Baguot, cauchumier, pour avoir livré pour lad. maisson XVIII ponçons de chaulx, à V^s pour ponchon, IIII^{tt} X^s.

Chariage de boys pour les tonnes.

A ...., pour VII voiages de estre allé au boys de Cleres querir du boys pour fere les tonnes, à V^s pour voiage, XXXXV^s.

. . . .

Massons. — La chappelle.

Samedi XIIIIe jour d'octobre V^c et troys, aux massons de la chappelle, à III^s IIII^d et III^s pour jour, XLVIII^s IIII^d.

Massons pour le parc et pour le Lydieu.

Item, aux massons du parc, au prix de III^s pour jour, VI^{tt} XV^s.

. . . .

Charpentage. — Le Lidieu.

Item, à Guillaume Bertheau et Jehan Aumont, au nom de Jehan Valles, pour la charpenterie de la maison du Lydieu, XL^s.

Maçons. — Le Lidieu.

Le samedi XXIe jour dud. moys mil cinq cens et troys, à massonner et bricqueter à la maisson du parc, à III^s IIII^d et III^s pour jour, CXVI^s VIII^d.

. . . .

Au couvreur. — La chappelle.

Item, à Jehan Lemoigne, sur ce qui doibt avoir sur la façon de couvrir la chappelle du parc, vi^{tt}.

Briqueterie. — Le Lidieu.

Item, à Colin Thouroulde, pour deux millier de bricque, ung jambaige de cheminée, pour les contrecueurs des cheminées de la maison du Lydieu, par marché fait à luy, pour ce xv^s.

Charpentage. — La chappelle.

Item, à Guillaume Lerouge, pour la façon d'ung coffre à mectre le clou à Jehan Lemoigne, qui couvre la maisson du Lydieu et la chappelle, xv^s.

Maneuvres. — Le Lidieu.

Aux maneuvres qui servent les massons de la maisson du parc [8 à 2^s 6^d et 2^s par jour], iiii^{tt} vi^d.

Ferraille. — Le Lidieu.

Paié, le samedi viiie jour d'octobre mil cinq cens et troys, à Guillaume Hervieu, mareschal, pour vii^{xx} xiiii fiches de fer pour la maisson du Lydieu, xxxviii^s ix^d.

Charpentage.

A Philippot Senechal, pour avoir dollé ung cent de boys de membrures, pour servir à plusieurs lieux, lii^s vi^d.

. . . .

Charpentage, ou moulage. — Le Lidieu.

A Jehan des Landes, pour avoir moullé deux demys lucarnes à la maisson du Lydieu, vii^s vi^d.

Charpentage. — La Chappelle.

Item, aud. des Landes, paié la moullure du manteau de la chappelle du parc, x^s.

DU CHÂTEAU DE GAILLON.

Charpentage. — Tonnes.

Paié, le samedi IIIIe jour de novembre mil cinq cens et troys, à Raulin de Lahaye, charpentier, sur la façon des tonnes, c^s.

Couverture. — La chappelle.

Item, à Jehan Lemoigne, couvreur d'ardoise, sur ce qui doibt avoir pour couvrir d'ardoise la chappelle du parc, x^{lt}.

Maçons à voulter la chappelle.

Item, à tailler la pierre pour faire la voulte de la chappelle, à Collas Cousin, et Pollet Maçon, à III^s IIII^d pour jour, XXVI^s VIII^d.

. . . .

Maçons. — La chappelle.

Paié, le samedi XIe jour de novembre mil cinq cens et troys, aux massons qui taillent les maineaux des fenestres de la chappelle du parc, Collas Cousin, Pollet le Maçon, chacun v jours de leurs paines, à III^s IIII^d pour jour, XXXIII^s IIII^d.

Chariages de bois. — Tourelles.

A ..... pour chacun troys voiages de leurs harnoys à aller au boys de Cleres pour amener du boys à faire les tourelles de la porte du parc, à v^s pour voiage, XLV^s.

Chariages de boys. — Le Lidieu.

Item, à ..... pour amener du boys de Cleres, des tranches pour faire lez chanlattes et contrelattes et soliaux, pour servir à faire la maison du Lydieu, IIII^{lt}.

Plastrerie. — Le Lidieu.

A .... tant mains de ce qui doibt avoir à faire la platrerie de la maison du Lydieu, c^s.

Late pour le Lidieu.

A ..... pour avoir faict dix-huygt cens de latte, pour servir à la maison du Lydieu, à v^s VI pour milier, XIII^s VI^d.

Chariage de boys. — Tonnes.

Paié, le samedi xixe jour dud. moys de novembre mil cinq cens et troys, à ..... pour amener du boys de Cleres pour les tonnes et pavillon, à v^s pour voiage, L^s.

Maneuvres. — Pavillon et tonnes.

Item, à curer les terres pour assoir les potz du pavillon et des tonnes, à xx^d pour jour, xxxvi^s viii^d.

Couverture. — Le Lidieu.

A Jehan Lemoigne, couvreur d'ardoise, sur la couverture de la maison du Lydieu, x^{lt}.

Machonnerie. — Le Lidieu.

Item, à Jehan de Caux, sur la façon des cheminées de lad. maison, vi^{lt}.

Façon de Boys. — Le Lidieu.

A Philipot Benest, sur la façon du boys de la corde pour cuire le plastre à plastrer lad. maisson, xl^s.

Maçons pour tailler des pendants des voultes de la chappelle du parc.

A Jehan Moullin, pour avoir taillé xi^c et demy de pendans pour voulter la chappelle; au mesme, pour vi^c et demy, Jehan Alixandre, vi^c troys quarterons, Jehan Voyer, v cens; le tout à vii^s vi^d le cent, est pour tout xi^{lt} iii^s i^d.

Chariage de boys. — Tonnes.

Paié, le samedi iie jour de decembre, à ..... pour amener du boys pour faire les tonnes, xl^s.

Plastrerie. — Le Lidieu.

A ..... pour la plastrerie de la maison du Lydieu, c^s.

Charpentage. — La chappelle.

A Guillaume Bertheau, charpentier, pour avoir faict les chintres de la chappelle, xl^s.

Couverture. — Le Lidieu.

Paié, le samedi ixe jour de decembre mil cinq cens et troys, à Jehan Lemoigne, sur ce qui doibt avoir pour couvrir d'ardoise la maison du Lydieu, x^{tt}.

Machonnerie. — Le Lydieu.

A Jehan de Caux, sur la façon des cheminées de lad^e maison, lx^s.

. . . .

Chariage de bois. — Le Lydieu.

A Richard Behier, pour avoir amené xxix cordes de boy pour cuire le plastre pour fere lad. maison, cxviii^s.

Chariage de plastre. — Le Lydieu.

A .... pour avoir charié xl mons de plastre pour servir à lad. maison, xii^{tt}.

. . . .

Chariage. — Le Lidieu.

A Jehan Bellissent, pour avoir vacqué à mener du chasteau au Lydieu l'engin et le clou, le tout pour servir à lad. maisson, xv^s.

Ferraille. — Tonnes.

A G. Hervieu, marechal, pour plusieurs feraille de fer en ouvre, le tout pour mectre aux pavillons des tonnes, xxxvii^s vi^d.

Maçonnerie. — Le Lidieu.

Paié, le samedi xxiiie jour dud. moys de decembre, à Jehan de Caux, masson, sur ce qui doibt avoir des cheminées de la maison du Lydieu, lx^s.

. . . .

Tuille pour le Lydieu.

Paié, le samedi penultieme jour de decembre, pour x milliers et demy de tuille, pour couvrir la maisson du Lydieu, à xvii soubz ix^d pour millier, ix^{lt} iii^s x^d.

Couverture de tuille. — Le Lydieu.

A ..... masson, pour avoir employé vii milliers de tuille à couvrir la maison du Lydieu, xxviii^s.

. . . .
. . . .

Carreau pour paver la chappelle.

Paié, le samedi xxviie jour de janvier cinq cens et troys, à Guillaume Thouroult, pour ung millier et demy de careau pour la chappelle, à l^s pour millier, lxxv^s.

Item, aud. Touroult, pour ung aultre millier, xxv^s.

Chariage de brique. — Le Lydieu.

Pour le chariage de vi milliers de bricque, pour la maison du Lydieu, xxii^s vi^d.

Couverture. — Le Lydieu.

Paié, le iiie jour du mois de fevrier, à Jehan Lemoigne, couvreur d'ardoise, sur la couverture de la maison du Lydieu, xl^s.

Tonnes et pavillons.

A ..... pour fere la latte pour les pavillons, xv^s.

Carreau à paver le Lydieu.

A Gieffroy Touroulde, pour troys milliers de careau pour la maison du Lydieu, cx^s.

Bricque. — Le Lydieu.

A Guillaume Bellay, pour neuf milliers de bricque, pour les cheminéez de lad. maison du Lydieu, iiii^{lt} i^s.

Latage des pavillons.

A L... pour Nicollas Castille, sur la paine de latter les pavillons, c^s.

Bricque pour le Lydieu.

A Guillaume Touroulde, pour ung millier de bricque pour fere les atres des cheminéez de lad. maison, xvii^s vi^d.

Hucherie. — Castille. — Tonnes.

Paié, le samedi xxve jour de fevrier, à Lorens Lecourt, au nom de Castille, pour la taille des tonnes, xx^s.

Boys à cuyre le plastre.

A P. Benest, pour xix cordes de boys pour cuire le plastre de la maison du Lydieu, xxiii^s ix^d.

Maçons. — La chappelle.

Paié, le samedi ixe jour de mars cinq cens et troys, à voulter la chappelle, à iiii^s et iii^s iiii^d pour jour, vi^{tt} xviii^s viii^d.

Chaulx. — La chappelle.

A ..... pour xiiii pochons de chaulx pour fere la chappelle, lxx^s.

Castille. — Hucherie. — Les pavillons.

A L. Lecourt, pour et au nom de Castille, sur ce qui doibt avoir de latter les pavillons, c^s.

Cordage. — La chappelle.

Paié, le samedi vi^e jour dud. moys de mars, à P. Hareng, pour avoir faict ung chable pour servir à la chappelle, led. chable pesant ii^c livres de chanvre, à x^d pour livre, viii^{tt} vi^s viii^d.

Charpentage. — Le Lydieu.

A J. Advisse et Richard Jouy, pour avoir mis des goutieres aux lucarnes et plusieurs autres agreemens, iiii^{tt}.

9.

....

Maçons. — La chappelle.

Aux massons qui font les voultes de la chappelle, à iiii^s, iii^s vi^d et ii^s pour jour, xii^{tt} viii^s.

....

Couverture. — Le Lydieu.

A J..... pour avoir emploié iii milliers et domy de tuille sur la maison du Lydieu, xvi^s.

Les tonnes.

Item, pour xxv gerbes d'osier pour faire une haye pour garder les tonnes.

Maçonnerie du Lydieu.

A J. Decaux, pour avoir pavé la salle et chambres et guarderobe du Lydieu, vi^{tt}.

Maneuvres pour le vivier.

A curer l'estang, à ii^s pour jour, cxvii^s.

Maneuvres. — Le Lydieu.

Item, à agreer les terres au long de la maison du parc, xli^s ix^d.

La chappele.

Item, à J. Decaux, sur ce qui doibt avoir pour quareller la chappelle, xx^s.

....

Maneuvres. — L'estanc.

Paié, le samedi xiiie jour d'apvril mil cinq cens et quatre, aprés Pasques, pour agreer l'estanc, vi^{tt}.

Maneuvres pour les tonnes.

Aux maneuvres des tonnez pour planter les treilles, à ii^s pour jour, vi^{tt}.

Maneuvres pour la chappelle.

Item, aux maneuvres pour agreer la chappelle, à ııˢ pour jour, xlvıııˢ.

Maçons pour la chapelle.

Paié, le samedi xxe jour d'apvril cinq cens et quatre, à massonner soubz la couverture de la chappelle du parc, vı^ᶜ xvııˢ.

. . . .

• Le Lidieu. — Hierosme sur ses ymages.

A Geraume, paintre, sur son service, six escus à la roze, qui valent x^ᵗᵗ xıxˢ.

Item, aud. Gerausme sur sa despence, pour ce, xlˢ.

. . . .
. . . .

Le Lidieu. — Pour paintures.

Aux paintres qui peignent la maison du Lydieu; c'est assavoir, Jehan de Tours, Jacques de Fessal, Pierres Chenibault, Jacques Guerier, chacun v jours de leur paine, à ııııˢ pour jour, vallent ıııı^ᵗᵗ.

Aux paintres du Lydieu.

Paié, le samedi xxve jour du moys de may, à Richard des Hays, Jehean Dupont, Jehan de Tourny, Jacques le Senechal, paintres, pour chacun vı jours de leur paine à paindre la maison du Lydieu, à ııııˢ pour jour, vıı^ᵗᵗ ııııˢ.

Maneuvres pour l'estanc.

Aux maneuvres pour l'estenc, à ııˢ pour jour, xıı^ᵗᵗ ıııˢ.

Pour les preaux et allées.

Item, à ... pour avoir amené de la motte pour fere les preaux, lvˢ.

Les tonnes.

Pour la despence de Castille, Jehan des Haix et du maistre plastrier de Rouen, qui estoient venus pour visiter les tonnes et maison du Lydieu, xv^s.

Eschallas pour les vignes.

A ..... pour deux milliers d'eschallas pour servir à la vigne des tonnes, xii^s vi^d.

Les tonnes.

A ..... pour leur paine à agréer les tonnes, xxxvi^s.

Huylle pour les painctres du Lydieu.

Item, paié à Thibault Leroy, pour avoir de l'uille pour les paintres, xxx^s.

Les tonnes.

Item, pour la despence de Colin Castille, Vallence et Roullin de la Haye, pour estre venus visiter les tonnes, maison du Lydieu et la chappelle, xiii^s.

Paié, le samedi premier jour de juing mil cinq cens et quatre, à ..... pour amener des terres aux allées du parc, iiii^{lt}.

Sablon pour les tonnes.

Item, à ..... pour huyt vingt bannellées de sablon, cxvi^s viii^d.

Le Lidieu. — Aux paintres.

Paié aux paintres qui peignent la maison du Lydieu, à Archembault, Jacques le Guerleux, Roullin Soudain, Jehan Dantain, Jacques de Fechal, pour chacun viii jours de leur paine, à iiii^s pour jour, ix^{lt} xii^s.

Herosme.

Paié, le samedi xve jour dud. moys de juing aud. an, pour la despence de Gerausme, paintre, depuis le xiiie jour du moys jusques à ce jour, lxxi^s.

Paintres. — Le Lidieu.

Item, paié ausd. paintres, à Richard du Hay, Pierre Chambault,

Jehan Dantan, Raullin Soudain, Jacques Guerleux, Jacques de Séchal, chacun v jours à iiii˚ pour jour, est pour tout vi ͩͭ.

. . . .

Plastre pour le Lidieu.

A . . . . à batre le plastre à fere les lucarnes de la maison du Lydieu, à ii˚ pour jour, xxxvi˚.

Paintures du Lidieu.

Paié aux paintres qui peignent la maison du Lydieu, Jehan Dutronq, Richard Duhay, Pierre Chambault, Jacques de Fechard, Raulin Soudain, Jacques le Guerleux, chacun vi jours à iiii˚ pour jour, vii ͩͭ iiii˚.

Vuidement des terres du jardin.

Paié, le samedi xxix˚ jour de juing cinq cens et quatre, à . . . sur ce qui doibvent avoir de vuider les terres de quatorze toises de long et quatorze toises de large du jardin que monseigneur fait faire au long des tonnes, iiii ͩͭ.

Charpenterie pour les tonnes.

A Raulin de la Haye, sur ce qui doibt avoir pour faire le pavillon et tonnes, xv ͩͭ.

Maneuvres pour le jardin.

Pour faire les chemins pour admener la pierre et sablon pour le mur du jardin, à ii˚ pour jour, iiii ͩͭ iiii˚.

Massons pour le jardin.

A . . . . pour avoir tiré du moullon à faire deux perches et demye du meur dud^t jardin, à xxvii˚ pour perche, vi ͩͭ iii˚ ix ͩ.

Ferraille pour les tonnes.

Paié, le samedi vi˚ jour de juillet mil cinq cens et quatre, à Guillaume Hervieu, pour xiii^{xx} deux livres de fer à sept deniers obole la livre, viii ͩͭ iiii˚ iiii ͩ.

. . . .

Paintres du Lidieu.

Aux paintres de la maison du Lydieu, à Pierres Archembault, x jours, à Jacques le Guerleux, ix jours, Jehan du Trong, Roulin Soudain, chacun vi jours à iiii^s pour jour, est pour le tout vi^{lt} iv^s.

Sablon pour le jardin.

Sablon pour le jardin, à xi^d la bannellée, cxvii^s.

Paintres du Lydieu.

Paié, le samedi xiiie jour de juillet aud. an, à paindre la maison du Lydieu, à Pierre Archambault, Jacques le Guezleux, Raulin Soudain, Jehan du Tronq, tous chacun six jours, est pour le tout iiii^{lt} xvi^s.

Le pavillon.

Item, à ...., pour avoir amené xi grosses pieces de bois, du boys de Cleres à fere le pavillon et tonnes, iiii^{lt}.

. . . .

Les tonnes.

A Raulin de la Haye, sur ce qui doibt avoir pour faire le pavillon et les tonnes, xii^{lt}.

Les tonnes et le pavillon.

Item, paié à Raulin de la Haye, le xviiie jour dud. moys de juillet, sur ce qui doibt avoir pour fere le pavillon, xv^{lt}.

La heronnerie.

A Robert de la Haye, pour ce qui doibt avoir pour fere la maison de la heronnerie, lx^s.

Vuidenges du jardin.

Paié, le samedi xxie jour de juillet, à Robert Andrieu, etc., sur ce qui doibvent avoir pour vuider partie des terres du jardin, xliiii^{lt} xv^s.

Les tonnelles du parc.

A Colin[1] de Roüen, pour v jours de sa paine à fere des tonnelles dedens le parc, et pour l'achat de huit gerbes d'osier, xx^s ix^d.

Paintres du Lydieu.

Item, à paindre la maison du Lydieu, à Pierres Archambault, Jehan Picquart, Jacques le Galleux et Raulin Soudain, pour chacun vi jours, à iiii^s pour jour, iiii^{lt} xvi^s.

Boys pour le pavillon.

Pour amener du boys pour fere le pavillon et tonnes, à v^s pour voyage, ix^{lt} x^s.

Idem, *idem*, viii^{lt}.

Paintres du Lydieu.

Paié, le samedi xxviie jour dud. moys de juillet, à paindre la maison du Lydieu, à Pierres Archambault, Raulin Soudain, chacun troys jours, Jehan Picquart, ii jours, à iiii^s pour jour, xxxii^s.

Charpente pour le pavillon.

A Raulin de la Haye, sur ce qui doibt avoir pour fere le pavillon et tonnes, x^{lt}.

Vuidange des terres.

A Guillaume Hervieu, pour avoir ferré vingt et une brouette pour vuider les terres du jardin, xvii^s vi^d.

La heronnerie.

Item, à Robinet de la Haye, sur ce qui doibt avoir pour fere la maison de la heronnerie, x^{lt}.

Chaulx pour le jardin.

A G. Tubeuf, pour xlii ponçons de chaulx à fere les murs du jardin, à Tibault Warin, pour xxxv ponchons à v^s pour ponçon, xix^{lt} v^s.

---

[1] Castille ?

Maneuvres du jardin.

Item, pour fere les fondemens du mur du jardin, à II^s pour jour, VI^{tt} XIX^s.

Le jardin.

Item, à André Michelet, pour avoir taillé VI^{xx} XIX piés de pierre de Vernon, à V^d pour pié, LVII^s XI^d.

. . . .

Chariage pour le pavillon.

Paié, le samedi IIIe jour d'aoust v cens et quatre, à amener du boys, du boys de Cleres, pour faire le pavillon des tonnes, à V^s pour voiage, VIII^{tt} V^s.

Paintres du Lydieu.

Item, à paindre la maison du parc, à Jehan Picquard et Raulin Soudain, pour chacun VI jours, et Pierres Archambault V jours, tous à IIII^s pour jour, LXVIII^s.

Maçons du jardin.

A massonner pour fere les murs du jardin, à IIII^s, III^s IIII^d, III^s, II^s VI^d et II^s pour jour, LVII^s IIII^d.

Chariage pour la heronnerie.

Item, à ..... pour amener du boys pour fere la heronnerie, CXXV^s.

Le pavillon.

Item, à Raulin de la Haye, sur la façon du pavillon et tonnes, XX^{tt}.

Chariage de boys pour la heronnerie.

Paié, le samedi X^e jour d'aoust, à ..... pour amener le boys de la heronnerie, à V^s pour voiage, XXVIII^{tt} XV^s.

Maçons du jardin.

Item, à ceulx qui font les murs du jardin, XXII^{tt} XIX^s II^d.

Le portail.

Item, à Jehan Dumont, pour VI voyages de son harnois, Pierre

DU CHÂTEAU DE GAILLON.

Letellier, II voyages; le tout pour avoir amené du boys pour faire le pont du portal, pour ce XL^s.

La fontaine des chappelains.

Item, à curer la fontaine des chappelains, LX^s.

Les estables du presseur.

Item, à .... pour IIII voiages de son harnoix à amener quatre auges de boys pour servir à fere les estables où estoit le presseur, pour ce XX^s.

La heronnerie.

Paié, le samedi XVIIe jour d'aoust, à Jehan Thorel, sur ce qui doibt avoir de fere la latte de la heronnerie, XX^s.

Castille sur le pavillon.

Item, à Colin Castille, sur la menuiserie du pavillon des tonnes, la somme de XL^{lt}.

Le pavillon.

A Raulin de la Haye, tant mains sur ce qui doibt avoir à fere le pavillon des tonnes, XVI^{lt}.

La heronnerie.

Item, à Robinet de la Haye, tant mains sur ce qui doibt avoir de fere la maison de la heronnerie, X^{lt}.

Paintres du Lydieu.

Item, à paindre la maisson du Lydieu, à Pierres Archambault, Pierres le Guelleux et Jehan le Picquart, à IIII^s pour jour, LII^s.

Chariage d'ardoise pour le Lydieu.

Item..... pour avoir charié au Lydieu du Roulle XIX milliers d'ardoise, XLVII^s VI^d.

Castille pour le pavillon.

Item, à Colin Castille, tant mains sur la somme qui doibt avoir de fere la menuiserie des tonnes, xxx^{lt}.

Chariage pour le pavillon.

Item, à amener du boys de Cleres pour fere les murs du jardin et à faire les pavillons des tonnes, vii^{tt} x^s.

Maçonnerie du mur du jardin.

Item, à tailler la pierre pour les pillers du mur du jardin, à iii^s iiii^d pour jour, xliii^s iiii^d.

. . . .

Maçons pour le mur du jardin.

Paié, le samedi xxiiiie jour d'aoust aud. an, aux massons qui font le meur du jardin, à iiii^s, iii^s iiii^d, iii^s, ii^s vi^d, et ii^s pour jour, xxii^{tt} xi^s x^d.

Visitacion du jardin.

Item, pour la despence de Jehan Vallence, pour deux voiages qu'il est venu à Gaillon visiter les ediffices de monsieur le legat, viii^s vi^d.

Boys pour la grant maison.

Item, à Richard Guere, pour un chesne à faire une poultre à la grand maison, lx^s.

Maneuvres pour les murs du jardin.

Item, à servir les massons qui font les meurs du jardin [63 maneuvres à 2^s par jour], xxx^{tt} xix^s.

Maneuvres pour les portaux.

Item, à rompre la vieille tour, à faire les portaux à aller au parc, à ii^s pour jour, xi^{tt} viii^s.

. . . .

Pierre pour les pillers du jardin.

A ..... pour avoir amené quarante tonneaulx de pierre pour fere les pillers du jardin, à iiii^s pour tonnel, viii^{tt}.

Carreau pour le mur.

A Symon le Cousturier, pour huyt cens huyt piés de carreau au prix de cent dix solz pour cent, xliiii^{lt} x^s x^d.

Le pavillon.

A Raullin de la Haye, sur ce qui doibt avoir pour fere le pavillon des tonnes, x^{lt}.

La heronnerie.

A Robinet de la Haye, sur ce qui doibt avoir pour fere la maison de la heronnerie, x^{lt}.

Vuidange.

A ..... pour la vuidange des terres du jardin, xxxiii^{lt} x^s.

. . . .

Maçons des murs.

Paié, le samedi derrain jour d'aoust cinq cens et quatre, aux massons qui font les meurs du jardin, à iiii^s, iii^s iiii^d, iii^s et ii^s pour jour, xvii^{lt}.

Maneuvres.

Item, aux maneuvres, à ii^s par jour, xx^{lt} xii^d.

La tonne.

Item, pour la despence de Valence et Castille, pour eulx et leurs chevaulx, quant ilz sont venuz visiter les pavillons et tonnes, pour ce xi^s.

Chariage de pierre.

Item, à .... pour avoir amené de la pierre de taille à fere les meurs du jardin, lvi^s iii^d.

Boys pour le pavillon.

A ..... pour iiii voyages de son harnois, le tout du boys des Cleres, à faire le pavillon des tonnez, xx^s.

Chaulx pour le jardin.

Item, pour LXXIX ponçons de chaux pour fere les meurs du jardin, XIX^{tt} XV^s.

Paintres pour le Lydieu.

Item, à paindre la maison du Lydieu, Pierres Archambault, Jacques le Galleux, v jours à IIII^s pour jour, LX^s.

Le pavillon.

Item, à Raullin de la Haye, sur ce qui doibt avoir de fere le pavillon des tonnez, XX^{tt}.

La heronnerie.

Item, à Richard Thorel, sur ce qui doibt avoir de la latte dans la heronnerie, XL^s.

La fontaine.

Item, à curer la fontaine des chappelains, à II^s pour jour, XIII^s.

Maçons pour le jardin.

Paié, le samedi VIIe jour de septembre mil cinq cens et quatre, aux massons du meur du jardin, XXIII^{tt} XV^s.

La heronnerie.

Item, à Guillaume Hervieu, marechal, pour plusieurs chevilles de fer, des pentres et dez loyans de fer, le tout pesant LIIII^{tt} de fer, à VII^d pour livre, XXXIIII^s.

. . . .

Hierosme. — Paintures.

Item, à Gerosme, pour plusieurs bouettes et aultres negoces de son mestier, pour ce XIX^{tt} X^s XI^d.

Couverture du Lydieu?

Item, à Jehan le Moyne, tant moins sur ce qui doibt avoir de couvrir la maison du Lydieu, X^{tt}.

Meullon.

Item, à Roger Carpentier, pour avoir tiré du meullon à fere deux perches vi toises de meur à xxxv^s pour toise [ou pour perche?], iiii^{tt} xiii^s iiii^d.

Les murs du jardin.

Item, à Raulin de la Haye, charpentier, pour sept jours de sa paine à fere les auges pour fere aller l'eau pour faire le mortier du jardin, à iiii^s pour jour, xxviii^s.

Machonnerie du jardin.

Item, à tailler les pillers du jardin, à iii^s iiii^d pour jour, x^{tt}.

Paintures du Lidieu.

Item, à paindre la maison du Lydieu, à Pierres Archambault, Jehan Picquart, Jacques le Guelleux, chacun vi jours à iiii^s pour jour, lxxii^s.

. . . .
. . . .

Le pavillon.

Item, pour la despence de Valence et son cheval, qui estoit venu pour visiter le pavillon des tonnes, v^s.

Maçons pour le jardin.

Paié, le samedi, xiiiie jour de septembre mil cinq cens et quatre, aux maçons du jardin, à iiii^s, iii^s iiii^d, ii^s vi^d pour jour, xvii^{tt} xvii^s viii^d.

Pour l'ardoise des pavillons.

Item, à charger et decharger l'ardoise pour couvrir le pavillon des tonnez et la maison du Lydieu, à ii^s pour jour, cxviii^s.

Chariage d'ardoises pour le Lydieu.

Item, à amener l'ardoise à couvrir la maison du Lydieu, c^s.

Aux paintres du Lydieu.

Item, à paindre la maison du Lydieu, à Jehan Picquart, Pierres

Archambault, Jacques le Guelleux, tous chacun vi jours à iiii^s pour jour, vallent lxxii^s.

De la Haye. Pour le pavillon.

Item, à Raulin de la Haye, sur ce qui doibt avoir pour fere le pavillon des tonnez, vi^{lt}.

Le jardin.

A Germain Coquet, pour avoir fait xxiiii bars pour porter la pierre du jardin, xxiiii^s.

Chariage de l'ardoise pour le Lydieu.

Pour avoir charié de l'ardoise du port aux pierres à la maison du Lydieu, par plusieurs foys, cvii^s vi^d.

....

Maçons pour le jardin.

Paié, le samedi xxie jour de septembre, à massonner les meurs du jardin, à iiii^s, iii^s iiii^d, iii^s et ii^s vi^d pour jour, xvii^{lt} i^s i^d.

Maneuvres.

Item, à servir les massons, à ii^s pour jour, vi^{lt} viii^s.

La fontaine des chappelains.

A curer la fontaine, à ii^s pour jour, iiii^{lt} x^s.

Castille. Pour le pavillon.

A Nicollas Castille, pour vendicion de iiii^c daiz pour clore la heronnerie, par marché faict à luy par mons^r de Saulveterre, pour le prix et la somme de xxxi^{lt}.

Ardoise.

A Masse Mouchet, pour cent dix-huit milliers de ardoise fine, tant pour le pavillon des tonnez, maison du Lydieu, que aultres ediffices que monsieur le legat fait faire à son chasteau de Gaillon, à lxx^s pour millier, vallent iiii^c xiii^{lt}.

Huylle. — Le Lydieu.

Item, paié tant mains sur la somme que doibt avoir un huillier de Rouen pour ung caque de huille, xxxvii^s.

La heronnerie.

A ..... pour le lattage de la heronnerie, xxxv^s.

A Robinet de la Haye, charpentier, sur ce qui doibt avoir pour la heronnerie, viii^{lt}.

....

Despence extraordinaire.

Item, à Jehan Fouquet, pour estre allé à Rouen visiter les besongnes de monseigneur, xiiii^s ii^d.

Le pavillon.

Item, pour la despence de Castille pour ii voiages de estre venu à Gaillon visiter les besongnes de monseigneur, vi^s ii^d.

Despence extraordinaire.

Item, à Jehan Macquerel, pour x jours de sa paine d'avoir gardé les portes, xii^s vi^d.

....

Paintres. — Le Lydieu.

Item, à Vincent Herpin et Guillaume de Beaulart, pour plusieurs parties de painctures, liii^{lt} vii^s iiii^d.

Le pavillon.

Item, paié à Castille, tant mains de ce qui doibt avoir d'avoir besongné pour monseigneur de son mestier de menuiserie, pour ce, xli^{lt} xviii^s.

Le pavillon.

Item, à Lienard le Tellier, pour avoir amené ung cent et demy de bois carré du bois de Cleres, et est pour fere le pavillon des tonnes, à Colin Thomas, pour avoir amené demy-cent, est pour tout liii^{lt}.

Maçons du jardin.

Paié, le samedi xxviiie jour dud. moys, aux massons du jardin, à iiiis, iiis iiiid, iiis et iis vid pour jour, xxxiiitt iis vid.

La heronnerie.

A ..... pour xi voyages pour amener de la latte pour later la heronnerie, xxvs.

Chaux pour le jardin.

A ..... pour xxvii queux de chaulx, à vis vid pour queue, xtt xs vid.

Huylle pour le Lydieu.

Item, à ung huillier de Vernon, sur ung caque de huille qui doibt bailler aux paintres de la maison du Lydieu.

Paintres. — Le Lydieu.

Item, à Pierres Archambault, Jehan de Tours, chacun x jours, Jacques le Gueleus, cinq jours, tous au prix de iiiis pour jour, vallent cviiis.

Couverture du Lydieu.

Item, à Jean Lemoyne, couvreur d'ardoise, tant mains sur ce qui doibt avoir pour couvrir la maison du Lydieu, cs.

De la Haye. Pour les tonnes.

Item, à Roullin de la Haye, tant mains sur ce qui doibt avoir pour faire le pavillon des tonnes, cs.

La heronnerie.

A Jehan Torel, sur la façon de la latte de la heronnerie, xls.

Sablon pour le jardin.

A ..... pour le cheriage de vixx xv bannelées de sablon, vitt xvs.

La fontaine.

A curier la fontaine aux Chappelains, par le commandement de monseigneur, cviiis.

DU CHÂTEAU DE GAILLON.

Castille. Pour le pavillon.

Item, à Nicolas Castille, tant mains sur la somme qui doibt avoir pour faire la menuserie du pavillon des tonnes, la somme de xx^{lt}.

Clou pour le Lidieu et la heronnerie.

Item, paié à Guillaume Chappelain, bourgoys demeurant à Rouen, pour tout le clou qu'il a livré depuis le xve jour d'apvril desrain passé jusquez au jour present, tant pour la maisson du Lydieu que pour la vollerie, tones et pavillons, LXIII^{lt} IIII^s VI^d.

Boys pour les tonnes.

Item, paié à Pierres le Jureur, pour vendicion et tradicion du boys par luy livré pour les edifices de mond^t seigneur, LII^{lt} XVII^s VI^d.

Les tonnes.

Item, à Pierre le Jureur, en deduction de ce qu'il luy sera deu pour vendicion de boys pour lesd. tonnes, xxv^l.

Somma totius codicis, IIII^m LXXII^l XIII^s II^d.

Visis quictanciis hujus presentis compoti pro uno anno finito die sancti Michaelis in monte Gargano ultime fluxi, verificatis, cum singulis articulis hujus presentis codicis, misiæ ascendunt ad sommam IIII^{mil} LXXII^l XIII^s II^d, et recepta est III^{mil} VIII^{ce} IIII^{xx} V^l XIIII^s VIII^d, sic collacione facta de misia ad receptam debentur Ricardo Guere, presenti computanti, somma centum octoginta sex librarum octodecim solidorum septem denariorum Turonensium, quam quidem sommam c IIII^{xx} VI^l XVIII^s VII^d t^s dominus cancellarius magister Jacobus de Castignoliis, manualiter solvit eidem Guere, et ideo quictus hic auditus, clausus et examinatus per nos subsignatos anno Domini millesimo quingentesimo quarto, die vere VIII^a mensis novembris.

JA. DE CASTIGNOLYS.

GUERE.

AULTRE MISE FAICTE PAR RICHARD GUERE

Sur les mises du parc que le tresorier, monsieur maistre Pierre, avoit mises et couchées en compte de tresorerie, lesquelles despenses monsieur de Saint-Ouen, vicaire-general de monseigneur le legat, auditeur desd. comptes, a ordonné estre mises et couchez sur la despense dud. parc pour l'année precedente finye à la Sainct-Michiel dernier, mil cinq cens et quatre.

Pº POUR LA MENUYSERYE.

A Colin Castille, sur ce qui luy sera deu pour la menuyserie du corps de maison du parc de Gaillon, pour le xxviiiᵉ jour d'octobre, xxˡ.

    Id.   id. paié le iiᵉ de decembre, xxˡ.
    Id.   id.   le xxiiiiᵉ de decembre, xxˡ.
    Id.   id.   le xxᵉ jour de janvier, xxˡ.
    Id.   id.   le xviiiᵉ de fevrier, xvˡ.

Id. pour la menuyserie dud. corps de maison, pour la chappelle et oratoire, paié le iiiiᵉ de mars, xˡ.

Id. tant sur lad. menuyserie, la chapelle et le portail, paié le xxviiᵉ d'avril vᶜ et iiii, xxˡ.

Id. sur la menuyserie de lad. maison et portail, paié, le xxiᵉ jour de may, xxˡ.

Aud. Castille, pour avoir doublé les tringles du bas de la tonne et pavillons, et les bans qu'il a faiz dedens deux pavillons de la tonne, paié, le viiᵉ jour de may, vᶜ et iiii, xxiiiiˡ xiiiiˢ.

MISES POUR CLOU, FERRAILLE ET SERRURES.

A Guillaume Chapellain, pour tout le clou qu'il a livré depuis la Sᵗ-Michiel derrain passée jusquez à ce jour, pour le corps de la maison, chappelle et tonne du parc, paié, le xvᵉ jour d'avril vᶜ et iiii, xliiˡ xˢ viiᵈ.

A Gilles Dumesnil, sur ce qui lui sera deu pour la ferraille qu'il a faicte pour le corps de lad. maison, paié le iiii᷉ᵉ jour de novembre vᶜ iii, xii¹.

Aud. Dumesnil, sur lad. ferraille, le ixᵉ de decembre, xx¹.

Aud. Dumesnil, pour ferraille et serreures qu'il a faictes pour l'eddifice de Gaillon, paié le derrain jour de janvier, x¹.

Aud. Dumesnil, sur lad. besoigne, paié le xxiiiiᵉ jour de fevrier, cˢ.

   Id.   id. le xviᵉ de mars, xv¹.

   Id.   id. le penultieme de mars, xv¹.

Id. sur la ferraille qu'il a faicte pour la maison du parc, chapelle et portail, paié le xxviiᵉ jour d'avril, x¹.

   Id.   id. le xxixᵉ de may vᶜ iiii, cˢ.

A Julien Varlet, pour Gillet Dumesnil, sur ce qui luy sera deu, tant pour le corps de maison que pour la chapelle du parc, paié le xviiiᵉ jour de juing, x¹.

Aud. Varlet, pour les parties contenues en son estiquette, paié le xviiiᵉ de septembre, xxix¹ vˢ vi ᵈ.

POUR LA VOIRRERIE.

A Jehan Barbe, sur ce qui luy pourra estre deu pour la maison du parc de Gaillon, paié le xixᵉ jour de janvier 1503, xxx¹.

   Id.   id. le xxvᵉ jour de may 1504, xxx¹.

   Id.   id. le xviiiᵉ de juillet, xl¹.

Somma tota, vᶜᶜ ı¹ xiiˢ iiiᵈ.

Ces parties cy-dessus escriptes, montans à la somme de vᵉ ı¹ xiiˢ iiiᵈ, ont esté ostées du compte general de tresorerie, affin que led. Guere en tinst compte sur l'année finie à la Sᵗ-Michiel derniere passée, de laquelle somme fault rembourser led. tresorier. Fait le xviᵐᵉ de novembre l'an mil vᶜ et quatre.

     A. ABBAS Sᵗⁱ AUDOENI.

Toutes les parties cy-dessus declarées, depuis la signature de ce present compte, je, Richart Guere, confesse en avoir fait les payemens et mises montans à lad. somme de cinq cens une livre douz solz troys deniers tournois, et dont en ay rendu les quictances quictes, et par ainsy je demeure quicte en ced. compte de lad. somme de v^c l^l xii^s iii^d t^s envers monseigneur monsieur le legat, cardinal du St Siege apostolique et archevesque de Rouen. Faict le xvie jour de novembre l'an mil v^c et quatre.

La declaration des deniers receulz et employés à la muraille du parc que monsieur le legat fait faire auprès de son chastel de Gaillon, les quieulx ont esté baillés par monsieur de Saulveterre, chanoine de Rouen, et est pour l'an mil v^c et troys, le samedi viie jour d'octobre commenchant.

PREMIEREMENT :

Paié, le samedi viie jour d'octobre mil v^c et troys, aux maneuvres du parc, à ii^s pour jour, xxiii^{lt} xviii^s.

Item, à faire la chaussée de l'estanc, iiii^{lt} viii^s.

Paié, le samedi xiiie jour d'octobre, pour agreer les meurs du parc, au prix de ii^s pour jour, x^{lt} xviii^s.

Item, à fere l'estanc, au prix de ii^s pour jour, viii^{lt} xiii^s.

Item, pour fere la chaussée de l'estanc du Lydieu, à ..... pour v jours de leurs harnoys, à vii^s vi^d pour jour, cxii^s vi^d.

Paié, le samedi xxie jour dud. moys, à J. Deslandes, pour avoir faict et assis deux huis, l'un aux fossés du chasteau, l'autre à la maison pour mestre le cerf, pour ce xxv^s.

Item, à charier le boys à fere les tourelles de la porte des planches, vii voiages de ses harnoys, à v^s pour voiage, xxxv^s.

. . . .

A faire venir l'eaue à l'estanc, v jours, à ii^s pour jour, xl^s.

A charger les tumberaulx pour vuider les terres de la grande allée du parc, xl^s.

Item, à G. Hervieu, mareschal, pour plusieurs pentures et plusieurs agremens tant aux meurailles du parc que à la loge du cerf, pour toutes ces choses, LXII^s VI^d.

Item, à vuider des terres au long des meurs du parc, à II^s pour jour, XIIII^{tt} X^s.

Item, à charier des terres à la grant allée du parc, LX^s.

Paié, le samedi XXVIIIe jour d'octobre mil cinq cens et troys, à Loys de la Haye, sur ce que doibt avoir pour fere les tourelles de la porte des planches, XX^s.

A P. Senechal, pour avoir livré à Loys de la Haye deux cent de boys dollé à faire les tourelles de la porte du parc, XXVI^s III^d.

Item, pour avoir charié du boys pour fere les tourelles de la porte des planches, IIII^{tt}.

. . . .

Paié, le samedi IIIIe jour de novembre mil cinq cens et troys, pour avoir amené du boys à fere les tourelles du parc, XXXV^s.

A Loys de la Haye, sur ce qui doibt avoir de fere les tourelles de la porte du parc, C^s.

Paié, le samedi XXIe jour de novembre cinq cens et troys, à Regnault Langloys et ses compaignons, par marché faict à eux, pour agreer au long des meurs du parc, depuis le coing de la tieullerie jusques à la ruelle à aller à Tournebu, la somme de IIII^{tt} V^s VII^d.

. . . .

Item, paié, le samedi XIXe jour de novembre mil cinq cens troys, à Loys de la Haye, sur la charpenterie de la porte du parc, prés la garenne, L^s.

. . . .

Paié, le samedi IIe jour de decembre mil cinq cens troys, à J. Macquerel, pour avoir vacqué XII jours à ouvrir et fermer les portes du parc, XIII^s VI^d.

Item, à . . . . avoir agreé des terres au long du mur du parc, XIX^{tt} X^s.

Paié, le samedi IXe de decembre, à . . . . . pour avoir agreé les terres au long du mur dud. parc, V^{tt}.

A Loys de la Haye, sur ce qui doibt avoir sur la porte, LX⁵.

Paié, le samedi xvi⁶ jour dud. moys, à maistre Guillaume Senault, sur ce que son filz doibt avoir d'avoir faict les armes dessus les portes du parc, xv⁽ᵗᵗ⁾.

Item, à ..... charpentiers, sur ce que Loys de la Haye doibt avoir de fere la charpenterie des tourelles de la porte des planches du parc, xxx⁵.

....

Item, à Guillaume Hervieu, pour avoir faict de la ferrure à servir à une des portes dud. parc, XIII⁵ I⁽ᵈ⁾.

Paié, le samedi XXIII⁶ jour dud. moys de decembre, à massonner à la porte du parc, XXVI⁵.

....
....

Paié, le samedi XIII⁶ jour de janvier mil cinq cens et troys, à Pierres la Beste, Jehan Moulin, Jehan Leroyer, pour avoir moullé et taillé de la pierre de Saint-Leu, cent trois piés, le tout pour la porte du parc, IIII⁽ᵗᵗ⁾ II⁵.

A Robin Can, pour avoir syé des cheverons pour la porte, XVIII⁵.

Paié, le samedi XX⁶ jour de janvier, à ..... pour Loys de la Haye, pour fin de paiement de la charpenterie de la porte, XL⁵.

Paié, le samedi XXVII⁶ jour de janvier, pour paine de massonner et avoir taillé de la pierre à fere la porte du parc, XXXVI⁵.

....

Item, paié à Guillaume Queron et Guillaume Crequin, sur ce qui doibt avoir pour fere la plastrerie de la porte, VI⁽ᵗᵗ⁾.

Item, à Franchois Senault, pour avoir tiré les armes pour asseoir lad. porte, LXX⁵.

Paié à Richard Behier, pour IIII milliers deux cens de tuille pour couvrir les tourelles de la porte du parc, LXXIII⁵ VI⁽ᵈ⁾.

Paié, le samedi XXIII⁶ jour de mars mil cinq cens et troys, à Guillaume Queron, pour fin de paiement de la couverture et plastrerie de la porte du parc, IIII⁽ᵗᵗ⁾.

DU CHÂTEAU DE GAILLON.

Paié, le samedi vi{e} jour d'apvril mil cinq cens et troys devant Pasques, aux massons, pour fere les lermiers de la porte du parc, à Robert Alixandre, Robin Senechal, etc., à iiis iiiid et iis pour jour, iiii{tt} i{s} viiid.

Item, à Laurens Jallez, sur ce qui doibt avoir de couvrir lad. porte d'ardoise, lx{s}.

Item, à Richard Perier, pour demy-miller de tuille, viiis ixd.

Paié, le samedi xxe jour dud. moys, aux massons, pour fere les lermiers de la porte du parc, cxvi{s}.

Item, à G. Noel, pour vi jours, à iiis pour jour, pour enduyre la muraille, Jehan Alixandre, vi jours à iis pour jour, xxxs.

Paié, le samedi iiiie jour de may mil cinq cens et quatre, à Lorens Gallez, au nom de Jehan Lemoygne, sur ce qui doibt avoir pour couvrir les tourelles du parc, lx{s}.

A Robin Can, pour avoir faict xiiii traictz de 12 piés de long pour couvrir les tourelles de la porte du parc, x{s} vi{d}.

A J. Thorel, pour avoir faict ung millier de latte pour couvrir lesd. tourelles, viis vi{d}.

Item, le xxe jour de may mil cinq cens et quatre, à Richard et Estienne ditz Seglas, Gueffroy du Mesnil, Jehan Bellissent, pour luy et Elyot Bellissent, pour certaines rescompenses de terres que monseigneur avoit encloses dedens son parc, dont il y a contract passé devant les tabellions, pour ce, lx{tt} x{s} vi{d}.

Paié, le samedi vi{e} jour de juillet, à Robin Can, pour deux jours de sa paine d'avoir assis des barres de fer à la porte du parc prés les estables, pour ce, ixs.

Paié, le samedi xiiie jour dud. moys, à Henry Bunel, pour xvi jours de sa paine à faire la porte du parc, ung huys à la maison du Lydieu, et plusieurs autres agremens de son mestier, à iiis iiiid pour jour, liii{s} iiiid.

Paié, le premier jour de septembre mil cinq cens et quatre, à Martin Phylipes, pour le recompenser de une pieche de terre qui disoit à luy apartenir, laquelle est dedens le parc de monseigneur, dont il a passé contract devant les tabellions de Gaillon, c^e.

Somma tota, III^{cc} LXXVI^l II^s V^d.

Visis quictanciis per Ricardum Guere exhibitis, et cum singulis articulis hujus presentis codicis verificatis, misiæ ascendunt ad sommam III^c LXXVI^l II^s V^d t^s, et recepta ascendit ad sommam III^c LXXI^l XVII^s VI^d. Sic collacione facta de misia ad receptam debetur eidem computanti somma quatuor librarum quatuor solidorum undecim denariorum Turonensium. Quamquidem sommam IIII^{or} librarum IIII^{or} solidorum XI^d dominus cancellarius magister Jacobus de Castignoliis manualiter solvit, et ideo quictus hic. Auditus, clausus et examinatus per nos subsignatos ad hoc specialiter per reverendissimum dominum legatum deputatos anno Domini millesimo quingentesimo quarto, die vero VIII^a mensis novembris.

J_A. DE CASTIGNOLYS.

GUERE.

Visis singulis quictanciis hujus presentis codicis per Ricardum Guerre exhibitis cum hujusmodi codicis verificatis, totales misiæ ascendunt ad sommam IIII^{mil} IX^{cc} VII^l VII^s X^d t^s, et recepta est ad eamdem sommam, sic per finem hujus presentis status quictus hic ad invicem omnibus et singulis articulis ex ordinatione reverendissimi patris domini abbatis sancti Audoeni Rothomagi a compotis thesaurarii ex retro et hic comprehensis. Actum hac die XVII^a novembris anno Domini millesimo quingentesimo quarto.

J_A. DE CASTIGNOLYS.

GUERE.

LA MISE DES TONNES.

1504.

Declaration de l'argent receu par moy, Richart Guere, de monsieur de Saulveterre, chancelier et chanoyne de Rouen, pour eux employer aux tonnes, pavillon, maison, oratoyre, jardin et la heronnerie; le tout que monseigneur le legat, archevesque de Rouen, faict faire auprés de son chastel de Gaillon, pour un an, commenchant le jour saint Michiel mil v^e et quatre.

PREMIEREMENT :

Receu de monsieur de Saulveterre, chancelier et chanoyne de Rouen, le ve jour d'octobre, xii$^{xx l}$.
    Id.   *id.* le xixe jour dud^t moys, iiii^{cl}.
    Id.   *id.* le troisieme jour de novembre, iii^c lii^{tt}.
    Id.   *id.* le viiie jour de novembre, xxxv^l ii^s.
Id. de mons^r le tresorier, par les mains de Nicollas Georget, le xxe jour de descembre, xi$^{xx l}$ x^s.

Total de la recepte du présent compte, xii^c xlvii^l xii^s t^s.

La mise faicte par moy, Richard Guere, pour les tonnes, jardin, pavillon, maison du Lydieu, oratoire et la heronnerie; le tout que monseigneur le legat archevesque de Rouen faict faire prés son chastel de Gaillon, pour ung an, commenchant le cinquieme jour d'octobre mil cinq cens et quatre prés la Saint-Michiel.

PREMIEREMENT :

Massons.

Paié, le samedi v^e jour d'octobre mil v^c et quatre, aux massons qui font les murs du jardin, à iiii^s, iii^s iiii^d, ii^s vi^d et ii^s pour jour, xxxiii^l xiii^s iiii^d.

Maneuvres.

A servir les massons, le tout à ii^s pour jour, xxxvi^l xviii^s.

Vuydange des terres du jardin.

Item, à ..... et leurs compaignons, pour fin de paine d'avoir vuidé partie des terres du jardin, vi^{lt} vi^s viii^d.

Chaulx pour le mur du jardin.

Item, pour xviii queues de chaux pour faire les murs du jardin, à vi^s vi^d pour queue, cxvii^s.

Pour la heronnerie.

A Jehan Lemoyne, tant mains sur la somme qui doibt avoir de later la heronnerie, la somme de c^s.

Valence.

Item, pour despence de Valence et son cheval, qui estoit venu pour revisiter les edifices de monseigneur, vi^s vi^d.

Herons.

A Jehan Maquereau, pour sept jours de servir les oiseaulx, au mois de septembre, à panser les herons du Lydieu, ouvrir et fermer les portes du parc, à xv deniers pour jour, viii^s ix^d.

Chaulx pour le mur du jardin.

A Colin Bagot, pour avoir livré, pour faire les murs du jardin, xlv ponçons de chaux, à v^s pour ponçon, xi^{lt} v^s.

A P. Viel, pour avoir livré xli ponçons de chaux aud^t prix, x^{lt} v^s.

La heronnerie.

Item, à Robinet de la Haye, tant mains sur ce qui doibt avoir pour faire la maison de la heronnerie, vii^{lt}.

Painture.

A Pierres Archambault, pour vi jours de sa paine à paindre la maison du Lydieu, à iiii^s pour jour, xxiiii^s.

Bois pour le pavillon.

Pour amener du boys et latte pour faire le pavillon du bout des tonnes, à v^s pour voiage, vi^{lt}.

. . . .

Massons à faire le mur du jardin.

Paié, le samedi xiie jour d'octobre v^c et quatre, à massonner à faire lez murs du jardin, à ii^s vi^d pour jour, xii^l xvi^s.

Pierre pour le pavillon.

A Allain Bagnard, pour xi toises de parpeint, à xiiii^s pour toise ; *item*, pour huyt toneaux dix piés de pierre d'aparail, à xvi^s pour tonnel, et pour vingt carreaux, pour ce x^s ; le tout pour le pavillon des tonnes, est en somme toute, xv^l i^s iiii^d.

Chaulx pour le pavillon.

A Pierres Viel, pour avoir livré, pour bastir le pavillon des tonnes, xx ponçons de chaux, à v^s pour ponçon, vallent c^s.

Moelon pour le mur du jardin.

A..... pour avoir charié du moellon à faire deux perches de mur pour les murs du jardin, LXX^s.

Moelon pour le jardin.

A..... pour avoir tiré du moellon à faire deux perches de mur pour les murs du jardin, LX^s.
  Id.   id. une perche, XXX^s.
  Id.   id. une perche et demye, XLV^s.
  Id.   id. une perche, XXX^s.
  Id.   id. deux perches, LXVII^s VI^d.

Pierre pour le pavillon.

Item, à ..... pour avoir livré, pour enbaser le pavillon des tonnes, LI carreaux, pour ce LXIII^s soulz; douze toises IIII piés de parpeint, pour ce VIII^l XVII^s IIII^d; item, III toneaux de pierre d'aparail, pour ce XLVIII^s, qui est pour tout XIII^{lt} X^s I^d.

La heronnerie.

Item, à Robinet de la Haye, tant mains que doibt avoir pour faire la maison de la heronnerie, C^s.

A Jehan Lemoyne, tant mains de ce qui doibt avoir de later partie de la maison de la heronnerie, C^s.

Painture au Lydieu.

Item, à paindre la maison du Lydieu, à Jehan Dantain, Pierres Archambault, pour chacun V jours, Jacques le Guerleur, IIII jours, à IIII^s pour jour, LVI^s.

Chaulx pour le pavillon.

A G. Tubeuf, pour avoir livré pour soliver et enbaser le pavillon des tonnes, L ponçons de chaux, à V^s pour ponçon, XII^l X^s.

La heronnerie.

Aux maneuvres de la heronnerie, à II^s pour jour, IIII^{lt} X^s.

Item, paié aux massons de la heronnerie et voluer, à IIII^s, III^s IIII^d, III^s et II^s pour jour, C^s VIII^d.

. . . .

Painture pour le Lydieu.

Paié, le samedi XIXe jour dud. moys, à paindre la maison du Lydieu, Jehan Picquart, Jacques le Guerleux, chacun VI jours, Pierres Archambault V jours, à IIII^s pour jour, LXVIII^s.

Maneuvres pour les murs du jardin.

A servir les massons qui font les murs du jardin [45 maneuvres à 2^s par jour], XXXI^lt VIII^s.

Massons pour la heronnerie.

Aux massons qui massonnent à la heronnerie, à IIII^s, III^s IIII^d, III^s et II^s VI^d pour jour, CI^s II^d.

Pierre d'appareil.

A . . . . . pour VI tonneaux et demy de pierre d'appareil de Vernon, pour VIII toises II tiers de parpeint, XXXIX careaux, qui est pour le tout XIII^lt I^s I^d.

Le pavillon. — Couverture.

Item, à Jehan Lemoigne, tant mains de ce qui doibt avoir de couvrir le pavillon, C^s.

La heronnerie.

Item, à R. Levavasseur, pour avoir vuidé des terres du vivier de la heronnerie, une perche et demye une toise et ung tiers, à L^s pour perche, LXXIX^s I^d.

Id. une perche et demye II toises et II tiers, IIII^lt III^s III^d.

Moelon pour le pavillon.

A . . . . . pour avoir charié XII toises de moullon pour basser le pavillon, LII^s VI^d.

Pierre de Vernon.

A .... pour avoir livré de pierre de Vernon xxxix tonneaulx iiii piés à xvi^s x^d tonnel, iii toises de parpeint à xiiii^s pour toise, et lxxii careaulx, qui est pour tout, xxxvii^{lt} xv^s ix^d.

Massons pour le mur du jardin.

Samedi xxie jour d'octobre cinq cens et quatre, à massonner les murs du jardin, à iiii^s, iii^s, ii^s vi^d et ii^s pour jour, xiiii^{lt} xviii^s.

Voicture.

Pour avoir charié du boys pour faire le pavillon du bout des tonnes, iiii^{lt} xv^s.

Massons à la heronnerie.

A massonner à la heronnerie, Olivier le Servoisier, vi jours à iiii^s pour jour, Glaude Destieulx, etc., à iii^s iiii^d, iii^s ii^s vi^d pour jour, vi^{lt} v^s viii^d.

La heronnerie.

A Robin Can, pour avoir syé des aiz pour servir à la heronnerie, par marché faict à luy, xxx^s.

A Jehan Lemoyne, pour du moullon à fere iii perches des fondements de la heronnerie, pour ce, ix^{lt}.

La heronnerie pour le vivier.

A charier le boys à fere la bonde du vivier de la heronnerie, et pour la latte, lx^s.

Le pavillon.

A Robin de la Haye, sur ce qui doibt avoir de la façon du pavillon du bout des tonnez, c^s.

Pour avoir cuyt le plastre à plastrer le pavillon du bout des tonnez, xxxi^s.

Pour avoir amené xviii mons de plastre à plastrer le pavillon, à iiii^s vi^d pour mont, lxxxix^s.

. . . .

Painture au Lydieu.

Le samedi II⁰ jour de novembre mil cinq cens et quatre, à paindre la maison du Lydieu, à P⁰ Archanbault, Jehan Picart, Jacques Lengerleux, au prix de IIII^s pour jour, XXVIII^s.

Massons pour les pavillons et jardin.

Aux massons du pavillon et murs du jardin, à Olivier le Servoisier, etc. à III^s IIII deniers, III^s, II^s VI^d et II^s pour jour, X^{tt} III^s.

L'allée de la chappelle.

A .... pour avoir vuidé les terres de l'allée de la chappelle du parc, IIII^{tt}.

Pierre pour le pavillon.

Pour avoir amené, pour le pavillon des tonnes, VI tonneaulx et demy de pierre d'appareil, VIII toises deux piés de parpoint et trente IX carreaux, le tout montant à XVIII tonneaux et demy, vallent LXXVI^s.

Chaulx pour le pavillon.

Pour XXIII poncons de caux pour le pavillon des tonnes, à cinq sous pour poncon, CXV^s.

Pour la menuserie.

Item, le VIIe jour dud. moys de novembre, à Nicolas Castille, sur ce qu'il a faict de menuserie, XXX^{tt}.

La heronnerie.

Item, audit Castille, pour demy cent de ais à clore la heronnerie, CII^s.

....

Pierre pour le pavillon.

Le samedi IXe jour de novembre mil cinq cens et quatre, à .... pour avoir amené, pour enbasser le pavillon des tonnes, XL tonneaulx de pierre à IIII^s pour tonnel, VIII^{tt}.

Massons pour le pavillon.

Item, à tailler et faire le pavillon des tonnes [31 maçons à 3ˢ 4ᵈ par jour], xxıx^{ᵗᵗ} xvıı^s ııı^d.

La heronnerie.

A ..... pour fin de paiement d'avoir latté ıx^{xx} xııı toises de la maison de la heronnerie, xxıııı^{ᵗᵗ} v^s.

Pavillon.

A ..... pour avoir amené du bloc au pavillon du bout des tonnes, à vı^s ııı^d pour jour, lv^s ııı^d.

Les halles et estables.

A Richard Behier, pour avoir amené lı cordes de boys pour cuyre du plastre, à ıııı^s pour corde, x^{ᵗᵗ} ıııı^s.

Painture au Lydieu.

A paindre la maison du Lydieu, à Jacques le Gareleux, J. Picquart, Pierre Archambault, à ıııı^s pour jour, l^s.

Voicture pour pavillon.

Pour avoir cherié la menuserie du pavillon du bout des tonnes, xxx^s.

Brique.

A Guillot de Jeffosse, pour avoir amené ıııı millers ıx cens de bricque à fere les murs et pillers du jardin, à ııı^s ıx^d pour mille, xvııı^s v^d.

La heronnerie.

A agreer la maison de la heronnerie et mectre la bonde du vivier, à xx^d pour jour, vı^{ᵗᵗ} v^s.

Le pavillon.

A Jehan le Moigne, sur ce qui doibt avoir pour couvrir le pavillon des tonnes, c^s.

. . . .

Massons au jardin.

Le samedi xvi° jour de novembre cinq cens et quatre, aux massons du jardin, à ii^s vi^d, ii^s et xx^d pour jour, xx^{lt} iiii^s ii^d.

Maneuvres.

A servir les massons, à xx^d pour jour, xvii^{lt} xvi^s viii^d.

Sieurs.

A ..... pour sept traiz de sye de xviii piés de long, pour faire les establis de Castille, v^s, qui est en somme toute, vi^{lt} xiv^s vii^d.

Sablon.

A charier du sablon pour fere les fondemens du pavillon du bout des tonnes, à xii^d pour bannelée, xlii^s viii^d.

Ferraille pour la heronnerie.

A Guillaume Hervieu, pour xlviii^{lt} de fer aux pentures et fiches pour servir aux huys et fenestres de la maison et vivier de la heronnerie, à vii^d pour livre; *item*, avoir faict xvi estriers en luy baillant le fer, pesant vi^{xx} troys^{lt} pour ladite heronnerie, à iiii^d pour livre, lx^s ix^d.

. . . .

Le pavillon.

A Jehan Dumont, au nom de Raulin de la Haye, sur la fachon du pavillon du bout des tonnes, lxxiii^s.

Pierre pour le pavillon.

Pour avoir amené xiii tonneaulx de pierre d'apareil pour enbasser le pavillon des tonnes, à iiii^s pour tonnel, lii^s.

La menuserie du pavillon.

A Colin Castille, sur ce qui doibt avoir de la menuserie du pavillon, xx^{lt}.

Peinture pour le Lydieu.

A ...... pour avoir livré pour paindre la maison du Lydieu, xx potz de huille à II^s IX^d pour pot, LV^s.

Painture.

Item, à Jacques le Guelleux et Pierres Archambault, pour chacun v jours à paindre la maison du Lydieu, à IIII^s pour jour et pour tout, XL^s.

Treilles aux tonnes.

A Mathelin Bethere, pour XIIII jours de sa paine à faire les treilles des tonnes du parcquet, par le commandement de monseigneur, à XII^d pour jour, XIIII^s.

. . . .

Painture pour le Lydieu.

Paié, le samedi XXIIIe jour dud^t moys à Pierre Archambault, Jacques le Gueleurs, pour chacun v jours, Jehan Picard, pour IIII jours, tous à IIII^s pour jour, pour paindre la maison du Lydieu, LXIIII^s.

La fontaine.

Item, à asseoir la fontaine, par le commandement de monseigneur, Matieu Littée, IIII jours à III^s pour jour, Pierres Fremelieux, v jours à II^s VI^d pour jour, XXIIII^s VI^d.

. . . .

Les alées au parc.

Paié, le samedi derrain jour dud. moys, à agreer devant la chappelle et allés du parc, pour la venue de monseigneur, Colin Devernon, Jehan Boisse, etc. chacun ung jour et une nuyt, à chacun II^s pour jour et nuyt, VIII^s.

Les tonnes.

Item, à aggreer aux tonnes pour la venue de mondit seigneur à ..... chacun un jour et une nuyt à II^s pour jour et nuyt, XX^s.

Le pavillon.

Item, à ..... couvreurs d'ardoise, pour chacun neuf jours de leur paine à couvrir le pavillon des tonnes pour la venue de monseigneur, à v^s pour jour, par le commandement de monsieur de Saulveterre, qui est pour tout ix^{lt}.

Item, pour amener des establies pour le pavillon des tonnes, pour lez menusiers, xxx^s.

Item, à Colin Castille, sur ce qui doibt avoir pour faire la menuzerie du pavillon, xx^{lt}.

Valence et Castille.

Item, paié pour la despence de Valence et Castille, qui estoient venus pour visiter le pavillon et volleries, pour deux voyages d'eux et de leurs chevaulx, xvii^s.

Le pavillon.

A ..... pour sa paine d'avoir faict vingt cordes de boys pour cuire le plastre du pavillon, xxv^s.

A ..... pour le chariage de vingt cordes dud^t boys à cuire le plastre dez planchiers du pavillon, iiii^{lt}.

A Philipot Benaist, pour avoir faict xv cordes de boys à cuire le plastre du pavillon des tonnes, à xv^d pour corde, xviii^s ix^d.

Voicture.

A ..... pour avoir amené de la menuserie du port aux pierres, pour le pavillon des tonnes, v^s.

Moilon pour le jardin.

Item, aux massons qui tirent du moylon pour faire lez murs du jardin aux prix du marché fait par xxx^s pour perche.

A ..... xviiii perches, xxviii^{lt} x^s.

Voicture de plom.

Paié, le samedi viie jour de descembre v^c et quatre, à ..... pour deux voiages de son harnoys du Roulle à la maison du Lydieu, mener dix-huyt cens de plon à iiii^s pour voiage, viii^s.

Le pavillon.

A Guillaume Fremelux, Jehan de la Mare et leurs compaignons, pour plastrer et faire la chemyneye du pavillon des tonnes, par marché faict à lyeux de la somme de trente livres t^s sur lad. somme, xv^{lt}.

Voicture de plomb et menuserie.

Pour quatre voiages du Rolle au pavillon des tonnes, pour mener du plon et menuserie pour led. pavillon, à iii^s pour voiage, xvi^s.

Le pavillon.

A J....... pour deux jours de sa paine à couvrir le pavillon des tonnes d'ardoyse, à iiii^s pour jour, xl^s.

....

Papier.

Paié, le samedi xiiiie jour de descembre, à Pierre Duguié de la Ville, pour onze mains de papier et pour faire les papiers et descharges des bastimens de Gaillon, xi^s.

Clou.

Pour iiii miliers et demy de clou à latte pour le pavillon dez tonnes, à iiii^s pour millier, xviii^s.

Item, pour ung cent de clou de vingt ^{lt}, xxii^d.

Chandelle.

Item, pour deux livres de chandelle à batre le plastre de nuyt pour faire la plastrerie dud. pavillon, iii^s.

Sablon.

A amener, pour la chaux des murs du jardin, c xxx bannelées de sablon à, xii^d pour bannelée, vi^{lt} x^s.

....

Le pavillon.

Paié, le samedi xxi⁰ jour de descembre v⁰ et quatre, à Jehan Fremelux et Jehan de Lamare, par marché faict à eulx pour plastrer partie du pavillon des tonnes et faire là chemynée, par le prix de xxx^{tt}, sur laquelle somme ont esté payés de xv^{tt} et reste quinze livres, xv^{tt}.

La heronnerie.

Item, à Guillaume Hervieu, mareschal, pour achever de ferrer et aggreer en la maison de la heronnerie, x^s.

Brouetes.

Item, paié à Jaquet Thibault, pour vingt-quatre brouettes qu'il a livrés pour les bâtimens de monseigneur à Gaillon, à v^s pour piece, valent vi^{tt}.

Le Lidieu.

Paié à Guillaume Hervieu, mareschal, pour sa paine d'avoir faict deux espais aux lucarnes de la maison du Lidieu, et deux douzaines de bendes à coucher et tenir le plon sur lad. maison, pour la fason, xvii^s vii^d.

Item, pour avoir faict de son fer six bendes à tenir led. plon pour onze livres de fer à vii^d maille pour livre, vi^s x^d.

Le pavillon.

Item, à Jehan Lemoyne, couvreur d'ardoyse, pour la couverture du pavillon des tonnes, comme il appert des descharges cy-devant faictes, a reçu ledit Moyne xvi^{tt}; *item*, plus paié aud. sur lad. somme qui doigt avoir la somme de huyt livres, viii^{tt}.

Menuserie pour les tonnes.

Item, à Nicollas Castille, sur la menuzerie du pavillon des tonnes lx^{tt}.

Le pavillon.

Item, à Richard du Hay, paintre, pour avoir paint et doré une douzaine de paguettes de boys avecques ung grand escuchon et deux aultres où sont les armes de monseigneur, et est pour mestre au pavillon dez tonnes, pour ce, xiiii^{tt} x^s.

Paié à Guillaume Hervieu, marechal, pour sa paine d'avoir mis en œuvre de son mestier deux cens douze livres de fer, c'est pour les parties cy-après declarées au pris de iiii^d pour livre, pour vingt-sept verges de fer à soutenir la menuzerie du pavillon des tonnes, pesant vi^{xx} ^{ls} de fer, pour ce, xl^s.

Item, pour lxxvi crampons pesans xxxiii^{ls} de fer, xi^s.

Item, pour v douzaines de fiches pesant xxii^{ls} de fer, vii^s iiii^d.

Item, pour xliiii chevilles de fer pesans x^{tt}, iii^s iiii^d.

Item, pour une barre de fer pour mettre à la cheminaye dud. pavillon, pesant xxvii^{tt} de fer, ix^s.

Item, led. Hervieu a baillé viii^{tt} de son fer à vii^d maille pour livre, v^s.

Item, pour avoir ferré vingt-cinq brouettes à x^d pour piece, xx^s x^d.

Voicture pour brique.

Pour avoir amené dix miliers de brique pour faire la cheminaye du pavillon des tonnes au prix de iiii^s pour mille, xl^s.

. . . .

Moelon.

Item, aux tireurs de moëlon, pour faire les murs du jardin, par marché faict au prix de trente soulz pour perche xxxiiii perches, et demye aud. prix, li^l xv^s.

Le pavillon.

Le xxie de novembre, à Dubost et son compaignon, menusier, chacun sept jours qu'ilz ont besongné à l'amortissement du pavillon, lvi^s.

A Jehan Thorel, pour façon de i millier de latte à ardoize viii^s, plus pour la façon de iiii^m de petite late pour later le pavillon, à v solz pour millier, xxviii^s.

Somme toute de la despense du present compte, xviie xxxiii^l iiii^s i^d ^{ts}.

Et la recepte ne monte qu'à xii^c xlvii^{ls} xii^s.

Ainsi, est deu aud. Guere, par ce compte, iiii^c iiii^{xx} v^l xii^s i^d.

Et reçu, par autre compte de ce jour de l'ediffice de la grant maison, ix^{xx} x^l xi^s ix^d.

Par ainsi luy est encores deu ii^c iiii^{xx} xv^{ls}.

.... Examiné .... au chastel de Gaillon, le cinquieme jour de..... l'an mil cinq cens et cinq.

T. BOHIER.   DEMARSAY.

GUERE.

LA MISE DE LA GRANT MAISON.

1504.

Declaration de l'argent receu de monsieur le tresorier, maistre Pierres Mesengue, Chanoyne de Rouen, pour la grant maison et aultres edifices, commenchant le jour Saint-Michiel mil v^c et quatre.

PREMIEREMENT :

Receu de monsieur de Saulveterre, par la main de Bernardin de Marsay, le xII^e jour d'octobre, IIII^c LII^{lt} xVII^s IIII^d.

Item, receu dudit seigneur de Saulveterre, le xxVII^e jour d'octobre, IIII^c l^s.

Id.   *id.*   le vIII^e jour de novembre IIII^c LxIIII^l v^s xI^d.

Item, plus receu de monsieur le tresorier, par les mains de monsieur de Saulveterre, le xvIII^e jour de novembre, cxLI^l xvIII^s vIII^d.

Id.   *id.*   le xxvIII^e jour de novembre, II^{cl}.

Id.   *id.*   le xve jour de descembre, II^{cl}.

Id.   *id.*   le IIIIe jour de janvier, par la main de maistre Guillaume de Bonnaire, c^l.

Total de la recepte du present compte, xIx^c LIx^l I^s xI^d.

DU CHÂTEAU DE GAILLON.

La mise de la grant maison que monsieur le legat archevesque de Rouen fait faire à son chastel de Gaillon, commenchant le samedi cinquiesme jour d'octobre mil cinq cens et quatre prés la Saint-Michiel.

PREMIEREMENT :

Paié aux massons de la grant maison, à III^s IIII^d, III^s, et II^s VI par jour, XVII^l V^s VIII^d.

Item, à massoner au portail du chastel, à III^s IIII^d, III^s et II^s pour jour, CV^s.

Item, paié aux massons de la grant maison à maistre Guillaume Senault, VI jours à VII^s VI^d pour jour; Jehan Fouquet, VI jours à VI^s III^d pour jour; Jehan Gillot, IIII jours et III cars à IIII^s VI^d pour jour; Estienne Tirel, Jehan Bonnet, Louys Deznoux, Regne Ducloux, Collas Deballeau, Guillaume Thibault, Jehan de Loraine, Jehan Gaudin, Benard G   , Henry Nyaudet, Benest Jallet, Yonnet Jallet, André Gaultier, Franchoys Dupré, Rogier Morisse, Mathelin Couppé, Guillaume Manville, Jehan de Louviers, Ambroys Mallet, Marin Berault, Collas Cousin, Collas de Challons, Pierres de Solleville, Guillaume Arnout, Jehan Herment, Jehan Chalumeau, Jehan Martel, Guillaume Theroult, Jehan Theroult, Jacquet Duval, Guillaume Fouet, Denis Perrier, Jehan Guillon, Jehan de Bourges, Geoffroy Luyer, Jehan Delaroche, Colin Morisse, Pollet Masson, Jacquet Dupré, Jehan Delu, Jehan Cormier, Pierres Doucet, Simon de Loraine, Mathieu le Chappe, Thibault d'Orleans, Jehan Rogier, tous chacun VI jours; Pierres Quemain, Jehan Gaudin, lesd. chacun V jours et III cars; Lienard d'Orleans, Jean Piquard, chacun V jours; Guillot Synot, IIII jours et demy; tous à IIII^s pour jour, qui est en somme toute, LXV^l XI^s X^d.

Item, à servir les massons qui font le corps de la grant maison, à II^s VI^d, II^s III^d, et II^s pour jour, XXIII^l VIII^s.

Item, à Jehan de Blesmes, pour avoir livré pour faire le corps de la grant maison, v toneaux viii piés iii cars de pierre d'apareil, à xx^s pour tonnel, valent cxiiii^s vii^d. *Item*, pour xv marches de vi piés de long, à xxx^s pour marche, valent xxii^l x^s. *Item*, pour iii marches de vii piés de long, à xxxii^s vi^d pour marche, valent iiii^{tt} xvii^s vi^d, qui est pour les parties dessus dites, xxxiii^l ii^s i^d.

Pour la tour.

Item, pour ronpre la tour pour asoir le portal à aller au parc, à ii^s pour jour, xvii^s ix^s.

. . . .

A cherier du sablon pour la grant maison, à xii^d pour banellée, pour c banellées, c^s.

A Philippot Benest, pour avoir faict xv cordes de boys pour cuyre le plastre de la grant maison, à xv^d pour corde, xviii^s ix^d.

Pour la maison de Rouen.

Item, à Guillaume Dumont, pour avoir mené par eau à Rouen iiii milliers et demy de carreau, et est pour la maison de monsieur, pour ce, xlv^s.

A maistre Richard Guerpe, menuisier, pour avoir faict ung huis et une fenestre auprès de la chappelle, pour ce xx^s; pour ung moulle, ii^s; pour ung tabliau, ii^s, et pour plusieurs aultres choses, le tout pour la grant maison, qui est en somme toute, lviii^s.

Paié, le samedi xiie jour d'octobre v^c et quatre, à tailler à faire le corps de la grant maison; à Collas Pimont, Robert Guerard, Michault Hardenge, Thomas Hue, Jehan Roussault, Perrin Legrand, Jehan de Freneuse, Pierres la Beste, Jaquet Royer, Pierres Gaudin, Thomas Roué, Ysambard Noury, Pierres Senierres, Nouel Couppe, Jehan Nouyer, André Michau, Pierres Michau, chacun v jours à iii^s iiii^d pour jour; Symon Pochon, Jehan Berthelemy, chacun v jours; Jehan Aulbin, iiii jours, tous à iii^s pour jour; Franchoys Senault, v jours à ii^s vi^d pour jour, qui est pour tout, xvi^{tt} xvii^s x^d.

Item, paié aux massons de la grant maison, à maistre Guillaume Senault, à vii^s vi^d pour jour; Jehan Fouquet, à vi^s iii^d pour jour à ..... à iiii^s pour jour, liii^l xvi^s ix^d.

DU CHÂTEAU DE GAILLON.

Item, à servir les massons, à II^s VI^d et II^s pour jour, XXI^l VIII^s III^d.

Item, à tailler et massoner à faire le portail, à Jehan Loisse, Robin Senechal, Symon Guerard, Eslie Colet, Jehan Canu, Franchoys Goumet, Jehan de Chaux, chacun V jours; Guillaume Crequin, IIII jours; Etienne Brenouin, III jours, tous à III^s IIII^d pour jour; Jehan Fremeleux, Colin de Caux, chacun V jours à III^s par jour; Pierres Fremeleux, Thomas Henault, chacun V jours à II^s VI^d pour jour; Pierre Lemier, Allain Loisse, chacun V jours à II^s pour jour, qui est en somme X^{tt} XV^s.

Item, à servir les massons qui font le portal à.. II^s pour jour, XI^{tt} XVII^s.

A Colin Bagot, pour avoir livré pour faire le portal XXXVIII ponchons de chaux à V^s pour ponchon, IX^{tt} X^s.

A ..... batelier, pour avoir amené d'Andely, pour couvrir les murs de la grant maison, douze cents de rouseaux, et pour avoir amené C claix, pour tout XXXII^s VI^d, et pour l'achat de XVI brouettes, pour ce, IIII^{tt}, qui est pour le tout CXII^s VI^d.

A G. Doguet, pour avoir faict XVIII chivieres pour porter le moillon à faire le portal du chastel, XVIII^s.

A Estienne Ballay, briquetier, sur la brique qui faict pour la grant maison, VIII^{tt} XVI^s.

A Guillaume Hervieu, marechal, pour plusieurs livres de fer par luy livrées et plusieurs aggremens, le tout pour la grant maison, XXIX^s III^d.

A Pierres Viel, pour avoir livré pour faire le portal du chastel LXXVII ponçons de chaux, à V^s pour ponçon, XIX^{tt} V^s.

A .... pour amener de l'ardoise et roseau pour la grant maison, IX^{tt} X^s.

A Anthoine Varin, pour avoir livré, pour faire le portal du chastel, XL ponçons de chaulx à V^s pour ponçon, X^{tt}.

A Richard Jouy, charpentier, pour avoir faict les chintres de la chappelle de la grant maison, IIII^{tt}.

A .... pour amener quatre milles et demy de brique et de carreau de la briqueterie au port aux pierres, pour paver la maison de monseigneur[1], LXIX^s.

[1] A Rouen, le palais archiépiscopal.

110 DÉPENSES DE LA CONSTRUCTION

A Raulin de la Haye, pour IIII jours de ses gens à faire les chintres des allées et cabinés de la chappelle de la grant maison, à IIII^s pour jour, XVI^s.

Item, le XVe jour dud. moys, à troys des chanoynes d'Evereulx, qui estoient venus visiter pour monsieur le legat le lieu où seroit la chappelle des mainaulx, pour eulx et leurs chevaux, XL^s.

Le samedi XIXe jour d'octobre mil cinq cens et quatre, à faire le corps de la grant maison : maistre Guillaume Senault, v jours à VII^s VI^d pour jour; Jehan Fouquet, v jours à VI^s III^d pour jour; Jehan Gillot, v jours à IIII^s VI^d pour jour; Estienne Tirel, etc., à IIII^s pour jour, LV^{tt} XVII^s III^d.

....

A maistre Richard Guerpe, menuisier, sur la fachon des croysés de la chambre de la tour de la grant maison, XL^s.

A tailler et masoner à faire le portal du chasteau, Elie Colet, Thomas Hue, Jehan de Freneuse, etc., à III^s IIII^d, III^s, II^s VI^d et II^s pour jour, XXIII^{tt}.

Paié, le samedi XXVIe jour dud. moys, aux massons de la grant maison, à maistre Guillaume Senault, à VII^s VI^d pour jour; Jehan Fouquet, à VI^s III^d; Jehan Guillot, à IIII^s VI^d, etc^a, LXVII^{tt} XIII^s VI^d.

A tailler et masonner à faire le portal, Elie Colet, Thomas Hue, Jehan de Freneuse, Jehan Rosault, Pierres la Beste, Franchoys Goumet, etc^a..... à III^s IIII^d, III^s, et II^s pour jour, XXV^{tt}.

A ....., pour XVIII queux de chaux, à VI^s VI^d pour queue, pour faire le portal du chasteau, CXVII^s.

A servir les masons qui font le corps de la grant maison [36 maneuvres à 2^s 6^d, 2^s 3^d et 2^s par jour], XXII^{tt} VI^d.

A servir les masons du portal [25 maneuvres à 2^s 6^d et 2^s par jour], XIIII^{tt} XV^s.

A G. Amyot, pour avoir amené XX mons de plastre pour plastrer le premier estaige de la grant maison, à IIII^s VI^d pour mont, IIII^{tt} X^s.

A Estienne Bellay, briquetier, tant mains sur la somme qui doibt avoir de faire une fornée de brique, VI^{tt}.

DU CHÂTEAU DE GAILLON.

Pour cxxIII ponçons de chaux, le tout pour faire le portal, à v^s pour ponchon, xxx^{lt} xv^s.

A Regnault le moisier, pour avoir esollé deux camions pour mener les grosses pierres à faire le corps de la grant maison, III^s.

A Jehan de Blesmes, pour v marches de vi piés de long, à xxxII^s vi^d pour marche, vIII^{lt} II^s vi^d.

A G. Hervieu, pour IIII barres de fer à mestre à la cheminée de la cuisine, avecque l'habillement de dix brouettes, xxII^s vi^d.

. . . .

Paié, le samedi IIe jour de novembre mil cinq cens et quatre, aux massons de la grant maison, maistre Guillaume Senault, à vII^s vi^d; Jehan Gillot, à IIII^s vi^d; Jehan Foucquet, à vi^s III^d; Pierres Viard, etc^a, à IIII^s pour jour, xxxII^{lt} IIII^s IX^d.

Item, aux massons du portal, Thomas Hue, Jehan de Freneuse, Jehan Rouxault, etc^a, à III^s IIII^d, III^s, II^s vi^d et II^s pour jour, xI^{lt} xv^s II^d.

Item, aux tailleux de careaux, pour fere la chappelle du corps de la grant maison, à Noël Amyot, pour IX^{xx} IIII piés et demy de pierre de Vernon, à v^d pour pié; pierres du val Vendrin, pour II^c IIII^{xx} II piés ung cart; à André Michelet, pour II^c LV piés III cars; Pierres Thibault, pour vIII^{xx} sept piés; le tout taillé par les dessus dictz, à v^d pour pié, xvIII^{lt} x^s vi^d.

A servir les massons de la grant maison, à II^s vi^d et II^s pour jour, x^{lt} xIX^s IX^d.

A servir les massons du portail, à II^s pour jour, vII^{lt} II^s.

Pour c IIII^{xx} xIIII ponçons de chaux, le tout pour le portail, à v^s pour ponçon, xLvI^{lt}.

Pour avoir amené xIIII banellées de sablon pour ledit portail, xIIII^s.

Paié, le samedi IXe jour de novembre, à tailler et massonner le corps de la grant maison, maistre Guillaume Senault, à vII^s vi^d; Jehan Fouquet, à vi^s III^d; Jehan Gillot, etc^a, à IIII^s pour jour, xxxvI^{lt} vIII^s vi^d.

. . . .

A cherier le boys des sablieres de la grant maison, à v^s pour voiage, vi^{lt} xv^s.

A massonner et faire le portail du chasteau, à iiiˢ pour jour, xxvˡˡ iiiiˢ.

A ..... pour avoir amené L milliers d'ardoise à couvrir la grant maison, à xˢ pour jour. *Item*, pour xi banellées de sablon, pour lad. maison, à xiiᵈ pour banellée, viiˡˡ xiˢ.

A Richard Guerpey, menuisier, sur la somme qui doibt avoir pour faire les chasis et fenestres de la garde-robe de la chambre de monseigneur, à la grant maison, xlˢ.

A ..... pour avoir amené lii tonneaulx de pierre de apareil, pour fere le portail du chasteau, à iiiiˢ pour tonnel, xˡˡ viiiˢ.

Paié, le xvi° jour de novembre mil cinq cens et quatre, aux massons de la grant maison, à maistre Guillaume Senault, à viiˢ viᵈ pour jour; Jehan Fouquet, à viˢ iiiᵈ; Jehan Gillot, etcᵃ, à iiiiˢ pour jour, xxxiiˡˡ xviˢ ixᵈ.

Item, aux massons qui font le portal, à Louis Deznoux, Jehan Gaudin...... tous à iiiˢ iiiiᵈ pour jour, xxviˡˡ xˢ.

Aux maneuvres de la grant maison, à iiˢ viᵈ, iiˢ, xxiiiᵈ et xxᵈ pour jour, xiiiiˡˡ xiiˢ iᵈ.

Item, à servir les massons du portal, tous à xxᵈ pour jour, xˡˡ viˢ viiiᵈ.

A Jehan Avise, sur la somme qui doibt avoir de faire le premier estaige de la maison, xˡˡ.

A Robin Cam, pour fin de paiement d'avoir sié les estaux de Gaillon, xxˢ. *Item*, pour lxiii hais de dix piés de long, pour ce xxviiˢ viᵈ, qui est pour tout, xlviiˢ viᵈ.

A ..... pour iiiiˣˣ xi ponçons de chaux, à vˢ pour ponçon, le tout pour faire le portal du chasteau, xiiˡˡ xxvˢ.

A Jehan Agnard, pour avoir livré, pour faire le portal du chastel, douze tonneaux et demy de pierre d'aparail, à xviˢ pour tonnel. *Item*, pour cinquante-deux carreaux, à cent dix souls pour cent. *Item*, pour troys toyses deux piés de pavé, à xxxˢ pour toyse, vallent en somme toute xviiˡˡ viiiˢ xiᵈ.

A Guillaume de Haye, pour avoir livré deux cens sept toneaux xi piés de pierre de Sᵗ-Leu, à cinq solz pour tonneau, liˡ xixˢ viᵈ.

A Guillaume Dumont, pour avoir livré LVI tonneaux x piés de pierre de St-Leu, à VIIs Ld pour tonnel, vallent XXlt Is VIIId.

A Guillaume de la Haye, pour avoir livré IIcc LXXIX tonneaux et demy de pierre de St-Leu, à cinq solz pour tonnel, LXIXlt XVIIs VId.

Item, paié à Richard Caerpe, menusier, pour voir faict deux moulles pour les pilliers de la vis de la grant maison, et pour huit bais de hestre pour faire des baqués pour les plastriers, XXXVIs VId.

Paié, le samedi XXIIIe jour dud. moys, aux massons qui font la grant maison, maistre Guillaume Senault, à VIIs VId pour jour; Jehan Fouquet, à VIs IIId, etca, à IIIIs, XXXlt VIIs Id.

Item, aux massons qui font le portal à entrer dedens le parc, Louys Deznoux, Jehan Gaudin, etca, à IIIs IIIId, IIIs, IIs VId et XXd pour jour, Ll XVIIs VIId.

Item, paié, à servir les masons à faire le portail, à XXd pour jour, X Ilt XIs VIIId.

Item, à servir les masons de la grant maison, à IIs VId et XXd pour jour, XIIlt XVIs IXd.

Paié, le samedi derain jour dud. moys, aux massons de la grant maison, à maistre Guillaume Senault, à VIIs VId pour jour; à Jehan Fouquet, à VIs IIId, etca..... à IIIIs pour jour, XXIIIIlt VIIs.

A servir les masons de la grant maison, à IIs VId, IIs et XXd pour jour, IXlt Vs IIIId.

Item, paié aux masons qui font le portail, Louys Deznoux, Jehan Gaudin, etca, à IIIs IIIId, IIIs, IIs VId et XXd pour jour, XIXlt VIIIs VIIId.

Aux maneuvres dudit portal, au prix de XXd pour jour, CXVIs VIIId.

Item, à Jehan Avisse, sur IIIIxx XIs qui doibt avoir pour faire le premier plancher de la grant maison, comme il appert par plusieurs decherges baillés : sur lad. somme il a receu Llt. Item, plus, en diminucion de la noste qui luy est deue, Cs.

A Estienne Bellay, briquetier, pour avoir livré, pour faire le corps de la grant maison, cinquante-quatre miliers de brique au pris de neuf soulz pour millier, comme il appert par deux decherges par sidevant livrées, a receu xxx^{tt}, que ainsy luy est deu onze livres six soulz pour fin de sa paine, pour ce xi^{tt} vi^s.

Item, paié à Richart Guerpe, menusier, sur ce qui doibt avoir de faire les chasis et fenestres de la grant maison, iiii^{tt}.

A Philippot Benaist, pour sa paine d'avoir faict trente cordes de boys pour cuire cinquante milliers de bricques, à xv^d pour corde, xxxvii^s vi^d.

A Jehan Avisse, charpentier, sur et tant moins de ce qui doibt avoir pour faire le premier plancher de la grant maison, mestre les somiers et solleaus, xxv^{tt}.

A Richard Behier, pour deux milliers de tuille pour couvrir les establis, et pour cinquante nozetz à ung denier maille piece, et pour douze festiers, à iii^d pour piece, qui est pour tout xliiii^s iii^d.

Audit, pour xv milliers de tuille, au prix de xvii^s vi^d le millier, et pour sept vingtz dix nozetz à ung denier maille pour piece, et pour vingt festiers au prix de iii^d pour piece, xiiii^{tt} vi^s iii^d.

Item, pour sa paine d'avoir cherié vingt cordes de boys pour cuire quatorze milliers de brique pour la maison, à iiii^s pour corde, iiii^{tt}.

Paié, le samedi viie jour de descembre, v^c et quatre, à Colin Thomas, pour xi voyages au boys de Cleres pour mener les soliveaux du premier plancher de la grant maison, à v^s pour viage, vallent lx^s.

A Jehan Dumont, pour iiii viages, xx^s.

Item, iii viages, xv^s.

Qui est en somme, iiii^{tt} x^s.

A ..... pour avoir livré, pour faire le corps de la grant maison, quinze tonneaux de pierre d'aparail, à xvi^s pour tonneau, xii^{tt}.

Item, pour dix toises deux piés de parpoint, à xiiii^s pour toise vii^{tt} iii^s viii^d.

Item, pour xxxii careaux, à cx^s pour cent, xxxv v^s j^d.

Qui est en somme, xx^{tt} xix^s ix^d.

Item, à tailler et massonner au portail du chasteau, à iii^s iiii^d, iii^s et ii^s vi^d, xvi^{tt} iiii^s ii^d.

A Masiot Beste, pour avoir livré, pour faire la grant maison, six toises de parpoint, au pris de xiiii^s pour toise, iiii^{tt} iiii^s.

Pour LXVII carreaux, au pris de CX^s pour cent, LXXIII^s v^d.

Pour IIII toises XI piés de pavé, à XXX^s pour toise, VI^{lt} IX^s II^d.

A Robin Duval, pour avoir fait IIII viages au boys de Cleres à mener du boys à faire les soliaux du premier estage de la grant maison, à v^s pour viage, XX^s.

Item, aux masons de la grant maison, maistre Guillaume Senault, v jours à VII^s VI^d pour jour; Jehan Fouquet, v jours à VI^s III^d pour jour, etc^a, à III^s et III^s III^d, XXXV^{lt} XVII^s V^d.

Item, à servir les masons qui font le corps de la grant maison, maneuvres, à II^s, XXIII^d et XX^d pour jour, IIII^{lt} XVIII^s IX^d.

Paié, le samedi XIIIIe jour de descembre v^c et quatre, à P. Onfray, pour avoir amené du port aux pierres pour faire le corps de la grant maison quarante tonneaux de pierre d'aparail, à IIII^s pour tonneau, VIII^{lt}.

Aux masons qui taillent au corps de la grant maison, à maistre Guillaume Senault, à VII^s VI^d; Jehan Fouquet, à VI^s III^d pour jour, etc^a, [29 maçons à 4^s, 10 à 3^s 4^d, 2 à 2^s 6^d par jour], XL^{lt} XVII^s XI^d.

Item, paié aux massons cassés[1] par le consentement du maistre, à plusieurs autres, lesqueulz seront à III^s IIII^d pour jour.

Jehan Molin.	Jehan Delu.
Pierre Barbanson.	Jehan Cormier.
Roger Hamon.	Michau Hardenge.
Eslie Colet.	Simon Deloraine.
Pierre Serrure.	Jehan de Freneuse.
Nouel Couppe.	Jehan Avrillard.
Marin Berault.	Thomas Hue.
Jehan Roier.	Benard Grande.
André Gautier.	Franchoys Goumet.

Somme, XLI^{lt} XVI^s.

....

A Denis Buet, pour avoir amené du port aux pierres dix-huit ton-

---

[1] Maçons auxquels on a donné congé.

neaux de pierres d'aparail pour faire le corps de la grant maison, à iiii^s pour tonnel, lxxiiii^s.

A tailler et massonner pour faire le portal du chasteau, Jean de Loviers, Gueffroy Luyer, Guillot Sinot, à iiii^s pour jour [5 autres à iii^s iiii^d], vii^{tt} iii^s iiii^d.

A Jehan de Blesmes, pour avoir livré, pour faire le corps de la grant maison, xxxiiii piés de pierre de Loviers, à xx^s pour tonnel, lvi^s viii^d.

Item, pour onze pierres de six piés de long, à xxx^s pour piece, xvi^{tt} x^s.

Item, pour deux pierres de sept piés de long, à xxxii^s vi^d, lxv^s.

Item, pour deux pierres de huyt piés de long, à xxxv^s, lxx^s.

A ..... pour la fachon de dix chivieres pour servir à porter les grosses pierres aux massons, à xii^d pour piece, x^s.

Item, à maistre Richard Guerpe, menuisier, sur la somme qui doibt avoir pour faire les fenestres des croesiés de la tour de la grant maison, dont il a eu par cy-devant, iiii^{tt}; *item*, plus, xl^s.

Paié, le samedi xxie jour de descembre v^c et quatre, à Guillaume Hervieu, marechal, pour avoir faict deux gons pour mestre au bas du portal du chastel, iii^s iiii^d.

Item, à tailler et masonner à faire le portail du chasteau [8 maçons à 4^s et 3^s 4^d par jour], vii^{tt} iii^s iiii^d.

Aux massons qui font le corps de la grant maison, à maistre Guillaume Senault, à vii^s vi^d; Jehan Fouquet, à vi^s iii^d pour jour [39 autres à 4^s, 3^s 4^d, 3^s et 2^s 6^d par jour], xxxix^{tt} iiii^s vii^d.

Item, à servir les masons à faire le portail du chasteau, maneuvres à xx^d pour jour, xxv^s.

Somme toute de la mise de ce compte, xvii^c lxviii^{tt} x^s ii^d t^s, et la recepte monte à xix^c lix^{tt} i^s xi^d.

Ainsi doit led. Guere, par ce compte, la somme de ix^{xx} x^{tt} xi^s ix^{ds} t^s.

Ce compte a esté examiné et clos au chastel de Gaillon, le cinquieme jour de novembre l'an mil cinq cens et cinq.

       T. BOHIER.   GUERE.

                                       DEMARSAY.

EDIFICES POUR LE BATIMENT DE GAILLON,

POUR L'ANNÉE FINISSANT A LA St-MICHIEL MIL V^c ET CINQ.

Me GUILLAUME DE BONNAIRE.

S'ensuit la recepte en deniers faicte par moi, Guillaume de Bonnaire, commis au paiement des bastimens de Gaillon par monseigneur monsieur le legat archevesque de Rouen, commençant au jour de Noel v^e et quatre, et finissant au jour St-Michel v^e et cinq.

RECEPTE DE MONSIEUR LE TRESORIER MAISTRE PIERRE MESANGE :

Du premier janvier, receu dud. tresorier III^c L^{tt}.
Du samedi premier jour de fevrier, II^c LX^{tt}.
Du VIIIe fevrier, II^{ctt}.
Du VIIIe mars, II^c XX^{tt}.
Du XVIIe mars, III^{ctt} II^s V^d.
Du XIIe avril v^c et cinq, IIII^c XXXI^{tt} XVIII^s.
Du IXe may, VIII^{ctt}.
Du IXe juing, à trois fois, IX^{ctt}.
Du XIe juing, III^{ctt}.
Du IIIIe juillet, à trois fois, VII^c XX^{tt}.
Dud^t jour, par les mains de Gravelle, II^{ctt}.
Du XIIe juillet, III^{ctt}.
Du XVIe juillet, VIII^c XXXIIII^{tt} XII^s III^d.

Du xxve juillet, c^{tt}.
Du xvie aoust, ii^c xx^{tt}.
Du xixe septembre, iii^{ctt}.
Du xxviie septembre, iii^c.
Du d^t jour, iii^c xiii^s xi^d.

Total du receu du tresorier Me Pierre Mesange, vi mil iiii^c xxxviii^{tt} x^s vii^d.

Aultre recepte en deniers de monsieur le recepveur Pierre Gravelle, pour lesd. bastimens de Gaillon, faicte aud. an.

Du viiie mars cinq cens et quatre, dud. Gravelle, c^{tt}.
Du xviie mars, c^{tt}.
Dud^t Gravelle, qu'il a baillez au plombier Pierre Houel, ii^{ctt}.
Dud. Gravelle, qu'il a baillez à Vallence, xxx^{tt}.
Du ve avril cinq cens et cinq, c^{tt}.
Du xie avril, c^{tt}.
Du xxe avril, ii^{ctt}.
Du xxiiiie avril, ii^{ctt}.
Dud. Gravelle, par le cappitaine de Gaillon, iii^{ctt}.
Du xi juing, c^{tt}.
Dud^t jour, qu'il a baillez au plombier et chappelain, ii^c v^{tt}.
Du xviie juing, c^{tt}.
Du xxv^e juing, c^{tt}.
Du iiii^e juillet, c^{tt}.
Du xi^e juillet, c^{tt}.
Du xxvie juillet, c^{tt}.
Du xxve juillet, c^{tt}.
Du dernier jour de juillet, c^{tt}.
Du vi^e aoust, c^{tt}.

Du xvie aoust, c^{lt}.

Du xxiiiie aoust, iii^{clt}.

Du penultieme aoust, iiii^{clt}.

Du ve septembre, iii^{clt}.

Du xie septembre, iii^c xv^{lt}.

Dud^t Gravelle, qu'il a payé au plombier Pierre Houel, c^{lt}.

Total du receu dud. receveur Pierre Gravelle, iii^{mil} ix^c l^{lt}.

Somme toute de la recepte du present compte, dix mil trois cens quatre-vingts-huit livres dix solz sept deniers tournois.

C'est la mise faicte par moy, Guillaume de Bonnaire, prestre, commis au payement des bastimens du chasteau de Gaillon, commenchant le xxviiie jour de decembre mil v^c et quatre, et finissant au jour St-Michel mil v^c et cinq.

Du samedi xxviiie decembre v^c et quatre, pour deux journées, c'est assavoir lundi et mardi xxiiiie decembre, monte le paiement des maçons et tailleurs de pierre du corps d'ostel de Gaillon, xv^{lt} v^s i^d.

Pour les maneuvres du corps d'ostel, xxviii^s.

Du samedi xie janvier v^c et quatre :

Pour v journées, monte le paiement des maçons et tailleurs de pierre du corps d'ostel de Gaillon, xxxix^{lt} xii^s xi^d.

Pour les maneuvres, lxx^s.

Pour deux journées de Colin Macquerel, qui a tiré du sablon et chargé de la bricque pour les cheminées du grant corps d'ostel, iii^s iiii^d.

Du samedi xviiie janvier v^c et quatre :

Pour vi journées, monte le paiement des maçons et tailleurs de pierre du corps d'ostel, xlvii^{lt} i^s.

Pour les maneuvres, IIII^{tt} IIII^s.

Pour chariage de brique et sablon, XXXI^s XI^d.

Du samedi XXVe janvier :

Pour trois journées, monte le paiement des maçons et tailleurs de pierre du corps d'ostel, XXIII^{tt} X^s IX^d.

Pour les maneuvres, LXII^s.

Du samedi premier jour de fevrier :

Pour six journées, monte le payement des maçons et tailleurs de pierre du corps d'ostel, XLVII^{tt} II^s X^d.

Pour les maneuvres, IIII^{tt} IIII^s.

Pour IIII^{xx} tonneaux de pierre de St-Leu livrée au port aux pierres de Gaillon par Guillaume de la Haye, pour les bastimens dud. corps d'ostel, au pris de XII^s I^d t^s pour tonneau, pour pierre et voiture de basteau et pour avoir mis lad^e pierre hault sur le port par marché faict à XXIII^s, a esté payé la somme de LV^{tt} XI^s VI^d.

. . . .

Pour le tirage de deux perches de mollon pour mettre ez fondemens de la vistz, LX^s.

Pour le ménage et arrimage desd. deux perches de mollon, LXX^s.

Pour avoir faict les vydanges des terres des fondemens de lad. vistz, où il y a XX toises à V^s la toise, C^s.

Pour le menage et arrimage de XXIIII milliers de bricque pour le corps de maison, au pris de III^s VI^d le millier, CVIII^s.

Pour gresse et suif pour engresser les gruyes et camyons, XIX^s.

Pour XXI tonneaux de pierre d'appareil du port au pierre de Gaillon, livré par Massiot, au pris de IIII^s pour tonneau, IIII^{tt} IIII^s.

Du samedi VIIIe fevrier :

Pour VI journées, monte le payement des maçons et tailleurs de pierre du corps d'ostel, XLIII^{tt} X^s X^d.

Pour les maneuvres, IIII^{tt} XIIII^s.

Pour admenage de grosses pierres de libes pour le fondement de la vistz et aussi admenage de sablon, LIII^s.

Pour XXXIII tonneaulx et demi de pierre d'appareil de la carriere de Vernon livrée pour le corps d'ostel et vistz, au pris de xvi^s pour tonneau, xxvi^{tt} xvi^s.

Pour xxix tonneaux et ung quart de pierre d'appareil pour led. corps d'ostel, aud. pris de xvi^s, xxiii^{tt} viii^s.

Pour six tonneaux de pierre de jauge et trois piés pour la vistz, au pris de xx^s le tonneau, vi^{tt} ii^s viii^d.

Du samedi xve fevrier :

Pour six journées, monte le payement des maçons et tailleurs de pierre du corps d'ostel, xlix^{tt} xiii^s vi^d.

Pour les maneuvres dud. corps d'ostel, vi^{tt} xix^s.

Pour xxxiii poinssons de chaux livré pour les fondemens de la vistz au pris de v^s le poinsson, viii^{tt} v^s.

A esté payé à ung mareschal de Gaillon pour avoir refait aucuns ferremens convenables apropriés à une grue qui a esté demollie et rassemblée sur le corps de la maison, xxviii^s.

Du samedi xxiie fevrier :

Pour six journées, monte le payement des maçons et tailleurs du corps d'ostel, li^{tt} ix^s.

Pour les maneuvres dud. corps d'ostel, vi^{tt} ii^s.

A charrier des pierres de libes pour le fondement de la vistz, x^s.

Du samedi premier jour de mars :

Pour quatre journées, monte le payement des maçons et tailleurs du corps d'ostel, xxxiiii^{tt} ii^s.

Pour les maneuvres dud. corps d'ostel, iiii^{tt} vii^s viii^d.

Pour xxxviii poinssons de chaux pour le corps d'ostel, au pris de v^s pour poinsson, ix^{tt} x^s.

Du samedi viiie jour de mars :

Pour six journées, monte le payement des maçons et tailleurs du corps d'ostel, li^{tt} vii^s.

Pour les maneuvres dud. corps d'ostel, vi^{tt} iiii^s.

A charier de la pierre de mollon pour la vistz et aussi du sablon, xlv^s vi^d.

A esté payé à Guillot Synot, pour avoir livré tant pierre d'appareil que pierre de mesure de pierre de Vernon pour le corps d'ostel et la vistz, LXIII^{tt} XIIII^s VIII^d.

A esté payé à Jehan Courtois de Vernon, pour avoir baillé et livré tant pierre d'appareil que pierre de mesure pour le corps d'ostel et vistz, XXXV^{tt}.

A esté payé à Simonnet le Cousturier, de Vernon, pour avoir livré et baillé tant pierre d'appareil que pierre de libbe pour le corps d'ostel, XXXII^{tt} XIIII^s.

A plusieurs tailleurs qui ont taillé de la pierre à la tache, XVI^{tt} XV^s.

Du samedi XXIIe mars :

Pour cinq journées, monte le payement des maçons et tailleurs du corps d'ostel, LII^{tt} VII^s X^d.

Aux maneuvres, VI^{tt} IX^s IX^d.

A Jehan Aubin, pour avoir amené LX tonneaux de pierre de St-Leu, du port aux pierres devant Gaillon, faisant partie d'une batellée contenant IIII^{xx} VI tonneaux, à IIII^s pour tonneau, XII^{tt}.

Pour quatre chableaux et trois commandes pesant LII^{tt} III quars de chanvre pour servir aux grues et camyons à XIII^d, LVII^s, I^d.

Pour X seilles et XII escuelles à servir aux maçons à porter eaue, X^s.

Pour la façon de IIII^{xx} III^{tt} de fer mis en euvre par le mareschal de Gaillon, pour ung treillis et bares de fer à une des tourelles du portal, avec la penture d'une poullie servant au puys à tirer de l'eau du corps d'ostel, XXVII^s VIII^d.

Du samedi XXIXe mars V^e et V après Pasques :

Pour trois jours, monte le payement des maçons et des tailleurs du corps d'ostel, XXIX^{tt} IX^s.

Aux maneuvres du corps d'ostel, IIII^{tt} XIIII^s VI^d.

Du samedi V^e avril :

Pour cinq jours, monte le payement des maçons et tailleurs du corps d'ostel, L^{tt} IX^s X^d.

Aux maneuvres dud. corps d'ostel, VIII^{tt} XVII^s VI^d.

A Jehan Avisse, charpentier, pour avoir desassemblé et reassemblé les deux grues qui estoient au par bas du corps d'ostel et mises par hault sur la charpenterie, et y avoir mis aucunes pieces de bois neuf, xiii^{tt} x^s.

A Guillaume de la Haye, pour l'arrimage de iiii^{xx} xviii tonneaulx de pierre de St-Leu pour le corps d'ostel, à v^s le tonneau sans la carrue, xxiiii^{tt} xii^s vi^d.

Pour descharge de lad. batelée de pierre sur le port aux pierres, xxiiii^s.

A esté payé à Me Richart Carppe, menusier, demourant à Gaillon, pour reste et fin de payement de xliii^{tt} xv^s, pour avoir fait deux croisées et demie de fenestres et ung huys pour la chambre basse de la tour du corps d'ostel, xxxviii^{tt} xv^s.

. . . .

A Guillaume Dumont, carier, demourant à St-Leu, pour deux batellées de pierre de St-Leu contenant ix^{xx} viii tonneaulx et demi, par lui livrées pour les ediffices de Gaillon, à vii^s i^d pour tonneau, vallent lxvi^{tt} xv^s ii^d.

Du samedi xiie avril :

Pour six jours, monte le payement des maçons et tailleurs du corps d'ostel, lv^{tt} x^s.

Pour les maneuvres, xiii^{tt} xiii^s.

A Olivier le Blonc et Pierre Manuel, pour avoir admené et charrié par leurs harnois ensemble xliii tonneaulx et demi de pierre de Vernon, livrée par Massiot Basse et Jehan Esquart, carriers, demourans à Vernon, viii^{tt} xix^s viii^d.

A . . . . pour avoir amené du port aux pierres xlii tonneaulx viii piés de pierre de Vernon faisant une batellée de pierre, à iiii^s pour tonneau, et pareillement à . . . . pour avoir arrimé dud. port iiii^{xx} x tonneaux de pierre de St-Leu, à iiii^s pour tonneau, sont pour les deux batellées, xxvi^{tt} x^s viii^d.

Au mareschal de Gaillon, pour la façon de trois barreaux de fer pesant cent x^{tt}, pour servir en la cheminée basse de la chambre de premier du corps d'ostel, à iiii^d pour livre, xxxvi^s viii^d.

Pour le charriage de xxiii milliers de bricque pour le corps d'ostel et partie pour les pilliers de la muraille du jardin, à iiiⁱ pour millier, iiiiᶦᶦ xiiˢ.

Pour la façon de xxv cordes de bois pour cuire la bricque, à xvᵈ pour corde, vallent xxxiˢ iiiᵈ, et pour le cheriage desd. xxv cordes, à iiiiˢ pour corde, viᶦᶦ xiˢ iiiᵈ.

Pour la façon de six syvieres pour servir aux maneuvres à porter les pierres, viˢ.

A Cardin Bastart, natier, demourant à Rouen, pour xxvii toises de natte pour natter la chambre de monseigneur, les garde-robbes et la chambre basse à Gaillon, à iiiiˢ la toise, cviiiˢ.

Pour clou de plusieurs sortes pour employer et clouer les ais et planches des roues des deux grues, xˢ viᵈ.

A Jerosme de Tourniolles, paintre, pour ses despens qu'il a faiz estant à Gaillon et paignant la maison du Lidieu l'espace des mois de septembre, octobre, novembre, descembre, et xii jours au mois de janvier en l'an vᶜ et quatre, et aultres choses contenues en l'estiquette datée du viii fevrier, xiiᶦᶦ xviiˢ.

Aud. Jerosme, pour ses gaiges de six mois qu'il doit avoir, c'est assavoir septembre, octobre, novembre, descembre, janvier et fevrier, xxiiᶦᶦ xviˢ iiiᵈ.

Du samedi xixᵉ avril :

Pour six jours, monte le payement des maçons et tailleurs du corps d'ostel, lixᶦᶦ ixˢ viiiᵈ.

Pour les maneuvres, xviᶦᶦ xviiˢ viiᵈ.

Pour xxxvi poinssons de chaux à vˢ le poinsson, ixᶦᶦ.

A Richart Guerpe, menusier de Gaillon, pour avoir baillé et livré aux maistres maçons plusieurs esquerres, règles et tables à pourtraire, xlvˢ.

Du samedi xxviᵉ avril :

Pour v jours, monte le payement des maçons et tailleurs du corps d'ostel et vistz, liᶦᶦ xviiiˢ.

Pour les maneuvres, xiiᶦᶦ xiiiˢ viᵈ.

Pour le cheriage de iiiiˣˣ xviii tonneaux et demi de pierre de Sᵗ-Leu, au pris de iiiiˢ pour tonneau, xixᶦᶦ xiiiiˢ.

Pour le cheriage de vi^{xx} xii tonneaux de pierre de Vernon faisant trois batellées, à iiii^s pour tonneau et xx^s par dessus à cause des grosses pierres de mesure, xxvii^{tt} x^s.

A Guillaume de la Haye, batellier, pour avoir amené de son bateau, par la riviere, iiii^{xx} xviii tonneaux de pierre de St-Leu, au pris de v^s le tonneau, xxiiii^{tt} x^s.

Pour la descharge sur le port aux pierres, xxiiii^s.

Pour avoir amené xvi milliers de bricque pour le corps de maison, à iiii^s le millier, lxiiii^s.

. . . .
. . . .

A Guillaume Bellay, briquetier, sur et tant moins de une fournée de bricque, lx^s.

Du samedi iiie jour du mois de may :

Pour quatre jours, monte le payement des maçons et tailleurs du corps d'ostel, xlii^{tt} vii^s iiii^d.

Pour les maneuvres dud. corps d'ostel, ix^{tt} xiii^s vi^d.

A G. Dumont, carrier, demourant à St-Leu, pour avoir livré six batellées de pierre dud. St-Leu, montant à la quantité de vii^c lvii tonneaux quatre piez, au pris de vii^s i^d pour tonneau, ii^c lxviii iiii^s i^d.

Du samedi x^e jour de may :

Pour cinq jours, monte le payement des maçons et tailleurs du corps d'ostel, lvii^{tt} xvii^s iiii^d.

Pour les maneuvres servans aud. corps d'ostel, xiii^{tt} vii^s vi^d.

A G. de la Haye, batellier, pour avoir admené trois batellées de pierre de St-Leu contenant, lesd. trois batellées, ii^c iiii^{xx} xiii tonneaux viii piez, au pris de v^s vi^d pour tonneau, et pour le descharger sur le port, iiii^{xx} iiii^{tt} xi^s viii^d.

A Collin Thomas, cordier, demourant à Louviers, pour avoir fait et livré deux gros chables de chanvre pour les deux grues, pesant iiii^c lxviii^{tt} de chanvre, à xv^d la livre, vallent, xxix^{tt} v^s.

A Guillaume Lemesle, pour avoir livré xxvi poinssons de chaux à v^s le poinsson, vi^{tt} x^s.

A Philippe Benest, pour la façon de xlii cordes de bois pour cuyre la bricque, à xv^d, lii^s vi^d.

A Richard Behier, pour avoir admené lesd. cordes jusques à la bricqueterie, à iiii^s pour corde, viii^{tt} viii^s.

. . . .

Du samedy xviie jour de may :

Pour trois jours, monte le payement des maçons et tailleurs du corps d'ostel et vistz, xxxv^{tt} xiiii^s.

Pour les maneuvres, vii^{tt} xviii^s vi^d.

Du samedi xxiiiie may :

Pour trois jours, monte le paiement des maçons et tailleurs, lxi^{tt} viii^s viii^d.

Pour les maneuvres, xiii^{tt} xi^s vi^d.

A Jehan Courtois, demourant à Vernon, pour avoir livré tant pierre d'appareil que pierre de mesure, xxiiii^{tt} xvi^s.

A esté donné à maistre Collin Byart, qui a esté envoyé de par monseigneur de Bloys à Gaillon et Rouen visiter les edifices que mond. seigneur y fait faire, la somme de dix escus souleil, qui vallent xviii^{tt} v^s.

Du samedi dernier jour de may :

Pour six journées, monte le payement des maçons et tailleurs du corps d'ostel et vistz, lxxv^{tt} iiii^s vi^d.

Pour les maneuvres, xx^{tt} v^s.

Pour la façon de lii cordes de bois et le cheriage pour cuire la bricque, xiii^{tt} xiii^s.

. . . .

Du samedi viie jour de juing :

Pour six jours, monte le payement des maçons et tailleurs du corps d'ostel et vistz, lxxvi^{tt} viii^s x^d.

Pour les maneuvres, xvii^{tt} xvii^s vi^d.

Pour vi^{xx} xvi poinssons de chaux, à v^s le poinsson, xxxiiii^{tt}.

A Jehan Trubert, batellier, pour avoir amené une batellée de pierre de St-Leu contenant viii^{xx} tonneaux, au pris de v^s vi^d pour tonneau, xliii^{tt} ii^s x^d.

A G. de la Haye, batellier, pour une batellée de pierre de St-Leu contenant vii^{xx} vii tonneaux, et livrée sur le port aux pierres le iiie janvier v^c et troys, lui estre payée presentement, à v^s pour tonneau, xxxi^{lt} xv^s.

Pour la façon de xiiii syvieres et basquetz pour servir à monter et porter la pierre de mollon, x^s.

Du samedi xiiiie juing :

Pour v jours, monte le payement des maçons et tailleurs de pierre du corps d'ostel et vistz, lxviii^{lt} viii^s viii^d.

Pour les maneuvres, xix^{lt} xv^s vi^d.

Du samedi xxie juing :

Pour six jours, monte le payement des maçons et tailleurs de pierre, iiii^{xx} ix^{lt} xvii^s iiii^d.

Pour les maneuvres, xx^{lt} v^s.

Achapt de xiii^c ung quarteron de fer, pris à Chambines, pour faire ce qui est necessaire au corps d'ostel, portal et ailleurs, xv^{lt} xviii^s.

Pour aller querir led. fer aud. lieu de Chambines et ung harnois, xxv^s.

A Philippot Benest, pour la façon de l cordes de bois pour cuyre la bricque, lxii^s vi^d.

. . . .

Du samedi xxviiie jour de juing :

Pour quatre jours, monte le payement des maçons et tailleurs de pierre du corps d'ostel et vistz, lviii^{lt} x^s.

Pour les maneuvres, xiiii^{lt}.

A Guillaume Hervieu, mareschal à Gaillon, pour la façon et ouvrage de iii^c lx^{lt} de fer, pour faire les bouches au corps d'ostel, pour mettre les crampons à tenir et lier la terasse et aultre ferraille declaré en l'estiquette, a esté payé vi^{lt}.

A Guillaume Dumont, carrier, pour une batellée de pierre de St-Leu contenant iiii^{xx} vii tonneaux iiii piez de pierre, une autre batellée contenant vii^{xx} viii tonneaux demi de pierre, une autre batellée contenant iiii^{xx} viii tonneaux, qui sont en tout de lad. pierre de St-Leu iii^c xxiii tonneaux demi, à vii^s i^d le tonneau, vallent cxiiii^{lt} xi^s.

A Guillot Sinot, carrier de Vernon, pour xlv tonneaux et demi de pierre d'appareil de pierre de Vernon, au pris de xvi^s pour tonneau, xxxvi^{tt} viii^s.

A Symon Lecousturier, carrier de Vernon, pour xxii tonneaulx et demi de pierre de Vernon, aud. pris, valent xviii^{tt}.

Et pour ix tonneaux de pierre de libe, lxxii^s.

. . . .

A . . . ., pour avoir amené de Rouen, par la rivière, demy cent de claies, neuf rouleaux de plomb et aultres choses pour Gaillon, xxv^s.

Du samedi v^e juillet :

Pour six jours, monte le payement des maçons et tailleurs du corps d'ostel et vistz, iiii^{xx}xv^{tt} xviii^s v^d.

Pour les maneuvres servans aud. corps d'ostel, xvii^{tt} xiii^s.

Pour lxxix poinssons de chaux pour le corps de maison, à v^s le tonneau, xx^{tt} xv^s.

A Estienne Bellay, bricquetier, pour la parpaye de deux fournées de bricques montans à la quantité de iiii^{xx}vi milliers, au pris de ix^s pour millier, qui vallent xxxviii^{tt} xiii^s, dont par cy-devant lui en a esté payé à plusieurs fois la somme de xxx^{tt} x^s, lui a esté payé pour le reste viii^{tt} iiii^s.

A Jehan Avisse, charpentier, pour avoir fait trois cintres pour la vistz, et avoir fait des roulleaux à remuer les deux grues d'ung lieu en l'autre, a esté payé lx^c.

A . . . . . . pour avoir admené, par leurs harnois, du bois de Cleres, xiiii grands solliveaux et ix cordes pour parfaire le premier plancher du corps d'ostel, pour le tout, vii^{tt} x^s.

Pour achat de xii seaux à porter eaux et de deux petites escuelles de bois pour servir aux maçons, xi^s.

Du samedi xiie juillet :

Pour six journées, monte le payement des maçons et tailleurs servans au corps d'ostel et vistz, iiii^{xx} xvii^{tt} xviii^s viii^d.

Pour les maneuvres, xxv^{tt} i^s.

A Massiot Basse, carrier, pour avoir livré xlv tonneaux de pierre de Vernon et ix piés pour la vistz et corps d'ostel, au pris de xvi^s pour tonneau, et pour deux tonneaux i quart de libbe, à viii^s le tonneau, le tout, xxxvii^{tt} xi^s iiii^d.

A .... pour deux voyages d'avoir esté querir des establiz pour le corps d'ostel, xx^s.

Du samedi xixe juillet :

Pour six journées, monte le payement des maçons et tailleurs du corps d'ostel, iiii^{xx} xvii^{tt} xvi^s viii^d.

Pour les maneuvres, xx^{tt} vi^s.

A G. de la Haye, batelier, pour trois voyages de son bateau qu'il a amené de la pierre de St-Leu, montant ii^c xxxv tonneaux et demi, à v^s vi^d pour tonneau, lxiii^{tt} xv^s iii^d.

Pour deux chableaux et une guide de corde de chanvre pour servir aux chables des grues, pesant le tout xxviii^{tt}, à xv^d pour livre, xxxv^s.

....

Du samedi xxvie juillet :

Pour trois journées, monte le payement des maçons et des tailleurs du corps d'ostel et vistz, xliiii^{tt} iiii^s vii^d.

Pour les maneuvres, viii^{tt} xi^s vi^d.

A Jehan Courtois, carrier de Vernon, pour xxx tonneaux et demi de pierre d'appareil, à xvi^s pour tonneau, xxiiii^{tt} viii^s.

Et pour ung tonneau et demi de libbe, xii^s.

Item, pour deux grosses pierres à faire deux clefz pendantes pour la vistz, avec une pierre à faire une gargouille, le tout contenant xii tonneaux v piés, dont a esté payé du tout, xii^{tt} x^s.

A Jehan Leconte, pour sa peine et despens d'avoir esté à St-Leu pour faire venir de la pierre, x^s.

Du samedi iie aoust :

Pour six journées, monte le payement des maçons et tailleurs servans pour le corps d'ostel et vistz, iiii^{xx} xiii^{tt} xiii^s iiii^d.

Pour les maneuvres, xviii^{tt} vi^s vi^d.

Du samedi ixe aoust :

Pour six journées, monte le payement des maçons et tailleurs du corps d'ostel et vistz, IIII^{xx} XVII^{tt} XI^d VI^s.

Pour les maneuvres, XIX^{tt} XIII^s.

A deux tailleurs de pierre qui ont taillé II^c piez de pierre de St-Leu, et ung aultre II^{c}XXVIII piez de lad. pierre, à II^d obole le pié, IIII^{tt} IX^s II^d.

Du samedi XVIe jour d'aoust :

Pour quatre journées, monte le payement des maçons et tailleurs du corps d'ostel, LXV^{tt} XIII^s II^d.

Pour les maneuvres, XI^{tt} VIII^s.

. . . .

A . . . . pour IX voyages de leurs harnois et chevaulx au bois de Brillebault querir des establis pour le corps d'ostel et vistz, à III^s pour voyage, XXVII^s.

A Guillaume Bellay, sur et tant moins d'une fournée de bricque, IIII^{tt}.

Du samedi XXIIIe aoust :

Pour six journées, monte le payement des maçons et tailleurs du corps d'ostel et vistz, CIIII^{tt} XIII^s VI^d.

Pour les maneuvres, XXI^{tt} IX^s.

Pour ung cable de chanvre pour servir à l'une des grues du corps d'ostel, pesant II^{c}XVI^{tt} de chanvre, à XV^d pour livre, XIII^{tt} XI^s.

Du samedi XXXe aoust :

Pour V jours, monte le payement des maçons et tailleurs servans au corps d'ostel et vistz, IIII^{xx} IIII^{tt} I^s V^d.

Pour les maneuvres, XVII^{tt} XI^s.

Pour le cheriage d'une batellée de pierre de Vernon contenant XL tonneaux et demi, à IIII^s pour tonneau, VIII^{tt} II^s.

A G. de la Haye, batellier, pour avoir admené par son bateau deux cens ung tonneau de pierre de St-Leu, à V^s VI^d pour tonneau, LV^{tt} V^s VI^d.

Pour avoir charié lad. batellée de pierre de St-Leu du port aux pierres, à IIII^s pour tonneau, XL^{tt} II^s.

Pour huille et gresse pour oindre les camions et grues et tremper les poullies qui ont esté faictes neufves, XI^s.

Du samedi vi⁰ jour de septembre :

Pour six journées, monte le payement des maçons et tailleurs servans au corps d'ostel et vistz, cᶧᶧ viiiˢ ixᵈ.

Pour les maneuvres, xxiiiᶧᶧ xviˢ viᵈ.

Pour quatre chableaux pour servir au gros chable des deux grues au corps d'ostel et vistz, poisant xli livres de chanvre, à xiiᵈ la livre, xliˢ.

Du samedi xiii⁰ septembre :

Pour cinq journées, monte le payement des maçons et tailleurs servans au corps d'ostel et vistz, iiiˣˣviiiᶧᶧ viiiˢ viiiᵈ.

Pour les maneuvres, xviiiᶧᶧ xiiˢ viᵈ.

A G. Dumont, carrier, demourant à Saint-Leu, pour deux batellées de pierre de Saint-Leu contenant deux cens iiiˣˣ ung tonneaux, à viiˢ iᵈ le tonneau, iiiiˣˣxixᶧᶧ xˢ vᵈ.

A Estienne Bellay, bricquetier, pour fin de payement d'une fournée de bricque contenant l milliers, qui valent, au pris de ixˢ pour millier, la somme de xxiiᶧᶧ xˢ ; lui est redeu et a esté payé viiᶧᶧ xˢ.

Pour cent vii poinssons de chaux, à vˢ le poinsson, xxviᶧᶧ xvˢ.

Du samedi xx⁰ septembre :

Pour six journées, monte le payement des maçons et tailleurs servans au corps d'ostel et vistz, iiiiˣˣxviᶧᶧ.

Aux maneuvres, xxᶧᶧ xviˢ.

A Jehan Courtois, carrier de Vernon, pour avoir livré pour le corps d'ostel et vistz xxxvii tonneaux de pierre de Vernon, au pris de xviˢ pour tonneau, xxixᶧᶧ xiiˢ.

Aud. Courtois, pour ung pillier de pierre de mesure contenant deux tonneaux ix piés, au pris de xxˢ pour tonneau, lvˢ.

A .... pour avoir livré ixˣˣ poinssons de chaux pour le corps d'ostel et fondemens de la gallerie basse, près de la vistz, à vˢ le poinsson, xlixᶧᶧ xˢ.

Pour cheriage de bois à refaire la grant grue qui estoit rompue, xvˢ.

17.

Du samedi xxvii° septembre :

Pour six journées, monte le payement des maçons et tailleurs du corps d'ostel et vistz, iiii^{xx}xvii^{tt} xiiii^s iiii^d.

Pour les maneuvres, xxi^{tt} xix^s vi^d.

A Guillaume de la Haye, batellier, pour avoir deschargé au port aux pierres hault sur le quay quatre batellées de pierres de Saint-Leu, iiii^{tt} xvi^s.

Pour cheriage de pierre, tant Vernon que Saint-Leu, du port aux pierres, xxiiii^{tt} xviii^s.

A Symonnet le Cousturier, carrier, demourant à Vernon, pour avoir livré une batellée de pierre de Vernon, tant carreau, libbe et pierre d'appareil, xxxiii^{tt} v^s viii^d.

Somme toute de la mise du grant corps de maison et de la vis de Gaillon, despuis le xxviii° jour de decembre l'an mil cinq cens et quatre jusques à la Sainct-Michel en suivant m v° et cinq, cinq mil quatre cens quatre-vings-quinze livres six solz cinq deniers tournois.

(*Même registre.*)

SUR LA DESPENSE DE ROUEN.

Du viii° jour de mars :

A esté payé à Pierre Vallence, par ordonnance de monsieur de Saint-Ouen, sur et tant moins qu'il sera deu aud. Vallence à cause du pavé esmaillié qu'il fait *pour la gallerie* du jardin de Rouen, xxx^{tt}.

A esté payé à Pierre Houel, plombier, demourant à Rouen, sur et tant moins de ce qu'il luy peut estre deu de la plomberie qu'il a faicte en la maison du Lydieu à Gaillon, ii^{ctt}.

Aud. *id.* c^{tt}.

A Guillaume Chappelain, cloustier, demourant à Rouen, pour le contenu de ses parties qu'il a livré et baillé plusieurs sortes de cloux pour la heronnerie de Gaillon, cv^{tt}.

Du samedi IIIIe janvier v^c et quatre :

A Jehan Avisse, charpentier, sur et tant moins de ce qu'il doit avoir de la charpenterie du premier estage du corps de logis de la grant maison, x^{lt}.

A Jehan Lemoine, sur et tant moins de la couverture d'ardoise du Lydieu et pavillon, vii^{lt}.

Pour la parpaye de la couverture d'ardoise de la maison du Lydieu, de la chappelle du parc, du pavillon et du portal dud. parc, le tout contenant trois cens xxxi toises ii tiers, dont il n'a esté payé que iii^c xxiiii toises ii tiers, à x^s la toyse, xlvi^{lt} iii^s viii^d.

. . . .

Du xiie avril v^c et cinq :

A Jehan Avisse, charpentier, sur et tant moins de la charpenterie du corps d'ostel, x^{lt}.

Aud. Avisse, pour fin de paye de la charpenterie du premier plancher du corps d'ostel, a esté payé, le xxviiie juing, xv^{lt}.

A esté payé à Nicolas Castille, menusier, demourant à Rouen, sur et tant moins de la menuserie du pavillon des tonnes, sans les aultres sommes qu'il a eues, l^{lt}.

Aud. Castille, du xve fevrier, a esté baillé, sur et tant moins de la menuserie dud. pavillon, xx^{lt}.

Aud. Castille, du xixe mars, id. id. xxx^{lt}.

Aud. Castille, du ixe may v^c et v, pour la parpaye de toute la menuserie du pavillon du jardin, tant huys, fenestrages et les deux vistz de la piece, tant hault que bas, xviii^{lt} ii^s.

Pour achat d'une petite cloche de metal pour sonner à Gaillon l'eure des maçons et pour deux orloges de sablon à donner l'eure ausd. maçons, xlv^s.

A esté fait par ordonnance de Monsieur une cuysine, près de la maison du Lydieu, qui a cousté, comme il appert par les estiquettes, cv^{lt} ii^d.

A esté ratiffié à monsieur le general de Normandie qu'il avoit baillé à maistre Collin Brian, dès le penultieme jour de may mil v^c et quatre, pour ung voyage qu'il a fait de Bloys à Gaillon, visiter les bastimens, par quictance rendue par mond, sieur le general, la somme de LXX^s.

Somme de ceste autre mise contenue en vingt articles, huit cent cinquante-six livres dix-neuf solz dix deniers tournois.

Mise faicte par moy, maistre Guillaume de Bonnaire, pour le portal du chasteau de Gaillon, commenchant à Noel v^c et quatre.

Du samedi xxvIII^e decembre v^c et quatre :

Pour deux journées, monte le payement des tailleurs et maçons ordonnez et depputez pour le portail du chasteau de Gaillon, LVII^s III^d.

Pour les maneuvres, deputez et ordonnez pour led. portail, x^s.

Du samedi IIIIe janvier v^c et quatre :

Pour v journées, pour les tailleurs et maçons ordonnez pour led. portail, VII^{lt} III^s IIII^d.

Pour les maneuvres, xx^s.

Du samedi xI^e janvier.

Pour v journées, pour les maçons et tailleurs pour led. portail, VII^{lt} III^s IIII^d.

Pour les maneuvres, xxv^s.

Du samedi xvIII^e janvier :

Pour vI journées, pour les maçons et tailleurs du portail du chasteau, VIII^{lt} xII^s.

Pour les maneuvres, xxx^s.

Du samedi xxve janvier :

Pour trois journées, *id.*   *id.*   LXXIII^s VIII^d.

Idem, aux maneuvres, xv^s.

Du samedi premier jour de fevrier :
Pour vi journées, id.   id.   viii^{tt} xii^s.
Idem, aux maneuvres, xxx^s.

. . . .
. . . .
. . . .

Du samedi v^e avril :
Pour cinq journées, id.   id.   ix^{tt} x^s.
Pour les maneuvres, iiii^{tt} iiii^s.
Pour LXXIII poinssons de chaux pour le portal du chasteau, à v^s le poinsson, xviii^{tt} v^s.
Pour LXXVI balnées de sablon pour destremper lad. chaux, LXXVI^s.
A Massiot Bansse, carrier de Vernon, tant d'appareil, pavé, carreau et libbe, xxxi^{tt} xi^s viii^d.
A G. de la Haye, batellier, pour le menage de iiii^{xx}x tonneaux de pierre de Saint-Leu pour le portal, à v^s le tonneau, xxii^{tt} x^s, et pour descharger lad. pierre au port, xxiiii^s, qui sont de somme toute, xxiiii^{tt} xiii^s.

. . . .

A Symon Chevalier, pour avoir amené deux perches de mollon du chemin de Louviers, à faire la masse du portal, LV^s.
Pour ung treilliz de fer ou barreaux servantz à la veue de la prison voultée dessoubs le portal, pesant xxxi^{tt} de fer, à iiii^d pour livre pour façon, x^s iiii^d.
Du samedi xiie avril v^e et cinq :
Pour six jours des maçons et tailleurs servans au portal, xvi^{tt} iii^s.
Pour les maneuvres, LXXII^s.
Du samedi xixe avril :
Pour six jours, monte le payement des maçons et tailleurs du portal, xviii^{tt} viii^s.
Pour les maneuvres, vi^{tt} x^s.
Du samedi xxvie avril :
Pour v jours, pour les maçons et tailleurs du portal, xiii^{tt} xvi^s viii^d.
Pour les maneuvres, iiii^{tt} xviii^s.

A Jehan Avisse, charpentier, pour avoir fait deux gros tretaux à soustenir les cintres des cheminées et aultres choses declarées en l'estiquette, LXXIIII^s.

Du samedi IIIe jour de may :

Pour quatre jours pour les maçons et tailleurs du portail, X^{lt} XIIII^s IIII^d.

Pour les maneuvres, IIII^{lt} XII^s.

Du samedi X^e jour de may :

Pour cinq jours, monte le payement des maçons et tailleurs servans au portail, XIII^{lt} VI^s VIII^d.

Pour les maneuvres, VI^{lt} IIII^s.

A esté payé à Guillot Synot et Massiot Bansse, carriers de Vernon, pour pierres d'appareil et libbe, XL^{lt} VI^s.

A Guillaume Hervieux, mareschal de Gaillon, pour la fasson de VIII^{xx}XIII^{lt} de fer mis en euvre aux tournenées, que treillis du pont, planchés, huisseries et fenestres du portail, à IIII^d pour livre pour fasson, LVII^s VIII^d.

Du samedi XVIIe may :

Pour trois jours, monte le payement des maçons et tailleurs servans au portail, VII^{lt}.

Aux maneuvres, LXXII^s.

Du samedi XXIIIIe may :

Pour V jours des maçons et tailleurs servans pour le portail, XII^{lt} VIII^s.

Pour les maneuvres, VII^s.

A Guillotin Tubeuf, pour avoir livré L poinssons de chaux au pris accoustumé, XII^{lt} X^s.

A Guillot Synot et Jehan Hallot, carriers, demeurans à Vernon, pour avoir livré tant pierre d'appareil et libbe, XLIIII^{lt} XV^s IIII^d.

Du samedi dernier jour de may :

Pour six jours, monte le payement des maçons et tailleurs servans pour le portal, XVI^{lt} IX^s.

Pour les maneuvres, VI^{lt} XIII^s.

Pour XLV poinssons de chaux, à V^s le poinsson, XI^{lt} V^s.

DU CHÂTEAU DE GAILLON.

A Philippot Aufray, pour avoir cherié du port aux pierres une batellée de pierre de St-Leu contenant vii^{xx}x tonneaulx et demi, à iiii^s pour tonneau, xxx^{lt} ii^s.

Pour tirage et cheriage de pierre de mollon des carrieres du parc, pour les fondements du portal, xiiii^{lt} v^s.

Du samedi viie juing :

Pour six jours des maçons et tailleurs servans pour le portal, xv^{lt} xii^s.

Pour les maneuvres, viii^{lt} viii^s.

. . . .

Du samedi xiiii^e juing :

Pour v jours, *id. id.* xiii^{lt} iii^s iiii^d.

Pour les maneuvres, lxx^s.

Du samedi xxi^e juing :

Pour six jours, *id. id.* xvi^{lt} xiii^s.

Pour les maneuvres, iiii^{lt} xviii^s vi^d.

Du samedi xxviiie juing :

Pour quatre jours, *id. id.* xiii^{lt} xviii^s vi^d.

Pour les maneuvres, cvii^s.

Du samedi v^e juillet :

Pour six jours, *id. id.* xix^{lt} xi^s ix^d.

Pour les maneuvres, vii^{lt} xix^s.

Pour xliii poinssons de chaux, à v^s le poinsson, x^{lt} xv^s.

Pour cheriage de sablon, iiii^{lt} ix^s.

Du samedi xiie juillet :

Pour vi jours, monte le payement des maçons et tailleurs servans pour le portal, xix^{lt} xii^s.

Pour les maneuvres, iiii^{lt} xvi^s.

Pour cheriage du port aux pierres de iii^{xx}vii tonneaulx de pierre de St-Leu, au pris acoustumé de iiii^s pour tonneau, xvii^{lt} viii^s.

Au mareschal de Gaillon, pour la façon de vi^{xx}xv livres de fer mis en euvre à faire gonz, crochetz, estriés et aultres choses, à iiii^d pour livre pour façon, liiii^s iiii^d.

Du samedi xixe juillet :

Pour six jours des maçons et tailleurs servans pour le portal, xx^{tt} viii^d.

Pour les maneuvres, cIII^s vi^d.

Au mareschal de Gaillon, pour la fasson de lx^{tt} de fer en euvre pour grilles et gons pour les tourelles du portal, à IIII^d pour livre pour façon, xx^s.

Du samedi xxvie juillet :

Pour trois jours des maçons et tailleurs du portal, ix^{tt} xiii^s vi^d.

Pour les maneuvres, xlix^s.

Pour avoir cherié deux batellées de pierre de St-Leu contenant l'une vii^{xx}viii tonneaux, l'autre IIII^{xx}viii tonneaux, au pris de IIII^s pour tonneau, xlvii^{tt} vi^s.

Pour la façon de lxxiiii livres de fer, pour faire trois gons pour servir au portal, à IIII^d pour livre pour façon, xxiiii^s viii^d.

Du samedi iie jour d'aoust :

Pour six jours des maçons et tailleurs servans au portal, xix^{tt} xiii^s IIII^d.

Pour les maneuvres, vi^s vi^d.

Pour achat d'une grue à l'abbé de la Croix, pour servir au portal, rendue à Gaillon, xx^{tt}.

Du samedi ixe aoust :

Pour six jours des maçons et tailleurs servans pour le portal, xii^{tt}.

Pour les maneuvres, cxvi^s.

Du samedi xvie aoust :

Pour quatre jours des maçons et tailleurs, xv^{tt} xii^s.

Pour les maneuvres, vii^{tt} viii^s vi^d.

Au mareschal de Gaillon, pour la façon de vi^{xx}viii^{tt} de fer, pour ferrer la grue servant au portal, à IIII^d pour livre pour façon, xlii^s viii^d.

A Jehan Avisse, charpentier, pour avoir levé la grue aud. portal, fait une roue neufve et ce que besoing y estoit, c^s.

Du samedi xxiiie aoust :

Pour six jours des maçons et tailleurs servans au portal, xxiii^{tt} xiii^s IIII^d.

Pour les maneuvres, ix^{tt} xii^s.

A J. Beaumont, pour avoir cyé les courbes et aix pour faire la roue dud. portal, xix^s.

Pour ung chable de chanvre pesant viii^{xxtt}, pour servir à la grue dud. portal, à xv^d pour livre, x^{tt}.

Du samedi xxxe aoust :

Pour cinq jours des maçons et tailleurs, xxxi^{tt} xvii^s ii^d.

Pour les maneuvres, viii^{tt} iiii^s.

Au mareschal de Gaillon, pour la façon de xxxix^{tt} de fer à faire ung crocq à la grue du portal, et plusieurs chevilles et bendes, à iiii^d pour livre de fer, et pour avoir ferré ix poullies de bois pour servir aux trois grues, et fait les chevilles desd. poulies, a esté payé, pour le tout, lviii^s.

. . . .

Du samedi vi^e septembre :

Pour six jours des maçons et tailleurs, xxvii^{tt} viii^d.

Pour les maneuvres, viii^{tt} xvi^s.

Du samedi xiiie septembre :

Pour v jours des massons et tailleurs servans au portal, xxii^{tt} x^s.

Pour les maneuvres, vii^{tt} x^s.

A deux tailleurs qui taillent des carreaux de St-Leu, à la tache, au pris de ii^d le pié, l^s iiii^d.

Du samedi xxe septembre :

Pour six jours des maçons et tailleurs, xxv^{tt} xvii^s vi^d.

Pour les maneuvres, viii^{tt} xv^s.

Du samedi xxviie septembre :

Pour vi jours des maçons et tailleurs, xxv^{tt} x^s.

Pour les maneuvres, vii^{tt} xvii^s.

Au mareschal, pour la façon de lx^{tt} de fer mis en euvre pour le pont et plancher du pont du portal, à iiii^d pour livre, xx^s.

Somme de la mise du portal et des galeries du chastel de Gaillon du costé du parc et jardin, despuis Noel m v^c et quatre jusques à la

Sainct-Michel prouchain et suivant m v⁰ et cinq, unze cens soixante-deux livres dix-huict solz trois deniers tournois.

[Alibi cy-aprés.]

Somme toute de la mise et despence de ce compte, tant pour le grant corps d'ostel et viz et pour le portal et gallerie, et pour autres parties, le tout arresté en trois chappitres, sept mil cinq cens quinze livres quatre solz six deniers tournois.

MISE POUR LE PAVILLON DE LA GROSSE TONNE ET POUR LE JARDIN.

Du samedi iiii⁰ janvier v⁰ et quatre, appert par une estiquette signée du cappitaine et Laloyer, pour plussieurs journées de maneuvres à nettoier et serrer les pierres de la court du chasteau de Gaillon, faire l'allée et sablonner et pierrer qui va à la chappelle du parc, et plusieurs aultres choses contenues en lad. estiquette, a esté fait le tout par commandement de monseigneur, parce que le roy devoit venir à Gaillon emmis les Roys, en y a de mise, comme appert par lad. estiquette, xxxvi^{lt} iiii^s vii^d.

A esté payé à Jehan Dyacre, Robert Morin, Jehan Barbe le Petit, Pierre Loys, chacun ix jours; à Jaques le Jaileux, viii jours; à Henry Lequié, trois jours, tous paintres, pour avoir vacqué à paindre le premier estage du pavillon, à v^s pour jour, xi^{lt} xv^s.

A Colin Thomas, pour v voyages de son harnois aux bois de Cleres, pour amener de la latte à ardoise pour le pavillon, xxv^s.

Pour plusieurs journées de maneuvres à paver le bas du pavillon et cheriages de carreau, iiii^{lt} i^s ii^d.

A Guillot de Jeffousse, pour avoir arimé trois milliers de bricque pour la cheminée du pavillon, xi^s iii^d.

. . . .

Pour la reffasson de trois huys servans aux chambres du gallatas du grant portal, vii^s.

Du jeudi xie janvier a esté payé à Guillaume Hervieu, mareschal, pour avoir faict pour le pavillon v xii^{es} de pates, iiii xii^{es} de fiches, dont on luy a livré le fer; pour la menuserie du pavillon et pour la lanterne du pavillon, xii fiches et ung estrieu, le tout pesant xxxvii^{lt} de fer, au pris de iiii^d pour façon, xii^s iiii^d.

A Jehan Morin, demourant à Rouen, pour deux milliers trois cens de carreau plombé qu'il a baillez et livrez pour paver le premier estage du pavillon, viii^{lt} vi^s.

A Guillaume Delamare, demourant à Rouen, pour avoir baillé et livré ung millier d'or pour dorer le bas du premier estage du pavillon, xiii^{lt}.

A Robert Hebert, tant pour luy que pour deux aultres compaignons qui ont besongné à paindre par bas le pavillon des tonnes, xliii^s.

A Jehan Avisse, charpentier, pour avoir fait une soubzpente et anchevestrure, pour chevrons et coyaulx de la cheminée, le petit plancher au hault, les establins et asseoir la lanterne, dollé xii pieces de bois pour les choses dessus dictes, le tout pour le pavillon, xxxvii^s.

Pour plastrer et carreller pour aggrer le pavillon, à ung maçon et ung maneuvre, a esté payé, du jeudi xviiie janvier, xxxi^s.

Pour les fossez et armer les arbres et autres que Jaques de Beaulne a envoyez à Gaillon, lesquelles ont esté plantez au-dessoubz du jardin, a esté payé à des maneuvres xxxiii^s.

Pour la parpaye de une caque d'uylle de noix achetté à Vernon pour paindre la maison du Lydieu, qui coustoit viii^{lt} x^s, et pour lad. parpaye, a esté payé, du samedi premier jour de fevrier, la somme de liiii^s vi^d.

Pour avoir fait mener la tappisserie de l'ostel jusques au bateau pour porter à Gaillon, et pour le sallaire d'un homme, lequel alla pour conduire lad. tappisserie avec deux pieces de vin de Rouen aud. lieu de Gaillon, parce que Monseigneur y cuydoit venir, du xvie janvier, xv^s.

....

A esté payé du VIIIe mars, à Pierre Vallence, pour ses vacacions qu'il a esté l'espace de x jours au mandement de Monseigneur, qui estoit lors à Gaillon, pour luy deviser des affaires dud. Gaillon, pour ce, LXXV^s.

Du XXIIe fevrier, pour XLIIII poinssons de chaux pour la muraille du jardin, à V^s le poinsson, XI^{lt}.

Pour avoir esté querir au Roulle de la menuserie pour le pavillon, III^s.

A François Goumet, pour avoir taillé trois cens XXX piez de pierre de Saint-Leu pour faire les pilliers du jardin, au pris de II^d pour pié, LXIII^s IX^d.

Du XVe mars, à .... pour avoir taillé de la pierre à faire les pilliers et chaines de la muraille du jardin, XLVIII^s IIII^d.

....
....

Pour avoir esté querir des perches au bois à soustenir les arbres que le general de Beaulne a envoyez à Gaillon, II^s VI^d.

A Jehan Maquereau, qui a servi l'espace de XXXIIII jours de feste à pensser les herons et ouvrir les portes du parc quant besoing est, pour les mois de decembre, janvier, fevrier, à XV^d pour jour de feste, a esté payé la somme de XLII^s VI^d.

Du jeudi V^e jour d'avril, à plusieurs maneuvres qui ont fait les fosses pour planter II^c muriers blancs que le general de Normandie a envoyez à Gaillon et aultres choses contenues en l'estiquette, LXXVI^s.

A Noel Aumont, pour avoir taillé pour faire les pilliers et chesnes[1] du jardin VI^{xx}III piez de pierre de Vernon, à V^d le pié, LI^s III^d.

Pour IIII^{xx}XII poinssons de chaux, à V^s le poinsson, pour le mur du jardin, XXIII^{lt}.

A plusieurs maçons qui ont taillé des carreaux et lermiers pour lad. muraille, CXVI^s VIII^d.

A Robin Seneschal, Guillaume Noel, Jehan Fermelux et leurs

[1] Chaines du mur.

consors, sur et tant de la maçonnerie de la muraille du jardin, de quoy doivent avoir pour toise xvii^s vi^d; xxxvi^{lt}.

....

Du samedi xixe avril v^c et cinq :

Pour les tailleurs de pierre pour les pilliers et lermiers de la muraille du jardin, vii^{lt} xvii^s.

Pour les maneuvres à sier la pierre, faire les fondemens de la muraille et getter les terres au lonc de lad. muraille, cii^s.

Pour une quaque d'uylle de noix prise à Vernon pour paindre au pavillon et pour aultres choses contenues en l'estiquette, ix^{lt} iii^s i^d.

....

Du samedi xxvie jour de avril :

Pour les tailleurs de pierre, pour faire les pilliers et chesnes et larmiers du mur du jardin, cvii^s vi^d.

Aux maneuvres, cx^s.

Pour vi^{xx} trois poinssons de chaux pour le mur du jardin, à v^s pour poinsson, xxxv^{lt} xv^s.

....

Au mareschal de Gaillon, pour ferrer xxxvi brouettes, xxx^s viii^d.

Du samedi iiie may :

Pour les tailleurs de pierre, pour faire les pilliers et chesnes et larmiers du mur du jardin, cxiiii^s iiii^d.

Aux maneuvres qui ont getté la terre contre led. mur, porté les grosses pierres et syé, cviii^s.

Du samedi x^e jour de may :

Pour les tailleurs de pierre, vii^{lt} vi^s viii^d.

A ..... pour avoir livré tant poinssons que queues de chaux, lix^{lt}.

A Rollin Jellin, charpentier, pour sa fasson des lisses et deffenses de bois au-devant du jardin où sont plantez les arbres, au-dessoubz du mur du jardin, pour deffendre les bestes du parc d'y entrer, iiii^{lt}.

A Jehan Behier, laboureur, pour v journées de son harnois pour avoir admené du Rupreux les pieces de bois qu'il a convenu à faire lesd. lices et deffenses, l.^{s}

144   DÉPENSES DE LA CONSTRUCTION

. . . .

A Jehan Leconte, Guillaume Leclerc et leurs compaignons, pour avoir fait xxxii toises de fondemens du costé du pavillon et de l'autre costé devers le chasteau, pour funder le mur du jardin, à xxviii^d la toise, vallent lxxiiii^s viii^d.

A Richart Potier, charpentier, pour v journées et demi de sa paine à aggreer et planir les poteaux et fenestrages dedans le pavillon par bas, à iii^s pour jour, xvi^s vi^d.

Pour la façon de xiii cyvieres pour servir aux maçons du mur, xiii^s.

Du samedi xviie may:

Pour les tailleurs de pierre pour faire les pilliers et chesnes du mur du jardin, lviii^s.

Pour les maneuvres à syer la pierre et getter la terre contre le mur, lx^s.

Du samedi xxiiiie jour de may:

Pour les tailleurs de pierre, vii^{lt} vi^s viii^d.

Aux maneuvres, iiii^{lt} x^s.

A Guillaume Delamare, marchant, demourant à Rouen, pour avoir livré, du iiie decembre v^e et quatre, ung millier d'or pour le paintre, pour emploier au pavillon et par ordonnance de monsieur de Saint-Ouen, xiii^{lt}.

Du samedi dernier jour de may :

Pour les tailleurs de pierre, viii^{lt} iiii^s.

Pour cent trois poinssons de chaux, à v^s le poinsson, vallent xxv^{lt} xv^s, et pour xxxiii queues, à vi^s vi^d la queue, valent x^{lt} xiiii^s vi^d, qui sont pour toute lad. chaux, xxxvi^{lt} ix^s vi^d.

A Guillaume de la Haye, batellier, pour avoir amené par la riviere vii^{xx}x tonneaux et demi de pierre de Saint-Leu, à v^s vi^d pour tonneau, xli^{lt} vii^s ix^d.

Pour cheriage du port aux pierres de iiii^{xx}xiiii tonneaux de pierre de Saint-Leu, pour les pilliers du jardin, à iiii^s pour tonneau, xviii^{lt} xvi^s.

Du samedi viie juing.

Pour les tailleurs de pierre, pour faire les pilliers et chesnes du mur du jardin, vi^{tt}.

Pour les maneuvres à syer la pierre et descendre les grosses libbes dedens les fondemens des pilliers, vi^{tt}.

Pour cheriage de bricques pour lesd. pilliers dud. mur, cxiii^s.

Pour cheriage de pierre de mollon pour led. mur du jardin, xx^{tt} vi^s i^d.

A Robin Seneschal, Guillaume Noel, Jehan Fermelux et leurs consors, sur et tant moins du mur dud. jardin, lxxv^{tt}.

Pour ung millier d'or à paindre au pavillon, a esté payé à Jehan Delamare, marchant, demourant à Rouen, xiii^{tt}.

Du samedi xiiiie juing.

Pour les tailleurs de pierre, pour faire les pilliers et chesnes du mur du jardin, cv^s x^d.

Pour ii^c iii poinssons, à v^s, et ix queues de chaux, à vi^s vi^d, liii^{tt} xiii^s vi^d.

Pour cheriage de sablon, xii^{tt} iiii^s.

Pour tirage et cheriage de mollon pour le mur du jardin, lviii^{tt} ix^s iii^d.

Du samedi xxie juing :

Pour les tailleurs de pierre, vi^{tt} v^s.

Pour les maneuvres servans pour led. jardin à syer la pierre et mener les grosses pierres de libbe, cxi^s.

Pour cent lxxv poinssons de chaux, à v^s, pour le mur du jardin, xliii^{tt} xv^s.

Pour quatre voyages d'avoir esté au Roulle querir de la menuiserie et plomb pour le pavillon, xii^s.

A Robin Can, pour avoir syé ung quartier de coulombes, plus xviii tretz de sye à faire coyaux et recoupé trois posteaux pour servir et refaire l'un des cabinetz du pavillon, xxv^s.

A Nicollas Castille, menusier, demourant à Rouen, sur et tant moins de la menuiserie du lambritz qu'il a fait à la chambre haulte du pavillon tout à l'entour de lad. chambre, pour premier payement, xx^{lt}.

Du samedi xxviiie jour de juing :

....

Pour ii^c viii poinssons de chaux, au pris accoustumé de v^s, lii^{tt}.

Pour trois voyages de harnois pour amener du plomb et menuiserie pour le pavillon, ix^s.

....

Du samedi v^e juillet :

A Guillot Synot, carrier, pour avoir baillé xi tonneaux et demi de pierre de Vernon, de pierre d'appareil pour fonder les pilliers du coing de la muraille du jardin du costé du pavillon, au pris de xvi^s pour tonneau, vallent, ix^{tt} iiii^s; aud. Synot, pour ix tonneaux de libbe, lxxii^s; à Massiot Bance, pour xv tonneaux de pierre d'appareil, au pris dessus dit, vallent xii^{tt} viii^s; aud. Bance, pour viii tonneaux de pierre de libbe, aud. pris, vallent lxviii^s, qui vault en somme pour le tout, xxviii^{tt} xii^s.

A Jehan Dupré, pour avoir taillé, pour les pilliers et chaines du jardin, vii^{xx} ung pié et demi de pierre de St-Leu, au pris de ii^d le pié, xxix^s iiii^d.

A Jehan Avisse, charpentier, pour avoir abatu et reffait deux pans de l'un des cabinets du pavillon où sera le lit, vi^{tt}.

Pour deux journées de syeurs d'aix à syer de la chanlatte et contrelatte pour led. cabinet, vii^s.

A vuyder les terres pour fonder les piliers du haut bout du mur du jardin, xlviii^s.

Pour approcher les pierres de libbe pour fonder lesd. pilliers, xxvi^s viii^d.

A Collin David, couvreux d'ardoise, pour six jours qu'il a couvert au cabinet qui a esté refait, xxx^s.

A trois paintres qui ont paint avec Jherosme aud. pavillon et en la maison du Lydieu, aux fleurs de lix, à iiii^s vi^d pour jour, viii^{tt}.

A Nicollas Castille, menuisier, sur et tant moins de la menuiserie du lambrix qu'il fait en la chambre haulte du pavillon, xx^{tt}.

DU CHÂTEAU DE GAILLON.

Pour la façon de deux milliers de lattes pour led. cabinet dessus dit dud. pavillon, et pour ung voyage de harnois pour avoir esté querir lad. latte au bois, xix[s].

A Symonnet le Cousturier, carrier à Vernon, pour avoir livré, pour les pilliers de jardin, v tonneaux trois quarts de pierre d'appareil et xxxv tonneaux de pierre de libbe, xviii[lt] xii[s].

Du samedi xii[e] juillet :

Pour cent xv poinssons de chaux, à v[s] le poinsson, xxvii[lt] xv[s].

A Richard du Hay, Henri Assiez et Jacques le Guerleux, paintres, pour chacun six jours à paindre au pavillon, à iiii[s] vi[d] par jour, iiii[lt] xii[d].

A Robin Seneschal, Guillaume Noel, Jehan Fermelux et leurs consors, sur et tant moins de la maçonnerie de la grosse muraille et pilliers du jardin, xl[lt].

. . . .

Du samedi xix[e] juillet :

Aux paintres qui sont à paindre le batz du pavillon et dorer les fleurs de liz de la maison du Lydieu a esté payé, pour leurs semaines, cv[s].

A . . . . pour avoir fait ung toisant de fer pour servir aux plombiers et paintres du pavillon, ii[s] vi[d], et pour avoir ferré trois brouettes, iiii[s] vi[d], qui font vii[s].

Pour quatre voyages de harnois, d'avoir esté querir au Roulle de la menuiserie et plomb pour le pavillon, à iii[s] pour voyage, xii[s].

Pour ix[xx] ung poinsson de chaux pour la muraille du jardin, à v[s] pour poinsson, xlv[lt] v[s].

A M[e] Richard Carpe, menuisier, pour quatre jours de sa peine d'avoir fait les lermiers et amortissemens des estetz des lucarnes du pavillon pour asseoir la plomberie, xvi[s].

Du samedi xxvi[e] juillet :

Au mareschal, pour la façon de viii livres de fer pour faire des verges pour la plomberie des lucarnes du pavillon et pour ferrer xii brouettes, xii[s] viii[d].

A Nicolas Castille, sur et tant moins de la menuiserie de la chambre et cabinet d'en haut du pavillon, xx[s].

148   DÉPENSES DE LA CONSTRUCTION

Du samedi IIe aoust :

A Richard Duhay, Henry Assier, Jacques le Guerleux et Anthoine Lepreux, paintres, à paindre le pavillon, pour leurs semaines, CVIII{s}.

....

Du samedi IXe aoust :

A plusieurs tailleurs de pierre, avoir taillé de la pierre pour les pilliers des murs du jardin, XIII{tt} II{s}.

A paindre le pavillon, à Richart Duhay, Henri Assier, Jacques le Guerleux et Anthoine Lepreux, pour leurs semaines, IIII{tt} XIX{s}.

A Nicollas Castille, menusier, sur et tant moins de la menuserie de la chambre et cabinet d'en hault du pavillon, XX{tt}.

....

Du samedi XVIe aoust :

Pour cheriage de la pierre de mollon pour les murs du jardin, LXIII{tt} III{s}.

Pour la façon d'ung estoc de fer pesant LXXII{tt} pour mettre en la plomberie du pavillon, à IIII{d} pour livre façon, XXIIII{s}.

A Anthoine Lepreux, paintre, pour quatre journées à paindre au pavillon, XII{s}.

....

Du samedi XXIIIe aoust :

Pour cheriage de sablon pour chaux de la muraille du jardin, VII{tt} XVII{s} VI{d}.

....

Du samedi XXXe aoust :

A Anthoine Lepreux, paintre, pour XI jours d'avoir paint au pavillon, XXXIII{s}.

A Jherosme de Tourniolles, paintre, pour ses gaiges de deux années finissant le dernier jour d'aoust V{c} et cinq, a esté payé XII escus et demi souleil, qui vallent XXII{tt} XVI{s} III{d}.

Du samedi VIe septembre :

Pour cheriage de pierre de mollon, XXX{tt} VI{s} VIII{d}.

Pour une xiie de brouettes à getter et brouetter les terres, achettées à Rouen, LX^s.

Pour xxiii pots d'uille pour les paintres du pavillon, pris à Vernon, LXX^s.

A Anthoine de Rouen, pour six journées qu'il a paint au pavillon, xviii^s.

. . . .

Du samedi xiiie septembre :

A plusieurs gens et chartiers avoir tiré de la pierre de mollon et admené au chasteau, xix^{lt} xii^s vi^d.

A Robin Seneschal, Guillaume Noel, Jehan Fermelux et leurs compaignons, pour fin de payement pour avoir fait une tache de gros murs et pilliers du jardin, au pris de xvii^s vi^d pour toise, par compte fait avec eux, xxxvi^{lt} xi^s vi^d.

A Ysambert Nourry, pour avoir fait xxvi toises de mur de trois piez d'espesseur, prés du pavillon, au pris de vii^s vi^d pour toise, ix^{lt} xv^s.

A Jehan Moullin, sur la somme de xxx^{lt} qu'il doit avoir pour oster et brouetter ung gros moult de terre prés du pavillon, xix^{lt}.

A Antoine Lepreux, paintre, pour v journées à paindre le pavillon, xv^s.

Pour iii grans potz et vi petitz à servir aud. paintre, iii^s.

Du samedi xxviie septembre :

A Robin Seneschal, Jehan Fermelux, Guillaume Noel et leurs compaignons, pour avoir fait xlvi toises et demie de mur de trois piez d'espesseur pour le jardin, à vii^s vi^d pour toise, xvii^{lt} viii^s ix^d.

A Cardot Rassine, pour avoir fait xiii toises de fondemens pour faire la muraille dud. jardin, à iii^s la toise, xxxix^s.

A Jehan Moullin, pour ix toises et demie de fosse pour faire les fondemens de lad. muraille du costé du pavillon, à ii^s pour toise, xix^s.

Audit, sur et tant moins d'un gros mont de terre prés le pavillon, de la brouetter et mettre hors, iiii^{lt}.

A Anthoine Lepreux, pour avoir paint avec Jherosme, au pavillon, pour xiii journées, à iii^s pour jour, xxxix^s.

Pour voyages de harnois et chevaulx, querir du plomb au Roulle et du bois pour establiz, pour le pavillon, vi^s.

A Guillaume de la Mare, marchant, demourant à Rouen, pour avoir baillé à plusieurs fois deux milliers et demi d'or et iii^c d'argent pour employer à paindre le pavillon, à xiii^{lt} le millier et v^s pour cent d'argent, xxxiii^{lt} v^s.

Aud. de la Mare, pour avoir livré pour paindre led. pavillon, plus deux aultres milliers d'or au pris dessus dit, xxvi^{lt}.

A Vincent Harpin et Guillaume le Veautre, marchans demourans à Rouen, pour avoir livré et baillé plusieurs sortes de couleurs de paintures qui ont esté emploiés aud. pavillon, Lxvi^{lt} xii^s viii^d.

> Some de la mise et despense du pavillon, jardin et tonnes, despuis le iiiie jour de janvier dernier passé jusques à la Sainct-Michel prochaine aprés en suivant, aussi derrement passée, deux mil sept cens soixante-unze livres dix-huit solz six deniers tournois.

Somme toute de la mise et despence de ce compte, tant pour le grant corps d'ostel et viz, pour le portal et galerie, que pour le pavillon et jardin, et pour autres parties, le tout arresté en quatre chappitres, dix mil deux cens quatre-vings-sept livres trois solz tournois.

Et la recepte monte x^m iii^c iiii^{xx} viii^l x^s vii$^{ds\ ts}$.

Doit ledit de Bonnaire, par ce compte, ci^l vii^s vii^d.

Ce present compte a esté examiné et cloz au chastel de Gaillon, led. vime jour de novembre, l'an mil cinq cens et cinq.

T. BOHIER.

DE BONNAIRE.

LA MISE DU JARDIN DE GAILLON,

POUR L'ANNÉE FINISSANT A LA St-MICHEL L'AN MIL CINQ CENS ET SIX.

La mise du jardin que monsieur le legat, archevesque de Rouen, faict faire prés son chastel de Gaillon, commenchant le samedi xxiie jour de novembre mil cinq cens et cinq.

PREMIEREMENT :

Maneuvres.

Paié aux maneuvres qui ont porté la pierre pour faire le mur du jardin, xl^s.

Pavage du cabinet.

Paié à Jehan de Caux, pour reste et parpaie du pavage de xliii toises et demye de pavé, vii^{lt}.

Pour vuyder des terres.

Paié, le samedi xxixe jour de novembre mil cinq cens et cinq, à ..... sur la tache qui fut pour tirer des terres du jardin, iiii^{lt}.

. . . .
. . . .
. . . .

Tireurs de moillon.

Payé, le samedi iiie jour de janvier, aux tireurs de moillon, ix^{lt} xix^s iiii^d.

Les loges pour les bestes sauvages.

Aux charpentiers qui font lez loges dedens le parc, L^s.

Gages du paintre.

A Geraulme, paintre, comme il appert par sa descharge, XVIII^{lt} XV^s X^d.

Achat d'uille.

Paié ced. jour aud. Geraulme, pour matieres par luy prinses, XXVIII^s VI^d.

....

Pour lez bestes du parc.

Paié, le samedi X^e jour de janvier mil cinq cens et cinq, aux maneuvres qui ont couvert les loges qui ont esté pour lez bestes dedens le parc, XLI^s VIII^d.

....
....
....

Façon de muraille.

Paié, le samedi XXIe jour de mars, à Guillaume Noel et Mattieu Littée, pour leur paine d'avoir faict XVI toises dez murs du jardin, X^{lt}.

Achat de paintures.

A Guillaume le Veautre, pour vendicion de paintures, XVII^{lt} IIII^s VIII^d.

Maneuvres.

Paié, le samedi XXVIIIe jour de mars, aux maneuvres qui font lez trailles du jardin, XXXI^s III^d.

Celuy qui amena le jardinier.

Paié à l'ung des gens de monsieur le general qui amena le jardinier à Gaillon, L^s.

....

Achat d'asur pour le pavillon.

Paié, le samedi IIIIe jour d'avril, à Géraulme, paintre, CXVII^s X^d.

Despence du doyen du Plessis.

Pour la despence de monsieur le doyen du Plessis, qu'il estoit venu pour voir le jardin de Gaillon, pour sa despence, IIII^{tt} X^s.

Gages du paintre.

Du samedi XIe d'avril, à Geraulme de Tornieres, XIX^{tt} VIII^s I^d.

Façon de muraille.

A Franchoys Gayot, mason, et ses compaignons, XIII^{tt} XV^s.

Le doyen du Plexis.

Du samedi XVIIIe jour d'avril, à messire Pierre de Mercolienne, doyen du Plexis, LV^{tt}.

La despence de celuy qui amena le jardinier.

A Jehan Couchois, ainsi qu'il appert de sa quictance, LXXV^s.

Chariage de sablon.

Paié, le samedi IIe jour de may mil cinq cens et six, aux chertiers qui cherient le sablon du jardin, IIII^{tt} IX^s II^d.

Chariage de moillon.

Item, aux chertiers qui cherient le moillon d'auprés des murs du parc, VII^{tt} III^s IX^d.

Huille pour les paintres.

A Richart Troussel, pour l'achat de III potz d'uylle, XII^s.

Maçons.

Paié, le samedi xvie jour de may mil cinq cens et six, aux massons du jardin, xvii^{lt} xii^s.

Chaux.

A Colin Tubeuf, ainsy qu'il appert par sa descharge, x^{lt} x^s.

Echefaux pour les paintres.

Aux charpentiers qui ont fait les echefaux pour les paintres, lxv^s iii^d.

. . . .
. . . .

Dorure de la grant maison.

Paié, le samedi xxiiie jour de may, à Henry Achier et Jacques le Guerleux, vi^{lt}.

. . . .
. . . .

Dorure.

Paié, le samedi penultieme jour de may cinq cens et six, à Jacques le Guerleux et Henri Achiez, iiii^{lt}.

Achat d'ardoyse.

A Galles Bernard, ainsy qu'il appert par la descharge de ung notaire nommé Moynet, cxix^{lt} ii^s iiii^d.

. . . .
. . . .

Achat d'or.

Paié, le samedi vi^e jour de juing mil cinq cens et six, à Guillaume de la Mare [7000^f d'or], iiii^{xx}xi^{lt}.

. . . .
. . . .
. . . .

DU CHÂTEAU DE GAILLON.

Maçons.

Paié, le samedi IIIIe jour de juillet aux massons qui font les murs du jardin, XVIII^{tt} XI^s X^d.

Achat de pierre de St-Leu.

A Guillaume Dumont, carrieux, LXVIII^{tt} III^s VI^d.

Achapt d'asur.

Item, à Geraulme, paintre, ainsi qu'il appert par sa descharge, X^{tt} XII^s.

Charpentiers.

Paié aux charpentiers qui font les parqués du jardin, LXXIII^s IIII^d.

Charpentes dez galleries.

A maistre Denis Fremievre et maistre Jehan Avisse, LXX^{tt}.

Pour le doyen du Plexis.

A monsieur le doyen du Plexis, jardinier du roy, ainsi qu'il apert de sa descharge, LVI^{tt} X^s.

Pour le jardinier.

Item, à Masse de Blois, jardinier que led. doyen avoit mené, XII^{tt} XVIII^s.

Achapt de poysson.

A Guillaume Chercle, pour poysson pour les mares du parc, XXXVI^s VI^d.

Pour les daureurs.

A Jacques le Guerleux et Henry Achier, paintres, X^{tt}.

Achapt de fin or.

A Guillaume de la Mare, XLV^{tt} X^s.

Daureurs.

A Henri Archier et le Guerleux, pour façon de painture, d'avoir doré les lucquernes du pavillon des tonnelles du jardin, XXV^{tt}.

Achapt d'huylle pour le pavillon.

A Robert le Sueur, huillier, c^s.

Pour les parqués.

Aux charpentiers qui font les parqués du jardin, c^s.

. . . .
. . . .

Maçons.

Paié, le samedi xviiie jour de juillet mil v^c et six, aux massons qui taillent et font les galleries, xxiii^{tt} ix^s v^d.

Pour les parqués.

Aux charpentiers qui font les parqués du jardin, viii^{tt} i^s.

Les charpentiers des galleries.

Item, plus, paié à maistre Denis Fremier et Jehan Avisse, xx^{tt}.

Voicture de pierre de St-Leu.

A Guilleaume de la Haye, batellier, li^{tt} vi^s x^d.

. . . .
. . . .

Achat de carreau plombé.

Paié, le samedi xxve jour de juillet, à Guillaume Theroude, briquetier, pour le petit pavillon du jardin, xxxv^s.

. . . .
. . . .

Maçons.

Paié, le samedi premier jour d'aoust, aux massons qui font lez murs du jardin, xxix^{tt} xix^s viii^d.

Tireurs de moillon.

Aux tireurs de moillon, xxiiii^{tt} i^s i^d.

Les galleries.

A maistre Pierre Fremievre et Jehan Avisse, charpentiers, xl^{tt}.

Vuydange des terres.

Aux maneuvres qui dressent lez terres pour assoir la tonne, iiii^{tt} vii^s.

Pour le doyen du Plessis.

Paié à monsieur le doyen du Plessis, ainsy qu'il apert par sa descharge, lv^{tt} v^s.

Chaussée du vivier.

Paié, le samedi xve jour d'aoust v^c et six, pour rechausser la chaussée du vivier, lxvi^s.

Despences et gaiges du jardinier.

Pour la despence de Thomas, jardinier, xxiiii^{tt}.

Ardoise.

Paié, le samedi xxiie jour d'aoust v^c et six, à Jehan le Moyne, ardoissier, xv^{tt}.

Achapt de cordage.

A Collin Thomas, cordier, pour l'achat d'un chable, lii^s.

Achapt de pierre de St-Leu.

Paié, le samedi xxvie jour de septembre v^c et six, à Guillaume Dumont, carrier, xxiiii^{tt} xvi^s.

Achapt d'or.

A Guillaume de la Mare, xiii^{tt}.

DÉPENSES DE LA CONSTRUCTION

Despence du jardinier.

Pour la despence de Thomas, jardinier, LXVII^s VI^d.

. . . .
. . . .

Somme total de la despence de ce present cayer, cinq mil trois cens trente-une livres neuf solz deux deniers maille tournois.

Arresté et cloz à Gaillon, le sixiesme jour de deoembre l'an mil cinq cens et six.

GENLY.

T. BOHIER.

LA MISE DE LA MENUYSSERIE

ET LE TALUD DE LA CHAPPELLE,

POUR L'ANNÉE FINISSANT À LA St-MICHEL L'AN MIL CINQ CENS ET SIX.

C'est la declaration de la mise faicte pour la menuysserie que monsieur le legat fait faire à son chasteau de Gaillon.

PREMIEREMENT :

Pour l'achat du boys, despence et cheriage, ainsy comme il appert par la descharge du cappitaine Piquet et Richard Guere, ix^{xx} iii^{tt} vi^s ix^d.

Paié aux menuyssiers, le viie jour de mars mil cinq cens et cinq, vi^{tt} xiii^s vi^d.

Paié, le samedi xiiiie jour de mars, aux menuyssiers qui font la menuysserie de la grant maison, vii^{tt} xviii^s iii^d.

Paié, le samedi xxie jour de mars, aux menuyssiers qui font la menuyserie de la grant maison, ix^{tt} iiii^s vi^d.

Paié, le samedi xxviiie jour de mars, aux menuyssiers, *idem*, viii^{tt} vi^s iii^d.

Paié, le samedi iiiie jour d'avril, aux menuyssiers, *id.* ix^{tt} xix^s vi^d.

Id. le xie jour d'avril, *id.* x^{tt} vii^s.

Id. le xviiie jour d'avril aprés Pasques, mil v^c et six, *id.* iiii^{tt} xv^s ii^d.

Item, à Thomas Faget, perchemminier, pour colle, xxxi^s iii^d.

DÉPENSES DE LA CONSTRUCTION

Paié, le samedi xxve jour d'avril v^c et six, aux menuyssiers qui font la menuysserie de la grant maison, viii^{tt} iiii^s ii^d.

Id. le iie jour de may,	id.	id. viii^{tt} xi^s vi^d.
Id. le ixe may,	id.	id. ix^{tt} iiii^s x^d.
Id. le xvie may,	id.	id. xi^{tt} v^s.
Id. le xxiiie may,	id.	id. x^{tt} xv^s.
Id. le penultieme de may,	id.	id. xiii^{tt} i^s.
Id. le vi^e jour de juing,	id.	id. vi^{tt} x^s vi^d.
Id. le xiii^e de juing,	id.	id. x^{tt} xvii^s vi^d.
Id. le xx^e de juing,	id.	id. xiii^{tt} xvii^s.
Id. le xxvii^e de juing,	id.	id. x^{tt} xvii^s vi^d.
Id. le iiii^e jour de juillet,	id.	id. xii^{tt} vi^d.
Id. le xi^e de juillet,	id.	id. xv^{tt} ix^s.
Id. le xviii^e de juillet,	id.	id. xii^{tt} xiii^s.
Id. le xxv^e de juillet,	id.	id. vii^{tt} xviii^s.
Id. le premier jour d'aoust,	id.	id. xvi^{tt} vii^s.
Id. le viii^e d'aoust,	id.	id. x^{tt} vii^s ii^d.
Id. le xv^e d'aoust,	id.	id. x^{tt} xiii^s.
Id. le xxii^e d'aoust,	id.	id. xxiii^{tt} xvii^s.
Id. le xxixe jour d'aoust,	id.	id. xvi^{tt} x^s.
Id. le ve jour de septembre,	id.	id. xix^{tt} x^s vi^d.
Id. le xiie jour de septembre,	id.	id. xx^{tt} x^s vi^d.

Somme total desd. parties de menuserie, cinq cens unze livres deux solz deux deniers tournois.

Arresté et cloz le vime jour de decembre, l'an mil cinq cens et six.

GENLY.

T. BOHIER.

LA MISE DU TALUD DE LA CHAPPELLE.

La mise du talud de la chappelle, commenchant le samedi xxiᵉ jour de febvrier mil cinq cens et cinq.

PREMIEREMENT :

Paié aux massons qui massonnent aud. talud, iiiiᵗᵗ iˢ viᵈ.

Item, aux maneuvres dud. talud, lxxiiˢ.

Item, aux charretiers qui cherient le sablon dud. talud, ixᵗᵗ vˢ xᵈ.

Paié, le samedi dernier jour de febvrier mil cinq cens et cinq, aux massons du talud, viiiᵗᵗ xviˢ viiiᵈ.

Aux maneuvres dud. talud, cxiiiiˢ viiiᵈ.

A Thibault Varin et Pierres Viel, chaufuniers, pour chaux, xiiiᵗᵗ xiiiˢ.

Paié, le samedi viiᵉ jour de mars vᶜ et cinq, aux massons qui massonnent au talud de la chappelle, xᵗᵗ xviiiˢ.

Aux maneuvres, xiiiᵗᵗ iiiiˢ.

Aux chertiers qui cherient le sablon du talud, viᵗᵗ xiiiˢ iiiiᵈ.

A Jehan du Chesne et Guillaume le Baillif, pour chaux, xiᵗᵗ.

Paié, le samedi xiiiiᵉ jour de mars, aux massons du talud, xᵗᵗ xviiiˢ.

Aux maneuvres, xvᵗᵗ xiiˢ.

A Jehan Hamel, Jehan Dumont et leurs compaignons, pour abatre le vieulx talud et faire la place nete, xxvᵗᵗ xˢ.

. . . .

Paié, le samedi xxiᵉ jour de mars vᶜ et cinq, aux massons qui massonnent pour faire le talud dez fossés, xiiᵗᵗ xvˢ.

Aux maneuvres qui servent les massons du talud, xiiᵗᵗ.

A Jehan Tubeuf, chaufunier, pour chaux, xxiiᵗᵗ vˢ.

Paié, le samedi xxviiiᵉ jour de mars mil vᶜ et cinq, aux massons qui massonnent pour le talud des fossés de la chappelle, xᵗᵗ xviiiˢ xᵈ

A Guillaume Mansion et Pierres Viel, chaufuniers, pour chaux, xxxv^{tt} vii^s vi^d.

A maistre Colin Biard et autres massons, iiii^{tt} xii^s vi^d.

Paié, le samedi iiiie jour d'avril, aux massons qui font le talud de la chappelle, xv^{tt} x^s.

Aux maneuvres, xi^{tt} iiii^s.

Paié, le samedi xie jour d'avril v^c et cinq, aux massons qui taillent et assient pour faire le talud, xii^{tt} ix^s ii^d.

Aux maneuvres, ix^{tt}.

Paié, le samedi xviiie jour d'avril après Pasques mil cinq cens et six, aux massons qui font le talud des fossés de la chappelle, vii^{tt} xi^s vi^d.

. . . .

Paié, le samedi xxve jour d'avril, aux massons qui font le talud de la chappelle, xiii^{tt} vii^s vi^d.

. . . .

A maistre Richard Guerpe, menuyssier, pour moulles et bois, xlvi^s vi^d.

Pour chaux, xvii^{tt}.

Paié, le samedi iie jour de may v^c et six, aux massons qui taillent et asseint au talud de la chappelle, xvii^{tt} iii^s iiii^d.

Aux maneuvres dud. talud, ix^{tt} x^s.

A Guillot Sinot, pour pierre de Vernon, xi^{tt} xviii^s.

. . . .

Paié, le samedi ixe jour de mai v^c et six, aux massons qui massonnent les talus dez fossés de la chappelle, xiiii^{tt} xiii^s iiii^d.

Aux maneuvres dudit talud, ix^{tt} x^s.

Somme total ded. parties pour led. talud, quatre cens quarante livres seize sols deux deniers tournois.

Arresté et cloz à Gaillon, le veme jour de decembre l'an mil cinq cens et six.

GENLY.

T. BOHIER.

LA MISE DE LA GRANDE MAISON

DE GAILLON,

POUR L'ANNÉE FINISSANT A LA St-MICHEL L'AN MIL CINQ CENS ET SIX.

La mise de la grans maison que monsieur le legat archevesque de Rouen faict faire à son chasteau de Gaillon, commenchant le samedi xxiie jour de novembre mil cinq cens et cinq.

PREMIEREMENT :

Massons.

Paié aux massons qui font la grant maison, LXXVIII^l I^s VI^d.

A aultres massons qui besoignent au portal, XIIII^{lt} XVI^s.

Maneuvres.

Aux maneuvres qui servent les massons pour le corps de la grant maison, X^{lt} III^s IIII^d.

Pierre de Vernon.

A Jehan Courtoys, carrieux, pour avoir livré sur le port trente-neuf tonneaux de pierre de Vernon, XXXI^{lt} IIII^s.

Charroy de moilon et bricque.

Pour cheriage de deux perches de pierre de moillon, à XXX^s pour perche, et de dix milliers de brique au pris de IIII^s pour millier, C^s.

. . . .

Voicture par eaue de pierre de St-Leu.

Paié, le samedi xxixe jour de novembre mil cinq cens et cinq, à Guillaume de la Haye, batellier, pour avoir amené iiii^{xx}xii tonneaux de pierre, xxiiii^{tt} xvi^s.

Massons.

Aux massons qui font le corps de la grant maison, liii^{tt} iii^s vi^d.

Idem.

Aux massons qui taillent pour faire le portal, xi^{tt} vii^s ix^d.

Achat de chaume pour la chapelle.

A Jehan Racine, comme apert par sa descharge, xx^s.

Pour les couvreurs de chaume.

Au covreulx de caulme qui ont couvert les murs du portal, xxxiiii^s ii^d.

. . . .

Massons.

Paié, le samedi vi^e jour de decembre, aux massons qui taillent pour faire le corps de la grant maison, liiii^{tt} vii^s vii^d.

Idem.

Aux massons qui taillent pour faire le portal, xi^{tt} vi^s viii^d.

Pierre de Vernon.

A Guillot Sinot, carrieux, pour sa paine d'avoir livré xxxii tonneaux cinq piés de pierre d'aparail de Vernon, xxvi^{tt} v^s iii^d.

Couvreurs de chaume.

A Jehan Thibout et son frere, couvreux de chaulme, pour leur paine d'avoir couvert la loge de dessus la vix de la grant maison, par marché faict, xl^s.

Achat de chaume.

A Jehan Racine, pour sa paine de luy et de son hernoys d'avoir amené au chastel de Gaillon deux cens et demy de caulme, xxv^s.

Marches de vis de Lovyers.

A Jehan Heuquelin, carrier, pour sa paine d'avoir amené au chastel de Gaillon des marches pour faire les vix de la grant maison, x^{lt} xv^s.

Charroy de pierre de Vernon.

A Laurens Erard, pour sa paine de luy et de son hernoys d'avoir amené du port aux pierres au chastel de Gaillon xxxix tonneaux de pierre de Vernon, à iiii^s pour tonneau, vii^{lt} xvi^s.

Pierre de Saint-Leu.

A Guillaume Dumont, marchand, demourant à Saint-Leu, pour sa paine d'avoir livré iiii^{xx}xii tonneaulx et demy de pierre de Saint-Leu, à vii^s i^d pour tonneau, xxxii^{lt} xv^s ii^d.

Massons.

Paié, le samedi xiiie jour de decembre mil cinq cens et cinq, aux massons qui taillent pour faire le corps de la grant maison, lv^{lt} xviii^s.

Idem.

Aux massons qui taillent pour faire le portal, xi^{lt} vi^s viii^d.

Vin de marché aux charpentiers d'Évreux.

Ce jour, à Henry Vidié, maistre dez euvres de charpenterie au baliage de Evreulx et aux charpentiers qui ont prins la charpenterie de la grant maison à faire, pour leur vin, l^s.

Massons à pris fait.

A Jehan Dupré, pour sa paine d'avoir tallé du carreau, xix^s ii^d.

Voicture par eau de pierre de St-Leu.

A Guillaume de la Haye, batellier, pour avoir amené iiii^{xx} tonneaulx de pierre de Saint-Leu, xxii^{lt} viii^s iii^d.

Achat de papier, lanternes et cyvières.

Pour achat de dix mains de papier et deux lanternes et deux chivieres, xvi^s.

M⁰ Colin Byart, en don à lui fait d'Évreux.

Paié, le samedi xx⁰ jour de decembre mil cinq cens et cinq, à Colin Biard, maistre maçon en la ville de Bloys, comme il apert par sa quitance, la somme de xvII^{tt} x^s.

Massons.

Aux massons qui besongnent pour faire le corps de la grant maison, LXVI^{tt} II^s VI^d.

Aux massons qui taillent pour faire le portal, XII^{tt} II^s VIII^d.

Place vuyde pour les charpentiers.

Pour vuyder la place pour faire la charpenterie de la grant maison, LX^s.

Charroy de pierre de Vernon.

A Gilles Hebert, pour sa paine d'avoir cherié XXXIII tonneaux de pierre, VI^{tt} XII^s.

Marches de vis de Loviers.

A Gillet Horneville, carrier, demourant à Loviers, pour sa paine d'avoir livré plusieurs marches de pierre de Loviers, XV^{tt} XVIII^s.

Pierre de Vernon.

A Simonnet le Cousturier, carrier, demourant à Vernon, comme il apert par sa descharge, XXXV^{tt} X^s III^d.

Le port de l'orologe de Rouen.

A Jehan Chersis, pour sa paine d'avoir aporté au chastel de Gaillon une auloge, XV^s.

Marches de viz de Loviers.

A Jehan de Blesmes, pour sa payne d'avoir livré plusieurs marches de pierre, XXIII^{tt} VIII^s VI^d.

Pierre de Vernon.

A Jehan Courtoys, carrier, demourant à Vernon, XXXVIII^{tt} XVII^s X^d.

Massons.

Aux massons qui taillent pour la grant maison, XXIX^{tt} XIIII^s, V^d.
Aux massons qui taillent pour le portal, VI^{tt}.
Plus aux massons qui taillent pour la grant maison, V^{tt} V^s.

Marches de viz et pavé de Lovyez.

A Gillet Horneville, carrier, demourant à Loviers, XI^{tt} XIII^s VIII^d.

Menusier.

A maistre Richard Guerpe, menusier, XXXVIII^s.

Massons.

Paié, le samedi IIIe jour de janvier mil cinq cens et cinq, aux massons qui taillent pour faire le corps de la grant maison, LII^{tt} XIX^s VII^d.
Aux massons qui taillent pour le portal, X^{tt}.

Massons à tasche.

Aux tailleurs de pendans et carreau pour le talud du chasteau, VIII^{tt} XI^s VIII^d.

Pierre de St-Leu.

A Guillaume Dumont, marchant, LVIII^{tt} V^s I^d.

Voicture par eau de lad. pierre.

A Guillaume de la Haye, voiturier par eaue, pour sa paine d'avoir amené de Saint-Leu IIII^{xx}III tonneaux et demy de pierre de Saint-Leu, XXII^{tt} XIX^s III^d.

Charpentiers d'Evreux.

Aux charpentiers de la grant maison, tour et portal, XX^{tt}.

Marches et pavé de Loviers.

A Guillemin Horneville, comme apert de sa descharge, XIII^{tt} II^s VI^d.

Marches de viz et pavé de Loviers.

A Gillet Horneville, carrier, *id.* ix^{tt} xv^s.

....

Massons.

Paié, le samedi x^e jour de janvier mil cinq cens et cinq, aux massons qui tallent pour la grant maison, lviii^{tt} ix^d.

Idem.

Aux massons qui taillent pour faire le portal, ix^{tt} xiii^s iiii^d.

Massons à pris fait.

Aux massons qui taillent le carreau pour faire le talud, cii^s x^d.

Ung camyon.

A Cardin Clerisse, pour sa payne d'avoir fait ung camyon, xv^s.

Massons.

Paié, le samedi xviie jour de janvier, aux massons qui taillent pour la grant maison, lxx^{tt} xii^s vi^d.

Idem.

Aux massons qui taillent pour le portal, xiii^{tt} vi^s viii^d.

Idem.

Aux aultres massons qui taillent pour la grant maison, au prix de iii^s iiii^d pour jour, x^{tt} xiii^s.

Maneuvres.

Aux fors hommes de la grant maison maneuvres, vii^{tt} xiii^s iiii^d.

Massons à la tasche.

Aux massons qui taillent le carreau pour le talux, cxvii^s i^d.

Marches de vis de Lovyers.

A . . . . carieux de Loviers, xxxv^{tt} v^s.

DU CHÂTEAU DE GAILLON.

Pour les toylles pour le chassi.

A Jehanne, fame de Guillaume Thourolde, et Marion, sa fille, pour avoir rabillé lez toilles, LXXII^s XI^d.

Massons.

Paié, le samedi XXIIIIe jour de janvier mil cinq cens et cinq, aux massons qui taillent pour la grant maison, XLVI^{tt} I^s VIII^d.

Item.

Aux massons qui taillent pour le portal, VIII^{tt} XV^s VII^d.

Pierre de Loviers. — Marches de vis et pavé.

A Jehan Heuquelin, carrier, demourant à Loviers, ainsy qu'il apert par sa descharge, XI^{tt} X^s.

Charpentiers.

Aux charpentiers qui font la charpenterie de la grant maison, tour et portal, XX^{tt}.

L'orloge.

A Nicollas Lanbez, aurlogier, demourant à Rouen, et à plusieurs autres, ainsy qu'il apert par la descharge, XXXII^{tt} XV^s.

Pierre de Loviers. — Une marche de vis.

A Guillaume Horneville, carrier, XXXV^s.

Massons.

Paié, le samedi dernier jour de janvier V^c et cinq, aux massons qui taillent pour la grant maison, LXVIII^{tt} XIX^s II^d.

Idem.

Aux massons qui taillent pour le portal, XVI^{tt} X^s.

Idem.

Aux massons qui taillent les marches pour la vix de la grant maison, VIII^{tt} XIX^s IX^d.

Massons à pris fait.

Aux massons qui taillent le carreau de pierre de Saint-Leu, IIII^{tt} VI^s III^d.

Achat de papier.

A...... mercier, pour l'achat de XIII mains de papier, XIII^s.

Charpentiers.

Aux charpentiers qui font la charpenterie de la grant maison, tour et portal, XXX^{tt}.

Chaulx.

A Guillaume le Baillif, chaucumier, VII^{tt}.

....

Massons.

Paié, le samedi VIIe jour de fevrier V^c et cinq, aux massons qui taillent pour le corps de la grant maison, LV^{tt} XVIII^s V^d.

Idem.

Aux massons qui taillent pour le portal, XIII^{tt} XV^s.

Idem.

Aux massons qui taillent pour la tour, LIII^s IIII^d.

Maneuvres.

Aux maneuvres qui servent les massons, à III^s pour jour, X^{tt} XIII^s.

Massons à tasche.

Aux massons qui taillent le carreau de Vernon et Saint-Leu, IIII^{tt} X^s II^d.

Plancher pour l'aurloge.

A maistre Richard Guerpe, menusier, pour ung plancher pour l'aurloge, LX^s.

Achat de brouettes.

Pour l'achat de quatre brouettes, xx^s.

Fontaine.

Paié, le samedi xiiiie jour de fevrier v^c et cinq, paié Valence sur la somme qui doibt avoir de faire venir la fontaine d'auprés la chappelle du parc au chasteau de Gaillon, ainsi qu'il apert par quictance faicte le ixe jour dud. moys et signé d'un notaire nommé Auber, la somme de c^{tt}.

Chaulx.

A ...... cauchumiers, xiii^{tt} xv^s.

Charpentiers.

A Gieffroy Tibault et ses compaignons, xx^{tt}.

Massons.

Aux massons qui taillent pour la grant maison, lxii^{tt} xvi^s vi^d.

Idem.

Aux aultres massons qui taillent pour lad. maison, xxxvii^{tt} xviii^s.

Idem.

Aux massons qui taillent pour le portal, xxi^{tt} xiiii^s viii^d.

Massons à pris fait.

Aux tailleurs de carreau pour faire lez talus dez fosses d'emprés la chappelle, iiii^{tt} xviii^s vi^d.

Maneuvres.

Aux maneuvres qui ont decouvert la sabloniere pour abiller les chemins, lxxi^s.

Pour cordage.

A Colin Thomas, cordier, pour l'achat de xxxv livres de corde, xxxv^s.

Massons.

Paié, le samedi xxi[e] jour de febvrier v[c] et cinq, aux massons qui taillent pour la grant maison, LIX[lt] III[s] VIII[d].

Aux massons qui taillent pour le portal, XVII[lt] XIII[s] X[d].

Charroy de pierre de Vernon.

Paié, le samedi dernier jour de fevrier, à Philippot Onfroy, chartier, L[s].

Massons.

Aux massons de la grant maison, CVIII[lt] VI[s] X[d].

Aux maneuvres de la grant maison, tour et portal, XXVII[lt] XVII[s] VII[d].

Massons.

Paié, le samedi VII[e] jour de mars v[c] et cinq, aux massons qui taillent pour la grant maison, LXXV[lt] IIII[d].

Idem.

Item, aux massons qui taillent pour la tour, portal et gallerie, XLVII[lt] II[s] VIII[d].

Cheriage de bois.

A ..... ainsy qu'il appert par leur descharge, pour cheriages de bois de Saint-Vandrille, XVII[lt].

Ung engin.

Item, pour ce qu'il estoit besoing d'avoir un engin pour monter le boys de la maison, tour et portal, en a esté acheté ung des tresoriers de l'eglise de S[t]-Pierre d'Evreulx, VIII[lt].

Masson à tasche.

Paié, le samedi XIIII[e] jour de mars v[c] et cinq, à Franchois Alixandre, masson, XX[s] II[d].

Massons.

Aux massons de la grant maison, LXXIIII^{tt} XVII^s.

Idem.

Aux massons qui taillent et asseent au portal, tour et gallerie, XLVII^{tt} XIIII^s.

Charpenterie.

Aux charpentiers de la grant maison, X^{tt}.

Fontaine, oultre c^l.

Item, plus à Jehan Valence, ainsy comme il appert par la descharge dez dessus, C^{tt}.

. . . .

Massons.

Paié, le samedi XXIe jour de mars V^c et cinq, aux massons qui taillent pour la grant maison, LXXVI^{tt} XI^s VIII^d.

Idem.

Aux massons qui taillent pour la grant maison, tour et portal, LXV^{tt} XII^s.

Ardoyse.

A . . . . . pour chariage d'ardoyse, XI^s VIII^d.

Chariage de pierre de Vernon.

A . . . . . pour chariage de pierre de Vernon, VIII^{tt} XI^s.

Cordage.

A Colin Thomas, cordier, pour l'achat de quatre chableaux, XLIIII^s.

Façon de boys.

A P. Benesse, pour façon de boys à cuire la bricque, XX^s.

Charpenterie.

Aux charpentiers qui font la charpenterie de la grant maison, tour et portal, XX^{tt}.

Achat d'ardoyse.

A Jehan Coppin, pour l'achat de xxxviii mille neuf cens d'ardoise, cxlv^{tt} xvi^s.

. . . .

Massons.

Paié, le samedi xxviiie jour de mars, aux massons qui taillent pour la grant maison, lxvi^{tt} x^s.

Chariage.

A . . . . . pour chariage de pierre de St-Leu, xvii^{tt} viii^s.

Idem.

A . . . . . pour chariage de pierre de Vernon, ix^{tt} xiii^s.

Pierre de St-Leu.

A G. Dumont, pour achat de pierre de St-Leu, iiii^{xx}xiiii^{tt} iiii^s ii^d.

Fontaine, oultre deux cens^{tt} cy-devant couchés.

Item, plus paié cedit jour, à Pierres Valence, ainsy qu'il appert par quittance passée devant ung notaire d'eglise à Rouen, nommé Auber, lx^{tt}.

Charpentiers.

A Gieffroy Tibault et ses compaignons, sur la somme qui doivent avoir de faire le boys de la grant maison, tour et portal, xx^{tt}.

. . . .

Massons.

Paié, le samedi iiiie jour d'avril v^c et cinq, aux massons qui taillent pour faire le corps de la grant maison, iiii^{xx}iiii^{tt} v^s.

Pierre de Vernon.

A Simonnet le Cousturier, ainsi qu'il appert par sa descharge, xxxiii^{tt} xvi^s iiii^d.

Charpentiers.

Item, plus paié à Gieffroy Thibault et ses compaignons, xx^{tt}.

....

Massons.

Paié, le samedi xie jour d'avril v^c et cinq aux massons qui taillent pour faire le corps de la grant maison, lxii^{tt} iiii^s viii^d.

Pierre de Vernon.

A Robinet Lambert et Robinet Leduc, carrieulx, xxii^{tt} xv^s viii^d.

Cheriage de brique.

A ..... chartier, pour cheriage de brique, xvi^s viii^d.

Pierre de St-Leu.

A Guillaume Dumont, ainsi qu'il appert de sa descharge, xxxi^{tt} iii^s iiii^d.

Batelage.

A G. de la Haye, batelier, pour le batelage de lad. pierre, xxxiiii^{tt} iiii^s.

....

Massons.

Paié, le samedi xviiie jour d'avril aprés Pasques mil cinq cens et six, aux massons qui taillent pour faire le corps de la grant maison, xxxiii^{tt} xvi^s vi^d.

Idem.

Aux massons qui taillent et asseent pour lad. maison, tour et portal, xxix^{tt} iii^s viii^d.

Chaulx.

A Colin Tubeuf, chausumier, xiiii^{tt}.

Pierre de Vernon.

A Symonnet le Cousturier, cxvii^{tt} viii^s.

Fontaine, oultre II^c LX^l.

Item, plus, paié ced. jour à Pierres Valence, ainsy qu'il apert par quittance passée devant un notaire d'eglise à Rouen, nommé Moynet, LXX^{tt}.

Massons.

Paié, le samedi XXVe jour d'avril V^c et six, aux massons qui taillent et asseent au corps de la grant maison, LXII^{tt} VI^s.

Fontaine, oultre III^c XXX^l.

Item, plus, ced. jour, à Pierres Valence, ainsy qu'il apert par quitance signée de ung notaire nommé Moynet, XL^{tt}.

Fasson de brique.

A Guillaume Bellay, briquetier, XII^{tt}.

Voyage à Valence.

Item, paié ced. jour à Pierres Valence, ainsy qu'il apert par sa descharge, pour aler devers monseigneur, X^{tt}.

. . . .

Massons.

Paié, le samedi IIe jour de may V^c et six, aux massons qui taillent pour faire la grant maison, LVII^{tt} X^s.

Charpentiers.

A Gieffroy Thibault et ses compaignons, XX^{tt}.

Fontaine, oultre III^c LXX^l.

Item, plus, paié ced. jour, à Pierres Valence, ainsy qu'il apert par une quittance signée Moynet, XL^{tt}.

Achat de fer.

Pour achat de XIII cens de fer, XVII^{tt}.

Piarre de St-Leu.

A Guillaume Dumont, vi^{xx}iv^{tt} v^s v^d.

. . . .

Charroy de piarre.

Paié, le samedi ixe jour de may v^c et six, à . . . . . pour charroy de piarre de Vernon, xii^{tt} xi^s iiii^d.

A . . . . pour charroy de piarre de Saint-Leu, xli^{tt} iiii^s.

Fontaine, oultre iiii^c x^l.

Item, plus, paié ced. jour, à Pierres Vallence, ainsy qu'il apert par la descharge de ung notaire d'eglise de Rouen nommé Moynet, xl^{tt}.

Massons.

Aux massons de la grant maison, lxi^{tt} i^s vi^d.

Idem.

Aux massons qui taillent et asseient pour la grant maison, tour et portail, lvi^{tt} vii^s.

. . . .

Massons.

Payé, le samedi xvie jour de may v^c et six, aux massons qui taillent pour la grant maison, lxxiiii^{tt} viii^s.

Idem.

Aux massons qui taillent pour faire la grant maison, tour et portail, lxvii^{tt} x^s.

Façon de bricque.

Plus, paié à Guillaume Bellay, briquetier, lx^s.

Charpentiers.

Plus, paié aux charpentiers qui ont monté et descendu la grue du portal, xxxiiii^s.

Cheriage d'ardoise.

A Guillaume et ses compaignons, x^{lt} xiii^s.

Piarre de Vernon.

A Pierres Fauquet, xviii^{lt} xiii^s iiii^d.

Couvreur d'ardoise.

A Jehan le Moyne, ainsy qu'il apert de sa descharge, c^s.

Achat d'ardoise.

A Massé Mouchet, *id.* iii^c xxxiii^{lt} xv^s.

Fontaine, oultre iiii^c iiii^{xx} x^l.

Item, plus, payé à Pierres Valence, ainsy qu'il apert par la quittance de ung notaire nommé Moynet, xl^{lt}.

....

Massons.

Paié, le samedi xxiiie jour de may mil cinq cens et six, aux massons qui taillent pour la grant maison, liii^{lt} viii^s vi^d.

Idem.

Aux massons qui taillent au corps de la grant maison, la tour, le portal et la vix, lv^{lt} xix^s ii^d.

Le mouton, aux charpentiers et maneuvres.

Plus, paié ced. jour aux maistres, pour leur vin de la feste, xiii^{lt}.

....

Massons.

Paié, le samedi penultieme jour de may mil cinq cens et six, aux massons qui taillent pour faire le corps de la grant maison, tour, portal et la vix, lxx^{lt} xi^s.

DU CHÂTEAU DE GAILLON.

Fontaine, oultre v^c xxx^l.

Item, plus, paié ced. jour à Pierres Valence, ainsy qu'il apert par la quittance de ung notaire nommé Moynet, xl^{lt}.

Façon de brique.

A Denis Binet et Jehan le Massier, xxxi^{lt} viii^s.

....

Massons.

Paié, le samedi vi^e jour de juing v^c et six, aux massons qui taillent pour faire la vix et la chapelle, xxxix^{lt} xix^s vi^d.

Idem.

Aux massons qui taillent et asseient à la tour et portal, xxxii^{lt} xv^s.

Maneuvres.

Aux hommes et maneuvres de la chappelle, vix, tour et portal, xv^{lt} xii^s ix^d.

Fontaine, oultre v^c lxx^l.

Item, plus, paié à Pierre Valence, ainsy qu'il appert par la descharge des dessusd^s, xl^{lt}.

Charpentiers.

Plus, paié à Gieffroy Tibault, Jehan Mansoys et Jehan le Cousturier, x^{lt}.

....

Massons.

Paié, le samedi xiiie jour de juing v^c et six, aux massons de la chappelle, la vix, tour et portal, lxviii^{lt} xv^s vi^d.

Idem.

Aux massons qui taillent et asseient à la maison, tour et portal, lv^{lt} xvi^s iiii^d.

23.

Brique.

A Guillaume Bellay, briquetier, vi^{ll}.

Fontaine, oultre vi^c x^l.

Item, plus, payé à Pierres Valence, ainsi qu'il apert par la descharge de ung notaire nommé Moynet, xl^{ll}.

Couvreur d'ardoise.

A Jehan le Moyne, couvreur d'ardoise, c^s.

Achat de boys.

A maistre Richard Guerpe, menuyssier, xii^s ii^d.

. . . .

Fonteyne, oultre vi^c l^l.

Paié, le samedi xxe jour de juing mil cinq cens et six, à Pierres Valence, ainsi qu'il apert par la descharge, xl^{ll}.

Achat de boys.

Item, plus, paié aulx officiers du roy au bailliage d'Evreux, xvi^{ll} x^s.

Massons.

Aux massons qui taillent et asseient à la grant maison, chappelle et la vix, iiii^{xx}v^{ll} ix^s.

Idem.

Aux massons qui taillent et asseient à la tour et portal, lxix^{ll} v^s vi^d.

. . . .

Idem.

Paié, le samedi xxviie jour de juing v^c et six aux massons qui taillent et asseient pour faire la grand maison, chappelle et vix, lxxii^{ll} xi^s vi^d.

Idem.

Aux massons qui taillent et asseient aux tour et portal, lvii^{ll} vii^s iiii^d.

Fontaine, oultre vi° iiii^{xx} x^l.

Item, plus, paié ced. jour à Pierres Valence, ainsi qu'il apert par une quittance de ung notaire, xl^{lt}.

Service envoyé de Blois.

A Gilles Fleury et Denis Vallin, qui aporterent le service que monseigneur envoya de Blois, vii^{lt} x^s.

La heronnerie et le vivier.

Aux tacherons qui ont faict le vivier de la Heronnerie, xlvii^{lt} v^s.

Drap apporté de la cour.

Plus, paié auxd. Fleury et Valin, qui aporterent led. drap de la cour, vii^{lt} x^s.

. . . .

Massons.

Paié, le samedi iiiie jour de juillet v^c et six, aux massons qui taillent et asseient pour le corps de la grant maison, chappelle et la vix, lxxiiii^{lt} iiii^s vi^d.

Idem.

Aux massons qui taillent et asseient à la tour et portal, lix^{lt} vii^s iiii^d.

Vin.

A . . . . pour vin amené au chasteau depuis la riviere, xxi^s vi^d.

Faisans.

A . . . . pour avoir apporté de Tours les faisans, vi^{lt} xi^s.

Clerc qui a escript les comptes.

Item, plus, paié à Jehan Vaultier, ainsi qu'il apert par sa descharge, x^{lt}.

Couvreur d'ardoise.

Plus, paié à Jehan le Moyne, ardoissier, c^s.

Vin de marché.

Plus, paié aux ardoissiers pour leur vin de la couverture de la grant maison, xxx^s.

Fontaine, oultre vii^c xxx^l.

Plus, paié à Pierres Valence, ainsy qu'il apert par quictance de ung notaire nommé Moynet, xl^{tt}.

Linge aporté.

Item, plus, paié à Pierres Gaultier, clerc de M. le general, pour ceulx qui ont aporté le linge de Tours (le linge de table de Flandres), iiii^{tt}.

....

Massons.

Paié, le samedi xie jour de juillet v^c et six, aux massons qui taillent et asseient à la grant maison, chappelle et la vix, iiii^{xx}iii^{tt} xix^c.

Idem.

Aux massons qui taillent et asseient au portal et la tour, lxxv^{tt} xvii^s.

Fonteyne, oultre vii^c lxx^l.

Plus, paié à Pierre Valence, ainsy qu'il apert par la descharge d'ung notaire nommé Moynet, xl^{tt}.

Couvreur d'ardoise.

Plus, paié à Jehan le Moyne, couvreur d'ardoise, x^{tt}.

Charpentiers.

A Gieffroy Tibault, Jehan Mansoys et Jehan le Cousturier, xx^{tt}.

Ais.

A Philippot Senechal pour dollage et sciage d'ais, xxxi^s vi^d.

....

Paié, le samedi xviiie jour de juillet v^c et six, aux massons qui taillent et asseient à la grant maison, galleries, chappelle et viz, iiii^{xx}iii^{tt} xviii^s.

Maçons.

Aux massons qui taillent et asseient à la tour et portal, LXXVII^{tt} IIII^s.

Fontaine, oultre VIII^c X^l.

Item, plus, paié à Pierres Valence, ainsy qu'il apert par la declaration de ung notaire de Rouen nommé Scene, XL^{tt}.

Despence de Picquet et Colin Biard.

Item, plus, paié pour la despence du cappitaine Picquet[1] et maistre Colin Biard, quant il furent à Saint-Leu pour chouessir la pierre de la chappelle de la grant maison, ainsy qu'il apert par la descharge, XXXV^s.

....

Massons.

Paié, le samedi XXVe jour de juillet mil cinq cens et six, aux massons qui taillent et asseient à la grant maison, chappelle, galleries et la vix, LIIII^{tt} I^s.

Idem.

Item, aux massons qui taillent et asseient à la tour et portal, XLIX^{tt} II^s.

Fontaine, oultre VIII^c L^l.

Item, à Pierre Valence, ainsy qu'il apert par la descharge de ung notaire de Rouen nommé Motin, XL^{tt}.

Achapt de fin or.

A Guillaume de la Mare, ainsy qu'il apert par la descharge de Nicolas Jorget et ung notaire nommé Balandonné, XXVI^{tt}.

Gages de Jérôme, paintre.

Paié à Geraulme de Tournieres, ainsy qu'il apert par la descharge, XIX^{tt} XIX^s.

....

[1] Capitaine du château de Gaillon.

Massons.

Paié, le samedi premier jour d'aoust v^c et six, aux massons qui taillent et font le corps de la grant maison, galleries, chappelle et la vix, IIII^{xx}VII^{tt} VI^s.

Idem.

Aux massons qui font la tour et portal, LXXI^{tt} XVII^s.

Maneuvres.

Aux maneuvres qui servent les massons de la grant maison, vix, galleries, chappelle, tour et portal, XXXIII^{tt} VII^s VI^d.

Charpentiers.

A Gieffroy Thibault et ses compaignons, X^{tt}.

Couvreur d'ardoise.

A Jehan le Moyne, ardoissier, X^{tt}.

Paintres.

A Henry Achier, paintre, XX^s.

Paintres.

Item, plus, paié à Henry Achier, Jacques le Guerleux, paintres, XL^s.

Fontaine, oultre VIII^c IIII^{xx} X^l.

Item, plus, paié à Pierres Valence, ainsy qu'il apert par la descharge dez dessusdits, XL^{tt}.

Me Colin Byard.

Item, plus, payé à Colin Biard, ainsy qu'il apert par la descharge, J.XX^s.

Viel ouint.

A Jehan Lefevre pour achapt de viel ouint pour les grues, XXVI^s.

Bricque.

A Guillaume Bellay, briquetier, X^{tt}.

Piarre de Vernon.

A Symonet le Cousturier, LIIII^{tt} v^s.

Massons.

Paié, le samedi VIIIe jour d'aoust v^c et six, aux massons qui font la tour et portal, LXIII^{tt} III^s.

Idem.

Aux massons qui font la grant maison, chappelle, galleries et la vix, LXXI^{tt} III^s VI^d.

Me Colin Biard et Me G^e Senault.

Item, plus, paié à maistre Colin Biard et maistre Guillaume Senault, ainsy qu'il apert par la descharge dez dessusdits pour despence à aller à la pierre à Vernon et Lovyers, xx^s.

Fontaine, oultre IX^c XXX^l.

Plus, paié à Pierres Valence, ainsy qu'il appert par la descharge de ung notaire nommé le Grys, XL^{tt}.

Maçons.

Paié, le samedi XVe jour d'aoust v^c et six, aux massons qui font la grant maison, chappelle, galleries et la vix, XLII^{tt} XIIII^s VI.

Idem.

Aux massons qui font la tour et portal, XXXVII^{tt} XVI^s.

Fontaine, oultre IX^c LXX^l.

Plus, paié à Pierres Valence, ainsy qu'il apert par la descharge des dessusdits, XL^{tt}.

Despence.

Plus, paié à l'enbassade du roy d'Engleterre, ainsi qu'il apert par la descharge, xx^s.

Plomp.

A ..... pour chariage de plomp, VI^s.

Despence pour ceux qui ont apporté les chevreux.

Plus, paié la despence dez gens monsieur d'Orleans, qui aporterent dez chevreulx, xi^s ii^d.

Voiages.

Item, plus, paié à maistre Pierres Fain, maistre maçon demourant à Rouen, ainsy qu'il apert par la descharge, xxix^{lt} iiii^s.

. . . .

Maçons.

Paié, le samedi xxixe jour d'aoust v^c et six, aux massons de la grant maison, chappelle, galleries et la vix, lviii^{lt} ix^s.

Maçons.

Aux massons de la tour et portal, li^{lt} v^s vi^d.

Voiages.

Plus, paié pour la despence de maistre Colin Biard et maistre Guillaume Senault, ainsy qu'il apert par la descharge, x^s.

Charpentiers.

A Gieffroy Thibault et ses compaignons, x^{lt}.

Bricque.

A Guillaume Bellay, briquetier, c^s.

Plomp.

A Robert des Vaulx, plombier, c^{lt}.

Achapt d'or.

A Guillaume de la Mare, ainsi qu'il apert par une quittance signée d'ung notaire nommé Balandonné, xiii^{lt}.

Fontaine, oultre m l.

Plus, paié à Pierres Valence, sur le cours de la fontaine, ainsy qu'il apert par une quittance signée d'ung notaire nommé Motin, XL^{lt}.

Maçons.

Paié, le samedi v^e jour de septembre v^c et six, aux massons qui font la grant maison, galleries, chappelle et la vix, LXXII^{lt} XVI^s VI^d.

Idem.

Aux massons qui font la tour et le portal, LIX^{lt} XIIII^s.

Pierre de St-Leu.

A Guillaume Dumont, achapt de pierre de Saint-Leu, IIII^{xx} VII^{lt} VI^s.

Fontaine, oultre M IIII^{xx} X^l.

Item, plus, paié à Pierres Valence, XL^{lt}.

Achapt de pierre de Vernon.

A Masiot Bense, carrieur, XXVI^{lt} I^d.

Achapt de pierre de St-Leu.

A Guillaume Dumont, XXXII^{lt}.

L'un des roleaux des antiquailles.

Paié à Jacques de Longchamp, orfeuvre.

. . . .

Maçons.

Paié, le samedi XIIe jour de septembre v^c et six, aux massons qui font la grant maison, chappelle, galleries et la vix, LXXI^{lt} XVIII^s VI^d.

Idem.

Aux massons qui font la tour, portal et les galleries, LX^{lt} VII^s.

Maneuvres.

Aux maneuvres de la grant maison, XXIII^{lt} XII^s VI^d.

Paintres.

Plus, paié à Henry Achier et Jacques le Guerleux, IIII^{lt} X^s.

Fontaine, oultre xı^e xxx^l.

Plus, paié à Pierres Valence, ainsy qu'il apert par la descharge d'ung notaire nommé Moynet, xL^{lt}.

Achapt d'or.

A Guillaume de la Mare, ainsy qu'il apert par la descharge d'ung notaire nommé Moynet, xLvı^{lt} vı^s.

Maçon.

Item, plus, paié à Pierres de Lorme, masson, Lxx^s.

Couvreur d'ardoise.

A Jehan le Moyne, couvreur d'ardoise, x^{lt}.

. . . .

Maçons.

Paié, le samedi xıx^e jour de septembre v^c et six, aux massons de la grant maison, chappelle, galleries et vix, Lxıx^{lt} xvı^s ııı^d.

Idem.

Aux massons qui font la tour, galleries et portal, Lxıı^{lt} ııı^s.

Fontaine, oultre xı^e Lxx^l.

Plus, paié à Pierres Valence, ainsy qu'il apert par la quitance d'ung notaire nommé Mauger, xL^{lt}.

Plomb.

A Pierres de Vaulx, Lx^{lt}.

Achapt de pierre de Vernon.

A Simonnet le Cousturier, vı^{xx} xıx^{lt}.

Voicture de pierre de St-Leu.

A ..... pour voicture de pierre de St-Leu, Lxx^{lt}, xvı^s.

DU CHÂTEAU DE GAILLON.

Menuyserie.

A Binet le Roy et ses compaignons, vi^{tt} iii^s.

Achapt de pierre de Lovyers.

A Gillet, carrier, ainsy qu'il apert par la descharge, xxv^{tt} vi^s.

. . . .

Maçons.

Paié, le samedi xxvie jour de septembre v^c et six, aux massons qui font la grant maison, la chappelle, galleries et la vix, lxiii^{tt} vii^s.

Idem.

Aux massons qui font la tour, portal et galleries, lviii^{tt} iii^s ii^d.

Achapt de pierre de Vernon.

A Simonnet le Cousturier, xxxviii^{tt} xii^s.

Achapt de pierre de St-Leu.

A Guillaume Dumont, lii^{tt} viii^s.

Voiage.

Pour la despence du cappitaine et maistre Colin de quant ils furent à St-Leu, xxxv^s.

Fontaine, oultre xii^c x^l.

Plus, paié à Pierres Valence, xl^{tt}.

L'un des roleaux des antiquailles.

A Jacques de Longchamp, orfeuvre, ainsy qu'il apert par la quitance d'ung notaire nommé Sené, vii^{tt}.

Maçons.

Item, plus, paié aux massons, pour leur vin que monseigneur leur ordonna quand il partit, lxxiii^s.

Chariage de mabre.

A Nicollas Forget, pour avoir fait charier le mabre de la maison de monseigneur à ung port, ainsy qu'il apert par sa quittance, LXV^s.

Paintre.

A Geraulme de Tournieres, paintre, pour sa despence et gages, XX^{lt} XVII^s.

Somme total de la despence de ce present cayer, treize mil huit cens trente-une livres ung soult dix deniers tournois.

Arresté le sixieme jour de decembre l'an mil cinq cens et six, à Gaillon.

T. BOHIER.

GENLY.

LA MISE DE LA MAISON

QUE FAIT PIERRES DE LORME,

LE LIDIEU, LE TALUD ET LES VIGNES D'ORLEANS,

POUR L'ANNÉE FINISSANT A LA SAINCT-MICHEL V^c ET SEPT.

La mise du corps de maison d'entre la vielle maison et le portal de devers le jardin, que monsieur le legat archevesque de Rouen fait faire à son chasteau de Gaillon, commenchant à la Saint-Michiel mil cinq cens et six.

ET PREMIEREMENT :

Masson. — Me Pierre de Lorme.

Paié, e samedi IIIe jour d'octobre mil v^c et six, à maistre Pierres de Lorme, ainsy qu'il apert par la declaration du cappitaine Picquet et Richard Guere, LXXV^{tt}.

Chariage de pierre.

A Jehan le Camus et Pierre Goubert, XII^{tt} VIII^s.

. . . .

Masson. — Lorme.

Paié, le samedi x^e jour d'octobre v^c et six, à maistre Pierre de Lorme, XXX^{tt}.

Idem.

Paié, le samedi xviie jour d'octobre, à maistre Pierres de Lorme, masson, xl^{tt}.

Maneuvres en tache.

A Pierres Lienart et ses compaignons, c^s.

Chaulx.

A Guillotin Tubeuf, chaufumier, vii^{tt} xv^s.

Masson. — Lorme.

Paié, le samedi xxiiiie jour d'octobre, à maistre Pierres de Lorme, masson, sur la somme qui doibt avoir de faire le corps de maison d'entre le portal et la vielle maison, xxxv^{tt}.

Idem.

Paié, le samedi derrain jour d'octobre mil v^c et six, à maistre Pierres de Lorme, l^{tt}.

Achat de pierre de Vernon.

A Simonnet le Cousturier, carrieur, iiii^{xx} xiii^{tt} ii^s iiii^d.

Maneuvres en tache.

A Pierot Lienard et ses compaignons, vii^{tt}.

. . . .

Masson. — Lorme.

Paié, le samedi viie jour de novembre, à maistre Pierres de Lorme, xxxv^{tt}.

. . . .

Maneuvres en tache.

Paié, le samedi xiiiie jour de novembre, à Pierres Lienard et ses compaignons, c^s.

Masson. — Lorme.

Item, plus, paié à maistre Pierres de Lorme, masson, xxx^{tt}.

Mareschal.

A Guillaume Hervieux, mareschal, xɪˢ.

Masson. — Lorme.

Paié, le samedi xxɪᵉ jour de novembre mil vᶜ et six, à maistre Pierres de Lorme, masson, xʟˡˡ.

....

Idem.

Paié, le samedi xxvɪɪɪᵉ jour de novembre, à maistre Pierres de Lorme, xxxˡˡ.

Masson. — Lorme.

Paié, le samedi vᵉ jour de decembre vᶜ et six, à maistre Pierres de Lorme, masson, xxxˡˡ.

Achat de pierre de Vernon.

A Massiet Bense, carrieur, xxɪˡˡ ɪɪˢ ɪᵈ.

....

Achat de clais.

Paié, le samedi xɪɪᵉ jour de decembre, à Robert Adam, marchant de clais, ʟxɪɪˢ vɪᵈ.

Maneuvres en tache.

A Pierres Lienard et ses compaignons, cˢ.

Mason en tache.

Item, à maistre Pierres de Lorme, masson, xxvˡˡ.

Chaulx.

Paié, le samedi xɪxᵉ jour de decembre vᶜ et six, à Colin Tubeuf, chaufumier, vɪɪɪˡˡ.

Idem.

A Guillaume le Baillif, chaufumier, vɪˡˡ vˢ.

....

Masson de Lorme en tache.

Paié, le samedi xxvie jour de decembre v^c et six, à maistre Pierres de Lorme, masson, L^tt.

Chariage de pierre.

A Jehan Aubin et P. le Panetier, chartiers, viii^tt iiii^s.

Masson. — De Lorme.

Paié, le samedi iie jour de janvier v^c et six, à maistre Pierres de Lorme, masson, xx^tt.

Achat de pierre de Vernon.

A Allain Vaquard, carrieur, xv^tt ix^s.

Achat de marchés de Loviers.

A Gilles Horneville, carrieur, liii^tt xv^s vii^d.

Masson en tache.

Paié, le samedi ixe jour de janvier mil v^c et six, à maistre Pierres de Lorme, masson, xxx^tt.

Chariage de sablon.

A Simonnet Chevallier, et aultres chartiers, iiii^tt xvii^s vi^d.

Marches de Loviers.

A Jehan Heuquelin, carrieur, viii^tt xi^s ix^d.

Masson en tache.

Paié, le samedi xvie jour de janvier mil v^c et six, à maistre Pierres de Lorme, masson, xxv^tt.

Charpentier à journée.

A Richard Eudes, charpentier, xxxiii^s iiii^d.

DU CHÂTEAU DE GAILLON.

Achat de brouettes.

A Jacques Thibault, pour l'achat de douze brouettes, LXVI^s.

Achat de pierre de St-Leu.

A Guillaume Dumont, carrieur, III^{xx} VIII^{tt} XII^s.

Masson en tache.

Paié, le samedi XXIIIe jour de janvier v^c et six, à maistre Pierres de Lorme, masson, XXX^{tt}.

Achat de pierre de Vernon.

A Simonnet le Cousturier, carrieur, VI^{xx} XIX^{tt} XVIII^s VIII^d.

Vin de marché.

A maistre Gieffroy Thibault, Jehan Mansoys et Jehan le Cousturier, charpentiers, XXXV^s.

Masson. — De Lorme.

Paié, le samedi penultieme jour de janvier v^c et six, à maistre Pierres de Lorme, masson, XXXV^{tt}.

Chariage de pierre de Vernon.

A Denis Binet et Laurent Ainfray, chartiers, XV^{tt} IX^s.

Masson. — De Lorme.

Paié, le samedi VIe jour de fevrier v^c et six, à maistre Pierres de Lorme, masson, XXX^{tt}.

Idem.

Paié, le samedi XIIIe jour de fevrier, à maistre Pierres de Lorme, masson, XXX^{tt}.

Sablon.

A ..... chartiers, IIII^{xx} VIII^s IIII^d.

Feraille.

A Guillaume Hervieu, marechal, XXIX^s IIII^d.

Masson en tache. — P^e de Lorme.

Paié, le samedi XXe jour de fevrier, à maistre Pierres de Lorme, masson, XXX^{lt}.

Cordage.

A Colin Thomas, cordier, IIII^{xx} XI^s.

Achat de pierre de St-Leu.

A Guillaume Dumont, carrieur, LX^{lt} VIII^s.

....

Masson. — De Lorme.

Paié, le samedi XXVIIe jour de fevrier V^c et six, à maistre Pierres de Lorme, masson, XL^{lt}.

....

Idem.

Paié, le samedi VIe jour de mars V^c et six, à maistre Pierres de Lorme, masson, XXXV^{lt}.

Batellage de pierre de St-Leu.

A Jehan Yollant, batellier, XXV^{lt} XVII^s.

Achat de pierre de St-Leu.

A Jacques Hazard, carrieur, XLII^s VIII^d.

Achat de pierre de Vernon.

Paié, le samedi XIIIe jour de mars V^c et six, à Pierres Fauquet, carrieur, XLVII^{lt} XII^s VIII^d.

Charpentiers.

A Gieffroy Thibault et ses compaignons, pour la charpente pour la maison que Pierres de Lorme fait, xv^{lt}.

Masson. — De Lorme.

A maistre Pierres de Lorme, masson, xxxv^{lt}.

. . . .

Idem.

Paié, le samedi xxe jour de mars v^c et six, à maistre Pierres de Lorme, masson, xL^{lt}.

. . . .

Idem.

Paié, le samedi xxviie jour de mars v^c et six, à maistre Pierres de Lorme, masson, xL^{lt}.

. . . .

Masson. — De Lorme.

Paié, le samedi xxviie jour de mars mil cinq cens et six, à maistre Pierre de Lorme, xL^{lt}.

Achat de pierre de Saint-Leu.

A Jacquet Hazard, carrieux, Lxviii^{lt} iii^s vi^d.

Charpentiers pour la maison Pierre de Lorme.

A Gieffroy Thibault, Jehan Mansoys et Jehan le Cousturier, charpentiers, xx^{lt}.

Achat de pierre de St-Leu.

A Jehan Martin, carrieux, ix^{xx} iii^{lt} i^s iii^d.

. . . .

Masson en tache. — De Lorme.

Paié, le samedi iiie jour d'avril avant Pasques mil v^c et six, à maistre Pierre de Lorme, masson, xL^{lt}.

Charpentiers pour la maison Pierre de Lorme.

A Gieffroy Thibault, Jehan Mansoys et Jehan le Cousturier, xxv^{lt}.

Achat de pierre de Vernon.

A Pierres Fauquet, carrier, xxxi^{lt} i^s vii^d.

Achat de pierre de St-Leu.

Paié, le samedi x^e jour d'avril aprés Pasques mil v^c et sept, à Symonnet le Cousturier, carrieux, xvii^{lt} vii^d.

Masson. — De Lorme.

A maistre Fierres de Lorme, masson, xx^{lt}.

Charpentiers.

A Gieffroy Thibault, Jehan Mansoys et Jehan le Cousturier, charpentiers, pour la charpente de la maison que fait Pierres de Lorme, x^{lt}.

Masson. — De Lorme.

Paié, le samedi xviie jour d'avril v^c et sept, à maistre Pierres de Lorme, masson, xxx^{lt}.

Charpente.

A Gieffroy Thibault et ses compaignons, pour la charpente pour la maison Pierre de Lorme, x^{lt}.

Achat de pierre de St-Leu.

A Jacquet Hazard, carrieux, xliii^{lt} ii^s.

Charpentiers.

Item, à Gieffroy Tibaut et ses compaignons, pour lever la grue de la maison Pierre de Lorme, iiii^{lt} x^s.

Marches de Loviers.

A Robinet Leviel, carieux, viii^{lt} xv^s.

Charpentiers pour la maison Pierre de Lorme.

Paié, le samedi xxiiiie jour d'avril après Pasques mil v^c et sept, à Gieffroy Thibault et ses compaignons, xv^{lt}.

Masson en tache. — De Lorme.

A maistre Pierres de Lorme, masson, xL^{lt}.

Chaux.

A Robinet Cordon, chaufumier, xiii^{lt} xvii^s vii^d.

Masson en tache. — De Lorme.

Paié, le samedi premier jour de may v^c et sept, à maistre Pierres de Lorme, masson, xLiiii^{lt}.

Charpente pour la maison Pierre de Lorme.

Item, à Gieffroy Thibaut et ses compaignons, xv^{lt}.

Masson de Lorme.

Paié, le samedi viiie jour de may, à maistre Pierres de Lorme, masson, xxx^{lt}.

Charpentiers en tache.

A Gieffroy Thibault et ses compaignons, x^{lt}.

Masson. — De Lorme.

Paié, le samedi xve jour de may mil v^c et sept, à maistre Pierres de Lorme, masson, xLiiii^{lt} vi^s.

Charpentiers.

A Gieffroy Thibault et ses compaignons, pour la charpente de la maison Pierres de Lorme, x^{lt}.

....

Vin donné le jour de l'Ascension.

Paié, le samedi xxiie jour de may v^c et sept, à maistre Pierres de Lorme et Gieffroy Thibault, charpentiers, et ses compaignons, L^s.

Charpentiers.

A Gieffroy Thibault et ses compaignons, pour la charpente de la maison Pierre de Lorme, xv^{tt}.

Masson en tache. — De Lorme.

A maistre Pierres de Lorme, xL^{tt}.

....

Masson en tache. — De Lorme.

Paié, le samedi xxixe jour de may mil v^c et sept, à maistre Pierres de Lorme, xix^{tt}.

Charpentiers.

A Gieffroy Thibault et ses compaignons, pour la charpente de la maison Pierres de Lorme, x^{tt}.

Massons. — De Lorme.

Paié, le samedi v^e jour de juing v^c et sept, à maistre Pierres de Lorme, masson, xxv^{tt}.

Charpentiers.

A Gieffroy Tibault et ses compaignons, pour la charpente de la maison Pierres de Lorme, x^{tt}.

Masson. — De Lorme.

Paié, le samedi xiie jour de juing, à maistre Pierres de Lorme, masson, xxx^{tt}.

Chaulx.

A Guillotin Tubeuf, chaufumier, xLv^s.

Charpentiers.

A Gieffroy Thibault et ses compaignons, x^{tt}.

Masson en tache. — De Lorme.

Paié, le samedi xixe jour de juing v^c et sept, à maistre Pierres de Lorme, masson, xxx^{tt}.

Charpentiers.

A Gieffroy Thibault, Jehan Mansoys et Jehan le Cousturier, pour la charpente de la maison Pierres de Lorme, xv^{tt}.

. . . .

Masson. — De Lorme.

Paié, le samedi xxvie jour de juing v^c et sept, à maistre Pierres de Lorme, masson, xxx^{tt}.

Charpentiers.

A Gieffroy Thibault et ses compaignons, pour la charpente de la maison Pierres de Lorme, x^{tt}.

Achapt de pierre de St-Leu.

Paié, le samedi iiie jour de juillet v^c et sept, à Guillaume Dumont, carrieur, pour achapt et batellage de pierre de St-Leu, vi^{xx} vi^{tt} iiii^s iii^d.

Chaulx.

A Colin Tubeuf, chaufumier, lii^s vi^d.

Masson en tache. — De Lorme.

A maistre Pierres de Lorme, masson, xxxv^{tt}.

Charpentiers.

A Gieffroy Thibault, Jehan Mansoys et Jehan le Cousturier, pour la charpente de la maison Pierres de Lorme, x^{tt}.

Masson. — De Lorme.

Paié, le samedi xᵉ jour de juillet vᶜ et sept, à maistre Pierres de Lorme, masson, xxxᵗᵗ.

Charpentiers.

A Gieffroy Thibault et ses compaignons, xvᵗᵗ.

Masson. — De Lorme.

Payé, le samedi xᵉ jour de juillet, à maistre Pierres de Lorme, masson, xxxᵗᵗ.

Charpentiers.

A Gieffroy Thibault et ses compaignons, pour la charpente de la maison Pierres de Lorme, xvᵗᵗ.

Charpentiers.

Paié, le samedi xvııᵉ jour de juillet vᶜ et sept, à Gieffroy Thibault et ses compaignons, xᵗᵗ.

Masson.— De Lorme.

A maistres Pierres de Lorme, masson, xxᵗᵗ.

....

Masson.— De Lorme.

Paié, le samedi xxıııᵉ jour de juillet, à maistre Pierres de Lorme, masson, xxxᵗᵗ.

Charpentiers.

A Gieffroy Thibault, Jehan Mansoys et Jehan le Cousturier, pour la charpente de la maison Pierres de Lorme, xᵗᵗ.

Marches et pavé de Loviers.

A Gillet, carieur, xxvııᵗᵗ xvıııˢ vıᵈ.

Masson. — De Lorme.

Paié, le samedi derrain jour de juillet vᶜ et sept, à maistre Pierre de Lorme, masson, xxᵗᵗ.

Charpentiers de la maison P^{es} de Lorme.

A Gieffroy Thibault, Jehan Mansoys et Jehan le Cousturier, charpentiers, sur la somme qui doibvent avoir de faire la charpente de la maison de Pierres de Lorme, x^{tt}.

Chaulx.

A Guillaume le Baillif, chaufumier, LXXV^s.

Masson. — De Lorme.

Paié, le samedi VIIe jour d'aoust V^c et sept, à maistre Pierres de Lorme, masson, xx^{tt}.

. . . .

Masson. — De Lorme.

Paié, le samedi XIIIe jour d'aoust V^c et sept, à maistre Pierres de Lorme, masson, xx^{tt}.

Charpentiers.

A Gieffroy Thibault et ses compaignons, pour la maison Pierres de Lorme, x^{tt}.

Masson. — De Lorme.

Paié, le samedi XXIe jour du mois d'aoust, à maistre Pierres de Lorme, masson, xxx^{tt}.

Chariage de sablon.

A Jehan Richard, chartier, XXXII^s VI^d.

Couvreur d'ardoise.

A Jehan le Moine, couvreur d'ardoisse, premier payement, xx^{tt}.

Façon de brique.

A Bellay, bricquetier, c^s.

Masson. — De Lorme.

Paié, le samedi XXVIIIe jour d'aoust V^c et sept, à maistre Pierres de Lorme, masson, xxx^{tt}.

Charpentiers.

A Gieffroy Thibault, Jehan Mansoys et Jehan le Cousturier, pour la charpenterie de la maison Pierre de Lorme, xx^{tt}.

Masson. — De Lorme.

Paié, le samedi iiiie jour de septembre, à maistre Pierres de Lorme, masson, pour la lucane, premier paiement, xv^{tt}.

Charpentiers.

A maistre Gieffroy Thibault, charpentier, pour descendre la grue de la maison Pierres de Lorme, lx^s.

Couvreur d'ardoisse.

A Jehan le Moine, couvreur d'ardoisse, xx^{tt}.

Façon de brique.

A Bellay, briquetier, c^s.

Pierre de St-Leu.

A Guillaume Dumont, carrieur, pour achat et batellage de pierre de St-Leu, lxxviii^{tt} xii^s.

Masson. — De Lorme.

Paié, le samedi xie jour de septembre v^c et sept, à Pierres de Lorme, masson, sur la lucane, xv^{tt}.

Charpentiers.

A Gieffroy Thibault, Jehan Mansoys et Jehan le Cousturier, charpentiers, x^{tt}.

Façon de brique.

A Estienne Bellay, briquetier, c^s.

Despence des charpentiers d'Evreux.

A Gieffroy Thibault, charpentier, et ses compaignons, xx^s.

. . . .

Masson. — De Lorme.

Paié, le samedi xviiie jour de septembre v{c} et sept, à maistre Pierres de Lorme, masson, pour la lucarne de la maison qu'il fait, xv{tt}.

Charpentiers.

A Gieffroy Thibault, Jehan Mansoys et Jehan le Cousturier, charpentiers, sur la charpente de la maison Pierres de Lorme, x{tt}.

Chariage de pierre de St-Leu.

A Jehan Racine et ses compaignons, chartiers, xxvi{tt} ixs.

Façon et charoy de latte.

A Jehan Thorel, ainsy qu'il apert par sa descharge, x{s} vi{d}.

Charpentiers.

Paié, le samedi xxve jour de septembre mil v{c} et sept, aux charpentiers qui font la charpente de la maison Pierres de Lorme, x{tt}.

Façon de brique.

A Estienne Bellay, briquetier, pour fin d'une fournée, cx{s}.

Charroy.

A ..... chartiers, pour charroy de pierre de Saint-Leu, xxis.

La mise et despence de ce compte, arrestée par monsieur et madame de Genly, et veriffiées par les acquitz signez par Picquet et Guere, touchant le corps d'ostel baillé à pris fait à Pierre de Lorme, masson de Rouen, monte iiii{m} xvii livres viiis iid tournois. Fait à Gaillon, le derain jour de novembre l'an mil v{c} et sept.

T. BOHIER.

JA. DE CASTIGNOLLES.

LA MISE DE LA MAISON ET ALLÉS DU LIDIEU.

La mise de la maison et allés du Lidieu, que monsieur le legat archevesque de Rouen fait dedens son parc prés son chasteau de Gaillon, commenchant à la Sainct-Michiel mil cinq cens et six.

ET PREMIEREMENT :

Massons.

Paié, le samedi IIIe jour d'octobre mil v^c et six, aux massons qui ont rabillé les murs du parc, L^s.

Charpenterie.

A Blaise Lavalle, charpentier, xx^s.

Chaulx.

A Guillaume dez Perreux, chaufumier, xxvi^s.

Achat de tieulle.

A Guillaume Theroulde, tuillier, viii^s.

Menuserie.

A Binet Leroy, menuyssier, xxx^s.

Maneuvres.

Paié, le samedi x^e jour d'octobre v^c et six, aux maneuvres qui font les planchiers de la maison du Lidieu, xL^s.

Maneuvres.

Aux maneuvres qui font les allées dedens le bois de Lydieu, $xLvi^s$ iii^d.

Menuiserie.

A Binet Leroy, menuyssier, xx^s.

Charpenterye.

A Blaise Lavalle, charpentier, xxv^s.

Chaulx.

A Jehan dez Perreulx, chaufumier, xxx^s iiii^d.

. . . .

Menuserie.

Paié, le samedi xviie jour d'octobre v^c et six, à Binet Leroy, menuyssier, xx^s.

Maneuvres.

Aux maneuvres qui font le planchier et clouesons des estables du Lidieu, xxxvi^s.

. . . .

Chariage de plastre.

Paié, le samedi xxiiiie jour d'octobre, à Lorens Foix, viii^s ix^d.

Massons.

A Franchoys Gayot, masson, ix^{lt}.

Menuserie.

A Binet Leroy, menuissier, xxiiii^s.

. . . .

Menuserie.

Paié, le samedi derrain jour d'octobre v^c et six, à Binet Leroy, menuissier, xx^s.

Menuserie.

Paié, le samedi viie jour de novembre, à Binet Leroy, xx^s.

Charpenterye.

A Blaise Lavalle, IIII^{lt}.

Achat de vaches.

Paié, le samedi XIIIIe jour de novembre, à Jehan Prouel, L^{lt}.

Menuserie.

A Binet Leroy, menuissier, XX^s.

....

Menuserie.

Paié, le samedi XXIe jour de novembre, à Binet Leroy, menuyssier, XXIIII^s.

Masson.

Paié, le samedi XXVIIIe jour de novembre, à Franchois Gayot, masson, LX^s.

Charpenterye.

A Richard Eudes, charpentier, X^s.

Vaches.

A ung marchant de Lisieulx, pour reste et parpaie de dix vaches à lait, IX^{lt} XI^s.

Maneuvres.

Paié, le samedi V^e jour de decembre V^c et six, à Pierrot Phelippes et aultres, VII^{lt} X^s.

Idem.

Aux maneuvres du Lydieu, XIII^s IIII^d.

Idem.

A Franchoys Gayot, masson, VII^s VI^d.

Menuyserie.

Paié, le samedi XIIe jour de decembre, à Binet Leroy, menuyssier, XX^s.

Feraille.

Paié, le samedi xixe jour de decembre v^c et six, à Michelet le Serf, serrurier, xiii^{tt} vi^s iii^d.

Masson en tache.

A Franchoys Gayot, masson, xxv^s.

Charpenterye.

A Richard Potier et Richard Jouy, charpentiers, xxxvi^s viii^d.

. . . .

Granche.

Paié, le samedi xxvie jour de decembre, à Richard Behier, pour achat de tuille et carrieau pour la granche du Lidieu, vii^{tt} xvi^s ix^d.

Chariage de pierre de moellon.

A Olivier Fontaine et Guillot de Geffosse, chartiers, xxx^s.

Maneuvre.

A Pierrot Phelippes, maneuvre, xv^s.

Achat d'aiz.

A Jehan le Court, pour aiz pour la leterie du Lidieu, l^s.

. . . .

Achat de litz et meubles.

Paié, le samedi iie jour de janvier mil v^c six, à Estienne Chesneau, recepveur à Loviers, pour achat de litz et aultres meubles pour le Lidieu, xv^{tt} x^s viii^d.

. . . .

Chaulx.

Paié, le samedi ixe jour de janvier v^c et six, à Jehan dez Perreulx, chaufumier, ix^s ix^d.

Masson en tache.

A Franchoys Gayot, masson, L^s.

Menuserie en tache.

A Binet Leroy, menuyssier, XX^s.

Achat d'aiz.

A ..... pour l'achat de deux cens aiz pour le Lidieu, XVI^{lt}.

. . . .

Menuyser en tache.

Paié, le samedi XVIe jour de janvier mil v^c et six, à Binet Leroy, menuysier, XX^s.

. . . .

Idem.

Paié, le samedi XXIIIe jour de janvier, à Binet Leroy, menuysier, XX^s.

Despence.

A ung reguardier qui estoit venu pour prendre ung reguard dedens le parc, CVII^s VI^d.

. . . .

Menuyssier en tache.

Paié, le samedi penultieme jour de janvier v^c et six, à Binet Leroy, menuysier, XL^s.

. . . .

Masson en tache.

Paié, le samedi VIe jour de fevrier mil v^c et six, à Françoys Gayot, masson, C^s.

. . . .

Chaulx.

Paié, le samedi XIIIe jour de fevrier, à Jehan dez Pereulx, chaufumier, VII^{lt} VI^s III^d.

....
....

Manœuvres à journée.

Paié, le samedi vi^e jour de mars mil v^c et six, aux manœuvres qui aident aux gens de mons^r du Plexis, xxvii^s.

Cheriage de boys.

Item, plus, paié à Jehan Dumont et Jehan Bot, chartiers, pour cheriage de boys pour les tonnes du Lydieu, xl^s.

Pieulx pour les tonnes.

Item, à ..... pour la façon de pieulx pour les tonnes que mons^r du Plexis fait faire, xii^s vi^d.

Charpentiers en tache.

Paié, le samedi xiiie jour de mars mil v^c et six, à Guyot Morisse, Michelet Lotin, et Robert Couespel, charpentiers, sur la somme qui doivent avoir de faire la charpente de la chappelle et maison du Lydieu, lx^s.

Enteurs d'abres.

A Estienne de la Marche et Jehan Perriau, enteurs, xviii^{lt}.

Late.

A Richart Durant et Jehan Thorel, pour façon de late pour les allées du Plexis, xl^s.

....

Manœuvres pour les allées.

Paié, le samedi xxe jour de mars v^c et six, aux manœuvres qui aident aux gens mons^r du Plexis, lxiii^s.

Manœuvres pour la maison.

Aux manœuvres de la maison du Lydieu, cii^s vi^d.

####### Allées du Lydieu.

A Binet Leroy, menuyssier, pour les allées du Lydieu, xxiiii^s.

####### Charpenterye pour la maison du Lydieu.

A Guyot Morisse, Michelet Lotin et Robert Couespel, charpentiers, iiii^{tt}.

####### Mason en tache.

A Guillaume Nouel, mason, pour la lucarne du Lydieu, vii^{tt}.

. . . .

####### Manœuvres à journée.

Paié, le samedi xxviie jour de mars v^c et six, aux manœuvres qui aident aux gens mons^r du Plexis, xlv^s.

####### Mason en tache.

Item, à Guillaume Nouel, mason, pour la chappelle du Lydieu, viii^{tt}.

####### Tonnes du Lydieu.

A Richard Durant, charpentier, pour les tonnes du Lydieu, xv^s.

####### Despence mons^r du Plexis.

Item, pour la despense de mons^r du Plexis-Formentieres, xxix^{tt} iiii^s iii^d.

####### Achat d'ouzier.

A Regnault Langlois, pour achat d'ouzier pour les tonnes du Lydieu, xix^s.

. . . .

####### Scieur d'aiz pour les tonnes du Lydieu.

Paié, le samedi iiie jour d'avril avant Pasques mil v^c et six, à Georges Mignon, scieur d'aiz, xxxv^s.

####### Menuyssier.

A Richard Durant, menuyssier, xx^s.

Charpentier.

A Michelet Lotin et ses compaignons, pour la chappelle et maison du Lydieu, iiii^{lt}.

Argent donné aux gens mons^r du Plexis.

Paié, le samedi x^e jour d'avril aprés Pasques mil v^c et sept, il a esté donné à troys hommes que mons^r du Plexis avoit amenés pour faire les tonnes dedens le boys du Lydieu, xxvi^{lt} xviii^s iii^d.

Charpentiers pour la maison du Lydieu.

Paié, le samedi xvii avril v^c et sept, à Guyot Morisse et ses compaignons, iiii^{lt}.

Façon de boys.

Paié, le samedi xxiiiie jour d'avril, à Philippot Benest, pour façon de boys pour cuire la brique, iiii^{lt} iii^s ix^d.

Cheroy de la gallerie painte.

A Lorens Jouy, chartier, pour cherroy de la gallerie painte, cvi^s.

Charpentiers.

Paié, le samedi premier jour de may v^c et sept, à Guyot Morisse et ses compaignons, pour la chappelle et maison du Lydieu, iiii^{lt}.

Couvreur d'ardoisse.

A Jehan Moyngne, couvreur d'ardoisse, pour couvrir la gallerie painte, c^s.

Charpentiers.

Paié, le samedi viiie jour de may, à Guyot Morisse, Michelet Lotin et Robert Couespel, pour la chappelle et la chambre du Lydieu, iiii^{lt}.

Idem.

Paié, le samedi xve jour de may, à Guyot Morisse et ses compaignons, pour la charpenterye de la chappelle du Lydieu, iiiiᶦᶦ.

Cheriage.

A Symonnet Chevalier, chartier, pour cheriage de pierre de Vernon, xviˢ iiiᵈ.

....

Massons.

Paié, le samedi xxiie jour de may vᶜ et sept, aux massons qui embasent la gallerie du Lydieu, viᶦᶦ viiˢ viᵈ.

....

Achat de petit poisson.

Paié, le samedi xxixe jour de may, à Marin Setasse, pecheur, pour achat de petit poisson pour les mares du parc, xxxvˢ.

Cheriage de boys.

Item, plus, paié à Jehan Dumont et Jehan Bot, chartiers, pour cheriage de boys pour les tonnes du Lydieu, xlˢ.

Pieulx pour les tonnes.

Item, à Philipot ..... pour façon de pieulx pour les tonnes que monsieur du Plexis fait faire, xiiˢ viᵈ.

Cheroy de platre.

A ..... chartiers, pour cheroy de plastre, xliiˢ.

Massons en tache.

A Guillaumet Queron et Mathieu Littée, massons, pour platrer la gallerie peinte, lxˢ.

....

Charpentiers.

Paié, le samedi v^e jour de juing v^e et sept, à Guyot Morisse et ses compaignons, pour la maison et chappelle du Lydieu, IIII^{lt}.

Massons en tache.

A Guillaumet Queron et Mathieu Litée, massons, pour platrer la gallerie painte du Lydieu, c^s.

. . . .

Extensilles pour la Vacherie.

Paié, le samedi XIIe jour de juing, pour l'achat de plussieurs extencilles pour servir à la vacherie du Lydieu, XLVI^s VIII^d.

Gallerie painte.

A G. Queron et Mathieu Litée, massons, pour la gallerie painte du Lydieu, IIII^{lt}.

Cheroy de pierre de St-Leu.

A J. Aubry et P. le Panetier, pour cheroy de pierre de St-Leu, XXXII^{lt} X^s.

. . . .
. . . .

Charpentiers.

Paié, le samedi XXVIe jour de juing v^e et sept, à Guyot Morisse et ses compaignons, pour la chappelle et maison du Lydieu, IIII^{lt}.

. . . .

Cheroy de boys.

Paié, le samedi IIIe jour de juillet v^e et sept, à Jehan Belot, chartier, pour cheroy de boys pour les loges des poulles du Lydieu, LX^s.

Idem.

A ..... pour cheroy de boys pour la maison et chappelle du Lydieu, X^{lt}.

Massons en tache.

A Simon Deversy et Jehan Rigault, massons, pour la maison et chappelle du Lydieu, x^{lt}.

. . . .
. . . .
. . . .

Massons.

Paié, le samedi desrain jour de juillet v^c et sept, à Symon de Versy et J. Rigault, massons, pour la maison du Lydieu, x^{lt}.

Serrurier.

A Michelet le Serf, serrurier, pour ferraille, c^s.

. . . .
. . . .

Massons pour la maison du Lydieu.

Paié, le samedi xxviiie jour d'aoust, à Symon de Versy et Jehan Rigault, massons, x^{lt}.

Menuyssier.

A Pierres Balin, menuyssier, pour la maison du Lydieu, xxxv^{lt} xv^s.

Pierres de Lorme, masson.

A maistre Pierres de Lorme, masson, pour les croissées de la maison du Lydieu, xv^{lt}.

Charpentiers.

A Guyot Morisse, Michelet Lotin et Robert Couespel, charpentiers, pour la maison du Lydieu, c^s.

Faucheurs de foin.

A ..... faucheurs de foin dedens le parc, xxi^s.

Cheroy de sablon.

A ..... chartier, pour cheroy de sablon, xxiii^s.

....

Le pavillon du puys.

Paié, le samedi xie jour de septembre v^c et sept, à Guyot Morisse, Michelet Lotin et Robert Couespel, charpentiers, iiii^{lt}.

Achat de carriau.

A Richard Behier, pour achat de carriau pour la gallerie du Lydieu, xi^{lt} viii^s.

Vitrier.

Louis Coueffard, pour lever et habiller les vitres de la gallerie du Lydieu, xl^s.

Peintre en tache.

A Jehan Briquensot, peintre, c^s.

....

Ferrure.

A Thomas du Buisson, marechal, pour ferrure des croissées et portes au Lidieu, xii^{lt} x^s.

Massons en tache.

A G. Queron et M. Litée, massons, pour la porte du Lydieu, iiii^{lt} x^s.

Puis du Lydieu.

A ..... chartier, pour charoy de boys pour le puis du Lydieu, xxv^s.

Massons.

A Symon du Versy et J. Rigault, massons, pour la chappelle et maison du Lydieu, x^{lt}.

Vitryer.

A Louys Coueffard, vitryer, pour la maison du Lydieu, vi^{lt} xv^s.

....

Charpentier.

Paié, le samedi xxvᵉ jour de septembre mil vᶜ et sept, à Guyot Morisse et ses compagnons, pour le puys du Lydieu, iiiiᶫᵗ.

Planchiers de la maison du Lidieu.

A Robinet le Viel, pour façon des planchiers de la maison du Lydieu, LXXIIˢ.

Porte du Lidieu.

Aux massons qui font la porte du Lydieu, LIIIˢ IIIIᵈ.

Massons.

A Symon de Versy et Jehan Rigault, pour la chappelle et maison du Lidieu, Xᶫᵗ.

Vitrier.

A Louis Coueffard, vitrier, pour rabiler les vitres dedens la maison du Lydieu, prés l'estanc, XIIᶫᵗ.

Façon de boys.

A Jehan le Masier, façon de boys pour cuire la brique, Lˢ.

La mise du talud d'entre le portal de devant et le talud de la chappelle de la grant maison que fait Guillaume Mainville, mason.

PREMIÈREMENT :

La mise pour le fait du Lit-Dieu, veue par monsieur et madame de

Genly, et veriffiée par les acquitz signés par Picquet et Guere, monte à M VI^{lt} IIII^s IIII^{ds} tournois. [1006₶ 4ˢ 4ᵈ.]

Fait à Gaillon, le dernier jour de novembre, l'an M V^c et sept.

T. BOHIER.

JA. DE CASTIGNOLLES.

La mise du talud d'entre le portal de devant et le talud de la chappelle de la grant maison que fait Guillaume Mainville, mason.

PREMIEREMENT :

Achat de pierre de Vernon.

Paié, le samedi XXVIIe jour de fevrier mil V^c et six, à Simonet le Cousturier, carieux, XLI₶ X^s.

Cheriage de pierre de Vernon.

A J. Hamel et J. le Cain, chertiers, XVII₶.

Mason.

A Guillaume Manville, mason, XI₶.

. . . .

Mason.

Paié, le samedi VIe jour de mars V^c et six, à Guillaume Manville, mason, XIIII₶.

Vin de marché.

Aud. Manville, pour le vin du marché dud. talud, XXX^s.

. . . .

....

Achat de pierre de Vernon.

Paié, le samedi xxe jour de mars v^c et six, à Simonnet le Cousturier, carieux, xxviii^{tt} x^s.

Chaulx.

A Robinet Bourdon, chaufumier, c^s.

....

Tireulx de moellon.

Paié, le samedi xxviie jour de mars v^c et six, aux tireulx de moellon, xxv^{tt} i^s vi^d.

Cheroy de moellon.

Aux chertiers qui charient le moellon, xviii^{tt} xv^s.

Mason en tache.

A Guillaume Manville, xxv^{tt}.

Chaulx.

A Guillotin Tubeuf, chaufumier, iiii^{tt} x^s.

Achat de pierre de carreau.

A ..... carieux, pour achat de carreau, xvii^{tt} iiii^s.

....

Masson en tache.

Paié, le samedi iiie jour d'avril avant Pasques mil v^c et six, à Guillaume Manville, mason, xxx^{tt}.

Charoy de carreau.

A ..... chertiers, pour cheroy de pierre de carreau de Vernon, ix^{tt} v^s.

Achat de pierre de Vernon.

A Simonnet le Cousturier, carieur, pour achat de pierre de Vernon, lv^{tt} iii^s ix^d.

Masson.

A Guillaume Manville, masson, xxx^{lt}.

. . . .
. . . .
. . . .

Masson en tache.

Paié, le samedi premier jour de may v^c et sept, à Guillaume Manville, mason, xxx^{lt}.

. . . .
. . . .

Idem.

Paié, le samedi xve jour de may v^c et sept, à Guillaume Manville, mason, xxx^{lt}.

. . . .

[*Id.* au talud.

Paié, le samedi xxiie jour de may v^c et sept, à Guillaume Manville, mason, xx^{lt}.

Ce compte, touchant led. talud, a esté veu et veriffié par madame de Genly, et monte en tout ix^c lxiiii^l vii^s ii^d ^{ts}. [964. 7. 2.]

Fait à Gaillon, le dernier jour de novembre, l'an m v^c et sept.

T. BOHIER.

JA. DE CASTIGNOLLES.

La mise des vignes d'Orleans, commenchant à la St-Michiel mil cinq cens et six.

ET PREMIEREMENT :

Manœuvres.

Paié, le samedi xvııᵉ jour d'octobre mil vᶜ et six, aux manœuvres qui labourent les vignes d'Orleans, lxvˢ vıᵈ.

Idem.

Paié, le samedi xxıııᵉ jour d'octobre, id. id. ıııtt ıııˢ vııᵈ.

Idem.

Id. le samedi derrain jour dud. moys, id. id. ıııtt ıııˢ ıııᵈ.

Gages du vigneron.

A Pierres le Marié, vigneron, pour ung cartier de ses gages, vıııttxvˢ.

Despense pour les chiens.

Pour la despence de deux levriers et troys petitz levrons, lıııˢ ıııᵈ.

Manœuvres.

Paié, le samedi vııᵉ jour de novembre vᶜ et six, aux manœuvres qui besongnent aux vignes d'Orleans, xlıˢ vıııᵈ.

Guaiges pour le cappitaine.

Item, à Anthoine Picquet, cappitaine de Gaillon, pour ung quartier de ses gages, escheu au terme de Toussains, xlvıtt xˢ.

Cercles pour les vignes.

A Richard Beyer, pour l'achapt de dix mosles de cercles, xˢ.

Tailleurs aux vignes d'Orleans.

Paié, le samedi xvie jour de janvier mil v^c et six, aux vignerons qui taillent les vignes d'Orleans, ainsi qu'il appert par la descharge du cappitaine Picquet, LVII^s VI^d.

Idem.

Paié, le samedi xxIII^e jour de janvier, aux vignerons qui taillent les vignes d'Orleans, XXXVIII^s IIII^d.

Idem.

Paié, le samedi penultieme jour de janvier mil v^c et six, aux vignerons qui taillent les vignes d'Orleans, XLVI^s III^d.

Façon de challas pour les vignes.

A Philippot et ses compaignons, xxv^s.

Petiz chiens.

Pour la despence de deux petiz chiens, II^{lt} VI^s.

Manœuvres.

Paié, le samedi vi^e jour de fevrier, aux vignerons qui labourent et taillent les vignes d'Orleans, XLIII^s IX^d.

Gages pour le vigneron.

A Pierres le Marié, vigneron, pour ung cartier de ses gages qui furent novembre, decembre et janvier, VIII^{lt} xv^s.

Fachon de challas.

A Thomas, de Rouen .... pour fachon de challas pour lesd. vignes, xvII^s VI^d.

Vignerons.

Paié, le samedi xIII^e jour de fevrier mil v^c et six, aux vignerons qui labourent les vignes d'Orleans, LXXIX^s VIII^d.

Façon de chalas.

A ..... pour façon de chalas, xx^s.

Manœuvres.

Paié, le samedi xxvii° jour de fevrier mil v° et six, aux vignerons qui labourent les vignes d'Orleans, cx° vi^d.

. . . .

Idem.

Paié, le samedi xiii° jour de mars v° et six, aux vignerons qui labourent les vignes, c°.

Gages pour le cappitaine.

A Anthoine Picquet, jusques au premier jour de fevrier, xlvi^tt x^s.

Manœuvres.

Paié, le samedi xx° jour de mars v° et six, aux vignerons qui labourent les vignes d'Orleans, iiii^tt vi°.

Idem.

Paié, le samedi xxvii° jour de mars, aux vignerons qui labourent et frichent les vignes, iiii^tt iiii^s vi^d.

Vignerons à journée.

Paié, le samedi iii° jour d'avril avant Pasques mil v° et six, aux vignerons qui labourent les vignes d'Orleans, iiii^tt ii^s vi^d.

Pains pour les levriers.

A Jehan de la Croix, boulenger, cxii^s.

. . . .

Vignerons à journée.

Paié, le samedi x° jour d'avril aprés Pasques mil v° et sept, aux vignerons qui labourent aux vignes d'Orleans, xlix^s vi^d.

Idem.

Paié le samedi xvii° jour d'avril, *id. id.* iiii^tt vii^s.

DU CHÂTEAU DE GAILLON.

Idem.

Paié, le samedi xxiii[e] jour d'avril, *id. id.* lxvii[s] vi[d].

Idem.

Paié, le samedi premier jour de may, *id. id.* iiii[xx] xii[s] vi[d].

Gages pour le vigneron.

A Pierres le Marié, pour ung cartier de ses gages, viii[xx] xv[s].

Gages du cappitaine.

A Anthoine Picquet, cappitaine de Gaillon, pour ung cartier de ses gages escheu le derrain jour d'avril, xlvi[lt] x[s].

Vignerons.

Paié, le samedi viii[e] jour de may v[c] et sept, aux vignerons qui labourent les vignes d'Orleans, iiii[xx] vii[s].

Idem.

Paié, le samedi xv[e] jour de may, aux vignerons qui prouvignent les vignes d'Orleans, cvi[s] i[d].

Idem.

Paié, le samedi xxii[e] jour de may, aux vignerons qui labourent les vignes d'Orleans, xlviii[s] vi[d].

Achat d'ouzier.

A G., pour achat d'ouzier pour les vignes, xxx[s].

Vignerons.

Paié, le samedi xxix[e] jour de may v[c] et sept, aux manœuvres qui labourent les vignes, iiii[xx] iiii[s] vi[d].

Idem.

Paié, le samedi v[e] jour de juing, *id. id.* vii[xx] xvii[s] vi[d].

Idem.

Paié, le samedi xiie jour de juing, id. id. vi^{lt} iii^d.

Femmes aux vignes.

Paié, le samedi xixe jour de juing, aux femmes qui lient les vignes d'Orleans, xxxvii^s vi^d.

Idem.

Paié, le samedi xxvie jour de juing, id. id. xxx^s.

Secles pour les cuves.

Paié, le samedi iiie jour de juillet v^c et sept, à Jehan Goadet, pour achat de secles pour lier les cuves, cvii^s.

Tonnelier.

Paié, le samedi x^e jour de juillet, à Jehan le Conte, tonnelier, pour lier lesd. cuves, xxxvi^s.

Idem.

Paié, le samedi xviie jour de juillet v^c et sept, à Jehan le Conte, tonnelier, à rabiler les cuves, xx^s.

Manœuvres.

Paié, le samedi xxiiiie jour de juillet, à Mathelin Bethere à relier les vignes, x^s.

Idem.

Paié, le samedi derain jour de juillet mil v^c et sept, id. id. vi^s.

Vignerons.

Paié, le samedi viie jour d'aoust v^c et sept, aux vignerons qui labourent les vignes d'Orleans, iiii^{lt} v^s vi^d.

Idem.

Paié, le samedi xiiiie jour d'aoust, aux vignerons qui labourent les vignes d'Orleans, iiii^{lt} x^s ix^d.

DU CHÂTEAU DE GAILLON.

Idem.

Paié, le samedi xxiᵉ jour d'aoust, id. id. LXXIIIˢ IIIᵈ.

Tonneliers.

Paié, le samedi xxvIIIᵉ jour d'avril, à Jehan le Conte et Jehan de Launay, tonneliers, à rabiller les ponçons pour mettre le vin, XLVIIˢ.

Pressoir.

Paié, le samedi xIᵉ jour de septembre, à Guillaume Aubry, pour refaire le pressoir, VIIIˢ IIIIᵈ.

Vendengeurs.

Paié, le samedi xvIIIᵉ jour de septembre vᶜ et sept, aux vendengeurs des vignes d'Orleans, pour les vins rouges des vignes d'Orleans.

Gages du cappitaine.

Paié, le samedi xxvᵉ jour de septembre, à Anthoine Picquet, cappitaine de Gaillon, XLVIˡˡ xˢ.

Gages de monsieur de Monbrun.

A maistre Anthoine de Monbrun, pour une année de ses gaiges qui furent depuis le jour Sainct-Michiel mil vᶜ et six jusques au jour Sᵗ-Michiel vᶜ et sept, CXVIIIˡˡ.

La mise de ce chapitre ou compte, ouquel sont comptez les fassons des vignes et vendanges, l'estat de Picquet et Montbrun, leur despence et de leurs chevaulx, gaiges du vigneron, quelque despence de chiens et levrons, le tout veriffié par monsieur et madame de Genly, et par les acquitz signez par Picquet et Guerre; avec les quictances de Montbrun pour sa partie, monte IIIᶜ IIIIˣˣ XIˡˡ xvIIˢ xxᵈˢ tˢ.

Et la recepte pour fournir aux mises de ced. chappitre ou compte faicte par led. Montbrun du receveur de Vigny, monte, par le rapport dud. Montbrun, vᶜˡˡ tˢ.

DÉPENSES DE LA CONSTRUCTION

Ainsi doit ledit Montbrun de fait de Vigny, à cause de ce chappitre du compte, viii^{tt} ii^s ii^d.

Et doit aussi pour le compte precedent, xxiii^{tt} v^s ix^d t^s.

Doit par ainsi, xxxi^{tt} vii^s xi^{ds} t^s [1].

Fait à Gaillon, le derain jour de novembre, l'an m v^c et sept.

T. BOHIER.

JA. DE CASTIGNOLLES.

---

[1] Ce relevé de compte est de la main de T. Bohier.

LA MISE DU JARDIN DE GAILLON

EN L'ANNÉE 1506.

1506-1507.

La mise du jardin que monsieur le legat fait faire à son chasteau de Gaillon, commenchant à la Sainct-Michiel mil cinq cens et six.

ET PREMIEREMENT :

Massons.

Paié, le samedi IIIe jour d'octobre mil v^c et vi, aux massons qui font les murs et galleries du jardin, xxiiii^{tt} x^s.

Manouvriés.

Item, paié aux fors hommes et autres manœuvres qui servent les massons, xix^{tt} ii^s vi^d.

Charyage de moyllon.

Item, aux chertiers qui cherient le moellon, vi^{tt} v^s.

Chaulx.

A Jehan du Chesne, chaufumier, vi^{tt}.

Massons en tache.

Item, à Guillaume Nouel et Jehan Vierve, massons, lx^s.

Charpentiers.

Item, à Guyot Morisse, Michelet Lotin et Robert Couespel, pour les parqués, vii^{tt}.

Idem.

Item, à maistre Denis Fremiere et Jehan Avise, charpentiers, pour les galleries, xx^{lt}.

Massons.

Paié, le samedi x^e jour d'octobre mil v^c et six, aux massons qui font les galleries et pillers du jardin, xiii^{lt} xvii^s ii^d.

Tireulx de moillon.

Item, aux tireux de moillon, xxxvii^{lt} vii^d.

Plom.

Item, à Pierres Houel, plommier, ainsy qu'il apert par la quictance d'ung notaire nommé Gueloys, xxiii^{lt} xiiii^s.

Couvreur d'ardoyse.

A Jehan le Moyne, ardoissier, xx^{lt}.

Charpentiers.

Item, à maistre Denis Fremiere et Jehan Avisse, charpentiers, pour les galleries, xx^{lt}.

Idem.

Item, à Guyot Morisse, Michelet Lotin et Robert Couespel, pour les parqués, vii^{lt}.

. . . .

Massons.

Paié, le samedi xviie jour d'octobre v^c et six, aux massons qui font les murs du jardin, xxviii^{lt} xix^s.

Manouvriers.

Item, aux fors hommes et autres manouvriers qui servent les massons, xx^{lt} xi^s ix^d.

Chariage de moullon.

Aux chertiers qui cherient le moellon, xv^{lt} ii^s vi^d.

Couvreur d'ardoize.

A Jehan le Moyne, couvreur d'ardoisse, x^{lt}.

....

....

Massons.

Paié, le samedi xxiiiie jour d'octobre mil v^c et six, aux massons qui font les murs du jardin, xxix^{lt} i^s iiii^d.

Tireulx de moillon.

Item, aux tireulx de moillon, lv^{lt} iii^d.

Achat de pierre de St-Leu.

A Guillaume Dumont, carrieur, lvii^{lt} ix^s.

Charpentiers.

A Guyot Morisse et ses compaignons, pour les parcqués, vii^{lt}.

Batelage de pierre de St-Leu.

A Guillemin de la Haye, batellier, xl^{lt} x^s.

Charpentiers.

A maistre Denis Fremiere et Jehan Avisse, pour les galleries, xx^{lt}.

Labourage.

A Jehan Thibout, chartier, pour labourer les terres du parc, liiii^s.

Chariage de bois.

A Denis Binet, pour chariage de bois pour la tone, x^s.

....

Massons.

Paié, le samedi derrain jour d'octobre mil v^c et six, aux massons qui ont esté cassés, xxxiiii^{lt} v^s x^d.

Charpentiers.

A Michelet Lotin et ses compaignons, pour les parcqués, vii^{tt}.

Idem.

A maistre Denis Fremiere et Jehan Avisse, pour les galleries, xx^{tt}.

Tonne.

A Richard Durant, pour latte pour la tonne, lx^s.

Labourage.

A Cardin Mallés, pour labourage des terres du parc, xxx^s.

Vuidange des terres.

A Binet le Villot et ses compaignons, pour vuidange des terres du jardin, vi^{tt} x^s.

....

Manœuvres.

Paié, le samedi viie jour de novembre v^c et six, aux manœuvres qui ouvrent les terres dedens les parqués du jardin, xxxv^s.

....

Massons en tache.

A Guillaume Nouel et Jehan Vierve, iiii^{tt}.

Pour les galleries.

A maistre Denis Fremiere, charpentier, xx^{tt}.

....

Couvreur d'ardoise.

Paié, le samedi xiiie jour de novembre mil cinq cens et six, à Jehan le Moine, x^{tt}.

Achat de pierre de St-Leu.

A Jehan de soubz St-Leu, carrieur, cv^{tt} vii^s.

Couvreurs de la tour sur le jardin.

A Jehan Durant et ses compaignons, menuysiers, xxix^{tt} v^s x^d.

Biche blessée.

A Challot Coquerel, medecin, pour le rabillage de une biche qui estoit blessée, xıı^s vı^d.

Chariage de bois pour les galleries.

A ..... pour le chariage de bois, xxv^{tt} v^s.

....

....

(Les galeries, les parquets, le pillier.)

Achat de bois pour le pavillon du jardin.

Paié, le samedi vı^e jour de mars mil v^c et six, à Robin le Gouix et autres marchans de boys, pour faire le pavillon du parmy du jardin, ııı^c xxııı^{tt} xıx^s vı^d.

....

Charpentiers.

Aux charpentiers qui font le pavillon du jardin, Lxıı^s.

Pour le pavillon du jardin.

A Jehan Rollant, marchand de boys, xııı^{tt} xıx^s.

....

Parqués du jardin.

Paié, le samedi xxe jour de mars, aux maneuvres qui labourent les parqués du jardin, xxxvı^s.

Galleries du jardin.

A Jehan Advisse, charpentier, x^{tt}.

Pavillon du jardin.

Aux charpentiers qui font le pavillon du parmy du jardin, xvıı^{tt} xııı^s.

Menuysiers pour les portes des parquets.

Paié, le samedi xxvıı^e jour de mars mil v^c et six, à Jehan du Boys et Giraud de la Mare, pour les portes des parqués, vı^{tt} x^s.

Charpentiers.

Aux charpentiers qui font le grand pavillon du jardin, xx^{tt} v^s.
....

Gaiges et despence pour le jardinier.

Paié, le samedi IIIe jour d'avril mil v^c et six, à Thomas de Lyon, jardinier, pour VII moys et demy de ces gages et LXIII jours de sa despence, xxvI^{tt} IIII^s vI^d.

Mur.

A Guillaume Nouel, masson, pour le mur de dessus le jardin, LX^s.

Grand pavillon.

Aux charpentiers qui font le grand pavillon du parmy du jardin...

Feraille.

A Michelet le Serf, serrurier, pour ferraille pour le pavillon du jardin, faite à Rouen, L^{tt}.
....

Latage pour les parqués.

Paié, le samedi x^e jour d'avril aprés Pasques mil v^c et sept, à Richard Durand, menuyssier, xI^{tt} x^d.

Lambrys pour les galleries.

A Pierres Valence, menuyssier, xxx^{tt}.
....

Charpentiers à journée pour les pilotiz.

Paié, le samedi xvII^e jour d'avril aprés Pasques, à Richard Jouy et Richard Eudes, charpentiers, xLvIII^s.

Pilotiz.

A ..... façon des pilotis, LX^s.

Achat de pierre de St-Leu.

A Guillaume Dumont, carrieur, xxxviii^{lt}.

....

Batellage de pierre de St-Leu.

Item, à Guillaume de la Haye, batellier, xxvii^{tt} ii^s vi^d.

Cheroy de pierre de Vernon.

A ..... chartiers, viii^{tt} ii^s viii^d.

———

Paié, le samedi xxiiiie jour d'avril aprés Pasques, mil v^c et sept :

Pour les parqués du jardin.

Aux manœuvriers qui labourent les parqués du jardin, xlviii^s.

Charpenterie pour les galleries.

A Jehan Advisse, charpentier, x^{lt}.

Abatage de boys.

A Martin Charon, charpentier, xi^s iii^d.

Achat de cordage.

A Colin Thomas, cordier, lxix^s.

Masson pour le mur de dessus le jardin.

A Franchois Gayot, masson, lvi^s vi^d.

Chariage de pierre de St-Leu.

A ..... chartier, xli^{tt} ii^s viii^d.

Charpentiers à journée.

A Richard Jouy et Richard Eudes, charpentiers, xlviii^s.

Charpentier à tache.

A Guillaume Queron, charpentier, pour sa paine d'avoir dollé ung cent de boys, lx^s.

Charoy de pieulx pour pilotiz.

A ..... chartiers, LXX^s.

Couvreur d'ardoise.

A Jehan le Moine, couvreur d'ardoise, XV^{tt}.

Lambrys pour les galleries.

A Pierre Valence, menuissier, XXX^{tt}.

Masson pour les galleries.

A Jehan Gaudras[1], masson, L^{tt}.

....

Paié, le samedi premier jour de may mil V^c et sept :

Pour les pilotiz de la gallerie.

Aux charpentiers et manœuvriers qui font les pilotis du jardin, IIII^{tt} X^s.

....
....

Masson en tache.

A Guillaume Nouel, masson, VI^{tt} XII^s.

Dolage de boys pour la plate-forme des galleries.

A Guillaume Cheron, charpentier, X^{tt} V^s.

Achat de boys pour le grant pavillon du jardin.

A Henry Lallemant, marchant de boys, XXXV^{tt}.

....

Portes des parqués du jardin.

A Jehan du Boys et Girard de la Mare, menuyssiers, pour les portes des parqués, XXXII^s.

---

[1] *Alias* Gaudars.

Portes en boys.

A Binet Leroy, menuyssier, pour les grandes portes du mur de dessus le jardin, xvi^s.

....

Paié, le samedi xve jour de may mil v^{cc} et sept :

Pilotiz.

Aux charpentiers qui font les pilotiz, c^s.

Masson pour les galleries.

A Jehan Gaudars, masson, viii^{tt}.

Achat d'or.

A Nicolas du Bense, marchant, lxxviii^{tt}.

Portes des parqués.

A Jehan du Boys et Girard de la Mare, menuyssiers, xl^s.

Pavillon du jardin.

A Guillebert le Cousturier, charpentier et ses compaignons, viii^{tt} i^s ix^d.

   Id.   Id. xxiii^{tt} xii^s.
   Id.   Id. xxii^s vi^d.
   Id.   Id. xvii^{tt} iiii^s.
   Id.   Id. xi^{tt} xii^s ix^d.

Chariage de boys à..... xxii^s.
      Id. xv^s.
      Id. cxv^s.

Achat de boys pour le pavillon.

A Jehan Rollant, marchant de boys, c^{tt}.
  Id.   Id. l^{tt}.

Plonberie pour les galleries du jardin.

A Nicollas du Puis, plonbier, iiii$^{xx\,tt}$.

Achat de clou.

A Guillaume Chapellain, LIIII^{tt} XIII^s.

Feraille pour le pavillon.

A Michelet le Serf, serrurier, xx^{tt}.

....

Masson en tache.

A maistre Pierre de Lorme, masson, pour les lucarnes du jardin, x^{tt}.

Masson en tache.

A Jehan Gaudras, masson, pour les portes du mur de dessuz le jardin, xv^{tt}.

Portes des parqués du jardin.

A Jehan du Boys et Girard de la Mare, menuyssiers, Lx^s.

....

Lambrys pour la gallerie du jardin.

A Nicollas Castille, menuysier, xxx^{tt}.

....

———

Paié, le samedi xxixe jour de may mil v^c et sept :

Parqués du jardin.

Aux manœuvres qui labourent les parqués du jardin, xxiiii^s.

Portes de dessuz le mur du jardin.

A Jehan Gaudras, masson, pour les portes de dessus le mur du jardin, x^{tt}.

Pavillon du jardin.

A Jehan le Fevre, pour voyture de boys par eaue pour le pavillon du jardin, L^s.

Masson en tache.

A Guillaume Manville, masson, pour bastir la galerie, x^{tt}.

. . . .
. . . .

Paié, le samedi v^e jour de juing mil v^c et sept :

Parqués du jardin.

Aux manœuvriers qui labourent les parqués du jardin, xl.viii^s.

Galleries.

A Guillaume Manville, masson, pour bastir les galleries, x^{lt}.

Menuyssier à journée.

A Binet Leroy, menuysier, xx^s.

Galleries du jardin.

A Jehan Advisse, charpentier, x^{lt}.

. . . .

Idem.

A ..... pour cheroy de boys pour les galleries du jardin, x^{lt}.

. . . .

Pilotis.

A ..... chartiers, pour cheroy de potz[1] pour les pilotis, iiii^{xt} v^s.

Pilotis.

Paié, le samedi xiie jour de juing mil v^c et sept, aux charpentiers et manœuvres qui funt les pilotis du jardin, ix^l iii^s.

Porte des parqués.

A Jehan du Boys et Gerard de la Mare, menuysiers, pour les portes des parqués, xi^l xviii^s.

Charpentier pour les galleries.

A Jehan Advisse, charpentier, x^l.

---

[1] *Sic* : pieux.

Portes de dessus le jardin.

A Jehan Gaudras, masson, pour les portes de dessus le jardin, x^l.

Pour bastir les galleries.

A Guillaume Manville, masson, xii^l.

Pilotiz du jardin.

Payé, le samedi xixe jour de juing mil v^c et sept, aux charpentiers et manœuvres qui firent les pilotiz du jardin, ix^l xi^s.

Galleries.

A Jehan Advisse, charpentier, pour les galleries, x^l.

Cheroy de boys.

A Guillaume le Viconte et ses compaignons, pour cheroy de boys pour les galleries, x^l.

Pavillon de la fontaine.

A Nicollas Castille, menuysier, pour le pavillon de la fontaine, xl^l.

Videnge de terres.

A Jacquet le Franchoys et ses compaignons, pour le videnge des terres pour le pavillon de la fontaine, xix^s.

Pierres de Lorme, masson.

A Pierres de Lorme, masson, pour les lucarnes des galleries du jardin, c^s.

Masson en tache.

Paié, le samedi xxvie jour de juing mil v^c et sept, à Guillaume Queron et Mathieu Littée, pour le cabinet du bout du jardin, ix^l v^s.

DU CHÂTEAU DE GAILLON.

Galleries du jardin.

A Guillaume Manville, masson, pour contrebatir les galleries du jardin, x^l.

. . . .
. . . .

Le grant pavillon.

Aux charpentiers qui funt le grant pavillon du jardin, xviii^l xviii^s ix^d.
A Nicollas Castille, pour le dessusdict pavillon, xx^l.
    Id.   id. xx^l.
Aux charpentiers qui firent led. pavillon, xx^l xix^s xi^d.
    Id.   id. xxi^l viii^s iiii^d.
    Id.   id. xxviii^l iii^s vii^d.

Pilotis du jardin.

Paié, le samedi iiie jour de juillet mil v^c et sept, aux charpentiers qui firent les pilotis du jardin, vii^l x^s.

Cheroy de pierre de St-Leu.

A Jehan Hamel et Guillaume le Camus, pour cheroy de pierre de St-Leu, xiii^l xvi^s.

Cheroy de boys.

A Jehan Aulbin, etc..... pour cheroy de boys pour le pavillon, vi^l.

Pour le petit pavillon.

A Jehan Gaudras, masson, pour le petit pavillon, xvii^l.

Lambrys des galleries.

A Pierres Valence, menuysier, pour le lambrys pour les galleries du jardin, x^l.

Galleries.

A maistre Denis Fremievre, masson, pour les galleries du jardin, x^l.

Idem.

A Jehan Advisse, charpentier, x^l.

Couvreur d'ardoisse.

A Jehan le Moyne, couvreur d'ardoisse, x^l.

Pavillon du jardin.

Aux charpentiers qui funt le pavillon du jardin, xxii^l xvii^s.
. . . .

Jardinier.

A Thomas de Lion, jardinier, pour gages et despence, xv^l xvi^s vi^d.

Grant pavillon du jardin.

Paié, le samedi x^e jour de juillet mil v^c et sept, aux menuyssiers qui funt la mouleure du grant pavillon du jardin, iiii^l vi^d.

Galleries du jardin.

A Jehan Advisse, charpentier, pour les galleries, x^l.

A Pierres Valence, menuyssier, pour le lambrys pour les galleries du jardin, x^l.

Tonnelle du bout du jardin.

A Jehan Gaudras, masson, pour la tonnelle du bout du jardin, x^l.
. . . .

Pavillon du jardin.

Paié, le samedi xviie jour de juillet mil v^c et sept, aux menuyssiers qui funt les mouleures du pavillon, vi^l vi^s.

Galleries.

A Jehan Advisse, charpentier, pour les galleries, x^l.

Cabinet.

A Jehan Gaudras, masson, pour le cabinet, viii^l.

Grand pavillon.

Aux charpentiers qui funt le grand pavillon, xix^l xix^s iii^d.

Id.   id. xxxii^l iii^s x^d.

Pavillon.

A Philipot Senechal, pour le dollage de boys pour le pavillon, vi^l vii^s vi^d.

. . . .
. . . .

Pavillon du jardin.

Paié, le samedi xxiiiie jour de juillet mil v^c et sept, aux menuyssiers et charpentiers qui funt le pavillon du parmy du jardin, x^l i^s ix^d.

Galleries.

A Guillaume Manville, masson, pour contrebatir les galleries, xv^l.

Lambrys pour les galleries.

A Pierres Valence, menuyssier, pour lambrys pour les galleries, xv^l.

Pavillon.

A Jehan Gaudras, masson, pour le pavillon du bout du jardin. ix^l.

Ferraille.

A Michelet le Serf, serrurier, x^l.

. . . .

Menuyssiers.

Paié, le samedi derrain jour de juillet mil v^c et sept, aux menuyssiers qui funt les mouleures du pavillon du jardin, viii^l ii^s vi^d.

Charpentiers.

Aux charpentiers qui funt led^t pavillon, cxii^s.

Couvreur d'ardoisse.

A Jehan le Moyne, couvreur d'ardoisse, xx^l.

Menuyssiers à journée.

A Binet le Roy, menuyssier, pour les huis du jardin, xvi^s.

Pavillon du jardin.

A Nicollas Castille, menuyssier, tailleur d'antique, pour le pavillon du jardin, xx^l.

  Id.   *id.* xl^l.

Pierre de St-Leu.

A Guillaume Dumont, carrieur, pour achat de pierre de Sainct-Leu, cxv^l xi^s ii^d.

Charroy de pierre.

A Jehan Hamel, pour charroy de pierre de Sainct-Leu, xxxiii^l xix^s.

. . . .

Portal de devant du jardin.

Payé, le samedi viie jour d'aoust mil v^c et sept, aux massons qui funt le portal de devant du jardin, lxxvi^s viii^d.

Pavillon.

Aux charpentiers qui funt le pavillon du jardin, viii^l xv^s.

Aux menuyssiers qui funt les mouleures du pavillon du jardin, viii^l xvii^s vi^d.

A Nicollas Castille, menuyssier, tailleur d'antique, pour le pavillon, xx^l.

Lucarnes du jardin.

A maistre Pierre de Lorme, masson, pour les lucarnes du jardin, x^l.

Galleries.

A Pierres Valence, menuyssier, pour les lambrys des galleries, xxx^l.

Vollerie.

A Jehan Advisse, charpentier, pour la vollerie, x^l.

Cabinet du bout.

A Jehan Gaudras, masson, pour le cabinet du bout, viii^l.

Acoutouers du mur du jardin.

A Guillaume Manville, masson, pour les acoutouers du mur du jardin, xx^l.

. . . .
. . . .

Portal de devant du jardin.

Paié, le samedi xiiiie jour d'aoust mil v^c et sept, aux massons qui funt le portal de devant du jardin, xvi^l iiii^d.

Pavillon du jardin.

Aux charpentiers qui funt le pavillon du parmy du jardin. . . . .

Pavillon.

Aux menuyssiers qui funt la mouleure du pavillon, cxiii^s.

Petit pavillon.

A Jehan Gaudras, masson, pour le petit pavillon du bout du jardin, xvi^l.

Acoutouers du jardin.

A Guillaume Manville, masson, pour les acoutouers du jardin, xx^l.

Boys pour les galleries.

A Pierres Valence, menuyssier, pour les galleries du jardin, xv^l.

Pavillon du jardin.

A Nicollas Castille, menuissier, tailleur d'antique, pour le pavillon du jardin, xx^l.

. . . .

Portal de devant du jardin.

Paié, le samedi xxie jour d'aoust mil v^c et sept, aux massons qui funt le portal de devant du jardin, xviii^l xi^s.

Pavillon du bout du jardin.

A Jehan Gaudras, masson, pour le pavillon du bout du jardin, viii^l.

Pavillon.

Aux charpentiers qui funt le pavillon du jardin, x^l viii^s ix^d.

Pavillon.

Aux menuyssiers qui funt les mouleures du pavillon, xii^l vi^s.

Acouteurs du jardin.

A Guillaume Manville, masson, pour les acouteurs du jardin, xii^l.

Latage des parqués.

A Richard Durand, pour latage pour les parqués du jardin, vi^l.

Galleries du jardin.

A Jehan Advisse, charpentier, pour les galleries du jardin, xxvi^l.

Achat d'ardoisse.

A Massé Mouchet, pour ardoisse pour les galleries et pavillon du jardin, iii^c iiii^{xx} vi^l xvii^s vi^d.

Pavillon.

A Michault Seheult, menuyssier, pour le pavillon, xxvii^s.

Plombier.

A Robert Devaulx, plombier, c^l.

. . . .

Portal du jardin.

Paié, le samedi xxviiie jour d'aoust mil v^c et sept, aux massons qui font le portal du jardin, xvi^l xiii^s iiii^d.

Grand pavillon.

Aux charpentiers qui funt le grand pavillon du jardin, vii^l xvii^s.

Pavillon.

Aux menuyssiers qui funt les mouleures du pavillon, xi^l.

Acoudoys du jardin.

A Guillaume Manville, masson, pour les acoudoys du jardin, xv^l.

Cabinés du jardin.

A Jehan Gaudras, masson, pour les cabinés du jardin, viii^l.

Galleries du jardin.

A Pierres Valence, menuyssier, pour lambrys pour les galleries du jardin, xxx^l.

Cordage pour lever le pavillon.

A Colin Thomas, cordier, pour cordage pour lever le pavillon, cxix^s.

. . . .

Portal du jardin.

Paié, le samedi iiiie jour de septembre mil v^c et sept, aux massons qui funt le portal du jardin, xvi^l x^s viii^d.

Pavillon du jardin.

Aux charpentiers qui funt le pavillon du jardin, x^l x^s.
Aux menuyssiers qui font les mouleures dud. pavillon, ix^l.

Cabinet du parmy.

A Jehan Gaudras, pour le cabinet du parmy du jardin, vii^l.

Volerie.

A Jehan Advisse, charpentier, pour la volerie, x^l.

Galleries.

A Pierres Valence, menuyssier, pour lambrys pour les galleries, x^l.

. . . .

Massons.

Paié, le samedi xie jour de septembre mil v^c et sept, aux massons qui funt le portal du jardin, xx^l iiii^d.

Pavillon.

Aux charpentiers qui funt le pavillon du parmy du jardin, x^l xii^s vi^d.
Aux menuyssiers qui funt les mouleures dud^t pavillon, lxx^s.

Portes du jardin.

A Binet le Roy, menuyssier, pour faire les portes du jardin, xx^s.

Acoudés de dessus le jardin.

A Guillaume Manville, masson, pour les accoudés de dessus le jardin, iiii^l.

Boys pour les portes.

A Robinet Guarenflou, pour achat de boys de cartier pour faire les portes du jardin, iii^l x^s.

Galleries du jardin.

A Pierres Valence, menuyssier, pour lambrys pour les galleries du jardin, xv^l.

Galleries et vollerie.

A Jehan Advisse, charpentier, pour les galleries et vollerie du jardin, xx^l.

....

Portal du jardin.

Paié, le samedi viiie jour de septembre mil v^c et sept, aux massons qui funt le portal du jardin, xxi^l xvii^s vi^d.

Pavillon.

Aux charpentiers qui funt le pavillon, ix^l xvi^s vi^d.
Aux menuyssiers qui funt les mouleures dud. pavillon, lxx^s.

Porte du portal.

A Binet le Roy, menuyssier, pour faire la porte du portal du jardin, xxxvi^s viii^d.

Pavillon.

A Toussains de Lorme, masson, pour le pavillon, x^l.

Galleries.

A Pierres Valence, menuyssier, pour lambrys pour les galleries du jardin, xv^l.

Pavillon.

A Nicollas Castille, menuyssier, pour taille d'antique pour le pavillon, xx^l.

Taille des ogives.

A Jehan Molin, masson, pour la taille des ogives, xxvi^s.

. . . .

Portal du jardin.

Paié, le samedi xxve jour de septembre mil v^c et sept, aux massons qui funt le portal du jardin, xxi^l xvi^s r^d.

Menuyssiers.

Aux menuyssiers qui font les mouleures du pavillon et les portes du portal du jardin, x^l xv^s.

Pavillon.

A Toussains de Lorme, masson, x^l.

Galleries.

A Pierres Valence, menuyssier, pour les galleries du jardin, xv^l.

Lucarnes du jardin.

A maistre Pierres de Lorme, masson, pour les lucarnes du jardin, xv^l.

Boys pour les tonnes du jardin.

A mons^r de Branchesne, pour achat de boys pour les tonnes du jardin, xl^s.

Jardinier.

A Thomas de Lyon, jardinier, pour gaiges et despence, xv^l xiii^s vi^d.

. . . .

La mise et despence de ce compte touchant le fait du jardin, veue et arrestée par mons^r et madame de Genly, et aussi par les acquitz signez par Picquet et Guerre, monte ix^m iiii^{xx} vi^l vii^s i^d ^{ts} [9086-7-1].

Fait à Gaillon, le derrain jour de novembre, l'an m v^c et sept.

T. BOHIER.
Jac. de Castignolles.

DU CHÂTEAU DE GAILLON.

DESPENSE DES BATIMENS DE GAILLON.

1508.

Papier journal de la recepte et despence des bastimens du chasteau de Gaillon pour une année commençant le premier jour de janvier mil cinq cens et sept, et finissant à semblable jour mil cinq cens et huit, par Glaude de Launoy, à ce commis par reverend pere en Dieu monseigneur monsieur le lesgat, cardinal du sainct siege appostolique, arcevesque de Rouen.

Ce present journal a esté presenté pour servir de compte à cause des edifices de Gaillon, et autres despences deppendans d'iceulx au chasteau de Gaillon, le samedi xvi° jour de septembre l'an mil cinq cens huit.

ET PREMIEREMENT,

RECEPTE.

De monseigneur messire Thomas Bohier, chevalier, conseiller du Roy nostre sire et general de ses finances, par les mains de monsieur le receveur Pierre Gravelle, par mon recepissé du derrain jour de decembre mil cinq sens et sept, la somme de sept cens quatre livres dix huit solz tournois, pour ce, cy, vii^c iiii^{xx} xviii^s.

De mond^t s^r le general par les mains de mond^t s^r le receveur Gravelle, par mon recepissé du xie jour de janvier v^c et sept, ii^m iiii^{xx} vi^{tt} xii^s vii^d.

Id. par mon recepissé du xxie jour de janvier v^c et sept, vii^{ctt}.

Id. id. du xxixe jour de janvier v^c et sept, vi^c xx^{tt}.

Id. id. du ve jour de fevrier mil v^c et sept, xii^{ctt}.

Id. id. du xie jour de fevrier mil v^c et sept, v^{ctt}.

Id. Recepissé du xviie jour de fevrier v^c et sept, viii^{ctt}.

Id. id. du iiie jour de mars, viii^{ctt}.

DÉPENSES DE LA CONSTRUCTION

De mond^t s^r le general, recepissé du iiiie jour de mars, v^c LXXVII^{tt} III^s IX^d.
Id.   id. du xe jour de mars, v^{ctt}.
Id.   id. du xviie jour de mars, v^{ctt}.
Id.   id. du xixe jour de mars, vi^c LIII^{tt} xvi^s.
Id.   id. du xxiiiie jour de mars, viii^{ctt}.
Id.   id. du xxviie jour de mars, ii^c xxx^{tt} xiii^s.
Id.   id. du derrain jour de mars, v^{ctt}.
Id.   id. du iiii^e jour d'avril, viii^c LXXII^{tt} III^s IIII^d.
Id.   id. du sixieme jour d'avril, iii^c x^{tt}.
Id.   id. du xi^e jour d'avril, M^c IIII^{xx} xi^{tt} v^s.
Id.   id. du xve jour d'avril, vi^c xL^{tt}.
Id.   id. du xxie jour d'avril, ix^c IIII^{xx} XIX^{tt} x^s.

De mons^r le chancellier de Rouen, monsieur m^e Jaques de Castignolles, la somme de cinq cens quatre vingts cinq livres neuf solz huit deniers tournois, par mon recepissé du xxviie jour d'avril mil v^c et huit, pour ce, cy, v^c IIII^{xx} v^{tt} IX^s VIII^d.

Id.   id. du cinquieme jour de may v^c et huit, v^c XLVII^{tt}.
Id.   id. du xe may, iiii^c IIII^{xx} xi^{tt} xv^s.
Id.   id. du xviiie may, v^c Lv^{tt}.
Id.   id. du xxiiiie may, M XIII^{tt} XVII^s vi^d.
Id.   id. du xxix^e may, viii^c III^{tt} III^s I^d.
De mond^t s^r le general, id. id. du viii^e juing, viii^{ctt}.
De mond^t s^r le chancellier, id. du xii^e juing, v^c LXIX^{tt} xvi^s i^d.
De mond^t s^r le general, id. id. du xv^e jour de juing, v^{ctt}.
Id.   id. du xxiii^e juing, vii^{ctt}.
De mond^t s^r le chancellier, id. du xxviii^e juing, iii^c viii^{tt} iii^s ix^d.
De mond^t s^r le general, id. du derrain jour de juing, vii^{ctt}.
De mond^t s^r le chancellier, id. du iiii^e juillet, LXXVIII^{tt}.
De mond^t s^r le general, id. du vii^e juillet, M^{tt}.
Id.   id. du xiiie juillet, vii^{ctt}.
Id.   id. du xve juillet, iii^{ctt}.
De mond^t s^r le chancellier, id. du xixe juillet, ii^c IIII^{xx} viii^{tt} iii^s ix^d.
De mond^t s^r le general, id. du xxe juillet, vii^{ctt}.

DU CHÂTEAU DE GAILLON.

De mond^t s^r le general, recepissé du xxve juillet, IIII^c xxv^{tt} x^s IIII^d.
Id.   id. du xxvIII^e juillet, vI^{ctt}.
De mond^t s^r le chancellier, id. du IIIIe aoust, vII^c IIII^{xx} xv^{tt}.
De mond^t s^r le general, id. du ve aoust, vI^{ctt}.
Id.   id. du xI^e aoust, vI^{ctt}.
Id.   id. du xvIII^e aoust, vII^{ctt}.
Id.   id. du xxv^e aoust, vIII^{ctt}.
Id.   id. du xxvI^e aoust, v^c IIII^{xx} x^{tt}.
Id.   id. du premier jour de septembre, IIII^{ctt}.
Id.   id. du premier jour de septembre, vI^{ctt}.
Id.   id. du second septembre, v^{ctt}.
Id.   id. du vIII^e septembre, vI^{ctt}.
De monsieur le chancellier, id. du xv^e septembre, IIII^c LIX^{tt} III^s.
De mond^t s^r le general, id. du xv^e septembre, vIII^{ctt}.

Somme des parties reçues du general de Normandie, jusques cy par ced. journal, vingt sept mil trois cens vingt six livres ung sol et huit deniers tournois.

Et du chancellier de Rouen, tresorier de monseigneur le legat, six mil neuf cens vingt livres deux solz deux deniers tournois.

De mond^t s^r le general, par les mains de mond^t s^r le receveur Gravelle, la somme de deux cens cinquante livres tournois par mon recepissé du xxe septembre mil v^c et huit, pour ce, cy, II^{ctt}.

De mond^t s^r le general par les mains de mond^t s^r de Gravelle, la somme de trois cens livres tournois, par mon recepissé du xxIx^e septembre mil v^c huit, pour ce, cy, III^{ctt}.

Sur le compte de l'année en suivant commençant à la Sainct-Michel v^c huit.

Id.   id. du xe octobre v^c huit, II^c LxvI^{tt} x^s vI^d.
Id.   id. du xI^e octobre, vIII^m xv^{tt} xvI^s vIII^d.
Id.   id. du xI^e octobre, IIII^{xx} x^{tt}.
Id.   id. du xII^e octobre, IIII^{xxtt}.

De mons^r le chancellier Me Jaques de Castignolles, id. du xIII^e octobre, Ix^c xLvII^{tt} vII^s I^d.

De monseigneur m⁰ Pierre le Gendre, conseiller du Roy nostre sire et tresorier de France, *id.* du xii⁰ octobre, xi⁰ iiii^{xx} viii^{lt} iiii^s vi^d.

De mond^t s^r le general, *id.* du xiii⁰ octobre, vi⁰ xvii^{lt} vi^s iii^d.

Somme des parties receues despuis le premier arrest dud. general de Normandie, cinq cens cinquante livres tournois.

Somme total de la recepte de ce compte, trente quatre mil sept cens quatre vingt seize livres trois solz dix deniers tournois.

De mond^t s^r le general, la somme de huit mil quinze livres seize solz huit deniers obole, par mon recepissé du derrain jour de septembre mil v^c huit, pour ce, cy, viii^m xv^{lt} lxvi^s viii^d.

Somme des parties receues despuis le premier arrest dud. general de Normandie, huit mil cinq cens soixante cinq livres seize solz huit deniers obol. tournois.

Somme toute de la recepte du present compte, quarente deux mil huit cens douze livres six deniers tournois.

De mond^t s^r le general, par les mains de mond^t s^r de Gravelle, la somme de mil cinquante trois livres seize solz neuf deniers tournois, par mon recepissé du derrain jour de septembre mil v^c huit, pour ce, cy, м liii^{lt} xvi^s ix^d.

De mond^t s^r le chancellier, la somme de neuf cens quarante sept livres sept solz ung denier obole, par mon recepissé du derrain jour de septembre v^c huit, pour ce, cy, ix^c xlvii^{lt} vii^s i^d.

Somme des parties receues despuis le premier arrest dud. general de Normandie, neuf mil six cens dix neuf livres treize solz cinq deniers maille tournois, qui est en tout ce qu'il a receu dud^t general, xxxvi^m ix^c xlv^{lt} xv^s i^{do}.

Et dud. chancelier tresorier, neuf cens quarante sept livres sept solz un denier maille tournois, qui est en tout ce qu'il a receu dud. chancellier vii^m viii^c lxvii^{lt} ix^s iii^d obole tournois.

Somme toute de la recepte du present compte, quarente quatre mil huit cens treize livres quatre solz cinq deniers tournois.

DU CHÂTEAU DE GAILLON.

DESPENCE.

PIERRE FAIN ET SES COMPAIGNONS, MAÇONS.

A Pierre Fain et ses compaignons, à present besongnans au chasteau de Gaillon, sur la somme de dix huit mil livres tournois à quoy ilz ont marché pour plusieurs bastimens qui doivent faire aud. Gaillon, à plain declarés ou marché sur ce fait et passé le iiiie jour de decembre mil v^c et sept, pour ce, cy, la d^{te} some de $\text{xviii}^{m\text{tt}}$.

Sur quoy a esté payé aud. Pierre Fain et ses compaignons au precedent, le premier jour de janvier, la somme de $\text{ii}^m \text{ ix}^{c\text{tt}}$, c'est assavoir, par Monbrun en plusieurs parties à eulx baillées à diverses foiz, $\text{ii}^m \text{ iii}^c \text{ lxxiii}^{tt} \text{ xiii}^s \text{ iiii}^d$, et pour certaines lucarnes qui devoient faire, $\text{iiii}^{xx} \text{ iii}^{tt}$, et pour la pierre de Vernon et de St Leu que on leur a baillée en paiement $\text{iiii}^c \text{ iiii}^{xx} \text{ xiii}^{tt} \text{ vi}^s \text{ viii}^d$, lesquelles parties font et montent à lad. somme de $\text{ii}^m \text{ ix}^{tt}$ ainsi par eulx receue dud. Monbrun comme dit est, dont Glaude de Launoy, à present commis, ne fait recepte ne despence pour ce, cy, lad. somme de $\text{ii}^m \text{ ix}^{c\text{tt}}$.

A Pierre Fain et ses compaignons, par Glaude de Launoy, la somme de trois cens livres tournois sur ce qui leur peut estre deu sur le marché de xviii^m livres, dont de l'aultre part est fait mencion par quictance du premier jour de janvier mil v^c et sept, pour ce, cy, $\text{iii}^{c\text{tt}}$.

Id.	id.	id. du xve jour de janvier mil v^c et sept, $vi^{c\text{tt}}$.
Id.	id.	id. du xxiie jour de janvier mil v^c et sept, $ii^{c\text{tt}}$.
Id.	id.	id. du xxix^e jour de janvier mil v^c et sept, $iii^{c\text{tt}}$.
Id.	id.	id. du ve jour de fevrier mil v^c et sept, $iii^c \text{ xx}^{tt}$.
Id.	id.	id. du xii fevrier mil v^c et sept, $iii^c \text{ xxxv}^{tt}$.
Id.	id.	id. du xix^e fevrier mil v^c et sept, $v^{c\text{ tt}}$.
Id.	id.	id. du iiii^e jour de mars mil v^c et sept, $iii^{c\text{tt}}$.
Id.	id.	id. du xi^e jour de mars mil v^c et sept, $ii^c \text{ iiii}^{xx\text{tt}}$.
Id.	id.	id. du xviii^e mars mil v^c et sept, $iii^{c\text{tt}}$.
Id.	id.	id. du xxiii^e mars mil v^c et sept, $iii^{c\text{ tt}}$.
Id.	id.	id. du premier jour d'avril v^c et sept, $iiii^{c\text{ tt}}$.

A lui, *id.* du viiie jour d'avril vc et sept, iiic xxxvtt.
Id. id. id. du vie jour de may mil vc et huit, iic lxxtt.
Id. id. id. du xiiie may vc et huit, iiic liitt xs.
Id. id. id. du xxviie may mil vc et huit, iiic tt.
Id. id. id. du iiie jour de juing mil vc et huit, iic tt.
Id. id. id. du xe juing. vc et huit, iiiic tt.
Id. id. id. du xxiiiie juing vc et huit, iiictt.
Id. id. id. du premier juillet vc et huit, iictt.
Id. id. id. du viiie juillet vc et huit, nc iiii xxtt.
Id. id. id. du xve juillet vc et huit, iiic iiiixx xiiitt.
Id. id. id. du xxiie jour dudt moys iic lxtt.
Id. id. id. du ve aoust mil vc et huit, iiictt.
Id. id. id. du xxvie aoust mil vc et huit, iiic xxxtt.
Id. id. id. du iie septembre vc et huit, iic xltt.

Somme du payement fait ausd. massons jusques cy, huit mil cinq cens trente cinq livres dix solz tournois.

Sur lad. somme de xvm ltt restant de xviiimtt ainsi restans à leur payer ayans parfait l'ouvrage, vim vc xiiii livres xs tournois.

PIERRE DE LORME, MAÇON, POUR LE CORPS NEUF.

A Pierre de Lorme, maçon, à present besongnant au chasteau de Gaillon, a fait marché au precedent du premier jour de janvier, d'une maison qui fait aud. chasteau, joignant le viel corps d'ostel, dont il doit avoir pour chacune toise de peine d'ouvrier, iiiitt vs, comme il appert par le marché sur ce fait et passé le jour de (1er janvier) mil vc et sept.

Payemens sur ce :

Sur quoy il a receu aud. premier jour de janvier, par Montbrun, en plusieurs parties, la somme de dix sept cens trente livres tournois, dont Glaude de Launoy ne fait recepte ne despence, pour ce, cy, xviic xxxviitt.

Audit Pierre de Lorme, par led. Glaude, sur ce qui lui peut ou pourra estre deu sur le marché cy dessus escript par quictance du premier jour de janvier mil v^c et sept, la somme de trente livres tournois, pour ce, cy, xxx^{tt}.

Id. id. par quictance du xve jour de janvier mil v^c et sept, L^{tt}.

Id. id. id. du xxiie janvier mil v^c et sept, xxv^{tt}.

Id. id. sur le corps d'ostel neuf joignant le viel, par quictance du xxix^e janvier mil v^c et sept, xxv^{tt}.

Id. id. id. du ve fevrier mil v^c et sept, xxx^{tt}.

Id. id. id. du xii^e fevrier mil v^c et sept, xxx^{tt}.

Id. id. id. du xv^e fevrier mil v^c et sept, xl^{tt}.

Id. sur ce qui lui peut estre deu sur le corps d'ostel neuf qu'il a fait par quictance du iiii^e mars mil v^c et sept, xl^{tt}.

Id. id. id. du xiii^e jour de mars mil v^c et sept, lx^{tt}.

Id. id. id. du xxiiii^e mars v^c et sept, c^{tt}.

A Pierre de Lorme, maçon, la somme de deux cens livres tournois trois solz neuf deniers tournois, pour le reste et parpaye de ii^m lxxii^{tt} iii^s ix^d, pour la maçonnerie qu'il a faite en ung corps d'ostel par quictance du xve jour d'avril v^c et sept, pour ce, cy, ii^c v^{tt} iii^s ix^d.

> Somme de ce chappitre qui est ce qui a esté payé à Pierre de Lorme, masson, par Glaude de Launoy, pour la parpaye du pris fait du corps de maison par lui faict et faict faire, joignant au portail devers le jardin, six cens trente cinq livres trois sols neuf deniers tournois.

PIERRE DE LORME, MAÇON, POUR LE VIELZ CORPS.

Pierre de Lorme, maçon, a fait marché à monsieur de Genly de reparer le viel corps d'ostel du chasteau qui joint à cellui que fait, à present neuf, moiennant la somme de quatre cens livres tournois, ainsi que plus à plain est declaré oud^t marché sur ce fait et passé le xxxe jour de decembre mil v^c et sept, pour ce, cy, lad^e somme de iiii^{ctt}, plus de creue oultre led^t marché iiii^{ctt}, viii^{tt}.

Payemens sur ce :

A Pierre de Lorme, maçon, la somme de cent livres tournois sur ce qui lui pourra estre deu sur le marché de IIII^{cll}, cy dessus escript par quictance du XVe jour de janvier mil V^c et sept, pour ce, cy, C^{ll}.

Id. id. id. du XIXe fevrier mil V^c et sept, XL^{ll}.
Id. id. id. du XIe mars mil V^c et sept, L^{ll}.
Id. id. id. du premier jour d'avril mil V^c et sept, L^{ll}.
Id. id. id. du VIIIe jour d'avril mil V^c et sept, XXX^{ll}.
Id. id. id. du XVe jour d'avril V^c et sept, XXX^{ll}.
Id. id. id. du XXIIe jour d'avril V^c et sept, XXX^{ll}.
Id. id. id. du XXIXe avril mil V^c et huit, XXV^{ll}.
Id. id. id. du VIe jour de may mil V^c et huit, XL^{ll}.
Id. id. id. du XXVIIe may V^c et huit, XXX^{ll}.
Id. id. id. du Xe juing V^c et huit, $VIII^{xx ll}$.
Id. id. id. du premier juillet mil V^c et huit, L^{ll}.
Id. id. id. du XVe juillet V^c et huit, XX^{ll}.

Id. id. id. de VIII^{cll} pour avoir rabillé le viel corps d'ostel par mandement de monsieur de Genly, quictance du Ve aoust mil V^c huit, $VII^{xx} V^{ll}$.

Somme de ce chappitre huit cens livres tournois, qui est la parpaye du contenu de ce chappitre.

PIERRE DE LORME, POUR LE PORTAIL.

Pierre de Lorme, maçon, a fait marché à monsr de Genly et monsieur le tresorier, me Pierre le Gendre, de parfaire le portail du jardin dedens la Sainct-Jehan-Baptiste prouchain venant, et livrer toute matieres, comme plus à plain est contenu et declairé ou marché sur ce fait et passé le premier jour de fevrier mil V^c et sept, moiennant la somme de six livres dix solz tournois pour chacune toise.

Payemens sur ce :

A Pierre de Lorme, maçon, la somme de soixante livres tournois sur ce qui lui pourra estre deu de parfaire le portail du jardin au pris de vi^{lt} x^s pour toise, par quictance du xve fevrier mil v^c et sept, pour ce, cy, LX^{lt}.

A lui, sur ce qui lui peut ou pourra estre deu sur le portail dessus declaré, par quictance du xviiie mars mil v^c et sept, cy, XL^{lt}.

A lui sur ce qui lui peut ou pourra estre deu de parfaire le portail du jardin, par quictance du xxiiiie mars mil v^c et sept, pour ce, cy, L^{lt}.

Id.   id.   id. du viiie avril v^c et sept, L^{lt}.
Id.   id.   id. du xve jour d'avril mil v^c et sept, xxx^{lt}.
Id.   id.   id. du xxii^e avril v^c et sept, xxx^{lt}.
Id.   id.   id. du vi^e may mil v^c et huit, XL^{lt}.
Id.   id.   id. du xiii^e jour de may mil v^c et huit, LX^{lt}.
Id.   id.   id. du xx^e may v^c et huit, xxx^{lt}.
Id.   id.   id. du premier juillet mil v^c et huit, L^{lt}.
Id.   id.   id. du xv^e juillet v^c et huit, XL^{lt}.
Id.   id.   id. du xxii^e juillet v^c et huit, xx^{lt}.
Id.   id.   id. du xii^e aoust v^c et huit, xxx^{lt}.
Id.   id.   id. du xiiii^e aoust v^c et huit, iiii^{xx} iiii^{lt} i^s vi^d.
Id.   id.   id. du iiiie septembre v^c et huit, iiii^{xx} ^{lt}.

Somme des paiemens faiz jusques cy pour le portail du jardin six cens quatre vings treize livres ung sol et six deniers tournois, pour ce vi^c iiii^{xx} xiii^l i^s vi^d.

MARTIN DESPERROIZ, CHARPENTIER.

Martin Desperroiz, charpentier, demourant à Rouen, a fait marché avec mons^r de Sauveterre de faire les charpenteries de la chappelle, de la grant viz, la gallerie joignant les cuisines et autres choses, à plain declarés oudit marché sur ce fait et passé le xiie jour de fevrier l'an mil v^c et sept, moiennant la somme de deux mil deux cens cinquante livres tournois, par ainsi qu'il doit fournir toutes matieres et rendre tout prest à ses despens, pour ce, cy, lad^{te} somme de ii^m ii^c L^{lt}.

DÉPENSES DE LA CONSTRUCTION

Payemens sur ce :

A Martin Desperroiz, charpentier, la somme de soixante livres tournois sur estant moins de la charpenterie qu'il est tenu faire et sur le marché cy dessus escript par quictance du xxixe jour de janvier mil v^c et sept, pour ce, cy, Lx^{tt}.

Id.	id.	id. du ve fevrier mil v^c et sept, x^{tt}.
Id.	id.	id. du xiie fevrier mil v^c et sept, xxx^{tt}.
Id.	id.	id. du xixe fevrier mil v^c et sept, c^{tt}.
Id.	id.	id. du iiiie mars id. xl^{tt}.
Id.	id.	id. du xi^e mars id. lx^{tt}.
Id.	id.	id. du xviii^e mars id. c^{tt}.
Id.	id.	id. du premier jour d'avril id. xl^{tt}.
Id.	id.	id. du viii^e jour d'avril id. c^{tt}.
Id.	id.	id. du xv^e jour d'avril id. xl^{tt}.
Id.	id.	id. du xii^e jour d'avril id. xl^{tt}.
Id.	id.	id. du xxix^e jour d'avril mil cinq cens et huit, xx^{tt}.
Id.	id.	id. du sixieme may v^c et huit, xx^{tt}.
Id.	id.	id. du xii^e may id. xxv^{tt}.
Id.	id.	id. du xx^e may id. xl^{tt}.
Id.	id.	id. du xxvii^e may id. l^{tt}.
Id.	id.	id. du iii^e juing id. xxv^{tt}.
Id.	id.	id. du xe juing id. xxx^{tt}.
Id.	id.	id. du xvii^e juing id. xv^{tt}.
Id.	id.	id. du premier juillet id. xxv^{tt}.
Id.	id.	id. du viii^e juillet id. xxx^{tt}.
Id.	id.	id. du xv^e juillet id. xx^{tt}.
Id.	id.	id. du xxi^e juillet id. xxv^{tt}.
Id.	id.	id. du xxix^e juillet id. xxx^{tt}.
Id.	id.	id. du ve aoust id. xx^{tt}.
Id.	id.	id. du xii^e aoust id. xx^{tt}.
Id.	id.	id. du xix^e aoust id. xxv^{tt}.
Id.	id.	id. du xxvi^e aoust id. xx^{tt}.

DU CHÂTEAU DE GAILLON. 261

A lui, *id.* du **II**ᵉ septembre *id.* xx^{tt}.

Id. id. id. du **IX**ᵉ septembre *id.* xx^{tt}.

Somme des payemens faiz au charpentier, sur la chapelle, la grant viz et la galerie qui est entre lad. viz et les vielles cuisines, onze cens livres tournois.

Il lui sera encores deu, ayant parfait led. ouvrage, xɪᶜ ʟ^{tt}.

Aud^t Martin Desperroiz, la somme de quinze livres tournois paiée auparavant l'arrest fait par monsieur le general, et n'avoit esté couchée sur la charpenterie qu'il a faict et fera, par quictance du xvɪᵉ septembre mil vᶜ huit, pour ce, cy, xv^{tt}.

Somme total, onze cens quinze livres tournois.

NICOLAS CASTILLE, MENUSIER.

Nicolas Castille, menusier, a fait marché de faire et parfaire les menuseries qui sont necessaires à faire au chasteau de Gaillon, en ce comprins le cabinet et parachevement de la chambre que mᵉ Richard avoit commencée, ainsi que plus à plain est declaré ou marché sur ce fait et passé le xxxᵉ jour de decembre mil vᶜ et sept, moiennant la somme de quatre mille huit cens cinquante livres tournois, pour ce, cy, lad^e somme de ɪɪɪɪ^m vɪɪɪᶜ^{tt}.

Payemens sur ce :

A Nicolas Castille, menusier, la somme de quatre cens livres tournois sur ce qui lui peut ou pourra estre deu sur le marché devant declaré par quictance du ɪɪɪᵉ jour de janvier mil vᶜ et sept, pour ce, cy, ɪɪɪɪᶜ^{tt}.

A lui, sur ce qui lui peut ou pourra estre deu sur led^t marché par quictance du xxɪxᵉ jour de janvier mil vᶜ et sept, vɪᶜ^{tt}.

Id. *id.* par quictance du ɪɪɪɪᵉ mars vᶜ et sept, pour ce, cy, ɪɪɪᶜ^{tt}.

Id. *id.* *id.* du ɪɪɪɪᵉ jour d'avril *id.* ɪɪɪᶜ^{tt}.

Id. *id.* *id.* du xvᵉ jour d'avril *id.* ɪɪɪᶜ^{tt}.

Id. *id.* *id.* du xɪɪᵉ jour de may vᶜ et huit, cᶜ^{tt}.

Id. *id.* *id.* du ɪɪᵉ juing *id.* ɪɪᶜ^{tt}.

Id. *id.* *id.* du vɪɪᵉ jour de juing *id.* ɪɪɪᶜ^{tt}.

A lui, *id.* du sixieme juillet *id.* II^c ᵗᵗ.
Id. id. id. du XIIIe juillet *id.* III^c ᵗᵗ.
Id. id. id. du ve aoust *id.* v^c ᵗᵗ.
Id. id. id. du IIe septembre *id,* v^c ᵗᵗ.

Total des payemens faiz jusqu'à ce jour à Nicolas Castille, menusier, sur le pris fait de la menuserie, montant quatre mil huit cens cinquante livres tournois.

Et ayant parfait l'ouvrage qu'il est tenu faire, lui sera deu huit cens cinquante livres tournois, pour ce, VIII^c L ᵗᵗ.

Aud^t Castille, sur la menuserie qu'il a faicte et est tenu faire, par quictance du xxe septembre v^c huit, II^c L ᵗᵗ.

MENUSERYE.

Nicolas Castille, menusier, a fait marché à monsieur de Genly de faire les bancs à dossier qu'il fault tout entour de la salle du corps d'ostel neufque a fait Pierre de Lorme, moiennant dix s. pour pié toise pour le dossier, comme appert plus à plain par le marché du XIIe aoust mil v^c huit.

Payemens sur ce :

(Néant.)

MENUSERYE.

A Nicolas Castille, menuisier, sur l'année subsequent pour plusieurs aiz, membrures et chevrons qu'il a livrez, par quictance du ve octobre v^c huit, LXVI ᵗᵗ x^s VI^d.

PAINTRES.

Lyenard de Feschal et Jehan Testefort, paintres, demourans à Rouen, ont fait marché de paindre et dorer tout le pavillon qui est au jardin, ensemble toutes les murailles de la gallerie, du voloüer dud^t jardin, tous les murs, porteaux et trailles dud^t jardin, moiennant la somme de quinze cens livres tournois, ainsi qu'il appert par le marché sur ce fait et passé le penultieme jour de janvier mil v^c et sept, pour ce, cy, lad. somme de xv^c ₶.

Payemens sur ce :

A Lyenard de Feschal et Jehan Testefort, paintres, la somme de quarante livres tournois sur ce qui leur peut ou pourra estre deu sur le marché cy devant escript, par quictance du xxixe jour de janvier mil v^c et sept, pour ce, cy, xl₶.

A eux, sur ce qui leur peut estre deu sur le marché ci dessus declaré, par quictance du xixe fevrier mil v^c et sept, lx₶.

Id.   id.   id. du xxiiiie jour de mars id. l₶.
Id.   id.   id. du premier jour d'avril id. l₶.
Id.   id.   id. du iiiie jour de mai v^c et huit, viii₶.

A eulx, sur la painterie qu'ilz ont et sont tenus faire, par quictance du xiiie may v^c et huit, xlii₶.

Id.   id.   id. du xxx^e may id. xl₶.
Id.   id.   id. du ix^e juing id. xl₶.
Id.   id.   id. du xxiiii^e juing id. x₶.

A Guillaume de la Mare pour lesdits de Feschal et Testefort pour xii milliers d'or viii^{xx} xix₶ et de vert de gris et autres choses, par quictance du xvi^e juing mil v^c et huit, ii^c ₶ iii^s ix^d.

A Jehan Olivet, pour lesd. Lyenard et Testefort, pour iiii barils de verniz et deulx barilz de macicot, par quictance du xvi^e juing v^c et huit, xxxv₶.

A Lyenard de Feschal et Jehan Testefort, paintres, sur la paintrerie qu'ilz font et sont tenuz faire, par quictance du premier juillet v^c et huit, x₶.

A eulx id.   id. du ve de juillet v^c et huit, lxxviii₶.
Id.   id.   id. du viiie de juillet id. xx₶.
Id.   id.   id. du xve de juillet id. xvii₶.

A Guillaume Pilloix, pour lesd. paintres, pour lx₶ de ver de griz, par quictance du xviiie juillet v^c et huit, xv₶.

A eulx, sur la painture et dorure, par quictance du xxiie juillet v^c et huit, xx₶.

A eulx, baillé à Guillaume de la Mare, pour six milliers d'or, par quictance du xvii⁰ juillet v⁰ et huit, LXXVIII^{tt}.

A Lyenard de Feschal et Jehan Testefort, baillé à Michellet Petit, pour xx^{tt} d'azur, par quictance du xxiiii⁰ juillet v⁰ et huit, LX^{tt}.

A eulx, baillé à Robert du Mouchel, pour ii^m iiii^c d'or, par quictance du xxiiii⁰ juillet v⁰ et huit, xxx^{tt}.

A eulx, pour la painture et dorure qu'ilz ont faite aux gallerie et pavillon du jardin, par quictance du ii⁰ aoust v⁰ et huit, vii^{xx} x^{tt}.

Id.   id.   id. du ix⁰ aoust id. xii^{tt}.
Id.   id.   id. du xxvi⁰ aoust id. xii^{tt}.
Id.   id.   id. du ii⁰ jour de septembre id. xxii^{tt} xvi^s iii^d.
Id.   id.   id. du xxi⁰ septembre id. x^{tt}.

Total des payemens faiz ausd. paintres sur led. pris fait montant à quinze cens livres tournois, onze cens dix livres tournois.

Et en parfaisant l'ouvrage leur sera encore payé trois cens quatre vingtz dix livres tournois.

Ausd. paintres, sur la painture et dorure qu'ilz ont faicte aux pavillon et gallerie du jardin, cy couchée depuis l'arrest cy dessus escript par monsieur le general, par quictance du xviii⁰ septembre mil cinq cens et huit, XL^{tt}.

A eulx, sur l'année subsequent, sur la painture et dorure qu'ilz ont faicte au pavillon et gallerie du jardin, par quictance du x⁰ octobre v⁰ huit, L^{tt}.

PLOMBERYE.

Robert de Vaulx, plombier, demourant à Rouen, a fait marché, dès le xxv⁰ jour de decembre mil cinq cens et sept, que de chacune livre de pelon qui livra et mestra en œuvre au chasteau de Gaillon, tant moulure que plain, il aura pour chacune livre ix^d oboles.

Payemens sur ce :

A Robert de Vaulx, plombier, la somme de cent solz tournois, sur

DU CHÂTEAU DE GAILLON.   265

ce qui lui peut ou pourra estre deu sur le marché cy dessus escript, par quictance du xxiiiiᵉ jour de janvier mil vᶜ et sept, pour ce, cy, cˢ.

Id.	id.	id. du iiiiᵉ jour de mars mil vᶜ et sept, iiᶜ ʟᵗᵗ.
Id.	id.	id. du xiiiᵉ jour d'avril id. iiiᶜ ᵗᵗ.
Id.	id.	id. du xvᵉ avril id. xᵗᵗ.
Id.	id.	id. du sixieme jour de may id. iiᶜ ᵗᵗ.
Id.	id.	id. du xxviiᵉ de may id. cᵗᵗ.
Id.	id.	id. du xxviiiᵉ de juing id. iiiᶜ ᵗᵗ.
Id.	id.	id. du vᵉ aoust id. iiiᶜ ᵗᵗ.
Id.	id.	id. du vᵉ aoust id. xxxvᵗᵗ.
Id.	id.	id. du xxviᵉ aoust id. viᶜ ᵗᵗ.

Somme total des payemens faiz au plombier jusques cy, deux mil cent livres tournois.

Il faut veoir les certifficatios du pois du plomb deslivré.

A Robert de Vaulx, sur la plomberye qu'il a livrée, ceste presente couchée depuis l'arrest cy devant escript par monsʳ le general, par quictance du xviᵉ septembre vᶜ huit, iiᶜ ʟᵗᵗ.

LA CAGE DU VOLOUER.

Michellet le Serf, serrurier, a fait marché à monsieur de Sauveterre de faire la cage et volouer du jardin à tout livrer et querir et la rendre toute preste dedens le jour de Pasques prochain venant, moiennant le pris et somme quatre cens cinquante livres tournois, comme plus à plain est declaré ou dit marché sur ce fait et passé le xxxᵉ janvier mil vᶜ et sept, pour ce, cy, lad. somme de iiiiᶜ ʟᵗᵗ.

Payemens sur ce :

A Michellet le Cerf, serrurier, la somme de cent livres tournois sur ce qui lui peut ou pourra estre deu sur le marché cy devant escript, par quictance du xxixᵉ jour de janvier mil vᶜ et sept, pour ce, cy, cᵗᵗ.

A lui *id.* *id.* du xi{{e}} fevrier *id.* lx{{tt}}.

Id. *id.* *id.* du iiii{{e}} mars *id.* vii{{xx}} tt.

Id. *id.* *id.* du sixieme jour d'avril *id.* cl{{tt}}.

Somme total desd. payemens fais aud. serrurier, quatre cens cinquante livres, qui est la somme entiere dud. pris fait.

VERRERIE.

Jehan Barbe, verrier, demourant à Rouen, doit avoir pour chacun pié de verre bordé à grant bort de painture qui livra au chasteau de Gaillon iiii^s, et de cellui qui est tout blanc ii^s.

Payemens sur ce : (fauldra avoir la certifficacion de la declaration et mesurage de la victrerie.)

Aud. Jehan Barbe, pour ii^c iiii^{xx} ii piez quart de verre ouvré et xxxix piez non ouvré, par quictance du xxe avril v^c et sept, lx^{tt} iii^s.

A Alixandre Duboys, verrier, pour les verrines qu'il a livrées et rabillées, par quictance du xe juing mil v^c et huit, c^s.

Aud. Barbe, sur la verrerie qu'il a livrée et livra, par quictance du xxiie juillet v^c et huit, xxx^{tt}.

A Anthoine Chenesson, le victrier d'Orleans, sur ce qui lui peut ou pourra estre deu sur la vererie d'Orleans, par quictance du xxie juillet v^c et huit, xxv^{tt}.

A Alixandre Dubois, de reste de vii^{tt} xvi^s pour lvi piez de verre à ii^s pié, et avoir rabillé iii croisées et demie, au pris de xii^s vi^d croisée, par quictance du ve aoust v^c et huit, lvi^s.

A Jehan Barbe, verrier, pour ii^c iiii^{xx} xix piez de verre blanc, par quictance du xiiiie aoust mil v^c et huit, xxix^{tt} xviii^s.

A Alixandre Duboys, verrier, pour avoir verrié la chapelle du Lydieu, par quictance du xiie d'aoust mil v^c et huit, iiii^{tt} x^s.

A Jehan le Viel, verrier, pour ii^c lxv piez de verre blanc neuf de ii^s le pié, par quictance du xxixe aoust v^c et huit, xxvi^{tt} x^s.

A lui, pour cxviii piés et demi de verre [blanc à ii^s], par quictance du viiie septembre v^c et huit, xi^{tt} xvii^s.

DU CHÂTEAU DE GAILLON.

Somme total des payemens fais jusques icy pour la victrerie, neuf vings quinze livres quatorze solz tournois.

Il fault avoir certiffication de la delivrance et mesurage d'icelle victrerie.

Depuis l'arrest fait et escript par monsieur le general ont esté couchées les parties cy aprés declarées :

A Jehan le Viel, verrier, pour CXVI piez de verre blanc à II^s pié, par quictance du XVIe septembre V^c et huit, XI^{lt} XVI^s.

A Jehan Barbe, verrier, par commandement de monsieur de Sauveterre, sur ce qui lui peut estre deu, par quictance du XVIe septembre mil V^c huit, IIII$^{xx\,lt}$.

Somme total de ces deux derniers articles, IIII^{xx} XI^{lt} XVI^s.

FERRAILLE.

Michellet le Serf, serrurier, a fait marché avec monsieur de Sauveterre et monsieur le tresorier, m^e Pierre le Gendre, de bailler et livrer au chasteau de Gaillon, toute la ferraille qui y sera necessaire, c'est assavoir, en grosse ouvrage comme pour la plomberie, cheminées et autres non portant façon, au pris de X^d livre, et pour chacune livre de fer qui livra en pannelles, gons à pendre huis et autres semblable ferrailles, il aura XII^d comme plus à plain est declaré ou marché sur ce passé le XXXe janvier mil V^c et sept, car du temps passé il en a esté payé jusques au premier jour de ced. present moys de janvier.

Payemens sur ce :

A Michellet le Serf, serrurier, sur ce qui lui peut ou pourra estre deu sur le marché de ferraille cy dessus escript, par quictance du XXIIe janvier mil V^c et sept, pour ce, cy, XXX^{lt}.

Id.   *id.*   *id.* du XXIIIIe mars *id.* XL^{lt}.

Id.   *id.*   *id.* du XVe avril *id.* L^{lt}.

Id.   *id.*   *id.* du XXIe avril *id.* IIII$^{xx\,lt}$.

Id.   *id.*   *id.* du XXVe may mil V^c et huit, XL^{lt}.

Id.   *id.*   *id.* du IIIe juing *id.* XL^{lt}.

A lui, *id.* du xviiie juing *id.* L{lt}.
Id. id. id. du xxiiiie juillet *id.* xii{lt} x{s}.
Id. id. id. du iie aoust *id.* c{lt}.
Id. id. id. du xiie aoust *id.* iiii{xx lt}.
Id. id. id. du viie septembre *id.* ii{c lt}.

Somme total des payemens faiz au serrurier jusques cy, sept cens quarente deux livres diz solz tournois.
Il fault avoir les certiffications de la delivrance et du pois de lad. ferraille.

Aud{t} Michellet, sur ce qui lui peut ou pourra estre deu sur la ferraille, par quictance du xxie septembre mil v{c} huit, xv{lt}.

A lui, sur l'année subsequent, sur la ferraille qu'il a livrée, par quictance du sixieme octobre v{c} huit, vii{xx} x{lt}.

LA COURT DU LYDIEU.

Marché fait par monsieur de Genly, à trois hommes d'Aubevoye, de paver la court du Lydieu de la pierre qui est autour la maison, et la doivent tirer et porter sur le lieu moiennant v{s} pour toise, et n'est l'on tenu de riens fournir que sablon et chaulx, s'il est besoing d'en mectre sur les boutz dud. pavé, ainsi que plus à plain est declaré ou marché sur ce fait ou mois de janvier mil v{c} et sept.

Payemens sur ce :

A Jehan de Caux et ses compaignons sur ce qui leur peut ou pourra estre deu sur le pavé et marché cy-dessus declaré, par quictance du xve janvier mil v{c} et sept, xxxs.

Id. id. id. du xxiie janvier *id.* L{s}.
Id. id. id. du xxixe janvier *id.* iiii{lt}.
Id. id. id. du ve jour de fevrier *id.* iiii{lt}.

A Jehan Louesse et ses compaignons, sur ce qui leur peut ou pourra estre deu pour les peines de paver la court du Lydieu, par quictance du xiie fevrier mil v{c} et sept, c{s}.

A lui, *id.* du xixe fevrier *id.* c{s}.

Id. id. id. du iiie mars *id.* c{s}.

Id. id. id. du xie mars *id.* lx{s}.

Id. id. id. du xviiie mars *id.* iiii{lt}.

Id. id. id. du xxiiiie mars *id.* lx{s}.

Id. id. id. du viiie avril *id.* c{s}.

A Jehan Leber, Guillaume Crequin et leurs compaignons, sur le pavement du Lydieu, par quictance du xve jour d'avril mil v{c} et sept, iiii{lt}.

A eulx *id.* *id.* du xxiie jour d'avril *id.* xvi{lt} x{s}.

Par le toisage fait et signé Pierre de Lorme, masson, montant ii{c} xlix toises et demye trois piez et demy qui valent à raison de cinq solz tournois chacune toise.

> La somme de soixante deux livres dix solz tournois, qui est l'entier payement de lad. œuvre.

MAÇONNERIE.

Toussains de Lorme, maçon, a fait marché à monsieur de Genly, d'asseoir tous les pillers en marbre et à chacun piller basse et chapiteau de pierre de Vernon au long du costé de la grande maison de devers la garenne, et plusieurs autres choses, moiennant la somme de deux cens livres tournois, ainsi que plus à plain est declaré ou marché sur ce fait le xie janvier v{c} et sept, pour ce, cy, lad. somme de ii{c} xx{lt}.

Payemens sur ce :

A Toussains de Lorme, maçon, sur ce qui lui peut ou pourra estre deu sur le marché cy-dessus declaré par quictance du xxiie jour de janvier mil v{c} et sept, x{lt}.

Id. *id.* *id.* du xxixe janvier *id.* xv{lt}.

Id. *id.* *id.* du ve fevrier *id.* x{lt}.

Id. *id.* *id.* du xiie fevrier *id.* x{lt}.

A Thoussains de Lorme, maçon, sur ce qui lui peut ou pourra estre deu pour les embassemens et appuiz qu'il fait et est tenu faire en la tarasse, par quictance du xixᵉ fevrier mil vᶜ et sept, xxᵗᵗ.

    Id.   *id.*   *id.* du iiiiᵉ mars *id.* xᵗᵗ.
    Id. le long de la tarasse..... *id.* du xiᵉ mars *id.* cˢ.
    Id.   *id.*   *id.* du xviiiᵉ mars *id.* xvᵗᵗ.
    Id.   *id.*   *id.* du xxiiiiᵉ mars *id.* xᵗᵗ.

Id........ sur les pillers et marqueterie de mabre de la tarasse, par quictance du premier jour d'avril vᶜ et sept, pour ce, cy, xᵗᵗ.

    Id.   *id.*   *id.* du viiiᵉ jour d'avril *id.* xᵗᵗ.
    Id.   *id.*   *id.* du xvᵉ jour d'avril *id.* xᵗᵗ.
    Id.   *id.*   *id.* du xxiiᵉ jour d'avril *id.* xᵗᵗ.
    Id.   *id.*   *id.* du viᵉ may vᶜ et huit, xᵗᵗ.
    Id.   *id.*   *id.* du xiiiᵉ may *id.* xᵗᵗ.
    Id.   *id.*   *id.* du xxᵉ may *id.* cˢ.
    Id.   *id.*   *id.* du xxviiᵉ may *id.* viiiᵗᵗ.
    Id.   *id.*   *id.* du xᵉ juing *id.* xᵗᵗ.

A lui, de reste et parpaye de iiᶜ xxᵗᵗ, pour avoir assis les pillers de mabre et marquetiz de mabre sur la tarasse, par mandement de monsieur de Genly, et quictance du ixᵉ septembre vᶜ et huit, xxxiiᵗᵗ.

    Somme total du contenu en ce chappitre, deux cens vingt livres tournois, qui est l'entier payement de l'œuvre dont mencion y est faicte.

GUILLAUME MANVILLE.

Guillaume Mainville, maçon, a fait marché avec monsieur de Genly et monsieur le tresorier, mᵉ Pierre le Gendre, de faire une cuisine prés du portail du jardin, et livrer toutes matieres ainsi que plus à plain est declaré ou marché sur ce fait et passé le premier jour de fevrier mil vᶜ et sept, moiennant le pris et somme de cent diz solz pour toise, pour ce, cy, cxˢ pour toise.

Payemens sur ce :

A Guillaume Mainville, maçon, la somme de dix livres tournois sur ce qui lui pourra estre deu de faire la cuisine dont cy-dessus est faicte mencion, par quictance du premier jour de fevrier vᶜ et sept, pour ce, cy, xᵗᵗ.

Id. id. id. du vᵉ fevrier *id.* xᵗᵗ.
Id. id. id. du xıxᵉ fevrier *id.* xxvᵗᵗ.
Id. id. id. du ıııᵉ mars *id.* xvᵗᵗ.

Id. pour les cuisines qu'il fait, joignant le portal du jardin, par quictance du xıᵉ jour de mars vᶜ et sept, pour ce, cy, xvᵗᵗ.

Id. id. id. du xvıııᵉ mars vᶜ et sept, xᵗᵗ.
Id. joignant le jardin, *id.* du xxıııᵉ mars *id.* xııᵗᵗ.
Id. joignant le portal du jardin, *id.* du premier jour d'avril *id.* xᵗᵗ.
Id. id. id. du vıııᵉ jour d'avril *id.* xııᵗᵗ.
Id. prés du jardin, *id.* du xvᵉ jour d'avril *id.* vıııˣˣ xᵗᵗ.
Id. sur les cuisines, *id.* du xxııᵉ avril *id.* xvᵗᵗ.
Id. id. id. du xxıxᵉ avril vᶜ et huit, xvᵗᵗ.
Id. prés du jardin, *id.* du sixieme may *id.* xᵗᵗ.
Id. id. id. du xıııᵉ may *id.* xᵗᵗ.
Id. id. id. du xxᵉ may *id.* xxᵗᵗ.

A lui, sur la cuisine et creneaulx qu'il fait, par quictance du xxvııᵉ may vᶜ et huit, pour ce, cy, ııııˣˣ ᵗᵗ.

Id. sur la cuisine et creneaulx, *id.* du ıııᵉ juing *id.* xxᵗᵗ.
Id. id. id. du xᵉ juing *id.* lııᵗᵗ.
Id. id. id. du xxıııᵉ juing *id.* lᵗᵗ.
Id. id. id. du premier juillet *id.* xlᵗᵗ.
Id. id. id. du vıııᵉ juillet *id.* xvᵗᵗ.

Id. sur la maçonnerye de la cuisine joignant le jardin, par quictance du xvᵉ juillet vᶜ et huit, pour ce, cy, xxᵗᵗ.

Id. id. id. du xxııᵉ juillet *id.* xxᵗᵗ.
Id. id. id. du vᵉ aoust *id.* xxxᵗᵗ.

Id. sur la cuisine et creneaulx prés le jardin, *id.* du xııᵉ aoust *id.* xııııᵗᵗ.

Id. id. id. du xıxᵉ aoust *id.* xxᵗᵗ.

A lui, la somme de deux cens treize livres dix solz tˢ, restans de la somme de ɪxᶜ xxxɪɪɪˡˡ xˢ pour la maçonnerie qu'il a faicte en la cuisine et creneaulx joignant le jardin, par quictance du ɪɪɪɪᵉ septembre vᶜ huit, ɪɪᶜ xɪɪɪˡˡ xˢ.

> Somme total de ce chappitre, qui est pour le portal du jardin neuf cens trente trois livres dix sols tournois, qui est l'entier payement de la besogne contenue au marché et aud. chappitre.

JEHAN LE MOINE, COUVREUR.

Jehan le Moine, couvreur d'ardoise, a fait marché avec monsieur de Sauveterre et monsieur le tresorier mᵉ Pierre le Gendre, de couvrir d'ardoise le pavillon estant au milleu du jardin taillée à escaille de poisson, recouvrir le grant corps d'ostel, la tour estant au bout d'icellui, la gallerie et le portail joignant icelle, la maison que a fait Pierre de Lormes, la gallerie du jardin avec le pavillon vert, l'ostel du Lydieu, et generalement tout le logis qui est à present couvert d'ardoise, dedens le premier jour de decembre prouchain venant ou dedens la venue de monseigneur si plus tost vient, et ou cas que ung an aprés lesd. couvertures faictes il pleust dedens led. hostel, led. le Moine sera tenu de le refaire et amender à ses despens, que pour le recompenser de plusieurs survetz que dit avoir faiz, il aura la somme de ɪɪᶜ xLˡˡ et xˡˡ que on lui doit faire bailler par Robert de Vaulx, plombier, comme plus à plain est declaré ou marché sur ce passé le derrain jour de janvier mil vᶜ et sept, pour ce, cy, ladite somme de ɪɪᶜ Lˡˡ.

Payemens sur ce :

A Jehan le Moine, couvreur d'ardoise, la somme de cent solz tournois sur ce qui lui peut ou pourra estre deu sur le marché cy-dessus escript, par quictance du vᵉ jour de fevrier mil vᶜ et sept, pour ce, cy, cˢ.

A Jehan le Moine, couvreur d'ardoise, pour ses peines de restoucher la couverture dud. chasteau, que pour couvrir le pavillon du jardin, par quictance du xɪxᵉ jour de fevrier mil vᶜ et sept, xˡˡ.

DU CHÂTEAU DE GAILLON.

A lui, *id.* du IIIIe mars v^c et sept, x^{lt}.

Id. id. id. du xi^e mars *id.* c^s.

Id. id. id. du xviii^e mars *id.* vi^{lt}.

Id. id. id. du xxiiii^e mars *id.* vi^{lt}.

Id. id. id. du premier jour d'avril *id.* viii^{lt}.

Id. id. id. du viii^e jour d'avril *id.* c^s.

Id. sur la couverture d'ardoise du pavillon, par quictance du xv^e avril mil v^c et sept, xv^{lt}.

Id. id. id. du xiii^e may v^c et huit, x^{lt}.

Id. id. id. du iii^e juing *id.* xii^{lt}.

Id. id. id. du xe juing *id.* xviii^{lt}.

Id. id. id. du xvii^e juing *id.* xx^{lt}.

Id. id. id. du xxiiii^e juing *id.* x^{lt}.

Id. id. id. du premier juillet *id.* xv^{lt}.

Id. id. id. du xiii^e juillet *id.* xv^{lt}.

Id. id. id. du xxii^e juillet *id.* xvi^{lt}.

Id. id. id. du xxix^e juillet *id.* xx^{lt}.

A lui; la somme de quarente quatre livres tournois pour le reste et parpaye de ii^c l^{lt} pour la couverture du pavillon et *restouche* de la couverture du chasteau et Lydieu, par quictance du iie aoust v^c et huit, xliiii^{lt}.

> Somme total de ce chappitre, deux cens cinquante livres tournois, qui est l'entier payement de la besoigne dont mencion est faicte aud. chappitre.

CHARPENTERYE.

Richart Jouy et Richart Eude, charpentiers, ont fait marché avec monsieur Courcelles de faire parfaire les barieres et apuiz qui serviront au chemin que l'on fera de neuf dedens le chasteau de Gaillon, devers la garenne et du long des galleries du jardin, en tirant amont avec evyers ou auges de telle longueur; les dessusd. pourront trouver le boiz et seront tenu d'abatre le boiz au boiz, et livrer tout prest de peine d'ouvrier dedens Quasimodo ou le derrain jour d'avril moiennant iiii^s vi^d pour toise de long, ainsi que plus à plain est contenu oud. marché fait et passé le cinq^e jour de mars mil v^c et sept, pour ce, cy pour toise, iiii^s vi^d.

Payemens sur ce :

A Richart Jouy et Richart Eude, charpentiers, la somme de sept livres tournois sur ce qui lui peut ou pourra estre deu sur le marché cy dessus declaré, par quictance du xviiie mars mil v^c et sept, pour ce, cy, vii^{lt}.

Id.   id.   id. du xxiiiie mars id. lx^s.
Id.   id.   id. du xve jour d'avril id. xl^s.
Id.   id.   id. du xxie avril id. lx^s.
Id.   id.   sur les lices, id. du xxie avril id. lx^s.
Id.   id.   id. du xxviie may v^c et huit, lx^s.

<blockquote>Somme total de ce chappitre, vingt livres tournois, qui n'a esté que ung commencement, et la besoigne n'a point esté parfaite.</blockquote>

Marché fait par monsieur de Genly à Michellet Loir, tailleur de pierre de tailles, selon le patron qui lui a esté baillé, signé de monsieur de Genly, de la pierre de Vernon, qui lui sera livrée, de mectre en tour, neuf anticquailles envoiées par Pregent qui seront assises sur la tarasse haulte moiennant la somme de quatre livres tournois que led. Michellet doyt avoir pour chacune, et n'est tenu de riens livrer sinon peine d'ouvrier, pour ce, ci, xxxvi^{lt}.

Payemens sur ce :

Aud. Michellet Loir, sur ce qui lui peut ou pourra estre deu sur le tour des antiques qui seront assises sur la tarasse, par quictance du premier avril v^c et sept, viii^{lt}.

Id.   id.   id. du viiie avril id. vii^{li}.

A lui, sur le tour des medailles qu'il fait pour asseoir sur la tarasse, par quictance du xve avril v^c et sept, viii^{lt}.

Id.   id.   id. du xxiie avril id. vii^{lt}.

A lui, de reste pour pene du marché cy-dessus escript, par quictance du xiii⁰ may v⁰ et huit, vi^tt.

Somme total de ce chappitre, trente-six livres tournois, qui est l'entier payement du contenu aud. chappitre.

GUILLAUME ET ESTIENNE HAUVILLES. — LES HAUVILLES.

Guillaume Hauville, Estiennot et Robert ditz Hauvilles, maneuvres, ont fait marché à monsieur de Genly de curer et vuider les fossez du chasteau depuis le portail neuf jusques à la porte du pié de la grosse tour, ensemble abatre le bort des fossez en talu ainsi que leur a esté monstré, dedens le jour sainct Jehan-Baptiste prouchain venant, et leur sera livré pour ce faire xii brouectes, avec la somme de cent livres tournois et xx^s pour le vin dud. marché, et comme plus à plain est declaré oud. marché sur ce fait et passé le xxi⁰ jour de mars mil v⁰ et sept, pour ce, cy, c^tt.

Payemens sur ce :

Ausd. Hauvilles, sur ce qui leur pourra estre deu de vider les fossez du portail neuf jusques à la grosse tour que xx^s pour le vin du marché, par quictance du xxiiii⁰ mars v⁰ et sept, pour ce, cy, xi^tt.

A eulx, sur ce qui leur pourra estre deu sur le marché cy dessus escript par quictance du iiii⁰ jour d'avril mil v⁰ et sept, x^tt.

Id.   id.   id. du xx⁰ avril id. c^s.

Id.   id.   id. du premier jour de may, v⁰ huit, lx^s.

A Estienne et Guillaume Hauvilles, la somme de huit livres, sur ce qui leur peut ou pourra estre deu sur les vuidanges des fossez et sur le marché de c^tt, par quictance du xxiii⁰ may v⁰ et huit, pour ce, cy, viii^tt.

Id.   id.   id. du xx⁰ jour de may id. vi^tt.

Id.   id.   id. du xxvii⁰ jour de may id. iiii^tt.

Id.   id.   id. du iii⁰ juing id. iiii^tt x^s.

A lui, *id.* du xe juing *id.* vi^{lt}.
Id. id. id. du xviie juing *id.* l^s.
Id. id. id. du xxiiiie juing *id.* lx^s.
Id. id. id. du premier juillet *id.* iiii^{lt} x^s.
Id. id. id. du viiie jour de juillet *id.* c^s.
Id. id. id. du xxe juillet *id.* viii^{lt}.

A eulx, la somme de vingt livres dix solz, pour la parpaye de ci^{lt}, pour avoir curé et vuidé les fossez devant la grosse tour et le portail neuf, par quictance du xiie aoust v^c et huit, pour ce, cy, xx^{lt} x^s.

  Somme total de ces chappitres, cent une livres tournois, qui est l'entier payement de la besoigne contenue en ce chappitre.

MICHAULT ET JEHAN FRANÇOIS. — LES RACINES.

Michault et Jehan le François, Guillaume Guillemot, Jean Racines et leurs compaignons ont marché de vuider, nestoier et abatre les talluz qui sont dedens les fossez du chasteau depuis la grosse tour jusques au pont du viel portail dedans la S. Jehan-Baptiste prouchain venant, moiennant la somme de vingt livres tournois, comme plus à plain est contenu ou marché sur ce fait et passé le xxie jour de mars mil v^c et sept, avec xv^s pour le vin dud. marché, pour ce, xx^{lt} xv^s.

Payemens sur ce :

A Michault, François, Guillaume Racine et leurs compaignons, la somme de cinquante solz tournois sur ce qui leur peut ou pourra estre deu sur le marché ci-dessus escript, par quictance du xxiiiie mars mil cinq cens et sept, pour ce, cy, l^s.

 Id. *id.* *id.* du premier jour d'avril, *id.* lx^s.
 Id. *id.* *id.* du viiie avril, *id.* xxx^s.
 Id. *id.* *id.* du xve avril, *id.* xxx^s.
 Id. *id.* *id.* du xie avril, *id.* lx^s.
 Id. *id.* *id.* du vi^e may v^c et huit, xxxv^s.

A lui, *id.* du xiii^e may *id.* xxx^s.
Id. id. id. du xx^e may *id.* xl^s.
Id. id. id. du xxviie may *id.* lx^s.
Id. id. id. du iiie jour de juing *id.* xl^s.
Id. id. id. du viiie juillet *id.* viii^{tt}.

Somme total de ce chappitre, vingt-une livres quinze solz tournois, qui est l'entier payement promis ausd. ouvriers qui avoient prins en charge la besoigne declarée au commencement de ce d. chappitre.

CHARPENTIER.

Parties deues par avant le premier janvier et payées.

A maistre Denis Fremievre, charpentier, la somme de huit livres tournois qui lui estoit deue de reste de la charpenterie qu'il a faicte sur la gallerie qui joinct au portail de devers le jardin, par quictance et certificacion signée de Richard Guere, du premier jour de janvier mil v^c et sept, pour ce, cy, viii^{tt}.

Menusier.

A Nicolas Castille, menusier, la somme de quatrevingts livres tournois de reste de v^ciiii^{xx} v^{tt}, dont le seurplus lui a esté payé par Montbrun, et est pour certaines parties de menuserie par luy faictes au chasteau de Gaillon, contenues en ung feuillet de papier, signé de mons^r le tresorier m^e Pierre le Gendre cy rendu avec quictance seulement du ve jour de janvier mil v^c et sept, pour ce, cy, iiii^{xx tt}.

Masson.

A Pierre de Lorme, maçon, pour le rembourser du pont que on lui avoit promis faire, ce que l'on n'a fait par mandement de mons^r le tresorier m^e Pierre le Gendre, certification et quictance de Richart Guere, du premier janvier mil v^c et sept, l^{tt}.

Menusier.

A Pierre Pelourde, menusier, la somme de quatre livres tournois, faisant le reste de xxiiii livres qui lui avoit esté taxéе par mons^r le tresorier m^e Pierre le Gendre et monsieur de Sauveterre, pour certaines parties de menuserie contenues et declarées en un feullet de papier signé desdis tresorier et Sauveterre, avec quittance du premier janvier mil v^c et sept, pour ce, cy, iiii^{lt}.

Menuserie.

A Gringuoire Senaige et Adrian du Trait, menusiers, pour certaine menuserie par eulx faicte au chasteau de Gaillon au precedent du jourd'ui, ainsi comme appert par certificacion et quictance de Richart Guerre, du premier jour de janvier mil v^c et sept, xviii^{lt} ii^s vi^d.

Menusier.

A Richard le Maryé, menusier, la somme de neuf livres dix solz tournois, restans de lviii^{lt}, pour ses peines d'avoir fait à la taille d'anticcque de six coulombes, servans au revestement de la cheminée et des croisies de la chambre de la tour, par quictance et certificacion dud. Guerre, du premier janvier v^c et sept, ix^{lt} x^s.

Menusier.

A Racet de Lance, menusier, la somme de quatre livres pour la reste et parpaye de la somme qu'il devoit avoir d'asseoir le pendent de la voute de la chambre de mons. que m^e Richart a fait dedens la tour, par quittance du premier de janvier mil v^c et sept, iiii^{lt}.

Paintre.

A Jehan Briquensot paintre, pour parpaye de xv^{lt}, à quoy mons^r de Genly a appoincté à lui pour la painture de la gallerie du Lydieu, par marché de mons^r le tresorier m^e Pierre le Gendre, et quictance dud. Guere, du viiie janvier mil v^c et sept, cy, iiii^{lt}.

Charpentier.

A maistre Denis Fremievre, charpentier, pour ses peines d'avoir fait une cloture de bois entre la grant gallerie du chasteau et le cabinet du bout que pour le comble de deux des lucarnes de la gallerie du jardin, que pour avoir vendu et livré deux paires de vezins de boiz, par certification et quictance de Richart Guere, du xve jour de janvier mil v^c et sept, cy, IIII^lt.

Paintre.

A Jehan Testefort, paintre, la somme de sept vingts livres tournois pour le reste et parpaye de VI^cxt de l'oultre plus a esté payé par Montbrun, pour la dorure et painture des parquetz du plancher de la chambre de monsieur, par marché fait par mons^r le general de Normandie et mons^r de Sauveterre, par quictance du IIIe janvier mil v^c et sept, pour ce, cy, VII^xx lt.

Serrurier.

A Michellet le Serf, serrurier, pour ouvrages de son mestier, qu'il a livré le temps passé ou chasteau de Gaillon, de reste et par compte fait avec monsieur le tresorier, m^e Pierre le Gendre et monsieur de Sauveterre, et aussi par quictance du XIIe jour de janvier mil v^c et sept, LXXIII^lt.

Menusier.

A Pierre de Valence, menusier, la somme de cinquante et une livres huit solz de reste et parpaye de III^c LII toises VIII piez de lambris faiz en la gallerie du jardin dud. chasteau, en la chappelle et chambre du Lidieu, à la raison de XXXV^s toise, par quictance du IIIe jour de janvier mil v^c et sept, LI^lt VIII^s.

Plombier.

A Robert Devaulx, plombier, la somme de trois cens soixante unze livres douze solz sept deniers tournois, de reste et parpaye pour les plomberies par lui faictes au chasteau de Gaillon, depuis qu'il a commancé à y besongner jusques au premier jour de ce present mois de janvier, par mandement de mons^r le tresorier m^e Pierre le Gendre, certificacion et quictance de Richart Guere, du IIIe jour de janvier mil v^c et sept, III^c LXXI^lt XII^s VII^d.

Somme total de ce chappitre, qui sont parties qui estoient deues auparavant le premier jour de janvier l'an m. v° et sept, huit cens dix-huit livres treize solz ung denier tournois.

CHAROY ET VOICTURES.

Plomb.

A Jehan Hamel et quatre autres chartiers, la somme de vingt sept solz tournois, pour neuf voyages d'eulx et de leurs harnois, d'avoir amené du Port aux pierres au chasteau de Gaillon du plon, par quittance du xiii° janvier mil v° et sept, pour ce, cy, xxvii^s.

Bois.

A Jehan Jouy et trois autres chartiers, pour vingt voyages pour avoir amené du Port aux pierres à Gaillon une bastellée de bois, par quictance du viii° janvier mil v° et sept, lx^s.

Bois.

A Jehan le Febvre, voicturier par eau, pour avoir amené de Rouen au Port aux pierres une bastellée de bois, par quictance du xiii° janvier mil v° et sept, iiii^{lt} xv^s.

Vin de Chartres.

A Jehan Hamel et deux autres chartiers, pour avoir par eulx monté du Port aux pierres à Gaillon xxxiii pieces de vin, par quictance du xv° jour de janvier v° et sept, lxvi^s.

Sablon.

A Jehan Lot, chartier, pour avoir charié par deux jours et demi du sablon à la court du Lidieu, par quictance du xv° janvier mil v° et sept, xv^s.

Moelon.

A Simmonet Chevallier, chartier, d'avoir amené à Gaillon quatre perches de moelon, au pris de xx^s par perche, par quictance du xv° janvier mil v° et sept, iiii^{lt}.

Chanlate.

A Jehan Dumont, chartier, pour avoir amené à Gaillon deux cens de chanlate, par quictance du xixe janvier v^c et sept, x^s.

Sablon.

A Jehan Lot, chartier, pour avoir amené du sablon en la court du Lydieu, par quictance du xxiie janvier v^c et sept, xv^s.

A lui, *id.* *id.* du ve fevrier, *id.* xxii^s vi^d.

Fient pour le jardin.

A Simmonet Chevallier, chartier, pour iiii journées qu'il a amené du fiens au jardin, par quictance du xxixe janvier mil v^c et sept, xxx^s.

Sablon.

A lui, pour cinq journées qu'il a charié du sablon, par quictance du xixe janvier mil v^c et sept, xxxvii^s vi^d.

Bois.

A xii chartiers, pour cxix voyages qu'ilz ont fait du Port aux pierres au chasteau, avoir amené du boys de merien pour Castille, au pris de iii^s pour voyage, par quittance du premier jour de fevrier mil v^c sept, xvii^{xx} xvii^s.

Bois.

A Jehan Lot, chartier, pour v journées que a charié du bois pour les lices de la court du Lydieu, par quictance du premier jour de fevrier mil v^c et sept, xxxvii^s vi^d.

Sablon.

A lui, pour iii journées qu'il a amené du sablon à la court du Lydieu, par quictance du vii fevrier v^c sept, xxii^s vi^d.

Brique.

A Laurens Coard, chartier, pour avoir amené au chasteau cinq millers de bricque, par quictance du ve fevrier v^c et sept, c^s.

Chanlate.

A Jehan Dumont, chartier, pour avoir amené à ses chevaulx au chasteau IIII chartées de chanlate, par quictance du XIIe fevrier mil v^c et sept, XX^s.

Late.

A Jehan Lavale, chartier, pour avoir amené au chasteau deux millers de late, au pris de III^s le miller, par quictance du XIIe jour de fevrier mil v^c et sept, VI^s.

Sablon.

A Jehan Lot, chartier, pour VI jours qu'il a vacqué à charier du sablon pour la court du Lydieu, par quictance du VIIe fevrier mil v^c et sept, pour ce, cy, XLV^s.

Fient pour le jardin.

A Laurens Jouy et Simonnet Chevalier, chartiers, pour VI journées qu'ilz ont amené de la terre et du fiens, pour mectre dedens les parquetz du jardin, par quictance du XIIe janvier v^c et sept, IIII^{xx} X^s.

Fient de brebis au jardin.

A Guillot Jumel, chartier, tant pour vente de fiens de brebis que pour l'avoir charié au jardin pour mectre aux parquetz, par quictance du XIIe janvier v^c et sept, C^s.

Menuserie.

A Guiot Hamel, chartier, pour avoir amené du port de la Garenne au chasteau de la menuserie pour Castille, par quictance du XIIe fevrier v^c et sept, III^s.

Menuserie.

A Jehan Loesse, chartier, pour avoir amené du Port aux pierres au chasteau deux voyes de menuserie, par quictance du XIIIe fevrier v^c et sept, VI^s.

Sablon.

A Jehan Lot, chartier, pour six jours qu'il a charié du sablon pour paver la cour du Lydieu, par quictance du XIXe fevrier mil v^c et sept, XXXVII^s VI^d.

Fient au jardin.

A Simonnet Chevalier, pour ses peines d'avoir charié du fiens par IIII jours au jardin, par quictance du XXe fevrier v^c et sept, XXX^s.

Vin amené de Rouen.

A Robin Duval Chevalier, pour avoir amené du Port aux pierres au chasteau de Gaillon VII pieces de vin, par quictance du XXe fevrier v^c et sept, XIIII^s.

Menuserie.

A six chartiers, pour XXXV voyages, d'avoir amené du Port aux pierres au chasteau de Gaillon de la menuserie, par quictance du IIIIe mars v^c et sept, CVIII^s.

Sablon.

A Jehan Lot, chartier, pour IIII journées et demye de ses harnois, d'avoir amené du sablon pour la court du Lidieu, par quictance du IIIe mars v^c et sept, XXXIII^s IX^d.

Chanlate.

A Jehan Dumont, chartier, pour avoir amené de la chanlate du bois de Claires au chasteau de Gaillon, par quictance du IIIIe mars mil v^c et sept, XV^s.

Ardoise.

A sept chartiers, pour LXIX voyages du Port aux pierres au chasteau de Gaillon avoir amené de l'ardoise, par quictance du XIe mars v^c et sept, X^lt VII^s.

Fient au jardin et pierre de taille.

A Simmonet Chevalier, chartier, pour III journées d'avoir charié du fiens au jardin que avoir mené au Lydieu de la pierre de taille pour faire les marches des porteaulx, par quictance du XIe mars v^c et sept, XXX^s.

Violetes pour le jardin et romarins.

A cinq chartiers, pour leurs peines d'avoir amené des viollectes ou chasteau pour le jardin, du xviiie mars v^c et sept, xxxiiii^s.

Sablon.

A P. le Camus, chartier, pour avoir amené du sablon en la court du Lydieu, par quictance du xviiie mars v^c et sept, xxxvii^s vi^d.

Fient et terre.

A Simonnet Chevalier, chartier, pour iii jours de sa peine d'avoir mené du fiens et terre au jardin, par quittance du xviiie mars v^c et sept, xxii^s vi^d.

Avoine pour servir au parc.

A Laurens Jouy, pour avoir esté à Louviers et amené au parc xl boisseaulx d'avoine, quictance du xviiie mars v^c et sept, x^s.

Chanlate et bois dolé.

A Thibault Courtin, chartier, pour avoir amené de la chanlate et du bois dolé, par quictance du xxiiiie mars v^c et sept, xxx^s.

Bois.

A Jehan Dumont, chartier, pour v voyages d'avoir charié du bois pour servir au comble de la viz des grans galleries, par quictance du xxiiiie mars v^c et sept, xxv^s.

Sablon, bois, pierre.

A trois chartiers, pour avoir charié du sablon pour le Lidieu, du bois pour l'estang du parc et de vielle pierre aux fossez, par quictance du xxiiiie mars v^c et sept, lxviii^s.

Menuserie.

A Jehan Chemin et Guillot Giefosse, chartiers, pour vi voyages du Port aux pierres d'avoir amené pour Castille de la menuserie, par quictance du xxve mars v^c et sept, xviii^s.

Bois et plomb.

A Jehan le Fevre, pour avoir amené de Rouen au Port aux pierres deux batellées de boiz que de plon, par quictance du xxixe mars v^c unc et sept, ix^s.

A..... pour charroy de late, xv^s.
Id. de sablon, iiii^{tt} xv^s ix^d.
Id. de plomb et de ferraille, xxiiii^s vi^d.
Id. de fient et bois, vii^{tt} xii^s.
Id. d'aiz, amenés de Rouen à Castille, xxxv^s.
Id. de sable et bois pour la brique, xii^{tt} v^s vi^d.
Id. d'aiz et membrures, li^s.
Id. de bois, viii^{tt}.
Id. de chanlate, plomb, bois pour la bricque, viii^{tt} iiii^s.
Id. de bois pour la menuserie, amené de Rouen, lx^s.
Id. de sablon et bois, lxix^s vi^d.
Id. de bois pour la bricque, iiii^{tt} iiii^s.
Id. de bois, l^s.
Id. d'une bastellée de bois, cxii^s.
Id. d'aiz et membrures et de plon, iiii^{tt} v^s.
Id. de late, d'un lit de camp et sablon, xli^s iii^d.
Id. de bricque, chaux et sablon, cxii^s vi^d.
Id. de xxxviii baneaulx de sablon, xix^s.
Id. d'une bastellée de menuserie, c^s.
Id. de menuserie, sablon et gazon, ix^{tt} xii^s.
Id. de late et plomb, xxxiiii^s x^d.
Id. du bois des lices du chemin nouveau, xii^{tt} x^s.
Id. de late, gazon et sablon, iiii^{tt} xii^s iii^d.
Id. de xxvi cordes de bois pour la bricque, ciiii^s.
Id. de bois au Lydieu à faire tonnelles, xxviii^s.
Id. de plusieurs choses, de Rouen à Gaillon, xx^{tt} iiii^s iii^d.
Id. de bois à eschafauder, xvi^s.
Id. de menuserie, pelon, clou, etc. ix^{tt}.

A lui, pour charroy de sablon, bois et gazon, IIII^{tt} XI^s.

Id. de pelon, XV^s.

Id. de gazon et sablon, XXXVII^s VI^d.

Id. de late, XII^s.

Id. de XXXV tables de pelon, XXXV^s.

Id. de bois, bricque, gazon, sablon, late, VIII^{tt} I^s.

Du XXIX juin v^c et huit..... de bois pour la viz du vielz corps d'ostel, XVI^s.

Id. de pelon, membrures, bricques, etc^a, X^{tt} V^s.

Id. de LXIX banelées de sablon, XXXIIII^s VI^d.

Id. de pelon, late, bricque, menuserie, etc. XI^{tt} XIII^s IX^d.

Id. de XIIII^m de carreau, XLII tables de pelon, etc^a, amenés de Rouen, VI^{tt}.

A..... pour charroy des vuidanges de la court et des fossez, VIII^{tt} XI^s III^d.

Id. du bois de la cuisine d'auprés du jardin, XII^{tt}.

Id. de XIIII^m de carreau, pelon et menuserie, CXII^s.

Id. de bois pour la bricque, chanlate, sablon, VI^{tt} XVI^s VI^d.

Du XIXe jour de juillet v^c et huit..... de trois quesses plaines de besoignes amenées de Lyon (transport de Rouen), XL^s.

A Roger Aubert, voicturier, la somme de vingt-sept solz, pour avoir amené de Paris III personnages de marbre, par quictance du XIXe jour de juillet v^c et huit, pour ce, cy, LXVII^s VI^d.

A..... pour charroy de bois, pelon, clairevoix, sablon, bricque, LXVIII^s VI^d.

Id. de terre, sablon, late, chanlate, LIX^s III^d.

Id. de carreau et menuserie, VII^{tt} I^s.

Id. de carreau et menuserie, XXI^s.

Id. de soliveaux, IIII^m de chanlate, sablon, pelon, VI^{tt} XVIII^s.

Id. de soliviaux pour le pont neuf, XVI^m d'ardoise, IIII^{tt} VI^s VI^d.

Id. de bois et de tapisserie, XII^s.

Id. de XXX tables de pelon, ung^m de late et lyaiz, CI^s III^d.

Id. de XL cordes de bois, à la bricqueterie, VIII^{tt}.

Id. de bois pour faire le pont de la ville, XXXIX^s.

A lui, pour charroy de soliviaux, bricque, chaux, sablon, xxv^s vi^d.
Id. de soliviaux, late, sablon, menuserie, cxv^s.
Id. de tables de cuisines, bois et livres, cvii^s vi^d.
Id. de xvi^m de carreau et menuserie, vii^{tt} xvi^s.
Id. de late, menuserie, carreau, sablon, iiii^{tt} vii^s.
Id. des vuydanges des terres des fossez, xlviii^s.
Id. de iii toises de liaiz, late, bricque, sablon, lxix^s vi^d.

Somme total de ce chappitre jusques cy, pour charroy et voictures, quatre cens douze livres ung solt et sept deniers tournois.

A xi chartiers et voicturiers, pour avoir amené de Rouen six couvertures, du plastre, de la menuserie, du linge, de la chanlate, et autres choses, par quictance du xxie septembre v^c et huit, xix^{tt} viii^s.

LES PORTRAICTURES DU ROY, DE M. LE LEGAT ET DE M. LE GRANT MAISTRE.

A deux chartiers, la somme de treize livres ii^s iii^d, pour leur vin d'avoir amené de Millan à Paris trois pourtraitures de marbre, que pour cordon et cordes, par quictance du xxve fevrier v^c et huit, xiii^{tt} ii^s iii^d.

Pour charroy :
De vi^{xx} millers d'ardoise, tapisserie et menuserie, xvii^{tt} xvii^s.
De carreau, plomb et menuserie, xv^{tt}.

Somme total de ce chappitre despuis le 1er avril, l^l vii^s iii^d.

JOURNÉES POUR LE JARDIN.

A Guillaume Gosman et quatre maneuvres, pour avoir labouré les parquetz du jardin par iii journées, au pris de xx^d pour jour, par quictance du premier janvier mil v^c et sept, pour ce, cy, xxv^s.
A..... pour faire des chemins au boys du Lydieu, xx^s.
A..... pour avoir labouré aux parquetz, lx^s iii^d.
A..... *id.* au pris de xx^d pour jour, iiii^{tt} x^s.

A..... pour avoir refait les parquets du jardin, vi^{tt}.

A..... pour avoir besongné aux parquets du jardin, lx^s.

A..... id. xxxix^s vi^d.

A..... id. et fait des chemins auprés de la tonnelle, cxiii^s iiii^d.

A..... pour avoir labouré les parquets du jardin, lxx^s.

A..... pour avoir planté des serisiez et grosiliers au long de la tonnelle, xxv^s.

A..... pour avoir labouré les parquets du jardin, vi^{tt} x^s.

A quatre charpentiers, pour avoir par eulx fait de petiz parquetz de bois à mectre violectes et armoisies, vi^{tt} x^s.

A..... pour avoir labouré aux parquetz du jardin, xviii^{tt} xii^s vi^d.

A Guillaume Hervieu, mareschal, pour iii pelles et iii houes de fer pour servir à labourer le jardin, par quictance du iiiie mars mil v^c et sept, xxv^s.

A Jehan Gillonnet, pour avoir livré dix peschers, par quictance du iiie jour de mars v^c et sept, xx^s.

A..... pour avoir besongné au jardin, xii^{tt} xiiii^s.

A Thomas de Lyon, jardinier, à lui baillé pour avoir des violectes pour mectre au jardin, xi^{tt} xviii^s viii^d.

A..... pour avoir labouré au jardin, xv^{tt} viii^s vi^d.

A Y. Guillart, pour vii potz d'eulletz qu'il a venduz et livrez à Thomas, le jardinier, par quictance du viiie jour d'avril v^c et sept, xviii^s.

A..... pour avoir labouré et brouété des terres, xi^{tt} xix^s.

A Thomas, le jardinier, pour plusieurs peschers, romarins et aucunes viollectes, xli^s vi^d.

A Simonnet Vyart, pottier de terre, et à Pierre Tannerye, pour avoir livré xv potz pour le jardin et xvi lignotes et chardonneretz, xiiii^s.

A..... pour avoir labouré et porté des terres, mené du fiens, enrozé, dollé de la late, xl^{tt} i^s vi^d.

A..... id. id. id. id. xviii^{tt}.

A..... id. id. id. id. vii^{tt} xvi^s.

Somme total de ce chappitre pour le fait du jardin, dont la despence monte jusques cy neuf vingtz neuf livres dix solz dix deniers tournois sans les charrois et voictures compris cy-devant en un autre chappitre.

A..... maneuvres pour avoir labouré au jardin, c^s.

Total de ces deux articles, cent solz tournois.

JOURNÉES DONNÉES EN MAÇONNERIE, MENUSERIE ET AUTRES.

A Guillaume et Geoffroy Cherons, maçons, la somme de vingt solz tournois, pour avoir maçonné au Lydieu, III journées, au pris de III^s IIII^d par journée, par quictance du premier janvier v^c et sept, xx^s.

Charpentiers.

A trois charpentiers, pour avoir besongné aux parquetz du jardin, au pris de IIII^s par journée, xxxvI^s.

Paintre.

A Jaquet de Feschal, paintre, pour III journées de sa peine, au pris de IIII^s pour journée, xII^s.

A lui, pour v journées de sa peine, au pris de III^s pour journée, xx^s.

Menusier.

A Binet le Roy, menusier, pour vIII journées de sa peine d'avoir fait une porte au prix de IIII^s pour journée, xxxII^s.

Chamberieres.

A Jehanne Jumelle et Jehanne Mordant, pour chacune Ix journées, qui ont vacqué à balayer et acoustrer les chambres du chasteau quant mons^r feust parti, par quictance du vIII^e janvier mil v^c et sept, xvIII^s.

Menusier.

A Binet le Roy, menuisier...... pour avoir fait une porte...... xxIIII^s.

Doleur de late.

A Jaquet Thorel, faiseur de late, pour avoir fait deux milliers de lates à ardoises, xv^s.

Sablon.

A..... pour avoir tiré du sablon pour la court du Lydieu, v^s.

Pour les oiseaulx et bestes du parc.

A Jehan Maquereau, pour xx journées ouvrables qu'il a vacqué pour penser les oyseaulx et bestes du parc, L^s.

Charpentiers.

A trois charpentiers, pour avoir taillé du bois pour faire les lices en la court du Lydieu, xlviii^s.

Syeur d'aiz.

A Robin Can, sieur d'aiz, pour avoir fait deux cens et demy carteron de late, xlii^s vi^d.

Charpentier.

A Philippot Seneschal, charpentier, pour avoir dolé xx trenches de bois pour faire de la chanlate, xx^s.

Doleur de late.

A Jehan Thorel, faiseur de late, pour avoir fait iii milliers de late, xv^s.

Sablon.

A..... pour iii journées de peine d'avoir tiré du sablon pour la court du Lydieu, au prix de xx^d pour jour, x^s.

Masson.

A Pierre et Geoffroy Querons, maçons, pour iii journées qui ont vacqué à estouper des trous en la gallerie du jardin, xxviii^s.

Feurre.

A Gillet Amyot, pour deux cens de feurre qu'il a livré pour mectre ès liz, xxx^s.

DU CHÂTEAU DE GAILLON.

Paintre.

A Jaquet de Feschal, pour viii journées de sa peine, au pris de iiii^s pour jour, xxxii^s.

Sablon.

A..... pour avoir tiré du sablon, au pris de xx^d pour journée, v^s x^d.

Menusier.

A deux menusiers, pour avoir laté à ung des parquetz du jardin xxxix toises de latage, au pris de x^d toise, xxxii^s vi^d.

Menusier.

A Binet le Roy, menusier, sur ce qui lui peut estre deu des huis qu'il a faitz pour les parquetz du jardin, xlv^s.

Guyniers.

A..... pour neuf guyniers pour planter au jardin, x^s.

Massons.

A trois massons, pour vi journées qu'ilz ont vacqué à faire des fours pour le voluer du jardin, lxxii^s.

Maneuvres.

A trois maneuvres, pour vi journées de leur peine d'avoir servi les maçons qui ont fait les fours, xxx^s.

Paintres.

A Jaquet de Feschal, paintre, pour vi journées de sa peine, au pris de iiii^s pour jour, xxiiii^s.

A lui et Jehan Barbe, paintres, pour cinq journées de leur peine d'avoir besongné de leur d. mestier, au prix de iiii^s pour jour, xl^s.

Charpentes.

A trois charpentiers, pour xvii journées qu'ilz ont vacqué pour faire des lices au Lydieu, au prix de iiii^s pour journée par homme, cx^s.

Sablon.

A..... pour avoir tiré du sablon par v journées, à xxd pour jour, viiis iiiid.

Pour le parc, bestes et oiseaulx d'iceluy.

A Jehan Maquereau, pour xxii journées qu'il a vacqué à ouvrir et fermer les portes du parc pour gouverner les bestes et oyseaulx du parc, au pris de iis vi{d} pour jour, lv{s}.

Chanlate.

A Robin de Caen, sieur d'aiz, pour sa peine d'avoir fait iii{c} ung quarteron et demi de chanlate, iiii{xx} viis vi{d}.

Late.

A Jehan Thorel, faiseur de late, pour avoir fait iiii milliers de late, xxs.

Paintres.

A Jaquet de Feschal et Jehan Barbe, paintres, pour chacun vi journées, qui ont besongné de leur mestier, au pris de iiiis pour jour, xlviii{s}.

Paintres.

Id.   Id.   Id.   Id. xlviii{s}.

Charpentiers.

A trois charpentiers : c'est assavoir à deux xlviii{s} pour chacun vi journées, et à l'autre xxs pour v journées, lxviii{s}.

Late.

A Jehan Thorel, faiseur de late, pour avoir fait deux milliers de late, au pris de viis vi{d} le miller, xvs.

Vuydanges de terres.

A Jehan et Estienne Hauvilles, sur ce qui leur peut estre deu sur le marché de vuider la maison Pierre de Lorme, par quittance du xix fevrier v{c} et sept, xxxs.

DU CHÂTEAU DE GAILLON.

Couvreurs d'ardoise.

A cinq couvreurs d'ardoise et III aydes, pour avoir esté au port au grés conter cent milliers d'ardoise, pour III journées, pour jour ausd. couvreurs, IIII⁵, et aux maneuvres, pour jour, II⁵, CII⁵.

Paintres.

A Jaquet de Feschal et Jehan Barbe, paintres, pour avoir besongné de leur mestier par v jours, au pris de IIII⁵ pour l'un et de IIII⁵ VI^d pour l'autre, XLII⁶ I^d.

Paintre.

A Jaquet de Feschal, paintre, pour avoir besongné de son mestier par IIII jours, au prix de IIII⁵ pour jour, XVI⁵.

Sablon.

A ..... pour tirer du sablon pour la court du Lydieu, XXII⁵ VI^d.

Polisseurs de marbre.

A Jehan Marchebone et Pierre Gilles, pour avoir poly des pillers de marbre, pour V journées, à IIII⁵ pour jour pour homme, par quictance du IIII mars v° et sept, XL⁵.

Chanlate et contrelate.

A Robin de Caen, sieur d'aiz, pour avoir fait trois cens de chanlate et contrelate, LX⁵.

Chanlate.

A Philippot Seneschal, pour avoir dollé IX trenches pour faire de la chanlate, IX⁵.

Remplissage de terre aux galeries du jardin.

A Simonnet Chevalier, sur ce qui lui peut estre deu de remplir les galeries du jardin de terre jouste son marché, LX⁵.

Pour le parc, bestes et oiseaux d'icelui.

A Jehan Maquerel, pour XXIII journées de ses peines d'avoir pansé les bestes et hairons du parc et fermer et ouvrir les portes dud. parc, LVII^s VI^d.

Vuydanges.

A..... pour les vuydanges qui sont ou corps d'ostel Pierre de Lorme, LXX^s.

Menusier.

A Binet le Roy, pour x journées qu'il a vacqué pour les piliers des galeries du jardin, à IIII^s pour jour, XL^s.

Sablon.

A..... pour VI journées qu'il a tiré du sablon pour la court du Lydieu, X^s.

Polisseurs de marbre.

A Jehan Marchebone et Pierre Gilles, polisseurs de marbre, pour VI journées d'avoir poly des pillers de marbre, par quictance du XIe jour de mars V^c et sept, XLVIII^s.

Paintres.

A Jaquet de Feschal et Jehan Barbe, paintres, pour v journées et demy qu'ilz ont besongné de leur mestier de painture, XLVI^s VI^d.

Vuydanges de terres.

A Guillaume et Estienne Hauvilles, sur ce qui leur peut estre deu sur la vuydange de la maison neuve de Pierre de Lorme, XXX^s.

Terres et sablon.

A Simonnet Chevalier, sur ce qui lui peut estre deu de mener des terres et du sablon en la galerie du jardin, XL^s.

Charpenterie.

A Richart de Jouy et Binet le Roy, charpentiers, pour v jours qu'ilz ont vacqué à faire de petits parquetz pour le jardin, que avoir radoubé les planchers du logis du Lydieu, XX^s.

Menusier.

A Binet le Roy, sur ce qui lui peut estre deu sur les huis des parquetz du jardin qu'il a faiz, xx^s.

Pavés et sablon.

A..... pour radoubler les pavés des chambres du Lydieu et avoir tiré du sablon, xLv^s x^d.

Paintres.

A Jaquet de Feschal et Jehan Barbe, paintres, pour chacun vi journées d'avoir besongné de leur mestier, au prix de iiii^s l'un et de iiii^s vi^d l'autre, li^s.

Vuydange de terre.

A Guillaume et Estienne Hauvilles.... pour leurs peines d'avoir vuidé la maison Pierre de Lorme, par quittance du xviiie mars v^c et sept, lxx^s.

Polisseurs de marbre.

A Jehan Marchebone et Pierre Gilles, polisseurs de marbre, pour vi journées d'avoir polly les pillers de marbre pour la tarasse, par quictance du xviiie mars v^c et sept, xlviii^s.

Sablon.

A..... pour avoir tiré du sablon, xii^s.
A..... pour travail au Lydieu, xxxvi^s.
A..... pour avoir fait xxv cordes de bois, xx^s.

Maneuvres.

A quatre maneuvriers, pour leurs peines d'avoir rompu en la maison Pierre de Lorme deux vielz pillers, et en avoir fait les vuidanges, xxv^s.

Menusier.

A Binet le Roy, menusier, pour parpaye des huisseries qu'il a faictes ou jardin, vi^{lt}.

Polisseurs de marbres.

A Pierre Gilles, polisseur, pour II livres d'emery, III livres de tripoly, XII livres de ponce, et autres matieres, LXXI^s.

Maneuvres.

A sept maneuvres, pour chacun v journées qu'ilz ont vacqué à rompre ung petit vivier estant prés les vielles cuisines, LVI^s.

Briquetier.

A Estienne Bellay, briquetier, sur ce qui lui peut ou pourra estre deu de faire une fournée de bricque, X^{lt}.

Jardinier.

A Richard Gomain et Pierres Dumesnil, pour avoir anté et greffé au Lidieu chacun v jours, au pris de III^s pour jour, XXX^s.

Couvreur d'ardoise.

A Jehan Luiller et Jehan Chapperon, couvreurs d'ardoise, pour avoir decouvert une lucarne et le costé du corps du vielz corps de maison, au pris de IIII^s VI^d pour jour pour homme, XXXVI^s.

Sablon.

A..... pour avoir tiré du sablon, XXIII^s.

A..... pour avoir des cordes de bois pour cuire la bricque, XX^s.

Paintres.

A Jaquet de Feschal et Jehan Barbe, paintres, pour VI journées de leur peine d'avoir besongné de leur mestier de paintrerie, XXV^s.

Polisseurs de marbres.

A cinq polisseurs de marbre, pour avoir besongné de leur mestier, IIII^{tt} VIII^s.

Charpentiers.

A Richart de Jouy et Richart Eude, charpentiers, pour avoir besongné de leur mestier, à IIII^s pour journée, LX^s.

Menusiers.

A Binet le Roy et Jehan Hamelier, menusiers, pour avoir besongné de leur mestier, à iiii^s pour jour, lx^s.

Maneuvres.

A..... pour chacun iiii jours qu'ilz ont besongné à la chaussée de l'estang du parc, iiii^{lt}.

Charpentier.

A Richart Eude et Guillot Gardane, charpentiers, pour avoir relevé une grue et avoir fait des parquetz au jardin, xx^s.

Paintre.

A Jehan Barbe, paintre, pour avoir besongné de son mestier vi jours, à iiii^s pour jour, xxiiii^s.

Jardinier.

A Richart Gomain et P. du Mesnil, pour avoir greffé et anté au Lydieu à iii^s pour journée, xxxvi^s.

Menusier.

A Binet le Roy et Jehan Hamelier, menusiers, pour avoir besongné de leur mestier, à iiii^s pour jour, xlviii^s.

Polisseurs de marbre.

A cinq polisseurs, pour avoir besongné de leur mestier chacun vi jours, vi^{lt}.

Massons.

A Jehan Louesse et Mathieu Litée, maçons, pour avoir platré, laté les pignons du volouer, pour iiii journées pour chacun homme, xxxvi^s.

Pour les oiseaux et boucassins.

A Jehan Maquereau, tant pour xxv journées qu'il a vacqué à panser les oyseaulx que pour la despence d'un homme qui avoit amené des boucassins, ciii^s.

Charpentiers.

A Richart Jouy et Cardin Dumont, charpentiers, pour avoir mis les bourceaulx et solliveaux ou corps d'ostel que a fait Pierre de Lorme, XL^s.

A Jehan Pellerin, bocheron, pour avoir fait plusieurs cordes de bois pour cuire la bricque, XX^s.

Maneuvres.

A VIII maneuvres, pour avoir besongné à l'estang du parc et aydé aux maçons du volouer... du 1er avril v^c et sept, LXXVI^s.

Charpentier.

A Philippot Seneschal, charpentier, pour avoir dollé de la chanlate, XX^s.

Maneuvres.

A VII maneuvres, IIII^{tt} II^s.

Charpentiers.

A Richard Eude et Guillot le Mercier, pour avoir dolé des soliaux, XXXVI^s.

A Jehan Pellerin, bocheron, pour avoir fait LXV cordes de bois au pris de XV^d pour corde, XXI^s III^d.

Couvreurs d'ardoise.

A deux couvreurs d'ardoise et ung maneuvre, pour avoir descouvert une partie du vielz corps d'ostel, par quictance du VIIIe jour d'avril, XXXV^s.

Charpentier.

A Robinet, charpentier, pour avoir fait et dolé au bois demi-miller de late, XII^s VI^d.

Pour la fontaine, pour ce *alibi*.

A Pierre de Valance, fontainier, et ung Ytalien, la somme de vingt-six solz six^d; aud. Valence XIX^s pour III jours, et aud. Ytalien VII^s VI^d pour sa despence, par quictance du VIIIe avril v^c et VII, pour ce, cy, XXVI^s VI^d.

Charpentiers.

A trois charpentiers, sur ce qui leur peut ou pourra estre deu d'avoir abatu du bois et fait des soliveaux, LXXII^s.

Sablon.

A..... pour avoir tiré du sablon, XII^s.

Maneuvres : vivier de la court.

A XII maneuvres, pour avoir vuidé et emply une partie du vivier de la court, VI^{tt} VI^s.

Maneuvres : estang du parc.

A..... pour avoir besongné à l'estang du parc, par quictance du VIIe avril V^c et sept, XLIIII^s.

Menusiers.

A Binet le Roy et Jehan Hamelier, menusiers, pour avoir adoubé des aiz et assiz sur des planchers, XLVIII^s.

Polisseurs de marbre.

A cinq polisseurs, pour chacun VI jours qu'ilz ont poly du marbre, VI^{tt}.

Maneuvres.

A deux maneuvres, sur ce qui leur peut estre deu sur les vuidanges qui sont en la salle du grant corps d'ostel, par quictance du VIIIe avril, XX^s.

Maneuvres.

A VIII maneuvres, pour avoir mené des terres à l'estang et chaussée du parc, IIII^{tt} II^s.

Paintres.

A Jehan Barbe et Robinet de Clermont, paintres, pour avoir besongné de leur mestier à dorer des claires voiz, XXIIII^s.

Briqueurs.

A Guillaume et Estienne de Bellay, sur la bricque qu'ilz ont faicte et feront, vııı^{lt}.

Faiseurs de late.

A trois faiseurs de late, pour v milliers et demi de late, LXXII^s VI^d.

Menusiers.

A Binet le Roy et Jehan Hamelyer, menusiers, pour avoir plancheé ung plancher, adoubé des aiz et fait des parquetz au jardin, XLIIII^s.

Charpentier.

A Richart Jouy, charpentier, pour IIII jours qu'il a besongné de son mestier à plusieurs choses, XVI^s.

Paintre.

A Robinet Clermont, paintre, pour VI jours qu'il a vacqué à dorer des cleres voix, XXIIII^s.

Massons.

A..... pour avoir fait ung petit mur dedens les fossez, XXXVII^s VI^d.

Oiseaulx achetez.

A Pierre Tannerye, oiselleux, pour III XXes d'oiseaulx qu'il a livrez, IX^s.

Chaussée et estang du parc.

A six maneuvres, pour plusieurs journées qu'ilz ont brouetté de la terre pour faire la chaussée et estang du parc, LXXII^s.

Idem.

Id. id. XL^s.

Sieurs d'aiz.

A deux sieurs d'aiz, pour avoir fait XII traictz de sie en une trenche pour le jardin, X^s.

Engins pour martres, foynes et beletes.

A Richart Gomain, pour VIII jours qu'il a vacqué à faire des angins à prendre martres, foines et bellectes, XXIIII^s.

Polisseurs de marbres.

A v polisseurs, pour chacun six journées qu'ilz ont polly du mabre à asseoir sur la tarasse, vi^{lt}.

Charpentier.

A Richart Jouy, charpentier, pour vii journées et demi qu'il a vacqué à refeuller les chevrons du volouer, xxx^s.

Maneuvres.

A deux maneuvres, pour la vuidange des terres de la salle basse du grant corps d'ostel, v^s.

Chenevys.

A..... pour deux boisséaulx de chenevys pour les oiseaulx, vi^s vi^d.

Polisseurs de marbre.

A cinq polisseurs, pour avoir polly du mabre chacun vi jours, à iiii^s pour jour, c^s.

Paintre.

A Robinet de Clermont, paintre, pour avoir doré des clerevoix et pillers, xvi^s.

Charpentier.

A Robin le Charpentier, pour ung miller de late qu'il a faicte, xii^s vi^d.

Couvreurs d'ardoise.

A trois couvreurs d'ardoise, pour avoir decouvert la viz et une partie de la vielle maison, xxx^s.

Oiseaulx achetés.

A Pierre Tannerye, oiselleux, pour deux xii^{es} iiii oyseaux, vii^s.

Menusiers

A Binet le Roy et Jehan Hamelier, menusiers, pour avoir par eulx fait des parquetz pour le jardin, xliiii^s.

Charpentiers.

A trois charpentiers, pour xiii jours qu'ilz ont besongné de leur mestier, lii^s.

....
....

Pour les petits oiseaux.

A Pierre Nicole, pour iiii xii^{es} de petits paniers pour les oiseaulx, xlviii^s.

....

Charpentier.

A Robin, charpentier, pour ung miller de late qu'il a faicte, xii^s vi^d.

Estang.

A..... pour avoir besongné à l'estang du parc, lxxiiii^s.

Polisseurs de marbre.

A cinq polisseurs, pour avoir polly du mabre, lx^s.
A   id.   id. lx^s.

Maneuvres.

A trois maneuvres, pour avoir vuidé les gravoiz de trois chambres basses du grant corps d'ostel, par quictance du xxixe jour d'avril v^c et huit, l^s.

Pour la fontaine.

A Pierre Valence, la somme de vingt livres tournois qui lui ont esté ordonnés pour le mois d'avril derrain passé, par mandement de mons^r de Sauveterre, par quictance du vi^e jour de may v^c et huit, xx^{lt}.

....

Charettes.

A Simonnet Chevalier, sur les terres et sablon qu'il est venu amener es galleries du jardin, iiii^{lt}.

....

Polisseurs de marbre.

A v pollisseurs, pour chacun vi jours qu'ilz ont polly du mabre, vi^{lt}.

Charpentier.

A Richart Eude, charpentier, pour avoir fait des barrieres au Lydieu, L^s.

....

Alibi sur le fait de la fontaine.

A Bertrand de Meynal, Genevoiz, pour la conduicte de la fontaine de Gennes au chasteau de Gaillon, par quictance du xxe may v^c et huit, xv^{lt} xiii^s viii^d.

Alibi sur le fait de lad. fontaine.

A Rolin le Charpentier, maçon, pour avoir besongné à la taille d'une cuve pour la fontaine, par quictance du xxie may v^c et huit, xvi^s.

Late.

A Jehan Thorel, pour avoir fait au boiz des Naux trois millers de late, xv^s.

Menuisier.

A Binet le Roy, menuisier, pour avoir dollé et assiz des aiz sur les planchers, xxiiii^s.

....

Polisseurs de mabre.

A cinq polisseurs, pour avoir polly du mabre pour la tarasse, vi^{lt}.

Ferraille pour faire les fossez.

A deux mareschaulx, pour LXX livres de fer qu'ilz ont mis en mailletz et coingts, xxxiii^s iiii^d.

Sur le fait de la fontaine.

A Pierre Valence, la somme de vingt livres pour ses gaiges du moys de mai, pour avoir abillé la fontaine par mandement de mons.r de Sauveterre, par quictance du xxvi.e de may v.c et huit, xx.lt.

Pour les oiseaux.

A Helyot Belissent, la somme de dix-huit solz tournois pour ii boisseaux de blé et deux de chennevis, xviii.s.

....
....

Massons.

A cinq maçons, pour avoir besongné aux pignons de la gallerie du jardin, les aultres à enduire les murailles de lad. gallerie par dehors, liii.s vi.d.

Cy somme grosse de ce chappitre, iii.c lxix.lt i.s vii.d.

CAREAU NON PLOMBÉ ET PLOMBÉ.

A Richart Behier, faiseur de careau non plombé, la somme de quarante-deux livres tournois pour xxviii millers de carreau non plombé qu'il a baillé et livré à plusieurs fois en ce present mois de janvier, au pris chacun miller de xxx.s, qui est pour employer aux galleries du jardin, ainsi qu'il appert par certifficacion et quictance de Richart Guere, du xiii.e jour de janvier mil v.c et sept, pour cecy, xlii.lt.

A lui, la somme de dix-sept livres pour xi millers v.c l de carreaux au pris de xxx.s pour miller, xvii.lt vi.s vi.d.

A lui..... pour xxv millers de carreau, au pris de xxx.s miller, xxxvii.lt x.s.

A Guillaume Thibault, la somme de vingt et une livre tournois pour xiii.m de carreau à xxx.s miller, par quictance du vii.e juillet v.c et huit, xxi.lt.

A lui, la somme de cinquante-neuf livres dix solz pour xvii millers de carreau plombé blanc et rouge, à lxx.s pour miller, lix.lt x.s.

A Richart Behier, pour trois millers de careau non plombé, au pris de xxx^s miller, iiii^{lt} x^s.

A Guillaume Regnault, pour ix millers de carreau plombé, du xvie aoust v^c et huit, xxxi^{lt} x^s.

> Somme total de ce chappitre pour carreau plombé et non plombé jusques cy, deux cens treize livres dix solz six deniers.

A Richart Behere, pour xvi^c et demi de careau non plombé et xii^m de tuille, par quictance du derrain septembre v^c et huit, xii^{lt} xix^s vi^d.

VOYAGES ET VOITURES D'ARGENT.

Pour la despence de Claude de Launoy, d'avoir esté de Gaillon à Rouen querir m iiii^{xx} livres, que pour celle de Jehan de Gournay, que ung voiturier qui a amené led. argent, trente-deux solz trois deniers tournois, comme appert par certifficacion de Richart Guere, du xiiie jour de janvier v^c et sept, pour ce, cy, xxxii^s iii^d.

A..... pour troys voyages de ceste ville de Gaillon à Rouen, xx^s.

A Jehan de Saint-Amand, commis à la recepte d'Evreux, pour cinq voyages d'avoir apporté dud^t Evreux à Gaillon l'argent pour faire les bastimentz, c^s.

A..... pour avoir esté à Rouen, à Vigny et à Maigny, xv^s.

A..... pour iii voyages d'avoir apporté l'argent d'Evreux, lx^s.

....

A Henry Crosnier, pour ung voyage partant de Gaillon à Bloiz vers monseigneur monsieur le legat, par quictance du iie avril v^c et sept, xl.

....

A..... pour avoir porté des lettres à Bloiz à monseigneur mons^r le lesgat, par quictance du xve juillet v^c et huit, xxx^s.

....

A Jouhan de Montauban, muletier, pour ung voyage avec deux muletz, de Gaillon à Tours, pour porter le veloux vers, iiii^{lt} iiii^s ix^d.

A Henry Crosnier, pour ung voyage de Gaillon à Tours et de là à Chinon vers monseigneur, par quictance du xxve aoust v^c et huit, LX.

A..... pour plusieurs voyages de Rouen et Paris à Gaillon, et avoir amené de Vigni au chasteau de la tappisserie, VIII^{tt} XVII^s VI^d.

....

> Total de ce chappitre jusques cy, pour voyages et voictures d'argent, soixante-six livres huit solz six deniers tournois.

A..... chevaucheur de l'escurie, pour ung voyage, partant de Tours à venir à Gaillon apporter deux escussons, par quictance du xxIII^e septembre v^c et huit, IIII^{tt} XVI^s IIII^d.

A..... pour un voyage fait de Gaillon à Paris, pour haster les draps de Holande, XVIII^s.

A..... pour ung voyage, pour haster le victrier d'Orleans, XXVII^s VI^d.

A..... pour ung voyage, pour haster le veloux à Paris, IX^{tt} II^s XI^d.

A..... pour ung voyage fait à Rouen pour haster les franges d'or à Rouen, XV^s VI^d.

A..... pour un voyage, partant de Gaillon estre venu à Rouen apporter du velours vert, X^s

....

> Somme total depuis le premier arrest, vingt livres dix-neuf solz neuf deniers tournois.

ACHAT D'OR, D'AZUR ET PAINTURES.

A Jehan le Coq, marchant de Flandres, la somme de quinze livres tournois pour XXX^{tt} d'azur par lui livrez, au pris de X^s livre, XV^{tt}.

A Guillaume Delamare, marchant, pour IIII livres de myne et IIII livres de blanc de pelon, à II^s VI^d livre et II XIIes d'estain, d'or, de v^s, XXV^s.

A lui, pour deux millers d'or et autres choses, XXVI^{tt} IX^s IX^d.

A Richart le Large, orfevre, pour la dorure d'un des pillers de cuivre ordonné estre mis au chasteau de Gaillon, VIII^{tt}.

DU CHÂTEAU DE GAILLON. 307

A Guillaume Delamare, marchant, pour deux milliers d'or, xxvi^{lt}.

A Jehan de Bartreville, marchant, pour trois milliers d'or, xxxix^{lt}.

A Jehan Barbe, pour vente de quatre livres de massicot à faire couleurs pour les paintres, xxx^s.

A Jehan de Bartreville, marchant, pour iiii milliers viii quarterons d'or, lxiii^{lt} x^s.

A Jaquet Lamy, pour une livre de vermillon, une livre de myne, une livre de massicos et une livre de blanc de pelon, xii^s vi^d.

A Jehan de Bartreville, marchant, pour x milliers d'or, vi^{xx} x^{lt}.

A Philippe le Rouge, pour ii^c livres de cire et l livres de colle, vii^{lt} xi^s ix^d.

A Guillaume Delamare, marchant, demourant à Rouen, pour six milliers d'or, à xiii^{lt} miller, lxxviii^{lt}.

A Geoffroy Louvet, pour trois milliers d'or, à xiii^{lt} miller, xxxix^{lt}.

A Nicolas de la Planche, pour six milliers d'or, lxxviii^{lt}.

A Geoffroy Louvet, pour v milliers d'or, à xiii^{lt} miller, lxv^{lt}.

A Guillaume Delamare, pour ii^c d'or, lii^{lt}.

A Nicolas le Seigneur, pour iiii milliers d'or, lii^{lt}.

A Guillaume Piloys, pour xviii livres vermillon et autres paintures, viii^{lt} xiii^s vi^d.

A Nicolas de Ronnessalles, orbateur, pour iiii millers., à xiii^{lt} miller, lii^{lt}.

Somme total de ce chappitre jusques cy, pour or, azur et autres couleurs, six cens quatre-vings-douze livres quatre solz six deniers tournois.

PARTIES POUR UNE FOIZ.

A Jehan le Moine, couvreur d'ardoise, la somme de soixante-sept livres deux solz huit deniers tournois de reste et parpaye de la somme de ix^c lxiiii^{lt} ii^s viii^d, pour avoir par lui fait xix^c xxviii toises x piez de couverture d'ardoise au pris de x^s pour toise au chasteau de Gaillon, par mandement de m^r de Sauveterre, par quictance du xxxe janvier mil v^c et sept, pour ce, cy, lxvii^{lt} ii^s viii^d.

A Guillaume Chappellain, cloutier, pour avoir livré à Gaillon cent milliers de clou à late, xx^{lt}.

A Guillaume de Bourges, ymagier, pour quatre medailles de bois au pris de xxvii^s piece, et pour v petits enfans au pris de ii^s vi^d piece, par quictance du xxixe janvier mil v^c et sept, vi^{lt} vi^d.

A maistre Pierre Lenfant, procureur de Jehan Auberte, pour la vente de trois queues de vin de rente au curé d'Aubevoye, cl^{lt}.

A Pierre Pelourde, pour la vente d'un cent d'aiz, qu'il a livrez au chasteau pour emploier aux planchers, viii^{lt}.

A..... pour la vente de v brouectes, au pris de v^s piece, xxv^s.

A Jehanne la Royne, lingere, pour xxxv aulnes de toille au pris de iii^s vi^d aulne, pour faire drapz à coucher, vi^{lt} ii^s vi^d.

A Jaques de Castignolles, chanoine de Rouen, pour l'achat de xx aulnes i quart de blanchet pour taindre en escarlate, iiii^{xx} xvi^{lt} iii^s ix^d.

A Maciot Mouchet, marchant, pour cent milliers d'ardoise à deux ducatz le millier, par quictance du xxvie jour fevrier v^c et sept, iii^{c}lxxv^{lt}.

A Denis le Rebours, faiseur d'ymages, pour ses peines d'avoir entallé en pierre deux armoisies pour servir en l'ostel Pierre de Lorme, par quictance du derrain fevrier v^c et sept, xvi^{lt}.

A Pierre Pelourde, pour la vente d'un cent d'aiz, viii^{lt}.

A Jehan Martel, bonnetier, la somme de soixante livres qu'il a fournie pour la tainture de xx aulnes et i quart de blanchet en escarlate, lx^{lt}.

A Guillaume Chappellain, cloutier, pour clou livré au chasteau, lxiiii^{lt} viii^s.

. . . .
. . . .

A Pierre de Lorme, maçon, pour les caliers et boignouers de la volyere aux oiseaulx, xxi^{lt} xvii^s vi^d.

A Pierre le Norment, papetier, pour une rame six feulles de papier et ung gros papier et ancre, xl^s.

A Raulin de Saint-Pol, pour les fraiz qu'il a faiz à la prise du serf blanc, par quictance du six^e may v^c et huit, xxvi^{lt} iiii^s.

A Geraulme Pacherot, maçon, pour mener ou faire mener la table de marbre à Orleans (pour la table où sera le S¹ George en la chappelle), L⁽ᵗᵗ⁾.

A Guillaume de Bourges, ymagier, la somme de dix livres unze solz tournois de reste et parpaye d'avoir fait XLII medailles, par quictance du xx⁰ may v⁰ et huit, xɪᵗᵗ xɪˢ.

. . . .

A Guillaume le Veaultre, pour XXXIIᵗᵗ de ponce blanc et myne de pelon, vermillon et autres drogues, XLIIᵗᵗ ɪɪɪˢ ɪɪɪɪᵈ.

A Jehan Binet, pour demy-quaque d'uille pour les paintures, LXˢ.

A Richart Carpe, menusier, pour avoir fait au Lydieu des chassiz à la chappelle que de reste d'autres parties, xxvᵗᵗ.

A Jehanne Thouroude, lingere, pour XLV aulne de toille qu'elle a employées à refaire les toilles de la chasse, que pour sa peine, ɪxᵗᵗ vɪɪˢ vɪᵈ.

. . . .

Alibi avec la fontaine.

A trois hommes, pour les rescompenser du dommage que leur a fait le bassin de la fontaine quant il feust amené, par quictance du ɪxᵉ juing v⁰ et huit, xxxvɪˢ.

. . . .

Huille pour paindre.

A Jehan Binet, pour ung tiers de quaque d'uille, XLˢ.

A lui, pour ung demi-quaque d'uille, LXˢ.

A Richard le Forestier, sur la dorure des pillers de cuivre, par quictance du xxɪᵉ juing v⁰ et huit, xvᵗᵗ.

A lui, sur la dorure des pillers, du xxɪɪɪᵉ juing, xɪɪɪᵗᵗ.

A lui, sur la dorure des pillers, du xxvɪᵉ juing, xɪɪɪɪᵗᵗ.

A Jacques Delonchamp, pour la façon et dorure de trois escripteaux l'Annybal, Nero et Agripa, par quictance du xxɪᵉ juing v⁰ et huit, xxɪᵗᵗ.

A Pierre de Lorme, maçon, pour avoir fait en pierre les armes de monseigneur, xᵗᵗ.

....

A Richart le Forestier, pour avoir doré aucuns pillers de cuivre, xxi^{tt}.

A lui, pour avoir doré deux pillers de cuivre, xiiii^{tt}.

A lui, pour avoir doré quatre pillers de cuivre, xxviii^{tt}.

A Jaques Delongchamp, pour avoir fait et doré quatre escripteaulx, par quictance du premier juillet v^c et huit, xxviii^{tt}.

A Richart le Forestier pour avoir doré trois pillers, xxi^{tt}.

A Jaques Delongchamp, pour avoir fait et gravé ung escripteau, par quictance du xiiiie juillet v^c et huit, vii^{tt} xv^s.

A Richart le Forestier, pour avoir doré trois pillers de cuivre, xxi^{tt}.

A Jehan Bonny, pour avoir fait un St Jehan [1], pour asseoir au pavillon, par quictance du xviie juillet v^c et huit, xii^{tt}.

A Richart le Forestier, pour iiii pillers qu'il a dorez, xxviii^{tt}.

A Jacquet Delongchamp, orfevre, pour avoir doré six pillers, xxxv^{tt}.

....

Alibi sur la fontaine.

A Geraulme Pacherot, pour vi rozes de cuivre doré, iiii^{tt} x^s.

A Nicolas Georget, pour une xiie de basanes et lx aulnes de ruban vert pour la tapisserie, xlviii^s viii^d.

A Guillaume Delamare, pour deux aulnes de velours vert, xiii^{tt}.

A Adam Aleaume, pour avoir doré six pillers de cuivre, xlii^{tt}.

A Martin Duquesne, pour xxvii pieces de toille verte pour la tapisserie de veloux vert, xxi^{tt} xii^s.

A Jaques Delonchamp, pour avoir doré iii pillers de cuivre, xxi^{tt}.

A Richart le Forestier, pour avoir doré iiii pillers de cuivre, xxviii^{tt}.

A lui, pour avoir doré quatre pillers de cuivre, xxviii^{tt}.

A....., pour xiiii aulnes et demi de toille pour deux paillaces à litz de can, xlii^s vi^d.

A Richart Bouchery, pour xii esgrectes qu'il a livrées au chasteau que pour le portage, cv^s.

---

[1] Ce S. Jean fut fondu en cuivre par Jean Hellot de Rouen.

A Pierre de Lorme, maçon, pour vii toises trois quarts pierre de lyaz, au pris de iiii^{lt} toise, par quictance du xiie aoust v^c huit, xxxi^{lt}.

A lui, pour avoir fait deux croisées au cabinet du parmi du jardin, et livré la pierre, par quictance du xix aoust v^c huit, cxiiii^s.

A deux charpentiers, pour avoir fait à la porte de Gaillon ung pont et defense de bois avec une poissonnerie, xiii^{lt}.

A Nicolas Georget, pour l boisseaulx de syment et deux millers de careau plombé, lxxvii^{lt} vi^d.

A Macé Mouchet, pour vi^{xx} millers d'ardoise, iiii^c l^{lt}.

A Foulon, pour deux queues de plastre en pouldre, iiii^{lt}.

A Richart Forestier, pour la dorure des pillers dorez, xvii^{lt} x^s.

A Jaques Delongchamp, pour avoir doré ung escripteau, vii^{lt}.

A Laurens Sochon, pour xviii aulnes demi-quart de tafetas jaune, xxxii^{lt} xi^s x^d.

A Guillaume Delinerve, pour deux chardons pour la chaire de velours vert, xxxv^{lt}.

A . . . . . pour paier le charoy de xvi^m d'ardoise, par quictance du ixe aoust v^c et huit, xxxii^s iiii^d.

A Oudin Grenier, pour avoir espinsé et rentrant l'escarlate du lyt de camp, xix^s vi^d.

A Richart Cirende, pour plusieurs estofes pour les couches (pour les litz de camp), iiii^{lt} ii^s x^d.

A . . . . . . pour franges d'or et soye, ruban et autres choses, ix^{xx} xvi^{lt} i^s ix^d.

A Hance de Bony, ymaginier, pour avoir fait ung monstre, une Melusine, des anges de bois, par quictance du xxii^e aoust v^c et huit, xxiiii^{lt}.

A . . . . . pour xxiiii mons de plastre en pierre, au pris pour mont de xii^s, xiiii^{lt} viii^s.

A . . . . . pour cinq baneaulx de tuilleau, xvi^s viii^d.

A Nicolas Lefault, pour avoir fait deux poilles de drap d'or et troiz litz de camp, xi^{lt} v^s.

A mons^r le chancellier de Rouen, pour iii pieces de toille verte pour la tappisserie, xlviii^s.

A lui, pour III aulnes demi-quart de velours vert, xx^{lt} vi^s III^d.

A Jehan Briquensot et ses compagnons, paintres, pour avoir paint la salle que a fait Pierre de Lorme, par quictance du XIIe septembre v^c et huit, x^{lt}.

....
....

Somme total de ce chappitre jusques cy, deux mil sept cens cinquante-sept livres cinq solz cinq deniers tournois.

CHAUX.

A Guillaume Tubeuf, pour avoir livré xxv ponçons de chaux pour la maison Pierre de Lorme, au pris de v^s pour ponçon, par quictance du xxx janvier mil v^c et sept, vi^{lt} v^s.

A Robinet Bourdon, pour dix ponsons de chaux, L^s.

A Colin Guillars, pour xviii poissons de chaux, IIII^{lt} XIX^s.

A Guillaume Tubeuf, pour xx poissons et demy de chaux, au pris de v^s vi^d poisson, CXII^s vi^d.

A..... pour xxxviii poissons et demy de chaux, x^{lt} xi^s vi^d.

A..... pour LVII poissons de chaux, xv^{lt} xiii^s vi^d.

A..... pour VII poissons de chaux, xxxviii^s vi^d.

A..... pour xv ponçons de chaux, IIII^{lt} II^s vi^d.

A..... pour LXIX ponçons de chaux, ix^{lt} II^s III^d.

A..... pour xxxii ponçons de chaux, CXIX^s vi^d.

A..... pour xxviii, *id.* vii^{lt} xiii^s.

A..... pour xxix, *id.* vii^{lt} vii^s vi^d.

A..... pour LX, *id.* à v^s le poisson, xv^{lt}.

A..... pour xxiiii, *id.* à v^s, vi^{lt}.

A..... pour III, *id.* xv^s.

A..... pour xvi queues de chaux, vi^{lt}.

A..... pour xvi poissons de chaux, IIII^{lt}.

A..... pour xi queues de chaux ou pris queue de vii^s vi^d, IIII^{lt} II^s vi^d.

DU CHÂTEAU DE GAILLON. 313

A..... pour IX poissons de chaux, XLV^s.

A..... pour XI queues et demie de chaux, à VII^s VI^d, IIII^{lt} VI^s III^d.

A..... pour LVI poissons de chaux, XIIII^{lt}.

A..... pour IX queues et demie, à VII^s VI^d queue, LXXI^s III^d.

A..... pour XVIII poissons de chaux, à V^s le poisson, IIII^{lt} X^s.

A..... pour XIII poissons de chaux, LXV^s.

A..... pour XIIII poissons de chaux, à V^s le poisson, par quictance du XVe septembre V^c et huit, VI^{lt}.

A..... pour deux queues de chaux, XIII^s.

Somme total de ce chappitre jusques cy, sept vings seize livres trois solz neuf deniers tournois.

PARTIES POUR LE BASSIN DE LA FONTAINE.

A Jacques de Castignolles, chanoine de Rouen, la somme de trente livres tournois, pour fournir aux mises qui conviendent faire de Honnefleur jusques à Rouen, d'amener led. bassin, par quictance du penultieme fevrier mil v^c et sept, pour ce, cy, XXX^{lt}.

A Jehan Advisse, charpentier, sur ce qui lui peut ou pourra estre deu pour ung pont de boiz qu'il fait pour mectre dedens le chasteau le bassin de la fontaine, par quictance du XIIe mars v^c et sept, pour ce, cy, C^s.

A lui, sur le pont de boiz qu'il fait pour mectre la fontaine dedens led. chasteau, par quictance du XVIIIe mars mil v^c et sept, C^s.

A Jehan Hense, nautonnier, pour avoir amené la fontaine de mabre, de Honnefleur à Rouen, par quictance du XIIIe mars mil v^c et sept, XXXV^{lt}.

A Roullant le Roux et Jehan Demoucel, pour les peines d'avoir tiré hors du navire la fontaine et autres pieces, et avoir mis sur boiz en ung grand basteau, par quictance signé d'eulx et de mons^r de Sauveterre, du XVIIe jour de mars mil v^c et sept, XLIX^{lt}.

A Michellet le Serf, serrurier, pour la feraille qu'il a mise à la fontaine de mabre, par quictance du xviiie mars mil v^c et sept, xv^{lt} ix^s ix^d.

A Jehan Barbelet, maistre de navire, pour avoir amené de Honnefleur à Rouen la fontaine de mabre, par quictance du xxiie jour de mars mil v^c et sept, viii^{xx} x^{lt}.

A Nicolas Georget, pour deux voyages de Rouen à Honnefleur, pour faire venir la grant fontaine, cⁱⁱⁱ^s iii^d.

A vii chartiers, pour iiii^{xx} ii voyages d'avoir amené les casses de la fontaine, au pris de iiii^s pour voyage, pour quictance du premier avril v^c et sept, xvi^{lt} viii^s.

A Jehan Advisse, charpentier, sur ce qui lui peut estre deu sur le pont qui fait pour passer la fontaine, par quictance du premier jour d'avril, c^s.

A..... pour avoir amené du bois de Clerc le bois du pont de la fontaine, xi^{lt}.

A Jehan Advisse, charpentier, sur le pont qu'il a fait sur les fossez, par quictance du viiie avril, c^s.

A Mathieu Desbares, pour xii paires de tretz (cordages) et pour son voyage, li^s viii^d.

A dix maneuvres, pour avoir dressé et habillé des chemins pour la grant fontaine, par quictance du viiie jour d'avril v^c et sept, lviii^s.

A Pierre Fauquet, carrier, pour xliiii tonneaulx de bites, pour faire les fondemens de la fontaine, par quictance du xiie jour d'avril v^c et sept, xvii^{lt} xii^s.

Pour la despense de plusieurs chartiers et autres, qui ont amené la fontaine et fait les chemins, iiii^{lt} iii^s vi^d.

A xiii chartiers, pour avoir amené du Port aux pierres prés du chasteau le grant bassin de la fontaine, par quictance du xiie avril v^c et sept, xiii^{lt} x^s.

A Guillaume Delahaye, voicturier, pour avoir amené du port de Rouen au Port aux pierres la grant fontaine, par quictance du xxvie mars v^c et sept, xxx^{lt}.

A xvi maneuvres, pour avoir fait les chemins pour passer la fontaine, par quictance du xve avril mil v^c et sept, ix^{lt} ii^s.

DU CHÂTEAU DE GAILLON. 315

A xii tailleurs de pierre, pour avoir besogné à tailler des bites pour les fondemens de la fontaine, par quictance du xve jour d'avril, cii^s.

A..... pour xxx poissons et demi de chaux, viii^{tt} vii^s ix^d.

A Jehan Advisse, charpentier, reste de xxx^{tt}, pour avoir fait ung pont pour la fontaine, par quictance du xve jour d'avril v^c et sept, x^{tt}.

A iii charpentiers, pour leur peine d'avoir aydé à mectre dedens la court le grant bassin, par quictance du xiie avril v^c et sept, xxv^s.

A huit chartiers, pour avoir amené du Port aux pierres v^c xviii piez et demi de bites pour servir à la fontaine, viii^{tt} xv^s.

A xiii maneuvres, pour avoir vuidé les terres des fondemens de la fontaine, que avoir fait du mortier, par quictance du xxiie jour d'avril v^c et sept, vii^{tt} iii^s.

A xiii tailleurs et maçons, pour avoir besogné ez bites et maçonné es fondemens de la fontaine, par quictance du xiie avril v^c et sept, xiiii^{tt} ii^s ix^d.

A Guillaume Delahaye, voicturier, pour avoir deschargé le bassin et pierres de la fontaine, par quictance du xxviiie avril v^c et huit, lx^s.

A douze maçons et tailleurs de pierre, pour avoir taillé des bistes et assisent aux fondemens de la fontaine, viii^{tt} ii^s.

A Guillaume Bernard, chartier, pour avoir amené du Port aux pierres au chasteau le petit bassin et viii autres grandes pierres, par quictance du xxixe avril v^c et huit, xxviii^{tt}.

A cinq maçons et tailleurs, pour avoir besongné aux fondemens de la fontaine, par quictance du vi^e may, lx^s ix^d.

A xvi maneuvres, pour avoir pionné pour le fait de la fontaine, fait du mortier et servi les maçons, iiii^{tt} xvi^s.

A six maçons et tailleurs, pour xxix jours qui ont maçonné en la fontaine et taillé au mabre, par quictance du xiiie mai v^c et huit, cxvi^s.

A cinq tailleurs et maçons, pour avoir maçonné et taillé à la fontaine, par quictance du xxe may v^c et huit, vi^{tt} xii^s.

A dix maneuvres, pour avoir aydé aux maçons à asseoir les cahors que à manyer les mabres, vi^{tt}.

40.

A Benoist Huart[1], pour chantepleures, goujons et autres choses pour servir à la fontaine, par quictance du xii° may v° et huit, xxxiiii^{lt} iii^s.

A iiii maçons, pour avoir taillé aux mabres de la fontaine, par quictance du xxvii° may, cii^s.

A Guillaume Larcher, canconier, pour le vin (vin aux compaignons) qui leur feust ordonné quant la fontaine feust levée dedens la court, par quictance du premier jour de may v° et huit, xxviii^s x^d.

A neuf maçons et tailleurs, pour avoir taillé des bites et maçonné à la fontaine, ix^{lt} iii^s.

A huit maçons et tailleurs, pour avoir taillé des bites et maçonné à la fontaine, ix^{lt} xix^s vi^d.

A neuf maneuvres, pour avoir aydé à manyer les bites, servir les maçons et vuidé les emondices, par quictance du x° juing v° et huit, cviii^s.

A Bertrand de Meynal, tailleur de mabre, pour ses peines de tailler et asseoir les mabres à la fontaine, par quictance du x° juing mil v° et huit, iiii^{lt}.

A quatre maçons, pour avoir taillé et assiz des pierres à la fontaine, par quictance du xvii° juing v° et huit, liiii^s.

A neuf maneuvres, pour avoir aydé aux maçons de la fontaine, liiii^s.

A Jehan de Can, pour cent quatre boisseaulx de siment, par quictance du xiii° juing v° et huit, lxxviii^s.

A Martin Desperroiz, charpentier, pour plusieurs parties de son mestier faictes à la fontaine, par quictance du xviii° juing, xl^{lt}.

A trois maçons, pour avoir taillé et assiz des pierres à la fontaine, par quictance du xxiiii° juing v° et huit, lii^s.

A huit maneuvres, pour avoir servi les maçons de la fontaine, fait du mortier et siment, lxiiii^s.

A Bertrand de Meynal, pour ses peines d'avoir besongné à la fontaine, par quictance du xxix juing v° et huit, c^s.

[1] Fondeur à Rouen.

A trois tailleurs, pour avoir taillé du mabre à la fontaine, LVII⁵.

A Geraulme Pacherot, maçon, pour sa peine d'avoir besongné à la fontaine, par quictance du III⁶ juillet V⁶ et huit, XXXVI⁵.

A cinq tailleurs, pour avoir besongné à la fontaine, IIII^tt III⁵ IX^d.

A quatre maçons, pour avoir taillé du mabre et assiz, LXXIX⁵ VI^d.

A sept maçons, pour avoir taillé du mabre et assiz à la fontaine, IIII^tt XVII⁵ VI^d.

A trois maçons, pour avoir taillé et assiz du mabre, XXIIII⁵.

A Bertrand de Meynal, pour avoir taillé du mabre à la fontaine, du derrain juillet V⁶ et huit, pour ce, cy, LX⁵.

A lui, la somme de quatre livres tournois, pour avoir taillé et assiz du mabre à la fontaine, par quictance du XII⁶ aoust V⁶ et huit, IIII^tt.

A trois maçons, pour avoir taillé et assiz de la pierre à la fontaine, LX⁵.

A Pierre Valence et ung Ytalien, la somme de vingt-six solz six deniers tournois, pour III jours dud. Valence qu'il vint pour visiter la fontaine, et à l'Ytalien pour sa despence, par quictance du VIII⁶ avril V⁶ et sept, XXVI⁵ VI^d.

A Bertrand Hervieu, mareschal, pour avoir fait des pics, par quictance du XXII avril V⁶ et sept, XI⁵ VIII^d.

A Colin le Charpentier, maçon, pour avoir taillé une cuve de pierre à la fontaine, par quictance du XX⁶ may mil V⁶ huit, XVI⁵.

A Bertrand de Meynal, tailleur de mabre, pour sa peine d'avoir esté à la conduicte de la fontaine, par quictance du XX⁶ may V⁶ huit, XVI^tt XIII⁵ VIII^d.

A Bertrand de Meynal, pour avoir taillé du mabre à la fontaine, par quictance du XXVI⁶ may, VII^tt.

A Pierre Valence, fontainier, pour ses gaiges de ce present moys de may V⁶ et huit, XX^tt.

A lui, pour ses gaiges du mois d'avril V⁶ et huit, par quictance du VI⁶ may, XX^tt.

A deux maçons, pour avoir taillé XXXI pié et ung quart pierre de Vernon, pour mectre entour la fontaine, par quictance du XX⁶ aoust, XIII⁵.

A deux hommes (fontainiers), pour avoir assiz des cahors à la fontaine, par quictance du vi^e juing v^c huit, ix^s.

A Guillaume Pacherot (masson ytalien)[1], pour six rozes de cuivre assises sur la fontaine, par quictance du xxe juillet v^c huit, iiii^{tt} x^s.

A trois hommes pour les rescompenser de leur blé, jardin et lin gastés en amenant le bassin de la fontaine, par quictance du ixe juing v^c huit, xxxvi^s.

> Somme total de ce chappitre, pour le fait de la fontaine, sept cens quatre-vings-quinze livres sept solz dix deniers tournois.

A Bertrand de Meynal, sur ce qui lui peut estre deu d'avoir taillé le mabre de la fontaine, par quictance du xxve septembre v^c et huit, vii^{tt}.

———

Richard Jouy, charpentier, a fait marché avec Richart Guere, s^r de Courcelles, et Glaude de Launoy, de dessambler, oster et de rompre les chevrons se mestier est de trois lucarnes et le feste d'une vitz, le tout ou vielz corps d'ostel que repare à present Pierre de Lorme, en forme que ledit de Lorme y puisse faire et asseoir la maçonnerie qu'il est tenu faire jouste son marché, et oultre est tenu ledit Jouy, ladite maçonnerie faicte, de refaire et asseoir de charpenterie lesd. lucarnes et viz cy-dessus declarées bien et deuement, moiennant la somme de quinze livres tournois qui lui sera baillée et paiée pour peine d'ouvrier et eschafauder, et est l'on tenu de lui bailler du bois ce qui lui en fault oultre icellui qui y sera desd. lucarnes et feste de viz, se icellui ne souffist, et paier voicture, qui sera tenu doler à ses despens; ce dit marché fait en la presence de m^e Pierre de Lorme, le xxviie jour de mars v^c et sept, pour ce, ci, xv^{tt}.

Payemens sur ce :

Aud. Jouy, sur ce qui lui peut estre deu sur led. marché, par quictance du viiie janvier v^c et sept, lx^s.

[1] En marge.

A lui, *id.* du xv⁰ avril v⁰ et sept, IIII^ll.

Id. *id.* du xxix⁰ jour d'avril v⁰ et huit, LX^s.

Somme total de ce chappitre, dix livres tournois, et du reste a esté payé ledit Richard Jouy en ung autre chappitre.

MAÇONNERYE.

Pierre Fain, Guillaume Senault et Jehan Fouquet, maçons, ont fait marché de faire les cuisines du chasteau de Gaillon, fournir toutes matieres, les rendre prestes dedens la Toussains prouchain venant, moiennant sept livres dix solz tournois pour toise, ainsi que plus à plain est declaré ou marché sur ce passé le III⁰ jour de decembre mil v⁰ et sept.

Payemens sur ce :

Aud. Pierre Fain et ses compaignons, sur ce qui leur peut estre deu sur le marché ci-dessus, par quictance du xv⁰ avril v⁰ et VII, III⁰ IIII^xx LVI^s.

Id. *id.* du xxII⁰ avril v⁰ et sept, IIII⁰ II^ll xvI^s.

Id. *id.* du xxIX⁰ avril v⁰ et huit, II⁰ ^ll.

Id. *id.* du xx⁰ may, III⁰ xLvI^ll.

Id. *id.* du xvII⁰ juing, II⁰ x^ll.

Id. *id.* du xxIX⁰ juillet, II⁰ xLIII^ll.

Id. *id.* du xII⁰ aoust, II⁰ x^ll.

Id. *id.* du xIX⁰ aoust, III⁰ L^ll.

Id. *id.* du IX⁰ septembre, II⁰ xL^ll.

Id. *id.* du xvI⁰ septembre, vIII^xx ^ll.

Somme total de ce chappitre jusques cy, deux mil sept cens quarentetrois livres deux solz tournois.

COUVREUR D'ARDOISE.

Jehan le Moine, couvreur d'ardoise, à present besongnant au chasteau de Gaillon, doit avoir, de peine d'ouvrier seulement, pour chacune toise de couverture, par marché fait à lui jà pieçà, x^s, pour ce, cy, x^s.

Payemens sur ce :

Aud. le Moine, sur ce qui lui peut ou pourra estre deu sur la couverture qu'il fait et fera, par quictance du xxiie avril mil v^c et sept, xl^s.

Id. id. du vi^e jour de may v^c huit, viii^{tt}.
Id. id. du xxe jour de may, x^{tt}.
Id. id. du xxviie may, ix^{tt}.
Id. id. du xv^e juillet, x^{tt}.
Id. id. du ve aoust, xii^{tt}.
Id. id. du xii^e aoust, viii^{tt}.
Id. id. du xixe aoust, xii^{tt}.
Id. id. du xxvie aoust, xv^{tt}.
Id. id. du iie septembre, xv^{tt}.
Id. id. du ixe septembre, xv^{tt}.
Id. id. du xvie septembre, xv^{tt}.

Somme total de ce chappitre jusques cy, six vings dix-neuf livres tournois.

CHARPENTERYE.

Jehan Advisse, charpentier, a fait marché de faire la charpenterie du comble de la cuisine que fait Guillaume de Meinville, maçon, joignant le portail du jardin, moiennant le pris et somme de trente-cinq livres tournois, pour ce, cy, xxxv^{tt}.

Payemens sur ce :

Aud. Advisse, sur ce qui lui peut ou pourra estre deu sur le marché cy-dessus escript, par quictance du xxiie avril mil v^c et sept, c^s.

Id. id. du xiiie may v^c et huit, c^s.
Id. id. du xe juing, c^s.
Id. id. du premier jour de juillet, c^s.

A lui, *id.* du xvᵉ juillet, cˢ.
Id. *id.* du xxixᵉ juillet, cˢ.
Id. *id.* du ixᵉ aoust, cˢ.

Somme total de ce chappitre, trente-cinq livres tournois, qui est l'entier payement du marché dont mencion est faicte audit chappitre.

Richart du Hay, paintre, a fait marché de paindre et dorer les clerevoix, pillers et platebandes de pelon assisent sur les festes des corps d'ostel du chasteau de Gaillon à l'enticque, au pris de xxˢ pour toise, et est tenu de tout querir excepté l'or.

Payemens sur ce :

Aud. Richart du Hay, sur ce qui lui peut ou pourra estre deu sur le marché cy-dessus escript, par quictance du xiiiᵉ may mil vᶜ et huit, Lˢ.

Id. *id.* du xxᵉ jour de may, viiˣˣ xˢ.
Id. *id.* du xxviiᵉ may, cˢ.
Id. *id.* du iiiᵉ juing, lxˢ.
Id. *id.* du xᵉ juing, cˢ.
Id. *id.* du xviiᵉ juing, lˢ.
Id. *id.* du xxiᵉ juing, lxxˢ.
Id. *id.* sur la peinture et dorure qu'il fait, par quictance du premier juillet vᶜ et huit, viiˡˡ.
Id. *id.* du viiiᵉ juillet, viiiˡˡ.
Id. *id.* du xvᵉ juillet, xiiˡˡ.
Id. *id.* du xxiiᵉ juillet, xiiiiˡˡ.
Id. *id.* du xxixᵉ juillet, xˡˡ.
Id. *id.* du vᵉ aoust, xˡˡ.
Id. *id.* du xiiᵉ aoust, viiˡˡ.
Id. *id.* du xixᵉ aoust, xiiˡˡ.

A lui, sur les parquetz et filateres qu'il a assiz en la chambre devers la chappelle et la salle, par quictance du xxiᵉ aoust, lˡˡ.

DÉPENSES DE LA CONSTRUCTION

A lui, sur la dorure et painture, *id.* du xxvie aoust, xii^{tt}.
Id.   *id.* du iie septembre, xiiii^{tt}.
Id.   *id.* du ixe septembre, xx^{tt}.

Somme total de ce chappitre jusques cy, deux cens cinq livres tournois.

POUR LES CHEMINS.

A lxv maneuvres, pour les vuidanges des terres depuis le hault des galleries du jardin jusques à la porte des plancs et faire le chemin, par quictance du xxe may v^c huit, xvii^{tt} xix^s iiii^d.

A iiii^{xx} six maneuvres, *id. id.* du xxviie may, lii^{tt} ii^s.

A cent treize maneuvres, *id. id.* du iiie juing, lvii^{tt} xi^s viii^d.

A sept chartiers, pour avoir charié lesd. vuidanges, xi^{tt} xii^s vi^d.

A douze maneuvres, pour les vuidanges des terres, par quictance du viiie juillet, iiii^{tt} xvi^s.

A xxv maneuvres, pour avoir besongné es vuidanges de la cour par quictance du xve juillet, xiiii^{tt} v^s vi^d.

A xvi maneuvres, pour avoir besongné es vuidanges des fossez, par quictance du xve juillet, lxiiii^s.

A xvi maneuvres, pour avoir besongné es vuidanges et tallu des fossez, par quictance du xxiie juillet, viii^{tt}.

A xxxiii maneuvres, pour avoir houé en la court, par quictance du xxiie juillet, xv^{tt} xviii^s.

A cinq maneuvres, pour avoir houé de creon pour mener aux hallées du parc, *id.* du xxiie juillet, xlii^s.

A six chartiers, pour avoir vuidé à leurs baneaulx de la court et fossez de la terre et pierre, *id.* du xxiie juillet, x^{tt} vii^s.

A cinq chartiers, pour avoir charié aux hallées du parc du creon, *id.* du xxiie juillet, cv^s.

A xxi maneuvres, pour avoir houé et vuidé des terres devers le portail neuf et le jardin, et partie de celles de contre les murailles de la gallerie, *id.* du xxixe juillet, iiii^{tt} viii^s.

A XXIII maneuvres, pour avoir chargé du sablon es baneaulx pour mener en la grant allée du parc, par quictance du XXIXe juillet, IIII^{tt} XII^s.

A cinq chartiers, pour avoir charié du sablon et creon en la grant allée du parc, IIII^{tt} X^d.

A XXXIX maneuvres, pour avoir houé les terres qui estoient entre le portail du jardin et le neuf portail et charger dedens les baneaulx, par quictance du Ve aoust V^c huit, XVI^{tt} III^s VI^d.

. . . .
. . . .

Somme total de ce chappitre, deux cens cinquante-cinq livres dix deniers tournois.

YMAGINIERS.

Michellet Descombert et Pierre Masurier, ymaginiers, demourant à Rouen, ont fait marché, le..... jour de may V^e et huit, de faire entailler tous les marmoucetz de bois qu'il fauldra faire sur les lices qui seront faictes et assises au long du chemin à venir de la porte des plans du long des galleries du jardin du chasteau tout ainsi et selon les deux marmoucetz qui ja ont esté fais, moiennant V^s pour piece et XXXV^s pour leur voyage d'estre venuz, allez et retournez querir leurs utilz de Gaillon à Rouen.

Payemens sur ce :

Ausd. Descombert et Masurier, sur ce qui leur pourra estre deu sur le marché cy-dessus escript, par quictance du XXVIe may V^c et huit, C^s.

Id.   id. du Xe juing, IIII^{tt}.

A Pierre le Mazurier, pour six singes qu'ilz a faiz, par quictance du IIe septembre, XXX^s.

A Michellet Descombert et Pierre le Mazurier, pour leur voyage et despense d'estre venuz de Rouen à Gaillon, par quictance du XIIe juing, XXXV^s.

Somme total de ce chappitre, douze livres cinq solz tournois.

A Anthoine de Just, ymaginier, sur l'année subsequent, la somme de quatre-vingts-dix livres tournois, oultre cent dix livres tournois pour ouvrage qu'il a fait de son mestier, par quictance du xi⁰ octobre v⁰ huit, iiii^xx x^tt.

PAVEURS POUR LES GALLERIES.

Jehan de Caux, Guillaume Crequin, Jehan Louesse et Mathieu le Roux, ont fait marché de paver la gallerie du jardin, pour peine d'ouvrier seulement, à iii^s iiii^d pour toise, comme appert par le marché du xix⁰ may mil v⁰ et huit.

Payemens sur ce :

Ausd. de Caux, Crequin et leurs compaignons, sur leur pavement des galleries, par quictance du xxvii⁰ may v⁰ et huit, vi^tt.
Id.   id.   id. du iii⁰ jour de juing, vii^tt.
Id.   id.   id. du x⁰ juing, vii^tt x^s.
Id.   id.   id. du xvii⁰ juing, x^tt.
Id.   id.   id. du xxiiii⁰ juing, vii^tt.
Id.   id.   id. du premier juillet, ix^tt.

A eulx, pour le reste et parpaie de lii^tt pour le pavé des galleries du jardin, par quictance du xviii⁰ juillet v⁰ et huit, cx^s.

> Somme total de ce chappitre, cinquante-deux livres tournois, qui est l'entier payement du contenu au marché mencionné en icelui.

PAVEMENT.

Jehan de Caux, Jehan Louesse et Mathieu le Roux, maçons, besongnant à present au pavé des chambres du grant corps d'ostel.

Payemens sur ce :

Ausd. de Caux et ses compaignons, sur le pavé cy-dessus declaré, par quictance du xv⁰ juillet v⁰ et huit, vi^tt.

DU CHÂTEAU DE GAILLON.

A eulx *id.*   *id.* du xxixe juillet, vi^{lt}.
Id.   *id.*   *id.* du ve aoust, vi^{lt}.
Id.   *id.*   *id.* du xiie aoust, iiii^{lt}.
Id.   *id.*   *id.* du xixe aoust, iiii^{lt}.
Id.   *id.*   *id.* du ixe septembre, xl^s.
Id. sur le pavé des grans corps d'ostel Pierre de Lorme et gallerie, par quictance du xxvie aoust, lx^s.
Id.   *id.*   *id.* du iie jour de septembre, lx^s.
Id.   *id.*   *id.* du xvie septembre, xii^{lt}.

Somme total de ce chappitre jusques cy, quarente-six livres tournois.

PAVEMENT.

Robin Gommet et Alain le Grelle, maçons, ont fait marché de paver la salle et les chambres du corps d'ostel que a fait Pierre de Lorme, de peine d'ouvrier seulement, moiennant iiii^s par chacune toise, led. marché daté du..... may v^c et huit, pour ce, cy, iiii^s pour toise.

Payemens sur ce :

Ausd. Gommet et le Grelle, sur le pavé qui font et feront, par quictance du xxviie may v^c et huit, lx^s.
Id.   *id.*   *id.* du iiie juing, c^s.
Id.   *id.*   *id.* du xe juing, vi^{lt}.

Somme total de ce chappitre, quatorze livres tournois.

PIERRE DE LORME.

Pierre de Lorme, maçon, a fait marché de tailler et asseoir le pavé qu'il fauldra pour recevoir les eaues qui tomberont des corps d'ostel neuf et vieil qu'il a faiz, et le rendre tout prest et livrer toutes matieres dedens la fin de ce present moys de juillet, moiennant le pris et somme de iiii^{lt} pour toise, led. marché signé de mons^r de Genli, du vi^e juillet v^c et huit, pour ce, pour toise, iiii^{lt}.

Payemens :

Aud. de Lorme, pour LV toises de pavé, par quictance du XIIIe jour de juillet mil Vc et huit, CXₗₜ.

A lui, pour le pavé qu'il fait et fera en la grant cour, par quictance du XXIIe juillet, XXₗₜ.

Id.   id.   id. du XXIXe juillet, XLₗₜ.

Id.   id.   id. du XIXe aoust, XXXₗₜ.

A lui, la somme de soixante-trois livres vingt sols tournois, le restant de IIc LXIIIₗₜ Is, pour le pavement de la court qui est au long du grand corps d'ostel, gallerie et les corps que a fait led. de Lorme, comprins les marches des entrées des portes, une cloison de pierre et le sieul du portail d'auprés du pont neuf, par quictance du XXVIIIe aoust Vc huit, LXIIIₗₜ Is.

> Somme total de ce chappitre, deux cens soixante-trois livres ung sols tournois, qui est l'entier payement du contenu du marché mentionné aud. chappitre.

NATERYE.

A Geufin Agnes, natier, sur ce qui lui peut ou pourra estre deu sur les nates, par quictance du Ve septembre Vc huit, XIIₗₜ.

A lui, pour les nates qu'il a livrez et livra, par quictance du XIIe aoust, Ls.

Id.   id.   id. du XIIIe septembre, Ls.

Id.   id.   id. du XXIe septembre, XIIₗₜ IXs.

A deux natiers, pour avoir cousu et assiz des nates en la gallerie basse, par quictance du XVIe septembre mil Vc huit, XVIIIs.

> Somme total de ce chappitre jusques cy, trente livres sept solz tournois.

JOURNÉES DONNÉES EN MAÇONNERIE, MENUSERIE ET AUTRES.

A Jehan Advisse, charpentier, sur la charpenterie de la viz de la grant galerie, par quictance du XXVIIe may Vc et huit, Cs.

....

A Michellet Loir, maçon, pour avoir assiz sur la tarasse ix medailles, par quictance du derrain jour de may v° huit, lxx°.

A Jehan Thorel, pour avoir fait n^m de late, du xxvii° may, x°.

A Bertrand de Meynal, Genevoiz, sur le fait de la fontaine, pour avoir levée et assise la fontaine, par quictance du xxvii° may v° et huit, vii^tt.

A deux couvreurs d'ardoise, pour chacun v jours d'avoir besongné au Lydieu, par quittance du xxix° may v° et huit, xl°.

A trois maçons, chacun ung jour pour avoir maçonné es pignons de la gallerie du jardin, xii°.

A cinq polisseurs de mabre, pour avoir polly et nestoyé du mabre, par quictance du xxvii° may, vi^tt.

A deux maçons, pour chacun iiii jours qu'ils ont enduit contre la muraille de la gallerie, xxiiii°.

A deux maçons, pour viii jours qu'ilz ont besongné, l'un à tailler des pilliers, l'autre à faire des pertuiz pour asseoir menuserie, xxxiiii°.

A Bertrand Hervieu, mareschal, pour avoir mis en coingts et mailletz lx livres de fer à iiii^d, par quictance du iii° juing, xx°.

....

A cinq polisseurs de mabre, pour avoir polly du mabre, par quictance du iii° jour de juing, c°.

A Guillaume et Estienne Bellaiz, sur la bricque qu'ilz ont faicte et feront, c°.

A deux menusiers, pour avoir dollé et assiz des aiz sur les planchers, xlviii°.

A Jehan Pellerin, pour avoir fait xxxviii cordes de boiz, xlvii° vi^d.

A cinq polisseurs de mabre, pour avoir polly du mabre, par quictance du x° juing, vi^tt.

A xxvi maneuvres, pour avoir fait et dressé des chemins et allées au parc, par quictance du xi° juing v° et huit, xv^tt iiii°.

A deux menusiers, pour avoir fait des bancs au carrefour prés le jardin, xv°.

A trois maneuvres, pour avoir fait des fossez et tonnelles au parc, xiii^s.

A Jacquet Louesse, pour les talluz des fossez qu'il a rompus, par quictance du xxiiiie juing v^c et huit, xxx^s.

A deux charpentiers, pour xvi toises de lices, lxxii^s.

A Jehan Advisse, charpentier, pour avoir fait le comble d'une viz, galeries et agremens, par quictance du xxiiie juing, xxx^{lt}.

A Pierres Tannerye, pour iiii rossignaulx et demye xiie d'oisseaulx, xxii^s vi^d.

A Robert de Vaulx, pour six eschelles, xlv^s.

A xviii maneuvres, pour leurs peines d'avoir aydé à manyer les mabres, par quictance du premier juillet v^c et huit, lxxvi^s.

A Guillaume et Estienne Bellaiz, briquetiers, pour la parpaye de lxxviii^m et demi de brique, viii^{lt} v^s.

....

A Jehan Chappron, couvreur, pour avoir couvert et descouvert de l'ardoise aux galleries du jardin, par quictance du premier juillet, xvii^s.

A deux maçons, pour avoir enduyt du mur du jardin et avoir pavé le porche de la vieille maison du Lydieu, par quictance du iiie juillet v^c et huit, xxxii^s.

A Guillaume et Estienne Bellaiz, briquetiers, sur la bricque qui est au fournel, c^s.

A Guillaume Nouel, maçon, sur la cloture des cloisons, par quictance du viiie juillet, l^s.

A deux menusiers, pour avoir fait des treteaulx, selles et autres choses, xlviii^s.

A Jaquet Louesse, maneuvrier, pour avoir besongné au tallu des fossez devers le viel portail et la grosse tour, par quictance du viiie juillet v^c et huit, xxx^s.

A trois filles, pour avoir nestoyé les chambres du vielz corps d'ostel, par quictance du xve juillet, vi^s.

A trois charpentiers, pour avoir abatu et dollé des haistres à faire tables de cuisine, xxviii^s.

A trois filles et 1 garson, pour avoir epluché du coton, xix^s.

A Guillaume Nouel, maçon, pour avoir cloz de bricque les cloisons du corps d'ostel que a fait Pierre de Lorme, par quictance du xxiie juillet v^c et huit, L^s.

A deux charpentiers, pour avoir abatu et dollé du boiz pour le pont du portail neuf, par quictance du xxiie juillet v^c et huit, xx^s.

A deux maçons, pour avoir assiz des gons et chassiz au corps d'ostel que a fait Pierre de Lorme, par quictance du xxiie juillet v^c et huit, xlv^s.

A Jehan de Caux, maçon, pour avoir pavé en la chambre dorée, par quictance du xxiie juillet v^c et huit, xx^s.

A Jehan Quetier, couvreur, pour avoir couvert la granche et cuisine du Lydieu, par quictance du xxiie juillet, xii^s.

. . . .

A trois maçons, pour avoir graté la viz et besongné au vielz corps d'ostel, par quictance du xxixe jour de juillet, xxxv^s ix^d.

A cinq maçons, pour avoir bricqueté la chambre des poules dainde, escorché la vielle viz, fait des pertuiz pour asseoir la menuserie, par quictance du ve aoust v^c et huit, vi^{lt} viii^s.

A quatre menusiers, pour avoir desassemblé le pavillon vert, fait des chaises percées, lxii^s.

A deux maçons, pour avoir fait des pertuiz au grant corps d'ostel pour asseoir les menuseries, par quictance du ve aoust v^c et huit, xlix^s vi^d.

A Jacquet Louesse, pour avoir rompu un talu estant dedens les fossez, xl^s.

A trois maçons, pour avoir assiz et taillé à la fontaine de la pierre et enduit aux galleries du viel corps d'ostel, par quictance du xiie aoust, xxvi^s.

A Mathieu Lytée, maçon, pour avoir bricqueté la chambre aux poules daindes, xxxii^s.

A deux maçons, pour avoir assis en la grande salle basse les chassis, par quictance du xiie aoust, xxxvi^s.

A dix huit maneuvres, pour avoir dressé la court et vuidé les emondices de la gallerie de dessous la tarasse, par quictance du xixe aoust v^c et huit, vii^{lt}.

A trois maçons, pour avoir besongné au pavillon de nouvel assiz prés la porte de la tonnelle que au Lidieu, xl^s.

A deux maçons, pour avoir fait des pertuiz à la gallerie devers le portail neuf et le grant corps d'ostel, par quictance du xixe aoust, xlv^s.

A iiii maneuvres, pour avoir servi les maçons et curé une mare au Lydieu, lxvi^s.

A Laurens Aleaume, tailleur de pierre, sur ce qui lui peut estre deu sur la pierre de liaiz qu'il taille au pic, par quictance du xxvie aoust, lx^s.

A Jehan Goudet, pour ii boisseaulx de blé et trois de cheneviz, xix^s.

A six massons, pour avoir taillé de la pierre et assiz à la fontaine que avoir enduit par dehors la muraille du bout du jardin, ii^s viii^d.

A Jehan Adam, tappissier, pour avoir tendu partie de la tappisserie, par quictance du xxvie aoust, xviii^s.

A xxv maneuvres, pour leur peine pour asseoir le pont de boiz que l'on fait, curé les emondices estans prés la chappelle basse et espandu du sablon par la court, par quictance du xxvie aoust v^c et huit, x^{lt}·v^s.

A xi femmes, pour avoir espluché du coton et balayé les salles et chambres, par quictance du xxvie aoust, xix^s.

A Bertrand Hervieu, mareschal, pour xxiiii livres de fer qu'il a mis en euvre, viii^s.

A Robin Can, pour ix traitz de sye à faire xi tables pour servir aux cuisines, liiii^s.

A deux menusiers, pour avoir rassemblé les fenestres et huis du petit pavillon vert, par quictance du xxvie aoust, xxxvi^s viii^d.

A trois maçons, pour avoir pendu et assiz des huis et fenestres es grand corps d'ostel et cellui que a fait Pierre de Lorme, par quictance du xxvie aoust, lxi^s.

A Mathieu Lytée, maçon, pour avoir bricqueté deux atres et contrecueurs de cheminées, xxxvi^s.

A xxviii maneuvres, pour leurs peines d'avoir broueté les terres de devant le portail neuf et es fossez, par quictance du iie septembre v^c et huit, xiii^lt x^s i^d.

....

A Jehan Thiboust, pour six cages d'ozier blanc au pris de ii^s vi^d, xv^s.

A quatre femmes pour avoir espluché et cardé du coton, xv^s.

A Jehan Pichon, maçon, pour avoir taillé une dalle pour les estuves des poulles daindes, xx^s.

A sept maçons, pour avoir enduit aux chambres hautes du grant corps d'ostel, par quictance du ix septembre, vi^lt xv^s.

A deux maçons, pour avoir maçonné à la fontaine du jardin, xxviii^s.

A xxxvi maneuvres, pour avoir vuidé les terres de devant le portail neuf, syé du mabre et servi les maçons, par quictance du ixe septembre v^c huit, xiii^lt xi^s.

A deux menusiers, pour avoir travaillé au volouer des oyseaulx et estuves des poules daindes, lxiiii^s.

A ...... pour avoir deschargé six milliers d'ardoise, xxvii^s.

A deux menusiers, pour avoir fait des chaires percées et atriez, xlviii^s.

A Laurens Aleaulme, la somme de quinze livres tournois de reste pour iiii^xx xiii piés de pierre de lyaiz qu'il a taillé, xv^lt v^s.

A Jehan Lemoine, couvreur d'ardoise, pour avoir conté au port vi^xx milliers d'ardoises par quictance du xxiie septembre, xv^s.

A Bertrand Hervieu, mareschal, pour xlviii livres de fer mis en euvre, xvi^s.

A Lienard Chastain et Pierre Tannerie, pour ii xx^es de serins et iiii xx^es de chardonnereaux, lxxii^s.

A Jehan Barlot, sellier, pour avoir couvert ung banc et une table de velours vert, xx^s.

....

Total de ce chappitre en deux grosses jusques cy, huit cens quarente six livres deux solz sept deniers tournois.

A deux menusiers, pour avoir fait des tables et atriez pour les natiers, par quictance du xviᵉ septembre vᶜ et huit, xlviiiˢ.

A trois maçons, pour avoir fait des pertuiz aux galleries devant le grand corps d'ostel et les galleries aux chambres du portail du jardin, iiiiᵗᵗ iˢ.

A Jehan Langloiz, maçon, pour avoir taillé la pierre du souppiras de la fontaine du jardin, par quictance du xviᵉ septembre vᶜ et huit, xxiiiiˢ.

. . . .

A quatre menusiers, pour avoir gardé jour et nuyt à l'ermitage les reliques estans en icellui, lxxviiiˢ.

A trois menusiers, pour avoir besongné au petit pavillon vert et autres lieux, xiiiᵗᵗ xviiiˢ.

A Racet Delance, menusier, pour avoir besongné de son mestier à faire un banc, dressouer, chassiz pour le cabinet de la librarie de monseigneur, par quictance du xxviᵉ septembre vᶜ et huit, ciiiˢ.

A Geraulme Pacherot, masson ytalien, la somme de dix sept livres sept solz et six deniers de reste de lviiᵗᵗ viiˢ viᵈ pour avoir mené de Gaillon à Tours la tumbe de mabre par mandement et quictance du xxviiᵉ septembre vᶜ et huit, xviiᵗᵗ viiˢ viᵈ.

A Binet Leroy, menusier, pour avoir fait une cloture d'aiz, iii fenestre et ung huis à la boutillerie de la Royne, par quictance du xxviiiᵉ septembre vᶜ et huit, xxxviˢ.

A Jehan Maquerel, pour ses peines d'avoir pansé les bestes et oyseaulx du parc et ouvert et fermé les portes d'icellui durant ce present moys de septembre, lxxvˢ.

A deux maçons, pour avoir assiz des aiz pour mectre la librarie de monseigneur, des huys et fenestres au portail du jardin, par quictance du derrain septembre, xxxiˢ viᵈ.

A neuf maçons, pour avoir fait des degrez de plastre à la montée de la grans viz et en une chambre basse du vielz corps d'ostel, par quictance du derrain septembre vᶜ et huit, viᵗᵗ viˢ.

. . . .

Total despuis le premier arrêst de ce chappitre, huit vingts dix livres unze solz quatre deniers.

A Jehan Dumont, carier, pour vii^{xx}xiiii tonneaulx de pierre de Sainct Leu qu'il a livrez à viii^s tonneau, par quictance du xie octobre v^c et huit, lxi^{lt} xii^s.

[Sur l'année subsequent.] A Geraulme Pacherot, maçon, pour avoir besongné de son mestier, par quictance du xiiie octobre v^c huit, xx^{lt}.

CHARPENTERIE.

Richart Jouy et Richart Eude, charpentiers, ont fait marché de faire la charpenterie des cloisons des deux chambres du corps d'ostel que a fait Pierre de Lorme, une cloison, tout le long desd. chambres, de muraille pour clore lesd. chambres, qui est de sept piez de large, et deux autres cloisons dedens lad. chambre qui serviront de garde-robbe et doivent faire quatre huisseries ausd. cloisons à ance de pannier, moiennant la somme de xvii^{lt} ainsi que plus à plain est contenu aud. marché sur ce fait et passé le xxe jour de may mil v^c et huit, pour ce, cy, xvii^{lt}.

Payemens sur ce :

Ausd. Jouy et Eude, sur ce qui leur peut ou pourra estre deu sur le marché cy dessus escript, par quictance du iiie juing v^c et huit, iiii^{lt}.

Id. id. id. du xie juing, c^s.

Id. id. id. du xviie juing, l^s.

Id. le reste et parpaye de xvii^{lt} des cloisons du logis que fait Pierre de Lorme, *id.* du xve juillet, cx^s.

Total de ce chappitre, dix sept livres tournois, qui est l'entier payement du contenu au marché mencionné en icelui.

MAÇONNERIE.

Mathieu Litée, maçon, a fait marché d'oster toutes les herbes et rompre ce qui est mauvais au long des fossez du vielz logiz jusques au pont et y mectre pierre de bloc remply de chaulx moiennant IIII^s pour toise, ainsi que plus à plain est declaré aud. marché fait le premier jour de juing, v^c et huit, pour ce, cy, IIII^s pour toise.

Payemens sur ce :

Aud. Litée, sur ce qui lui peut ou pourra estre deu sur le marché cy dessus escript, par quictance du IIIe jour de juing mil v^c et huit, IIII^{lt}.

Id.   id.   id. du xe juing, cx^s.
Id.   id.   id. du xvII^e juing, Lx^s.
Id.   id.   id. du xxI^e juing, IIII^{lt}.
Id. sur le talu des fossez, id. du premier juillet, c^s.
Id.   id.   id. du vIII^e juillet, vI^{lt}.
Id.   id.   id. du xv^e juillet, c^s.
Id.   id.   id. du xxII^e juillet, III^{lt}.

Id. de reste et parpaye de LxxII^{lt} pour III^c toises d'enduit es fossez devant le portail viel et le corps d'ostel Pierre de Lorme, par quictance du IIe aoust mil v^c et huit, xxxv^{lt} x^s.

> Total de ce chappitre, soixante douze livres tournois, qui est l'entier payement du marché mencionné aud. chapitre.

Jehan de Caux, Guillaume Crequin et Jehan Louesse, maçons, ont fait marché d'enduire à pierre perdue les murailles de derriere les galleries du jardin depuis la porte du premier piller d'en hault jusques au sixieme d'embas, et doivent briqueter tout led. enduit à huille, et pour ce faire doivent avoir pour peine d'ouvrier seulement, pour chacun pan de piller, vIII^{lt} x^s, par ainsi que plus à plain est declaré aud. marché sur ce fait et passé le IIIe jour de juing mil v^c et huit.

Payemens sur ce :

Aud. de Caux et ses compaignons, sur ce qui leur peut ou pourra estre deu sur le marché cy dessus escript, par quictance du xᵉ juing vᶜ et huit, vııᵗᵗ xˢ.

 Id. *id.* *id.* du xxııııᵉ juing, cˢ.
 Id. *id.* *id.* du xᵉ juillet, ıııᵗᵗ xˢ.

 Total de ce chappitre jusques cy, dix sept livres tournois.

Michault le Françoys, Guillemot Racine et leurs compaignons, ont fait marché à monsʳ de Genly de rompre le tallu qui est es fossez devers le portail neuf et la grosse tour, sarrer le bloc et vuider les emondices, moiennant la somme de vingt six livres tournois, pour ce, cy, xxvıᵗᵗ.

Payemens sur ce :

Ausd. le Françoys, Racine et leurs compaignons, sur ce qui leur peut ou pourra estre deu sur le marché cy dessus escript, par quictance du xᵉ juing vᶜ et huit, ıııᵗᵗ.

 Id. *id.* *id.* du xxııııᵉ juing, ʟxˢ.
 Id. *id.* *id.* du premier juillet, ıııᵗᵗ.
 Id. *id.* *id.* du vıııᵉ juillet, vıııᵗᵗ.
 Id. *id.* *id.* du xıxᵉ aoust, ʟˢ.
 Id. *id.* *id.* du xxvıᵉ aoust, ʟˢ.

 Id. de reste et parpaye de xxvıᵗᵗ pour les vuidanges des fossez, par quictance du ııᵉ septembre, xʟˢ.

 Total de ce chappitre, vingt six livres tournois, qui est l'entier payement du marché mencionné en icelui.

CHARPENTERYE.

A Richart Jouy et Richart Eude, charpentiers, sur la charpenterye qui font et feront au comble de la viz du vielz corps d'ostel dont il n'y a aucun marché, par quictance du vıııᵉ juillet vᶜ et huit, xᵗᵗ.

A eulx, pour la charpenterye du comble de la vielle viz, par quictance du xiie juillet v^c et huit, lx^s.

A lui, de reste et parpaye de xxii^{tt} x^s, pour la charpenterie du comble de la viz du vielz corps d'ostel, par quictance du iiie jour d'aoust mil v^c et huit, ix^{tt} x^s.

> Total de ce chappitre, vingt deux livres tournois, qui est l'entier payement du contenu au marché mencionné aud. chapitre.

TAPISSIERS ET MALETIER.

A Richart Cirende, maletier, pour ce qui lui pourra estre deu sur le cuir doré qu'il met en besongne, par quictance du xviiie juillet v^c et huit, c^s.

A Cardin Mannepveu, tapissier, sur la tappisserie qu'il fait ou d. chasteau, par quictance du xxie juillet v^c et huit, vi^{tt}.

A lui, id. id. du xxvie juillet, c^s.

A lui, de reste de xxx^{tt} pour avoir fait la tapisserie de velours vert, par quictance du sixieme aoust v^c et huit, xix^{tt}.

A Cardinot Sirende, tappissier, pour avoir couvert ung banc et une chaire de velours vert et ung lit de camp d'escarlate, par quictance du ii^e septembre, iiii^{tt} iiii^s.

A Richart Cirende, maletier, pour reste de tout ce qu'il avoit fait aud. chasteau, par quictance du xixe aoust v^c et huit, xviii^{tt} xv^s.

> Total de ce chappitre, cinquante sept livres dix neuf solz tournois.

A Gregoire Leroy, tapissier, sur xxi livres de franges de lingne et sur ses peines d'avoir besongné de son mestier, par quictance du xxve septembre v^c et huit, c^s.

MAÇONNERIE POUR LA CONTOUER DE LA COURT.

A trois maçons, pour avoir taillé des pierres pour la contouer de la court, par quictance du xxiie juillet v^c et huit, pour ce, cy, lxxv^s.

DU CHÂTEAU DE GAILLON.

A Geraulme Pacherot, maçon, sur l'apuy d'auprés du portail neuf et sur son marché de vii^{lt} x^s la toise, par quictance du xxixe juillet v^c et huit, c^s.

A lui, sur l'apuy d'auprés du portail neuf, par quictance du ve aoust, vi^{lt}.

Id. id. id. du xiie aoust, c^s.

Id. id. id. du xixe aoust, c^s.

Id. id. id. du xxvie aoust, iiii^{lt}.

Id. pour la parpaye de xxxvii^{lt} pour contouer qu'il a fait en la court, par quictance du xixe septembre v^c et huit, xii^{lt}.

Total de ce chappitre, quarente livres quinze solz tournois.

CHARPENTERYE POUR LE PORTAIL NEUF, LE PONT ET MAÇONNERIE.

A dix charpentiers, la somme de neuf livres dix solz tournois, pour avoir taillé partie du boiz à faire le pont du portail neuf, par quictance du xxiie juillet v^c et huit, ix^{lt} x^s.

Id. id. id. du xxixe juillet, ix^{lt} x^s.

A deux charpentiers, pour avoir dollé aux bois des solivaux pour le pont, par quictance du xxixe juillet, xxxii^s.

A xi charpentiers, pour avoir taillé, dollé et accoustré une partie du pont du portail neuf, par quictance du ve aoust v^c et huit, xi^{lt} xi^s.

A Jehan de Caux, Jehan Louesse et leurs compaignons, pour leurs peines de faire ung piller pour soustenir le pont de boiz que l'on fait au portail neuf, au pris de xl^s pour la toise, par quictance du ve aoust v^c et huit, vi^{lt}.

A neuf charpentiers, pour lad. charpenterie du pont du portail neuf, par quictance du xii^e aoust, cxviii^s.

Id. id. id. du xix^e aoust, viii^{lt} xvi^s.

. . . .

A Jehan de Caux et ses compaignons, la somme de dix neuf livres neuf solz iii^d obole de reste et parpaye de xxxvi^{lt} ix^s iii^d, pour avoir fait ung piller aux fossez pour asseoir le pont de bois au portail neuf, par quictance du xxvi⁰ aoust v⁰ et huit, xix¹¹ ix⁸ iii ᵈ.

A dix charpentiers, pour la charpenterie du pont du portail neuf, par quictance du ii⁰ septembre, x¹¹ x⁸.

A neuf menusiers, pour avoir besongné aux moulures, ymages et marmoucetz du pont de boys du portail neuf, par quictance du ii⁰ septembre v⁰ et huit, xiii¹¹ xi⁸.

Id. id. id. du ix⁰ septembre, ix¹¹ x⁸.

A xiii menusiers, id. id. du xvi⁰ septembre, xvi¹¹ xiii⁸.

. . . .

Total de ce chappitre, sept vings quatorze livres deux sols trois deniers tournois jusques cy.

MAÇONNERYE POUR LES FOSSEZ.

A Jehan Louesse, Mathelin Leroux et leurs compaignons, maçons, la somme de soixante quatre solz tournois, pour avoir besongné au tallu des fossez d'entre le portail neuf et la grosse tour, par quictance du ii⁰ septembre v⁰ et huit, lxiiii⁸.

A trois maneuvres, pour avoir servi les maçons, xxiii jours, au pris de ii⁸ pour jour, xlvi⁸.

Ausd. Louesse et ses compaignons, pour avoir besongné au tallu des fossez, par quictance du ix⁰ septembre v⁰ et huit, lxiiii⁸.

Total de ce chappitre, huit livres quatorze solz tournois.

GAIGES.

A Thomas de Lyon, jardinier, pour ses gaiges et despence de trois mois, par quictance du derrain mars v⁰ et sept, xv¹¹ xv⁸.

A Andreas de Solario, paintre, pour partie de ses gaiges, par mandement de monsʳ de Sauveterre, et quictance du xix⁰ avril mil v⁰ et sept, pour cecy, xlv¹¹ xvi⁸ viiiᵈ.

A monsieur de Sauveterre, pour la despence dud. Andreas,

paintre, la somme de vingt cinq livres tournois, par quictance du xix⁰ juing v⁰ huit, xxv#.

A Thomas de Lyon, pour ses gaiges et despence des moys d'avril, may et juing, xv# xviˢ vi^d.

A Andreas de Solario, la somme de quatre vingts dix neuf livres treize solz ix^d de reste de ses gaiges pour ung an escheu le vi⁰ aoust derrain passé, par quictance du xiii⁰ septembre v⁰ et huit, iiii^xx xix# xiii^s ix^d.

> Total de ce chappitre, viii^xx xvii livres i^s xi^d tournois, pour ce huit vingts dix sept livres ung solz unze deniers.

A Thomas de Lyon, jardinier, pour ses gaiges des mois de juillet, aoust et septembre derrain passé, et vi# xviii^s pour sa despence, au pris de xviii^d pour jour, xv# xviii^s.

A m^e Jaques de Castignolles, pour neuf mois de la despence de Me André de Solario, paintre, et de son homme, escheuz le jour St Michel derrain passé, par quictance du premier jour d'octobre mil v⁰ huit, pour ce, cy, lxxv#.

LINGE ENVOYÉ DE PARIS.

A Jaques Ains, marchant, pour ix pieces de toille de Holande, par quictance du ix⁰ septembre v⁰ huit, ii^c lxxix# x^s.

A Guillaume des Cordes, marchant, pour quatre pieces de toille de Holande, par quictance du x⁰ septembre v⁰ huit, vii^xx viii# ii^s ii^d.

A Ance de Bredas, marchant, pour quatre pieces de toille de Holande, xl aulnes de nappes, v xii^es de serviectes et encore autres trois pieces de toille, par quictance du ix⁰ septembre v⁰ huit, iiii^c xi# xiii^s iiii^d.

A Pierre Painnart, pour ix aulnes de naples iii xii^es de serviectes et demie, ix aulnes de toille de Holande, lxx#.

A Jehanne Borderie, pour avoir coucu et ourlé xviii paires de draps, xii napples et viii xii^es et demie de serviectes, par quictance du ix⁰ septembre v⁰ huit, xxv#.

A Pierre Liger, la somme de soixante cinq solz six deniers qu'il a paiée à deux crocheteurs qui ont apporté du linge en l'ostel de monsieur le tresorier que pour deux casses, ix aulnes de canevas, iiii aulnes et demie toille cyrée et autres choses, LXV^s VI^d.

A Phylipote la Patrouillarde, pour deux naples contenant ix aulnes à l'œuvre de damas, par quictance du xxie septembre v^c huit, XIII^{lt} x^s.

> Total de ce chappitre, neuf cens cinquante livres deux solz ung denier tournois.

DRAPS DE SOIE ENVOYEZ DE PARIS.

A Simon Choppin, marchant, pour xxii aulnes de damas blanc, au pris de LXX^s aulne, par quictance du ixe septembre mil v^c huit, LXXVIII^{lt} XV^s.

A Robert le Jay, marchant, pour xx aulnes et demie de velours tant vert que bleu, id. du ixe septembre, VI^{xx} VIII^{lt} II^s VI^d.

A Vincent Gelée, pour cinq aulnes de velours bleu, par lettres messives dud. Gelée, et certifficacion de mons^r de Genly, du xiiie et xve septembre mil v^c huit, XXXI^{lt} VI^s.

A Guillaume Dumouchel, marchant, pour LVIII aulnes tapfetas vert, velours vert et autres draps de soye, par quictance du xiie octobre v^c huit, II^c LXX^{lt} XIIII^s IX^d.

A Laurence Sochon, pour six aulnes de velours vert, par quictance du xiiie octobre mil v^c huit, XL^{lt} x^s.

> Total de ce chappitre, deux cens trente huit livres deux solz six deniers tournois.

Remboursement à monsieur messire Thomas Bohier, chevalier, conseiller du roy nostre sire et general de Normendie, pour les parties et causes cy après declarées.

Et premierement :

A m^e Anthoine Chenesson, vitrier, sur son marché, à cause de la victrie qu'il a faicte et doiyt parfaire pour Gaillon, led. marché dacté du v⁰ janvier v⁵ et sept, signé Hausse Donaire en faisant lequel lui fut baillé et delivré viiiˣˣ xvᶫᵗ.

A lui, par quictance du xv⁰ de septembre v⁰ et sept, cᶫᵗ.

Id. id. id. du iii⁰ fevrier v⁰ et sept, iiiᶫᵗ.

A Guillaume de Race, tapissier, demourant à Paris, pour deux chambres de tapisserie qu'il a fournies à Gaillon, l'une pour la chambre qui est entre celle du parement et celle de la tour, et l'autre pour la chambre qui est entre la chambre et la chappelle, par marché à lui fait le xiii⁰ fevrier v⁰ et six et signé par monsieur de Fescamp, led. de Race et Girard Destoyures, par lettres de madame de Genly, du ii⁰ octobre v⁰ et sept avec quictance dud. de Racé du iii⁰ dudᵗ moys, le tout et rendu, viii⁰ xxiiᶫᵗ iiiiˢ viiiᵈ.

A Anthoine Grenier, marchant, demourant à Paris, pour trois chambres de tappisserie et une salle pour servir au corps d'ostel fait par Pierre de Lorme maçon, par marché signé par ledᵗ Grenier du penultienne aoust v⁰ et sept, par quictance cy rendue, xvii⁰ iiiiˣˣ vᶫᵗ xiiiˢ.

Pour le velours vert fait à Gennes et envoyé à Gaillon, contenant ii⁰ xliii aulnes et ung quart, comme il appert par marché et trois quictances signées par m⁰ Jehan Boucher, par Girard de Bon Comptes chanoine de Puisse, et par messire Jehan Dorien, vii⁰ xxxvii escus sol qui vallent, xiii⁰ xxxvᶫᵗ xviˢ iiiᵈ.

Plus, xxxiiii aulnes et demye de velours vert achapté à Tours de Jehan Testu, à viᶫᵗ iiˢ viᵈ l'aulne, pour faire le doucerot, et une piece de mesme pour la chambre où doyt estre mise la tappisserie de broderie sur velours vert, ii⁰ xiᶫᵗ viˢ iiiᵈ.

PARTIES PAIÉES POUR LA BRODERIE

MISE ET ASSISE SUR LED. VELOURS VERT FAICT À MYLAN ET À TOURS ET RENDU À GAILLON.

A Loys de Mousse, brode de Millan, pour ce qu'il a fait de lad. broderie, v⁰ xxxiiᶫᵗ xviˢ.

A Pierre Bonté, paintre de Lyon, pour le patron de lad. broderie, xv˟.

Pour vingt bras de toille perse, à mectre et asseoir une des pieces faictes à Milan, xxxixˢ vi_d_.

Pour la voicture de ce qui fust fait à Milan, aussi de la pierrerie et des franges jusques en Alexandrie, xlvi˨ iii_d_.

Pour dix aulnes ung xvie drap d'or rez cramoisy, à xiii ecus d'or soleil l'aulne, achapté à Tours, ii^c xxxvii˨ i˨ x_d_.

Pour trois aulnes et demie toille d'argent, aud. pris, achapté aud. Tours, iiii^xx ii˨ ix^s iii_d_.

Pour une aulne toille d'or aud. pris, xxiii˨ xi^s iii_d_.

Pour une aulne ung tiers satin cramoisi, à iiii escus sol l'aulne, ix˨ xiii^s iii_d_.

Pour neuf marcs fil d'or de Fleurence emploiez en lad. broderie et achapté à Tours, à viii escus et demi soleil le marc, vii^xx˨ v^s.

A Jehan Galle, brodeur, demourant à Tours, pour la façon et enrichissement de lad. broderie, cl escus soleil, vallent ii^c lxxv˨.

A lui, pour ce qu'il ne se veult contenter de lad. somme, xlvi˨ v^s.

Pour xiii aulnes bureau, à x^s aulne, pour servir à lad. broderie, vii˨.

Pour vii draps de toille my usez à x^s piece, et pour servir à lad. broderie, lxx^s.

Au voicturier qui a amené et conduit lad. chambre de velours vert garnye de lad. broderie de Tours à Gaillon, sur son voyage, la somme de ix˨.

Pour deux paires de coffres à bahu, deus neufz et deux vielz, qui ont servi à mectre lad. broderie, vi escus soleil, valent x˨ xvii^s vi.

Montans ensemble lesd. parties, xiii^c iiii^xx ii˨ x^s.

Plus, pour lad. chambre de velours vert de broderie, ont esté paiées les parties qui s'ensuivent :

Pour xi marcs fil d'or de Florence emploiés aux franges du ciel et doceret de lad. chambre de velours vert, à huit escus et demi soleil le marc, viii^{xx} xi^{lt} viii^s iiii^d.

Pour vii livres trois onces soye verte pour lesd. franges, à vi^{lt} l'aulne, xliii^{lt} ii^s vi^d.

Pour neuf pieces bougrans bleux pour doubler deux grans pieces dud. velours vert, le doceret, à demi escu piece, viii^{lt} xvii^s vi^d.

Pour trois aulnes taffectas vert à doubler les pieces dud. doceret, à xxxii^s vi^d l'aulne, iiii^{lt} xvii^s vi^d.

Pour la façon des franges, tant d'or que de soye, xxi^{lt} xvii^s vi^d.

A Jehan Alexandre, tappissier, demourant à Tours, pour ce qu'il a fait et fourni de son mestier pour lad. chambre de velours vert, comme il appert par ses parties cy rendues, xi^{lt}.

A Nicolas Dalbine, pour une onze et demie d'azur qu'il a fait venir de Venize, lequel a esté délivré à André de Solario, paintre de Milan, pour besongner à Gaillon, par quictance dud^t paintre, xxii^{lt} xvi^s.

A m^e Anthoine Just, faiseur d'ymages, sur l'ouvrage qu'il fait, esté baillé à plusieurs fois, par ses quictances cy rendues, cx^{lt}.

Pour xiiii aulnes de velours cramoisi, achetez à Gennes, pour faire les pantes du cyel du lyt d'escarlate, à vii escuz soleil l'aulne et deux escuz soleil, sur le tout, ix^{xx} iii^{lt} vi^s viii^{lt}.

Pour les franges dud. lyt, faictes à Milan, lxxix^{lt} vi^s iiii^d.

A Jehan Fanart, paintre, demourant à Emboise, pour avoir doré l'istoire de la bataille de Gennes, et fourni d'or et autres matieres par marché du xxve aoust mil v^c huit, et quictance du xxe septembre ensuivant par lui signée, xlviii escuz d'or soleil, valent iiii^{xx} viii^{lt}.

A Jeronyme Pacherot, maçon, demourant aud. Emboise, la somme de quarente livres tournois, qui lui avoit esté baillée par monsieur le general de Languedoc, qui en a esté rescompensé par quictance du premier avril v^c sept avant Pasques, cy rendu, xl^{lt}.

Pour ung quart velours bleu achepté à Tours, pour faire les escussons aux armes du Roy et de la Royne, xxx^s vii^d.

Pour deux marcs fil d'or de Fleurance, que les brodeurs ont porté à Gaillon, pour l'affaire qu'ilz en pourroient avoir, à huit escuz et demi soleil le marc, xxxi^{tt} iii^s iiii^d.

Pour ix onces de soye de fillet de toutes couleurs, achaptée à Tours et portée à Gaillon par les dix brodeurs, à x^s l'once, iiii^{tt} xv^s.

Pour la façon de quatre escussons, c'est assavoir aux armes du Roy et deux aux armes de la Royne, payé aud. Jehan Galle, brodeur de Tours, xxvii^{tt} x^s.

Au brodeur qui vint de Tours à Gaillon, lui iiie, sur son voyage, x^{tt}.

Ausd. brodeurs et autres qui depuis vindrent aud. Gaillon, pour leur retour aud. Tours, sur leur voyage, xv^{tt}.

PARTIES BAILLÉES A MONSEIGNEUR LE LEGAT
A SON DERNIER PARTEMENT DE BLOIZ, POUR FAIRE PORTER AUD. GAILLON.

A Jehan Testu, marchand de Tours, douze aulnes demi quart toille d'argent à xii escus d'or l'aulne, ii^c liiii^{tt} xii^s v^d.

Vingt neuf aulnes quart et demi taffetas blanc estroit, à xxxv^s aulne, vi^{tt} viii^s i^d.

Vingt huit aulnes demye et xxiiiie tafetas cramoisy, à lii^s vi^d aulne, lxxiiii^{tt} xviii^s vi^d.

Dix neuf aulnes taffetas jaune, à xxxi^s iii^d l'aulne, xxix^{tt} xiii^s ix^d.

Au marchant pour son prouffit, à ii^s pour livre, xlii^{tt}.

Et ne sont point encores comptez les fleurs de liz de broderie envoiez de Tours aud. Gaillon.

Ne pareillement les deux escussons aux armes de monseigneur qui ont esté apportez de Tours aud. Gaillon.

Ne aussi l'enchassement de la pierrerie.

A Mathelin Quatreux, couvreur d'ardoise, demourant à Tours, pour ung voyage à cause de l'ardoise, par lui fait à Orleans et Nogent le Roy, iiii^{tt} xvi^s.

A Laurens du Val, pour ung voyage qu'il a fait de Gaillon à Bloiz, à deux foiz, xxxviii^s iiii^d.

DU CHÂTEAU DE GAILLON.

A Artault Prevost, homme de pié, pour ung voyage de Tours à Gaillon, par lui fait pour les affaires de mon d. sieur le legat, LXX⁵.

Pour meneus parties de hantes et greffes envoiez de Tours à Gaillon, VII^{tt}.

Suit au registre :

Autres parties paiées qui ne sont pas du fait de Gaillon.

Premierement :

Pour la croix archiepiscopal faicte à Tours, comprins le rabillage de la vielle, IIII^c XXXVIII^{tt} VII^s VII^d.

Pour la corbeille, les platz doubles et gobelletz, a esté paié, oultre la nef et la buye d'argent que monseigneur avoit fait bailler pour faire led. choses, II^c VI^{tt} I^s.

Et il estoit deu à monseigneur du reste de II^m IIII^c LIIII escuz soleil et II^s IIII^d qu'il avoit baillée pour faire la vaisselle d'or, comme il appert par le compte, VIII^{xx} XI^{tt} XV^s X^d obole, rabatu LX^s pour ung voyage de Tours à Bloiz pour porter lad. vaisselle d'or, ainsi reste XXXVII^{tt} V^s I^{tt}.

A Pierre Berthelot dit Normandie, en don que monseigneur lui fait du XXIe de juing V^c six, par quictance qui n'avoit encores esté compté, XX escuz d'or soleil, XXXVI^{tt} V^s.

Plus, parties pour une fois, sur les massons.

A Jehan Dumont, carier, pour VII^{xx} XIIII tonneaulx de pierre de St Leu, à VIII^s le tonneau, par quictance du XIe octobre V^c huit, LXI^{tt} XII^s.

A Martin Duquesne, pour LX aulnes de toille noire et jaune, par quictance du IXe septembre V^c huit, XVI^{tt}.

A Gilbert Lefevre, pour trois aulnes d'escarlate pour la couverture de la couchette, par quictance du XVe septembre V^c et huit, XVI^{tt} X^s.

A Cardin Manneveu, cousturier, pour ouvrages de son mestier, par quictance du XIIIe septembre V^c huit, XXX^s.

A G. Paynel, pour avoir fait une courtepointe blanche, X^{tt} X^s.

A Nicolas Dufour, pour avoir fait VI^{xx} II fleurs de liz d'or au poille de monseigneur, par quictance du xiie septembre mil v^c huit, xxix^{lt} x^s.

A Guillaume Delamare, pour plusieurs parties baillées au paintre de Rouen, par quictance du vi^e septembre v^c huit, vii^{lt} viii^s v^d.

A Jaques de Longchamp, orfevre, pour trois escripteaux de cuivre, xxi^{lt}.

A plusieurs, pour leurs peines d'avoir fait et livré le boiz d'un banc et table de cedre, lxviii^{lt} x^s v^d.

A Estienne Lesignerie, pour avoir enchassé et assiz la pierrerie que monseigneur a fait venir de Venize et Millan, par quictance du viiie octobre v^c et huit, xxx^s.

A Nicolas Castille, pour avoir fourny de pierre de pie, laton, or cliquant et feulles de couleurs pour asseoir les chatons de la pierrerie, par quictance du penultieme septembre v^c huit, iiii^{lt}.

A Cardin Manneveu, pour la façon de la couverture d'escarlate et de deux grans rideaux jaunes, par quictance du dernier septembre v^c huit, xl^{lt}.

A Pierre Cornedieu, menusier, pour xviii chaires et xix escabelles par lui livrées, par quictance du xviiie septembre v^c huit, xvii^{lt} v^s.

A Guillaume Chappellain, pour xii paires de landiers, xii broches, contre rotiers et gredilz, par quictance du ixe octobre v^c huit, xxxiiii^{lt} v^s vi^d.

. . . .

A Jehan Barbe, pour deux lenternes de verre, xxx^s.

A Jehan de Lestoille, pour le rembourser de vi pieces de ruban de soye rouge et jaune, iiii^{lt} ii^s vi^d.

A Jehan de Lestelle, pour petit clou jaune et autres, xxix^s ix^d.

A M. Duhamel, pour xliiii toises de nates envoyées à Gaillon, viii^{lt} xvi^s.

A Guillaume Simart, pour plusieurs franges d'or et de soye par lui livrez, comme appert par les parties et quictance du xxviiie septembre v^c huit, iii^c iiii^{xx} v^{lt} xiii^s viii^d.

A Jehan Helot, à plusieurs fois, pour avoir fait le saint Jehan de

DU CHÂTEAU DE GAILLON. 347

cuivre et l'entrepié, qui est assiz sur le pavillon du jardin, par quictance et promesse du xiie octobre v^c huit, lxx^{tt}.

....

Total de ce chappitre, six cens soixante dix livres seize solz six deniers tournois.

Remboursement à monsieur messire Thomas Bohier, chevalier, conseiller du roy nostre sire et general de ses finances, pour les parties et causes cy aprés declarées.
Et premierement :
A m^e Anthoine Chenesson, vitrier, etc.

....

(Voir p. 341 et 345.)
.... hantes et greffes envoiées de Tours à Gaillon, vii^{tt}.
Lesquelles parties montent ensemble, comme il appert par la quictance de mons^r le general du derrain jour de septembre mil v^c et huit, la somme de huit mil quinze livres seize solz huit deniers obole, pour ce, cy, viii^m xv^{tt} xvi^s viii^d.

Somme toute de la despence du present compte contenue en ce present journal, quarente quatre mil deux cens dix sept livres dix neuf solz cinq deniers maille tournois.

Ainsi doit Claude de Lauhoy à monseigneur monseigneur le Legat, par ce present compte, la somme de cinq cens quatre vings quinze livres quatre solz unze deniers maille tournois.

Ce present compte a esté examiné et cloz à Rouen, le xvie jour d'octobre l'an mil cinq cens et huit.

T. BOHIER.   P. LEGENDRE.
          DELAUNOY.

DESPENCE DES BASTIMENS DE GAILLON.

1508-1509.

Papier journal de la recepte et despence des bastimens du chasteau de Gaillon pour une année, commançant le premier jour d'octobre mil cinq cens et huit et finissant le dernier jour de septembre ensuivant mil cinq cens et neuf, par Claude Delaunoy, à ce commis par reverend pere en Dieu monseigneur monsieur le lesgat cardinal du sainct siege apostolique arcevesque de Rouen.

ET PREMIEREMENT,

RECEPTE.

De monseigneur monsieur messire Thomas Bohier, chevalier, conseiller du roy nostre sire et general de ses finances, la somme de trois cens vingt-neuf..
(Le registre est lacéré à cet endroit.)
....
....
De mondit sieur le general, par les mains de mondit sieur le receveur Gravelle, la somme de six cens livres, par mon recepissé du IIIe avril v^c huit, pour ce, cy, vi^c tt.

De monsieur le chancelier de Rouen, m^e Jaques de Castignolles, la somme de quatre cens livres tournois par quictance du xxiiie avril v^c neuf aprés Pasques, pour ce, cy, iiii^c xli^{tt}.

Id. id. par recepissé du xxviie avril v^c neuf, v^c tt.
Id. id. id. du xiiie may v^c neuf, iii^c xv^{tt} xii^s iiii^d.
Id. id. id. du xixe may v^c neuf, iii^c xx^{tt} xi^s.
Id. id. id. du xxvie may v^c neuf, vii^c xxvi^{tt} v^s x^d.

DU CHÂTEAU DE GAILLON. 349

De mond sieur le chancelier, par recepissé du ixe juing v^e neuf, v^c ℔.

Id.   *id.*   *id.* du xve juing, ii^c ℔.

Id.   *id.*   *id.* du viie juillet, viii^c viii^d.

Id.   *id.*   *id.* du xiie juillet, viii^c lxxi ℔.

Id.   *id.*   *id.* du xxviie juillet, v^c ℔.

Id.   *id.*   *id.* du dernier juillet, ii^c ℔.

De reverend pere en Dieu monseigneur monsieur l'abbé de Mortemer, m^e Jaques de Castignolles, la somme de trois cens livres tournois, par mon recepissé du second aoust v^e neuf, pour ce, cy, iii^c ℔.

Id.   *id.*   *id.* du viiie aoust v^e neuf, vi^c ℔.

Id.   *id.*   *id.* du xviiie aoust, iii^c lxii ℔ x^s.

Id.   *id.*   *id.* du xxiie aoust, iii^c lxx ℔.

Id.   *id.*   *id.* du premier septembre, v^c iiii^{xx} iiii ℔ iii^s i^d.

Id.   *id.*   *id.* du viii^e septembre, iiii^{xx} ℔.

Id.   *id.*   *id.* du xiii^e septembre, lxx ℔.

Id.   *id.*   *id.* du xv^e septembre, iii^c vi ℔ ii^s xi^d.

Id.   *id.*   *id.* du xviiie septembre, l ℔.

Id.   *id.*   *id.* du xxiiie septembre, vii^c lii ℔ xv^s viii^d.

Id.   *id.*   *id.* du penultieme jour de septembre v^e neuf, lix ℔ iii^s vii^d.

Id.   *id.*   *id.* du viiie jour d'octobre v^e neuf, qui est pour employer au paiement de ce qui estoit deu à Pierre Fain et ses compaignons sur l'année finie le dernier jour de septembre dernier passé, pour ce, cy, vi^c ℔.

De mond. s^r le general, par les mains de mondit sieur le receveur Gravelle, par mon recepissé du xviie fevrier v^c huit, ii^c xxx ℔.

Id.   *id.*   *id.* du xxiie fevrier v^c huit, ix^{xx} viii ℔.

Id.   *id.*   *id.* du xxve fevrier v^c huit, ii^c xxvi ℔ vii^s vi^d.

Id.   *id.*   *id.* du ixe mars v^c huit, v^c ℔.

Id.   *id.*   *id.* du xiiiie mars v^c huit, iiii^{xx} xvi ℔ xi^d.

Id.   *id.*   *id.* du xxiiiie mars v^c huit, l ℔.

Id.   *id.*   *id.* du xxve mars v^c huit, v^c ℔.

Id.   *id.*   *id.* du ve avril v^c huit, iiii^{xx} xv ℔.

De mond^t s^r le general, recepissé du vi^e avril v^c huit, vi^{xx} xv^{tt}.
Id.   id.   id. du xiiie avril v^c neuf, iiii^c lxx^{tt} vi^s vi^d.
Id.   id.   id. du xxie avril v^c neuf, vi^{ctt}.
Id.   id.   id. du dernier avril v^c neuf, vii^c xliiii^{tt} iii^s xi^d.
Id.   id.   id. du viiie may v^c neuf, iii^{ctt} vi^s xi^d.
Id.   id.   id. du dernier may, iii^c iiii^{xx} v^{tt}.
Id.   id.   id. du xix^e juing, iii^c iiii^{xx tt} viii^s iiii^d.
Id.   id.   id. du xviii^e juillet, v^c lv^{tt} vi^d.
Id.   id.   id. du xi^e septembre, vi^c xxxi^{tt} ii^s.
Id.   id.   id. du xviii^e septembre, xxx^{tt}.
Id.   id.   id. du xv^e septembre, xv^c xlix^{tt} iii^s viii^d.

Somme toute de la recepte du present compte, vingt deux mil sept cens trente six livres cinq solz six deniers tournois.

C'est assavoir, dud. general de Normandie, neuf mil neuf cens quatre vings dix neuf livres dix huit solz sept deniers tournois.

Et dud. chancelier de Rouen, tresorier de mondit seigneur, douze mil sept cens trente six livres six solz unze deniers tournois.

MENUSERYE.

A Nicolas Castille, menusier, la somme de soixante six livres dix solz vi^d pour plusieurs aiz et membrures, par quictance du ve octobre v^c huit, pour ce, cy, lxvi^{tt} x^s vi^d.

Id. sur ce qui lui peut estre deu sur la menuserie qu'il a faicte oultre son marché de iiii^m viii^c livres, par mandement et quictance du xxiiiie octobre v^c huit, ii^{ctt}.

A Binet Leroy, menusier, pour avoir besongné vi jours à clore l'olorge que à ung banc pour le volouer, par quictance du xviiie novembre v^c huit, xxiiii^s.

A lui, pour iiii jours qu'il a besongné à parachever ung banc pour le volouer, par quictance du xxve novembre v^c huit, xvi^s.

Aud. Castille, sur la menuserie qu'il a faicte oultre son marché de iiii^m viii^{c tt}, par quictance du xxve novembre mil v^c huit, c^{tt}.

A Binot Leroy, menusier, pour avoir besongné à ung coffre pour mectre la tappisserie, par quictance du II° decembre v°. huit, xxˢ.

A Nicolas Castille, menusier, sur ce qui lui peut ou pourra estre deu sur les parties de menuserie escriptes au dernier feillet de papier, par mandement de monsieur l'abbé de Mortemer et quictance du xvIII° septembre v° neuf, xxx˪˪.

Total de ce chappitre, xxxIII˪.

CHARROY ET VOICTURES.

A Guillaume Delahaye, voicturier par eaue, la somme de quinze livres tournois pour trois voyages de Rouen au port aux pierres, avoir amené du careau de plomb et de la menuserie, par quictance du xII° octobre v° huit, xv˪˪.

A Jehan le Mulot, voicturier par eaue, pour avoir amené au port aux pierres cinquante tables de plomb, par quictance du xxII° octobre v° huit, xLˢ.

A deux chartiers pour v voyages du boys de Clerc, et l'aultre pour III voyages qu'il a amené du port aux pierres partie des toilles, par quictance du xxIIII° octobre v° huit, xxxvIIˢ.

A Pierre Baudouyn, pour avoir amené de Vigny à Gaillon xxxIII pieces de tappisserie, par quictance du xIII° octobre v° huit, cvˢ.

A vII chartiers, pour avoir amené du Lydieu au Rolle de la tapisserie et toiles pour mener à Rouen, et icelle ramenées et menées à..... par quictance du xxIIII° octobre v° huit, IIII˪˪ xvˢ.

A Robert Litran, voicturier par eaue, pour avoir amené de Rouen du plomb, du clou, de l'ardoise et autres choses declarées en l'inventaire, par quictance du xII° octobre v° huit, L˪˪ xIIIˢ vII^d.

A trois chartiers, pour avoir amené du jardin du boys pour le pont, du plomb, de la menuserie et du sablon, par quictance du xII° octobre, vI˪˪ xIˢ Ix^d.

A deux chartiers, pour IIII voyages, pour avoir amené du port aux pierres ung miller de douves, aiz et clouz, par quictance du ix⁰ novembre v⁰ huit, xxiiii⁵.

. . . .
. . . .

A quatre chartiers, pour xxv voyages du port aux pierres, avoir amené du boiz pour la chappelle, du plomb, du vin et de la menuserie, par quictance du x⁰ decembre v⁰ huit, lxxv⁵.

A...... pour avoir amené du port aux pierres quatre mons de plastre en pierre, par quictance du xiii⁰ decembre v⁰ huit, xvi⁵.

A...... pour avoir amené de Rouen à Gaillon du plomb et du vin, par quictance du xxx⁰ decembre, l⁵.

A deux chartiers, vi voyages, pour avoir amené du Roolle xxxvi tables et xiiii saumons de plomb, par quictance du xiii⁰ janvier v⁰ huit, xxiiii⁵.

A deux chartiers, pour avoir amené du boys des Naux le bois à faire les estayes des murailles du jardin, par quictance du xxv⁰ janvier v⁰ huit, vi^{lt} vi⁵.

. . . .
. . . .

A deux chartiers, pour avoir amené du Rolle au chasteau xxvii tables de plomb, des clairesvoix et de la menuserie, par quictance du iiii⁰ fevrier v⁰ et huit, xx⁵.

A Jehan Morel, pour avoir amené du bois des Naux au chasteau ung millier de grant late, par quictance du x⁰ fevrier v⁰ huit, vii⁵.

A deux chartiers, pour avoir amené du Role xlii tables de plomb et iiii xii^{es} de brouetes, par quictance du xxiiii⁰ fevrier v⁰ huit, xxxi⁵ vi^d.

A deux autres chartiers, pour avoir amené du port aux pierres au chasteau xxxix millers d'ardoise à ii⁵ le miller, par quictance du xxvii⁰ fevrier v⁰ huit, lxxviii⁵.

A deux chartiers, pour chacun v jours avoir amené à leurs banneaulx au parc du palet à faire clapiers, par quictance du dernier mars v⁰ huit, lxxv⁵.

DU CHÂTEAU DE GAILLON.

A deux chartiers, pour avoir amené du port aux pierres une grande pierre et autres pierres de mabre noir, par quictance du xiii° may v° neuf, xv°.

A Simon Lefevre, voicturier par eaue, et Olivier Fontaine, chartier, pour avoir amené de Rouen au port aux pierres deux demyes queues de ciment, et du port au chasteau, par quictance du xvi° may v° neuf, xii°.

A deux chartiers, pour avoir amené de grosses pierres de grez au long de la muraille du parc, par quictance du xxiii° may v° neuf, vii^{lt}.

A deux chartiers, pour avoir amené des bites au long de la muraille du parc, iiii^{lt}.

A deux chartiers, pour avoir amené iiii° d'aiz et plusieurs poteaulx, xlviii°.

A Jehan le Cerf, voicturier par eaue, pour avoir amené de Rouen deux daiz et des membrures, par quictance du xii° juing v° et neuf, xxv°.

A deux chartiers et ung voicturier par eaue, pour avoir amené de Rouen xxx tables de plomb et icelles menées au chasteau, et pour avoir aussi amené deux barilz de clou, xliii°.

A...... pour xii voyages du port aux pierres, avoir chargé des ymages et du boys pour la chappelle, par quictance du v° aoust v° neuf, xxxvi°.

A deux chartiers, pour x voyages, pour avoir amené du port aux pierres c tables de plomb et autres choses, par quictance du dernier aoust v° neuf, xxv°.

A..... voicturier par eaue, pour avoir amené de Rouen au port aux pierres cx tables de plomb et autres choses, par quictance du ii° septembre v° neuf, vi^{lt}.

. . . .
. . . .

Total de ce chappitre, viii^{xx} xiii^{ls} x^s iiii^d.

Premiere partie des charroys, voyages et autres parties extraordinaires.

A Guillaume de la Haye, voicturier par eaue, pour avoir amené de Rouen au port aux pierres xl tables de plomb, six ponsons de vin et de la menuserie, par quictance du xxxᵉ decembre vᶜ huit, ʟˢ.

Total pour soy, ʟˢ.

VOYAGES DE PLUSIEURS.

A Michellet Amangart, maçon, pour ung voyage partant de Chaumont estre venu à Rouen et Gaillon, par quictance du vɪɪᵉ octobre vᶜ huit, xɪɪᵗᵗ xˢ.

A Pierre Valence, pour ung voyage estre venu de Tours à Gaillon, par quictance du xxɪɪɪɪᵉ jour d'octobre vᶜ huit, xᵗᵗ.

A Henry Crosnier, pour ung voyage par lui fait pour faire venir de Rouen le pintre et le fontainnier, par quictance du vᵉ octobre, xˢ.

A deux maçons, pour estre venus de Rouen visiter les murailles du jardin de la gallerie, par quictance du premier decembre vᶜ huit, ɪɪɪɪᵗᵗ xvɪɪˢ vɪᵈ.

. . . .
. . . .

A Germain Valence, pour ung voyage de Rouen à Gaillon pour le pavé de la cour, et pour ung voyage par son pere estre venu visiter la fontaine, par quictance du xɪxᵉ fevrier vᶜ huit, xʟˢ.

. . . .
. . . .

A Pierre de Lorme, maçon, pour ung voyage partant de Gaillon à Paris, faire venir de la pierre de Vernon de lyaiz, et du boys pour la chappelle, où il a vacqué vɪɪɪ jours à xˢ pour jour, par quictance du premier aoust vᶜ neuf, ɪɪɪɪᵗᵗ.

. . . .

Total de ce chappitre, ʟɪɪɪˡ vɪɪɪˢ.

Deuxième partie des charroys, voyages et autres parties extraordinaires.

DU CHÂTEAU DE GAILLON.

PARTIES POUR UNE FOIZ.

A Estienne le Signerre, pour avoir enchassé la pierrerie que monseigneur a fait venir de Venize et Milan, par quictance du VIII° octobre v° huit, xxx^s.

A Guillaume Chappelain, pour XII pieces de landiers, XII broches, contre rotiers et gredilz, par quictance du IX° octobre v° huit, XXXIII^{lt} v^s vi^d.

A Benoist Huart, pour avoir livré plusieurs pieces de cuivre, par quictance du XII° octobre XL^{lt} XII^s.

A Jehan Helyot, pour avoir fait le sainct Jehan de cuivre et l'entrepié qui est assiz sur le pavillon du jardin, par promesse et quictance du XII° octobre mil v° et huit (voir p. 346), LXX^{lt}.

A Jehan Callot et Gentillesse, pour cinq serges, deux couchectes, plume et autre marchandise, par quictance du X° octobre, III^c VII^{lt} I^s VI^d.

A deux hommes, pour deux cens de chaume pour couvrir le portail du jardin, par quictance du XXV° octobre mil v° huit, XX^s.

A Guillaume Desbarres, potier, pour XXVI poalles de terre et XII XIIes d'escuelles aussi de terre, par quictance du XXVII° octobre, XXI^s.

A Guillaume Lefranc, pour le rembourser de IIII aulnes et ung quart de petit drap, par mandement de madame de Genly, LXXVI^s VI^d.

A Jehan Lefranc, pour douze brouectes à v^s piece, LX^s.

A Colin Thomas, cordier, pour IIII^{xx} VII livres de corde pour les toilles de la chasse, IIII^{lt} VII^s.

A Guillaume Delahaye, pour VII mons et demi de plastre, à x^s le mont, LXXV^s.

A Ogier Belissent, pour II^c de paille, par quictance du IX decembre v° huit, XLV^s.

A Pierre de Lorme, pour plusieurs parties de maçonnerie, par quictance du XIII° decembre v° huit, XXXVII^{lt}.

A Martin Duquesne, pour III pieces de toille bleue pour enveloper

la tappisserie de velours vert, par quictance du xxvıı° novembre v°
huit, Lxx⁸.

A Jehan Acyer, pour avoir emprimé le S⁺ Jehan de cuyve qui est
sur le pavillon du jardin, par quictance du xxvııı° septembre v°
huit, x⁸.

A Jehan Billon, maçon, pour x toizes et demie de pavé au portail
du jardin, par quictance du xxııı° decembre v° huit, xlıı⁸.

A Raulin le Senechal, pour avoir abatu xxx abres pour chanlate,
par quictance du xx° janvier v° huit, xxx⁸.

A Jehan Lefevre, pour xıı brouectes à v⁸ piece, lx⁸.

. . . .

. . . .

A Robert Crepel, charpentier, pour xx chantiers qu'il a faiz pour
servir en la cour, par quictance du xıx° janvier v° huit, xxxı⁸ ııı^d.

A Bertrand de Myenal, Genevoiz, la somme de quatre vingts une
livre xı⁸ ıııı^d, de reste vıı^{xx}ᵗᵗ pour xıııı mois qui lui ont esté ordonnés
pour avoir compaigné et assiz la fontaine de mabre, qui est au pris
de x^{tt} pour moys, par quictance du xxvııı° janvier v° et huit, ııııˣˣ ıᵗᵗ
xı⁸ ıııı^d.

A xvııı maneuvres, pour leurs peines d'avoir tiré vıı^{xx} x pieces de vin
hors du basteau, chargées sur les charrettes, descendues et enchan-
tellées en la cave, ıı^{tt} ııı⁸.

A Jehan Thorel, faiseur de late, pour avoir fait ung miller de late,
vıı⁸ vı^d.

A trois chartiers, pour avoir amené du port aux pierres au chasteau vıı^{xx} xvı pieces de vin, à xx^d piece, xııı^{tt}.

A Colin Thomas, cordier, pour lv^{tt} de corde en chable, chableaux
et autre corde servans es fossez et jardin, lv⁸.

A Marc Mouchet, pour lx milliers d'ardoise à lxxv⁸ miller, que
pour le rembourser de xxvıı⁸ vı^d en fraiz qu'il a paiez, par quictance
du xxvıı° fevrier v° huit, ıı⁸ xxvııᵗᵗ vıı⁸ vı^d.

A trois chartiers et à Jehan Macquerel, la somme de douze livres
vı⁸ vı^d, aud^t Marquerel vıı^{tt} xv⁸ pour xxx boisseaux d'avoine, v de vesse

et x de poiz, et auxd. chartiers, IIII^{tt} XI^s VI^d pour avoir labouré, semé et harsé v acres et demi de terre au parc, par quictance du XXVIe mars v^c huit, XII^{tt} VI^s VI^d.

A deux hommes, pour avoir abatu et dollé les arbres à faire chanlate, à XII^d piece, L^s.

A Geraulme de Tournielles, paintre, dix solz pour le rembourser de pareille somme qu'il a emploiée en cire, papier, godetz et eufz, par quictance du dernier avril v^c neuf, x^s III^d.

A Jehan de Bonny, ymaginier, pour xv testes de serf de boiz, par quictance du xxe avril après Pasques, XVIII^{tt}.

A deux hommes, pour avoir fait et charié II^c xx chanlates pour servir à la couverture d'ardoise, par quictance du VIIIe may v^c neuf, LIIII^s.

Aux compaignons maçons, menusiers et charpentiers, pour leur disner de l'Asencion, par quictance du xve may et mandement de monseigneur monsieur de Fescamp, x^{tt}.

A Robert Devaulx, pour XL hotes d'ossier pour relyer les vins estant en la cave, par quictance du xve may v^c neuf, LXII^s VI^d.

A Lienard de Feschal et Jehan Testefort, paintres, pour avoir doré partie de la gallerie haulte d'entre le portail neuf et le grant corps d'ostel, par quictance du XXIIIIe may v^c neuf, xx^{tt}.

A Guillaume Doulcet, pour LII molles de sercles pour relyer les vins estans en la cave, LXV^s.

A Jehan Decan, pour XXIIII boisseaulx de cyment, XVIII^s.

A Alain Binet, huillier, pour XXXVII potz et demi d'uille à XXVI deniers pot, IIII^{tt} I^s III^d.

A Guillaume Pellerin, pour XLI molles de sercles pour relyer les vins estans en la cave, par quictance du sixieme juing v^c neuf, LVI^s III^d.

A Jehan Leconte, tonnellier, pour avoir relié en la cave VII^{xx} XV pieces de vin et livré la chandelle, VIII^{tt} VIII^s VI^d.

A Guillaume de Bourges, ymagier, pour trois ymages de pierre à mectre sur la chappelle, par quictance du IXe aoust v^c neuf, xv^{tt}.

A Jehanne la Thouroude, lingere, pour avoir blanchi xxxviii xii^{es} de doubliers, draps et serviectes, xxxviii^s.

A elle, pour avoir evanté et escoutillé xxxii litz, au pris la piece de iiii^s, vi^{tt} viii^s.

A Pierrecte, femme Benoist Huart, pour viii poulyes pour le pont et pour xx^{tt} de rousecte, et iiii onces de vif argent pour servir au pavé de la cour, xxiii^{tt} xviii^s.

. . . .
. . . .

A Perre Fain et ses compaignons, maçons, pour avoir fait deux demyes croisées et une lucarne au grant corps d'ostel qui est oultre le marché de xviii^{m tt}, et plusieurs autres choses declairées en ung feullet de papier, par quictance du xxve septembre v^c neuf, iii^c xxiiii^{tt} v^s.

A eulx, pour lxx tonneaulx pierre de Vernon, qu'il a baillée et livrée pour servir au chasteau, au pris de xxiiii^s le tonneau, comprins l'amenage, iiii^{xx} iiii^{tt}.

Total de ce chappitre, iii^c xlii^l xvi^s vi^d.

iiie partie des charrois, voictures, voyages et autres parties extraordinaires.

A maistre Anthoine Just, pour le parpaiement de la bataille de Gennes, d'un grant levrier, d'une grande teste de serf, de la pourtraiture de monseigneur et d'un enfant, oultre ii^{c tt} par lui receuz, comme il appert par ses parties et quictance, quarante livres tournois, pour ce, cy, xl^{tt}.

MAÇONNERIE POUR LA PIERRE DE MABRE DE LA CHAPPELLE.

A Geraulme Pacherot, maçon et tailleur, sur ce qui lui peut ou pourra estre deu sur l'ouvrage qu'il a fait et fera, par quictance du xiiie octobre v^c et huit, xx^{tt}.

DU CHÂTEAU DE GAILLON.

A lui et à Bertrand de Myenal, Genevoiz, la somme de xlvii^s vi^d, c'est assavoir aud. Pacherot xxxvii^s vi^d, pour v jours, au pris de vii^s vi^d pour jour, et aud. Bertrand x^s pour ii jours, au pris de v^s pour jour, par ordonnance de monsieur le bailli, pour avoir besongné à la pierre de mabre, par quictance du xxviie octobre v^c huit, xlvii^s vi^d.

A eulx, pour chacun ix jours qu'ilz ont besongné à la pierre de mabre, au pris led. Pacherot de vii^s vi^d pour jour, et led. Bertrand de v^s, par quictance du xie novembre v^c huit, cxii^s vi^d.

A eulx, pour chacun xv jours, *id. id.* par quictance du iiie decembre mil v^c huit, ix^{lt} vii^s i^d.

Id. pour chacun x jours qu'ilz ont besongné à la table de mabre de la chappelle, par quictance du xvie decembre, vi^{lt} v^s.

Id. pour chacun v jours qu'ilz ont besongné à la table d'ostel (*sic*) de la chappelle, par quictance du xxiiie decembre, lxii^s vi^d.

Id. pour avoir besongné à la grande table de la pierre de mabre, par quictance du sixieme janvier v^c huit, lxxv^s.

Aud. Pacherot et Jehan Chersalle, pour avoir besongné à la table de mabre de la chappelle, par quictance du xxe janvier v^c huit, lx^s.

A eux, *id. id.* du xxiiiie janvier, lxxii^s.

Id. id. du xxviiie janvier, xlviii^s.

A Jehan Chaursalle, pour cinq jours qu'il a besongné à la table de mabre, par quictance du iiiie fevrier v^c huit, xxii^s vi^d.

A lui, pour xii jours qu'il a besongné à la table de mabre, au pris pour jour de iiii^s vi^d, par quictance du xviiie fevrier v^c huit, liii^s.

Id. pour v jours *id. id.* du iiiie mars v^c huit, xii^s vi^d.

A Geraulme Pacherot et Jehan Chairsalle, pour avoir taillé à la table de mabre, par quictance du xviiie mars v^c huit, iiii^{lt} xix^s.

A eulx, pour chacun xi jours *id. id.* du dernier mars v^c huit, vi^{lt} xii^s.

Id. pour chacun v jours *id. id.* du sixieme avril v^c huit avant Pasques lx^s.

A Bertrand Hervieu, pour ii^c pointes de ferremens qu'il a forgez à Geraulme Pacherot, par quictance du sixieme avril avant Pasques, xii^s.

A Geraulme Pacherot et Jehan Chairsalle, tailleurs, pour avoir besongné à la table de mabre, par quictance du xxiie avril mil v^c neuf aprés Pasques, iiii^{tt} v^s vi^d.

A eulx, id.   id.   id. du xxixe avril, lvii^s iv^d.

A trois tailleurs de mabre, pour avoir besongné à la table et pillers de mabre, par quictance du xiiie may v^c neuf, vii^{tt} v^s.

A Bertrand de Myenal, tailleur, pour avoir besongné et taillé à la table de mabre, par trois mois, par mandement de monseigneur monsieur de Fescamp et quictance du xve may v^c neuf, xv^{tt}.

A trois tailleurs de mabre, pour avoir taillé à la table et pillers de mabre, par quictance du xixe may v^c neuf, lxxii^s vi^d.

A Maciot Bance, carier, pour ix tonneaux de pierre de Vernon, pour faire la soubz table et pillers du grant hostel (sic) de la chappelle, par quictance du xixe may v^c neuf, ix^{tt}.

A Jaquet Aufroy, chartier, pour avoir amené vii tonneaulx de pierre pour la soubz table de la chappelle, par quictance du xxiiie may v^c neuf, xxviii^s.

A trois tailleurs de mabre, pour avoir taillé à la table et pillers de mabre, par quictance du xxviie may v^c neuf, cv^s.

A Geraulme Pacherot, pour viii jours qu'il a taillé à la table et pillers de mabre, par quictance du xe juing v^c neuf, lx^s.

Id. pour v jours, id. id. xvii juing v^c neuf, xxxvii^s vi^d.

A trois tailleurs, pour avoir taillé à la table et soubz table de la chappelle, par quictance du viiie juillet v^c neuf, ix^{tt} ix^s vi^d.

A quatre tailleurs, id. id. du xve juillet, vi^{tt} xii^s.

A Bertrand Hervieu, mareschal, pour avoir rfeorgé iiii^c pointes, par quictance du xiiiie juillet v^c et neuf, xvi^s.

A quatre tailleurs, pour avoir taillé à la table et soubz table de la chappelle, par quictance du xxii juillet v^c neuf, vi^{tt} xxii^s.

A eulx, id.   id.   id. du xxixe juillet, iiii^{tt} viii^s.

A eulx, id.   id.   id. du ve aoust, iiii^{tt} viii^s.

DU CHÂTEAU DE GAILLON. 361

A eulx, par quictance du xie aoust, iiii^{tt} viii^s.
A eulx, *id.*   *id.*   *id.* du xix^e aoust, iiii^{tt} xv^s.
A eulx, *id.*   *id.*   *id.* du xxvi^e aoust, cx^s.
A eulx, *id.*   *id.*   *id.* du ii^e septembre, lxxvi^s.
A eulx, *id.*   *id.*   *id.* du viiie septembre, cv^s vi^d.
A eulx, *id.*   *id.*   *id.* du xvie septembre, vi^{tt} i^s vi^d.
A eulx, *id.*   *id.*   *id.* du xxiiie septembre, cx^s.
A eulx, *id.*   *id.*   *id.* du xxixe septembre, cx^s.

A Bertrand Hervieu, mareschal, pour avoir forgé ii^c et demi pointes de siceau, par quictance du xxie septembre v^c neuf, x^s.

A Pierre Fauquet, carrier, pour v tonneaulx pierre de Vernon, pour les costez de la soubztable de la chappelle, par quictance du xxixe septembre v^c neuf, c^s.

A Jehan Hamel, chartier, pour avoir amené v tonneaulx pierre de Vernon, pour servir au grant hostel de la chappelle, par quictance du xxiiie septembre v^c neuf, xx^s.

Total de ce chappitre, ii^c xiiii^s ix^d.

GAIGES.

A Thomas de Lyon, jardinier, ix^{tt} pour ses gaiges des moys de juillet, aoust et septembre dernier passé, et vi^{tt} xviii^s pour sa despence à xviii^d par jour, par sa quictance du premier jour de decembre v^c huit, xv^{tt} xviii^s.

Sur la painture de la Chappelle.

A m^e Jaques de Castignolles, la somme de soixante quinze livres tournois, pour neuf moys de la despence de m^e André de Solario, escheues le jour Sainct Michel dernier passé, par quictance du premier jour d'octobre v^c huit, lxxv^{tt}.

Sur le Jardin.

A Jehan Vaultier, pour ses peines et vacacions d'avoir solicité et print guarde sur les ouvriers qui avoient gouverné l'orloge du chasteau, par quictance du premier jour d'octobre v° huit, x^{lt}.

A Thomas de Lyon, jardinier, pour ses gaiges des moys d'octobre, novembre et decembre dernier passé, par quictance du xvii janvier v° huit, xviii^{lt}.

A monsieur de Sauveterre, m° Jaques de Castignolles, la somme de vingt cinq livres tournois, pour la despence de m° André, paintre, pour les mois d'octobre, novembre et decembre dernier passé, par sa quictance du xxii° janvier mil v° et huit, xxv^{lt}.

Sur la painture de la Chappelle.

A m° André de Solario, paintre, la somme de quatre vingts xii livres x^s, pour ses gaiges depuis le sixieme aoust dernier passé, jusques au sixieme decembre aussi dernier passé, par mandement et quictance du xxii° janvier v° huit, iiii^{xx} xii^{lt} x^s.

A monsieur de Sauveterre, m° Jaques de Castignolles, la somme de vingt cinq livres pour la despence de m° André, paintre, depuis le xxv° decembre dernier passé, jusques au xxv° mars ensuivant, par quictance du xxv° mars v° huit, xxv^{lt}.

. . . .
. . . .

A Geraulme de Tournielles, paintre, pour ses gaiges et despence des moys de janvier, fevrier, mars et avril derniers passez, par quictance du premier jour de may v° neuf, xxvii^{lt} vii^s iii^d.

Sur la painture de la Chappelle.

A André de Solario, paintre, la somme de quatre vingts douze livres x^s en L escus soleil, pour ses gaiges de quatre moys escheuz le sixieme avril dernier passé, par sa quictance du dernier jour dud^t moys d'avril v° neuf, iiii^{xx} xii^{lt} x^s.

Idem.

A monsieur de Sauveterre, la somme de vingt cinq livres tournois pour la despence de m° André, paintre, et de son homme, pour le terme escheu à la Sainct Jehan Baptiste dernier passé, par sa quictance du xxviii° juing v° neuf, xxv¹¹.

Sur les Jardins.

A Thomas de Lyon, jardinier, pour ses gaiges et sa despence des moys d'avril, may et juing derniers passez, par quictance du xv° juillet v°ᵐ neuf, xviii¹¹.

Paintre.

A Geraulme de Tournielles, paintre, pour ses gaiges et despence des mois de may, juing et juillet derniers passez, par quictance du ix° aoust v° neuf, xxv¹¹ i° iii^d.

Sur les paintures de la Chappelle.

A maistre André de Solario, paintre, la somme de quatre vingts douze livres dix solz en L escus soleil pour ses gaiges des quatre moys escheuz le septieme jour de ce present moys, par quictance du viii° aoust v° neuf, iiii^xx xii¹¹ x°.

A monseigneur monsieur l'abbé de Mortemer, m° Jaques de Castignolles, la somme de vingt cinq livres tournois pour faire la despence de m° André, paintre, depuis la Saint Jehan dernier passé jusques à la Sainct Michel aprés ensuivant, par sa quictance du xxviii° septembre v° neuf, xxv¹¹.

. . . .
. . . .

A Bertrand de Myenal, Genevoiz, la somme de quatre vingts une livre xi° iiii^d de reste de vii^xx¹¹ pour xiiii moys qui lui ont esté ordonnés pour avoir compaigné de Gennes à Gaillon la fontaine de mabre et icelle assise, qui est au pris de x¹¹ pour moys, par quictance du xxviii° janvier v° huit, iiii^xx i¹¹ xi° iiii^d.

Total de ce chappitre, iii° lxiiii¹, x^d.

POUR LES OYSEAULX.

A Pierre Nicole, pour la despence des oiseaulx, par quictance du premier octobre v^c huit, LXX^s IIII^d.

A lui, pour ses gaiges de trois sepmaines commencée du premier jour d'octobre jusques au XXIIe ensuivant, pour ses paines de panser les oiseaulx du volouer, LII^s VI^d.

. . . .

A Pierré Tannerye, oiseleux, pour IIII XIIes d'oiseaulx à III^d, par quictance du XXIIIIe octobre v^c huit, XII^s.

A ...... pour IIII boisseaulx de cheneviz et ung boisseau et demi de blé, XX^s.

A ...... pour IIII boisseaulx de geneviz, IX^s.

A ...... pour III boisseaulx de blé, I d'avoine, I d'orge et ung de cheneviz, XXIII^s VII^d.

A ...... pour ung boisseau de blé, ung de cheneviz et deux d'avoine, XIII^s.

A ...... pour deux boisseaulx de cheneviz et ung d'avoine pour les oyseaulx, X^s.

A Pierre Nicole, pour la despence des oyseaulx depuis le premier jour d'octobre jusques au dernier decembre, VI^{lt} XVIII^s.

A Pierre Tannerie, oyseleux, pour III XIIes II oyseaulx à III^d, par quictance du XIIIe janvier v^c huit, IX^s VI^d.

A Pierre Tannerie, pour deux XIIes III oyseaulx qu'il a livrez à III^d, par quictance du XIXe janvier, VI^s IX^d.

A ...... pour II boisseaulx de blé, deux d'orge et deux d'avoine, par quictance du XXIIIe janvier v^c huit, XIX^s VI^d.

A Pierre Nicole, pour ses gaiges du moys de janvier, c^s.

A Pierre Tannerye, oiseleux, pour IIII XIIes et demie petits oyseaulx, à III^d XIII^s VI^d.

A ...... pour III boisseaulx de blé, II d'orge, deux de chaneviz et de la ravecte, XXXI^s.

. . . .
. . . .

A Pierre Nicole, pour ses gaiges du moys de mars, c^s.

A lui, pour la despence des oyseaulx, en pain et eufz, pour les moys de janvier, fevrier et ce present moys de mars, vi^{tt} vii^s.

A...... pour deux boisseaulx blé froment et ung d'orge, xii^s ix^d.

. . . .
. . . .

A Pierre Tannerye, oiseleux, pour xii xii^{es} et demie de chardonnereaux et lignotz, xlvi^s vi^d.

A Pierre Nicole, la somme de quatre livres qu'il a employée en pain et eufz pour les oyseaulx, pour les mois de juillet, aoust et ce present moys de septembre v^c neuf, iiii^{tt}.

. . . .
. . . .

Total de ce chappitre, cxi^l ix^s iii^d.

FERRAILLE.

Michellet le Serf, serrurier, a fait marché de livrer la ferraille, c'est assavoir en gros ouvrage non portant façon x^d pour livre, cren, pannielles, gons et autre semblable, xii^d.

Aud. Michellet, sur l'année passée escheue au jour Saint Michel dernier passé v^c huit, à plusieurs foys, vii^c lii^{tt} x^s.

A lui, sur la ferraille qu'il a livrée, par quictance du sixieme octobre v^c huit, vii^{xx} x^{tt}.

Id.   id.   id. du xxvie novembre v^c huit, viii^{xx} vi^{tt} ii^s ix^d.
Id.   id.   id. du xiiie decembre v^c huit, cx^{tt}.
Id.   id.   id. du xxiie janvier v^c huit, iiii^{xx} x^{tt}.
Id.   id.   id. du xxiie fevrier v^c huit, vii^{xx} ^{tt}.
Id.   id.   id. du ve jour d'avril v^c huit, avant Pasques, lxx^{tt}.
Id.   id.   id. du xixe avril v^c neuf aprés Pasques, xxvii^{tt}.
Id.   id.   id. du xxviiie juillet v^c neuf, xx^{tt}.

Id.   id.   id. du XIIIe aoust v^c neuf, xx^{tt}.
Id.   id.   id. du XIIe septembre, vi^{xx} x^{tt}.

Total de ce chappitre, six cens sept livres tournois.

PLOMBERYE.

Robert de Vaulx, plombier, a fait marché de chacune livre de plomb qu'il livra, tant moulure que plain, à ix^{ds} obole.

Payemens :

Aud. de Vaulx, sur l'année passée escheue le jour St Michel dernier passé v^c huit, à plusieurs foys ; II^m III^c L^{tt}.

A lui, la somme de trois cens vingt neuf livres cinq solz huit deniers tournois, de reste et parpaye de II^m VI^c LXXIX^{tt} v^s VIII^d pour le plomb qu'il a livré depuis le XIIe janvier v^c VII jusques au dernier septembre ensuivant, par quictance du XXIe octobre v^c huit, III^c XXIX^{tt} v^s VIII^d.

A lui, sur la plomberie qu'il a livrée et livra, par quictance du XXe janvier v^c huit, VIII^{xx tt}.

Id.   id.   id. du XVIIe fevrier v^c huit, VII^{xx tt}.

A lui, de reste de VII^m XVI^{tt} VI^s IIII^d, pour XVII^m c IIII^{xx tt} plomb à IX^d obole tournois, et III^c LXIII^{tt} que soudure à II^s livre, qu'il a livrez depuis le premier octobre v^c huit jusques aujourd'hui, par quictance du XIXe avril v^c neuf aprés Pasques, IIII^c XVI^{tt} VI^s IIII^d.

A lui, pour XVII^c LXXIIII^{tt} de plomb à IX^d ob. livre, et pour CXII^{tt} soudure à II^s livre, par quictance du XXIIIIe juillet v^c neuf, IIII^{xx tt} XVI^s IX^d.

Total de ce chappitre, VII^c IIII^{xx} XVII^t III^s II^d.

JOURNÉES DONNÉES POUR LE JARDIN.

A quatre maneuvres, pour avoir labouré les parquetz du jardin et chargé du fiens pour y mener, par quictance du XXIe octobre v^c huit, LXVI^s.

A deux maneuvres, pour avoir labouré es parquetz du jardin, xvi⁵ viii^d.

A Simonnet Viarre, potier, pour xviii tarins à mectre eulletz, xii⁵.

A G. Gomain, pour avoir labouré es parquetz du jardin, viii⁵ iiii^d.

A deux maneuvres, pour chacun six jours qu'ilz ont labouré au jardin, x⁵.

. . . .

A Jehan Guilonet, pour xl peschers et vi poiriez, au pris les peschers la piece de ii⁵ et les poiriez de xii^d, iiii^lt vi⁵.

Au dit, pour des romarins qu'il a livrez, xii⁵.

A deux chartiers, pour iiii jours et demi de leurs chevaulx et banneaulx d'avoir amené du fumier au jardin, xxxvi⁵.

A iiii maneuvres, pour chacun xii jours qu'ilz ont besongné ez parquetz du jardin, au pris de xx^d pour jour, iiii^lt.

A..... chartier, pour iiii^xx vii banelées de fumier de vache au pris de ii⁵ banneau, viii^lt xiii⁵.

A Simon Viare, pour c bannelées de bonne terre qu'il a vendues et livrées, xxxv⁵.

. . . .
. . . .

A Thomas de Lyon, jardinier, pour plusieurs romarins, marjolines, potz d'eulletz, marguerites et autres fleurs, par quictance du xxiie fevrier v^c huit, xvii^lt xv⁵ iii^d.

A Jehan Foursin, faiseur de careau, pour ii^m ung cent de carreau qu'il a livré pour faire des petits parquetz dedans les grans du jardin, lxiii⁵.

A six maneuvres, pour avoir labouré et brouecté des terres et fumier es parquetz du jardin, lviii⁵.

A deux chartiers, pour avoir amené de la mote au jardin pour faire ung preau, xlv⁵.

A six maneuvres, pour avoir labouré et fait ung preau es parquetz du jardin, lii⁵.

. . . .

368   DÉPENSES DE LA CONSTRUCTION

A eulx, pour avoir labouré et espandu du sablon es parquetz du jardin, LIX⁵ VI^d.

A George Vyailles, couvreur d'ardoise, pour avoir taillé de l'ardoise pour faire petis careaulx et armoiries au jardin, XXIIˢ.

A Simonnet Vyare, potier de terre, pour XI cones et enrozoez pour le jardin, VIIˢ VI^d.

A Jehan Luillier, couvreur d'ardoise, pour avoir taillé II^m III^c d'ardoise pour servir aux parquetz du jardin, XIXˢ.

A Bertrand Hervyeu, mareschal, pour III houectes, une besche et deux mares baillées au jardin, XVˢ.

A quatre maneuvres, pour avoir labouré es parquetz du jardin, XLVIIIˢ.

Id. id. id. . . . .
. . . .

A quatre menusiers, pour avoir fait au jardin des testes de serf, une de biche et une de levrier, et plusieurs autres ouvrages de leur dit mestier, par quictance du XXIIe septembre V^c neuf, LVIIIˢ VI^d.

A trois maneuvres, pour avoir labouré et espandu du sablon es allées du jardin, XXXˢ.

. . . .

Total de ce chappitre, VIII^xx X^l VII^s XI^d.

GAIGES ET ESTAT DE THOMAS DE LYON, JARDINIER,

DONT LES PARTIES MONTENT, AINSI QU'IL SERA DECLARÉ CI DESSOUBS PAR ARTICLES,
IIII^xx VII^l XVIIIˢ.

A Thomas de Lyon, jardinier, pour ses gaiges et entretenement pour les moys de juillet, aoust et septembre V^c huit, XV^lt XVIIIˢ.

Id. id. pour les moys d'octobre, novembre et decembre, XVIII^lt.

Id. id. pour les moys de janvier, fevrier et mars, XVIII^lt.

Id. id. pour les moys d'avril, may et juing V^c neuf, XVIII^lt.

Id. id. pour les moys de juillet, aoust et present moys de septembre, par quictance du dernier septembre V^c neuf, XVIII^lt.

Total de ce chappitre, IIII^xx VII^l XVIIIˢ.

DU CHÂTEAU DE GAILLON.

JOURNÉES DONNÉES EN MAÇONNERIE, MENUSERYE ET AUTRES.

A trois charpentiers, pour avoir relevé la charpente du volouer, qui estoit bessée et avallé, fait des pertuiz aux cabinetz du pavillon du jardin, par quictance du xxviie octobre v^c huit, lviii^s.

A Binet Leroy, menusier, pour avoir fait ung coffret pour mectre les drappeaulx de l'enfant de monsieur de Genly, et ung escrang et ung autre coffre à mectre les graines du jardinier, c^s.

. . . .

A deux tailleurs de pierre, pour avoir taillé de la pierre pour la croisée de la chambre basse du viel corps d'ostel, par quictance du xxviie octobre v^c huit, xxxii^s.

A Jehan de Caux, Jehan Louesse et leurs compaignons, pour avoir enduit à pierre perdue la muraille d'entre quatre pillers de la gallerie du jardin dehors, par quictance du dernier octobre v^c huit, vii^{lt}.

A trois maçons, pour avoir besongné au pavé des galleries du jardin, et à enduire de plastre une chambre sur la cuisine près le jardin, par quictance du iiiie novembre v^c huit, xlviii^s.

A deux maçons, pour avoir besongné à la croisée et apuy de la chambre basse du viel corps d'ostel, xxxii^s.

A Jehan Giffart, pour iiii xii^{es} d'escuelles de terre, viii^s.

. . . .

A Binet Leroy, menusier, pour v jours qu'il a fait des chassiz pour la chappelle basse, des ruilles et compas de boiz pour ceulx qu'ilz besongnent au mabre, par quictance du xie novembre v^c huit, xx^s.

A vi maçons, pour avoir besongné au volouer, à la chambre des poules daindes, au cabinet de la librarie, par quictance du xixe novembre, iiii^{lt} xvii^s.

A quatre maneuvres, pour avoir servi les maçons, chacun par iiii jours, à xx^d pour jour, xxvi^s viii^d.

A cinq maçons, pour avoir rassiz partie du careau des galleries et pavillon du jardin, et avoir maçonné au cabinet de monsieur, par quictance du IIe decembre v^c huit, IIII^{lt} XVI^s.

A Richard Joy, charpentier, pour avoir fait au parc des ratelliers pour mectre à manger aux serfz et biches, XVI^s.

A Jehan Macquerel, pour XX jours qu'il a pansé les bestes du parc, LX^s.

A trois maneuvres, pour avoir couvert de paille partie du volouer des oyseaulx, par quictance du IIe decembre mil v^c huit, XXV^s.

A huit maçons, pour avoir besongné au pavé des galleries du jardin, au cabinet de monsieur et ailleurs, par quictance du IXe octobre v^c huit, CXII^s.

....

A huit maçons, pour avoir fait des pertuiz es chambres des gallatats du grant corps d'ostel, par quictance du XXIIIIe decembre v^c huit, LXXVIII^s.

A quatre couvreurs d'ardoise, pour chacun v jours qu'ilz ont recouvert les galleries du jardin et allieurs, par quictance du XXIIIe decembre, LXX^s.

A Jehan Macquerel, pour XXIII jours qu'il a pansé les bestes et oyseaulx du parc et fermé les portes, au pris de III^s pour jour, LXIX^s.

A XI maneuvres, pour avoir porté es cuisines, salles et chambres du boys pendant que monsieur estoit au chasteau, par quictance du sixieme janvier v^c huit, LXXVIII^s IIII^d.

A trois maçons, pour avoir assiz des aiz à mectre la librarie de monsieur, et fait ung atryer en l'une des chambres du corps d'ostel Pierre de Lorme, par quictance du sixieme janvier v^c huit, XIII^s.

....

A XI maneuvres, pour leurs peines d'avoir descendu la tappisserie, nestoié les salles et chambres du chasteau que pour avoir fait des fossez à asseoir les estayes contre la muraille des galleries du jardin, IIII^{lt} III^s IIII^d.

A deux maçons, pour avoir fait des pertuiz pour asseoir les lambris aux chambres du grant corps d'ostel, par quictance du XXe janvier v^c huit, CVI^s IIII^d.

DU CHÂTEAU DE GAILLON.

A deux maçons, pour chacun IIII jours d'avoir besongné à faire pertuis pour les menusiers à asseoir le lambris, xxxII[s].

A Jehan Fermeluyz, maçon, pour XII jours qu'il a besongné aux chambres des galatas du grant corps d'ostel, à IIII[s] pour jour, par quictance du XVIII[e] fevrier v[c] huit, XLVIII[s].

A deux couvreurs d'ardoise, pour chacun ung jour avoir deschargé XXXIX milliers d'ardoise et entassé, à IIII[s] pour homme pour jour, par quictance du IIII[e] mars v[c] huit, VIII[s].

A deux couvreurs d'ardoise, pour III jours et quart qu'ilz ont decouvert partie de la cuisine, par quictance du XXII[e] mars v[c] huit, XIII[s].

A deux charpentiers, pour chacun VI jours, pour avoir retaillé et assiz des barrieres au parc, XLVIII[s].

A eulx, pour avoir besongné à l'angin des pillers ung traicte pour lever et tourner la table de mabre de la chappelle, par quictance du dernier mars v[c] huit, XL[s].

. . . .

A trois charpentiers, pour avoir dressé la barriere et harse du pont, abillé l'engin des pillers, barrieres et marmouzez de l'alée du parc, par quictance du XXIX[e] avril v[c] neuf, XLVIII[s].

A quatre couvreurs d'ardoise, pour VII jours III quarts qu'ilz ont besongné au pavillon du jardin, par quictance du VI[e] may v[c] neuf, XL[s].

A Jehan Luillier, couvreur d'ardoise, pour avoir besongné à recouvrir le pavillon du jardin, C[s].

A lui, pour avoir besongné à recouvrir le pavillon du jardin et l'un des pignons des cuisines, VI[lt].

A Colin Macquerel, pour XXI jours ouvrable qu'il a ouvert et fermé les portes du parc et pansé les oiseaulx d'icellui, à III[s] par jour, LXIII[s].

A Guillaume Dangy, paintre, pour VIII jours qu'il a besongné avec Geraulme, aussi paintre, par quictance du X[e] juing v[c] neuf, XXVI[s] VIII[d].

A Guillaume Dangy, paintre, pour V jours d'avoir paint à la tarasse basse, par quictance du XVII[e] juing v[c] neuf, XVI[s] VIII[d].

A deux paintres, pour avoir besongné à la tarasse basse, par quictance du XV[e] juillet v[c] neuf, XL[s].

372   DÉPENSES DE LA CONSTRUCTION

A eulx, *id.*   *id.* du xxiie juillet, xl.

. . . .

A vii chartiers, pour avoir charié de la terre en la gallerie du jardin et chaux et sablon es fossez, par quictance du xxiie juillet v^c neuf, vi^{lt}.

A xviii manœuvres, pour avoir pionné, remué et bastu les terres de gallerie et du jardin, par quictance du xxixe juillet v^c neuf, vi^s xviii^d.

A Guillaume Aurion, paintre, pour avoir besongné à la tarrasse basse de son d. mestier, xiii^s iiii^d.

A deux paintres, pour avoir besongné et paint à la tarasse basse, par quictance du xviiie aoust, xxvi^s vi^d.

Id.   *id.*   *id.* du xxvie aoust, xxi^s viii^d.
Id.   *id.*   *id.* du iie septembre, xxiii^s iiii^d.
Id.   *id.*   *id.* du viiie septembre, xxxvi^s viii^d.
Id.   *id.*   *id.* du xvie septembre, xl.^s.
Id.   *id.*   *id.* du xxiiie septembre, xxxvi^s viii^d.

. . . .

A quatre charpentiers, pour avoir dessemblé la grue de la court, par quictance du xvie septembre v^c neuf, xxxviii^s.

A trois maçons, pour avoir maçonné à la porte de devers les pillers, lii^s.

A quatre maçons, pour avoir besongné à la closture de la porte qui descend à la porte des plans, iiii^{lt}.

. . . .

Total de ce chappitre, iii^c iiii^{xx} xi^l vi^s iiii^d.

iiiie partie des charrois, voyages et autres parties extraordinaires.

VOYAGES ET VOICTURES D'ARGENT.

A monsieur de Sauveterre m^e Jacques de Castignolles, pour avoir apporté de Rouen à Gaillon l'argent à faire ses payements, vii^{lt}.

DU CHÂTEAU DE GAILLON. 373

A Jehan de Saint Amant, pour viii voyages qu'il apporta d'Evreux à Gaillon l'argent pour le payement, viii^{tt}.

Id. id. id. vi^{tt}.
Id. id. id. c^{s}.

....
....

Total de ce chappitre, xliiii^{l} t^{s}.

Cinquième partie des charrois, voictures et autres parties extraordinaires.

OR, AZUR ET AUTRES PAINCTURES.

A Nicolas de Ronnesalles, orbateur, pour vi millers d'or qu'il a livrez, à xiii^{tt} miller, par quictance du xiie novembre v^{c} huit, lxxviii^{tt}.

A lui, pour iiii millers d'or qu'il a livrez, à xiii^{tt} miller, par quictance du xve jour de janvier v^{c} huit, lii^{tt}.

A Jehan de la Place, pour v millers d'or à xiii^{tt} miller, par quictance du viiie janvier v^{c} huit, lxv^{tt}.

A Nicolas de Ronnesailles, orbateur, pour six millers d'or en feulle à xiii^{tt} millers, par quictance du xiiie mars v^{c} huit, lxxviii^{tt}.

A lui, pour quatre millers d'or en feulle à xiii^{tt} miller, par quictance du tiers jour de juillet v^{c} neuf, lii^{tt}.

A Jehan Testefort, pour vente d'azur qu'il a livré, par quictance du xviie juillet v^{c} neuf, xii^{tt}.

A Nicolas de Ronnesalles, orbateur, pour quatre millers d'or, au pris le miller de xiii livres, par quictance du xxve aoust v^{c} neuf, lii^{tt}.

A Jehan Barbe, pour quatre livres seruse pour la chappelle, par quittance du xxviie aoust v^{c} neuf, xl^{tt}.

A Guillaume le Viaultre, pour plusieurs parties de coulleurs à paindre, comme plus à plain apparoitra par l'inventaire cy rendu, et quictance du xviie septembre v^{c} neuf, xiiii^{tt} viii^{s} vii^{d}.

A Guillaume Delamare, par pareille cause que dessus, par quictance du xiiie septembre, lviii^{s} viii^{d}.

A Nicolas de Ronssenailles, pour III milliers d'or en feuille, au pris de XIII^{lt} le miller, par quictance du XXIX septembre v^c neuf, LII^{lt}.

Total de ce chappitre, IIII^c XL^l VII^s III^d.

Nota. Partie paintures.

CHAUX.

A Guillotin Tubeuf, chauxumier, pour XX poissons de chaux, à v^s le poisson, par quictance du XXVI octobre v^c huit, c^s.

Id. pour VI poissons, *id. id.* du XVe novembre, XXX^s.

Id. pour VII poissons et demi, *id. id.* du XXIIe novembre, XXXVII^s VI^d.

Id. pour XXX poissons et demi, *id. id.* du XXVe novembre, VII^{lt} XII^s VI^d.

Id. pour LI poissons, *id. id.* du XIIIe janvier v^c huit, XII^{lt} XV^s.

Id. pour IIII^{xx}I poissons, à v^s VI^d, *id. id.* du XXVIIe janvier, XXII^{lt} v^s VI^d.

Id. pour VI poissons, à v^s VI^d, *id.* du XXe fevrier v^c huit, XXXIII^s.

Id. pour XXX poissons, à VI^s, *id.* du XXIIIe fevrier, IX^{lt} III^s.

Id. pour XIIII poissons et demi, à VI^s, *id.* du XXVIIe fevrier, IIII^{lt} VII^s.

Id. pour XI poinsons de chaux qu'il a livrez au parc pour la maçonnerye des murailles, par quictance du sixième juing, v^c neuf, LV^s.

A Guillaume de Larue, chauxumier, pour XIII queues de chaux, pour la maçonnerye du parc, à VII^s VI^d, par quictance du IXe juin v^c neuf, cv^s.

Total de ce chapitre, LXXIIII^l III^s VI^d.

SABLON.

A Pierrot Lecamus, chartier, pour XII baneaulx de gros sablon, par quictance du XIXe novembre v^c huit, x^s.

Id. pour VIII baneaulx de gros sablon, à x^d baneau, par quictance du IIe decembre, VI^s VIII^d.

A trois chartiers, pour LXVI baneaulx de sablon, à x^d, par quictance du xxII^e janvier v^c huit, LV^s.

A trois hommes, pour avoir amené II^c banneaulx gros sablon, par quictance du IIIIe fevrier v^c huit, VIII^{tt} VI^s VIII^d.

A deux chartiers et leurs compaignons, pour VIII^{xx}II banelées gros sablon, à x^d banelée, pour le tallud des fossez, par quictance du XIe fevrier v^c huit, VI^{tt} XV^s.

Total de ce chapitre, XVIII^l XIII^s IIII^d.

PIERRE FAIN.

Pierre Fain et ses compaignons, maçons, ont fait marché avec monsieur le general monsieur de Sauveterre, et monsieur le tresorier Pierre Legendre, de faire les cuisines du chasteau de Gaillon, fournir toutes les matieres, moiennant VII^{tt} x^s pour toise.

Payemens :

Veriffié par le compte precedent. Aud. Pierre Fain et ses compaignons, à plusieurs foys jusques au XVIe septembre v^c huit, II^{m}VII^c XLIII^{tt} II^s.

A eulx, sur ce qui leur peut ou pourra estre deu sur la maçonnerie des cuisines, par quictance du XXVIe novembre v^c huit, III^c IIII^{xx} VIII^{tt}.

Id.   id.   id. du XVIe decembre v^c huit, II^c VI^{tt}.
Id.   id.   id. du XXIXe avril v^c neuf, VIII^{xxtt} VI^d.
Id.   id.   id. du III juing v^c neuf, IIII^{xx} XVII^{tt} XII^s.
Id.   id.   id. du xe juing v^c neuf, IX^{xxtt}.
Id.   id.   id. du VIIIe juillet v^c neuf, III^c LXVI^{tt} XIX^s.
Id.   id.   id. du XXIIe juillet v^c neuf, II^c XXV^{tt} XIIII^s v^d.

(Feuillet arraché.)

COUVREUR D'ARDOISE.

Jehan Lemoine, couvreur d'ardoise, à present besongnant au

chasteau de Gaillon, doyt avoir pour toise de couverture, par marché fait à lui, x^s.

Payemens :

Certiffié sur le compte precedent, audit Lemoine, à plusieurs foys jusques au xvie septembre v^c huit, vi^{xx}xix^{tt}.

A lui, sur la couverture qu'il a faicte et fera, par quictance du xxvie octobre, v^c huit, c^s.

Id. id. id. du xe novembre, c^s.
Id. id. id. du iie decembre, vii^{tt}.
Id. id. id. du xvie decembre, c^s.
Id. id. id. du xiiie janvier, vii^{tt}.
Id. id. id. du iiiie fevrier, lx^s.
Id. id. id. du xviie fevrier, lx^s.
Id. id. id. du iiiie mars, lx^s.
Id. id. id. du xie mars, lx^s.
Id. id. id. du xviie mars, c^s.
Id. id. id. du sixieme avril v^c huit, c^s.

(Feuillet enlevé.)

CHARPENTERIE POUR LE PONT.

A sept charpentiers, pour avoir besongné au pont du portail neuf, par quictance du xxie octobre v^c huit, x^{tt} xviii^s.

A quatre charpentiers, pour avoir besongné à la taille du boiz du pont, par quictance du xie novembre, lxxvi^s.

A deux chartiers, pour ix voyages de leurs harnois, d'avoir amené du boiz de Naux de grosses pieces de boiz pour le pont, par quictance du viiie novembre, xlv^s.

A quatre charpentiers, pour avoir besongné à la taille du boiz du pont, par quictance du xviiie novembre, cviii^s.

A Jehan de Vernon, chartier, une journée de son harnois et chevaulx, avoir amené du boys pour servir au pont, par quictance du xixe novembre v^c huit, xv^s.

DU CHÂTEAU DE GAILLON.

A quatre charpentiers, pour avoir besongné au pont de boiz du portail neuf, par quictance du xxve novembre, LXII^s.

Id. id. id. du IIe decembre, IIII^{tt} II^s.
Id. id. id. du IXe decembre, LVIII^s.
Id. id. id. du XVIe decembre, CVIII^s.

A quatre menusiers, pour avoir besongné au pont de boiz, à faire les moulures et marmouzetz, par quictance du XVIe decembre v^c huit, IIII^{tt} x^s.

A quatre menusiers, pour chacun cinq jours qu'ilz ont besongné au pont du portail neuf, par quictance du XXIIIe decembre v^c huit, IIII^{tt}x^s.

A quatre charpentiers, pour VII jours qu'ilz ont besongné à la taille du pont, par quictance du XXIIIe decembre, XXVIII^s.

A six menusiers, pour avoir besongné aux moulures et marmouzetz du pont de boiz, par quictance du sixieme janvier v^c huit, VII^{tt} VIII^s.

A sept menusiers, *id. id.* du XIIIe janvier, IX^{tt}.
A eulx, *id. id.* du XXe janvier, VII^{tt} x^s.
A eulx, *id. id.* du XXVIIIe janvier, CXII^s VI^d.

A eulx, pour avoir besongné aux moulures et hommes sauvages du pont de bois, par quictance du IIIIe fevrier v^c et huit, VII^{tt} x^s.

A eulx, *id. id.* du XIe fevrier v^c huit, IX^{tt}.

A cinq charpentiers, pour avoir besongné au pont de boys, par quictance du XXIe avril v^c neuf après Pasques, IIII^{tt}.

Total de ce chappitre, IIII^{xx} XIX^l VI^s.

PAINTRES POUR LE CABINET.

A Richart du Hay, paintre, la somme de quatre vingts dix livres douze solz tournois pour III^{c}LIII fillatieres, à IIII^s piece, par mandement de monsieur de Genly et quictance du XXIIIIe octobre v^c huit, IIII^{xx}x^{tt} XII^s.

Paintres, cabinet.

Richart du Hay et Pierre le Plastrier, paintres, ont fait marché avec monsieur de Sauveterre de paindre et dorer le cabinet de monsieur de fin or et azur et autres couleurs dedens la mye aoust prouchain venant, et paier Lienard de Feschal, paintre, et autres qui ont besongné au planchier dud^t cabinet, par avant le jourd'hui, moiennant la somme de deux cens cinquante livres qui leur ont esté promise paier, comme plus à plain est declaré ou marché sur ce passé le xve fevrier v^c huit, pour ce, cy, ii^cL^{tt}.

Payemens :

Aus d. paintres, sur le marché cy-dessus escript, par quictance du xviie fevrier v^c huit, xL^{tt}.

Id. sur ce qui leur peut ou pourra estre deu sur le cabinet de monsieur, par quictance du xxiiiie mars v^c huit, xx^{tt}.

Id. id. id. du ve avril v^e huit, xL.
Id. id. id. du iiie may v^c neuf, xxv^{tt}.
Id. id. id. du xve juing v^c neuf, xxxv^{tt}.
Id. id. id. du viiie juillet, xxx^{tt}.
Id. id. id. du ixe aoust, x^{tt}.
Id. id. id. du xxvie aoust, xx^{tt}.
Id. id. id. du viiie septembre, xv^{tt}.

Id. la somme de quinze livres tournois faisant la parpaye de ii^cL^{tt}, pour avoir doré et estofé le cabinet de monsieur, par quictance du xxviie septembre v^c neuf, xv^{tt}.

Total de ce chappitre, ii^c L^{tt}.

iiiie partie, paintures.

NATERYE.

A Geufrin Agnes, natier, la somme de neuf livres ungt solt tournois de reste de xxxviii^{tt} x^s pour cii toises de nates demie vi piez, qu'il a livrez au d. chasteau, par quictance du xxie octobre v^c huit, ix^{tt} i^s.

A lui, pour le rembourser de pareille somme qu'il a paiée à deux compaignons natiers que monsieur de Sauveterre envoya de Rouen, par quictance du xxie octobre v^c huit, L^s.

DU CHÂTEAU DE GAILLON.

Paintres, parquetz.

Richart du Hay a fait marché avec monsieur de Sauveterre de paindre et dorer les parquetz du plancher de la gallerie basse d'entre le grant corps d'ostel et le portail neuf, moiennant le pris et somme chacun parquet de xl^s, et est tenu de tout livrer.

Despence sur ce :

Audit le Hay, paintre, sur ce qui lui pourra estre deu sur le marché cy-dessus escript, par quictance du iie mars v^c huit, xxx^{lt}.

A luy, sur le marché cy-dessus escript, par quictance du xxiiiie mars v^c huit, xl^{lt}.

Id.   id.   id. du xxviie may v^c neuf, xx^{lt}.

A Richart du Hay et Pierre le Plastrier, sur la dorure des parquetz, par quictance du xxiie juillet v^c neuf, x^{lt}.

A eulx, la somme de trente-huit livres tournois, faisant la parpaye de vii^{xx}xviii^{lt}, pour avoir paint et doré lxxix parquetz à la gallerie basse, au pris de xl^s chacun parquet, par quictance et mandement du xxviie septembre v^c neuf, xxxviii^{lt}.

Total de ce chappitre, vi^{xx}viii^l.

TAPISSIERS A JOURNÉE ET MENUES PARTIES.

A Gregoire Leroy, tappissier, pour avoir livré la garniture de trois chambres et une salle, xxi^{lt}, ii onzes franges et autres parties que pour ses journées, à vi^s pour jour, par quictance du xxvie octobre v^c huit, pour ce, cy, xlvi^{lt} vi^s x^d.

A Guillaume de Baieux, tappissier, pour avoir aydé à faire les paalles de drap d'or et litz de camp, par quictance du xixe octobre v^c huit, xx^s.

Pierre de Lorme. — Talud des fossez et jeu de paulme.

Pierre de Lorme, maçon, a fait marché avec monsieur de Genly de faire le tallud des fossez et jeu de paulme d'entre le pont neuf et la grosse tour de la haulteur d'un homme, de pierre de Vernon,

48.

et le demourant de pierre de Saint-Leu, avec l'acoutouer aussi de pierre de Vernon, et sera tenu tout livrer moiennant quatre livres pour toise, pour ce, iiii^{tt}.

Payemens :

Aud. Pierre de Lorme, sur ce qui lui pourra estre deu sur le marché cy-dessus escript, par quictance du xxiiie octobre v^c huit, vi$^{xx tt}$.

Id. id. id. du xe novembre v^c huit, xl^{tt}.
Id. id. id. du xxviie novembre, iiii$^{xx tt}$.
Id. sur le tallud et tripot des fossez, id. du xe decembre, l^{tt}.
Id. id. id. du iiie janvier v^c huit, c^{tt}.
Id. id. id. du xxe janvier, c^{tt}.
Id. id. id. du iiiie fevrier, l^{tt}.
Id. id. id. du xve fevrier, ii$^{c tt}$.
Id. id. id. du iiie mars, viii$^{xx tt}$.
Id. id. id. du xixe mars, vii$^{xx tt}$.
Id. id. id. du sixieme avril avant Pasques, ii^c xx^{tt}.
Id. id. id. du xxie avril v^c neuf aprés Pasques, iiii$^{xx tt}$.
Id. id. id. du xxixe avril v^c neuf, l^{tt}.
Id. id. id. du vi^e may v^c neuf, xl^{tt}.
Id. sur le tallud des fossez, id. du xiiie may, xxxv^{tt}.
Id. id. id. du xxiiie may, ci^{tt} v^s.
Id. sur le tallud et tripot des fossez, id. du xxviie may, iiii^{xx} x^{tt}.
Id. id. id. du xe juing, l^{tt}.
Id. sur le tallud des fossez, id. du viii^e juillet v^c neuf, ii$^{c tt}$.
Id. id. id. du xiii^e juillet, xxxvii^{tt}.
Id. id. id. du xxviii^e juillet, l^{tt}.
Id. id. id. du xii^e septembre v^c neuf, iiii^{xx} xiii^{tt} i^s vi^d.

Total de ce chappitre pour le talu des foussez, deux mil quatre-vings-dix livres six sols six deniers tournois.

Premiere partie pour les foussez :

A Pierre de Lorme, sur le tallud des fossez, par quictance du xxve septembre v^c neuf, pour ce, cy, lxv^{tt} vi^d.

DU CHÂTEAU DE GAILLON. 381

MANEUVRES POUR LES FOSSEZ.

A xxiiii maneuvres, pour avoir pionné es fossez du chasteau, par quictance du xxviie octobre v^c huit, lxxv^s x^d.

A xii maneuvres, pour avoir pionné es fossez et chargé les banneaulx, id. du iiiie novembre, xxx^s.

A deux chartiers, pour chacun deux jours de leurs banneaulx, avoir vuidé des terres es fossez, xxx^s.

A xxiiii maneuvres, pour avoir pionné es fossez et chargé les banneaulx, par quictance du xie novembre v^c huit, ix^{tt} v^s iiii^d.

A cinq chartiers, pour chacun v jours et l'un iiii jours de leurs banneaulx, avoir vuidé des terres des fossez, par quictance du xie novembre v^c huit, vii^{tt}.

A xxx maneuvres, pour avoir pionné es fossez et chargé les banneaulx, id. du xviiie novembre, xiii^{tt} i^s viii^d.

A xxviii maneuvres, id. id. du xxve novembre, viii^{tt} x^d.

A cinquante et ung maneuvres, id. id. du iie decembre, xxii^{tt} vi^s viii^d.

A lviii maneuvres, *id.* id. du ixe decembre, xviii^{tt} xiii^s iiii^d.

A lxxiii maneuvres, *id.* id. du xvi^e decembre, xxxvi^{tt} xviii^s iiii^d.

A lxix maneuvres, *id.* id. du xxiii^e decembre, xxviii^{tt} ii^s viii^d.

A lxxvi maneuvres, *id.* id. du sixieme janvier, xxiiii^{tt} v^s.

A xli maneuvres, *id.* id. du xxii^e janvier, xvi^{tt} v^d.

A xi maneuvres, *id.* id. du xiii^e janvier, iiii^{tt}.

A lxviii maneuvres, *id.* id. du xxviii^e janvier, xxii^{tt} xiii^s iiii^d.

A lix maneuvres, *id.* id. du iiii^e fevrier v^c huit, xxii^{tt} xiii^s vi^d.

A lx maneuvres, *id.* id. du xi^e fevrier, xxvii^{tt} x^s.

A xxxviii maneuvres, *id.* id. du xviii^e fevrier, xxii^{tt} xvi^s.

A xxxix maneuvres, *id.* id. du xxiiii^e fevrier, xix^{tt} x^s.

A lii maneuvres, *id.* id. du iiii^e mars v^c huit, xxvi^{tt}.

A iiii^{xx} i maneuvres, *id.* id. du xi^e mars, xlviii^{tt}.

A xxxviii maneuvres, *id.* id. du xviii^e mars, xxi^{tt} xi^s iii^d.

A LIII maneuvres, *id.* *id.* du xxve mars, xxxIII^{tt} xvI^s.

A xLIIII maneuvres, *id.* *id.* du dernier mars, xxI^{tt} xIIII^s.

A xLIIII maneuvres, *id.* *id.* du vI^e avril v^c huit avant Pasques, xv^{tt} xIII^s.

A xxIx maneuvres, *id.* *id.* du xve avril v^c neuf aprés Pasques, vIII^{tt} xI^s.

A xxxIIII maneuvres, *id.* *id.* du xxI^e avril, xx^{tt}.

A xxIIII maneuvres, *id.* *id.* du xxIx^e avril, xI^{tt} vII^s.

A xxII maneuvres, *id.* *id.* du sixieme may, vIII^{tt} vI^d.

A xx maneuvres, *id.* *id.* du xIII^e may, vIII^{tt} xvIII^s vI^d.

A xvII maneuvres, *id.* *id.* du xIx^e may, vI^{tt} x^s.

A xI maneuvres, *id.* *id.* du xxvII^e may, vI^{tt} xvIII^s.

A Ix maneuvres, *id.* *id.* du IIIe juing v^c neuf, LIII^s.

A xIII maneuvres, *id.* *id.* du xe juing, cxvII^s.

A xvII maneuvres, *id.* *id.* du xxIx^e juillet, vI^{tt}.

A cinq chartiers, pour leurs chevaulx et baneaulx, avoir besongné à faire les vuidanges des fossez, par quictance du xvIII^e novembre v^c huit, vII^{tt} xIx^s IIII^d.

A cinq chartiers, *id.* *id.* du xxve novembre, vII^{tt} II^s vI^d.

A vIII hommes, *id.* *id.* du IIe decembre, xIII^{tt} I^s III^d.

A neuf hommes, *id.* *id.* du Ix^e decembre, xII^{tt} xvII^s.

A xII hommes, *id.* *id.* du xvI^e decembre, xxII^{tt} vII^s vI^d.

A xII chartiers, *id.* *id.* du xxIII^e decembre, xxI^{tt}.

A dix chartiers, *id.* *id.* du sixieme janvier, xII^{tt} xII^s x^d.

A vIII chartiers, *id.* *id.* du xx^e janvier, x^{tt} x^s.

A deux chartiers, *id.* *id.* du xIIII^e janvier, xxxvII^s vI^d.

A Ix chartiers, *id.* *id.* du IIIIe fevrier, xvI^{tt} xIx^s III^d.

A Ix chartiers, *id.* *id.* du xvIII fevrier, xxx^{tt} xv^s.

A vII chartiers, *id.* *id.* du xxIIII^e fevrier, xIII^{tt} II^s vI^d.

A vII chartiers, *id.* *id.* du IIIIe mars v^c huit, xIII^{tt} II^s vI^d.

A vIII chartiers, *id.* *id.* du xI^e mars v^c huit, xvIII^{tt}.

A trois chartiers, *id.* *id.* du xvIII^e mars, vI^{tt} xv^s.

A quatre chartiers, *id.* *id.* du xxve mars, Ix^{tt}.

A trois chartiers, *id.* *id.* du dernier mars, cv^s.

A trois chartiers, *id.* *id.* du sixieme avril avant Pasques, cxii^s vi^d.

A trois chartiers, *id.* *id.* du xve avril v^c neuf aprés Pasques, lxvii^s vi^d.

A quatre chartiers, *id.* *id.* du xxie avril v^c neuf, ix^{lt}.

A v chartiers, *id.* *id.* du xxixe avril, ix^{lt}.

A cinq chartiers, *id.* *id.* du sixieme may, vii^{lt} x^s.

A six chartiers, *id.* *id.* du xiiie may, x^{lt} x^s.

A cinq chartiers, *id.* *id.* du xixe may v^c neuf, vi^{lt}.

Total de ce chappitre, huit cens trente-quatre livres unze solz quatre deniers obole tournois.

iie partie pour les foussez.

CLOU.

A Guillaume Chappelin, cloutier, la somme de quarente-deux livres dix-huit solz iiii^d pour plusieurs clou par lui livré, par quictance du second novembre v^c huit, pour ce, cy, xlii^{lt} xviii^s iiii^d.

Id. *id.* *id.* du xiie fevrier v^c huit, lxxiiii^{lt} xvii^s vi^d.

Id. *id.* *id.* du xviie aoust v^c neuf, lxxv^{lt} vii^s viii^d.

Id. *id.* *id.* du xxiiie septembre, lxxii^{lt} vii^s iiii^d.

Total de ce chappitre, ii^c lxiiii^{lt} x^s x^d.

POUR LES APPUIZ DES FOSSEZ.

Guillaume Manville, maçon, a fait marché avec mons^r de Genly, de faire les apuyz et acoutouers du long des fossez depuis le viel portail jusques au logis que a fait Pierre de Lorme, de pierre de S. Leu, et led. acoutouers de pierre de Vernon, au pris chacune toise de lxxv^s, et doit tout livrer et ne sera toisé que en long, led. marché dacté du xviie janvier mil v^c huit, pour ce la toise, lxxv^s.

A Guillaume Manville, maçon, sur ce qui lui peut ou pourra estre deu sur les apuiz des fossez, par quictance du xie novembre v^c huit, vi^{tt}.

A lui, sur ce qui lui peut ou pourra estre deu sur les acoutouers et apuis des fossez, par quictance du iiiie fevrier v^c huit, xxx^{tt}.

Id. id. id. du xviiie fevrier v^c huit, xliiii^{tt}.

Id. id. id. du iiiie mars v^c huit, xv^{tt}.

A lui, la somme de quatre-vingts-une livre v^s faisant la parpaye de viii^{xx} xv^{tt} v^s, pour ses peines d'avoir fait xlvii toises d'apuis de pierre et livré toutes matieres assis le long des fossez devant le pont et le corps d'ostel que a fait Pierre de Lorme, au pris la toise de lxxv^s, par certifficacion et quictance du ve avril v^c huit avant Pasques, iiii^{xx} i^{tt} v^s.

Total de ce chappitre, huit vingtz seize livres cinq solz tournois.

iiie partie pour les foussez.

PIERRE DE LORME. — PORTAIL.

A Pierre de Lorme, maçon, la somme de sept vingts seize livres treize solz six deniers tournois de reste de viii^c xlix^{tt} xv^s pour vi^{xx} ii toises et demie, iiii pouces maçonnerie qu'il a faicte au portail du jardin, au pris de vi^{tt} x^s la toise et quatre parties estimées à liii^{tt} x^s par mandement et quictance du xxviiie octobre v^c huit, vii^{xx} xvi^{tt} xiii^s vi^d.

A lui, sur les lucarnes qu'il a faictes et fera au portail du jardin, par quictance du xviiie jour de novembre v^c huit, lx^{tt}.

A lui, de reste et parpaye de ii^c lxiiii^{tt} pour quatre lucarnes qu'il a faictes sur le portail du jardin, par certifficacion, mandement et quictance du iie janvier v^c huit, ii^c iiii^{tt}.

Total de ce chappitre, quatre cens vingt livres treize sols six deniers tournois.

MATHIEU LYTÉE. — TALUD.

Mathieu Lytée, maçon, a fait marché à Glaude Delaunoy, de faire et maçonner dedens les fossez d'entre le pont viel et les estables ung mur en forme de tallud qui sera de bloc et non enduit, de quatre piez de large en fors et de deux piez et demi en hault, en amortissement; et est tenu led. Lytée prendre le bloc qui lui sera necessaire dedens lesd. fossez, et aussi lui doit l'on livrer chaux et sable sur le bort du fossé, et doit avoir pour chacune toise vii^s vi^d.

Payemens :

Aud. Mathieu, sur ce qui lui peut ou pourra estre deu, par quictance du sixieme decembre v^c et huit, xxx^s.

A lui, sur le tallud des fossez, par quictance du xxe janvier v^c huit, c^s.

Id.   id.   id. du xxviiie janvier, c^s.
Id.   id.   id. du iiiie fevrier, cx^s.
Id.   id.   id. du xviiie fevrier, ix^{lt} x^s.
Id.   id.   id. du xxiiiie fevrier, vii^{lt}.

A deux maneuvres, pour avoir tiré six perches deux toises moillon à xxv^s toise, vii^{lt} xvi^s iii^d.

A Jehan Lemazier, chartier, pour xxxviii banelées de gros sablon à x^d banelée, par quictance du xxvie fevrier v^c huit, xxxi^s viii^d.

A Jehan Racine et ses compaignons, pour vi toises de moillon pour les fossez, par quictance du xxviie fevrier v^c huit, xviii^s ix^d.

Aud. Lytée, sur le tallud des fossez, par quictance du iiiie mars v^c huit, vi^{lt}.

A deux chartiers, pour avoir amené aux fossez du moillon, par quictance du iiiie mars v^c huit, lv^s.

Aud. Lytée, sur le tallud des fossez, par quictance du xie mars v^c huit, iiii^{lt} viii^s.

A Jehan Lemazier, chartier, pour avoir amené aux fossez iiii^{xx} iiii banneaulx sablon à x^d banneau, par quictance du xiie mars v^c huit, lxx^s.

Id. pour lxxiiii banneaulx, id. du xxe mars, lxi^s viii^d.

Aud. Lytée, sur le tallud des fossez, par quictance du xviiie mars v^c huit, vii^{lt}.

A Colin Guillart, chauxumier, pour xxx poinssons de chaux à vi^s poisson, ix^{tt}.

A Mathieu Lytée et ses compaignons maçons, de reste et parpaye de liii^{tt} vii^s vi^d, pour ses peines d'avoir fait et maçonné vii^{xx} v toises de bloc es fossez, par quictance du xxvie mars v^c huit, iiii^{tt} xix^s vi^d.

A Jehan Lemazier, chartier, pour avoir amené du pavé sur les fossez, xlix banneaulx de sablon, par quictance du xxiiiie mars v^c huit, xl^s x^d.

 Total de ce chappitre, quatre-vingt-six livres unze sols huit deniers tournois.

iiiie partie pour les foussez.

PAINTRES POUR LA GALLERIE.

Richard du Hay et Pierre le Plastrier, paintres, ont fait marché avec monsieur de Sauveterre, m^e Jaques de Castignolles, à paindre et dorer le demourant du plancher de la gallerie haulte d'entre le grant corps d'ostel et le portail neuf, c'est assavoir les courbes, les ogives et les rencos. d'or et d'azur, les rondeaux et lettres qui sont et seront semées en toute lad. gallerie, et si sont tenus d'estoffer le manteau de la cheminée de lad. gallerie ainsi que plus à plain est declaré oud. marché, moiennant iii$^{c tt}$; et si sont bien et deuement les choses dessus dites, ilz doivent avoir lesd. iii$^{c tt}$ xx^{tt}, et ce dedens la Chandelleur prouchain venant, led. marché dacté du xe novembre v^c huit, pour ce, cy, iii^c xx^{tt}.

Payemens :

Ausd. le Plastrier et du Hay, sur ce qui lui peut ou pourra estre deu sur le marché cy-dessus escript, par quictance du xiiie decembre v^c huit, c^{tt}.

 Id.   *id.*   *id.* du xxiiiie jour de novembre v^c huit, lx^{tt}.

 Id.   *id.*   *id.* du second janvier v^c huit, l^{tt}.

 Id.   *id.*   *id.* du xxiie janvier v^c huit, lx^{tt}.

 Id. la parpaie de iii^c xx^{tt}, pour avoir paint, doré et livré toutes estoffes en la gallerie haulte d'entre le grant corps d'ostel et le portail neuf, par quictance du xviie jour de fevrier v^c huit, L^{tt}.

Total de ce chappitre, iii^c xx^l t^s.

CAREAU.

A Richart Behier, pour demi miller de careau non plombé qu'il a livré, par quictance du xvie novembre v^c et huit, xv^s.

Id. pour ung miller LX careaux, par quictance du xixe decembre v^c huit, xxxii^s.

Id. pour iii^m vi^c de careau au pris de xxx^s miller, par quictance du xvie aoust v^c neuf, cviii^s.

Total de ce chappitre, viii^{tt} xv^s.

PIERRE POUR LES PILLERS
(DES MURAILLES DES GALLERIES DU JARDIN).

A Guillot Sinot, carrier, pour xxi tonneaulx et demi ii piez pierre de Vernon, à xvi^s tonnel, et xix tonneaulx et demi bites à viii^s tonnel, par quictance du xxe novembre v^c huit, xxv^{tt}.

A six maçons, pour la pierre qu'ilz ont taillée au pié, pour servir aux pillers de la gallerie du jardin, par quictance du xviie decembre, vi^{tt}.

A Simonnet le Cousturier, pour LXXVII tonneaulx de bites et iii tonneaulx iii piez pierre de Vernon, par quictance du xxe decembre v^c huit, xxxiiii^{tt} v^s.

A..... chartiers, pour xxv tonneaulx de pierre qu'ilz ont amené, par quictance du xxe decembre, c^s.

A deux maneuvres et leurs compaignons, pour avoir tiré deux pieches de bloc pour les pillers, L^s.

A Jehan de Gournay, voicturier, pour avoir amené xi^{xx} ix tonneaulx ix p. pierre de S. Leu, à v^s vi^d le tonnel, LXII^{tt} xix^s vi^d.

A..... carrier, pour xi^{xx} ix tonneaulx ix piez pierre de S. Leu, à vii^s vi^d le tonneau, iiii^{xx} v^{tt} xvii^s vi^d.

A deux maçons et leurs compagnons, pour avoir taillé ᴍ ᴠɪ piez de pierre de S. Leu, à ɪɪᵈ obole pié, xᶠᶠ ɪxˢ ᴠɪɪᵈ.

A deux maneuvres, pour avoir tiré huit pieches de bloc pour servir aux pillers des murailles du jardin, xᶠᶠ.

....

A trois maçons, pour avoir taillé ɪɪɪᶜ ʟxɪɪɪ piez pierre de S. Leu, à ɪɪᵈ ob. pié, par quictance du xxᵉ janvier ᴠᶜ huit, ʟxxᴠˢ ᴠɪɪᵈ.

A dix maçons, pour avoir taillé, sié et maçonné des bistes d'un des pillers des galleries du jardin, ɪxᶠᶠ.

A deux maçons, pour ɪxˣˣ piez pierre de Vernon, ɪɪᶜ piez de bites et ᴠɪɪɪˣˣ ᴠ piez pierre de S. Leu qu'ilz ont taillé, ᴠɪɪɪᶠᶠ xɪɪɪɪˢ ɪɪᵈ.

....

A Guillaume Dumont, carerier, pour ᴠɪɪɪˣˣ ᴠɪɪɪ tonneaulx et demi pierre de S. Leu, à ᴠɪɪˢ ᴠɪᵈ tonneau, par quictance du ɪxᵉ fevrier ᴠᶜ huit, ʟxɪɪɪɪᶠᶠ ɪɪɪˢ ɪxᵈ.

A Guillaume de la Haye, voicturier, pour avoir amené de S. Leu au port aux pierres, ᴠɪɪɪˣˣ ᴠɪɪɪ tonneaulx et demi de pierre, à ᴠˢ ᴠɪᵈ tonneau, par quictance du ɪxᵉ fevrier ᴠᶜ huit, xʟᴠɪᶠᶠ ᴠɪˢ ɪxᵈ.

A deux chartiers et trois compaignons chartiers, pour avoir amené du port aux pierres au chasteau xɪˣˣ ɪx tonneaulx pierre de S. Leu, au pris de ɪɪɪɪˢ le tonneau, par quictance du xᵉ fevrier ᴠᶜ huit, xʟᴠᶠᶠ xᴠɪˢ.

A deux hommes, pour ᴄɪɪɪɪ traicts de sye à pierre de S. Leu xxxɪɪɪɪˢ ᴠɪɪɪᵈ.

A Guillotin Tubeuf, pour ʟɪ poisson et demi de chaux pour les pillers, au pris de ᴠˢ ᴠɪᵈ le poisson, xɪɪɪɪᶠᶠ ɪɪɪˢ ɪɪɪᵈ.

....

A quatre chartiers, pour xɪɪ pieches deux toises de bloc qu'ilz ont amenez à leurs harnois, au pris la pieche de xxᴠɪɪˢ, xᴠɪᶠᶠ xˢ ɪxᵈ.

....

A trois tailleurs et leurs compaignons, pour avoir taillé xɪᶜ ɪɪɪɪˣˣ ᴠɪɪ piez pierre de S. Leu, à ɪɪᵈ obole pié, par quictance du xᴠɪɪɪᵉ fevrier ᴠᶜ huit, xɪɪᶠᶠ ɪxˢ ɪᵈ.

A xxix maçons, pour leur peine et vacacions d'avoir maçonné et taillé les pillers à iiii^s pour jour, par quictance du xviiie fevrier v^c huit, xxi^{tt} iii^s.

A xxxi maneuvres, pour avoir servi les maçons des pillers, au pris de ii^s pour jour, xviii^{tt} xiiii^s.

A xvii maçons, pour avoir besongné de leur d. mestier aux pillers de la gallerie du jardin, par quictance du xxiiiie fevrier v^c huit, xvi^{tt} xv^s vi^d.

. . . .

A Innocent le Cousturier, pour lxxii tonneaulx de bites, à viii^s le tonneau, par quictance du ixe mars v^c huit, xxviii^{tt} xvi^s.

A Guillotin Tubeuf, chauxumier, pour xl poissons de chaux pour les pillers, à vi^s poisson, xii^{tt}.

A Colin Guillart, chauxumier, pour xiii poissons de chaux pour les pillers, à vi^s poisson, lxxviii^s.

. . . .

A Charlot le Camus, chartier, pour avoir amené du parc aux pillers iiii^{xx} xiii baneaulx de sablon, à x^d le banneau, par quictance du xiie mars v^c huit, lxxvii^s vi^d.

A Pierrot le Camus, chartier, pour ii jours de son harnois d'avoir amené du boys des Naux du boys pour faire des pons pour les pillers, xvi^s.

A xxviii maçons, pour avoir besongné de leur d. mestier aux pillers, par quictance du xviiie mars v^c huit, xxix^{tt} xv^s.

A xxx maneuvres, pour avoir servi les maçons besongnans es pillers, par quictance du xviiie mars, xviii^{tt} xii^s.

A Maciet Bance, carerier, pour xiii tonneaulx de bites, à viii^s le tonneau, par quictance du xviiie mars, ciii^s.

A Guillaume Dumont, pour viii^{xx} xix tonneaulx pierre de S. Leu, à vii^s vi^d tonneau, lxvii^{tt} ii^s.

A trois chartiers, pour avoir charié du port aux pierres au chasteau ii^c lxxv tonneaulx de pierre, à iiii^s le tonneau, lv^{tt}.

A deux autres chartiers, pour avoir amené lxxiiii banneaulx sablon, à x^d banneau, lxi^s viii^d.

A xxiii maçons, pour avoir besongné de leur d. mestier aux pillers, par quictance du xxve mars v^c huit, xxvi^{tt} vi^s.

A xxv maneuvres, pour avoir servi les maçons besongnans es pillers, xv^{tt} vi^s.

....

A Guillotin Tubeuf, chauxumier, pour liii poissons de chaux pour les pillers, par quictance du xxiie mars v^c huit, xvi^{tt} vi^s.

A Pierre Fauquet, carerier, pour six tonneaulx v piez de bites, à viii^s le tonneau, li^s.

A deux chartiers, pour avoir amené du port aux pierres au chasteau, ix^{xx} xiiii tonneaulx pierre de S. Leu, à iiii^s tonneau, par quictance du xxiiiie mars v^c huit, xxxviii^{tt} xvi^s.

A Guillaume Hauville, chartier, pour avoir amené aux pillers vi toises moillon, xx^s iii^d.

A Guillaume de la Haye, voicturier, pour avoir amené de S. Leu au port aux pierres viii^{xx} xix tonneaulx de pierre, à v^s vi^d tonnel, par quictance du xxviie mars v^c huit, xlix^{tt} iiii^s vi^d.

A Jehan Dumont, pour lxv tonneaulx pierre de S. Leu, à vii^s vi^d tonneau, par quictance du xxixe mars v^c huit, xxiiii^{tt} vii^s vi^d.

A xxiii maçons, pour avoir besongné de leur dit mestier aux pillers, xxi^{tt} xix^s.

A xxxiiii maneuvres, pour avoir servi les maçons besongnans aux pillers, par quictance du dernier mars v^c huit, xviii^{tt} iiii^s iii^d.

A Maciet Bance, carerier, pour x tonneaulx de bites, à viii^s le tonnel, iiii^{tt}.

....

A Guillaume de la Haye, voicturier par eaue, pour avoir amené de S. Leu lxv tonneaulx pierre, à v^s vi^d le tonnel, par quictance du iiie avril v^c huit avant Pasques, xvii^{tt} xvii^s vi^d.

A Jehan Desperroiz, chauxumier, pour viii poissons et demye queue de chaux, à v^s poisson, xliii^s ix^d.

A Guillotin Tubeuf, pour lii poinsons de chaux, à vi^s poinson, par quictance du ve avril v^c huit, xv^{tt} xii^s.

A Jehan Desperroiz, pour une queue demie et ung poisson de chaux, à v^s le poisson, xvi^s iii^d.

A Jehan Benoist, pour xvii poinsons de chaux, à v^s poinson, iiii^{lt} v^s.

A xxvi maçons, pour avoir besongné de leur d. mestier aux pillers, par quictance du sixieme avril v^c huit, xxiiii^{lt} x^s.

A xxx maneuvres, pour avoir servi les maçons des pillers, xvi^{lt}.

A deux chartiers, pour avoir amené lxxv tonneaulx de pierre au pris de iiii^s le tonneau, xv^{lt}.

Id.   id. vi^{xx} xv banneaulx sablon, à x^d banneau, cxii^s vi^d.

. . . .
. . . .

A Simonnet le Cousturier, pour xxxix tonneaulx de bites, à viii^s tonneau pour les pillers, par quictance du xviie avril v^c neuf, xv^{lt} x^s.

A Guillaume Dumont, carerier, pour cent xiii tonneaulx pierre de S. Leu, à vii^s vi^d tonnel, xlii^{lt} vii^s vi^d.

A Guillaume de la Haye, voicturier par eaue, pour avoir amené cxiii tonneaulx pierre de S. Leu, à v^s vi^d tonneau, xxxi^{lt} i^s vi^d.

A trois chartiers, pour avoir amené ii^c ii baneaulx gros sablon, à x^d baneau, viii^{lt} viii^s iiii^d.

. . . .

A dix-neuf maçons, pour avoir besongné de leur d. mestier aux pillers de contre la gallerie du jardin, par quictance du xxixe avril v^c neuf, xvii^{lt} x^s.

. . . .

Total de ce chappitre, xixe xv^l i^s vii^d obole.

Dernière partie des pilliers du jardin.

BOIS ET MENUYSERIE POUR LA CHAPPELLE.

A maistre Richart Carpe, menusier, pour vi jours qu'il a esté de

392 DEPENSES DE LA CONSTRUCTION

Gaillon à Rouen pour acheter du boiz pour la chappelle, par quictance du iiie decembre v^c huit, xlv^s.

A neuf menusiers, pour leurs peines d'avoir travaillé aux chaires de la chappelle, par quictance du ixe decembre v^c huit, x^{lt} xi^s iiii^d.

A Richart de Laplace, pour xv pieces de bois pour servir à la chappelle aux chaires, par quictance du iie decembre, xviii^{lt}.

A Pierre Cornedieu, pour plusieurs pieces de boiz pour les chaires de la chappelle, par quictance du viie decembre, xxxvi^{lt} x^s.

A Richart Carpe, pour plusieurs jours qu'il a vacquez, et deux autres compaignons à querir du boys pour les chaires de la chappelle, par quictance du xxixe novembre v^c huit, iiii^{lt}.

A Jehan Deschamps et trois compaignons, pour avoir charié et porté du boys des Augustins sur le port à Rouen, par quictance du xxviiie novembre v^c huit, x^s.

A Jehan Cochon et ses compaignons, pour avoir mis hors des Augustins et porté au basteau lxxv pieces de bois, xviii^s viii^d.

A dix menusiers, pour avoir besongné aux chaires de la chappelle, par quictance du xvie decembre, xii^{lt} viii^s.

A xi menusiers, pour avoir besongné aux chaires de la chappelle, par quictance du xxiiie decembre, vii^{lt} xv^s vi^d.

A xiiii menusiers, *id.*   *id.* du sixieme janvier, xv^{lt} xvii^s.

A xvi menusiers, *id.*   *id.* du xiiiie janvier, xix^{lt} i^s.

A eulx,   *id.*   *id.* du xxe jour de janvier, xv^{lt} xvii^s vi^d.

A Cardin de Marbeuf, chandellier, pour liiii livres et demye de chandelle de suif à xviii^d livre baillées aux menusiers durant les moys de decembre et janvier derniers passés, par quictance du premier fevrier, iiii^{lt} i^s ix^d.

A xiii menusiers, pour avoir besongné aux chaires de la chappelle, par quictance du xxviiie janvier, xi^{lt} ii^s.

A eulx, *id.*   *id.* du iiiie fevrier v^c huit, xiii^{lt} xvi^s ii^d.

A eulx, *id.*   *id.* du xie fevrier, xvi^{lt} ix^s.

A eulx, *id.*   *id.* du xviiie fevrier, xvii^{lt} i^s.

A xvii menusiers, *id.*   *id.* du xxiiiie fevrier, xx^{lt} v^s x^d.

A quatre chartiers, pour avoir amené du port aux pierres du boys envoyé de Paris pour la chappelle, par quictance du xxv{{e}} fevrier v{{c}} huit, vi{{lt}} vi{{s}}.

A Guillaume de la Haye, voicturier, pour avoir amené en son basteau du boys pour les chaires de la chappelle, par quictance du dernier fevrier v{{c}} huit, xiiii{{lt}}.

A Thibault Roze, pour vi peaulx de parchemin velin pour faire les pourtraicts des chaires de la chappelle, par quictance du dernier fevrier v{{c}} huit, xv{{s}}.

A xxiii menusiers, pour avoir travaillé aux chaires de la chappelle, par quictance du iiii{{e}} mars v{{c}} huit, xxii{{lt}} iii{{s}} iiii{{d}}.

A Hector Geneteau, pour bois et colle qu'il a livré pour les chaires, par quictance du v{{e}} jour de mars, vii{{lt}} i{{s}} iiii{{d}}.

A Jehan Dubois, pour plusieurs pieces de bois qu'il a livrez, par quictance du xii{{e}} janvier v{{c}} huit, viii{{lt}} xvi{{s}}.

A xxiii menusiers, pour avoir besongné aux chaires de la chappelle, par quictance du xi{{e}} mars v{{c}} huit, xxvii{{lt}} v{{s}}.

A Nicolas Georget, pour lx pieces de bois d'Yrlande, pour iiii{{c}} de colle que autres fraiz, par quictance du xiii{{e}} mars v{{c}} huit, xix{{lt}} iii{{s}} v{{d}}.

A Bardin, voicturier par eaue, pour avoir amené de Rouen au port aux pierres plusieurs pieces de boiz et colle, xxxv{{s}}.

A xxii menusiers, pour avoir besongné aux chaires, par quictance du xviii{{e}} mars v{{c}} huit, xxv{{lt}} xvii{{s}}.

A dix marchans de merrien, pour plusieurs pieces de boiz et aiz livrez à plain declarez en une inventaire, par quictance du xix{{e}} jour de fevrier v{{c}} huit, viii{{xx}} iiii{{lt}} xv{{s}}.

A Nicolas Castille, pour plusieurs pieces de boiz declarez en une inventaire, par quictance du xxiii{{e}} mars v{{c}} huit, xviii{{lt}}.

A xix menusiers, pour avoir travaillé de leur d. mestier aux chaires de la chappelle, par quictance du xxv{{e}} mars v{{c}} huit, xxi{{lt}} xvii{{s}}.

A xx menusiers, *id.*   *id.* du dernier mars, xix{{lt}} v{{s}} iii{{d}}.

A xxi menusiers, *id.*   *id.* du vi{{e}} avril v{{c}} huit avant Pasques, xvii{{lt}} x{{s}} iiii{{d}}.

A xviii menusiers, pour avoir besongné de leur d. mestier aux chaires et marqueterie de la chappelle, par quictance du xve avril v{c} neuf après Pasques, x{tt} iis.

 A xxiii menusiers, *id.*   *id.* du xxie avril v{c} neuf, xxiiii{tt} xviiis ixd.
 A xx menusiers,   *id.*   *id.* du xxixe avril, xxx{tt} vi{s} viiid.
 A eulx,   *id.*   *id.* du sixieme may, xvi{tt} iiiis.
 A xxi menusiers, *id.*   *id.* du xiiie may, xxiii{tt} xis vi{d}.
 A eulx,   *id.*   *id.* du xixe may, xxi{tt} vi{s} viiid.

 A Robert de Vaulx, ung cent de bois rouge pour servir à la marqueterie, par quictance du xiie may, xiiis vi{d}.

 A xix menusiers, pour avoir besongné aux chaires et marqueterie de la chappelle, par quictance du xxviie may v{c} neuf, xxvii{tt} xis ixd.

 A xiiii menusiers, *id.*   *id.* du iiie juing, viii{tt} xixs.
 A xxi menusiers, *id.*   *id.* du xe juing, xx{tt} xviiis iid.
 A xx menusiers,   *id.*   *id.* du xviie juing, xxi{tt} xvs iid.

 A Binet Leroy, pour xxiiii livres de colle, xxxs.

 A deux menusiers, pour deux voyages qu'ilz ont vacquez et charché par Paris du boys pour la chappelle, par quictance du xviiie juing v{c} neuf, lxx{s}.

 A quatre menusiers demourans à Paris, pour boys qu'ilz ont vendu et livré pour la menuserye de la chappelle, par quictance du xviiie juing, iiii{xx} v{tt}.

 A xxii menusiers, pour avoir besongné à la menuserye et marqueteryc de la chappelle, par quictance du xxiiiie juing, xxvii{tt}.

 A xxiii menusiers, *id.*   *id.* du viiie juillet, xliiii{tt} i{s} iiid.
 A eulx,   *id.*   *id.* du xve juillet, xxviii{tt} viiid.
 A xxi menusiers, *id.*   *id.* du xxiie juillet, xxiii{tt} xviis.

 A deux menusiers demourans à Paris, pour xii poitraulx membrures boys rouge et jaulne, par quictance du xxiiiie juillet v{c} neuf, xxix{tt} xvs.

 A xix menusiers, pour avoir travaillé à la menuserye et marqueterie de la chappelle, par quictance du xxixe juillet v{c} neuf, xiiii{tt} xvs viiid.

DU CHÂTEAU DE GAILLON.

A xx menusiers, *id.*   *id.* du ve aoust, xvi^{tt} iiii^d.
A xxi menusiers, *id.*   *id.* du xie aoust, xvii^{tt} i^s x^d.
A xxi menusiers, *id.*   *id.* du xixe aoust, xix^{tt} xviii^s.
A eulx,   *id.*   *id.* du xxvie aoust, xx^{tt} i^s iii^d.
A xvii menusiers, *id.*   *id.* du iie septembre, xiii^{tt} vii^s.

A deux sieurs d'aiz, pour avoir syé les abloz et acoutouers des chaires, par quictance du ixe aoust, xxxi^s vi^d.

À Guillaume de la Haye, voicturier par eaue, pour avoir amené à deux voyages de Paris au port aux pierres le bois qu'il a fallu à faire les chaires, cloisons et acoutouers de la chappelle, par quictance du iie septembre v^c neuf, xi^{tt}.

A xix menusiers, pour avoir besongné à la menuserie et marqueterie de la chappelle, par quictance du viiie septembre v^c et neuf, xix^{tt} ii^s vi^d.

A xxv menusiers, *id.*   *id.* du xvie septembre, xxv^{tt} iiii^s.
A xxvii menusiers, *id.*   *id.* du xxiiie septembre, xxviii^{tt} i^s x^d.
A xxx menusiers, *id.*   *id.* du xxixe septembre v^c neuf, xxx^{tt} xix^s ii^d.

Total de ce chappitre, douze cens soixante-sept livres ung solt unze deniers obole tournois.

POUR LE PAVÉ DE LA GRANT COURT.

A Anthoine de Caremaing, prothenotaire, pour sa despense qu'il fera et pourra faire à aller au pays de Beauvoisis pour choisir de la terre du pays et gens pour servir au pavement de la court du chasteau, par quictance du xvie fevrier v^c huit, xx^{tt}.

A Pierre Nicole, par ordonnance du chancelier de Rouen, pour achecter et faire venir de la basse Normendie de la pierre noire et autre, par quictance du xvie fevrier v^c huit, xxv^{tt}.

A Pierre de Lorme, maçon, pour ung voyage partant de Gaillon estre allé à Paris par ordonnance de mons^r de Sauveterre acheter viii^{xx} toises de lyaiz que pour xxxvi^s qu'il a paiez pour le vin du marché, par quictance du dernier fevrier v^c huit, iiii^{tt} xvi^s.

A messire Jehan Vaultier, la somme de quarante livres tournois qui lui a esté baillée pour aller faire tirer et esbaucher en la basse Normendie de la pierre pour servir au pavement de la grant court, par quictance du xxvii⁰ mars v⁰ huit, xl^lt.

A Anthoine de Nyort, prothenotaire, pour sa despence et entretennement pour les moys de fevrier et mars derniers passez, par mandement de monsieur de Fescamp et quictance dud. Nyort du xii⁰ avril v⁰ neuf après Pasques, xl^lt.

A messire Jehan Vaultier, prestre, pour convertir au paiement du tirage et esbauchage de la pierre grise et verte pour le pavé de la court, par quictance du xiiii⁰ avril v⁰ neuf après Pasques, lx^lt.

A quatre chartiers, pour avoir charié cxi toises et demye liaiz à vi^s vi^d toise, xxxvi^lt iiii^s vi^d.

A Guillaume de la Haye, voicturier, pour cxiiii toises lyaiz qu'il a amené de Paris au port aux pierres au pris de x^s toise, par quictance du xxiii⁰ avril v⁰ neuf, lvii^lt.

A..... chartier, pour avoir amené du port aux pierres iiii toises pierre de lyaiz à vi^s vi^d toise, xxvi^s.

....

A messire Jehan Vaultier, pour convertir au paiement du tirage et esbauchage de la pierre grise et rouge, par quictance du xv⁰ may v⁰ neuf, xxv^lt.

A Nicolas le Court, carerier, pour viii^xx toises de pierre de liaiz qu'il a livrez au port de Nesle à Paris, qui est au pris de lv^s toise, par quictance du xvi⁰ juing, iiii⁰ xl^lt.

A..... voicturier, pour avoir amené de Paris xlviii toises pierre de liaiz à x^s toise, xxiiii^lt.

A messire Jehan Vaultier, pour convertir au paiement des maçons estans en basse Normendie tailler pierre de plusieurs couleurs pour le pavé de la grant court, par quictance du vii⁰ juillet, c^lt.

....

A Josse Corniglan et ses compaignons, pour avoir tiré de la terre pour faire du careau pour servir au pavé de la court, par quictance du xiᵉ juillet, xlˢ.

A Germain Valence, pour les causes contenues en une inventaire et quictance du xxiiᵉ jour de juillet, xviiᵗᵗ xˢ viᵈ.

A messire Jehan Vaultier, prestre, pour emploier aux maçons et maneuvres tirans et taillans pierre grise et autres couleurs pour le pavé de la court, par quictance du dernier juillet vᶜ neuf, iiᶜ ᵗᵗ.

A deux chartiers, pour avoir amené du port aux pierres xlviii toises de pierre de liaiz au pris de viˢ viᵈ toise, par quictance du xxxᵉ juillet, xvᵗᵗ xiiˢ.

A Guillot Sinot, carerier, pour xvi tonneaulx pierre de Vernon pour servir au pavé de la court, xviᵗᵗ.

A Jehan Forsin, pour ung mille de carreau pour le pavé de la court, par quictance du xiiiᵉ aoust, xlˢ.

A Germain Valence, pour plusieurs causes que apparoîtra par l'inventaire cy rendu et quictance du xxixᵉ juillet, viiᵗᵗ iˢ iiiᵈ.

A Germain Valence, *id.*, *id.* du vᵉ aoust, xvᵗᵗ ixˢ.

Id. *id.* *id.* du xiᵉ aoust, xiᵗᵗ iiiᵈ.

Id. pour ses gaiges depuis le viiᵉ juillet dernier passé jusques au viiᵉ jour de ce present mois, par quictance du xiiiᵉ aoust vᶜ neuf, xᵗᵗ.

A lui, pour plusieurs parties declarées en une inventaire cy rendue, par quictance du xviiiᵉ aoust, xiiiiᵗᵗ xˢ viiiᵈ.

Id. *id.* *id.* du xxvᵉ aoust, xiiᵗᵗ iiiˢ xᵈ.

A Marquet le Blond, estaimier, pour iiᶜ livres de fin estaing pour servir au pavement de la court, par quictance du premier septembre mil vᶜ neuf, xxxvᵗᵗ xˢ.

A dix maçons, pour avoir besongné aux joingts et asseoir le lyaiz à la court, par quictance du viiiᵉ septembre vᶜ neuf, viᵗᵗ xiˢ.

A xv maneuvres, pour avoir servi les maçons de la court, viiᵗᵗ iˢ.

A Guillaume Dumont, carerier, pour xxxiii tonneaulx pierre de Saint-Leu, par quictance du xiiᵉ septembre, xiiᵗᵗ viiˢ viᵈ.

A Guillaume de la Haye, voicturier par eaue, pour avoir amené xxxiii tonneaulx pierre, ixᵗᵗ iˢ viᵈ.

A Germain Valence, pour les causes contenues en une inventaire cy rendue, par quictance du iie septembre, xiii^{tt} x^s ix^d.

A Josse Conillant, pour les causes contenues en une inventaire cy rendue, par quictance du viiie septembre, xv^{tt} ix^s ix^d.

A dix-sept maçons, pour avoir besongné à asseoir et au marquetaige du pavement de la court, par quictance du xvie septembre v^c neuf, xiii^{tt} vii^s.

A xxv maneuvres, pour avoir manyé les liaiz et servi les maçons besongnans à icelle pierre, xiiii^{tt} iiii^s.

A Richart Duboys, pour avoir besongné lui et autres et avoir eu maneuvres pour le pavement de la grant court, par quictance du xvie septembre v^c neuf, viii^{tt} iiii^s iii^d.

A Germain Valence, pour plusieurs jours et matieres declarées en une inventaire cy rendue, vii^{tt} iiii^s v^d.

A Michel Delisle, maistre de navire, pour avoir amené du port d'Isigny au port de Rouen de la pierre noire et grise et autres couleurs pour le pavement de la grant court, par quictance du xxiiie septembre v^c neuf, xlv^{tt}.

A messire Jehan Vaultier, pour la despence de la pierre que l'on fait venir de la basse Normendie, par quictance du xxiiiie septembre v^c neuf, l^{tt}.

A xiiii maçons, pour avoir ameigry les joincts de la pierre de liaiz et assise en la grant court, par quictance du xxiiiie septembre, ix^{tt} x^s.

A xii maneuvres, pour avoir servi les maçons besongnans à la grant court et avoir broueté les emondices, par quictance du xxiiie septembre v^c neuf, iiii^{tt} vi^s.

A Thomas Louyset, voicturier par eaue, pour avoir amené de Can à Rouen de la pierre pour le pavé de la court, par quictance du xxe septembre, xv^{tt}.

A neuf maçons, pour avoir taillé et assiz de la pierre pour le pavé de la grant court, par quictance du xxixe septembre v^c neuf, vii^{tt} iiii^s.

A xvi maneuvres, pour avoir servi les maçons de la court, par quictance du xxixe septembre, cviii^s.

A deux chartiers, pour avoir charié xxxiii tonneaulx pierre de Saint-Leu, pour servir au pavement de la court, par quictance du xve septembre, vi^{tt} xii^s.

A Richard Duboc, pour plusieurs journées de lui et ses compaignons que pour matieres pour le pavé de la court, par quictance du penultieme septembre v^c neuf, cvi^s.

Total de ce chappitre, xv^c lxviii^l x^s xi^d.

Premiere partie du pavé de la grant court.

POUR LES FAISANS, OUSTARDES ET POULLES DE LOUDUNOIS.

REMBOURSÉ PAR MADAME DE GENLY.

A Jehan Behier, pour six boisseaulx d'orge à ii^s ix^d boisseau, par quictance du xiiiie mars v^c huit, xvi^s vi^d.

A lui, pour six boisseaulx d'orge, xvi^s vi^d.

A..... pour six boisseaulx d'orge à iii^s iiii^d, xx^s.

A..... pour viii boisseaulx d'orge à ii^s ix^d, xxii^s.

A Pierre Nicole, pour la despence de trois oustardes depuis le xiiie fevrier jusques aujourduy, par quictance du dernier may mil v^c neuf, xxxvii^s iiii^d.

A Jehan Behier, pour deux boisseaulx de froment pour les pouletz des poulles de Loudunois, ix^s.

A deux hommes, pour ii boisseaulx de froment, viii d'orge et iii xii^{es} de fromages blancs pour les petits panuraulx, pouletz et poules de Loudunois estans au parc, xlix^s.

A Guillaume le Forestier, pour viii boisseaulx d'orge, deux de froment et ii xii^{es} de fromages blancs pour les causes que dessus, xli^s.

A lui, pour viii boisseaulx d'orge, ii de froment et une xiie de fromages moz, xxxiiii^s.

Lesquelles sommes cy-devant escriptes, lesquelles avoye paiées en l'absence de madame de Genly, m'ont esté remboursées excepté la partye des outardes et les fromages, montans lesd. fromages pour vi xii^{es}, à vi^d piece, xxxvi^s.

A Jehan Macquerel, pour deux xii^{es} de fromages blancs, pour les petits panneaulx, xii^s.

A deux hommes, pour la despence des oustardes des moys de juing, juillet, aoust et ce present moys de septembre v^c neuf, xxxvi^s.

Total de ce chappitre, vi^l xvii^s x^d.

vi^e partie des choses extraordinaires, voyages, charrois, voictures et autres.

PLUS, PILLERS.

A deux chartiers, pour avoir amené du parc au chasteau viii perches quatre toises moillon pour les pillers, par quictance du xxviiie avril v^c neuf, xi^{tt} ix^s vi^d.

A deux autres chartiers, pour avoir amené du parc cxii banneaulx de gros sablon pour les pillers, à x^d bannel, iiii^{tt} xiii^s iiii^d.

A dix-huit maçons, pour avoir besongné aux pillers, par quictance du sixieme may v^c neuf, xiii^{tt} xv^s.

A xx maçons,   id.   id. du xiiie may, xxi^{tt} vi^s.
A xxi maçons, id.   id. du xixe may, xix^{tt} iiii^s.
A xxiiii maçons, id. id. du xxvii may, xxiii^{tt} viii^s.
A xix maçons, id.   id. du iiie juing, x^{tt} xi^s iii^d.
A xviii maçons, id. id. du vi^e juing v^c neuf, vii^{tt} xvii^s.
A xxxi maneuvres, pour avoir servi les maçons, xiii^{tt} ii^s.
A xxxii maneuvres, id. xx^{tt} viii^s.
A xxxiiii maneuvres, id. xvii^{tt} ix^s.
A xxx maneuvres, id. xix^{tt} vi^s vi^d.
A xxv maneuvres, id. vii^{tt} xvi^s vi^d.
A xiiii maneuvres, id. lxii^s.

A Jehan Benoist, chauxumier, pour xxix poissons de chaux à v^s poinson, vi^{tt} v^s.

DU CHÂTEAU DE GAILLON.

A Colin Thomas, cordier, pour ung cable pesant LXIII^{tt}, LXIII^s.

A Guillotin Tubeuf, pour LXXII poinsons de chaux, à v^s poinson, par quictance du xvie may v^c neuf, xviii^{tt}.

....

A J. Delaville, chartier, pour avoir amené du boys de Clerc des longues perches à eschafauder aux pillers, xvi^s.

A deux chartiers, pour avoir amené pour les pillers CXIII tonneaulx de pierre, à IIII^s tonnel, xxII^{tt} xII^s.

A deux chartiers, pour avoir amené du parc aux pillers six perches de moillon, à xxvII^s perche, par quictance du xxIII^e may v^c neuf, vIII^{tt} II^s.

....

A deux charpentiers, pour avoir couppé du boys pour eschafauder aux pillers de contre la gallerie du jardin que radouber ung angin, par quictance du IIIIe mars v^c huit, xxxII^s.

Total de ce chappitre, II^c IIII^{xx}XI^l III^s IX^d.

IIe partie des pillers du jardin.

HENRY NYAULDET, POUR LE LIAIZ.

Henry Neauldet et Martin Arrault, maçons, ont fait marché à monsieur le prothenotaire Delisle de tailler, polyr et faire les quatre joingts de la moitié de vIII^{xx} toises de pierre de liaiz pour le pavement de la grant court, au pris chacune toise de Lv^s, ainsi que le sera devisé par le prothenotaire de Carmaing, et ce dedens le xIIII^e jour de juillet premier venant, comme plus à plain est contenu et declaré ou marchait sur ce passé le xxe jour d'avril v^c neuf après Pasques.

Despence sur ce :

Ausd. Neauldet et Arrault, maçons, sur ce qui leur peut ou pourra estre deu sur le marché cy-dessus escript, par quictance du xxIX^e avril v^c neuf, xxII^{tt}.

Id.   id.   id. du sixieme may, x^{tt} III^s.

A eulx, par quictance *id*. du xiiie may, xx^{tt}.
Id. *id*. *id*. du xixe may, xv^{tt}.
Id. *id*. *id*. du xxviie may, xv^{tt}.
Id. *id*. *id*. du iiie juing, iiii^{tt}.
Id. *id*. *id*. du xiiiie juillet, xxx^{tt}.

Id. pour reste et parpaye de vii^{xx} xiiii^{tt}, pour avoir taillé et fait les joingts de lvi toises pierre de liaiz pour la court, par quictance du xxvie septembre v^c neuf, xxxvii^{tt} xvii^s.

Total de ce chappitre, vii^{xx} xiiii^l.

iie partie du pavé de la grant court.

PIERRE DE LORME. — PIERRE DE LYAIZ.

Pierre de Lorme, maçon, a fait marché avec monsieur le prothenotaire Delisle, de tailler, pollir, faire les quatre joincts de la moitié de la pierre de liaiz qu'il fauldra à paver la grant court du chasteau, moiennant lv^s pour toise, icelle faicte bien et deuement, ainsi que lui sera dit et devisé par le prothenotaire de Carmaing et dedens le xiiie jour de juillet prouchain venant, ainsi que plus à plain est contenu et declaré ou marché sur ce fait et passé le xxe avril mil cinq cens neuf après Pasques.

Payemens sur ce :

Aud. de Lorme, sur ce qui lui peut ou pourra estre deu sur son marché cy-dessus escript, par quictance du sixieme may v^c neuf, xxv^{tt}.

Id. *id*. *id*. du xiiie may v^c neuf, xxiiii^{tt}.
Id. *id*. *id*. du xxie may, xxv^{tt}.
Id. *id*. *id*. du xxviie may, xx^{tt}.
Id. *id*. *id*. du xve juillet, xx^{tt}.
Id. *id*. *id*. du dernier aoust, x^{tt}.

Id. de reste et parpaye de vii^{xx} xiiii livres, pour avoir taillé lvi toises de pierre de liaiz, par quictance du xvi⁰ septembre v⁰ neuf, xxxᴛᴛ.

Total de ce chappitre, vɪɪˣˣ xɪɪɪɪ livres.

ɪɪɪᵉ partie du pavé de la grant court.

POUR LE SAINCT GEORGE DE LA GRANT VIZ.

A Nicolas Mauger, pour ɪx pieces de cuivre pesans vɪɪᶜ vɪɪᴛᴛ d. à ɪɪɪɪˢ, la somme de vingt-une livres xˢ, pour servir à faire le Sᵗ George de la grant viz, par quictance du xxɪɪɪɪᵉ avril vᶜ neuf, xxɪᴛᴛ xˢ.

A Jehan de Bony, ymaginier, pour avoir fait la façon du Sainct George qui sera assiz sur la grant viz, par quictance du xxᵉ avril vᶜ neuf, xxᴛᴛ.

A Jaques Billon et ses compaignons, pour leur peine d'avoir besongné au Sᵗ George de cuivre, avoir livré plusieurs matieres comme appert par inventaire, certifficacion et quictance du xxvɪɪɪᵉ avril vᶜ neuf, vɪɪɪᴛᴛ xvˢ ɪxᵈ.

A eulx, pour avoir besongné au Sainct George, par quictance du vᵉ may, ʟxxɪˢ.

A eulx, pour avoir besongné une sepmaine au Sᵗ George, par quictance du xɪɪᵉ may vᶜ neuf, vɪᴛᴛ xˢ vɪɪɪᵈ.

A eulx, pour avoir besongné une sepmaine au Sainct George et livré aucunes matieres, par quictance du xɪxᵉ may, cɪxˢ ɪɪᵈ.

A Nicolas Mauger, pour huit pieces de fin cuivre pour servir à faire le Sᵗ George, par quictance du xɪxᵉ may, xxᴛᴛ.

A Jacques Billon et ses compaignons, pour avoir besongné plusieurs journées au Sᵗ George que pour cuivre et fagotz, par quictance du xxvᵉ may, xɪᴛᴛ xɪɪɪˢ vɪɪɪᵈ.

A eulx, pour les causes que dessus, par quictance du ɪɪᵉ juing vᶜ neuf, cxvɪˢ ɪɪɪɪᵈ.

A eulx, *id.*   *id.* ɪxᵉ juing, vɪᴛᴛ ɪˢ ɪᵈ.

A eulx, *id.*   *id.* xvɪᵉ juing, vɪɪᴛᴛ xvɪˢ xᵈ.

404 DÉPENSES DE LA CONSTRUCTION

A eulx, pour avoir besongné à l'image du St George et payé du mestal, par quictance du xxiiie juing, xiii^{tt} i^s v^d.

A eulx, pour les causes que dessus, par quictance du dernier juing, cxi^s.

    A eulx, *id.*   *id.* du viie juillet, viii^{tt} xv^s ii^d.
    A eulx, *id.*   *id.* du iiiie aoust, xvi^{tt} vii^s vi^d.
    A lui, *id.*   *id.* du xie aoust, viii^{tt} iiii^s vi^d.
    A lui, *id.*   *id.* du xviii^e aoust, viii^{tt} xiii^s ix^d.
    A lui, *id.*   *id.* du xxv^e aoust, ix^{tt} ii^s i^d.
    A lui, *id.*   *id.* du premier septembre, xv^{tt} vii^s vii^d.
    A lui, *id.*   *id.* du viii^e septembre, viii^{tt} xv^s i^d.
    A lui, *id.*   *id.* du xve septembre, xvi^{tt} ii^s vi^d.
    A lui, *id.*   *id.* du xxiiie septembre, vii^{tt} iiii^s iii^d.

Total de ce chappitre, ii^c lv^l xiii^s viii^d.

Premiere partie du St George.

MARTIN DESPERROIZ. — TRIPOT.

Martin Desparoiz, charpentier, a fait marché à monsieur de Sauveterre de faire et parfaire de charpenterye, et livrer bois et tout ce qui sera neccessaire, les galleries de costé et d'autre et es deux bouts du jeu de paulme et trippot des fossez depuis le pont neuf jusques à la grosse tour, ainsi et jouste le devis, moiennant la somme de deux cens livres tournois, ainsi que pourra apparoir par le marché sur ce fait et passé le xxe jour de mars mil cinq cens et huit, ii^c livres.

Payemens :

Aud. Desperroiz, sur ce qui lui pourra estre deu sur le marché cy-dessus escript, par quictance du sixieme may v^c neuf, x^{tt}.

    Id.   *id.*   *id.* du xiiie may, xv^{tt}.
    Id.   *id.*   *id.* du xixe may, xv^{tt}.
    Id.   *id.*   *id.* du xxviie may, xx^{tt}.
    Id.   *id.*   *id.* du iiie juing, x^{tt}.

A lui, par quictance du xe juing, xxtt.
Id.   id.   id.   du xviie juing, xvtt.
Id.   id.   id.   du xxiiie juing, xxtt.
Id.   id.   id.   du viiie juillet, xltt.
Id. de reste et parpaye de iictt pour la charpenterye qu'il a faicte au tripot, par quictance du xxviie septembre mil vc neuf, xxxvtt.

Total de ce chappitre, iic l.

iie partie pour le jeu de paulme.

PIERRE DE LORME. — ENTREPIEZ.

Pierre de Lorme, maçon, a fait marché à monsieur de Sauveterre de faire et tailler à l'entique et à la mode françoise de pierre de Vernon les entrepiez qu'il fault à asseoir les medailles baillées par messire Paguenin, icelles asseoir soubz la tarasse basse du grant corps d'ostel, livrer toutes matieres, moiennant huit livres tournois piece, qui en sera paié aud. de Lorme, avec dix livres tournois oultre lesd. viiitt pour entrepié, ainsi que plus à plain est contenu et declaré ou marché sur ce fait et passé le xxve avril mil cinq cens et neuf.

Payemens :

Aud. de Lorme, sur ce qui lui peut ou pourra estre deu sur le marché cy-dessus escript, par quictance du sixieme may vc neuf, xltt.
Aud. sur la taille des entrepiez, par quictance du xiiie may, xxxtt.
Aud. sur les entrepiez, *id.* du xxie may, xxtt.
Aud. *id.*   *id.* du xxviie may, xxtt.
Aud. *id.*   *id.* du xe juing vc neuf, ltt.
Aud. de reste et parpaye de viiixx xls, pour avoir fait et assiz soubz la tarasse basse xx entrepiez pour asseoir les medailles baillées par messire Paguenin, par quictance du xxve aoust vc neuf.

Total de ce chappitre, viii xx xl ts.

PLUS, POUR LE SAINCT GEORGE.

A Jehan Helot[1] et ses compaignons, pour leurs journées d'avoir besongné au St George, que pour plusieurs matieres declarées en une inventaire cy rendue et quictance du penultieme septembre v^c neuf, xiii^{tt} xvii^s vii^d.

Total pour soy.

NICOLAS CASTILLE.

Nicolas Castille, menusier, a fait marché à monsieur de Sauveterre de planchéer de membrures de deux pousses depoiz la gallerie haulte d'entre le portail neuf et le grant corps d'ostel avec le cabinet de monsieur, moiennant la somme de lxx^{tt}, comme plus à plain est declaré ou marché sur ce fait et escript le sixieme jour de may mil cinq cens neuf, pour ce, cy, lxx^{tt}.

Payemens :

Aud. Castille, sur ce qui lui peut ou pourra estre deu sur le marché cy-dessus escript, par quictance du xiiiie may v^c neuf, xxx^{tt}.

Id. id. id. xie juing, vii^{tt}.
Id. id. id. xvie juing, iiii^{tt}.
Id. id. id. xxiiiie juing, iiii^{tt}.
Id. id. id. xiiie juillet, c^s.
Id. id. id. xiiiie juillet, iiii^{tt}.
Id. id. id. xxiie juillet, iiii^{tt}.
Id. id. id. xixe aoust, c^s.

Id. de reste de lxx^{tt} pour avoir plancheé la gallerie haulte et le cabinet de monsieur, par quictance du xviiie septembre v^c neuf, vii^{tt}.

Total de ce chappitre, lxx^l.

---

[1] Ce nom est substitué à celui de Jacques Billon, qui est raturé.

DU CHÂTEAU DE GAILLON.

TRIPPOT ET JEU DE PAULME.

A xvi maneuvres, pour avoir amené à brouectes de la terre dedens le jeu de paulme, icelle batue et dressée, par quictance du xvii⁰ juing v⁰ neuf, vii˟˟ vii⁵.

A xxxv maneuvres, *id.*   *id.* du xxiiii⁰ juing, xix˟˟ xviii⁵ vi^d.

A xxiiii maneuvres, *id.*   *id.* du xv⁰ juillet, xiii˟˟ xviii⁵.

A Jehan Foursin, faiseur de tuille, pour x milliers de tuille pour le trippot, xviii⁵ miller, ix˟˟.

A neuf maçons, pour avoir besongné au tallud du tripot, par quictance du xxii⁰ juillet v⁰ neuf, vii˟˟ viii⁵.

A x maçons, *id.*   *id.* du xxix⁰ juillet, vii˟˟ x⁵.

A ii maçons et leurs compaignons, pour avoir taillé lxx toises pierre de St-Leu, pour le trippot, à xv^d toise, par quictance du xxix⁰ juillet v⁰ neuf, iiii˟˟ viii⁵.

A xii maçons, pour avoir besongné au tallud du trippot, par quictence du v⁰ aoust v⁰ neuf, xi˟˟ iiii⁵.

A neuf maçons, *id.*   *id.* du xi⁰ aoust, vii˟˟ xix⁵.

A dix maçons, *id.*   *id.* du xix⁰ aoust, ix˟˟ ix⁵.

A neuf maçons, pour avoir travaillé au trippot des fossés, par quictance du xxvi⁰ aoust, viii˟˟ xvi⁵.

A xi maçons, *id.*   *id.* du ii⁰ septembre, viii˟˟ xii⁵.

A xvii maneuvres, pour avoir servi les maçons du tallud du trippot, par quictance du xxii⁰ juillet v⁰ neuf, ix˟˟ ix⁵.

A xvii maneuvres, *id.*   *id.* du xxix⁰ juillet, vi˟˟ xvi⁵.

A xix maneuvres, *id.*   *id.* du v⁰ aoust, vii˟˟ viii⁵.

A xix maneuvres, *id.*   *id.* du xi⁰ aoust, vii˟˟ x^d.

A xix maneuvres, *id.*   *id.* du xix⁰ aoust, ix˟˟ viii⁵.

A xxiii maneuvres, *id.*   *id.* du xxvi⁰ aoust, xi˟˟ iiii⁵.

A xxiii maneuvres, *id.*   *id.* du ii⁰ septembre v⁰ neuf, ix˟˟ ii⁵.

A Robin Can et Jehan Dumont, pour avoir amené demi-cent de chanlate pour le trippot, par quictance du viii⁰ juillet v⁰ neuf, xv⁵.

A Jehan Foursin, pour x milliers vııı^c tuille, à xvııı^s miller, par quictance du xııı^e juillet v^c neuf, ıx^{tt} xııı^s ıııı^d.

A deux maneuvres, pour avoir tiré deux perches ıı toises moillon pour le trippot, par quictance du xxıx^e juillet, lvı^s ııı^d.

A deux chartiers, pour avoir charié ıı perches ıı toises moillon pour le trippot, cıııı^s r^d.

A trois charpentiers, pour xvı jours qu'ilz ont travaillé à la grue, par quictance du ıı^e aoust v^c neuf, lxıııı^s.

A deux chartiers, pour avoir charié xxv tonneaulx de pierre pour le trippot, par quictance du xxıx^e juillet, c^s.

A Jehan Foursin, pour six milliers de tuille, par quictance du vıı^e aoust, cvııı^s.

A Guillaume Dumont, carerier, pour xxv tonneaulx pierre de St-Leu pour le trippot, par quictance du ıx^e aoust v^c neuf, ıx^{tt} vıı^s vı^d.

A Pierre Desperroiz, chauxumier, pour xvıı queues de chaux, à vıı^s vı^d queue, par quictance du ıx^e aoust, vı^{tt} xı^s ııı^d.

A Jaquet Louesse et ses compaignons, pour avoir tiré quatre perches demie une toise moillon pour le trippot, cxv^s vıı^d.

A deux chartiers, pour avoir amené quatre perches demie une toise moillon, par quictance du xe aoust v^c neuf, vı^{tt} ıııı^s x^d.

A deux chartiers, pour avoir amené ıııı^{xx} ıı banelées de gros sablon, à x^d banelée, lxvı^s vııı^d.

A Jehan Desperroiz, chauxumier, pour x queues et demie de chaux aud. pris, par quictance du xııı^e aoust, lxxvııı^s ıx^d.

A Guillaume de la Haye, voicturier, pour avoir amené xxv tonneaulx pierre de St-Leu, par quictance du xıı^e aoust, vı^{tt} xvıı^s vı^d.

A Guillaume Amyot, pour ııı^c xıı^{es} d'aiz, ıııı^c de clou, ıııı saicles et deux cages, par quictance du xvııı^e aoust, lvı^s vııı^d.

A Simmonnet Desperroiz, pour cinq queues de chaux, à vı^s vıı^d queue, xxxvıı^s vı^d.

A trois charpentiers, pour avoir travaillé au trippot, par quictance du xıx^e aoust, ıııı^{tt} xvııı^s.

. . . .

....

A Guillotin Tubeuf, chauxumier, pour xx poinsons et demi de chaux, à v^s vi^d poinson, cxv^s vi^d.

A Guillaume Desperroiz, chauxumier, pour xv queues et demie de chaux, cxvi^s iii^d.

A Jehan Bellot, chartier, pour avoir amené iiii^{xx} xix banellées de sablon pour le trippot, iiii^{tt} ii^s vi^d.

A lui, pour avoir amené du parc trois perches de moillon, par quictance du xxvie aoust v^c neuf, iiii^{tt} i^s.

A Jaquet Louesse, pour avoir tiré de terre trois perches de moillon, lxxv^s.

A Guillaume Dumont, carerier, pour xxxiii tonneaulx pierre de St-Leu, par quictance du xxve aoust v^c neuf, xii^{tt} vii^s vi^d.

A Guillaume de la Haye, voicturier par eaue, pour avoir amené xxxiii tonneaulx pierre de St-Leu, par quictance du xxve aoust v^c neuf, ix^{tt} i^s vi^d.

A trois charpentiers, pour avoir travaillé à la charpenterie du trippot, par quictance du xxvie aoust, lx^s vi^d.

A trois charpentiers, id. id. du iie septembre, xlvi^s.

A Guillaume Desperroiz, chauxumier, pour xxi queues de chaux, par quictance du iie septembre v^c neuf, vii^{tt} xvii^s vi^d.

A Jaquet Louesse, pour avoir tiré iii perches demie ii toises moillon, par quictance du iie septembre v^c neuf, iiii^{tt} xiii^s ix^d.

Total de ce chappitre, iii^c lviii^l xviii^s ii^d.

iiie partie pour le jeu de paulme.

JEHAN LUILLIER, COUVREUR.

Jehan Luillier, couvreur, a fait marché avec le prothenotaire Delisle et Glaude Delaunoy, de couvrir de tuille et à mortier le jeu de paulme et tripot, moiennant vii^s la toise, et lui doyt l'on livrer tuille, chaux et sablon, comme apparoist par le marché fait et passé le iiiie jour de juillet l'an mil v^c neuf.

Payemens sur ce :

A Jehan Luillier, couvreur, sur ce qui lui peut ou pourra estre deu sur la couverture du trippot, par quictance du viiie juillet v^c neuf, c^s.

Id.   id.   id. du xxiie juillet, c^s.

Id.   id.   id. du xiiiie septembre, xiii^{tt}.

Id. faisant la parpaye de xxxvii^{tt} ii^s, pour avoir couvert le jeu de paulme contenant cvi toises xii piez, au pris la toise de vii^s, par quictance du xxe septembre, xiiii^{tt} ii^s.

Total de ce chappitre, xxxvii^l ii^s.

iiiie partie pour le jeu de paulme.

PAINTRES.

Richart du Hay et Pierre Leplastrier, paintres, ont fait avec monsieur de Sauveterre marché de paindre de verdure la gallerye basse d'entre le portail neuf et le grant corps d'ostel où sont les testes de serf, moiennant le pris et somme de xl^{tt}, et sont tenus livrer toutes couleurs, pour ce, cy, xl^{tt}.

Payemens :

Ausd. paintres, sur le marché cy-dessus escript, par quictance du viiie juillet v^c neuf, x^{tt}.

Id.   id.   id. du xxiie juillet, x^{tt}.

Id.   id.   id. du ve aoust, x^{tt}.

VUIDANGE DES TERRES.

A xlvi maneuvres, pour avoir fait partie des vuidanges des terres d'entre le portail neuf et le jardin, par quictance du viiie juillet v^c neuf, xlii^{tt} ix^s ix^d.

A xlii maneuvres, *id.   id.* du xve juillet, xxiiii^{tt} xii^s.

A xxiiii maneuvres, *id.   id.* du ve aoust, ix^{tt} xii^s.

A xxviii maneuvres, *id.   id.* du xie aoust, xi^{tt} vii^s vi^d.

DU CHÂTEAU DE GAILLON.

A six chartiers, pour avoir fait à leurs banneaulx partie des vuidanges des terres d'entre le pont neuf et le jardin, viii^{tt} ix^s.

A sept chartiers, *id.* vii^{tt} ii^s vi^d.

A vii chartiers, *id.* xiii^{tt} ii^s vi^d.

A xv chartiers, *id.* xix^{tt} xvii^s vi^d.

A ix chartiers, *id.* xii^{tt} vii^s vi^d.

A xi chartiers, *id.* xix^{tt} xvii^s vi^d.

A xxxiiii maneuvres, pour avoir pionné es terres d'entre le portail neuf et le jardin, par quictance du xixe aoust v^c neuf, xiiii^{tt} xi^s vi^d.

A xxxi maneuvres, *id.* *id.* du xvie aoust, xvi^{tt} vi^s.

A liii maneuvres, *id.* *id.* du iie septembre, xx^{tt} xvii^s.

A xxxv maneuvres, pour avoir pionné es terres d'entre la porte aux serruriers et le jardin, par quictance du viiie septembre v^c neuf, xviii^{tt} v^s.

A xxxii maneuvres, *id.* *id.* du xvie septembre, xvi^{tt} xviii^s.

Total de ce chappitre, ii^c lv^l xvi^s iii^d.

iiie partie des choses extraordinaires, etc^a.

TALLUD DU PONT VIEIL AU TRIPPOT.

A deux chartiers, pour avoir amené xliii tonneaulx pierre de Vernon, à iiii^s tonnel, pour servir au tallud des fossez d'entre le pont viel et le trippot, par quictance du xiiiie juillet v^c neuf, viii^{tt} xvi^s.

A trois maçons, pour avoir taillé v^c xlviii piez et demi pierre de Vernon, à v^d pié, par quictance du xiiie juillet, xi^{tt} viii^s vi^d.

A Guillot Sinot, pour ii^c et demi de carreau pierre de Vernon, à vi^{tt} le cent, par quictance du xxiie juillet, xv^{tt}.

A Guillotin Tubeuf, chauxumier, pour xxix poinsons de chaux pour le tallud, à v^s vi^d poinson, vii^{tt} xix^s vi^d.

A six maçons, pour avoir besongné au tallud du fossé d'entre le pont viel et le trippot, par quictance du xxixe juillet, iiii^{tt} xii^s.

A trois maçons, pour avoir taillé lxix toises i pié pierre de Vernon, à ii^s vi^d toise, ix^{tt} xvii^s xi^d.

A huit maçons, pour avoir besongné au tallud du fossé d'entre le portail viel et le tripot, par quictance du v aoust v⁶ neuf, vi^tt viii^s.

A xi maçons, id. id. du xie aoust, viii^tt xii^s.
A xii maçons, id. id. du xixe aoust, xi^tt xvi^s.
A xiii maçons, id. id. du xxvie aoust, xix^tt xix^s viii^d.
A xxiii maçons, id. id. du iie septembre, xv^tt ix^s iii^d.
A xxiii maçons, id. id. du viii^e septembre, xx^tt i^s.
A xxiii maçons, id. id. du xvi^e septembre, xxiii^tt xvi^s.
A xxv maçons, id. id. du xxiii^e septembre, xxi^tt vii^s ii^d.
A xx maçons, id. id. du xxix^e septembre, xvii^tt ix^s viii^d.
A xiiii maneuvres, pour avoir servi les maçons, cviii^s.
A xxv maneuvres, id. xi^tt xix^s.
A xxvi maneuvres, id. xii^tt xviii^s vi^d.

. . . .
. . . .

A Guillaume Dumont, pour iiii^xx v tonneaulx pierre de St-Leu, par quictance du ix^e aoust, xxxii^tt i^s iii^d.

Id. pour iiii^xx xi tonneaulx pierre de St-Leu, xxxiiii^tt ii^s vi^d.

Id. pour cxviii tonneaulx pierre de St-Leu, xliiii^tt viii^s ix^d.

A... pour viii queues de chaux, par quictance du ixe aoust, lx^s.

A Simonet le Cousturier, pour ii^c iii quarterons de carreau pierre de Vernon, xvi^tt x^s.

A Colin Guilars, pour iiii^xx viii poinsons de chaux, à v^s poinson, xxii^tt x^s.

A Jehan Basin, carerier, pour cxvi carreaux, au pris de cii^s vi^d le cent, cxviii^s.

A Guillotin Tubeuf, pour xx poinsons de chaux, à v^s vi^d poinson, par quictance du xxe aoust v^c neuf, cxii^s ix^d.

A Guillaume de la Haye, voicturier par eaue, pour avoir amené iiii^xx xi tonneaulx pierre de St-Leu, par quictance du xxve aoust mil v^c neuf, xxv^tt vi^d.

A Jehan de Vernon et ses compaignons, chartiers, pour avoir amené iiii^xx v tonneaulx de pierre, xvii^tt.

. . . .

A Guillotin Tubeuf, pour LXXIII poinsons de chaux pour les fossez, par quittance du vII^e septembre, XIX^tt vIII^s.

A Guillot Sinot, pour demi-cent XVI carreaux pierre de Vernon, LXXVI^s.

A deux careleurs, pour ung cent II carreaux et demy, CV^s.

A eulx, pour six tonneaulx de pierre, IIII^tt X^s.

A Jehan Liepart, pour LXX tonneaulx pierre de St-Leu, par quictance du XIIe de septembre v^c neuf, XXVI^tt IIII^s IX^d.

A Guillaume de la Haye, voicturier, pour avoir amené par eau IX^xxVIII tonneaulx pierre de St-Leu, LI^tt XIIII^s.

. . . .
. . . .

A Charlot le Camus, pour avoir amené du parc au d. fossé VI^xx IIII baneaulx sablon, CIII^s IIII^d.

A Colin Tubeuf, chauxumier, pour XX poinsons de chaux pour le fossé et tallud, par quictance du XXVIIIe septembre v^c neuf, CV^s.

Total de ce chappitre, sept cens cinquante-trois livres quinze solz dix deniers obole tournois.

LIAIZ.

Jehan Gifart, Jehan Guignant et Raulin Boudin, maçons, ont fait marché avec monsieur de Sauveterre et le prothenotaire Delisle de tailler, polir et faire les joincts de XLVIII toises de la pierre de liaiz, qui est pour le pavement de la grant court, moiennant le priz et somme de XLII^s VI^d pour chacune toise, et seront tenus livrer sablon, ainsi que plus à plain apparoitra par le marché fait et passé le XVIIIe jour de juillet mil v^c neuf.

Paiemens :

Ausd. maçons, sur le marché cy-dessus escript, par quictance du XXIX juillet v^c neuf, IIII^tt.

Id. id. id. du ve aoust, IX^tt.

A eulx, par quictance, du x⁰ aoust, ix^tt.
Id.   id.   id.   du xix⁹ aoust, xii^tt.
Id.   id.   id.   du xxvie aoust, xii^tt.
Id.   id.   id.   du iie septembre, ix^tt.
Id.   id.   id.   du xii septembre, xv^tt.
Id.   id.   id.   du xxi septembre, c^s.

Id. de reste et parpaye de cii^tt pour avoir taillé xlviii toises lyaiz, par quictance du xxviie septembre v^c neuf, xxvii^tt.

Total de ce chappitre, cii^l t^s.

iiiie partie du pavé de la grant court.

PLUS, CUISINES.

A Pierre Fain et ses compaignons, maçons, sur la maçonnerye de leurs cuisines, au priz la toise de vii^tt x^s, par quittance du ve aoust v^c neuf, ii^c xxxix^tt viii^s.

A eulx, id.   id. du xe aoust, cxi^tt i^s vi^d.
Id.   id.   id. du xix aoust, vi^xx iii^tt xvii^s vi^d.
Id.   id.   id. du iie septembre, vi^xx xii^tt xii^s.

Id. la parpaye de v^m xiiii^xx xvii^tt xi^s vi^d, pour les causes que dessus, par quictance du viiie septembre v^c neuf, ii^c xxiii^tt iiii^s vii^d.

> Total de ce chappitre, comprins deux pages cy-devant cotées, *Pierre Fain, cuisines*, deux mil quatre cens cinquante-quatre livres neuf solz six deniers tournois.

TALLUD D'ENTRE LA PETITE CAVE ET CELLUI DE BLOC.

A Pierre Fauquet, carerier, pour xxxv tonneaulx de bites, à viii^s tonnel, pour servir aux fossez d'entre la petite cave et le tallud de bloc, par quictance du xxixe juillet, xiii^tt.

A Guillot Sinot, pour xxviii tonneaulx de bites, au pris et employer comme dessus, par quictance du ve d'aoust v^c neuf, xi^tt iiii^s.

A Jehan de Vernon, chartier, pour avoir amené LXIII tonneaulx bites, par quictance du xxvIII^e aoust, XII^{lt} XII^s.

Total de ce chappitre, trente-sept livres seize sols.

Sixième partie pour les foussez.

PAVEMENT.

A Jehan de Caux, maçon, sur ce qui lui peut estre deu sur le pavement de la chambre et gallerie haulte à jour du portail neuf, par quictance du xxvIII^e aoust v^c neuf, LX^s.

Total pour soy.

Marché fait à Michellet Guesnon, marquetier, par monsieur le chancellier maistre Jacques de Castignoles, de faire la marqueterie à lui devisée aux armoires du cabinet de monseigneur, ce passant pour pié de la grant frise x^s, pour la moyenne III^s et pour la petite x^d; et doyt led. Gusnon tout livrer, ledit marché fait et passé le xxvI^e juillet mil v^c neuf.

Payemens.

A Michellet Guesnon, marquetier, sur ce qui lui pourra estre deu sur la marqueterie des armoires du cabinet de monseigneur, par quictance du penultieme juillet v^c neuf, xx^{lt}.

Total pour soy.

PIERRE DE LORME. — SOLAGE. TRIPOT.

A Pierre de Lorme, maçon, sur ce qui lui pourra estre deu sur le soulage du tripot, par quictance du dernier aoust v^c neuf, LXX^{lt}.

A lui, pour la parpaye de IIII^{xx}x^{lt}, pour avoir maçonné le solage du tripot, contenant, compris les fondemens, XL toises, par quictance du XXᵉ septembre Vᶜ neuf, LXXᶠᶠ.

Total de ce chappitre, IIIIˣˣ xⁱ tˢ.

Vᵉ partie pour le jeu de paulme.

PLUS, TRIPOT.

A Jehan Behier, pour XI millers de careau pour le tripot, par quictance du sixieme septembre Vᶜ neuf, XIIIᶠᶠ XIIˢ VIᵈ.

A Jehan Foursin, pour XI millers et demi tuile pour le tripot, LXIIIˢ.

. . . .

A XIII maçons, pour avoir maçonné au tallud du tripot, par quictance du VIIIᵉ septembre Vᶜ neuf, XIIᶠᶠ VIIIˢ VIᵈ.

A dix maçons, *id.* *id.* du XVI septembre, Xᶠᶠ XVIˢ.

A XXV maneuvres, pour avoir servi les maçons du tripot, par quictance du VIIIᵉ septembre Vᶜ neuf, XIIᶠᶠ Xˢ.

A XVI maneuvres, *id.* *id.* du XVIᵉ septembre, VIIᶠᶠ IIIIˢ.

A deux maçons, pour avoir taillé CII toises pierre de Saint-Leu, à XVᵈ toise, par quictance du VIIIᵉ septembre, VIᶠᶠ VIIˢ VIIIᵈ.

A trois charpentiers, pour avoir travaillé à la charpenterye du tripot, par quictance du VIIIᵉ septembre, LXIIˢ VIᵈ.

Id. *id.* *id.* du XVIᵉ septembre, LXIIˢ VIᵈ.

. . . .

A Guillemin Tubeuf, pour XLII poinsons et demi de chaux pour le trippot, par quictance du XVIIᵉ septembre Vᶜ neuf, XIIᶠᶠ XVˢ.

A Pierre Desperroiz, chauxumier, pour six queues de chaux pour le tripot, XLVˢ.

A deux maçons, pour avoir taillé XLVI toises IIII piez et demi pierre de Saint-Leu pour servir au tallud du tripot, au priz la toise de XVᵈ, LVIIIˢ Vᵈ.

DU CHÂTEAU DE GAILLON.   417

A deux maçons, pour avoir taillé et assis trois cahors au tripot, par quictance du xxve septembre v^c neuf, cviii^s.

Total de ce chappitre, vi^{xx}iii^l vii^s vi^d.

vi^e partie pour le jeu de paulme.

AUTRES PARTIES PAIÉES OULTRE L'ESTAT.

A Pierre Fain et ses compaignons maçons, pour avoir fait deux demyes croisées et une lucarne au grant corps d'ostel, qui est oultre le marché de xviii^m livres, et plusieurs autres choses declarées en un feuillet de papier cy rendu, par quictance du xxve septembre v^c neuf, iii^c xxiiii^{tt} x^s.

A eulx, pour lxx tonneaulx pierre de Vernon, qu'ilz ont baillés et livrez pour servir au chasteau, au priz de xxiii^s le tonneau comprins le chariage, par quictance du xxixe septembre v^c neuf, iiii^{xx} iiii^{tt}.

Total de ce chappitre, iiii^c viii^l x^s t^s.

RESTES DE L'ANNÉE PASSÉE.

A Nicolas Castille (voir ci-après, année 1508).
. . . .
. . . .

A Michellet le Serf, serrurier, de reste et parpaye de la ferraille qu'il a livrée durant l'année finie, le dernier jour de septembre dernier passé, par quictance du xxvie novembre v^c huit, viii^{xx} vi^{tt} ii^s ix^d.

A Robert Devaulx, plombier (voir ci-après, année 1508).
. . . .
. . . .
. . . .

A Gregoire Leroy, tappissier... (voir ci-après, année 1508).
A Martin Desperroiz... (id.   id.)
A Richart du Hay... (id.   id.)

A Jehan Gale, brodeur, demourant à Tours, pour deux escuxons aux armes de monsieur, garnis de chappeaulx, houpes et boutons, et pour vi^{xx}iii fleurs de lis à x^s piece, qui n'avoient esté comptez par le compte precedent, et xxv escuz soleil à lui ordonnez, oultre ses premieres parties, montant le tout, comme il appert par quictance du xiie fevrier v^c huit, vii^{xx}iii^{lt} xii^s vi^d, sur quoy a esté mis en ce compte par le premier compte, pour ce xlvi^{lt} v^s, et reste seulement quatre-vingts dix-sept livres v^s vi^d, iiii^{xx}xvii^{lt} v^s vi^d.

A Jehan le Page, Colas le Valloix, Jehan de Brucelles, Jehan le Gay, Colas le Flament, Mathurin Moireau, brodeurs, envoiez à Gaillon par led. Gale, oultre xxv^{lt} par eulx receuz, qui sont couchez au compte precedent, par quictance du xxiiiie octobre v^c huit, lv^{lt} iiii^s viii^d.

Total de ce chappitre, xiiii^c xx^l x^s xi^d.

DORURE DES FILLATIÈRES DES PLANCHERS.

A Richart du Hay, paintre, pour iiii^{c}liii fillatieres baillées et livrées au planchers dud. chasteau, par mandement de monsieur de Genly et quictance du xxiiiie octobre v^c huit, iiii^{xx}x^{lt} xii^s.

Total pour soy.

PAINTURES POUR LA CHAPPELLE.

A monsieur le grant maistre, es mains de Regnault Charlet et dit St-Aubin, pour le rembourser de ce qui avoit esté baillé à Millan au paintre m^e André de Solario, par certiffication dud. Charlet, du xxe janvier v^c huit, lxx escuz soleil, pour ce, cy, vi^{xx}ix^{lt} x^s.

A monsieur de Sauveterre, m^e Jacques de Castignolles, pour la despence de m^e André de Solario son homme et cheval, pour ix mois escheuz au jour St-Michel dernier passé, par sa quictance du premier octobre v^c huit, lxxv^{lt}.

A mondit sieur, pour la despence dud^t m^e André des mois d'octobre, novembre et decembre, par sa quictance du xxiie septembre v^c huit, xxv^{tt}.

A mond^t s^r, pour la despence dud^t m^e André, depuis Noel dernier passé jusques au xxve mars v^c huit avant Pasques, xxv^{tt}.

A mond^t s^r de Sauveterre, pour la despence de m^e André, paintre, pour le terme escheu à la St-Jehan dernier passé, par sa quictance du xxviiie juing v^c neuf, xxv^{tt}.

A mond^t s^r, pour la despence de m^e André, depuis la St-Jehan jusques à la St-Michel, par sa quictance du xxviiie septembre v^c neuf, xxv^{tt}.

A m^e André de Solario, paintre, la somme de quatre-vingts-douze livres x^s en L escuz soleil, pour quatre mois de ses gaiges escheuz le sixieme avril dernier passé, par sa quictance du dernier avril v^c neuf, iiii^{xx}xii^{tt} x^s.

A lui, pour ses gaiges depuis le sixieme aoust jusques au sixieme decembre v^c huit, par mandement de monsieur de Genly et quictance du xxiie janvier v^c huit, iiii^{xx}xii^{tt} x^s.

A m^e André de Solario, paintre, pour ses gaiges de quatre moys escheuz le sixieme jour de ce present, par quictance du viiie aoust v^c neuf, iiii^{xx}xii^{tt} x^s.

Total de ce chappitre, v^c iiii^{xx} ii livres.

LA TABLE D'OSTEL DE MABRE OU SERA LE SAINT GEORGES.

A Michault Coulombe, sur le marché à lui fait pour la façon de faire le St George, tailler et graver sur led. marbre, par certification de Patris Binet, du xxve jour de fevrier v^c huit, pour ce, cy, iii^{c tt}.

Total pour soy.

ANTHOINE JUST, POUR LES YMAGES DE LA CHAPPELLE.

Au d^t m^e Anthoine Just, par sa lettre et quictance du premier novembre v^c huit, xx^{tt}.

A lui, par autre quictance du xii^e decembre oud^t an, xx^{tt}.

A lui, par autre quictance du xx^e dud^t moys, x^{tt}.

A lui, par autre quictance du xii^e janvier oud^t an, xx^{tt}.

A lui, par autre quictance du penultieme dud^t moys, xx^{tt}.

A lui, le iii^e jour d'avril oud^t an, par autre quictance, lxx^{tt}.

A lui, le penultieme jour de juing v^c neuf, par autre quictance, lx^{tt}.

A lui, le xvi^e septembre oud^t an, par autre quictance, xxxvii^{tt}.

Aud. m^e Antoine Just, le sixieme octobre oud^t an v^c neuf, par autre quictance, xx^{tt}.

A lui, le xxiiie jour dud. moys, par autre quictance, xx^{tt}.

Total de ce chappitre, ii^c iiii^{xx} xvii^{ls} t^s.

POUR L'ENCHASSEMENT DE LA PIERRE DE MILLAN POUR LE CABINET ET AUSSI DES PERLES.

A Robin Rousseau, orfevre, demourant à Tours, ainsi qu'appert par ses parties et quictance, signée de sa main, du xiie fevrier v^c huit, iii^cxlvii^{tt} v^s.

A Estienne le Signere, pour viii jours de sa peine d'avoir enchassé de la pierre de Venise, que monseigneur a fait venir de Venise, par quictance du viiie decembre v^c huit, xxx^s.

Total de ce chappitre, iiie xlviii^l xv^s.

Somme toute de la despense du present compte, vingt-deux mil six cens soixante-dix livres sept solz quatre deniers tournois.

Ainsi doit led. Delaunoy, par ced. compte, soixante-cinq livres dix-huit solz deux deniers tournois.

Ce present compte a esté examiné, clos et arresté à Gaillon, le xvie jour de novembre l'an mil cinq cens et neuf.

  T. BOHIER.   P. LEGENDRE.

           De Launoy.

DESPENSE DES BASTIMENS DE GAILLON.

1508.

Papier de la recepte et despense des bastimens du chasteau de Gaillon, des marchez faiz de l'année finie le dernier jour de septembre mil v^c huit, par Glaude de Launoy, à ce commis par le reverend pere en Dieu monseigneur monsieur le legat cardinal du Sainct Siege apostolicque arcevesque de Rouen.

Ce compte a esté presenté à Rouen le dernier jour d'octobre, l'an mil cinq cens et neuf.

Parties restans à payer à cause des ouvrages de Gaillon qui sont demourées à faire, qui estoient couchées en l'estat fait par monsieur pour ceste presente année, qui finira à la St-Michel v^c huit.

ET PREMIEREMENT :

Du grant pris fait des maçons, montant xviii^{lt}, v^{m}v^{c}xiiii^{lt}x^s.
Item, pour le portail de devers la basse court, vi^{lt}.
Reste à faire la moictié de la couverture des cuisines,
Item, à paver l'une des cuisines, } iiii^{clt}.
Item, serrurerie, menuserie et vitrerie pour lesd. cuisines,
Item, la painture du bas estage de devers le jardin, c^{lt}.
Item, pour la painture du pavillon, iii^{clt}.

Item, au menusier est encores deu, vi^{ctt}.

Item, au vitryer d'Orleans est encore deu, iiii^ciiii^{xx}vii^{tt} x^s.

Item, au charpentier sera deu du grand pris fait, xi^c xxxv^{tt}.

Item, couverture pour la chappelle, la grant viz et ce qui reste de la gallerie de l'entrée, ii^{ctt}.

  Total, x^m iiii^c iiii^{xx} vii livres.

RECEPTE.

ET PREMIEREMENT :

De monseigneur monsieur messire Thomas Bohier, chevalier, conseillier du Roy nostre sire et general de ses finances, par les mains de monsieur le receveur Pierre Gravelle, la somme de dix-huit cens soixante-huit livres six solz viii^d, par mon recepissé du xixe octobre v^c huit, pour ce, cy, xviii^c lxviii^{tt} vi^s viii^d.

Id.	*id.*	par mon recepissé du xviiie decembre mil v^c huit, iiii^{xx}xvi^{tt}.
Id.	*id.*	*id.* du iie janvier v^c huit, iii^clxxv^{tt} xii^s vi^d.
Id.	*id.*	*id.* du xie janvier v^c huit, ii^{ctt}.
Id.	*id.*	*id.* du xiie janvier v^c huit, v^clii^{tt} xiiii^s v^d ob.
Id.	*id.*	*id.* du xxe janvier v^c huit, vii^{xx} xvii^{tt} x^s.
Id.	*id.*	*id.* du xxii^e janvier v^c huit, vii^{xxtt}.
Id.	*id.*	*id.* du premier jour de fevrier v^c huit, v^cx^{tt}.
Id.	*id.*	*id.* du trois fevrier v^c huit, l^{tt}.
		xvi^cx^{tt} iiii^s v^d.
Id.	*id.*	*id.* du ix^e fevrier v^c huit, vii^{xx}x^{tt}.
Id.	*id.*	*id.* du xvii^e fevrier v^c huit, ii^cxxx^{tt}.
Id.	*id.*	*id.* du xxii^e fevrier v^c huit, ix^{xx}viii^{tt}.
Id.	*id.*	*id.* du xxve fevrier mil v^c huit, ii^cxxvi^{tt} vii^s vi^d.
Id.	*id.*	*id.* du ixe mars v^c huit, v^{ctt}.
Id.	*id.*	*id.* du xiiiie mars v^c huit, iiii^{xx}xvi^{tt} xi^d.
Id.	*id.*	*id.* du xxiiii mars v^c huit, l^{tt}.

DU CHÂTEAU DE GAILLON.   423

De lui, par mon recepissé du xxve mars v^c huit, v^{ctt}.

Id.   id.   id.   du ve avril v^c huit, iiii^{xx}xv^{tt}.

Id.   id.   id.   du six^e avril v^c huit avant Pasques, v^{xx} xv^{tt}.

Id.   id.   id.   du xiiie avril v^c neuf après Pasques, iiii^c lxx^{tt} vi^s vi^d. xii^{ctt} vi^s vi^d ob.

Id.   id.   id.   du xxie avril v^c neuf après Pasques, vi^c ^{tt}.

De mond. s^r le chancellier m^e Jaques de Castignolles, la somme de sept cens quarente-quatre livres trois sols xi^d, par mon recepissé du derrain avril v^c neuf, pour ce, cy, vii^c xliiii^{tt} iii^s xi^d.

Id.   id.   id. du viiie may v^c et neuf, iii^{ctt} vi^s xi^d.

Id.   id.   id. du derrain jour de may v^c neuf, iii^c iiii^{xx} v^{tt}.

Id.   id.   id. du xixe juing v^c neuf, iii^c iiii^{xx}i^{tt} viii^s iiii^d.

Id.   id.   id. du xxiiie de juillet v^c neuf, v^c lv^{tt} vi^d.

De reverend pere en Dieu monseigneur monsieur l'abbé de Mortemer, m^e Jaques de Castignolles, la somme de six cens trente-une livres tournois, par mon recepissé du xie septembre v^c neuf, pour ce, cy, vi^cxxxi^{tt} ii^s.

De mond^t s^r l'abbé, la somme de trente livres tournois, par mon recepissé du xviiie jour de septembre v^c neuf, pour ce, cy, xxx^{tt}.

De mond^t s^r le general, par les mains de mond^t s^r le receveur Gravelle, la somme de trois cens vingt-neuf livres cinq solz huit deniers tournois, par mon recepissé du xxiie octobre v^c huit, pour ce, cy, iii^cxxix^{tt} v^s viii^d.

Id.   id.   id. du xxiiiie octobre v^c huit, ii^ciiii^{xx}x^{tt} xii^s.

Id.   id.   id. du iiiie jour de novembre v^c huit, vii^cxxxv^{tt}.

Id.   id.   id. du xe novembre v^c huit, v^{ctt}.

Id.   id.   id. du xixe novembre v^c huit, v^cl^{tt}.

Id.   id.   id. derrain novembre v^c huit, vii^cvii^{tt} x^s.

Id.   id.   id. du xv^e decembre v^c huit, mlxxv^{tt} iii^s viii^d.

Id.   id.   id. du tiers janvier v^c huit, iii^clxxvii^{tt} xiii^s.

Id.   id.   id. du xe janvier v^c huit, viii^cxl^{tt} viii^s.

Id.   id.   id. du xxe janvier v^c huit, v^cli^{tt} ix^s vii^d.

Id.   id.   id. du xxiiiie janvier v^c huit, iiii^{xx}xii^{tt} x^s.

De lui, par mon recepissé du xv⁰ fevrier v⁰ neuf, v⁰x^tt.

Somme total de la recepte du present compte, dix mil quatre-vings-dix-neuf livres quinze solz six deniers tournois.
ıı^m ııı^e Lxxıı^l vıı^d.

DESPENCE.

PIERRE FAIN ET SES COMPAIGNONS.

A Pierre Fain et ses compaignons à present besongnans au chasteau de Gaillon, sur la somme de xvııı^m livres, à quoy ilz ont marchandé pour plusieurs bastimens qu'ilz doivent faire aud. Gaillon, à plain declaré ou marché sur ce fait et passé le ııı^e jour de decembre mil v^c et sept, pour ce, cy, ladite somme de xvııı^m^tt.

Sur quoy a esté payé par Mombrun et par Glaude de Launoy la somme de xı^mııı^c ııı^xxv^tt x^s.

Audit Pierre Fain et ses compaignons, la somme de quatre cens soixante-une livres douze solz tournois, sur ce qui leur peut ou pourra estre deu sur leur marché de xvııı^m livres, par mandement et quictance xxvı^e octobre v^c huit, pour ce, cy, ııı^cLvı^tt xıı^s.

Id. id. par quictance du xı^e novembre v^c huit, vı^c^tt.
Id. id. id. du ıı^e decembre v^c huit, vıı^xxxv^tt.
Id. id. id. du sixieme janvier mil v^c et huit, ııı^cı^tt.
Id. id. id. du xıııı^e janvier v^c huit, ıı^cxxx^tt.
Id. id. id. du xxvıı^e janvier v^c huit, ııı^cLxıx^tt.
Id. id. id. du vııı^e fevrier v^c huit, ıx^xxvı^tt xvııı^s.
Id. id. id. du xvııı^e fevrier v^c huit, pour ce, cy, v^cıı^tt x^s.
Id. id. id. du ıııı^e mars v^c huit, ııı^cxxxvııı^tt x^s.
Id. id. id. du xı^e mars v^c huit, ıı^cıııı^xxıı^tt x^s.
Id. id. id. du xvııı^e mars v^c huit, ıı^cıııı^xxvı^tt xvııı^s.
Id. id. id. du xxve mars v^c huit, ııı^cxxxıı^tt.
Id. id. id. du vı^e avril v^c huit avant Pasques, ıı^cxııı^tt x^s vı^d.

DU CHÂTEAU DE GAILLON. 425

A eulx, par quictance du xxie jour d'avril après Pasques, IIII^cXIIII^{tt} II^s VI^d.
Id.   id.   id. du xIII^e may v^c neuf, IIII^cXLIII^{tt} XVI^s.
Id.   id.   id. du xxvII^e may mil v^c neuf, IIII^cLII^{tt} II^s VI^d.
Id.   id.   id. du xxvII^e juing mil cinq cens neuf, II^cXLVIII^{tt} XI^s VI^d.
Id.   id.   id. du xxIIII^e juing v^c neuf, II^cIIII^{xx}IX^{tt} XVIII^s.
Id.   id.   id. du xve jour de juillet v^c neuf, II^cIIII^{xx}III^{tt} X^s.

A eulx, la somme de treize livres ung sol de reste et parpaie de xvIII^m livres de leur marché de la maçonnerie de la chappelle et grant viz, par mandement de mons^r de Sauveterre et quictance du xxIx^e septembre v^c neuf, xIII^{tt} I^s.

Total de ce chappitre, six mil cinq cens quatorze livres dix solz tournois,
Qui est le parpayement du grand pris fait des massons, montant dix-huit mil livres tournois.

PIERRE DE LORME. — PORTAIL.

Pierre de Lorme, maçon, a fait marché de parfaire le portail du jardin et livrer toutes matieres moiennant vI^{tt} x^s pour toise.

COUCHÉ AU COMPTE PRÉCÉDENT.

Payemens :

Audit Pierre de Lorme, à plusieurs foys, par Glaude de Launoy, vI^cIIII^{xx}XIII^{tt} I^s VI^d.

MARTIN DES PERROIZ, CHARPENTIER.

Martin des Perroiz, charpentier, a fait marché de faire les charpenteries de la chappelle, de la grant viz, la gallerie, les cuisines et autres choses declarées ou marché, moiennant II^m II^c livres.

COUCHÉ SUR LE COMPTE PRÉCÉDENT.

Payemens :

Aud. Martin des Perroiz, à plusieurs foys, par Glaude de Launoy, XI^cXV^{tt}.

DÉPENSES DE LA CONSTRUCTION

A lui, la somme de trente-cinq livres tournois, sur la charpenterie qu'il a faicte et fera, par quictance du xxIIII^e octobre v^c huit, pour ce, cy, xxxv^{tt}.

 Id. *id.* *id.* du xxvII^e octobre v^c huit, xv^{tt}.
 Id. *id.* *id.* du IIIIe novembre v^c huit, Lx^{tt}.
 Id. *id.* *id.* du xvIII^e novembre v^c huit, xx^{tt}.
 Id. *id.* *id.* du xxv^e novembre mil v^c huit, xII^{tt}.
 Id. *id.* *id.* du IIe decembre v^c huit, xx^{tt}.
 Id. *id.* *id.* du Ix^e decembre v^c huit, xII^{tt}.
 Id. *id.* *id.* du xvI^e decembre v^c huit, xv^{tt}.
 Id. *id.* *id.* du xxII^e decembre v^c huit, xv^{tt}.
 Id. *id.* *id.* du vI^e janvier v^c huit, xv^{tt}.
 Id. *id.* *id.* du xxvII^e janvier, xx^{tt}.
 Id. *id.* *id.* du xvII^e fevrier v^c huit, xx^{tt}.
 Id. *id.* *id.* du xxIIII^e fevrier v^c huit, x^{tt}.
 Id. *id.* *id.* du IIIIe mars v^c huit, xv^{tt}.
 Id. *id.* *id.* du xI^e mars v^c huit, xv^{tt}.
 Id. *id.* *id.* du xvIIII^e mars v^c huit, xv^{tt}.
 Id. *id.* *id.* du xxIII^e mars v^c huit, L^{tt}.
 Id. *id.* *id.* du v^c avril v^c huit avant Pasques, xL^{tt}.
 Id. *id.* *id.* du xxI^e avril v^c neuf après Pasques, xvI^{tt}.

A Martin des Perroiz, charpentier, sur la charpenterie qu'il a faicte et sur son marché de II^mII^c livres, par quictance du xxIx avril v^c neuf, xx^{tt}.

 Id. *id.* *id.* du penultieme avril v^c neuf, IIII^{xx tt}.
 Id. *id.* *id.* du xve jour de juillet v^c neuf, xxx^{tt}.
 Id. *id.* *id.* du xxII^e juillet v^c neuf, xxv^{tt}.
 Id. *id.* *id.* du xxvIII^e juillet v^c neuf, xx^{tt}.
 Id. *id.* *id.* du ve aoust v^c neuf, xxv^{tt}.
 Id. *id.* *id.* du xe aoust v^c neuf, xx^{tt}.
 Id. *id.* *id.* du xxIx^e aoust v^c neuf, xx^{tt}.
 Id. *id.* *id.* du xxvI^e aoust v^c neuf, xx^{tt}.
 Id. *id.* *id.* du IIe septembre v^c et neuf, xxv^{tt}.
 Id. *id.* *id.* du xIII^e septembre v^c et neuf, xxx^{tt}.

A lui, par quictance du xiiie septembre, xl^{tt}.

Total de ce chappitre, sept cens quatre-vings-cinq livres tournois. Et il sera encores deu trois cens cinquante livres tournois.

CASTILLE, MENUISIER.

Nicolas Castille, menusier, a fait marché de faire et parfaire toutes les menuseries qui sont necessaires à faire au chasteau de Gaillon, moiennant la somme de iiii^mviii^cl^{tt}.

COUCHÉ SUR LE COMPTE PRÉCÉDENT.

Payemens :

Aud. Castille, à plusieurs foys, par Glaude Delaunoy, iiii^mii^{ctt}.

A lui, la somme de cent livres tournois sur la menuserie qu'il a faicte et est tenu faire, par quictance du ve novembre v^c et huit; pour ce, cy, c^{tt}.

A lui, sur la menuiserie qu'il a faicte et est tenu faire sur son marché de iiii^mii^{ctt}, par quictance et mandement du iie janvier mil v^c huit, vii^{xx}x^{tt}.

Id.   id.   id. du xviiie fevrier v^c huit, xl^{tt}.
Id.   id.   id. du xxiie fevrier v^c huit, lx^{tt}.
Id.   id.   id. du ve avril v^c huit avant Pasques, cl.

Total de ce chappitre, cinq cens livres tournois. Il lui sera encores deu, à cause dudit pris fait, ayant parfait l'ouvrage, cent livres tournois.

MENUSERYE.

Nicolas Castille, menusier, a fait marché à monsieur de Genly de faire les bancs à dossier qu'il fault à la salle du corps d'ostel neuf que a fait Pierre de Lorme, moiennant x^s pour pié de toise pour le dossier.

Paiemens.

MENUSERYE.

A Nicolas Castille, menusier, la somme de soixante-six livres dix solz six deniers tournois, pour plusieurs aiz, membrures et chevrons qu'il a livrez, par quictance du ve octobre v^c huit, pour ce, cy, LXVI^{tt} x^s VI^d.

PAINTRES.

Lyenard de Feschal et Jehan Testefort, paintres, ont fait marché de paindre et dorer tout le pavillon qui est au jardin, ensemble toutes les murailles de la gallerie et volouer dud. jardin et autres choses, moiennant xv^{ctt}.

COUCHÉ SUR LE COMPTE PRÉCÉDENT EN DEUX ARTICLES.

Payemens :

Ausd. paintres, à plusieurs foys, par Glaude de Launoy, XI^{ctt}.

A eulx, sur la painture et dorure qu'ilz ont faicte et sont tenus faire au pavillon et gallerie du jardin, par quictance du xe octobre mil v^c huit, L^{tt}.

Id.   id.   id. du IIIIe nov^{bre} v^c huit, L^{tt}.
Id.   id.   id. du premier decembre v^c huit, LX^{tt}.
Id.   id.   id. du XIIIe decembre v^c huit, XL^{tt}.
Id.   id.   id. du IIe janvier v^c huit, L^{tt}.
Id.   id.   id. du XVIe janvier v^c huit, L^{tt}.

A eulx, la somme de cinquante livres, de reste et parpaye de XV^{ctt} pour la dorure et painture qu'ilz ont faicte au pavillon, gallerie et apuiz du jardin, par quictance du XXIIe fevrier v^c huit, pour ce, cy, L^{tt}.

Total de ce chappitre, trois cens cinquante livres tournois,

Qui est le payement du pris fait de quinze cens livres tournois baillé aux paintres.

PLOMBERYE.

Robert Devaulx, plombier, a fait marché de chacune livre de plomb qu'il livra, tant moulure que plain, à ix^d obole.

Payemens :

Aud. Devaux, à plusieurs foys, par Glaude de Launoy, II^mIII^{ctt}.

A lui, la somme de trois cens ving-neuf livres cinq solz huit deniers tournois, de reste et parpaye de II^mVI^cLXXIX^{tt} V^s VIII^d pour le plomb qu'il a livré depuis le XIIe janvier V^cVII jusques au derrain septembre en suivant, par quictance du XXIIe octobre V^c huit, III^cXXIX^{tt} V^s VIII^d.

VERRERIE.

Jehan Barbe, verrier, doyt avoir pour chacun pié de verre bordé à grand bort, qu'il livra au chasteau de Gaillon IIII solz, et de cellui qui est blanc, II^s.

COUCHÉ SUR LE COMPTE PRÉCÉDENT.

Payemens :

Aud. Barbe, à plusieurs foys, par Glaude de Launoy, II^{ctt} I^s.

FERRAILLE.

Michellet le Serf, serrurier, a fait marché de livrer la ferraille, c'est assavoir en gros ouvrage non portant façon, x^d pour livre, et en painnelles, gons et autre semblable, XII^d.

Payemens.

Aud. Michellet le Serf, serrurier, à plusieurs foys, par Glaude de Launoy, VII^cLII^{tt} X^s.

A lui, sur la ferraille qu'il a livrée, par quictance du six^e octobre, pour ce, cy, VII^{xx}X^{tt}.

LA PAINTURE DU BAS ESTAGE DE DEVERS LE JARDIN.

Richart du Hay et Pierre le Plastrier, paintres, ont fait marché avec monsieur de Sauveterre de paindre de verdure la gallerie basse d'entre le portail neuf et le grant corps d'ostel où sont les testes de serf, moiennant le pris et somme de XL^{lt}, et pour ce seront tenus livrer toutes couleurs, pour ce, cy, XL^{lt}.

Payemens :

Ausd. paintres, la somme de dix livres tournois sur le marché cy-dessus escript, par quictance de VIIIe juillet v^c neuf, pour ce, cy, X^{lt}.

A eulx, sur le marché cy-dessus escript, par quictance du XXIIe juillet v^c neuf, X^{lt}.

A eulx, sur le marché cy-dessus escript, par quictance du ve aoust v^c neuf, X^{lt}.

A Richard du Hay et Pierre le Plastrier, paintres, la somme de dix livres, faisant la parpaye de XL^{lt}, pour avoir paint de verdure la gallerie basse et serfz, par quictance du VIIIe septembre v^c neuf, X^{lt}.

De ce chappitre, cinquante livres tournois.

VICTRYER D'ORLEANS.

A Anthoine Chenesson, victryer d'Orleans, est encores deu du marché fait avec lui, la somme de IIII^{c}IIII^{xx}VII^{lt} X^s.

Payemens :

Aud. Chenesson, la somme de vingt livres tournois, sur les verrines d'Orleans qu'il a livrez et livra aud. chasteau, par sa quictance du XXI septembre v^c neuf, XX^{lt}.

A lui, par monsieur le General, la somme de III^{c}LXX^{lt} sur ce qui lui peut estre deu, par quictance du XVIe janvier v^c huit, III^{c}LXX^{lt}.

Total de ce chappitre, trois cens quatre-vings-dix livres tournois.
Oultre les payemens à lui faits couchez sur le compte de l'année précédente.

COUVREUR D'ARDOISE.

A Jehan Lemoine, couvreur d'ardoise, pour la chappelle, la grand viz et ce qui reste de la gallerye de l'entrée de la cour.

DU CHÂTEAU DE GAILLON.

PREMIEREMENT :

Aud. Jehan Lemoine, couvreur, la somme de six livres tournois sur ce qui lui peut ou pourra estre deu sur la couverture de la chappelle, par quictance du xxiii₉ mars v₉ huit, pour ce, cy, vi^{lt}.

Id.   id.   id. du xxviii₉ juing v₉ neuf, l^s.
Id.   id.   id. du xiiii₉ juing v₉ neuf, xl^s.
Id.   id.   id. du v₉ aoust v₉ neuf, lx^s.
Id.   id.   id. du xi₉ aoust v₉ neuf, lx^s.
Id.   id.   id. du xx₉ jour d'aoust v₉ neuf, cx^s.
Id.   id.   id. du xxvi₉ aoust v₉ neuf, vi^{lt}.
Id.   id.   id. du ii₉ septembre v₉ neuf, vi^{lt}.
Id.   id.   id. du xxix₉ septembre v₉ neuf, c^s.

Total de ce chappitre, trente-neuf livres tournois.

PORTAIL QUI CLOST LA BASSE COURT.

Pierre Fain et ses compaignons, maçons, ont fait marché de faire, de pierre de Vernon, le portail qui clost la court du chasteau, moiennant, vi^cl^{lt}.

Payemens :

Audit Fain et ses compaignons, la somme de six vingts six livres xv^s sur ce qui leur peut ou pourra estre deu sur le portail qui clost la court, par quictance et mandement du ix₉ decembre v₉ huit, vi^{xx}vi^{lt} xv^s.

Id.   id.   id. du xxiiii₉ decembre v₉ huit, ii^clxvii^{lt}.
Id.   id.   id. du derrain mars v₉ huit (1509), ix^{xx}viii^{lt}.
Id. *(rayé au manuscrit)*..... pour la maçonnerye du portail qui clost la court où est l'entrée de Gennes, par mandement de mons^r de Sauveterre et quictance du xxix₉ septembre v₉ neuf, lxviii^{lt} v^s.

Total de ce chappitre, six cens cinquante livres tournois, qui est l'entier payement de l'ouvrage contenu aud. chappitre.

432   DÉPENSES DE LA CONSTRUCTION

POUR LA PREMIÈRE MOITIÉ DE LA COUVERTURE DES CUISINES.

A Jehan Lemoine, couvreur d'ardoise, la somme de cent solz tournois sur ce qui lui peut ou pourra estre deu sur la moitié de la couverture des cuisines, par quictance du xxiiie novembre v^c huit, pour ce, cy, c^s.

A lui, la somme de cent solz tournois, pour les causes que dessus, par quictance du xxe janvier v^c huit, c^s.

Id.   id.   id. du derrain mars v^c huit, iiii^{tt} x^s.
Id.   id.   id. du xxiiiie juillet v^c neuf, lx^s.

Total de ce chappitre, dix-sept livres dix sols tournois.

POUR LE PAVÉ DE L'UNE DES CUISINES.

(Néant.)

POUR LA SERRURERYE DES CUISINES.

(Néant.)

MENUSERYE DES CUISINES.

(Néant.)

VICTRERYE POUR LES CUISINES.

A Jehan Barbe, verrier de Rouen, la somme de cinquante livres tournois sur les verrines qu'il a livrées et livra aux cuisines, par quictance du xviie septembre v^c neuf, pour ce, cy, l^s.

RESTES DE L'AN PASSÉ.

A Nicolas Castille, menusier, la somme de soixante-six livres dix solz six d^{rs}, pour plusieurs aiz et membrures baillé auparavant le premier jour de ce present moys d'octobre, par certiffication et quictance du ve octobre v^c huit, pour ce, cy, lxvi^{tt} x^s vi^d.

DU CHÂTEAU DE GAILLON.

A lui, par quictance du xxiiie octobre v^c huit, ii^{ctt}.

Id. id. id. du xxve novembre v^c huit, c^{tt}.

Id. id. id. du xxiie janvier v^c huit, pour ce, cy, ii^{ctt}.

v^{c}lxvi^{tt} x^s xi^d.

A Guillaume Chappellain, pour xii pieces de landiers, xii broches, contreroutiers et gredilz, par quictance du ix octobre v^c et huit, xxxiii^{tt} v^s viii^d.

A Benoist Huart, pour avoir livré plusieurs pieces de cuivre, comme apparoitra par inventaire et quictance du xiie octobre v^c huit, xl^{tt} xii^s.

A Jehan Helyot, pour avoir fait le saint Jehan de cuivre et l'entrepié assiz sur le pavillon du jardin, par quictance du xiie octobre v^c huit, lxx^{tt}.

A Jehan Scallot de Gentiltillesse, pour plusieurs parties de marchandises, comme apparoit par l'inventaire et par quictance du xe octobre v^c huit, iii^{c}vi^{tt} i^s vi^d.

A Martin Duquesne, pour iiii pieces de toille bleue pour envelopper la tappisserie de velours vert, par quictance du xxvii^e novembre v^c huit, lxx^s.

A Laurense Sochon, pour six aulnes velours vert, par quictance du xiiie octobre v^c huit, xl^{tt} x^s.

A Guillaume Dumouchel, marchant, pour lviii aulnes tappfetas vert, velours neir et autres draps de soye, par quictance du xiie octobre v^c huit, ii^{c}lxx^{tt} xiiii^s ix^d.

A Anthoine (*rayé au manuscrit de* Saint-) Just, ymaginier, la somme de quatre-vingts dix livres tournois, oultre cx livres pour ouvrages de son mestier, par mandement de monsieur le general et quictance du xie octobre v^c huit, pour ce, cy, iiii^{xx}x^{tt}.

A Michellet le Serf, serrurier, sur la ferraille qu'il a livrée auparavant le premier jour d'octobre, par quictance du sixieme octobre v^c huit, vii^{xx}x^{tt}.

A lui, la somme de huit vingts six livres ii^s six deniers de reste et parpaye de la ferraille qu'il a livrée durant l'année finie le derrain jour de septembre derrain passé, par mandement de monsieur de

Sauveterre et quictance du xxvi⁰ novembre v⁰ huit, pour ce, cy, viii^xx vi^tt ii^s ix^d.

A Robert Devaulx, plombier, la somme de trois cens vingt-neuf livres v^s viii^d de reste et parpaye de ii^m vi^c lxxix livres v^s viii^d, pour le plomb qu'il a livré depuis le xii⁰ janvier v^c vii jusques au derrain septembre ensuivant v⁰ huit, par quictance du xxi octobre v⁰ huit, iii^c xxix^tt v^s viii^d.

A Robinet Adam, pour vi^c d'aiz qu'il a livrez pour les cuisines neufves, cy couchés par ordonnance de monsieur le general de Normandie, pour ce que la recette de l'arc triumpfant ne l'a peu porter, par quictance du xxiii⁰ septembre v⁰ huit, rendue et demourée avec celles dud. arc triumpfant es mains de monsieur de Sauveterre, xxxvii^tt x^s.

A Geraulme Pacherot, pour xvi jours qu'il a vacqués à l'arc triumpfant, par mandement de mons^r de Sauveterre et quictance du ve novembre v⁰ huit, vi^tt.

A Colin Thomas, cordier, pour vii^xx iiii livres de fil qu'il a livré pour lyer le bouyz et l'if de l'arc triumpfant, à xv^d livre, par mandement de monsieur de Genly et quictance du xxvii⁰ novembre v⁰ huit, ix^tt.

A Guillaume et Estienne Beloiz, briquetiers, sur ce qui leur peut estre deu sur la bricque qu'ilz ont faicte, par quictance du xxi octobre v⁰ et huit, vi^tt.

A eulx, de reste et parpaye de lxxv^tt v^s pour vii^xx x^m et demi de bricque, par quictance du xxvi⁰ octobre v⁰ huit, xx^tt v^s.

A Richard du Hay, paintre, pour iiii^c liii fillatieres à iiii^s piece, par mandement et quictance du xxiiii⁰ octobre mil v⁰ et huit, iiii^xx x^tt xii^s.

A Geufrin Agnès, natier, de reste de xxxviii^tt x^s pour cii toises et demie six piés de nate, par quictance du xxxi octobre v⁰ huit, ix^tt i^s.

A lui, pour le rembourser de pareille somme qu'il a paiée à deux compaignons natiers que monsieur de Sauveterre envoya de Rouen, par quictance du xxi⁰ octobre v⁰ huit, l^s.

A Gregoire Leroy, tapissier, pour avoir livré la garniture de trois chambres et une salle, xxi livres ii onces franges, et autres parties que pour ses journées à vi^s pour jour, par quictance du xxvie octobre v^c huit, xlvi^{lt} vi^s x^d.

A Guillaume de Bayeux, tappissier, pour avoir aydé à faire les palles de drap d'or et litz de camp, par quictance du xixe octobre v^c huit, xx^s.

A Martin Desperroiz, charpentier, pour plusieurs parties de son mestier, oultre son marché de ii^mii^c livres, comme appert par inventaire, par mandement de mons^r de Genly et mons^r de Sauveterre, par quictance du xi janvier v^c huit, xl.

A Richart du Hay, paintre, la somme de quarante-une livre de reste de ii^clx^{lt} pour plusieurs parties de son d. mestier, par inventaire et mandement de mons^r de Genly et mons^r de Sauveterre, et quictance du xi^e jour de janvier mil v^c huit, pour ce, cy, xli^{lt}.

Total de ce chappitre, mil dix-huit livres quatre solz unze deniers tournois.

Somme total de la despense du present compte, dix mil trois cens soixante-quatre livres quatre solz unze deniers tournois.

Ainsi seroit deu audit Glaude de Launoy deux cens soixante-quatre livres neuf solz cinq deniers tournois.

Et il doit par son compte de l'année precedent cinq cens quatre-vingts-quinze livres quatre solz unze deniers maille tournois.

Par ainsi devroit par ced. compte trois cens trente livres quinze solz six deniers maille tournois.

Ce compte a esté examiné et cloz à Rouen, le derrain jour d'octobre l'an mil cinq cens et neuf.

    T. BOHIER.   LEGENDRE.

                    DELAUNOY.

Sur le reste de ce compte a esté paié ce qui s'ensuit par ledit Glaude de Launoy.

A maistre Anthoine Just Fleurentin, faiseur d'ymages, pour le parpayement de l'histoire de la bataille de Gennes, d'un grant levrier, d'une grande teste de serf, de la pourtraicture de monseigneur et d'un enfant, oultre iie livres par lui receuz, comme il appert par ses parties et quictance, quarente livres tournois, pour ce, cy, xl^lt.

T. BOHIER.

MISES POUR LES LIVRES.

Le extraordinaire pour l'an finy à saint Michel 1502.

MISE POUR LES LIVRES QUE MONDIT SEIGNEUR FAIT ESCRIRE.

Le xxiiiie jour de decembre mv^c et ung, payé à Jehan Serpin, enlumineur, pour v vignetes et ung cent de lettres fleuryes faictes en troys cayés du breviaire de nostre dict seigneur, l^s.

Le ve de janvier, à Hector Dauberville, pour avoir lyé le premier livre de la Cité de Dieu, l^s.

Le vi^e jour de janvier, audit Cerpin, pour avoir recouvert de lettres d'or l'envyronnement de huit histoires du grand livre de Vallere, xxx^s.

Le viie de janvier, à Jehan Pichore de Paris, pour les histoires qu'il a faictes au livre de la Cité de Dieu, xii^{tt}.

Le xiie de janvier, à Hector Dauberville, pour avoir couvert et capitulé de fil d'or le ii volumes de Valere, xv^s.

Le xviiie de fevrier, à messire Guillaume Leroux, sur ce qui lui sera deu pour l'escripture du livre de Titus Livius, c^s.

Le xxiiie de mars, à messire Pierre Delapoterne, pour l'escripture de troys cayés du breviaire de mond^t seig^r, xlv^s.

Le xxiie d'avril, à Jehan Cerpin, sur ce qui luy sera deu pour enluminer le breviaire de mond^t seig^r, iiii^{tt}.

Le xxviiie de may, à Guillaume Duguey, pour xiii peaux de parchemin, pour achever la bible de mond^t seig^r, xxxiii^s iii^d.

Le xxviii° de may, à Estienne du Monstier, pour avoir doré les feules du premier livre de saint Augustin, xˢ.

Le ixᵉ de juillet, à messire Nicolle de Saint-Lo, pour l'escripture de v cayés du breviaire de mondᵗ seigʳ, iiiiᵗᵗ.

Le ixᵉ de juillet, au souprieur des Augustins, nommé Anglici, pour achever deux cayés de la bible, xlˢ.

Le ixᵉ de juillet, à Nicolas de Bavent, pour xii peaux de grant parchemin pour le decret et vii cayés pour le breviaire de mond. seigʳ, lxiˢ.

Le premier d'aoust, à frere Jehan Anglici, pour l'escripture de v cayés de la grant bible, cˢ.

Le xxiiᵉ jour de septembre, à Colin Bavent, pour vii cayés de parchemin et une peau, pour faire le volume du livre que doit escrire messire Guillaume Leroux (le Tite Live), lxxiiˢ viᵈ.

Le xxviiᵉ de septembre, à mondᵗ sʳ mᵉ Jacques de Castinolles, pour or baillé à Denis, endoreur, pour dorer plusieurs garnitures des livres de mondᵗ sʳ, couvers de veloux, xxiiᵗᵗ xvˢ.

EXTRAORDINAIRE

FINI À SAINT MICHEL M Vᶜᶜ ET TROYS, ET LES BASTIMENTS.

MISE A CAUSE DES LIVRES QUE MOND. SEIGNEUR LE CARDINAL
A COMMANDÉ FAIRE.

A Jehan Hunin, pour un decret qu'il a vendu à maistre Ciprien pour luy servir d'exemple, payé le xv octobre mvᶜᶜii, lxxˢ.

A Collin de Bavent, parcheminier, pour ii xiiⁿᵉˢ de peaulx de parchemin pour achever la bible, au pris de xxviiˢ la xiiᵉ; ii xiiⁿᵉˢ pour le decret, à xxxiiiˢ la xiiᴾᵉ; viii cayers pour le breviaire, à iiiiˢ le cayer, payé le xᵉ de decembre, et dix cayers, pour Titus Livius, à xˢ pour cayer, xiiᵗᵗ xiiˢ.

A Philippe Costé, pour le breviaire, pour xix cayers, à v^s le cayer; pour le decret, iii cayers à xii^s le cayer; pour le livre en françoys, iii cayers à x^s le cayer, pour la bible à l'Augustin, i cayer, v^s, payé le xxve de fevrier, viii^{tt} vi^s.

Aud. Costé, pour xxii cayers, pour le livre de Senecque, au pris de v^s le cayer, payé le xxve de fevrier, cx^s.

Aud. Costé, pour v cayers, pour le breviaire, payé le xve de mars, xxv^s.

Aud. Costé, pour xii douzaines de parchemin pour le decret, à xxxvi^s la xii^ne, ii xii^{nes} et demye pour le livre de Titus Livius, à xxx^s la xiie, payé le xxie jour de mars, xxv^{tt} vii^{s1}.

Audit Costé, pour xxvii cayers de parchemin pour les livres de monss^r, c'est assavoir, xxiiii cayers au pris de v^s et troys au pris de x^s, payé le ixe de juing v^{cc}iii, vii^{tt} x^s.

Aud. Costé, pour iiii cahiers de Titus Livius, à x^s le cayer; viii cayers pour les epistres de Senecque, à v^s le cayer; une xii^{ne} de parchemin pour Titus Livius, et ung cayer du volume du canon, payé le xxie jour de juillet, viii^{tt} v^s.

Aud. Costé, pour iii xii^{nes} de peaulx de parchemin, pour le livre de Titus Livius, à xxx^s pour xii^{ne}, payé le xxvie de septembre, iiii^{tt} x^s.

MISE POUR ESCRIPTURE.

A frere Jehan Langloys, religieux des Augustins, pour escripture de iiii cayers de la bible avec la glose, payé le iie de novembre v^{cc} ii, iiii^{tt2}.

Aud. Langloys, pour ii cayers de lad. bible, payé le xxiiiie de janvier, xl^s.

Aud. Langloys, pour ii cayers de lad. bible et le reglage de ix cayers, payé le xxve de fevrier, l^s.

Aud. Langloys, pour escrire et rigler ung cayer de lad. bible, xxi^s.

Aud. Langloys, pour iiii cayers de lad. bible, teste et glose, payé le viiie d'aoust, iiii^{tt} x^s.

---

[1] lvi^l x^s.

[2] xiiii^l v^s.

Au Breton Raulet, pour v cayers de la Mer des Histoires, que son filz a escripte, au pris de ung escu d'or pour cayer, payé pour le reste, le ixe jour de novembre v^{cc} ii, lxxv^s.

A Michel Leroux, pour ung cayer du livre de la Mer des Histoyres, en françoys, payé le iiiie de janvier, xxx^s [1].

A messire Pierre Boyvin, pour l'escripture d'ung cayer de Titus Livius, payé le xxvie de janvier v^{cc} et ii, xxx^s.

A Michel Leroux, pour iii cayers dud. livre de Titus Livius, le premier de fevrier, iiii^{tt} x^s.

Aud. Leroux, pour iii cayers de Titus Livius, le xie jour de mars, iiii^{tt} x^s.

A messire Pierre Boyvin, pour ung cayer de Titus Livius, le xxiiie de mars, xxx^s.

Aud. Michel Leroux, pour ii cayers du Titus Livius, le xe d'avril, lx^s.

Aud. le Roux, pour iiii cayers de Titus Livius, payé le derrenier jour de may, vi^{tt}.

A messire Pierre Boyvin, pour iii cayers de Titus Livius, le premier jour de juillet, iiii^{tt} x^s.

Aud. Leroux, pour iiii cayers de Titus Livius, le xiiiie de juillet, vi^{tt} [2].

Aud. Leroux, pour iii cayers et ung feullet de Titus Livius, le xxve d'aust, iiii^{tt} xiii^s ix^d.

A messire Pierre Boyvin, pour ung cayer de Titus Livius, le penultieme d'aust, xxx^s.

Aud. Leroux, pour iii cayers de Titus Livius, le xxv^e de septembre, iiii^{tt} x^s [2].

A Estienne de Vaulx, pour ce qu'il a escript au decret de monss^r, le ve de novembre mil v^{cc} et ii, xxv^s.

Aud. de Vaulx, pour l'escripture du second cayer dud. decret, le ve jour de decembre, xxv^s.

Aud. de Vaulx, pour iii cayers dud. decret, le xx^e de decembre, lxxv^s.

[1] xv^l vi^t.
[2] xlii^l iii^t ix^d t^t.

DU CHÂTEAU DE GAILLON. 441

Aud. de Vaulx, pour II cayers dud. decret, le XVIIIe de janvier, L^s.

Aud. de Vaulx, pour III cayers du decret, le VIe jour de fevrier, LXXV^s.

Aud. de Vaulx, pour II cayers dud. decret, le XIIe de mars, L^s.

Aud. de Vaulx, pour II cayers dud. decret, le VIIe d'avril, L^s.

Aud. de Vaulx, pour ung cayer dud. decret, le XIIe d'avril V^{cc} et III, XXV^s.

Aud. de Vaulx, pour ung cayer du decret, le XXVe de juillet, XXV^s.

Aud. de Vaulx, pour ung cayer du decret, le Ve d'aust, L^{s1}.

Aud. de Vaulx, pour ung cayer du decret, le XIXe d'aust, XXV^s.

Aud. de Vaulx, pour ung cayer du decret, le XXIIIIe d'aust, XXV^s.

Aud. de Vaulx, pour ung cayer du decret, le IIe de septembre, XXV^s.

Aud. de Vaulx, pour II cayers du decret, le XVIIIe de septembre, L^s.

A messire Pierre le Boucher, pour II cayers et II feullets du breviaire à l'usage de Rome, payé le XXVIIIe de janvier V^{cc} et II, XXXVI^s.

Aud. Boucher, pour II cayers dud. breviaire, le IIIIe de fevrier, XXXII^s.

Aud. Boucher, pour III cayers dud. breviaire, le XIIe de fevrier, XLVIII^s.

Aud. Boucher, pour III cayers dud. breviaire, le XXIe de fevrier, XLVIII^{s 2}.

Aud. Boucher, pour ung cayer du breviaire, le derrenier jour de fevrier, XVI^s.

Aud. Boucher, pour un cayer du breviaire, le Ve de mars, XVI^s.

Aud. Boucher, pour II cayers du breviaire, le XIe de mars, XXXII^s.

Aud. Boucher, pour II cayers du breviaire, le XXe de mars, XXXII^s.

Aud. Boucher, pour II cayers du breviaire, le derrenier jour de mars, XXXII^s.

Aud. Boucher, pour II cayers du breviaire, le XXIIe d'avril M V^{cc} et III, XXXII^s.

Aud. Boucher, pour II cayers du breviaire, le XVe de may, XXXII^s.

Aud. Boucher, pour II cayers du breviaire, le XXe de may, XXXII^s.

---

[1] XXII^l X^s.

[2] XIIII^l V^s.

Aud. Boucher, pour ii cayers du breviaire, le premier jour de juing, xxxii^s.

Aud. Boucher, pour ung cayer du breviaire, le xxviii^e de juing, xvi^s.

Aud. Boucher, pour ung cayer du breviaire, le xxiiii^e de juing, xvi$^{s\,1}$.

A messire Pierre Pemetot, pour iii cayers et v feullets du sanctorum du breviaire de monss^r, le xxiie de septembre v^{cc} et iii, lxxiii^s.

MISE POUR L'ENLUMINEURE.

A Jehan Serpin, pour l'enlumineure du second volume de saint Augustin, le xxve jour de novembre v^{cc} ii, vi^{tt} xiiii^s ix^d.

Aud. Serpin, pour avoir enluminé xi cayers de la bible, le xxvie de novembre, xv^s.

Aud. Serpin, sur le premier cayer, payé le viiie de fevrier, lxx^s.

Aud. Serpin, sur le breviaire de monss^r, le xve de juillet v^{cc} et iii, c^s.

Aud. Serpin, pour reste du breviaire de monss^r, le iii jour d'aoust, xiii^{tt} xv^s v$^{d\,2}$.

A Estienne du Monstier, enlumineur, pour vignettes, jettons et lectres d'or au breviaire de monss^r, le xv^e de mars v^{cc} et ii, xiiii^{tt} vi^s ix^d.

Aud. du Monstier, pour semblable aud. breviaire, le ii^e de may v^{cc} et iii, xxix^{tt} iii^s.

Aud. du Monstier, pour semblable aud. breviaire, le xix^e de juillet, xi^{tt} xviii^s.

A Nicolas Hiesse, pour xiiii grans histoires et xiii petites au breviaire de monss^r, le xii^e d'avril m v^c ii, iiii^{tt} iiii^s.

Aud. Hiesse, pour liii petites histoires et xiii grandes avec leurs petites, au pris de six^s la grande et la petite, et les autres petites xx^d, pour le breviaire, le viii^e de juillet, viii^{tt} vi^s iiii^d.

Aud. Hiesse, pour six grans histoires avec leurs petites, et pour xvii petites, le ve d'aoust, lxiiii^{tt} iiii$^{d\,3}$.

---

^{1} xiiii^l viii^s.
^{2} xxxiii^l ix^s ii^s.
^{3} lxxi^l ii^s v^d.

Aud. Hiesse, pour IIII histoires faictes au livre de Titus Livius, à x^s pour histoire, le XIIe de septembre, XL^s.

Aud. Hyesse (*sic*), pour v histoires en Titus Livius, le XXIe de septembre, L^s.

A Jehan Serpin, sur l'enlumineure de Senecque, le VI de mars v^c et II, XXXV^s.

Aud. Serpin, sur le livre de Senecque, le vingt-huitiesme de mars, XXXV^s.

Aud. Serpin, sur le livre de Senecque, le XVe d'avril, C^s.

Aud. Serpin, sur le livre de Senecque, le XXIIIIe de may, v^c et III, LXX^s.

Aud. Serpin, pour reste de son payement du livre de Senecque, nommé les Proverbes, le XXVII de juing, CV^s[1].

Aud. Serpin, sur ce qu'il lui sera deu pour les epistres de Senecque, le Xe de septembre v^c et III, C^s.

A Robert Boyvin, pour II histoires au livre de Titus Livius, le XIIIe de juillet v^c et III, XX^s.

A Nicolas Hiesse, pour v histoires au livre de Titus Livius, L^s.

A Jehan Pichore, demourant à Paris, pour XXII petites histoires et deux grandes au livre de Civitate Dei, et à ung autre livre une grande histoire et v petites, le XXVIIIe de juing M v^c et III, IIII^{tt}.

A Robert Boyvin[2], qu'il a faicte aux epistres de Senecque, XVII^s VI^d[3].

A m^e Pierre Giraud, escripvain, sur ce qu'il lui sera deu pour ses gages, payé le IIIe jour de may M v^c et III, XVII^{tt} x^s.

Aud. Giraud, pour parfaire son payement de ceste presente année, payé le XXVIIe de septembre v^c et III, XV^{tt} VII^s.

A Estienne du Monstier et Estienne de Vaulx, pour l'escripture et enlumineure d'ung canon pour monss^r, payé le XXVIIIe de juing M v^c et III, IIII^{tt}.

A Guillaume le Delyé, pour avoir lyé led. canon, le XVe de juillet, x^s.

---

[1] XXI^l XV^s.
[2] Il paraît y avoir ici une omission; peut-être doit-on lire : *pour une grande histoire*.
[3] XIII^{tt} VII^s VI^d.

A Guillaume Gallet, pour avoir lié le livre des Proverbes de Senecque, l'avoir doré et fait les armes de monss⁹ le cardinal, payé le xxvıı⁰ de juillet M V⁰ et III, XLˢ.

A monsʳ de Sauveterre, pour la chandelle et boys à chauffer qu'il a livré à maistre Pierre Girault, escrivain, et Hierosme Tourniol, paintre, l'yver passé, VI^{xx}[1].

Somma hujus capituli. M LXXIIII^l XII^s X^d t^s.

[1] XLV^l VII^s.

DU CHÂTEAU DE GAILLON.

RELEVÉ GÉNÉRAL DE LA DÉPENSE.

RÉCAPITULATION.

COMPTES	ANNÉES.			
DU CARDINAL D'AMBOISE, ARCHEVÊQUE DE ROUEN.	1497 — 1498	1,261#	5^s	5^d
	1498 — 1499	1,143	4	6
	1499 — 1500 (manque)	#		
Deniers versés par Pierre Mesenge, trésorier du cardinal.	1500 — 1501	3,839	18	5
	1501 — 1502	3,943	13	6
	1502 — 1503	5,155	10	2
	1503 — 1504	9,297	10	10
	1504 — 1505	9,828	15	11
	1505 — 1506	6,139	11	#
		304	8	#
Deniers versés par J^{ques} de Castignolle, trésorier du cardinal.	1506 — 1507	9,366	14	9
	1507 — 1508	7,867	9	3
	1508 — 1509	12,736	6	10

RÉCAPITULATION DE LA DÉPENSE.

Comptes de dépenses...	1501 — 1502.	Mise des bastimentz	3,879#	1^s	1^d
	1502 — 1503.	Mise de la grant maison	3,966	11	1
	1502 — 1503.	La mise du parc	4,748	15	6
		Mise de la chapelle, pavillons et maisons	1,758	12	10
	1503 — 1504.	Mise des tonnes, maisons, oratoire et le parc	4,072	13	2
			376	2	5
	1504 —	La mise des tonnes	1,768	10	2
	1504 — 1505.	Le bâtiment de Gaillon	7,515	4	6
			2,771	18	6
	1505 — 1506.	Mise du jardin	5,331	9	2
	1505 — 1506.	Chapelle. Menuiserie	511	2	2
		Talud	440	16	2
	1505 — 1506.	La grande maison	13,831	1	10
	1506 — 1507.	Le jardin	9,086	7	1
	1506 — 1507.	Le Lidieu. Maison	4,017	8	2
		Lidieu	1,006	4	4
		Talud	964	7	2
		Vignes	491	17	20
	1507 — 1508.	Bâtiments	44,217	19	5
	1508 — 1509.		22,670	7	4
	1508 — 1509.		10,364	4	11
	1502 — 1503.	Mises pour les livres	1,074	12	10
			144,937#	0^s	3^d

De 1501 à 1509.............. 144,937# 0^s 3^d
De 1497 à 1501.............. 6,244 8 4

151,181# 8^s 7^d

TABLE

DES NOMS DES PERSONNES.

A

Acyer, Achier, Archier, Assier, Assiez (Henry), peintre, pages 147, 148, 154, 155, 184, 187.
Acyer (Jehan), mouleur, 356.
Adam (Jehan), tapissier, 330.
Adam (Robinet, Robin, Robert), m^d de claies, 5, 10, 193, 434.
Advisse. Voir Avisse.
Agnard (Jehan), carrier, 112.
Agnes (Geufrin, Geufin), nattier, 326, 378, 434.
Ainfray (Laurens). Voir Onfroy, charretier.
Ains (Jacques), m^d de toile, 339.
Aleaume (Adam), doreur, 310.
Aleaume, Aleaulme (Laurens), tailleur de pierres, 330, 331.
Alixandre (Jehan), maçon, 64, 89.
Alixandre (Jehan), tapissier de Tours, 343.
Alixandre (Franchoys), maçon, 172.
Alixandre, Alexandre (Robert), maçon, 12, 13, 47, 60.
Amangart (Michellet), maçon de Chaumont, 354.
Amyot (Gillet), m^d de plâtre, 290.
Amyot (Guillaume), charretier, 17, 19, 24, 25, 40, 110, 408.
Amyot (Noel), tailleur de carreau, 111.

Amyot (Pierre), charretier, 18.
Ance. Voir de Bredas.
Andrieu (Robert), terrassier, 72.
Anfroy, Aufroy (Jacques, Jaquet), charretier, 195, 360.
Anglier (Jehan). Voir Langloys.
Anthoine, de Rouen, peintre. Voir Lepreux.
Archambault, Archembault, Chambault (Pierres), peintre, 70, 71, 72, 73, 74, 75, 78, 79, 80, 82, 93, 94, 97, 98, 100.
Arnout (Guillaume), maçon, 107.
Arrault (Martin), maçon, 401.
Auber, notaire d'église, à Rouen, 171.
Aubert (Roger), voiturier, 286.
Aubry (Guillaume), charpentier, 227.
Aufray (Philippot), charretier, 137.
Aubin, Albin, Aulbin (Simon), voiturier, 29, 30.
Aulbin, Albin (Jehan), voiturier, 14, 15, 16, 17, 18, 19, 21, 22, 23, 24, 25, 27, 28, 29, 30, 52, 122, 194, 241.
Aulbry (Guillaume), plâtrier, 17.
Aumont (Jehan), charpentier, 61.
Aumont (Noel), maçon, 142.
Aurion (Guillaume), peintre, 372.
Avisse, Avise, Advisse (Jehan), m^e charpentier, 7, 14, 21, 23, 30, 36, 38, 39,

67, 112, 113, 114, 122, 128, 133, 136, 138, 141, 146, 155, 156, 157, 230, 231, 232, 233, 235, 239, 240, 241, 242, 244, 246, 247, 248, 313, 314, 315, 320, 326, 328.

AVRILLARD (Jehan), maçon, 115.

B

BAGOT, BAGUOT (Colin), chaufournier, 25, 61, 93, 109.
BAIEUX, BAYEUX (Guillaume DE), tapissier, 379, 435.
BALANDONNÉ, notaire, 183, 186.
BALIN (Pierres), menuisier, 216.
BALLAI. Voir BELLAY (Estienne).
BALLIN (Pierres), notaire.
BANCE, BANSSE, BENSE, BASSE (Massiot, Maciot, Masioz, Massiet, Maciet), carrier de Vernon, 4, 8, 120, 123, 128, 135, 136, 146, 187, 193, 360, 389, 390.
BARBANSON (Pierres), maçon, 115.
BARBE (Jehan), dit le Petit, peintre verrier de Rouen, 6, 85, 140, 266, 291, 292, 293, 294, 295, 296, 297, 299, 307, 346, 373, 429, 432.
BARBELET (Jehan), maître de navire, 314.
BARDEL (Jehan), charretier, 53.
BARDIN, voiturier par eau, 393.
BARLOT (Jehan), sellier, 331.
BARTREVILLE (Jehan DE), orbateur, 307.
BASIN (Jehan), carrier, 412.
BASTART (Cardin), nattier de Rouen, 124.
BAUDOUYN (Pierre), voiturier, 351.
BAVENT, DE BAVENT (Collin, Nicolas), parcheminier, 438.
BEAULART (Guillaume DE), peintre, 81.
BEAUMONT (Jehan), charpentier, 139.
BEAUNE. Voir Jacques DE.
BEHIER, BEYER, BEHERE (Richard), briquetier, 30, 31, 40, 56, 57, 65, 88, 98, 114, 126, 209, 217, 222, 304, 305, 387.

BEHIER (Jehan), briquetier, 416.
BEHIER (Jehan), laboureur, 143, 399.
BELLAY, BELLAIZ, DE BELLAY, BALLAY, BELOIZ (Estienne), briquetier, 109, 110, 128, 131, 204, 205, 296, 300, 327, 328, 434.
BELLAY, BELLEST, BELLOY, BELOIZ, BELLAIZ, DE BELLAY (Guillaume), briquetier, 30, 31, 47, 49, 50, 51, 53, 54, 60, 66, 125, 130, 176, 177, 180, 184, 186, 203, 300, 327, 328, 434.
BELLEVESQUE (Robert), expert, 41.
BELLISSENT, BELISSENT (Helyot, Elyot), propriétaire, 89, 304.
BELLISSENT (Jehan), propriétaire, 65, 89.
BELLISSENT (Ogier), m^d de paille, 355.
BELLOT (Pierres), chaufournier, 17.
BELOT, BELLOT (Jehan), charretier, 215, 409.
BENARD G....., maçon. Voir GRANDÉ.
BENEST, BENAIST, BENESSE (Philippot, Philippe), bûcheron, 48, 51, 53, 64, 67, 101, 108, 114, 126, 127, 173, 213.
BENOIST (Jehan), chaufournier, 391, 400.
BERAULT (Marin), maçon, 107, 115.
BERNARD (Galles), ardoisier, 154.
BERNARD (Guillaume), charretier, 315.
BERTHEAU, BERTHEREN (Guillaume), charpentier, 61, 64.
BERTHELEMY (Jehan), tailleur de pierres, 108.
BERTHELOT (Pierre), dit de Normandie, 345.
BERTRAND, maréchal. Voir HERVIEU.
BESTE (Masiot), 114.

DES PERSONNES.

BETHERE (Mathelin), treillageur, 100, 226.
BIARD, BYART, BIART, BRIAN (Colin, Collin), m° maçon de Bloys, 126, 133, 162, 166, 183, 184, 185, 186, 189.
BILLON (Jacques, Jaques), fondeur, 403, 406.
BILLON (Jehan), maçon, 356.
BINET (Alain), huilier, 357.
BINET (Denis), briquetier, 50, 179, 195, 231.
BINET (Jehan), huilier, 309.
BINET (Patris), 419.
BOGNARD (Alain), maçon, 93.
BOHIER (Thomas), conseiller du roi, général de ses finances, 105, 116, 150, 158, 160, 190, 205, 219, 221, 228, 250, 251, 340, 347, 348, 420, 422, 435, 436.
BOISSE (Jehan), homme de peine, 100.
BONNAIRE (Guillaume DE), prêtre, trésorier et commis au payement des bâtiments, 106, 117, 119, 134, 150.
BONNET (Jehan), maçon, 107.
BONNY, BONY (Hance, Jehan, DE), imaginier, 310, 311, 357, 403.
BONTÉ (Pierre), peintre de Lyon, 342.
BORDERIE (Jehanne), couturière, 339.

BOT (Jehan), charretier, 211, 214.
BOUCHER (Jehan), m^d de Gênes, 341.
BOUCHERY (Richart), m^d d'aigrettes, 310.
BOUCHIER (Jehan), voiturier, 14.
BOUDIN (Raulin), maçon, 413.
BOURDET (Geoffroy), carrier de Saint-Leu, 10.
BOURDON (Guillot), chaufournier, 15, 20.
BOURDON (Michault), chaufournier, 14, 16, 29, 39.
BOURDON (Robinet), chaufournier, 220, 312.
BOURGES (Guillaume DE). Voir GUILLAUME.
BOURGES (Jehan DE), maçon, 107.
BOYER (Antoine), abbé de Saint-Ouen de Rouen, 85, 90.
BOYVIN (Pierre), écrivain, 440.
BOYVIN (Robert), écrivain enlumineur, 443.
BRANCHESNE (DE), 249.
BREDAS (Ancé DE), m^d de toile, 339.
BRENOUIN (Etienne), maçon, 109.
BRIQUENSOT (Jehan), peintre, 217, 278, 311.
BRUCELLES (Jehan DE), brodeur, 418.
BUET (Denis), voiturier, 54, 115.
BUNEL (Henry), serrurier, 89.

C

CAERPE (Richard), menuisier. Voir GUERPE.
CALLOT (Jehan), matelassier, 355.
CAN, CAM, CAEN, CAIN, DE CAEN (Robin), scieur d'ais, 21, 23, 24, 25, 26, 32, 43, 88, 89, 96, 112, 145, 290, 292, 293, 316, 330, 407.
CANU (Jehan), maçon, 109.
GAREMAING, CARMAING (Anthoine DE), de Niort, prothenotaire, 395, 396, 401, 402.
CARPENTIER (Roger), carrier, 79.

CASTIGNOLLES, CASTINOLLES (Jacques DE), seigneur de Sauveterre, chancelier de l'église de Rouen, abbé de Mortemer, 14, 15, 28, 34, 35, 45, 46, 53, 57, 58, 59, 83, 86, 90, 91, 101, 106, 205, 219, 221, 228, 250, 252, 253, 259, 267, 272, 278, 279, 302, 304, 307, 308, 313, 339, 348, 349, 361, 362, 363, 372, 375, 378, 379, 386, 395, 404, 405, 410, 413, 415, 418, 423, 425, 431, 434, 435, 438, 444.

CHÂTEAU DE GAILLON.

CASTILLE (Nicolas, Collin, Colin), m^e menuisier, de Rouen, 11, 28, 42, 57, 66, 67, 69, 70, 75, 76, 77, 80, 81, 83, 84, 97, 99, 101, 103, 133, 145, 146, 147, 148, 238, 240, 241, 244, 245, 249, 261, 262, 277, 281, 284, 285, 346, 350, 351, 393, 406, 417, 427, 428, 432.

CERPIN. Voir SERPIN.

CHALLONS (Collas, Coullas DE), 52, 107.

CHALUMEAU, CHALUMYAU (Jehan); maçon, 18, 25, 50, 51, 52, 16, 107.

CHAMBAULT. Voir ARCHAMBAULT.

CHAPELAIN, CHAPELLAIN, CHAPPELIN (Guillaume), cloutier, de Rouen, 6, 11, 83, 84, 132, 238, 308, 346, 355, 383, 433.

CHAPPERON, CHAPPRON (Jehan), couvreur, 296, 328.

CHARLET (Regnault), dit *Saint-Aubin*, 418.

CHARON (Marin), charpentier, 235.

CHASTAIN (Lienard), oiseleur, 331.

CHEMIN (Jehan), charretier, 284.

CHENESSON (Anthoine), m^e verrier d'Orléans, 266, 341, 347, 430.

CHENIBAULT (Pierres), peintre, 69.

CHERCLE (Guillaume), poissonnier, 155.

CHERON (Guillaume), charpentier, 236.

CHERON (Geoffroy), maçon, 289.

CHERON (Guillaume), maçon, 289.

CHERSALLE, CHAIRSALLE (Jehan), imagier, 359, 360.

CHERSIS (Jehan), charretier, 166.

CHESNEAU (Estienne), receveur à Louviers, 209.

CHEVALIER (Jehan), maçon, 12, 13.

CHEVALIER, CHEVALLIER (Symon, Simonnet), charretier, 31, 135, 194, 214, 280, 281, 282, 283, 284, 293, 294, 302.

CHOPPIN (Simon), m^d de soieries, 340.

CIRENDE, SIRENDE (Richart), matelassier, maçon, 311, 336.

CLERISSE (Cardin), camionneur, 168.

CLERMONT (Robinet DE), peintre, 299, 300, 301.

COARD (Laurens), charretier, 281.

COCHON (Jehan), menuisier, 392.

COLAS. Voir LE FLAMENT.

COLET (Estienne), maçon, 109, 110, 115.

COLIN. Voir DE VERNON.

CONILLANT, CORNIGLAN (Josse), briquetier, 396, 398.

CONILLE (Pierre), latteur, 15, 49.

CONILLE (Jehan), carrier, 23, 48, 49.

COPPIN (Jehan), ardoisier, 174.

COQUEREL (Charlot), médecin, 233.

COQUET (Germain), menuisier? 80.

CORDON (Robinet), chaufournier, 199.

CORMIER (Jehan), maçon, 107, 115.

CORNEDIEU (Pierre), menuisier, 5, 346, 392.

COSTÉ (Philippe), parcheminier, 439.

COUCHOIS (Jehan), 153.

COUEFFARD (Louis), vitrier, 217, 218.

COUESPEL (Robert), charpentier, 211, 212, 216, 217, 229, 230.

COULOMBE (Michault), imagier, 419.

COUPPÉ (Mathelin), maçon, 12, 13, 107.

COUPPÉ (Nouel), tailleur de pierres, 108, 115.

COURTIN (Thibault), charretier, 284.

COURTOIS, COURTOYS (Jehan), carrier de Vernon, 122, 126, 129, 131, 163, 166.

COUSIN (Colas), 69, 107.

CREPEL (Robert), charpentier, 356.

CREQUIN (Guillaume), maçon, 60, 88, 109, 269, 324, 334.

CROSNIER (Henry), 305, 306, 354.

D

Dalbine (Nicolas), 342.
Dangy (Guillaume), peintre, 371.
Dantain, Dantan (Jehan), peintre, 70, 71, 94.
Dauberville (Hector), relieur, 437.
David (Collin), couvreur d'ardoises, 146.
Deballeau (Collas), maçon, 107.
Debaudes (Jehan), charpentier, 57.
Deblesmes (Jehan), carrier, 107, 111, 116, 166.
Deboncomptes (Girard), chanoine, 341.
Debonnaire. Voir Bonnaire.
Bebourges (Guillaume), imagier, 357.
Decan (Jehan), maçon, 357.
Decaux (Colin), maçon, 60.
Decaux, de Chaux (Jehan), maçon, 60, 64, 65, 68, 109, 151, 268, 324, 329, 334, 337, 369, 415.
Defreneuse (Jehan). Voir Freneuse.
Dehaye (Guillaume, Guillemin), batelier, 50, 144, 156, 164, 165, 167, 231, 314, 315, 393, 395, 396, 397, 408, 412, 413.
Delacroix (Jehan), boulanger, 224.
Delahaye, Dehaye (Guillaume), carrier, 4, 5, 9, 10, 43, 54, 55, 112, 113, 120, 123, 125, 127, 129, 130, 132, 135, 175, 235, 351, 354, 355, 388, 390, 391, 409.
Delahaye (Jehan), charpentier, 28, 32, 49, 51, 53, 54.
Delahaye (Louis), charpentier, 54, 55, 87, 88.
Delahaye (Raoulin, Raulin, Raullin), charpentier, 47, 49, 60, 63, 70, 71, 72, 73, 74, 75, 77, 78, 79, 80, 81, 99, 110.

Delahaye (Robin, Robinet, Robert), 72, 73, 75, 77, 81, 93, 94, 96.
Delamarche (Estienne), enteur d'arbres, 211.
Delamare (Girard, Gérard, Giraud), menuisier, 233, 236, 237, 238, 239.
Delamare (Guillaume), orbateur de Rouen, 141, 144, 150, 154, 155, 157, 183, 184, 188, 263, 264, 306, 307, 310, 346, 373.
Delamare (Jehan), orbateur de Rouen, 145.
Delamare (Jehan), plâtrier, 102, 103.
Delance (Racet), menuisier, 278, 332.
Delaplace (Jehan), orbateur, 373.
Delaplace (Richart), menuisier, 392.
Delaplanche (Nicolas), orbateur, 307.
Delapoterne (Pierre), écrivain, 437.
Delaroche (Jehan), maçon, 107.
Delarue (Guillaume), chaufournier, 374.
Delaunay (Jehan), tonnelier, 227.
Delaunoy (Claude, Glaude), payeur du cardinal d'Amboise, 251, 255, 256, 257, 305, 318, 347, 348, 384, 409, 420, 421, 424, 425, 427, 428, 429, 435.
Delaville (Jehan), charretier, 401.
Delestoille, Delestelle (Jehan), 346.
Delinerve (Guillaume), 311.
Delisle (Michel), maître de navire, 398.
Delisle, prothenotaire, 401, 409, 413.
Delongchamp (Jacques, Jaques), orfévre, 187, 309, 310, 311, 346.
Deloraine (Jehan), maçon, 107, 189.
Deloraine (Simon), maçon, 107, 115.
Delorme (Pierres), m⁵ maçon de Rouen, 188, 191, 192, 193, 194, 195, 196, 197, 198, 199, 200, 201, 202, 203, 204, 205, 238, 240, 244, 249, 256,

257, 258, 262, 269, 272, 277, 292, 294, 295, 308, 309, 310, 312, 318, 325, 326, 329, 333, 341, 344, 355, 370, 379, 380, 383, 384, 395, 402, 405, 415, 425, 427.
DELORME (Toussains, Thoussains), maçon, 249, 269, 270.
DELU (Jehan), maçon, 107, 115.
DEMARBEUF (Cardin), chandelier, 392.
DEMARSAY (Bernardin), 105, 106, 116.
DEMOUCEL, DUMOUCHEL (Jehan), charpentier de Rouen, 313.
DEMOUSSE (Loys), brodeur, 341.
DENIS, endoreur de livres?
DENOUX, maçon. Voir DESNOUX.
DEPELLERS (Jacques), peintre, 79.
DESBARES (Mathieu), cordier, 314.
DESBARRES (Guillaume), potier, 355.
DESCHAMPS (Jehan), menuisier? 392.
DESCOMBERT (Michellet), imaginier de Rouen, 323.
DESCORDES (Guillaume), toilier, 339.
DESHAIX (Jehan), 69.
DESHAYS (Richard), peintre, 69.
DESLANDES (Jehan), charpentier, 62, 86.
DESNOUX, DENOUX, DEZNOUX, DESNOUES (Louys), maçon, 13, 14, 107, 112, 113.
DESNOYERS (Michellet), charpentier, 14, 15.
DESPERREUX, DESPERROIZ (Guillaume), chaufournier, 206, 207, 209, 210, 409.
DESPERROIS (Pierre), chaufournier, 408, 416.
DESPERROIZ, DESPAROIT (Martin), m" charpentier de Rouen, 259, 260, 261, 316, 404, 417, 425, 426, 435.
DESPERROIZ (Jehan), chaufournier, 337, 390, 391, 408.
DESPERROIZ (Simonet), chaufournier, 408.
DESTIEULX (Glaude), maçon, 96.

DESTOYURES (Girard), 341.
DETOURNY, de Tours (Jehan), peintre, 69.
DEVAULX, DEVAUX, DESVAULX (Robert), plombier, 186, 188, 246, 264, 265, 279, 328, 357, 366, 394, 417, 429, 434.
DEVAULX (Estienne), écrivain, 439, 440, 441, 443.
DE VERNON (Colin), homme de peine, 100.
DEVERSY, DUVERSY (Simon), 216, 217, 218.
DOGUET (G.), m^d de civières, 109.
DONAIRE (Hausse), 341.
DOUCET (Pierre), maçon, 107.
DOUCET (Guillaume), m^d d'osier, 357.
DUBASTON (Jehan), maçon, 31.
DUBENSE (Nicollas), orbateur, 237.
DUBOST, menuisier, 104.
DUBOYS (Alixandre), verrier, 266.
DUBOYS, DUBOIS (Jehan), menuisier, 233, 236, 237, 238, 239, 393.
DUBOYS, DUBOC (Richart), maçon, 398, 399.
DUBUISSON (Thomas), maréchal, 217.
DUCHÉ (Pierres), cordier, 16.
DUCHESNE (Jehan), chaufournier, 161, 229.
DUCLOUX (Regné, René), maçon, 16, 17, 107.
DUFOUR (Nicolas), brodeur, 345.
DUGUEY (Guillaume), parcheminier, 437.
DUGUIÉ DELAVILLE (Pierre), m^d de papier, 102.
DUHAMEL (M.), nattier, 346.
DUHAY (Richart, Richard), peintre, 70, 71, 103, 147, 148, 321, 377, 379, 386, 410, 417, 418, 429, 430, 434, 435.
DUMESNIL (Gilles, Gillet), serrurier, 84, 85.
DUMESNIL (Guiffray, Gueffroy), charretier, 23, 26, 38, 55.
DUMESNIL (Gueffroy), propriétaire, 89.

DES PERSONNES.

DUMESNIL (Pierres), enteur d'arbres, 296, 297.
DUMONSTIER (Estiennes), enlumineur de livres, 438, 442, 443.
DUMONT (Benest), voiturier, 14, 15, 17, 18, 19, 21, 22, 24, 26, 28, 29, 30.
DUMONT (Cardin), charpentier, 298.
DUMONT (Guillaume), carrier de Saint-Leu, 1, 2, 8, 9, 10, 37, 43, 50, 108, 113, 123, 125, 127, 131, 155, 157, 165, 167, 174, 175, 177, 187, 189, 195, 196, 201, 204, 231, 235, 244, 388, 389, 391, 397, 408, 409, 412.
DUMONT (Jehan), charretier, 74, 114, 161, 211, 214, 281, 282, 283, 284, 333, 345, 407.
DUMONT (Jehan), carrier de St-Leu, 99, 390.
DUMONT (Thomas), propriétaire, 42.
DUMOUCHEL (Guillaume), m^d de soieries, 340, 433.
DUMOUCHEL (Guillaume), maître charpentier, 41.
DUMOUCHEL (Robert), orbateur, 264.
DUMOUSTIER (T.), chaufournier, 24.
DUPLEXIS FORMENTIÈRE, maître jardinier, 211, 212, 213, 214.
DUPONT (Jehan), peintre, 69.
DUPORT (Rogier), plâtrier, 20.
DUPRÉ (Jacquet), maçon, 107.
DUPRÉ (Jehan), maçon, 146, 165.
DUPREY (Franchoys), maçon, 107.
DUPUIS (Nicollas), plombier, 237.
DUQUESNE (Martin), ardoisier, 310, 345, 355, 433.
DURAND (Richard), menuisier, 211, 212, 232, 234, 245.
DURANT (Jehan), menuisier, 232.
DUTRAIT (Adrian), menuisier, 278.
DUTRONQ (Jehan), peintre, 70, 71, 72.
DUVAL, expert, 41.
DUVAL (Jacquet), maçon, 107.
DUVAL (Laurens), 344.
DUVAL (Robin), charretier, 115, 283.
DYACRE (Jehan), peintre, 140.

E

ENAULT (Thomas), maçon, 14.
ÉRARD (Laurens), charretier, 165.
ESQUART (Jehan), carrier, 9, 123.
EUDES, EUDE (Richard), charpentier, 194, 208, 234, 235, 273, 274, 296, 297, 298, 303, 333, 335.

F

FAGET (Thomas), parcheminier, 159.
FAIN (Pierre), m^e maçon de Rouen, 186, 255, 319, 349, 358, 375, 414, 417, 424, 431.
FANART (Jehan), peintre, à Amboise, 342.
FAUQUET (Pierres), carrier de Vernon, 178, 196, 198, 314, 361, 390, 414.
FERMELUX, FREMELUX, FERMELAYX (Jehan), maçon, 103, 142, 145, 147, 149, 371.
FESCHAL, FESSAL, FECHARD, FESSAL (Jaquet, Jacques DE), peintre, 69, 70, 71, 289, 291, 292, 293, 294, 295, 296, 357, 428.
FESCHAL (Liénard DE), peintre de Rouen, 262, 263, 264, 378.
FLEURY (Gilles), 181.
FOIX (Lorens), charretier, 207.
FONTAINE (Olivier), charretier, 209, 353.

FORGET (Nicollas), charretier? 190.
FORMENTIÈRE. Voir DUPLEXIS.
FOUCHIER (R.), chaufournier, 37.
FOUET (Guillaume), maçon, 107.
FOULON, plâtrier, 311.
FOUQUET, FOUCQUET (Jehan), maçon, 81, 107, 108, 109, 110, 111, 112, 113, 115, 116, 319.
FOURSIN, FORSIN (Jehan), briquetier, 367, 397, 407, 408, 416.

FREMELIEUX, FREMELEUX (Pierres), maçon, 100, 109.
FREMELUX (Guillaume), plâtrier, 102.
FREMIEVRE (Pierres), charpentier, 157.
FREMIEVRE, FREMIERE (Denis DE), m^e charpentier, 155, 156, 230, 231, 232, 241, 277, 278.
FRENEUSE (Jehan DE), tailleur de pierres, 108, 110, 111, 115.

G

GALLE, GALE (Jehan), brodeur, de Tours, 341, 344, 418.
GALLET (Guillaume), relieur, 444.
GALLEZ (Lorens). Voir JALLEZ.
GAMIN (Jehan), maçon.
GARDANE (Guillot), charpentier, 297.
GAUDET (Henry), maçon.
GAUDIN (Jehan), le jeune, maçon, 12, 13, 107, 112, 113.
GAUDIN (Pierres), tailleur de pierres, 108.
GAUDRAS, GAUDARS (Jehan), maçon, 236, 237, 238, 240, 241, 242, 243, 244, 245, 247.
GAULTIER, GAUTIER (André), maçon, 12, 13, 107, 115.
GAULTIER (Pierres), clerc, 182.
GAYOT (Franchoys), maçon, 60, 153, 207, 208, 209, 210, 235.
GELÉE (Vincent), m^d de soieries, 340.
GELLIN (Colas, Coulas), maçon, 12, 13.
GENEDEVILLE (Jehan), carrier, 36.
GENETEAU (Hector), menuisier, 393.
GENLY (DE), 158, 160, 190, 205, 219, 227, 250, 257, 258, 262, 268, 269, 270, 274, 275, 369, 379, 418, 427, 435.
GENLY (madame DE), 205, 219, 227, 250, 399.

GENTILLESSE (Jehan Scallot), matelassier, 355, 433.
GEORGET (Nicolas), m^d tapissier, 310.
GEORGET (Nicollas, Nicolas), 46, 91, 311, 314, 393.
GEROSME, GERAUME, GERAULME, JHÉROSME, HIEROSME (de Tourniolles, de Tourniolles, de Tournieres, de Tornieres, Tourniol), peintre, 69, 70, 78, 124, 146, 148, 152, 153, 155, 183, 190, 357, 362, 363, 444.
GIEFOSSE (Guillot), charretier, 284.
GIFART (Jehan), maçon, 413.
GIFFART (Jehan), potier, 369.
GILLART (Colin), chaufournier. Voir GUILLART.
GILLES (Pierre), polisseur de marbre, 293, 294, 295, 296.
GILLET, carrier, de Louviers, 189, 202.
GILLONNET (Jehan), jardinier, 288.
GILLOT (Jehan). Voir GUILLOT.
GIRAUD, GIRAULT (Pierre), écrivain, 443, 444.
GOADET (Jehan), m^d d'échalas, 226.
GOFFIN (T.), tonnelier, 43.
GOMAIN (G.), jardinier, 367.
GOMAIN (Richard), enteur d'arbres, 296, 297, 300.

GOMMET (Robin), carreleur, 325.
GOSMAN (Guillaume), manœuvre, 287.
GOUBERT (Pierre), charretier, 191.
GOUDER (Jean), vigneron, 32.
GOUDET (Jehan), m⁴ de grains, 330.
GOUMET (Franchoys, François), maçon, 109, 110, 115, 142.
GOUSSAY (Jehan), maçon, 60.
GOUY (Richard), plâtrier? 17.
GRANDÉ, GRANDIX (Benard), maçon, 12, 13, 107, 115.
GRANDJEHAN (Guiffray), charretier, 17.
GRAVELLE (Pierre), receveur du cardinal d'Amboise, 117, 118, 119, 251, 253, 254, 348, 349, 422, 423.
GRENIER (Anthoine), tapissier, 341.
GRENIER (Oudin), tapissier, 311.
GROSMAIN (Pierres), maçon, 12, 13.
GUALLOPIN (Mathelin), paveur, 25.
GUARENFLOU (Robinet), m⁴ de bois, 248.
GUEDEVILLE (Jehan), maçon, 36.
GUELOIS, notaire, 230.
GUERARD (Robert), tailleur de pierres, 108.
GUERARD (Symon), maçon, 109.
GUERE (Loiz), fils du suivant, 35.
GUERE (Richard), sʳ de Courcelles, 6, 7, 11, 34, 35, 45, 46, 57, 58, 59, 60, 76, 83, 85, 90, 91, 92, 105, 116, 159, 191, 205, 219, 227, 250, 277, 278, 279, 304, 305, 318.
GUERIER (Jacques), peintre, 69.
GUERLEUX. Voir LEGUERLEUX.
GUERPE, GUERPEY, CARPE, CAERPE (Richard), menuisier, de Gaillon, 108, 110, 112, 113, 114, 116, 123, 124, 147, 162, 167, 170, 180, 261, 278, 391.
GUESNON (Michelet, Michellet), marquetier, 415.
GUIGNANT (Jehan), maçon, 413.
GUILLART, GUILARS (Colin), chaufournier, 312, 386, 389, 412.
GUILLART (Y.), jardinier, 288.
GUILLAUME, scieur, 54, 55.
GUILLAUME de Bourges, imagier, 308, 309, 357.
GUILLAUME, voiturier, 178.
GUILLEMOT (Guillaume), terrassier, 276.
GUILLON (Jehan), maçon, 107.
GUILLOT de Jeffosse, Gieffosse, charretier, 98, 140, 209.
GUILLOT, GILLOT, GUILLOU, GUYOT (Jehan), maçon, 12, 13, 107, 110, 111, 112.
GUILONET (Jehan), jardinier, 367.

H

HALLOT (Jehan), carrier, de Vernon, 136.
HAMEL (Guiot), voiturier, 282.
HAMEL (Jehan), charretier, 17, 47, 161, 219, 241, 244, 280, 361.
HAMEL (R.), 57.
HAMELIER, HAMELYER (Jehan), menuisier, 297, 299, 300, 301.
HAMON (Roger), maçon, 115.
HARDENGE (Michault), maçon, tailleur de pierres, 108, 115.
HARENG (P.), cordier, 67.
HAUVILLE (Estiennot, Estienne), terrassier, 275, 292, 294, 295.
HAUVILLE (Guillaume), terrassier, 275, 294, 295, 390.
HAUVILLE (Jehan), 292.
HAUVILLE (Robert), terrassier, 275.
HAZARD (Jacquet, Jacques), carrier, de Saint-Leu, 196, 197, 198.
HEBERT (Gilles), charretier, 166.

HEBERT (Robert), peintre, 141.
HECTOT (de), expert, 41.
HELOT, HELYOT (Jehan), fondeur, de Rouen, 310, 346, 355, 406, 433.
HENAULT (Thomas), maçon, 109.
HENSE (Jehan), nautonier, 313.
HERMENT (Jehan), maçon, 50, 51, 107.
HERPIN, HARPIN (Vincent), m⁴ de couleurs, 81, 150.
HERVIEU, HERVYEU (Bertrand), maréchal, de Gaillon, 317, 327, 330, 331, 359, 360, 361, 368.
HERVIEU, HERVIEUX (Guillaume), maréchal de Gaillon, 14, 15, 16, 17, 18, 20, 27, 39, 41, 43, 44, 52, 56, 61, 62, 65, 71, 73, 78, 86, 88, 99, 103, 104, 109, 111, 116, 127, 136, 141, 193, 196, 288.
HIESSE (Nicolas), enlumineur de livres, 442, 443.
HORNEVILLE (Gillet, Guillemin, Guillaume), carrier, de Louviers, 166, 167, 168, 169, 194.
HOUEL (Pierres), plombier, de Rouen, 118, 119, 132, 230.
HUART (Benoist), fondeur, de Rouen, 316, 355, 433.
HUE (Thomas), tailleur de pierres, 108, 110, 111, 115.
HUNIN (Jehan), vendeur de livres, 438.

J

JALLET (Benest), maçon, 107.
JALLET (Yonnet), maçon, 107.
JALLEZ, GALLEZ (Laurens, Lorens), couvreur, 89.
JAQUES, de Beaulne, général de Normandie, 141, 142.
JEHAN, de soubs Saint-Leu, carrier, 232.
JEHAN, de Gournay, voiturier, 305, 387.
JEHAN, de Louviers. Voir LOUVIERS.
JEHAN, de Tours, peintre, 69, 82.
JEHAN, de Vernon, charretier, 375, 412, 415.
JEHANNE, femme de Guillaume Thouroulde, couturière, 169.

JELLIN (Rollin), charpentier, 143.
JORGET (Nicolas), 28, 183.
JOUBART, JOUBERT (Massé), maçon, 12, 13.
JOUY (Jehan), charretier, 280.
JOUY (Laurens, Lorens), charretier, 213, 282, 284.
JOUY, DE JOUY, JOY (Richard, Richart), charpentier, 67, 109, 209, 234, 235, 273, 274, 294, 296, 298, 300, 301, 318, 319, 333, 335, 370.
JUMELLE (Jehanne), 289.
JUST, DE JUST (Anthoine), imagier *fleurentin*, 324, 342, 358, 419, 420, 433, 435.

L

LABESTE (Pierres), tailleur de pierres, 30, 32, 88, 108, 110.
LALLEMANT (Henry), marchand de bois, 236.

LALOYER, 140.
LAMBERT (Jehan), maçon, 37.
LAMBERT (Robert, Robinet), carrier, de Vernon, 8, 175.

DES PERSONNES. 457

LAMY (Jaquet), m^d de couleurs, peintre? 307.
LANBEZ (Nicollas), horloger à Rouen, 169.
LANGLOIS (Jehan), maçon, 40.
LANGLOIS le jeune (Jehan), maçon, 13.
LANGLOIS (Regnault), maçon, 87.
LANGLOYS (Guillaume), maçon, 13, 332.
LANGLOYS (Regnault), m^d d'osier, 212.
LANGLOYS (Anglici), frère Jehan, sous-prieur des Augustins, 438, 439.
LAPATROUILLARDE (Phylipote), m^{lle} de toile, 340.
LARCHER (Guillaume), cabaretier, 316.
LAROYNE (Jehanne), lingère, 308.
LATHOUROULDE (Jehanne), lingère, 309, 358.
LAUNOY (Claude DE). Voir DELAUNOY.
LAVALE (Jehan), charretier, 282.
LAVALLE (Blaise), charpentier, 206, 207, 208.
LEBAILLIF (Guillaume), chaufournier, 161, 170, 193, 203.
LEBER (Jehan), maçon, 269.
LEBEUF (Guillaume), chaufournier, 17.
LEBLONC (Olivier), charretier, 123.
LEBLOND (Marquet), estaimier, 397.
LEBOUCHER (Jean), maître maçon de Saint-Maclou de Rouen? 11.
LEBOUCHER, BOUCHER (Pierre), écrivain, 441, 442.
LEBRETON. Voir RAULET.
LECAIN, charretier, 219.
LECAMUS (Charlot), charretier, 389, 413.
LECAMUS (Guillaume), charretier, 241.
LECAMUS (Jehan), charretier, 291.
LECAMUS (Pierrot), charretier, 284, 374.
LECARPENTIER (R.), charretier, 38, 53.
LECERF (Jehan), batelier, 353.
LECHAPPE (Mathieu), maçon, 107.
LECHARPENTIER (Colin), maçon, 317.
LECHARPENTIER (Robin), charpentier, 301, 303.

LECLERC (Guillaume), maçon, 144.
LECONTE (Jehan), tonnelier, 43, 226, 227, 357.
LECONTE (Jehan), maçon, 129, 144.
LECOQ (Jehan), orbateur, de Flandres, 306.
LECOURT (Jehan), 209.
LECOURT (Lorens), menuisier? 67.
LECOURT (Nicolas), carrier, 396.
LECOUSTURIER (Guillebert), charpentier, 237.
LECOUSTURIER (Innocent), carrier, 389.
LECOUSTURIER (Jehan), charpentier, 179, 182, 195, 197, 198, 201, 202, 203, 204, 205.
LECOUSTURIER (Simonet, Symonnet, Symon), carrier, de Vernon, 1, 8, 9, 77, 122, 128, 132, 147, 166, 174, 175, 185, 188, 189, 192, 195, 198, 219, 220, 387, 391, 412.
LEDELYÉ (Guillaume), relieur, 444.
LEDUC (Robin, Robinet), carrier à Vernon, 9, 175.
LEFAUT (Nicolas), tapissier, 311.
LEFEBVRE (Jehan), voiturier par eau, 280, 285.
LEFEBVRE (Jehan), m^d de brouettes, 184, 356.
LEFEVRE (Gilbert), m^d drapier, 345.
LEFEVRE (Jehan), maçon, 12, 13.
LEFEVRE (Simon), voiturier par eau, 353.
LEFLAMENT (Colas), brodeur, de Tours, 418.
LEFORESTIER (Guillaume), m^d de poissons, 43.
LEFORESTIER (Guillaume), m^d de graines, 399.
LEFORESTIER, FORESTIER (Richart), doreur, 309, 310, 311.
LEFRANC (Guillaume), m^d de drap, 355.
LEFRANC (Jehan), m^d de drap, 355.
LEFRANCHOYS (Jacques), terrassier, 240.
LEFRANÇOIS (Jehan), terrassier, 276.
LEFRANÇOIS (Michault), terrassier, 276, 335.

LEGAY (Jehan), brodeur, de Tours, 418.
LEGENDRE (Pierres), trésorier du cardinal d'Amboise, 254, 258, 267, 270, 272, 277, 278, 279, 347, 375, 420, 435.
LEGOUIX (Robin), m^d de bois, 233.
LEGRAND (Perrin), tailleur de pierres, 108.
LEGRELLE (Alain), carreleur, 325.
LEGRYS, notaire, 185.
LEGUERLEUX, LEGALLEUX, LEJAILEUX, LENGARLEUX, LEGUERLEUR, DEGALLEUX, GUELLES, GUELEUS, GAELEUX (Jacques), peintre doreur, 70, 71, 72, 73, 75, 78, 80, 82, 94, 95, 97, 98, 100, 140, 147, 148, 154, 155, 184, 187.
LEJAY (Robert), m^d de soieries, 340.
LEJEUNE (Jehan), charretier, 22.
LEJEUNE (Pierre), serrurier, 20, 26, 43.
LEJUREUR (Pierres), m^d de bois, 83.
LELARGE (Richart), 306.
LELOUYER (Jacques), m^d de poissons, 42.
LEMAISTRE (Pierres), chaufournier, 15.
LEMAISTRE (Raulin, Raoulin), maçon, 12, 13, 47.
LEMARIÉ (Pierres), vigneron, 222, 223, 225.
LEMARYÉ (Richard), menuisier, 278.
LEMASIER, LEMASSIER, MAZIER, MAESIER (Jehan), charretier, 12, 24, 25, 26, 29, 30, 218, 585, 386.
LEMASSIER (Jehan), briquetier, 179.
LEMASSON (Polet), maçon, 49, 52.
LEMASURIER, LEMAZURIER (Pierres), imaginier, de Rouen, 323.
LEMERCIER (Guillot), charpentier, 298, 323.
LEMESLE (Guillaume), chaufournier, 125.
LEMIER (Pierres), maçon, 109.
LEMOIGNÉ, LEMOYNE, LEMOINE, MOYNGNE (Jehan), couvreur d'ardoises, ardoisier, 55, 56, 62, 63, 64, 65, 66, 78, 82, 89, 92, 94, 95, 96, 98, 103, 133, 157, 178, 180, 181, 182, 184, 188, 203, 204, 213, 230, 231, 232, 236, 242, 243, 272, 307, 319, 320, 331, 375, 376, 430, 431, 432.
LEMOISIER (Regnault), 111.
LEMOYSNIER (Pierres), voiturier, 15.
LEMULOT (Jehan), batelier, 351.
LENFANT (Pierre), 308.
LENORMENT (Pierre), papetier, 308.
LEPAGE (Jehan), brodeur, de Tours, 418.
LEPANETIER, LE PAUCTIER, charretier, 194, 215.
LEPICQUART (Jehan), peintre. Voir PICQUART.
LEPLASTRIER (Pierres), peintre, 377, 379, 386, 410, 429, 430.
LEPREUX (Anthoine), peintre, de Rouen, 148, 149.
LEPREVOST (G.), carrier, 37.
LEQUIÉ (Henry), peintre, 140.
LEREBOURS (Denis), imagier, 308.
LEROUGE (Guillaume), coffretier, 62.
LEROUGE (Philippe), cirier, 307.
LEROUX (Jacques), maître maçon, 28.
LEROUX (Guillaume), écrivain, 437, 438.
LEROUX (Laurens), maçon.
LEROUX (Mathieu, Mathelin), paveur, 324, 338.
LEROUX (Michel), écrivain, 440.
LEROUX (Roullant), m^e maçon, 313.
LEROY (Binet), menuisier, 189, 206, 207, 208, 210, 212, 237, 239, 243, 248, 289, 291, 294, 295, 297, 299, 300, 301, 303, 332, 350, 351, 369, 394.
LEROY (Grégoire), tapissier, 376, 417, 434.
LEROY (Thibault), m^d d'huile, 70.
LEROYER (Jehan), maçon, 88.
LESEIGNEUR (Nicolas), m^d d'or, 307.
LESENECHAL (Jacques), peintre, 69.
LESENECHAL (Jehan), bûcheron, 54, 57.
LESENECHAL (Philippot). Voir SENECHAL.
LESENECHAL (Robin), 89.

Lesenechal (Raulin), bûcheron, 356.
Leserf, Lecerf (Michelot, Michellet), serrurier, 6, 209, 216, 234, 238, 243, 265, 267, 268, 279, 313, 365, 417, 429, 433.
Leservoisier (Olivier), maçon, 96, 97.
Lesignerre, Lesignerie (Estienne), orfévre, 346, 355, 420.
Lesueur (Robert), huilier, 156.
Letellier (Jehan), maçon, 47.
Letellier (Liénard), charretier, 81.
Letellier (Pierres), charretier, 75.
Levalloix (Colas), brodeur, de Tours, 418.
Levasseur, Levassor, Levavasseur (Pierres), m^d de civières, 16, 20, 26, 28, 32.
Levavasseur (Richard), carrier, 36, 95.
Leveaultre, Leviaultre, Levinultier (Guillaume), m^d de couleurs à Rouen, 150, 152, 309, 373.
Leviconte (Guillaume), charretier, 240.
Leviel (Jehan), verrier, 266, 267.
Leviel (Robinet), carrier, de Louviers, 198, 218.
Levillot (Binet), terrassier, 232.
Lienard (Jehan), m^d de brouettes, 30.
Lienard (d'Orléans). Voir Orléans.
Lienard (Pierres, Pierrot), maçon, 192, 193.

Liepart (Jehan), 413.
Liger (Pierres), 340.
Litran (Robert), voiturier par eau, 351.
Littée, Lytée (Mathieu), maçon, 100, 152, 214, 215, 217, 240, 297, 329, 330, 333, 334, 384, 385, 386.
Loir (Michellet), maçon, 274, 327.
Loisse, Louesse (Allain), maçon, 47, 109.
Loisse (Jehan), maçon. Voir Louesse.
Lot (Jehan), charretier, 280, 281, 282, 283.
Lotin (Michelet), charpentier, 211, 212, 213, 216, 217, 229, 230, 232.
Louesse, Louyse (Jaquet), manœuvre, 36, 328, 329, 408, 409.
Louesse, Loisse, Loesse (Jehan), maçon, 38, 47, 109, 268, 282, 297, 334, 337, 338, 369.
Louvet (Geoffroy), orbateur, 307.
Louviers, Loviers (Jehan de), maçon, 107, 116.
Louyset (Thomas), voiturier par eau, 398.
Loys (Pierres), peintre, 140.
Luiller, Luillier (Jehan), ardoisier, 296, 368, 371, 409, 410.
Luyer (Geoffroy, Gueffroy), maçon, 107, 116.

M

Macquereau (Jehan), manœuvre, 43.
Macquerel (Colin), 119, 371.
Macquerel, Maquerel, Macquereau, Maquereau (Jehan), oiseleur, 81, 87, 92, 142, 290, 292, 293, 297, 332, 356, 370, 400.
Mainvile, Manville, Mainville, Meinville (Guillaume), maçon, 12, 13, 107, 219, 220, 221, 238, 239, 240, 241, 243, 245, 246, 247, 248, 270, 271, 383.
Mallès (Cardin), laboureur, 232.
Mallet (Ambroys), maçon, 107.
Manneveu, Mannepveu (Cardin, Cardinat), tapissier, 336, 345, 346.
Mansion (Guillaume), chaufournier, 162.
Mansoys (Jehan), charpentier, 179, 182, 195, 197, 198, 201, 202, 203, 204, 205.

MANUEL (Pierres), charretier, 123.
MARCHEBONNE (Jehan), polisseur de marbre, 293, 294, 295.
MARION (fille Thouroulde), couturière, 169.
MARTEL (Jehan), maçon, 107.
MARTEL (Jehan), bonnetier, 308.
MARTIN (Jehan), carrier, 197.
MASSÉ, de Blois, jardinier, 155.
MASSON (Pollet), maçon, 60, 63, 107.
MASURIER. Voir LEMASURIER.
MAUGER (Nicolas), m^d de métaux, 403.
MAUGIER (Roger), cordier, 5, 10.
MAULFRAS, carrier, 37.
MAULIN (Jehan), maçon. Voir MOULLIN.
MERGOLIENNE de Formentières (Pierre), doyen du Plexis, jardinier du roi, 153, 155, 157.
MESENGE, MESENGUE, MESANGE (Pierre), chanoine de Rouen, trésorier, 1, 8, 34, 106, 117, 118.
MEYNAL, MYENAL (Bertrand DE), Genevoiz, tailleur de marbre, imagier, 303, 316, 317, 318, 327, 356, 359, 360, 363.
MICHAU, MICHELET (André), maçon, tailleur de pierres, 74, 108, 111.
MICHAU (Pierres), tailleur de pierres, 108.

MICHAULT, maçon, 13.
MIGNON (Georges), scieur d'ais, 212.
MOIREAU (Mathurin), brodeur, de Tours, 418.
MOLIN (Jehan), maçon, 115.
MONBRUN, MOMBRUN, MONTBRUN (Anthoine DE), 227, 228, 255, 279, 424.
MONTAUBAN (Jehan DE), muletier, 305.
MORDANT (Jehanne), chambrière, 289.
MOREL (Jehan), voiturier, 352.
MORIN (Jehan), de Rouen, briquetier, 141.
MORIN (Robert), peintre, 140.
MORISSE (Colin), maçon, 12, 13, 107.
MORISSE (Guyot), charpentier, 211, 212, 213, 214, 215, 216, 217, 218, 229, 230, 231.
MORISSE (Rogier), maçon, 107.
MOTIN, notaire, 183, 187.
MOUCHET (Massé, Macé, Marc, Maciot), ardoisier, 80, 178, 246, 308, 311, 356.
MOULLIN, MOLIN, MAULIN, MOULIN (Jehan), maçon, 17, 24, 29, 32, 64, 88, 149, 249.
MOURISSE (Allain), maçon, 13.
MOUTON (Thomas), maçon, 12, 13, 14.
MOYNET, notaire d'église, à Rouen, 154, 176, 177, 178, 179, 180, 182, 188.

N

NEAUDET, NYAUDET (Henry), maçon, 49, 52, 53, 107, 401.
NICOLAY, écrivain, 34.
NICOLE (Pierres), oiseleur, 302, 364, 365, 395, 399.
NICOLLE de Saint-Lo, écrivain, 438.
NOUEL, NOEL (Guillaume), maçon, 89,

142, 145, 147, 149, 152, 212, 229, 232, 234, 236, 328, 329.
NOURRY (Ysambard, Ysambert), tailleur de pierres, 108, 149.
NOUYER (Jehan), tailleur de pierres, 108.
NYORT (Anthoine DE), prothenotaire. Voir CAREMAING.

DES PERSONNES.

O

Olivet (Jehan), m⁴ de couleurs, 263.
Onfroy, Onfray (Philippot), charretier, 115, 172.

Orleans (Lienard d'), maçon, 107.
Orleans (Thibault d'), maçon, 107.
Oultreleaue (Vincent), maçon, 12, 13.

P

Pacherot (Geraulme, Jeronyme), maçon italien et tailleur de pierres, demeurant à Amboise, 308, 310, 317, 318, 332, 333, 337, 343, 358, 359, 360, 434.
Paguemin (Messire), 405.
Painnart (Pierres), m⁴ de toile, 339.
Paynel (G.), 345.
Pellerin (Guillaume), m⁴ de cercles, 357.
Pellerin (Jehan), bûcheron, 298, 327.
Pellers. Voir de Pellers.
Pelourde (Pierre), menuisier, 277, 308.
Pemetot (Pierre), écrivain, 442.
Perier (Richard), briquetier, 89.
Perriau (Jehan), enteur d'arbres, 211.
Perrier (Denis), maçon, 107.
Petit (Michellet), m⁴ de couleurs, 263.
Phelippes (Pierrot), manœuvre, 208, 209.
Philippes (Martin), voiturier, 55.
Philippes (Jehan), charretier, 18, 38.
Philippot, m⁴ d'échalas, 214, 223.
Phylipes (Martin), propriétaire, 90.

Pichon (Jehan), maçon, 331.
Pichore (Jehan), de Paris, enlumineur de livres, 437, 443.
Picquart, Picquard (Jehan), peintre, 73, 74, 75, 79, 95, 97, 98, 100.
Picquet, Piquet (Anthoine), capitaine du château de Gaillon, 159, 183, 191, 205, 219, 222, 223, 224, 225, 227, 250.
Pierrecte, fᵉ Huart, 358.
Piesseval (Jehan), serrurier, 14.
Pilots, Pilloix (Guillaume), m⁴ de couleurs, 263, 307.
Pimont (Collas), tailleur de pierres, 108.
Pinchon (Jehan), voiturier, 14.
Piquart (Jehan), maçon, 107.
Plaisance (Robin), charpentier, 54.
Pochon (Symon), tailleur de pierres, 108.
Potier (Richart), charpentier, 144, 209.
Pregent, 274.
Prevost (Artault), homme de pied, 345.
Prouel (Jehan), m⁴ de vaches, 208.

Q

Quatreux (Mathelin), ardoisier, de Tours, 344.
Queloys, notaire, 230.
Quemain (Pierres), maçon, 107.
Queron (G.), propriétaire, 42.
Queron (Geoffroy), maçon, 290.

Queron (Guillaume, Guillaumet), maçon, 88, 214, 215, 217, 235, 240.
Queron (Guillaume), charpentier, 235.
Queron (Pierre), maçon, 290.
Quetier (Jehan), 329.

R

Rage, de Rage (Guillaume), tapissier, 341.
Racine (Jehan), voiturier, 24, 164, 205, 276, 385.
Racine (Guillemot), terrassier, 335.
Raoult (Guillaume), m⁰ charpentier, de Rouen, 48.
Rassine (Cardot), maçon, 149.
Raulet, Breton, écrivain, 440.
Regnault (Guillaume), briquetier, 305.
Resmond (Pierres), maçon, 37, 39.
Richard, m⁰ menuisier, 16.
Richard (Jehan), charretier, 203.
Rigault (Jehan), maçon, 216, 217, 218.
Robert (Alexandre), maçon. Voir Alexandre.

Robinet, Robin, charpentier, 298, 302.
Rogier, Roier (Jehan), maçon, 107, 115.
Rollant (Jehan), mᵈ de bois, 233, 237.
Ronnesalles, Ronssenailles (Nicolas de), orbateur, 307, 373, 374.
Rosault, Rousault, Rouxault (Jehan), tailleur de pierres, 108, 110, 111.
Roué (Thomas), tailleur de pierres, 108.
Rousseau (Robin), orfèvre, de Tours, 420.
Rousselet (Guillet), carrier, 27.
Roussellet (Colas, Coulas), carrier, 22, 37, 38, 40, 42.
Royer (Jacquet), tailleur de pierres, 108.
Roze (Thibault), parcheminier, 393.
Ruette (G.), mᵈ de bois, 55.

S

Saint-Amand (Jehan de), 305, 373.
Saint-Lo. Voir Nicolle de.
Saint-Pol (Raulin de), 308.
Sauveterre (de). Voir Castignolles.
Scene, Sene, notaire à Rouen, 183, 189.
Seglas (Denys, Denis), charretier, 18, 23, 49.
Seglas (Estienne), propriétaire, 89.
Seglas (Richard), id. 89.
Seheult (Michault), menuisier, 246.
Senaige (Gringuoire), menuisier, 278.
Senault (Franchoys), tailleur de pierres, fils de Senault (Guillaume), 16, 17, 88, 108.
Senault (Guillaume), mᵉ maçon, 12, 13, 14, 15, 16, 17, 18, 19, 20, 21, 22, 23, 24, 25, 26, 27, 28, 29, 30, 31, 32, 39, 88, 107, 108, 110, 111, 112, 113, 114, 115, 116, 185, 186, 319.

Senault (Thomas), maçon, 12, 13, 47.
Senechal, Seneschal (Philippot), charpentier, 31, 54, 57, 62, 87, 182, 243, 290, 298.
Senechal, Seneschal (Robin), maçon, 47, 89, 109, 142, 145, 147, 149, 293.
Senierres (Pierres), tailleur de pierres, 108.
Serpin (Jehan), enlumineur de livres, 437, 442, 443.
Serrure (Pierres), maçon, 115.
Setasse (Martin), pêcheur, 214.
Simart (Guillaume), mᵈ d'étoffes, 346.
Sirende (Cardinot), tapissier, 336.
Sochon (Laurence, Laurens), mᵈ de soieries, 311, 340, 433.
Solario (André, Andreas de), peintre, de Milan, 338, 339, 361, 362, 363, 418, 419.

DES PERSONNES. 463

SOLLEVILLE (Pierres DE), maçon, 107.
SOUDAIN (Raulin, Roullin), peintre, 70, 71, 72, 73, 74.

SYNOT, SINOT (Guillot), maçon et carrier, 107, 116, 121, 128, 136, 146, 162, 164, 387, 397, 411, 413, 414.

T

TANNERYE (Pierres), oiseleur, 300, 328, 331, 364, 365.
TESTEFORT (Jehan), peintre, de Rouen, 262, 263, 264, 279, 357, 373, 428.
TESTU (Jehan), m^d de Tours, 341, 344.
THEROULT (Jehan), maçon, 13, 107.
THIBAULT, TIBAULT (Geoffroy, Gieffroy), charpentier, 171, 174, 175, 176, 179, 182, 184, 186, 195, 197, 198, 199, 200, 201, 202, 203, 204, 205.
THIBAULT, TIBAULT (Jacquet), m^d de brouettes, 5, 10, 103, 195.
THIBAULT (Jehan), charpentier, 157.
THIBAULT (Guillaume), maçon, 12, 13, 14, 27, 107, 304.
THIBAULT. Voir ORLÉANS.
THIBOUT (Jehan), charretier, 231.
THIBOUT, THIBOUST (Jehan), couvreur de chaume, 164, 331.
THOMAS (Colin), charretier, 53, 81, 114, 140.
THOMAS (Collin, Colin), cordier, de Louviers, 22, 125, 157, 171, 196, 235, 247, 355, 356, 401, 434.
THOMAS de Lyon, jardinier de Gaillon, 157, 158, 234, 242, 250, 288, 338, 339, 361, 362, 363, 367, 368.

THOMAS de Rouen, m^d d'échalas, 223.
THOREL, TOREL (Jehan), latteur, 75, 82, 89, 104, 205, 211, 292, 303, 327, 356.
THOREL (Jaquet), latteur, 290.
THOREL (Richard), 78.
THOUROULDE (Colin), briquetier, 62.
THOUROULT, TOUROULT, THOUROULDE, THEROULDE (Guillaume), briquetier, 66, 67, 156, 206.
TIREL (Estienne), maçon, 107, 110.
TOURNIERES, TOURNIELLES (DE), TOURNIOL, peintre. Voir GEROSME.
TOUROULDE (Gieoffroy), briquetier, 66.
TROUSSEL (Richard), huilier, 153.
TRUBEL (Pierres), maçon, 12, 13, 47.
TRUBERT (Jehan), batelier, 126.
TRUBERT (Pierres), maçon, 47.
TUBEUF (Colin), chaufournier, 12, 17, 18, 20, 31, 38, 154, 175, 193, 413.
TUBEUF (Guillotin, Guillaume, Guillemin), chaufournier, 13, 14, 15, 19, 20, 25, 26, 73, 94, 136, 192, 200, 201, 220, 312, 374, 389, 390, 401, 409, 410, 411, 412, 413, 416.
TUBEUF (Jehan), chaufournier, 161.
TUYER (Guiffray), maçon, 12, 13.

V

VALENCE, VALLENCE (Jehan). Voir VALENCE (Pierre), 57.
VALENCE, VALLENCE (Germain), fils de VALENCE (Pierre), 354, 397, 398.

VALENCE, VALLENCE, DE VALANCE (Pierres), menuisier, maçon, fontainier, 11, 26, 42, 48, 54, 55, 57, 70, 76, 77, 79, 92, 101, 118, 132, 142,

171, 173, 174, 176, 177, 178, 179, 180, 181, 182, 183, 184, 185, 186, 187, 188, 189, 234, 236, 241, 242, 243, 244, 245, 247, 248, 249, 279, 298, 302, 303, 317, 354.

VALLES, VALLEZ (Jehan), charpentier, 50, 51, 52, 55, 56, 57.

VALLES (Philippes), charpentier, 53.

VALLIN (Denis), 181.

VAQUARD (Allain), carrier, de Vernon, 194.

VARIN (Anthoine), chaufournier, 109.

VARIN, WARIN (Thibault), chaufournier, 73, 161.

VARLET (Jullien), serrurier, 85.

VAULTIER (Jehan), prêtre, écrivain des comptes, 181, 361, 396, 397, 398.

VIARD (Pierres), maçon, 111.

VIART (Pierres), chaufournier, 25.

VIDIÉ (Henry), m° des œuvres de charpenterie, à Évreux, 165.

VIEL (Pierres), chaufournier, 21, 23, 28, 29, 30, 31, 38, 93, 109, 161, 162.

VIERVE (Jehan), maçon, 229, 232.

VIGNART (Collin), carrier, 8.

VOYER (Jehan), maçon, 64.

VYALLES (Georges), couvreur d'ardoises, 368.

VYARE, VIARRE, VYART (Simonet, Simon), potier, 288, 367, 368.

Y

YOLLANT (Jehan), batelier, 196.

YTALIEN (un), 317.

TABLE PAR PROFESSIONS.

ARDOISIERS, COUVREURS.

Bernard (Galles).
Chapperon (Jehan).
Choppin, Coppin (Jehan).
David (Collin).
Jallez (Laurens).

Lemoigne (Jehan).
Luillet (Jehan).
Mouchet (Massé).
Quatreux (Mathelin), de Tours.
Vialles (Georges).

BRIQUETIERS.

Behier (Richard).
Behier (Jehan).
Bellay (Estienne).
Bellay (Guillaume).
Binet (Denis).
Conillart (Josse).
Foursin (Jehan).
Lemassier (Jehan).

Morin (Jehan).
Perier (Richard).
Regnault (Guillaume).
Thibault (Guillaume).
Thouroulde (Colin).
Thouroulde (Guillaume).
Touroulde (Geoffroy).

BONNETIERS.

Martel (Jehan).

BRODEURS.

Demousse (Loys).
Dufour (Nicolas).
Galle (Jehan), de Tours.
Jehan, de Bruxelles.
Leflamens (Colas), de Tours.

Lejay (Jehan), de Tours.
Lepage, de Tours.
Levalloix (Colas), de Tours.
Moireau, de Tours.

CARRELEURS.

Gommet (Robin).

Legrelle (Louis).

CARRIERS.

Agnard (Jehan).
Bagnard (Alain).

Bansse (Massiot), de Vernon.
Basin (Jehan).

BOURDET (Geoffroy), de Saint-Leu.
CARPENTIER (Roger).
COUILLE (Jehan).
COURTOIS (Jehan), de Vernon.
DEBLESMES (Jehan).
DELAHAYE (Guillaume).
DUMONT (Aulbin).
DUMONT (Guillaume), de Saint-Leu.
ESQUART (Jehan).
FAUQUET (Pierres), de Vernon.
GENEDEVILLE (Jehan).
GILLET, de Louviers.
HAZARD (Jaquet), de Saint-Leu.
HEUQUELIN (Jehan), de Louviers.
HORNEVILLE (Guillaume), de Louviers.
HORNILLE (Gillet), de Louviers.
JEHAN, soubs Saint-Leu.
LAMBERT, de Vernon.
LECOURT (Nicolas).
LECOUSTURIER (Innocent).
LECOUSTURIER (Simonet), de Vernon.
LEDUC (Robinet), de Vernon.
LEPREVOST (G.).
MARTIN (Jehan).
MAULFRAS.
ROUSSELET (Colas)
ROUSSELET (Guillot).
SYNOT (Guillot).
VAQUARD (Alain), de Verron.

CHARPENTIERS.

AUMONT (J.).
AVISSE (Jehan).
BERTHEREAU, BERTHEAU (Guillaume).
CHARON (Martin).
CHERON (Guillaume).
COUESPEL (Robert).
CREPEL (Robert).
DEBAUDES (Jehan).
DELAHAYE (Jehan).
DELAHAYE (Louis).
DELAHAYE (Raoulin).
DESLANDES (Jehan).
DESNOYERS (Michellet).
DESPERROIZ (Martin).
DUMONCEL, DEMOUCHEL (Jehan).
DUMONT (Cardin).
DUMOUCHEL (Guillaume).
EUDES (Richard).
FREMIEVRE (Denis).
FREMIEVRE (Pierres).
GARDARE (Guillot).
JELLIN (Robert).
JOUY (Richart).
LAVALLE (Blaise).
LECHARPENTIER (Robin).
LECOUSTURIER (Guillebert).
LEMERCIER (Guillot).
LOTIN (Michelet).
MANSOYS (Jehan).
MORISSE (Guyot).
PLAISANCE (Robin).
POTIER (Richard).
QUERON (Guillaume).
RAOULT (Guillaume).
ROBINET.
SENECHAL (Philippot).
THIBAULT (Gieffray).
THIBAULT (Jehan).
VALLES (Jehan).
VALLES (Philippe).
VIDIE (Henry).

CHAUFOURNIERS.

BAGOT (Colin).
BEILOT (Pierres).
BENOIST (Jehan).
BOURDON (Jehan).

PAR PROFESSIONS.

Bourdon (Michault).
Bourdon (Guillaume).
Bourdon (Robinet).
Cordon (Robinet).
Delarue (Guillaume).
Desperroiz (Pierre).
Desperroiz (Simonet).
Duchesne (Jehan).
Dumoustier (T.).
Foachier (R.).
Gillart (Colin).
Lebaillif (Guillaume).

Lebeuf (Guillaume).
Lemaistre (Pierres).
Lemesle (Guillaume).
Mansion (Guillaume).
Tubeuf (Colin).
Tubeuf (Guillotin).
Tubeuf (Jehan).
Varin (Anthoine).
Varin (Thibault).
Viart (Pierres).
Viel (Pierres).

CLOUTIERS.

Chappelain (Guillaume).

CORDIERS.

Duché (Pierres).
Hareng (Pierres).

Maugier (Roger).
Thomas (Colin), de Louviers.

DOREURS.

Aleaume (Adam).

Leforestier (Richart).

ÉCRIVAINS.

Boyvin.
Delapoterne (Pierre).
Giraud (Pierre).
Hunin (Jehan).
Langloys Anglici (Jehan).
Leboucher.

Leroux (Guillaume).
Leroux (Michel).
Nicolay.
Nicolle, de Saint-Lo.
Permetot (Pierre).
Raulet, Breton, fils.

ENLUMINEURS DE LIVRES.

Boyvin (Robert).
Denis.
Dumonstier (Étienne).

Hiesse (Nicolas),
Pichore (Jehan).
Serpin (Jehan).

ESTAIMIERS.

Leblond (Marquet).

FONDEURS.

Billon (Jacques).
Helot, Helyot (Jehan), de Rouen.

Huart (Benoist), de Rouen.

HORLOGERS.

Lanbez (Nicollas), de Rouen.

JARDINIERS.

Delamarche (Estienne).
Dumesnil (Pierres).
Duplexis (Formentière).
Guillart.

Guilonnet (Jehan).
Massé, de Blois.
Mercolienne (de), doyen du Plexis.
Thomas, de Lyon.

LINGERS.

Ains (Jaques).
Ance, de Bredas.
Descordes (Guillaume).

Lapatrouillarde (P.).
Painnart (Pierres).

MAÇONS.

Aleaume (Jehan).
Alixandre Jehan).
Alixandre (Franchoys).
Alixandre (Robert).
Amangart (Michellet), de Chaumont.
Amyot (Néel).
Arnoult (Guillaume).
Arrault (Martin).
Aulbry (Guillaume).
Aumont (Noel).
Avrillard (Jehan).
Balleau (Colas de).
Barbanson (Pierres).
Benard (G.).
Berault (Marin).
Berthelemy (Jehan).
Biard (Colin).
Billon (Jehan).
Bognart (Alain).
Bonnet (Jehan).

Boudin (Raulin).
Bourges (Jehan de).
Brenouin (Estienne).
Canu (Jehan).
Challons (Collin).
Chalumeau (Jehan).
Cheron (Geoffroy).
Cheron (Guillaume).
Chersalles (Jehan).
Chevalier (Jehan).
Colet (Estienne).
Colot (Eslie).
Cormier (Jehan).
Couppé (Mathelin).
Couppé (Nouel).
Crepin (Guillaume).
Crequin (Guillaume).
Deballeau (Collas).
Decaux (Colin).
Decaux (Jehan).

DELAROCHE (Jehan).
DELORAINE (Jacques).
DELORAINE (Jehan).
DELORAINE (Simon).
DELORME (Pierres).
DELORME (Toussains).
DELU (Jehan).
DESNOUX (Louys).
DESTIEULX (Glaude).
DOUCET (Pierres).
DUBASTON (Jehan).
DUBOIS, DUBOC (Richart).
DUCLOUX (Regné).
DUPRÉ (Franchois).
DUPRÉ (Jaquet).
DUPRÉ (Jehan).
DUVAL (Jaquet).
ENAULT (Thomas).
FAIN (Pierres).
FOUET (Guillaume).
FOUQUET (Jehan).
FREMELEUX (Pierres).
FRENEUSE (Jehan DE).
GAMIN (Jehan).
GANTE (André).
GAUDARS (Jehan).
GAUDET (Henry).
GAUDIN (Jehan).
GAUDIN (Pierres).
GAULTIER (André).
GAYOT (Franchois).
GELLIN (Colas).
GENEDEVILLE (Jehan).
GILLOT (Jehan).
GOUMET (Franchoys).
GOURDE (Benard).
GOUSSAY (Jehan).
GRANDÉ (Benard).
GROSMAIN (Pierres).
GUERARD (Robert).
GUERARD (Symon).
GUIGNANT (Jehan).

GUILLON (Jehan).
GUILLOT, GUYOT (Jehan).
HAMON (Roger).
HARDENGE (Michault).
HENAULT (Thomas).
HERMENT (Jehan).
HUE (Thomas).
JALLET (Benest).
JALLET (Yonnet).
JOUBERT (Massé).
LABESTE (Pierres).
LAMBERT (Jehan).
LANGLOYS (Guillaume).
LANGLOYS (Jehan).
LANGLOYS (Regnault).
LANGLOYS le jeune.
LEBER (Jehan).
LEBOUCHER (Johan).
LECERVOISIER (Olivier).
LECHAPPE (Mathieu).
LECHARPENTIER (Colin).
LECLERC (Guillaume).
LECONTE (Jehan).
LEFEVRE (Jehan).
LEGRAND (Perrin).
LEMAISTRE (Rollin).
LEMASSON, MASSON (Pollet, Colinet).
LEMIER (Pierres).
LENGLOYS (Regnault).
LEROUX (Roullant).
LEROUX (Jacques).
LEROYER (Jehan).
LETELLIER (Jehan).
LIENARD (Pierres).
LITTÉE (Mathieu).
LOIR (Michellet).
LOISSE (Alain).
LOISSE (Jehan).
LOUESSE.
LOUVIERS (Jehan DE).
LUYER (Geoffroy).
MAINVILLE (Guillaume).

Mallet (Ambroys).
Martel (Jehan).
Maulin (Jehan).
Meynal (Bertrand de).
Michau (André).
Michau (Pierres).
Michault.
Molin (Jehan).
Morisse (Colin).
Morisse (Rogier).
Mourisse (Allain).
Mouton (Thomas).
Neaudet (Henry).
Nouel (Guillaume).
Noury (Ysambart).
Nouyer (Jehan).
Orleans (Lienard d').
Orleans (Thibaud d').
Outreleaue (Vincent).
Pacherot (Geraulme).
Perrier (Denis).
Pichon (Jehan).
Pimont (Collas).
Piquart (Jehan).
Pochon (Symon).
Quemain (Pierres).
Queron (Geoffroy).

Queron (Guillaume).
Queron (Pierres).
Rassine (Cardot).
Resmond (Pierres).
Rigault (Jehan).
Rogier (Jehan).
Rosault (Jehan).
Roué (Thomas).
Royer (Jacquet).
Senault (Franchoys).
Senault (Guillaume).
Senault (Thomas).
Senechal (Robin).
Senierre (Pierre).
Serrure (Pierres).
Solleville (Pierres).
Synot (Guillot).
Theroult (Guillaume).
Theroult (Jean).
Thibault (Guillaume).
Tirel (Estienne).
Trubel (Pierres).
Trubert (Pierres).
Tuyer (Guiffray).
Viard (Pierres).
Vierve (Jehan).
Voyer (Jehan).

MARBRIERS.

Chersalle (Jehan). Voir Maçons.
Gilles (Pierres).

Marchebonne (Jehan).

MARÉCHAUX.

Dubuisson (Thomas).
Herin (Bertrand).

Hervieu (Bertrand).
Hervieu (Guillaume).

MATELASSIERS.

Callot (Jehan).

Cirende (Richart).

MENUISIERS.

Balin (Pierres).
Carpe ou Guerpe (Richard).
Castille (Nicolas, Collin).
Cochon (Jehan).
Coquet (Germain).
Cornedieu (Pierre).
Delamare (Girard).
Delance (Race).
Delaplace (Richart).
Deschamps (Jehan).
Dubost.
Duboys (Jehan).

Durand (Richard).
Durant (Jehan).
Dutrait (Adrian).
Geneteau (Hector).
Guesnon (Michellet).
Lecourt (Lorens).
Lemaryé (Richard).
Pelourde (Pierre).
Richard.
Seheult (Michault).
Senaige (Gringuoire).

NATTIERS.

Agnés (Geufrin).
Bastart (Cardin).

Duhamel (M).

ORBATTEURS.

Bartreville (Jehan de).
Delamare (Guillaume), de Rouen.
Delamare (Jean), id.
Delaplace (Jehan).
Delaplanche (Nicolas).

Dubense (Nicolas).
Dumouchel (Robert).
Leseigneur (Nicolas).
Louyet (Geoffroy).
Ronnesalles (Nicolas).

ORFÉVRES.

Delongchamp (Jacques).
Lesignerre (Estienne).

Rousseau (Robin), de Tours.

PAPETIERS.

Lenorment (Pierres).

PARCHEMINIERS.

Bavent (Collin, Nicolas).
Costé (Philippe).
Duguey (Guillaume).

Faget (Thomas).
Roze (Thibault).

PAVEURS.

Duboys (Richart).
Guallopin (Mathelin).

Leroux (Mathelin).

PEINTRES.

Acyer (Henry).
Archambault (Jacques).
Aurion (Guillaume).
Barbe (Jehan).
Beaulart (Guillaume de).
Bonté (Pierres), de Lyon.
Briquensot (Jehan).
Chenibault (Pierres).
Clermont (Robinet de).
Dancy (Guillaume).
Dantain, Dantan (Jehan).
Depellers (Jacques).
Deshays (Richard).
Detourny, de Tours.
Duhay (Richart).
Dupont (Jehan).
Dutronq (Jehan).
Dyacre (Jehan).
Fanart (Jehan), d'Amboise.
Feschal (Jacques de).

Feschal (Lienard).
Gerosmes, de Tournielles.
Guerier (Jacques).
Hebert (Robert).
Herpin (Vincent).
Jehan, de Tours.
Lamy (Jacques).
Leguerleux (Jacques).
Lepicquart (Jehan).
Leplastier (Pierres).
Lepreux (Anthoine).
Lequié (Henry).
Leseneschal (Jacques).
Leveautre (Guillaume).
Loys (Pierres).
Morin (Robert).
Picquart (Jehan).
Solario (André de).
Soudain (Raulin).
Testefort (Jehan), de Rouen.

PLATRIERS.

Amyot (Gillet).
Aulbry (Guillaume).
Duport (Rogier).

Foulon.
Fremelux (Guillaume).
Gouy (Richard).

PLOMBIERS.

Devaux (Robert).
Dupuis (Nicollas).

Houel (Pierres), de Rouen.

POTIERS.

Desbarres (Guillaume).
Giffart (Jehan).

Vyart (Simonnet).

PAR PROFESSIONS.

RELIEURS.

Dauberville (Hector).
Denis.

Gallet (Guillaume).
Ledelyé (Guillaume).

SELLIERS.

Barlot (Jehan).

SERRURIERS.

Dumesnil (Gilles).
Lejeune (Pierre).
Leserf (Michelet).

Piesseval (Jehan).
Varlet (Jullien).

TAPISSIERS.

Adam (Jehan).
Alexandre (Jehan), de Tours.
Baieux (Guillaume de).
Gentillesse (Jehan, Scallot de).
Georget (Nicolas).
Grenier (Anthoine).

Grenier (Oudin).
Lefaut (Nicolas).
Leroy (Grégoire).
Manneveu (Cardin).
Rage (Guillaume).
Sirende (Cardinot).

TONNELIERS.

Delaunay (Jehan).

Goffin (T.).

VERRIERS.

Barbe (Jehan), de Rouen.
Chenesson (Anthoine), d'Orléans.
Coueffard (Louis).

Duboys (Alixandre).
Leviel (Jehan), de Rouen.

YMAGIERS.

Bony (Hance de).
Coulombe (Michault).
Demugiano (Laurent), de Milan.
Descombert (Michellet), de Rouen.

Guillaume Debourges, de Rouen.
Just (Anthoine), Florentin.
Lemasurier (Pierres), de Rouen.
Lerebours (Denis), de Rouen.

PIÈCES DIVERSES.

SOMMAIRE.

I. Enquête sur la châtellenie de Gaillon.
II. Charte de Lambert Cadoc, pour sa libération.
III. Charte de saint Louis, pour l'échange du château de Gaillon.
IV. Compte du trésorier du cardinal d'Amboise, pour l'année 1506-1507.
V. Inventaire du mobilier du cardinal d'Amboise, de son manoir archiépiscopal.
VI. Inventaire général des meubles du cardinal d'Amboise, tant à Rouen qu'à Gaillon et à Vigny, dressé en 1508-1509.
VII. Inventaire des meubles du château de Gaillon, dressé le 31 août 1550.

PIÈCES DIVERSES.

I.

ENQUÊTE SUR LA CHATELLENIE DE GAILLON.

Heċ sunt nomina militum qui juraverunt ea jura quæ pertinebant ad castellariam Ebroicensem et ad castellariam de Gaillone : dominus Gaufridus Baket, dominus Rogerus de Mellent, abbas de Cruce, Stephanus Dardies, Petrus de la Ronce, Laurencius de Garabault, Stephanus de Meisnil, Radulfus de Saci, Odo Havart de M.ri, Reg... Sauce milites, Rog' Camin miles, Camin Draparius, Rob. Juresalemier.

In primis dns Gauf^s Barket, qui fuit castellanus de Gaillone tempore comitis Ebroicensis, tamdiu quod dominus rex obsedit castellum et cepit eum in castello, juratus, dicit quod dominus Johannes de Albavia, Gillebertus de Autolio, Robertus Borel milites, et feodum as Pointeleis et feodum Rog. Camin non debebant apud Gaillonem aliquid servicium nec homagium nec custodiam nec relevagium, immo servicia qualia debent de feodis suis debent facere apud Ebroicas. De nemoribus inter Caducum et dominum Gillebertum de Autilio, dicit idem Gaufridus quod in illis non capiebunt comites Ebroicenses aliquem consuetudinem nec escharaiz nec hordamenta ad castellum de Gaillone, nec facere debent, imo illud nemus erat proprium domini Gilleberti de Autolio et hominum suorum, et dictus Gillebertus dictum nemus tenebat de castellaria Ebroicensi. De garena ita dicit, quod durat ab illo fossato usque ad leproseriam de Rolle sicuti Secana proportat ad Rasum de Gaillone usque ad Cestiz de Nocreia, sicuti limes Vernon et Galliæ proportat.

De justiciis vero, dicit quod bellum pro quaque re quando contingebat

Gaillonem tenebatur apud Ebroicas, et omnes querelæ de quibus bellum poterat evenire apud Ebroicas terminabantur, et salva omnis justicia hominis destruendi.

(*Trésor des chartes*, Normandie, I.)

II.

CHARTE DE LAMBERT CADOC,

POUR SA LIBÉRATION.

Ego Lambertus Cadulcus miles notum facio universis presentes litteras inspecturis, quod cum dominus meus claræ memoriæ Philippus rex illustris, quia contra me motus erat et quum de quadam summa pecuniæ, videlicet quatuordecim milibus et ducentis libris parisiensibus quas debebam eidem, nec feceram gratum suum, me in suum carcerem posuisset, tandem illustrissimo domino meo Ludovico Franciæ regi et illustrissimæ dominæ meæ Blanchæ reginæ matri ejus placuit me a dicto carcere liberare, et ego liber et absolutus de carcere prædictis domino regi et dominæ reginæ, supra sacrosantæ manu propria juravi quod ipsi domino regi et heredibus ejus et dominæ reginæ Blanchæ matri suæ de cetero bene et fideliter serviam, et omnia quæ habebam, sive villas sive terras sive possessiones suas, sive ex dono sive acquisitione sive quocumque modo, eis quittavi libere et absolute, et juravi quod in hiis nichil unquam de cetero reclamabo, nisi quæ in hiis domino regi et dominæ reginæ placeret mihi dimittere, propria voluntate domino autem regi et dominæ reginæ placuit ea dimittere, quæ de acquisitione habueram, videlicet granchiam terram de Torni, duas domos necnon pratum de Hameillon, granchiam Thyronis, Groolaium molendinum de Bellomonte Rogeri, molendina Montisforti, prata domus Bernaii, Tevrayum Tyleium Paperont et Alnetum, cetera siquidem propter dictam summam pecuniæ retinuerant, videlicet

Gaillonem Thoomæ Noa, molendinum et domum Pontis Archæ, triginta et duos modios vini apud Longevillam, et id quod habebam apud Lymare terram, et domum apud Pontem Audomari, Fresneiam Fayet, Sanctam Anastasiam et Fontanas cum eorum pertinentiis, et quicquid acquisieram in eisdem, et omnes cartas quas super hiis habebam in manu domini regis manu propria resignavi. Requisivi autem venerabilem patrem meum in Christo Ricardum Ebroicensem episcopum, ut si de bono et fideli servicio domino regi, vel heredibus suis, vel dominæ reginæ matri suæ, aliquo unquam tempore deficerem, vel a predictis quittationibus in aliquo resilirem, ipse in me et assistentes michi ferret sententiam excommunicationis; quod ut perpetuæ stabilitatis obtineat firmitatem, presentes litteras sigilli mei munimine confirmavi.

Actum Parisius, anno gratiæ m° ducentesimo vicesimo septimo mense Augusti, in festo beati Laurencii.

(*Trésor des chartes*, Quittances, I, n° 3, J. 473.)

Hii sunt plegii pro Gadulco, quondam Gallionis castellano, domino regi et matri ejus.
Guillelmus Malivicini est plegius de centum marcis.
Robertus de Ivriaco, de c marcis.
Amalricus de Mellento, de centum libris.
Dominus de Aquilæ, de c marcis.
Dominus Herveus de Castro, de c marcis.
Guillelmus de Sancto Celerino, de c marcis.
Rogerus Pescheveron, de c marcis.
Amaricus de Gaci, de c marcis.
Herveus de Rois, de c libris.
Gacius de Pissiaco, de c libris.
Guillelmus de Albevia, de c libris.
Guillelmus de Ballolio, de c libris.
Jordanus de Tatinus, de c libris.

Summa, II^m c libræ.

(Ms. 8408, 2.2, 8, f° XIII r°, c. 2.)

III.

CHARTE DE SAINT LOUIS,

POUR L'ÉCHANGE DU CHÂTEAU DE GAILLON.

In nomine sanctæ et individuæ Trinitatis, amen. Ludovicus Dei gratia Francorum rex, Notum facimus universis tam presentibus quam futuris, quam nos dilecto et fideli nostro Odone Rothomagensi archiepiscopo permutationem fecimus sicut inferius continetur, videlicet quod eidem archiepiscopo suisque successoribus, ex causa permutationis seu escambij, dedimus et concessimus tenenda perpetuo et habenda, in puram et liberam eleemosinam, castrum nostrum et villam de Gallon, turrim et villam des Noes, villas de Douurent et de Humesnil, cum omnibus pertinentijs prædictorum infra scriptis, et omnibus juribus et honeribus, et cum omnimoda jurisdiccione et justicia, et pleno jure regali, nihil penitus retinentes in predictis, exceptis feodis et menbris loricæ extra villas prædicto archiepiscopo traditas, constitutis, in quibus feodis et menbris extra villas omnem iusticiam magnam et parvam retinemus, hoc etiam adjecto quam prædicta nobis cedent in regalia vacante ecclesia Rothomagensi : Pro quibus dictus archiepiscopus dedit nobis quatuor milia librarum Turonensium, et omnia molendina sua et vivarium suum apud Rothomagum, cum omnibus pertinencijs eorum, et juribus et oneribus eorumdem, et tota justicia eorundem, nichil retinens in molta civium Rothomagensium vel eorum qui in sub urbijs commorantur. Sibi tamen retinuit molturam liberam in dictis molendinis, tam pro hospitio suo Rothomagensi quam pro se, ubicumque Rothomagi fuerit, vel apud Deivillam vel alibi prope Rothomagum, in loco eque distanti : Ita videlicet quod post bladum quod fuerit in tremuia, veniente nuncio seu serviente ipsius archiepiscopi ad molendinum, primo et immediate sua moltura libere compleatur, nisi forsan serviens bailliui nostri vel custodis castri nostri Rothomagensis prius venisset ad ipsum molendinum quam nuntius seu serviens archiepiscopi memorati : qui baillivus vel custos castri nostri, aut ejus serviens, tunc scilicet cum prius venerit, in moltura preferetur. Cum prædictis etiam dedit nobis dictus archiepiscopus quatuor molendina apud Deivillam, absque tamen molta qualibet hominum suorum villæ prædictæ, et justiciam in eisdem quæ pro molta in Normania fieri consuevit, hoc etiam adjecto quod infra dicta molendina bladum vel farinam non poterit arrestare, nec aquæ cursum ad dicta molendina poterit impedire. Jus etiam alveum reparandi et purgandi nobis concessit quotiens opus fuerit, absque tamen læsione seu impedimento molendini sui in superiori parte aquæ constituti, nichil omnino nobis in dicta villa ex hujusmodi permutatione concedens præter illa quatuor molendina cum juribus supradictis. Prædicta autem omnia et singula, quæ dicto archiepiscopo suisque successoribus dedimus ex causa prædicta, nos et successoribus nostris eidem archiepiscopo suisque successoribus adversus omnes garentizare tenebimur in futurum, tali modo quod si forte aliqua de prædictis quæ eidem archiepiscopo, ex causa prædicta, dedimus, per jus evinci contingeret ab eodem vel ejus successoribus, Nos vel successores nostri eidem archiepiscopo vel ejus successoribus res æquivalentes restituere teneremur in loco competenti. Similiter prædicta omnia et singula quæ dictus archiepiscopus nobis et successoribus nostris dedit, ex causa prædicta, idem archiepiscopus et successores sui adversus omnes garentizare tenebuntur nobis et successoribus nostris in futurum. Ita quod si forte aliqua de prædictis, quæ nobis ex causa predicta dedit idem archiepiscopus, per jus evinci contingeret a nobis vel nostris successoribus, idem archiepiscopus vel sui successores nobis vel successoribus nostris res æquivalentes restituere tenerentur. Si autem contra nos vel successores nostros, quod absit, aliquociens contigerit in Normania guerram fieri, tociens, ad magnam vim et ad parvam, dictum castrum de Gallon et turrim des Noes nobis aut successoribus nostris, cum munitionibus quæ ibidem tunc temporis fuerint, tradere tenebitur archiepiscopus qui pro tempore fuerit, cum super hoc a nobis vel successoribus nostris, per nostras vel ipsorum litteras patentes, fuerit requisitus. Qua sedata guerra, pace vel treuga vel alio modo, nos et successores nostri dictum castrum et turrim archiepiscopo qui pro tempore fuerit, in æque bono statu quo nobis tradita fuerint, tam in fossatis, muris, ædificijs, armis, victualibus et omnibus alijs, libere et sine difficultate qualibet, restituere tenemur. Insuper dictus archiepiscopus aut successores sui, in castro prædicto, contra nos vel successores nostros, neminem receptabunt. Et ad hoc quod de castro prædicto diximus observandum, archiepiscopi qui pro tempore fuerint, nobis sub fidelitate quam nobis præstant, cum eis tradimus regalia tenebuntur. Pertinenciæ vero de Gallon, des Noes, de Huemesnil et de Douurent sunt hæ, videlicet jus patronatus præbendarum quod habebamus apud Gallon et jus patronatus parochiæ de Douurent. Item terræ arabiles, vineæ, modiaciones vini, prata, nemora, garrennæ, foucagium; redditus in frumento, auena, blado communi, nucibus, denarijs, caponibus, gallinis, anseribus, ovis, panibus, garbis, calcaribus, motonagijs. Item, gardina, campipartes bladorum et nucum, sive terragia, coustuma denarij et oboli vendæ, furni, molendina, mola sicca, estoublagia, quarriagia, messeria, seruitia vavassorum, seruitia rusticorum, precariæ et corveiæ carrucarum, seruitia quadrigandi et tassandi, bannum vini, pasnagium forestæ Sancti Albini, releveia, auxilia feodalia, tractus sagenæ quem habebamus in aqua beatæ Mariæ de Garenna Piscaria. Item molendinum de Auteul et pratum situm juxta dictum molendinum. Item modiationes de Longavilla, videlicet quadraginta quatuor modij vini rubei et sex modii vini albi. Prædicti autem redditus omnes et alia supra scripta, exceptis dictis molendino de Autuel et prato sito juxta dictum molendinum, et modiacione de Longuavilla, sunt et percipiuntur in dictis villis de Gallon, des Noes, de Huemesnil et de Douurent, et in mesnilijs et territorijs sitis in parochijs Sancti Albini, quæ est matrix ecclesia sive parochialis de Gaillon (*sic*) et d'Aubevoie, quæ similiter est pertinentijs de Gallon et in parochia de Douurent. Quod ut ratum et stabile permaneat in futurum, paginam sigilli nostri auctoritate ac regij nominis karactere inferius anotato, præsentem fecimus communiri. Actum Niverni, anno Dominicæ Incarnationis m° cc° sexagesimo secundo mense Julio, regni vero nostri anno tricesimo quinto, astantibus in palacio nostro quorum nomina supposita sunt et signa; Dapifero nullo. Signum Ioannis buticularij. Signum Alphonsi camerarij. Signum Aegidij constabularij.

Data vacante P͆ a O s L͆ cancellaria.

IV.

COMPTE DES RECETTES ET DÉPENSES

DU CARDINAL D'AMBOISE,

COMME ARCHEVÊQUE DE ROUEN.

1506-1507.

SAINT-MICHEL EN SAINT-MICHEL.

Le compte et estat de J. Castignolles, chancellier et chanoine de l'eglise N° Dame de Rouen, tresorier de tres reverend pere en Dieu et seigneur monseigneur le legat cardinal d'Amboise et arcevesque de Rouen, pour ung an commenchant à la Sainct-Michiel mil cinq cens et six, et finissant à la Saint-Michiel M V^{cc} et VII, etc.

RÉSUMÉ. — RECEPTE.

Recepte à cause du seel des escriptures des notaires de la court espirituelle de mond^t seigneur.................... ^{1} 1430^{tt} 12^s 2$^{d\,ts}$
Aultre recepte à cause de l'emolument du seel de la
court espirituelle de mond. seigneur................... 1855 16 0
Id. à cause de l'approbacion des testaments........ 262 15 6
Id. à cause de la vicairerie................... 901 15 9
Id. à cause des registres des escommuniez......... 46 15 11

[1] Nous avons adopté les chiffres arabes pour plus de facilité à la lecture dans l'appréciation de ce compte.

PIÈCES DIVERSES.

Recepte à cause du taux et des positions..........	112	2	10
Id. à cause des amendes et resconsiliations........	987	14	9
Id. à cause du vicariat de Pontoise..............	782	1	1
Id. à cause des pensions deues par les doyens aux deux sennes[1]...................................	104	6	2
Id. à cause des pensions deues par les curés cy-aprez declarés.....................................	163	13	4
Id. à cause d'aucuns menus cens deubz à mond. seigneur.....................................	29	11	10
Id. à cause des fermes muables..................	559	0	0
Id. à cause des deportz des esglises..............	3145	6	8
Id. à cause de la visitacion des abbayes, prieurez et chapitres cy-après declarez......................	552	10	0
Id. de l'amodiacion de cent muys de vin que monseigneur doit prendre par chacun an sur la viconté de l'eau de Rouen ou pour chacun muid xx^s.................	200	0	0
Id. à cause du pain des prisonniers..............	7	6	3

Somma tocius spiritualitatis, 10,042^{ft} 8^s 3^d.

Aultre recepte à cause de la temporalité de l'arcevesché de Rouen :

De la terre et seigneurie de Desville.............	450	0	0
De la terre et seigneurie de Loviers.............	904	7	9
De la terre et seigneurie de Gaillon[2]	neant.		
De la terre et seigneurie de Fresnes.............	71	14	9
De la terre et seigneurie de Allihermont..........	1842	2	3
De la terre et seigneurie de Dieppe.............	2425	10	0

Somma tocius temporalitatis, 5,693^{ft} 14^s 9^d.

Aultre recepte à cause de la court et juridiction des haulz jours de mond. seigneur.....................	108^{ft}	10^s	0$^{d\,ts}$
Id. de l'emolument du seau de lad. court.........	22	15	0

Somma totalis receptæ presentis compoti, 16,267^{ft} 7^t 6^d.

---

[1] Cènes d'hiver et d'été.
[2] Le trésorier déclare n'avoir rien reçu; la recette était employée sur les lieux aux travaux de construction.

PIÈCES DIVERSES.

MISES FAICTES.

Distributions diverses aux chanoines, gens d'église, pauvres, etc.	444ᵗᵗ	8ˢ	8ᵈᵗˢ
Aultre mise à cause des pensions deubz aux chappellains de l'eglise de Rouen.	264	0	0
Id. à cause des services faictz en la haulte chaire et aux processions generalles	1	10	0
Id. à cause des trente prebendes sainct Romain	148	5	0
Id. à cause des saincts ordres celebrés.	1	4	6
Id. à cause de la cire livrée au selleur de mond. seigneur	31	10	0
Id. à cause de la visitacion des abbayes	50	0	0
Id. à cause des gaiges des officiers de mond. seigneur.	265	6	0
Id. à cause de la despence ordinaire des deux sennes.	26	0	0
Id. à cause des procez et escriptures	20	10	0
Id. à cause de la court des haultz jours, gaiges d'officiers et conseiliers et aultres personnes	309	15	9
Id. à cause du procez et jugement criminel de	108	19	3
Aultre mise extraordinaire (à divers)	2001	7	8
Id. à cause des bastimenz faiz au manoir archiepiscopal de Rouen	2351	8	0
Pour les mises du chasteau de Gaillon	9366	14	9
Id. à cause de la despense ordinaire faicte en l'hostel de mond. seigneur	555	0	0
Id. à cause des omosnes de mond. seigneur	2135	9	10
Id. à cause des pensions deues sur les fruicts des desportz desquelz a esté faicte recepte	105	0	3
Id. à cause des dons faictz à la visitacion des abbayes et prieurez	18	15	0
Deniers comptés et non receuz en chapitre des pensions des curés	10	0	0
Id. à cause des fermes muables.	27	15	0
Id. à cause des deportz	5	7	8

Deniers comptés à cause des arrêts du compte précédent.................................... 91 0 0
Deniers inutiles et non recouvrables et deux chapons. 2 0
Despense commune pour papier et parchemin..... 20 0 0

Somma totalis expens. presenti compotti, 18,358ᵗᵗ 18ˢ 2ᵈ.
Sic debetur thesaurario 2,091ᵗᵗ 10ˢ 6ᵈ.

Dépense.................... 18,358ᵗᵗ 18ˢ 2ᵈ
Recette.................... 16,267 7 6

Excédant dû au trésorier........ 2,091ᵗᵗ 10ˢ 6ᵈ

V.

INVENTAIRE DU MOBILIER

DU CARDINAL D'AMBOISE Iᴇʀ,

DE SON MANOIR ARCHIÉPISCOPAL DE ROUEN.

(Le premier feuillet manque.)

....

Ung camail d'escarlate doublé de taffetaz noir.
Ung camail d'escarlate sanglé.
Ung camail de tanné, sanglé.
Ung camail de camelot violet doublé de taffetaz rouge.
Ung camail de camelot fauve fourré d'aignaulx noirs.
Ung pourpoint de taffetaz rouge.
La grant chappe noire avec le chapperon et aulmusse.
Ung chappel de cardinal de camelot rouge.
Une grant cloche d'escarlate de Florence.

PIÈCES DIVERSES.

Une cloche courte d'escarlate de Florence.
Une robe d'escarlate fourrée d'aignaulx blancs.
Une robe d'escarlate de Florence doublée de damas noir.
Une robe d'escarlate doublé de taffetaz noir.
Une robe de camelot rouge doublé d'aignaulx blancs.
Une robe courte de camelot fourré d'aignaulx blancs.
Une robe d'estude fourrée d'aignaulx blans.
Deux robes d'estadine rouge sanglés.

. . . .
. . . .

... Tappiz de velours noir, sur la table de cedre, en ladite chambre.
Une coultepoincte usée, de damas jaulne et rouge.
Une fourniture du lit en la haulte chambre dudit pavillon. C'est assavoir, ciel, rideaulx et couverte de toque d'argent.
Item, une couverte de mesme toque sur la couchete de ladite chambre. C'est assavoir que en chacune desdites chambres a ung lit de camp de boys doré.
Item, ung grand ciel de tolle d'or, garny de franges où est l'image et pourtraicture en brodeure de saint Jehan Baptiste avec les armes de monseigneur aux coings.
La belle et riche chappe de drap d'or reaussée de perles servant à monseigneur en son église.
Une chaisuble barrée de diverses couleurs, une aulbe et doubliers de fine toille de Holande et ung beau contre autel.
Ung beau tableau où il y a une Nostre Dame de pitié paincte à plate painture de la main de Perusin.
Ung autre tableau de la visitation Nostre Dame et saincte Élizabeth.
Ung autre tableau sur verre.

INVENTAIRE DES BIENS MEUBLES,

TANT DE LA TAPPICERIE DE DRAP D'OR, DE SOYE ET LAINE, ET VAISSELLE, RELIQUAIRES QUE MONSEIGNEUR A EN SA MAISON DE ROUEN.

Premierement, une piece où est l'image sainct George, fait sur drap d'or à brodeure.

Ung ciel de toille d'or où est l'image sainct Jehan Baptiste, aux armes de monsg^r.

Ung autre piece de toille d'or où y a ung saint Martin.

Ung pouelle de toille d'or où y a ung sainct Jehan Baptiste.

Une grant couverture de velours pers broché de fil d'or ung bourd de bodrie autour.

Une piece de tappicerie de haulte lice, faict de fil d'or et de soye, en laquelle est une Annonciation et autres ymages.

Une autre piece de satin cramoysy bourdée de satin bleu, semée de florons d'or et d'argent et taz d'amours à brodeure.

Une piece de tappicerie où est le siege de Rodes.

Une piece de damas jaulne où y a ung ymage s^t Martin avec les armes de monsg^r.

Item, xxi pieces de toque d'or qui servent à la premiere chambre du pavillon Nostre Dame, avec une coultepoincte de taffetaz jaulne et ung ciel de damas jaulne où y a ung soleil au milleu.

Item, xxiii pieces de toque d'argent servant à la seconde chambre dudit pavillon, en ce compris ciel, riddeaulx et couvertures.

Item, treze pieces de taffetaz blanc, tant grandes, moyennes que petites, à broderie avec ung ciel de damas blanc fait à la mode d'Ytalie à rondeaulx et clochetes dorées servans à la chambre de monsg^r, et une couverture de damas blanche servante au lit de ladite chambre, et une petite couverture à boucassin blanc.

Item, ung pavillon de satin cramoisy doublé de taffetaz vert et à brodeure d'or.

Ung pavillon de satin cramoisy doublé de taffetaz changeant à brodeure d'or et d'argent.

Ung aultre pavillon de taffetaz blanc frangé autour à double frange d'or et de soye.

Ung autre pavillon de violet barré de barres d'or et bourdé de brodeure d'or et d'argent.

Ung ciel de boucassin blanc à la mode d'Ytalie.

Ung ciel de damas jaulne et rouge avec quatre pendans et une couverture de mesme.

Ung tappiz de velours vert à mettre sur une table, doublé de sarge.

PIÈCES DIVERSES.

Ung petit ciel de taffetaz jaulne, rouge et bleu, avec une couverture et troys pendans de mesme.

Item, ung grand pelle de soye et de fil d'argent....... environné autour de lambraux aux armes de monseig^r.

Ung autre pavillon de toille blanche frangé de soye jaulne..........

Item, deux pieces de drap d'or frisé.............................

Item, une petite piece de drap d'or brodée......................

Item, deulx pieces de toille d'or.

Une piece de velours tainct en graine.

Une piece de velours noir.

Item, trois houppes de fil d'or et de soye rouge, chacune de troys boutons.

Item, une piece de camelot violet.

Item, une piece de camelot rouge.

Une piece de soye violete faicte à florettes jaulnes.

Ung barragan turquin.

Item, ung aultre barragan saye à fil d'or et d'argent.

Une petite piece de toque-d'or.

Une autre petite piece de toque d'argent avec quatre aultres petiz demeurans.

Item, troys petiz demourans de robe de velours vert.

Deulx carreaulx de drap d'or.

Item, ung carreau de drap d'or pour servir à la chapelle.

Deux vieulx carreaulx de velours vert.

Deux aultres vieulx carreaulx de drap d'argent.

Deux aultres carreaulx, dont l'ung cousté est de velours cramoisy et l'autre d'argent.

Deux carreaulx de toille d'or.

Deux carreaulx de toille d'argent.

Deux carreaulx de velours en graine.

Six carreaulx de velours noir figuré.

Cinq carreaulx de velours violet.

Troys carreaulx de velours fauve.

Six pieces de tappicerie de laine à la mode de Turquie.

Sept pieces de tappicerie de brodure faictes à personnaiges, bestes et oiseaulx, avec trois pavyotz.

CHÂTEAU DE GAILLON.

Dix pieces de tappicerie à personnaiges, bestes et oiseaulx, avec trois pavyots.

Dix aultres pieces de tappicerie à verdure à personnaiges et bestes avec les armes de monsg^r, avec deux pavyots.

Sept pieces de tappicerie de meme verdure à bestes et oyseaulx, avec deux pavyots.

Douze pieces de tappicerie jaulne faictes à herbes et oyseaulx, avec ung petit pavyot.

Dix pieces de tappicerie jaulne faicte à oiseaulx, et troys petiz pavyotz et ung baucher.

Neuf pieces de tappicerie de verdure sans personnaiges, avec deux pavyotz et ung baucher.

Item, neuf pieces de tappicerie nommée les boquerons, avec deux pavyots.

xx... pieces de tappicerie blanche semée d'abres, verdure, où sont les armes de monseig^r.....le ciel de mesme, avec troys pavyots.

Une robe de camelot rouge.

Une robe d'escarlate morée double de taffetaz rouge.

Une robe de mesme escarlate avec une semblable et de mesme drap.

Une robe d'escarlate de Florence.

Une robe de camelot rouge fourrée d'aigneaulx noirs.

Une robe d'escarlate de Florence fourrée d'aigneaulx blancs.

Item, une aultre robe d'escarlate fourrée d'aigneaulx bleus.

Une cloche rouge de camelot de soye doublée de boucassin noir.

Une robe courte de camelot rouge doublé de toille noir.

Une cloche d'escarlate de Florence sanglé.

Une penne noire d'aigneaulx de Lombardie.

Deux vielx chappeaulx de cardinal.

Une aulmusse de gris.

Troys camaulx, l'ung de camelot violet sanglé, l'autre d'escarlate morée et ung aultre d'escarlate.

Deux chaizes couvertes de drap d'or.

Troys chezes dorées, avec coessinez de velours.

Une chaize de fer aux armes d'Orleans, avec le coessinet et dossier de velours.

Deux chaizes couvertes de velours vert à coussinetz de mesme.

PIÈCES DIVERSES.

Une chaize couverte de velours tanné avec le coesin de mesme, frangée autour de soye jaulne et rouge.

Une aultre chaize à coessinet et doussier de velours fauve, frangée de soye jaulne, verte et rouge.

Une aultre chaize couverte de velours violet, frangée de soye jaulne, verte et rouge.

Une chaize à barbier, avec ung coessiniet de velours cramoisy.

Deux aultres chaizes dorées, garnies de velours noir telle quelle.

Huit granz tappiz de Turquie.

Dix moyens tappiz de Turquie.

Douze petiz tappiz de Turquie.

Six tappiz de pié de Turquie.

LINGE, LITZ ET AULTRES MEUBLES DE CUISSINE.

Vingt pieces de nappes tant ouvrées, tant grandes que petites, telles quelles.

Une piece de toille ouvrée à l'œuvre de Damas.

Une aultre fort petite piece de mesme.

Troys pieces de tabliers.

Six bonnets blancs.

Quatre petites souilles de toille blanche brodez autour de fil d'or avec leurs boutons.

Une piece de toille d'atour où y a une croix faicte de brodeure.

Troys nappes d'autel petites faictes à brodeure de fil d'or.

Deux petitz barragans de saye.

Six tappiz de payz de laine et de fil.

xxxvi litz, tant granz, moyens que couchetes.

xviii *lodriers*, tant de grant litz que de couchetes.

xxii orilliers sans souilles.

INVENTAIRE FAIT DES CHOSES CY APRÈS DÉCLARÉES.

PRIMO, CELLES DE LA CHAPPELLE.

Une grant croix d'argent doré où est Nostre Dame et sainct Jehan aux deux coustez, pesant xx^m iii^c.

Deux grans chandeliers d'argent doré, pesant xxiii^m vii°.

Deux chandeliers moyens d'argent doré esmailletz garniz de perles et de pierres, dont fault deux desdites pierres, pesant vii^m iiii°.

Deux petites choppines d'argent doré, esmaillées, garnies de perles et de pierres, pesant iiii^m iii° i g^r.

Ung benoistier d'argent doré, esmaillé dedans et dehors, avec l'asperges de mesmes, pesant vii^m i°.

Ung autre benoistier aussi d'argent doré et esmaillé, pesant iiii^m iii° d^e.

Ung petit bassin et deux choppines d'argent doré aussi, esmaillez de mesmes, pesant iiii^m vi°.

Ung grand reliquaire de la jambe monsieur sainct George avec l'esperon rompeu qui est d'argent, avec le couvercle, pesant xxi^m iiii° d^e.

Ung autre reliquaire d'argent doré et esmaillé, pesant xv^m ii°.

Le crucifiement nostre S^r semé aux armes de sa passion avec deux anges d'argent doré et esmaillé, pesant viii^m vi°.

Ung sainct Martin d'argent doré et esmaillé, fait dessus un pont levys, pesant v^m v°.

Une paix grande d'argent doré et esmaillé où est figuré par devant Nostre Dame et au dolz sainct Jherosme, pesant iiii^m vii°.

Une autre paix d'argent doré, esmaillée, faicte en façon de reliquaire, pesant ii^m v° i g^{ds}.

Une autre paix d'argent doré, esmaillée, garnie de pierres et de perles, pesant iii^m vii°.

Ung petit tableau où est figuré sainct Jean Baptiste garny de perles et de pierres, pesant i^m ii° iii g^{rs}.

Ung ymage de sainct Bernard aussi d'argent doré, pesant iii^m iii° iii g^s.

Ung sainct Bernardin, pareillement d'argent doré, iii^m i° d^e.

Ung sainct Jherosme d'argent doré, pesant iiii^m ii° i g^t.

Ung sainct Françoys d'argent doré, pesant iii^m i° iii g^s.

Une ymage Nostre Dame adorante son filz, iiii^m vii° d^{ie}.

Une saincte Katherine aussi d'argent doré, pesant iii^m ii° d^{ie}.

Une saincte Clare pareillement d'argent doré, pesant iii^m iiii°.

Une couppe de cristal d'argent doré.

Deux chandeliers de cristal garniz aussi d'argent doré.

Une grant croix garnie partout de reliques, pesant xvi^m i°.

Ung benoister de chambre d'argent de partie doré, avec le goupillon godronné.

Ung petit couxifiement de courail noir avec Nostre Dame et sainct Jehan, garnye d'argent doré.

Une petite boette où il y a plusieurs reliques.

Une belle pierre de pourfir garnie de marqueterie.

Deus sancti Francisci garny d'argent doré en forme de tableau, où sont les troys rois.

Ung corporalier de drap d'or aux armes de la passion.

Une petite boette à mectre hosties, où il y a ung petit ymage Nostre Dame, une representation N. S. intitulée *ecce homo* et ung autre petit *Jehsus*; le tout en papier, et ladite boette faicte d'or traict.

Ung petit tableau où il y a sainct Jehan Baptiste et s^t Françoys, fait à l'esguille, où il y a de *tunicâ in qua mortuus est* sainct Francisce et saincte Clare.

Une autre petite boette faict à l'esguille à mettre pain à chanter avec son estuit.

Ung bien petit flascon faicte à l'esguille sur soye perse et rouge.

Ung corporalier faict à l'esguille aux armes de la passion.

Quatre petites pieces de boucassin brodées de soye, faictes en maniere de granz mouchouers.

Une paire de mytaines de laine garnies de brodeure.

Ung oncle d'argent à curer les danz.

Une chazuble de velours en graine barrée de diverses couleurs, avec l'estolle, des gans et des sainctures.

Une petite couppe d'yvoire à troys ymages ou couvercle.

Ung petit tableau en façon d'heures, couvert de camelot de soye violet, où est la portacion N. S. ou monument, garny d'argent doré.

Ung petit tableau sur verre où est figuré le Sainct Esprit.

Ung autre tableau en boys où est une Nostre Dame tenant Nostre S^r entre ses braz.

Ung autre petit tableau rond où est une Nostre Dame tenant son filz et Joseph.

Ung autre petit tableau rond où est figuré l'Annonciation.

Une autre Nostre Dame en petit tableau carré tenant son fils en ses bras.

Ung autre petit tableau ancien où y a une petite Nostre Dame fort noire.

Ung grand tableau de Nostre Dame de pitié et autres ymages.
Ung autre tableau de Nostre Dame et saincte Helisabeth.
Ung autre tableau sur verre de sainct Jehan Baptiste.
Ung autre tableau comme sainct Jehan baptise Nostre Seigneur.

VAISSELLE D'OR.

Primo, ung flascon, pesant xii^m vii° xv^d.
Une navete, ensemble ung cuillier, pesant vi^m ii° ix^d.
Quatre couppes, pesant xix^m iiii^a d^e.
Ung autre flascon, pesant xii^m iiii° d^e.
Une couppe couverte, pesant vii^m vii°.
Une couppe sans couvercle, iiii^m vi° d^{ie}.
Une cruche, pesant xvi^m iii° ix^d.
Ung bassin à laver, pesant x^m v° ix^d.
Une aiguiere, pesant vi^m ii° ix^d.
La couppe d'Angleterre et son couvercle[1].

VAISELLE DE CUYSINE.

Primo, six plaz moiens, pesans xxvi^m v° d^e.
Quinze petiz plaz, pesans xlix^m.
Seize grans escuelles, xxxv^m iii°.
Dix-huit petites escuelles, pesans xxvii^m i°.
Douze saulcieres, pesans xvii^m vii° d^e.
Six grans plaz, pesans xxxiiii^m iiii°.
Troys plaz moyens rompeuz et un escuelle rompeue[2].

AUTRE VAISELLE D'ARGENT DORÉ POUR LE BUFFET.

Primo, deux grans potz d'argent doré, pesans l'ung xx^m iii° et l'autre xix^m vii°, pour ce xli^m ii°.
Deux grans dragoniers aussi d'argent doré, pesant l'ung xxiiii^m ii°, l'autre xxiii^m v° d^{ie}, pour ce xlvii^m vii° d^e.
Ung grant bassin plat d'argent esmaillé le bord doré, où sont semées les armes de mons^r en esmail, pesant xlii^m iiii°.

---

[1] D'une autre encre, mais de la même main. — [2] Idem.

Deux grans potz aussi d'argent doré, l'ung pesant xxIIII^m VII° et l'autre xxv^m une°, pour ce L^m.

Deux aiguerres d'argent doré données par ceulx de Dieppe à monseig^r, pesant xx^m VII° xVIII^d.

Ung grant bassin doré par dedans, fait à feueillages et parsonnaiges de morisque, pesant xII^m v°.

Deux bassins d'argent doré où sont les armes de mons^r au meilleu du fons, pesant xx^m. v°.

Une grant esguiere aussi d'argent doré, fait à feueillages et personnaiges comme le dessus d., pesant xIII^m d^e once.

Une longue couppe d'argent doré, pesant VI^m III°.

Une petite couppe de semblable façon aussi d'argent doré, III^m v° I g^s.

Une autre grande couppe longue aussi d'argent doré, faicte à feueillages et bestes, et est icelle en troys pieces; IX^m VII° d^e.

Une autre semblable couppe aussi d'argent doré, IX^m v° III g^s.

Une autre couppe d'argent doré, faicte à feueillages et au bout du couvercle à branches vertes, pesant IIII^m VI°.

Une autre couppe d'argent doré, faicte à feueillages d'argent de la sorte susdite, pesant v^m VI°.

Une couppe d'argent doré où a sur le bout du couvercle ung fol tenant ung escusson, pesant VI^m v° III g^s.

Une chaufferete d'argent doré plate par dedans, pesant v^m II° d^e.

Une autre chaufferete d'argent doré plus creuse que le precedente, pesant v^m I° d^e.

Ung gobelet long à couvercle d'argent doré, gros boutons assiz sur troys pometes, pesant IIII^m VI° III g^s.

Une couppe couverte d'argent doré esmaillée ens et hors, IX^m II°.

Une couppe couverte aussi d'argent doré où a sur le bout du couvercle une fleur esmaillée et pers, v^m.

[1]Une couppe esmaillée dedans et dehors à tout son couvercle d'argent doré.

Ung mirouer, quatre cuillers, deux fourchetes de courail garnies richement d'argent doré, à feueillages et glans, qui ne peut estre pesé.

Une tasse dorée avec son couvercle qui *a longueuz fug*.

[1] Ajouté d'une autre encre.

Ung grant pot à griffons qui est la plus grant partie doré.

Six grans tasses demyes dorés dont l'une est à tout son couvercle.

FLASCONS DE MASTIC GARNIZ D'ARGENT DORÉ.

Deux flascons couvers de velours pers, pesant vii^m v°.

Deux autres flascons couvers de drap d'or, pesant vi^m vii°.

Ung flascon couvert de velours cramoisy figuré d'or, ii^m vii°.

Ung autre flascon couvert de veloux rouge, pesant viii^m vii°.

AUTRE VAISSELLE D'ARGENT POUR LE BUFFET.

Primo une nef d'argent, pesant xlii^m i°.

Deux grans flasques aussi d'argent façon d'Espaigne ensemble leurs ances, pesans xlv^m i°.

Une grant conche aussi d'argent, pesant xxv^m.

Deux bassins d'argent à ouvraige en boce et sont dorez les bourds d'iceulx et au fons les armes de mons^r, xiiii^m iiii° i g^s.

Ung petit plat d'argent où a ung soleil doré au meilleu et pareillement les armes de mons^r, pesant vi^m vii° iii g^s.

Deux esguieres à façon de potetz, pesant vi^m.

Quatre salieres d'argent, pesant ix^m vii°.

Une longue esguiere d'argent qui gecte son eaue par la gueulle d'ung serpent et ung autre serpent servant d'ance, pesant v^m v° d°.

Une couppe d'argent martelle ensemble son couvercle, pesant v^m xii^d.

La petite couppe plaine ensemble son couvercle, iii^m iii°.

La couppe d'argent doré plaine ensemble son couvercle, vi^m iiii° d°.

Cuillieres xvii, pesant iiii^m xii^d.

Deux chandeliers bas à large pied et mode d'Espaigne, iiii^m vii° d°.

Le coquemart et bassin du barbier, pesant ix^m vii° d°.

Troys flascons, pesans xxvii^m vii°.

Six chandeliers d'argent esmaillez, xxvii^m i° d°.

Deux chandeliers d'argent esmaillez [1].

Plus une couppe de corne avec les armes de mons^r au fons.

Item unes *escumes* faictes en maniere d'une boulle de cagnon.

---

[1] Ajouté d'une autre encre.

PIÈCES DIVERSES.

INVENTAIRE DES LIVRES.

Primo ung breviaire en parchemin à l'usaige de Rome, couvert de drap d'or fermant à quatre endroiz de fermauz d'or.

Ung autre petit breviaire en parchemin à l'usaige de Rome, couvert de velours en graine, garny d'argent doré faict à ouvraige de Venize.

Ung livre d'ystoires sans escripture, couvert d'argent doré et esmaillé, savoir est la Transfiguration d'ung cousté et la Resurrection de l'autre, avec les armes du Roy et de mons^r par dedans sur argent blanc.

Ung livre en parchemin commençant, *Legatus viam arripiens*, couvert de satin cramoisi et garny d'argent doré à l'ouvraige de Venise, avec six cordons de soye rouge à houppes garnies de perles.

Deux volumes de Valere le Grant[1] en parchemin couvert de velours vert.

Les oraisons de Cicero en parchemin, couvertes de velours cramoisi, fermant à deux fermaus d'argent blanc.

Vita Xpi en parchemin contenant deux volumes couverts de velours violet.

Ung moien volume en parchemin commençant *jheronymi am...* couvert de velours violet.

Ung autre volume en parchemin nommé les espitres saint Jherosme, couvert de velours violet.

Ung autre volume en parchemin, *de constitutionibus rerum*, couvert de velours taint en graine.

Ung autre volume en parchemin, *de civitate dei*, couvert de velours fauve.

Ung autre volume en parchemin où sont les espitres sainct Pol, couvert de velours taint en graine.

Ung autre volume en parchemin nommé les *triumphes de Rome*, couvert moictié de drap d'or et l'autre de velours noir.

Ung Tholomée en parchemin couvert de cuyr noir à la mode d'Italie.

Les espitres de Seneque couvertes de velours cramoisy semetz de G à broderie.

---

[1] Valère-Maxime.

Ung petit psautier en parchemin en lettre bastarde, couvert de velours noir.

Ung autre petit volume en parchemin couvert de velours noir, commençant *Sedulii carmen pastorale.*

Ung autre volume en parchemin nommé *Albertus Cattaneus*, couvert de satin bleu.

Ung autre volume moien en parchemin couvert de satin rouge nommé Antiphonier.

Ung autre volume des meditations sainct Bonaventure couvert de satin violet.

Ung petit missel en moyen volume couvert de velours violet usé.

Ung breviaire de chambre en parchemin, moien volume en lettre bastarde.

Ung autre volume en parchemin des miracles Notre Dame couvert de satin violet.

Une bible en parchemin, petit volume couvert de velours fauve.

Ung confessional en parchemin couvert de damas noir.

Ung autre petit volume en parchemin enquel est contenu la description du pays d'Ytalye.

Ung petit volume où est contenu l'oroison de la reduction de Milan, couvert de damas noir.

Ung petit volume couvert de velours cramoisy commençant *ecce scribi vobis* et autre mirabile.

Ung autre petit volume couvert de satin bleu aux armes de France.

Ung autre petit volume couvert de satin fauve contenant *Compendiosus sermo de indulgentia plenaria.*

Ung autre petit volume couvert de satin, où est l'oroison faicte par les Florentins.

Ung autre volume en parchemin *de Laudibus trium virorum*, couvert de cuyr fauve.

Ung petit volume en parchemin couvert de cuyr fauve commençant *Institutum ratificationis.*

Deux volumes en parchemin contenans la bible, couvers de cuyr rouge.

Ung autre volume moyen en parchemin en a commencement *incipit sermo Heronymi presbiteri ad Paulum.*

Ung missel en parchemin en grant volume, à l'usage de Rouen, couvert de cuyr blanc.

Ung autre grant volume en parchemin intitulé au commencement de la table *incipiunt rubrice decretalium*, couvert de cuyr blanc.

Ung autre volume moien en parchemin *de cultu vineæ*, couvert de cuyr.

Ung moien volume en parchemin de la bible contenant *in principio*, etc. couvert de cuyr rouge.

Ung psaultier comenté, en parchemin, couvert de gros cuyr blanc.

Ung autre petit volume à celebrer messe.

Ung psaultier en petit volume en parchemin avec plusieurs autres oroisons, couvert de cuyr et garny d'argent blanc.

Ung autre petit volume en parchemin des tragedies de Seneque, couvert de cuyr rouge.

Ung autre petit volume començant *Valerii maximi Francorum etc.*, couvert de cuyr rouge.

Ung canon en parchemin couvert de cuyr rouge.

Ung petit volume nommé *Leonardi Arretini*, relyé à la mode d'Ytalie[1].

Ung autre volume en parchemin *de potestate generalis consilii*, couvert de cuyr rouge.

Une *institute* en parchemin couvert de cuyr rouge.

Ung petit volume de *unitate sanctæ matris ecclesiæ* couvert de cuyr rouge.

Unes heure en parchemin couvertes de cuyr rouge.

Ung Saluste en parchemin, *de bello jugurtino*, couvert de cuyr noir.

Une vieille decretalles en petit volume dont les aiz sont rompues.

Ung psaultier en papier comenté, couvert de cuyr rouge.

Ung petit livret en papier *de florum beati Bernardi*, couvert de satin violet.

Ung autre petit livre en papier couvert de cuyr rouge, commençant *presentis argumentum*.

Ung autre petit livre en papier couvert de taffetaz rouge ou est une oroison de maistre Guillaume Delamare.

Deux volumes en papier *de confiscationibus Mediolanentium*.

Ung petit livre en papier d'acquitz touchant la conté de Hartizant.

---

[1] Léonard l'Arétin, qu'il ne faut pas confondre avec Pierre Arétin.

VI.

INVENTAIRE GENERAL

DES MEUBLES A MONSEIGNEUR MONSIEUR LE LEGAT,

FAICT LE XX⁰ JOUR DE SEPTEMBRE L'AN MIL CINQ CENS ET HUYT.

POUR MONSEIGNEUR DE FESCAMP

GRANT INVENTERE DE FEU MONSEIGNEUR LE LEGAT.

Inventaire general de tous les meubles appartenans à monseigneur monsieur le Legat, estans tant en sa maison archiepiscopal de Rouen que eu ses chasteaux de Gailhon et Vigny, faict le xxᵉ jour de septembre l'an mil cinq cens et huyt.

ET PREMIEREMENT :

VAISSELLE D'OR.

La cruche d'or, poisant xvi^m vi° ii gros.

Ung flascon d'or, poisant xii^m v° v g^s et demy.

Ung autre flascon, poisant xii^m v° v g^s.

Une navete avecque ung cuillier, poisant ensemble v^m vii° ii g^s.

La couppe d'Engleterre, vii^m i° i g^s et demy.

Cinq coupes d'or, poisans ensemble xxiiii^m i°.

Une belle couppe couverte dont le couvercle et le pyé sont esmalhez, poisans ensemble vii^m vii°.

Deux bassins d'or, poisans l'un x^m ii° ii g^s et demy et l'autre ix^m ii° v g^s et demy, vallent ensemble xix^m v°.

Une esguiere, vi^m i° i g^s.

Une autre esguiere, v^m v° et demy.

Une couppe gaudronnée l'un riche l'autre bruny et au dessus du couvercle ung sainct Georges qui n'a poinct de lance, qui poise vii^m

Une esquiere couverte et gaudronnée : *error est scriptor quare jam scripserat.*

Une grande saliere couverte faicte à Paris, ii^m v° i g^s et demy.

Une petite saliere que porte le boutillier, poise ii°·vii g^s.

Une escuelle a oreilles et ung cuillier, iii^m iiii° v g^s.

Six tranchoeurs d'or, pesans ensemble viii^m ii° démy grain.

Six saucieres d'or, poisans ensemble xi^m vii° i g^s.

Deux tasses d'or, pesans l'une vi^m vii° vi g^s l'autre poisant vi^m vi° demie, vallent ensemble xiii^m vi° ii g^s.

La couppe d'or d'Avignon et son couvercle, poisant vi^m iiii gros et demy.

Deux grandz potz d'or gaudronnés, l'ung poise xxi^m iiii° demye l'autre xxii^m ii° demye vallent xliii^m vii°.

Douze grandes medailles d'or aux armes de monseigneur et d'Avignon, poisent ensemble viii^m vii° iii g^s.

Une autre petite medaille d'or, i° ii deniers xx grains.

Une couppe d'or avec son couvercle garny de balays et de perles, poisant ensemble iiii^m et demy.

Ung couvercle d'or d'une coupe garny d'une marguerite soubz l'anneau et une autre marguerite au dedens dud. couvercle, poisant i^m iii° i g^s.

Ung autre petit couvercle d'or pour ung verre de cristal, poisant ii° ung solin.

Ung petit tableau d'or de Sainct Jehan Baptiste garny de pierres saphirs baletz et perles, poisant i^m ii° vii g^s.

Ung bien petit crucifiement assis sur courail noir dont le pyé est de cassidonne garny d'or, estimé xv escus ou environ.

Plus ung ornement d'or esmaillé dedens ung petit tableau fermant à deux guychetz tout doré led. ornement faict à petits ymages esmailletz, estimés de xxx à xl escus.

VAISSELLE D'ARGENT DORÉ.

Deux grans potz d'argent doré l'ung pesant xxiiii^m iiii° demye et l'autre xxv^m juxte qui est ensemble xlix^m iiii° demye.

Deux grands dragouers avec leurs couvercles l'un pesant xxiiii^m et l'autre poise xxiii^m iii^o demye qui est ensemble xlvii^m iii^o demye.

Ung grand bassin plat doré et esmaillé où sont semées les armes de monsieur au bort, pesant xlii^m ii^o.

Deux autrez grandz potz d'argent dorez pesant xix^m vi^o vi g^s et l'autre xx^m ii^o vi g^s, qui est ensemble xl^m i^o demye.

Quatre grans esguieres d'argent doré dont les deux semblables à esmail d'argent pesant xxi^m demye once et les deux autres esmail d'or pesant xx^m vii^o, qui est ensemble xli vii^o demye.

Ung grand bassin doré par dedans et faict à feuillages et personnages de morisque, xii^m iiii^o.

Deux bassins d'argent doré tous plains où sont les armes de monseigneur, pesans ensemble xx^m iiii^o vi g^s.

Une grande esguiere dorée faicte à feuillages et personnages comme le grant bassin, pesant xii^m ii^o vi g^s.

Deux couppes d'argent faictes à feuillages l'une pesant ix^m ii^o vi g^s et l'autre poise ix^m vi^o demye, qui est ensemble xix^m i^o ii g^s.

Une coupe d'argent doré dont la couronne du couvercle est esbreschée, pesant vi^m ii^o vi g^s.

Une autre haulte couppe qui a un tour d'argent blanc par hault et des feuillaiges tant sur le couvercle que sur le pyé, pesant iiii^m v^o v g^s.

Une petite couppe avec son couvercle toute dorée, pesant iii^m iiii^o.

Une autre couppe d'argent doré qui a un tour de feuillages d'argent blanc au couvercle, pesant iiii^m vii^o vii g^s.

Ung gobelet long d'argent doré assis sur troys pommettes, pesant iiii^m vi^o v g^s.

Une couppe d'argent doré où a sur le bout du couvercle ung foul tenant ung escusson, pesant iiii^m vi^o iii g^s.

Une autre couppe d'argent doré sur laquelle a plusieurs feuillaiges d'argent blanc, pesant iiii^m vii^o vii g^s.

Une autre couppe plus petite de semblable fasson à la precedente, pesant iiii^m vi^o iii g^s.

Une esguière longue partie dorée partie argent blanc, pesant v^m v^o i g^s.

Une chauffrete d'argent doré, plate par dedens, pesant v^m ii^o v g^s.

PIÈCES DIVERSES. 503

Une autre chauffrete d'argent doré, plus creuse que la précédente, pesant v^m iiii° vi g^s.

Une couppe d'argent esmaillée dedans et dehors à personnaiges, pesant avec son couvercle ix^m i° demie.

Ung grand pot d'argent à griffons partie doré, pesant xxxi^m vi° demie.

Deux flasques d'argent gaudronnés, moictié dorées et moictié blanches, pesans ensemble xlv^m.

Une couppe plate d'argent doré à tout son couvercle dont le pyé est faict à clervoises et lectres, pesant vi^m ii° ii g^s.

Deux bassins d'argent gaudronnés, les boutz dorez en fasson de couronnes, pesans ensemble xiiii^m iii° v g^s.

Une autre bassin à biberon où sont les armes de monseigneur sur le bout en troys lieux, pesant v^m vi° v g^s.

Deux potz d'argent partie dorez qui ont sur le couvercle deux lanternes où y a des personnages, pesans ensemble xxi^m ii°.

Une haulte couppe dorée et hachée à feuillages sur le couvercle de laquelle a ung sainct Christofle, pesant ix^m vii° ii g^s.

Une couppe dorée gaudronnée sur le couvercle de laquelle a ung bouton à viz marcif, pesant vii^m v° vi g^s.

Ung beau bassin d'argent doré et esmaillé de rouge cler semé à medailles sur le bort, pesant xv^m iii° demye.

Une esguiere longue de mesme fasson dud. bassin, pesant ix^m i° demye.

Une couppe d'argent doré gaudronnée avec son couvercle, pesant iiii^m i° iii g^s.

Six tasses dorées et leur couvercle, xxvi^m ii° iiii g^s.

Cinq tasses gaudronnées à queuhe d'aronde, parties dorées, pesant ensemble xix^m iiii° ii^s.

Une saliere d'argent doré, pesant i^m demi vii g^s.

Troys tranchoeurs d'argent doré, iiii^m iii°.

Six chandelliers esmailletz, assavoir quatre moyens et deux petits dont deux desd. moyens sont rompus, pesans ensemble xxvi^m vi° ii g^s.

Six autres chandeliers plains d'argent doré, xxvii^m ii° vi g.

Ung bassin et cocquemart à barbier, pesant ix^m vi°.

Unes cuvetes à main garnies d'argent doré.

Deux grandz barraulx d'argent doré garniz de couvercles et grosses chaisnes d'argent, l'ung pesant xxxiiii^m et l'autre xxxiii^m v° vi gros, qui est ensemble lxvii^m v° vi g^s.

Les deux ysdres gaudronnées avec leurs couvercles partie dorées, l'une pesant xxvii^m vi° demye et l'autre xxviii^m ii°, qui est ensemble lvi^m demye once.

Quatre flascons de mastic garniz d'argent doré, poisans xviii^m iiii°.

Une petite esguiere faicte à Paris, demye dorée, pesant iii^m i° demye.

Ung couvercle d'une couppe gaudronnée demy doré, poisant ii^m iii° vi g^s.

Somme totale de l'argent doré, vii^c lxv^m iii° i 8^s.

VAISSELLE D'ARGENT BLANC ORDINAIRE.

Deux grans potz, l'un poise xvii^m ii° et l'autre xvii^m ii° demye, vallent ensemble xxxiiii^m iiii° demye.

Deux brocz, pesans ensemble xviii^m iiii° iii g^s.

Deux bassins, pesans ensemble xvi^m iii° i g^s.

Cinq grandes tasses plaines, pesanz ensemble xxi^m i° i g^s.

Cinq petites tasses martellées, poisans ensemble xii^m vi° ii g^s.

Deux esguieres descouvertes, poisans ensemble vii^m iii° ii g^s.

Une esguiere couverte à biberon, iiii^m i° iiii g^s.

Neuf tranchoueurs, xiii^m i° demye.

La buye, xxi^m i° vii g^s.

Troys couppes couvertes dont l'une est martellée, xiii^m v° ii g^s.

Quatre salieres, ix^m vi°.

Une petite bouette carrée à mectre amande fut perdue en Avignon.

Huyt flascons tant grans que petitz, lxiiii^m vii° v g^s.

Plus ung petit estans es mains de l'apoticaire, poisant iiii^m v°.

Une escriptoere d'argent sans cornet, i^m vi gros.

Quatorze cuiellers tant blanches que dorées, iii^m ii°.

La corbeille d'argent, pesant liii^m ii° ii gros.

Deux platz doubles pour tenir le potaige chault, pesans ensemble xiii^m vi° demye.

Troys gobeletz faictz en façon de carneaux, pesans ensemble v^m vi° iii g^s.

Ung pot d'argent blanc aux armes d'Avignon, pesant vi^m iiii° vi g^s.

PIÈCES DIVERSES.

Ung couvercle d'argent blanc servant à la couppe de cristal, pesant vi° ii gros.

Une petite couppe d'argent blanc avec son couvercle, pesant iiii^m i° demye.

Sept flambeaux d'argent, pesant ensemble xxxii^m ii° v g^s.

Item plusieurs petites pieces d'argent rompu, tant, fermaus de livres, de vaiselle de cuisine que aultres pieces, pesans ensemble iii^m vi°.

Somme totale de la vaisselle du buffet blanche, iii^e lxxiii^m ii° iiii gros.

VAISSELLE DE CUYSINE D'ARGENT BLANC ORDINAIRE.

Quatre grans platz, poisans ensemble xxiii^m ii°.

Cinquante deux platz moyens, poisans ensemble clvii^m vi°.

Trente escuelles, lix^{d 1} ii°.

Traize saulciers, xix^m ii°.

AULTRE VAISSELLE DE CUYSINE D'ARGENT BLANC.

Six grans platz, poisans xxv^m vi°.

Dix platz moyens, poisans xxix^m vi°.

Sept grandes escuelles, xiii^m vii gros.

Six petites escuelles, viii^m vi° vi gros.

AULTRE VAISSELLE D'ARGENT ROMPU.

Deux grans platz d'argent rompuz, xi^m iii° demye.

Quatorze escuelles troys saulciers et ung petit plat d'argent rompu, poisant ensemble xxvi^m iiii°.

Plus, deux grans potz d'argent rompus, l'ung poisant xx^m et l'autre xviii^m vi gros, vallent xxxviii^m vi gros.

VAISSELLE DE CUYSINE NEUFVE D'ARGENT BLANC.

La vaisselle d'or, comprins la chapelle et ymages et medailles, iie xlii^m iii° iii g^s.

---

[1] Marcs. Erreur du copiste.

Vaisselle du buffet d'argent doré, vii^{cc} lxv^m iii° i g^s.
Vaisselle de buffet blanche, iii^{cc} lxxiii^m ii° iiii g^s.
Vaiselle de cuysine et vaisselle rompue, iiii^c xiii^m iii° vii g^s.
La chapelle, tant argent doré que blanc, ii^c iiii^{xx} viii^m ii° iiii g^s.

Somme de l'or, ii^{cc} xlii^m i° vii^{gs}.
Somme de l'argent, xviii^c xl^m iiii^m iii° vii gros demys.

VAISSELLE D'ESTAIN ESTANT EN LA CUYSINE ORDINAIRE DE ROUEN.

Deux grans brocz, ung gallon qui a le pié rompu, ung autre gallon de pot et demy, un broc de deux potz, un autre broc de pot et demi rompu, deux potz, une pinte, une chopine, ung..... une vergutiere, une moutardiere, cinq grans platz, dix moyens dix petitz platz et vingt escuelles.

LA DINANDERIE DE LADICTE CUYSINE.

Six grandes poilles demy usées, deux petites poilles, ung bassin à queue, deux petits bassins laveurs, quatre chaudieres qui ne valent gueres, une cruche d'erain et quatorze chandeliers qui ne sont pas fort bons.

AULTRE DINANDERIE ANCIENNE DE LYON OU MOIS DE SEPTEMBRE MIL CINQ CENS ET NEUF.

Deux grans chaudieres, une marmyte, deux bassins à gueline, une poele à frire avec deux broches à roulir, deux bareaulx.

LA CHAPELLE.

Une croix d'or avec le crucifix, Nostre Dame et sainct Jehan aussy d'or, pesant viii^m vi demie.

Un sainct Ambroise d'or, pesant vii^m i° g^s.

Ung petit tableau qui se ouvre où il y a un crucifiement et l'Annonciation dedans, poisant v° ii g^s.

Ung petit ymaige de sainct Quentin et ung aultre pere donné à Peronne, poisans ensemble.....

Une grant croix d'argent doré où sont Nostre Dame et sainct Jehan aux deux coustés, pesant xx^m ii°.

PIÈCES DIVERSES.

Une autre grant croix plaine de reliques, poisant xvi^m iii°.

Une croix d'argent dourée, environnée des armes de la passion et de deux anges au pié, pesant viii^m v° vi g^s.

Ung grant ymage de sainct Jehan Baptiste d'argent doré, pesant viii^m iiii°.

Ung beau grant reliquaire d'argent doré à mettre *corpus Domini*, où sont plusieurs perles et aultres pierres, ou millieu desquelles y a une saincte Katherine d'agathe, pesant xiii^m iii° vi g^s.

Sept ymages d'argent doré, scavoir est Nostre Dame adorant son fils, saincte Katherine, sainct Clare, sainct Bernard, sainct Bernardin, sainct Hierosme et sainct Françoys, pesans ensemble xxvi^m vi° vi g^s.

Un grant reliquaire d'argent doré et esmaillé, ront par haut, en façon de mirouer, pesant xv^m ii° demie.

Deux grans chandeliers d'argent doré partie esmaillez, pesans ensemble xxiii^m iiii° demie.

Deux chandeliers moyens d'argent doré, esmaillés, garnis de perles et aultres pierres dont fault deux desd. pierres, pesans ensemble viii^m iiii° demie.

Deux chopines de mesme façon desd. chandeliers, pesans iiii^m iii° i g^s.

Ung sainct Martin d'argent doré et esmaillé faict dessus un pont levis, pesant v^m v° ii g^s demi.

Une grande paix d'argent doré et esmaillé en mode d'ung arc triumpfant où Nostre Dame est figurée par devant et par derriere s^t Hierosme, pesant iiii^m vi° vii g^s.

Une aultre paix d'argent doré esmaillé où y a plusieurs reliques, pesant ii^m v° demy.

Une aultre paix d'argent doré esmaillée garnye de pierres et de perles, pesant iii^m vii°.

Ung tableau d'argent doré esmaillé, où a ung crucifiement d'ung costé et de l'autre sainct Hierosme, pesant iiii^m v° i g^s.

Ung petit tableau de sainct Jehan Baptiste guarny de pierres et de perles, pesant i^m ii° vii g^s.

Ung benoistier d'argent doré, esmaillé dedans et dehors, avec son esperges, pesant vii^m ii g^s.

Ung aultre benoistier esmaillé, avec son asperges, pesant iii^m vi°.

Ung aultre petit benestier gaudronné, demy doré, avec son aspergetz, pesant ii^m i° demy.

Ung aultre benoistier d'argent doré à escussons esmaillez, avec son as
perges, pesant.....

EN LA TROYSIEME CHAMBRE EN PORTAIL SUR LE JARDIN.

Ung challict ou couchette.
Ung dresseur, une table, ung traisteau.
Deux chenetz de fer.

EN LA CHAMBRE BRUSLÉE.

Une tapisserie à verdure bordée, faicte à bestes et oyseaulx, contenant huict pieces comprins le ciel;

Et oultre le contenu en l'inventaire :

Deux grands rideaulx de sarge verte avec une grande couche et couchette fournye de deux lictz et traversains.

Une table et deux traisteaulx.

Ung banc, un dresseur et deux landiers et vingt molletz de fer.

EN LA GARDEROBBE DE LAD. CHAMBRE BRULLÉE.

Troys chaires.
Une escabelle.
Une table sans traisteaulx.

EN LA SECONDE CHAMBRE DELORME.

Sept pieces de vielles tappisserie de verdure qui a este rabillée.

Un grand lict et une couchette fournye de lictz et traversains avec ung grand ciel de tapisserie à personnaiges et deux vielz rideaulx de sarge verte.

Une table avec ses traicteaux.
Ung banc et buffect.
Deux landiers de fer.

EN LA TROYSIEME CHAMBRE DELORME.

Ung grand lict et une couchette fournye de lictz et traversains.

Deux vielz landiers de fer.
Une table et ses traisteaulx.
Ung bancq, ung dresseur et une vielle chaire.
Ung viel ciel de tappisserie de verdure.

AU BAS CABINET PREZ LA PORTE DU PORTAIL.

Une couche basse fournie de lict et traversain.
Deux landiers de fer.
Une table à traiteaulx.
Un banc et une chaire.

EN LA SALLE PREZ LA SOMMEILLERYE.

Une longue grosse table sur traisteaulx.
Ung banc.
Ung viel buffect.
Troys scabelles.
Une chaire.

EN LA SOMMEILLERIE.

Ung viel chalit et couchette garnye de lictz et traversains.
Ung viel coffre à pain.
Ung viel buffect.
Une viele forme.
Deux chenetz.

EN L'ARRIERE BOUTEILLERIE.

Ung buffect.
Une grosse table.

EN LA CHAMBRE DE DESSUS LE FOUR.

Ung grand chalict et une couchette fournye de lict et traversains avec ung ciel et dossier de sarge jaulne et rouge.
Une table à deux traiteaulx.

Ung banc.
Ung dresseur.
Deux chenetz.
Une chaire.

EN LA GARDEROBBE DE LAD. CHAMBRE.

Ung huys sur deux traisteaulx.

EN LA CHAMBRE DE DESSUS LA SALLE DE LA SOMMELLERYE.

Une couche avec le lict seullement et ung viel ciel de tappisserye de verdure et une autre piece vielle de tappisserye en la ruelle dud. lict.
Une table à traicteaulx.
Ung bancq.
Une chaire.
Ung dossier.

EN LA GARDEROBBE DE LAD. CHAMBRE.

Une table et ses deux traicteaux et ung dossier de banc.

EN LA CHAMBRE DE GENLYS, SUR LA SOMMELERYE.

Ung chalict et une couchette fournys de lictz et traversains et une paillasse avec un ciel et dossier de sarge rouge et jaulne.
Deux landiers et ung..... le tout de fer.
Une table avec traisteaulx.
Ung banc, une chaire et ung dresseur.

EN UNG GALLETAS DESSUS LAD. CHAMBRE.

Ung bancq.

EN LA GALLERIE ESTANT PREZ DUDIT GALLETAS.

Ung banc.
Ung buffect.

PIÈCES DIVERSES.

EN UNE AUTRE PROCHAINE CHAMBRE DE LAD. GALLERIE.

Ung viel chalict, ung banc.

EN LA LAVANDERYE.

Deux bancqs.
Deux grosses tables.
Deux grosses fourmes.
Une pallette.
Ung landier.
Une cramylle.

EN LA GARDEROBBE PRES LAD. LAVANDERYE.

Une vieille couche garnye de lict et traversains.
Ung buffect.
Une grosse table.

AU FOUR.

Une vielle couche fournie de lict et traversain.
Troys coffres.
Une table portée sur un traisteau.
Deux autres tables sur traicteaulx.
Deux landiers de fer.
Ung scabeau.
Ung trepied.

EN LA CHAMBRE DU PORTIER.

Une couche fournie de lict et traversain.
Ung bancq, une table quarrée portée sur un banc quarré.
Deux landiers de fer.

EN LA CHAMBRE DU GRAND PORTAIL DE DEVANT.

Ung chalict fourny de lict et traversain avec un tour de ciel de sarge jaulne et rouge.

Une table et deux traisteaulx.

Troys bancqs, une fourme.

Ung grand buffect.

Deux landiers de fer.

Une petite vielle table portée sur deux traicteaulx.

Et oultre ce que dessus estoient en lad. chambre du grand portail plusieurs fillets dont led. Bernardin Guere, par cy devant cappitaine dud. chasteau de Gaillon present à la presente confection de inventaire, nous a dict aucuns appartenir à la maison et les autres à aucuns particuliers.

EN LA GARDEROBBE DE LAD. CHAMBRE.

Une table sur deux piedz de fer et ung escren.

EN LA CHAMBRE PREZ LA PROCHAINE PRECEDENTE.

Ung chalict et une couchette basse fournye de lictz et traversains, ung tour de ciel de vielle tappisserye blanche rouge verte et jaulne.

Deux landiers et un molletz.

Une table à traisteaulx.

Ung banc que led. Guere nous a dict avoir oy dire appartenir au..... de Gaillon.

Une fourme, une scabelle.

Ung dresseur, troys chaires et une petite table.

EN LA GARDEROBBE AUPREZ.

Ung challict.

EN L'ALLÉE PREZ.

Une grosse fourme.

EN LA SECONDE CHAMBRE SUR LED. GRAND PORTAIL.

Ung chalict et une couchette fournye de lict et traversains avec ung ciel et dossier de sarge rouge et jaulne.

Deux tables avec les traicteaulx.
Une autre grosse table, ung bancq.
Ung dressoir, une chaire.
Deux landiers de fer.

EN AUTRE CHAMBRE AUPREZ SUR LED. PORTAIL.

Deux couches fournyes de litz et traversains avec ung tour de ciel de toille noire.

Ung banc, ung dresseur, deux chaires, une scabelle, un chenet.

EN LA GARDEROBBE DE LAD. CHAMBRE.

Dix hacquebuttes à crochet, et sur l'inventaire de l'an v^e quarante y en a saize, dont les six autres ont esté porté à Vigny suyvant les missives du deffunct sieur cardinal d'Amboize desportées aud. Guere, cappitaine, le neufiesme jour d'aoust mil cinq cens quarante ung, dont est apparu.

Quatre grandz traisteaulx sur lesquelz est portée une perche pour servir arimer aux oyseaulx.

EN LA CHAMBRE DES CUISINIERS.

Deux couches fournyes de lictz et traversains.
Ung dresseur, une table ronde.
Ung bancq.
Deux landiers.

EN LA SALLE DE COMMUN.

Une grosse longue table portée sur troys traicteaulx.
Une autre table sur deux traisteaulx.
Deux bancqs, une longue fourme.
Cinq scabeaux, une chaire, un buffect, un landier.

EN LA CUISINE.

Troys tables de cuisine.
Deux chaires.

Quatre landiers.
Deux grandes chappelles.
Ung mortier à faire verjus.
Ung trepied.
Quatre grilz.
Six poelles rondes d'airin, deux grandes et quatre petites.
Quinze chandeliers, tant rompus que autrement.
Une paire de rotisseurs simples, et sur l'inventaire y en a deux paires, dont led. Guere a dict l'une paire avoir esté portée à Vigny.
Une paire de rotisseurs doubles.
Une poelle d'airain à queue.
Deux cramillieres, l'une grande et l'autre petite, dont l'une est en lad. cuisine et l'autre en la chambre des fermiers.
Quatre poelles à frire, deux grandes et deux moyennes, et ung poellon.
En l'inventaire de l'an v° quarante, faict de l'auctorité de feu monseigneur l'archevesque dernier decedé est contenue une pelle à chastaignes vielle, laquelle led. Guere, cappitaine, nous a dict estre despecée.
Deux potz de fer, un grand et ung petit; l'un d'iceulx rompu.
Sept chauderons d'airain.
Un grand broc d'estain.
Ung autre petit broc d'un pot.
Ung autre broc tenant plus d'un pot.
Deux autres petitz brocqz.
Quatre ..... d'estain à pied, l'un fendu par le pied.
Une verjutiere et une vinaigriere.
Deux trepiedz.
Sept brosches à rostir.
Une poelle à feu emmanchée de boys.
Trente quatre platz d'estain du nombre de trente six, les deux restant baillez pour les fontaines, ainsi que nous a dict led. Guere, cappitaine.
Une douzaine d'escuelles.
Deux sallieres.

EN LA CHAMBRE BLANCHE.

Une grande couche et une couchette fournyes de lictz et traversains.

Ung ciel, dossier, les pentes : le tout de damas blanc avec frenges de fil d'or et de soie blanche et troys rideaulx de taffetas blanc, et y a en aucuns endroicts de la frange desrobbée.

Une coute pointe de toille blanche.

Une table avec traisteaulx.

Ung banc, deux chaises, une scabelle.

Un buffect, une forme.

Deux landiers de fer.

EN LA GARDEROBBE DE LAD. CHAMBRE.

Une couche fournye de lict et traversains avec un ciel, dossier, deux rideaulx, une couverture, le tout de sarge rouge et jaulne.

Ung escren, unes estuves de boys.

Ung siege percé.

EN LA GRAND SALLE BASSE.

Une grande table sans traisteaulx.

Ung banc, un grand buffect.

Une chaire.

Deux landiers moictié de fer et moictié de cuyvre.

EN LA PETITE SALLE BASSE.

Ung chalict de boys fourny de lict, traversain et paillasse.

Ung ciel de drap d'or frizé sur frize, avec le dossier et pentes de mesmes, lesd. pentes de damas rouge et les frenges de fil d'or et de soye vielles.

Une coute poincte et taffetas blanc doublé de mesmes taffetas.

Six pieces de vielles tapisserie blanche rabillée es quelles sont les armaries de feu monseigneur le legat d'Amboise.

Une couchette fournie de lict et traversain.

Une table à traicteaulx, un bancq, une scabelle.

Deux landiers à pommes de cuyvre.

Ung petit lict vert fort de cire.

Ung buffect.

Une table portée sur ung traisteau.

EN LA CHAMBRE BASSE PREZ LAD. SALLE BASSE.

Une table avec deux traicteaulx.
Troys autres traicteaulx.
Ung bancq avec le dossier.
Une fourme.
Deux landiers, dont l'un est sans pomme, et l'autre fourny de deux pommes de cuivre.
Ung petit buffect et un escren de boys.

EN LA GARDEROBBE PREZ LAD. BASSE SALLE OU QUEL SOULLOIT COUCHER FEU MONSEIGNEUR LE CARDINAL D'AMBOISE.

Une table de deux pieces faite de marqueterye à l'espagnolle.
Une couchette fournie de lict et traversain.
Ung dresseur.
Deux landiers avec ung mollect de fer.

EN LA PETITE GARDEROBBE AUPREZ.

Une table portée sur un traisteau.

EN LA TERRASSE BASSE.

Ung banc, un buffect.
Cinq traisteaulx.

EN LA PREMIERE CHAMBRE EN GALLETAS DU CORPS DE MAISON DE LA CHAPPELLE

Deux couches avec les lictz et traversains.
Ung buffect, ung bancq.
Deux chenetz de fer.

EN LA SECONDE CHAMBRE DUD. GALLETAS.

Deux couches, ung lict, traversain, ung viel tour de ciel à fleur de lys.
Une chaire rompue, ung buffect et ung bancq.

PIÈCES DIVERSES.

EN LA TROYSIESME CHAMBRE DUD. GALLETAS.

Deux couches garnyes de lict et traversains.
Une table avec les traicteaulx.
Ung buffect, une scabelle rompue, deux landiers de fer.

EN LA IIIIe CHAMBRE DUD. GALLETAS.

Une vielle couche et ung viel ciel de tapisserie de verdure.

EN LA CINQUIESME.

Deux couchettes fournyes de lictz et traversains.
Ung banc, ung buffect et une scabelle.

EN LA SIXIESME.

Deux couches fournies de lictz et traversains.
Une table avec traicteaulx.
Ung banc, un buffect.
Ung dossier de banc.
Une chaire sur scabelle.
Deux landiers de fer.

EN LA SALLE DE LA LINGERIE.

Ung poellon de toille qui ne vault riens ou peu de chose, dont a esté faict un ciel sans frenge.
Ung banquier de tappisserie de verdure semé d'oisseaulx.
Deux couvertures à lictz de tappisserie faictes à bestes et à boscherons.
Huict couvertures à lict que led. Guere, cappitaine, a dict avoir esté faicte de la tappisserie des fontaines qui fut bruslée.
Troys grandz tappis de Turquye, et en l'inventaire de l'an v^c quarante en sont contenus quatre, de l'un desquels led. Guere, cappitaine, a dict estre deschargé par une missive à luy escripte par ung nommé René de Serac, dabtée du vingt deux^{me} de may, suivant laquelle il a dict l'avoir baillé pour porter à madame de Clermont.

Quatre grandz tappys de drap vert et deux petitz.

Troys tappys communs percez et bien usez.

Quatre couvertures de sarge rouge et jaulne, et en l'inventaire en sont contenus cinq, dont led. Guere a dict en avoir esté perdu une qui avoit esté desrobé au dernier voiage dud. deffunct cardinal d'Amboise avant son voiage de Romme.

Deux pieces de vielle tapisserie de verdure rabillez.

Sept moiennes couvertures vielles de mesmes : led. deux pieces de tappisserie de nulle ou bien petite valleur.

Troys pieces de vielle tappisserie et une couverture blanche rabillées.

Troys autres vielles pieces de tapisserie de bergerie de nulle ou bien petite valleur.

Une vielle couverture de tappisserie faicte à personnaiges qui vault bien peu de chose.

Sept couvertures de sarge rouge et jaulne pareillement de fort petite valleur.

Huict pieces de sarge verte servant de couvertures de petite valleur.

Ung fort ciel de sarge rouge et jaulne qui peu vault.

Ung rideau de sarge verte.

Ung ciel de toille percé qui ne vault que bien peu de chose.

Dix sept lendiers tant bons que mauvais ou qui vallent peu de chose.

Une grue à mectre prisonnyers fermante à clefz avec ung carguen de fer.

Quatorze peres de draps de Hollande de quatre toilles, plusieurs d'iceux percez.

Troys autres de draps de Hollande de troys toilles fort usez, et sur l'inventaire y en a deux paires, l'un desquelz drapz led. Guere a dict avoir esté baillé à madame de Clermont.

Treize paires de drapz de lin, dont quatre paires ne sont que de deux toilles et les autres neuf paires de deux toilles, de deux toilles et demie, plusieurs des drapz fort usez.

Onze tapys d'oreillers dont plusieurs ne vallent que peu ou neant.

Une paire de petitz drapz pour la couchette du jardin.

Onze drapz de toille de lin tant bons que ne vallans rien, et aud. inventaire y a quinze draps dont led. Guere, capitaine, a dit en avoir esté baillé quatre par le commandement de madame de Clermont.

PIÈCES DIVERSES. 519

Six xıı^{nes} deux serviettes damassées bonnes et maulvaises, et sur l'inventaire ont esté trouvez sept xıı^{nes} huict serviettes, et a sur ce dict led. Guere, cappitaine, qu'il en est deschargé de dix huict par lettres de madame de Clermont du sixieme jour de juillet m v^c quarante six.

Dix sept doubliez faicts à l'œuvre de Venize, dont quatre sont plus petitz que les aultres.

Item, quatre de dresseurs qui vallent peu de chose.

Sept doubliers ouvrez que l'on dict avoir esté achaptez à Rouen par l'argentier et Charles Bynet.

Oud. inventaire sont contenus troys grandes nappes de toille commune que led. Guere a dit defaillir pour ce qu'elles ne vallent guere, et que pour ceste cause elles auroient esté baillez pour bonder les vins.

Sept autres vielz doubliers fort usez.

Dix autres doubliers, et sur l'inventaire, oultre les dix, y en a deux vallans peu de chose, lesquelz deulx led. Guerre a dit avoir esté baillez pour porter des pastez à Vigny.

Oud. inventaire sont contenus quatre dousainnes et demye de serviettes en un article, et traize douzainnes communes en autre article, que led. Guere, cappitaine, nous a dict n'estre plus en dessence et avoir esté usez et consommez au service de la maison.

Deux oreillers, dont l'un d'iceulx est de fustaine.

Deux quareaulx despouilletz.

Oud. inventaire sont contenus en ung article deux douzaines de serviettes ouvrées, lesquelles led. Guere, cappitaine, a exhibez et monstrées en ung monceau toutes usez de servir.

Et oultre l'inventaire a esté trouvé en lad. lingerie ce qui s'ensuyt :

Une table couverte de vert portée sur deux traisteaulx.

Deux landiers, dont l'un est à demy de cuyvre à deux pommes.

Ung bancq, une fourme, ung tresteau.

Cinq coffres, dont led. Guere a dict l'un appartenir à la chambriere du chateau.

Plusieurs morceaulx de tappisserye degastez et qui ne vallent estre inventoriez.

Et se a esté trouvé oultre l'inventaire de l'an v° quarante, en l'un des coffres de lad. lingerie :

Dix-sept nappes de toilles de chanvre.

EN LA GALLERIE BASSE VERS LE JARDIN.

Ung dresseur et une table sans traisteaulx.

USTENCILLES ET BASTONS DE GUERRE.

Une arbalaistre garnie de bendaige qui est rompu.
Ung halecrect et une escrevisse.
Sept pieces de hoguynes.
Une secrete et deux bonnetz de maille.
Troys hallebardes.
Ung georgerin.
Ung espieu.
Deux escreviches : lesquelz ustencilles et batons de guerre contenus aud. inventaire faict par le commandement et l'auctorité dud. archevesque de Rouen dernier decedé, oud. an v° quarante, ouquel inventaire, oultre que dessus, ont esté trouvez deux articles, l'un contenant une tappisserie de verdure non bordée faicte à bergerie et à bestes, contenant six pieces aux armaries de feu monsieur le legat d'Amboise, servantes en la chambre du portail du meillieu vers le jardin.

L'aultre article contenant une autre tappisserye sur champ rouge faicte à personnaiges, contenant sept pieces pareillement aux armaries dud. deffunct sieur legat d'Amboise, servantes à la premiere chambre dud. portail.

Lesquelles deux tappisseryes contenues esd. articles, qui sont en nombre de traize pieces, led. Guere, cappitaine, a dict avoir envoyé à Paris, suyvant certaines missives qu'il nous a exhibez et monstrez à luy escriptes par ledict deffunct cardinal d'Amboise, archevesque de Rouen, dernier decedé, de Paris, le vingt cinquiesme jour d'octobre m v° xlviii, et recepicé d'un nommé Guillaume Chambre, serviteur dud. sieur cardinal deffunct, du vingt-huictieme jour dud. moys d'octobre aud. an v° quarante huit, dont nous, conseiller commissaire, avons ordonné estre faicte mention en ce present inventaire, en la presence dud. Guere, capitaine, et dud. maistre Jehan Bignes.

PIÈCES DIVERSES. 521

Après lesquelz biens meubles cy dessus speciffiez et declairez par le menu, par nous inventairiez ainsi que contenu y est, et sans avoir rien desplacé, suyvant la teneur de nostre commission; en la presence de nostre adjoint, presens aussi led. maistre Jehan Bignes et led. Bernardin Guere, parcy devant cappitaine dud. lieu place et chasteau de Gaillon, pour autant que nous n'avons peu recouvrer maistre Michel,   qui nommé nous avoit esté pour avoir la garde desd. meubles, d'autant qu'il y en a aud. chasteau de Gaillon, par m° Michel Lebort, chanoine en l'eglise cathedral dud. Rouen, par nous commys et estably au regime et gouvernement du revenu temporel dud. archevesque, selon qu'il est amplement contenu en nostre procez-verbal sur ce faict, y recours avons par maniere de provision et jusques à ce que par le Roy ou nous autrement en ait esté ordonné, commys et establi maistre Jehan Guere, parcy devant et du vivant du feu sieur cardinal d'Amboise, archevesque de Rouen, lieutenant et seneschal dudit lieu de Gaillon, et ledict Bernardin Guere, pour led. temps capitaine dud. chasteau, pere et filz, et de faict à eulx presentement baillé la garde de tous et chacuns desd. biens cy devant contenus, speciffiez et designez particullierement et par le menu, ausquelz m° Jehan et Bernardin dictz Guere pere et filz avons enjoinct et commandé se contenir en lad. garde et commission ainsi qu'il appartient, leur deffendant ne permettre aucuns desd. biens meubles estre distraictz ne allienez, et à la charge d'en respondre en leurs propres et privez noms, quant, à qui et ainsi qu'il appartiendra : ce que lesd. m° Jehan et Bernardin Guere ont accepté et promys faire et à ce sont submys par devant nous, present nostre adjoinct, en la presence aussy et consentant led. m° Jehan Bignes, ou non qu'il precede.

EN LA LIBRAIRIE DUD. CHASTEAU DE GAILLON.

UNG PULPYSTTE ESTANT AU MEILLEU DE LAD. LIBRAIRIE SUR LEQUEL SONT LES LIVRES QUI S'ENSUYVENT.

Thomas, super primum sententiarum 2^m, 3^m, 4^m.
Idem, super de celo et mundo.
Aultre livre intitulé : Diversa opera sancti Thomæ.
Ejusdem commentum in librum de anima.
Quolibeta ejusdem.

Idem, in phisicam.
Donatus? super Juvenalem.
Donatius in Therentium.
Job et psalmi glosati.
Genesis et Exodus glosat.
Altera gloza in quatuor evengelistas.
Porphirius super Horatium.
Autre livre couvert de velours noir intitulé : In diebus unius judicis.
Textus Biblie.
2e pars Biblie.
Theodori Gaze, in lib. de animalibuz.
Ung petit breviaire en grec escript en lettre d'or.

UNG SECOND PULPITTE SUR LEQUEL SONT LES LIVRES QUI S'ENSUYVENT :

Gloza super epistolas Pauli.
Anastasius, in epistolas Pauli.
Homelie diversorum doctorum.
Epistole Hieronimi.
Epistolarum Hieronimi prima pars.
Epistolarum Hieronimi 2^a pars.
Ysagoge Porphirii in Aristotelem.
Metaphysica Aristotelis et alia opera.
Sermones sancti Ambrosii.
Excerpta collectarum diversorum operum.
Rabanus, super Evangelia.
Josephus, de bello judaico, couvert de toille.
Autre couvert de velours rouge pelé.
Ricardus in 4^m sententiarum
Residuum questionum sancti Thome.
Questiones sancti Thome.
Liber epistolarum sancti Hieronimi.
Liber in eandem Hieronimi.
Thomas, super epistolas Pauli.
Therentius.

PIÈCES DIVERSES.

UNE TABLE PREZ LED. SECOND PULPYTTE, SUR LAQUELLE SONT LES LIVRES QUI S'ENSUYVENT :

Historia Herodoti.
Justinus historicus.
Titus Livius.
Cayus Julius Cesar, de bello Gallico.
Secunda pars decreti.
Biblie textus qui quondam fuit beati Ludovici Francorum regis.
Pugio Raymondi contra Judeos.
Psalterium hebreum, grecum, arabicum et chaldeum.
Psalterium cum commento.
Tertulianus, de carne Christi.
Historica ecclesiastica.
Augustinus, de civitate Dei.
Decretum aureum divi Graciani.
Nicolaus de Lyra, super librum Regum.
De naturis rerum.

EN UNE LIETTE DE LAD. TABLE.

Psalterium.
Jullius Cesar.
Autre petit livre commençant Presentis argumenti est.
Autre commençant De laudibus trium librorum.
Albertus Cataneus, in chronica regum Francie.
Naldus Ferentinus.
Augustinus Seraptus.
Philippus Maria ad Eudonicum.
Oratio Jacobi Anticarii.
Liber domini Symphoriani.

EN AULTRE LIETTE DE LAD. TABLE.

Baptista Mantuanus, de villa Dionisii.

Guillelmus de Mara ad dominum Georgium de Ambasia.
De unitate sancte matris ecclesie.
Johannes Mayna de Portemario.
Octavianus Arsymboldus.
Autre livre commençant Comment Adam et Eve furent tentez.
Ludovici Heliani paradoxum ad Georgium Ambasianum.
Johannes de Castor ad Georgium de Ambasia.
Publius Faustus.
Deux ferrures de livre d'argent doré, en l'une desquelles pend une houppe de soye verde.

UN QUATRIEME PULPITTE SUR LEQUEL SONT LES LIVRES QUI EN SUIVENT.

De confessione vere fidei.
Homelie Hannonis.
2^a pars Augustini, de civitate Dei.
Idem, super psalmos.
3^a pars Alexandri.
Epistole Augustini.
3^a pars ejusdem super psalmos.
Aultre livre commençant In vigilia Assumptionis ad vesperas.
Augustinus contra Faustum.
Diversa opera Chrisostomi.
Epistole Cypriani.
Ludolpe Cartusiensis in Mediterraneas.
Moralia Gregorii.
Epistola Scicilii Cipriani.
Crosius ad Aurelium Augustinum.
Collectorium sermonum beati Augustini.

UNG CINQUIEME PULPITTE OU SONT :

Sermones Leonis pape.
Epistole Leonis pape.
Homelie Chrisostomi.
In evangelium secundum Matheum.

PIÈCES DIVERSES.   525,

Lapi Castilunculi in vita Artaxerxis.
Rufini presbyteri in historiam ecclesiasticam.
Epitoma Justini.
Lactantius Firmianus.
Tractatus Johannis Damasceni.
Bonaventura in meditatione vite Christi.
Manipulus curatorum.
Eusebius de temporibus.
Diverse orationes Philelphi.
Basilius contra Eunomium.
Epistole seculares Enceslemi.
Matheus Palmerius de temporibus.
Epistole Senece ad Lucilium.
Summa de septem vitiis.
Opera Senece.
Epistola sancti Pauli.
Ovidius, de Arte.
De miraculis beate Marie et vitis plurimorum sanctorum.
Declamationes Senece.

UNG SIXIEME PULPITTE ESTANT CONTRE LA PAROY DE DEVERS MIDI.

Donatus in Ethicen.
Historie Ferrentine.
Diogenes Laertius, in 4^m phisicorum.
Cicero, in epistolis familiaribus.
Instituta cum pluribus libris Regum.
Declamationes Quintiliani.
Autre volume de Quintiliani.
Hugo, de sacramentis.
Infortiatum.
Breviarium romanum.
Historica ecclesiastica Petri Comestoris.
Liber tripartite Cassiodori.
Missale secundum usum romane curie.

UNG SEPTIEME PULPITTE.

Anthonius Tranquilus.
Beda, super Apocalipsim.
Cirilus.
Glosa quatuor doctorum super Genesim.
Glosa 4^{or} doctorum super Esayam.
De Lira, super Salomonem.
Beda, super Lucam.
Beda, super Apocalipsim.
De Lira, super Genesim.

UNG HUICTIEME PULPILTE.

Homelie et sermones diversorum doctorum.
Quolibeta Scoti.
Scotus, super universalia Porphirii.
Scotus in 4^m sententiarum, deux volumes.
Item, super 3° sententiarum.
Idem, super 3° et primo, deux volumes dud. premier.
Concordantie Biblie.

UNG NEUFVIEME PULPILTE.

Prima pars sancti Thome.
2ª Eusebii.
3ª ejusdem.
Prima 2ª sancti Thome.
Thomas in Joannem.
Thomas in Matheum, deux volumes.
Id. in Lucam.
Id. in Esaiam.
Id. in epistolam Pauli ad Romanos.

PIÈCES DIVERSES.

UNG DIXIEME PULPITTE.

Strabo, de situ orbis.
Herodotus Alicarnaceus.
Liber Rethoricorum.
Herodotus.
Historie Vincentii.
Prima pars earumdem.
Titus Livius, ab urbe condita.
Idem, de secundo bello Punico.
Idem, de bello Macedonico.
Joannis Andree reprehensio in Platonis etc.
Strabonis 2ª pars.

UNG UNZIEME PULPITTE.

Marcus Tullius Cicero.
Orationes ejusdem.
Franciscus Philelphus.
Donatius Axioralus super vita quorumdam.
Vita Leonardi Justiniani.
Vergilii Eneide.
Argiropili in Ethicen.
Donatus, in Vergilium.
2ª pars Plinii.
Vita Plutarchi.
Epistole Philelphi.
Leonardus Aretinus, in Phedum Platonis.
Comentum super phisica Aristotelis.

DEUX AUTRES PETIS PULPITTES A PIED.

Bonaventura, super prima sententiarum.

2ª pars et 4ª quatre volumes.

Ethica Aristotelis.

Epistole Plinii Cecilii secundi.

Textus Biblie.

Tractatus de divertionibus et de aspectibus et radiis.

Hieronimus, in omnes epistolas Pauli.

UNE FORME BASSE SUR LAQUELLE SONT :

Franciscus Petrarcha, de remediis fortune.

Prima pars Strabonis.

Laurentii Valle dialectica.

Laurentii Valle Thucididis.

Laurentii Valle de notulis.

Plutarchus.

Laurentius Valla.

Franciscus Tissardus, de litteris hebraicis.

Liber de proprietatibus rerum.

Et oultre les livres et meubles dessus inventariez, y a en lad. librairie cinq formes vuides et une table à traistaulx qui se leve.

Aprez lesquelz livres et autres meubles par nous et nostre adjoinct trouvez en lad. librairie, inventariez ainsi que dessus, sans avoir riens desplacez, present à ce led. mᵉ Jehan Bignes et mᵉ Pierre de Cheppes, chantre de la chappelle dud. lieu de Gaillon, par nous trouvé saisy de la clef d'icelle librairie, selon nostre procez verbal, en la presence aussi de maistre Jean Guere, par cy devant lieutenant du seneschal dud. lieu de Gaillon, et dud. Bernardin Guere, cappitaine dud. lieu, avons commys et estably à la garde d'iceux livres et meubles estans en lad. librairie lesd. maistre Pierre de l'Echoppe, chantre, et Jehan Guere lieutenant du seneschal de Gaillon, et laissé es mains dud. de Choppes la clef de lad. librairie, ausquelz avons enjoinct et commandé se contenir en lad. garde et commission ainsi qu'il appartient, et ne permetre aucuns desd. livres ne meubles estans en icelle estre distraitz ne alienez, et à la charge d'en respondre en leurs propres et privez noms : ce qu'ilz ont accepté et promys faire, et à ce sont submys par devant nous

PIÈCES DIVERSES. 529

de tout par maniere de provision et jusques à ce que par le roy ou nous autrement en ait esté ordonné. Faict comme dessus.

GODEFROY.

24 f.
xxiiii feuillets cestuy comprins.

VII.

INVENTAIRE

DES MEUBLES DU CHATEAU DE GAILLON,

DRESSÉ LE 31 AOUT 1550.

Inventaire faicte par nous, Jehan Thorel, conseiller du roy en sa court de parlement à Rouen, appellé avec nous et prins pour nostre adjoinct maistre Guillaume Godeffroy, principal commys au greffe civil de lad. court, des biens meubles appartenans à l'archevesque de Rouen, d'autant qu'il en a esté par nous trouvé au chasteau de Gaillon, deppendent dud. archevesché, en vertu de la commission decernée par le roy et à nous presentée, donnée à Sainct Germain en Laye, le vingt septieme jour d'aoust mil v^e cinquante, en la presence de m^e Jehan Bignes, soy disant secretaire de monseigneur le reverendissime cardinal de Vendosme, et de Bernardin Guere, par cy-devant cappitaine dud. chasteau, le dernier jour d'aoust oud. an m. v^e. cinquante.

PREMIEREMENT.

EN LA GALLERIE APPELÉE LA GALLERIE DE LA TAPPISSERYE.

Ung ciel, dossier et pentes de drap d'or frizé avec les frenges de fil d'or et de soie rouge, desquelles frenges a esté robbé quelque portion en aucuns endroits : lesd. pentes doublées de taffetas jaulne.

Quant à troys riddeaulx de taffetas jaulne, dont l'inventaire à nous exibé par Bernardin Guere, pour le temps du feu reverendissime cardinal d'Amboise capitaine dud. chasteau de Gaillon, en dabte le xiii° jour de novembre m v° quarante, contient que dès lors en avoit esté desrobbé prez de la moictié de l'un, et de l'un des autres prez d'un pied de large par bas, n'a esté trouvé ded. troys rideaulx que troys petites pieces, l'une environ de cinq quartiers de long et les deux autres de trois quartiers chacun, pour ce que led. Bernardin Guere present nous a dit que depuis la charge à lui baillée desd. meubles oud. an mil cinq cens quarante, par led. inventaire, lesd. rideaulx auroient esté desrobez au reste desd. troys petites pieces.

Une courte poincte de taffetas jaulne doublée de mesmes.

Les soubzbassemens d'un lit, et mesme led. taffetas contenant quatre aulnes de long.

Une couverture de damas jaulne de deux lays contenant une aulne troys quarts.

Oud. inventaire a été trouvé la couverture de taffetas rouge rompue en plusieurs endroitz pour deux bastons de lit, laquelle couverture de taffetas led. Guere nous a attesté avoir esté perdue et robbée enlad. gallerie.

Ung grand poisle de toille d'or avec les pentes et dossier doublée de mesmes où est ung sainct Jehan de broderie, au meilleur duquel dossier a esté desrobbé par l'un des bouts un coin en triengle.

Troy pillers de taffetas blanc pour ung lict avec les soubzbassemens de semblable taffetas, contenant six aulnes quartier et demy.

Un barragan de fil d'or et de soye pour mectre sur la table.

Deux aultres barragans de soie de plusieurs couleurs esquelz y a ouvraige par les deux bouts.

Ung ciel de taffetas rouge, jaulne et grix et deux rideaulx, le tout jà assez usé; et a esté trouvé oud. inventaire exibé par led. Guere qu'il y avoit troys rideaulx dont il a affirmé avoir esté robbé ung.

Une couverture de mesme fort decirée, dont a esté desrobbé quelque portion par le meilleu.

Ung pavillon de taffetas rouge et jaulne fort usé.

Oud. inventaire a esté trouvé ung petit ciel de taffetas jaulne garny de

PIÈCES DIVERSES.

frenges et de troys rideaulx dont l'un sert de dossier, et une couverture de mesme fort tachée, ung matelas, un coessin et deux petitz oreillers de fustaine servant à la petite maison en jardin que led. Guere nous a monstré par lettre à luy escripte par maistre Michel Lebert avoir esté envoiez aud. deffunct sieur cardinal d'Amboise lorsqu'il vivoit.

Ung poisle long de damas rouge et jaulne.

Ung ciel de soie de plusieurs coulleurs et de fil d'argent, les pentes de taffetas cramoisy doré aux armes d'Amboise.

Deux carreaux de drap d'or figuré.

Ung petit quarreau de drap d'or et de velours cramoisy.

Ung petit carreau de laine faict à l'esguille et par dessoubz de satin broché.

Deux carreaux de drap d'argent.

Deux carreaux de velours vert, et en a esté trouvé troys sur l'inventaire, mais a esté tesmoigné par ledit Guere en avoir esté baillé ung à madame de Clermont, seur de feu monseigneur le cardinal d'Amboise.

Deux carreaux de velours cramoisy, dont l'un est monté de cuyr.

Deux carreaux de damas jaulne fort usez.

Ung carreau de satin cramoisy.

Quatre petitz carreaulx de taffetas rouge et jaulne à mectre rozes pour le linge.

Deux boutz de frenges de fil d'or contenant troys aulnes.

Ung bout de frenge de fil d'or et de soye viollette contenant une aulne demy quartier.

Une piece de frenge de soie blanche vieille contenant six aulnes.

Deux colliers de levriers fort riches d'or traict en façon de broderie.

Ung autre collier de levrier d'or traict aux armaries d'Amboise.

Ung collier moictié de velours cramoisi et velours jaulne à boucle d'argent.

Ung aultre collier de velours rouge.

Une lesse de soie rouge et de fil d'or.

Une brasse et demy en long de taffetas vert, et sur l'inventaire y en a deux brasses et demye d'un reste de rideaulx desrobbez, et sur ce a affermé led. Guere n'en avoir aucune chose veu.

Troys petitz tappis de Turquye pour buffet qui sont de très petite valleur et dont l'un est percé.

Huict pieces de patron de la tapisserie que feu monseigneur le legat donna pour le chœur de l'eglise Nostre-Dame de Rouen.

Deux chaires couvertes de toille d'or frangez de vert rompues.

Deux chaires couvertes de velours vert fort rompues.

Deux chaires couvertes de velours noir rompues et bien usez.

Deux chaires couvertes de velours jaulne aussi rompues, et le velours de l'un desrobé par devant.

Une chaire de bois doré qui a le siege de velours vert.

Une autre chaire de bois doré à cordes; à la devize de Bourbon.

Deux chaires de boys doré, l'une garnie d'un siege de velours noir en partie desrobbé.

Une autre chaire de bois doré sans fons aucun, le dessus de velours noir, et sont toutes les chaires dessus d. fort endommagées.

Troys esguyeres de cristallin dont deux ont esté trouvez cassez.

Deux medalles de marbre blanc à visage de femme Augustine.

Quatre cornes de cerf, combien que sur led. inventaire n'y en ait que deux.

Ung tableau carré de boys fermant couvert de voirre qui est une assomption de Nostre Dame.

Ung tableau de cedre avec son couvercle, ouquel est l'image de Nostre Seigneur portant croix, et oud. couvercle l'effigie du sacrifice d'Abraham.

Ung grand tableau auquel est l'effigie de sainct George.

Ung tableau du trepassement Nostre Dame.

Ung autre tableau ouquel est l'effigie Nostre Seigneur priant au jardin d'Olivet.

Une pomme de cuivre ouvrée par dessus en façon d'estuve.

Oultre ce que dessus a esté trouvé en la gallerie appellée la Gallerie de tapisserie ce qui s'ensuit :

Ung livre en parchemin couvert de drap d'or frizé doublé de satin cramoisy, intitulé *Ordo brevarii secundum consuetudinem romane curie*.

Ung aultre livre de parchemin intitullé *Chronica chronicorum* couvert de parchemin.

Une piece de cuir doré fort viel.

Ung grand coffre de boys fermant à deux serrures.

Troys longues tables garnyes de tresteaulx, et deux formes dont l'une n'est garnie que d'un traicteau.

Ung lict de camp et plusieurs bastons de boys servans à lict de camp.
Plusieurs estuitz à mettre bonnetz et esguyeres.
Une vielle chaire perchée.
Deux vielz bancquiers de tapisserie de verdure à bocquerons.
Ung coffret ouquel sont plusieurs cierges de cire blanche.
Ung autre bas coffre ouquel y a plusieurs registres de mises et despences.
Ung ymage de homme sauvaige de pierre.

EN LA CHAMBRE APPELLÉE LA CHAMBRE DE CUIR DORÉ PREZ LA CHAPPELLE.

Une courte-poincte de toile blanche.
Une tappisserie de cuir doré contenant dix pieces esquelles sont les armaries de feu monseigneur le legat, l'une d'icelles pieces endommagée.
Ung chalict, bastons et deux carreaulx garnys de mesme cuir doré, et une paillasse de toille.
Ung ciel sans dossier, de cuir doré, dont les pentes sont de toille d'or doublez de taffetas jaulne, les franges de fil d'or, dont y a partie desrobée.
Troys rideaulx de taffetas jaulne dont l'un est plus long que les deux autres.

Et oultre le contenu aud. inventaire a esté trouvé en lad. chambre de cuir doré ce qui en suit :
Une couchette basse fournye de lict et traversain.
Ung grand challict, ung lit et traversain.
Une table fournie de traicteaulx.
Une chaire et ung dressoir de boys et deux landiers de fer à quatre pommes de cuyvre.

EN LA GRANT SALLE HAULTE.

Une tapisserie à personnaiges de bancquetz contenant dix pièces, six grandes et quatre petitez, aux armaries de feu monseigneur le legat.
Et oultre lad. tappisserie a esté trouvé en lad. salle haulte :
Ugne grande table fournie de traisteaulx.
Troys grandz bancz et ung petit.
Un grand buffect.
Une fourme.
Une chaire et deux grandz landiers moictié de fer et moictié de cuyvre.

EN LA CHAMBRE DE PARC, PREZ LAD. SALLE HAULTE.

Ung ciel de toille d'or garny d'un ymaige de sainct Jehan de broderie aux armaries de feu monseigneur le legat aux quatre coings, avec les pentes de mesmes, semez de roses et les frenges de fil d'or et de soye.

Ung dossier garni d'un sainct George de riche broderie sur champ de velours bleu broché de fil d'or avec une bordure à l'entour de fort riche broderie.

Une piece de toille d'or pour la ruelle du lict, au meilleur de laquelle est ung sainct Martin de broderie garny aussi des armaries de feu monseigneur le legat, dont a esté derobbé envyron quatre doigtz de large et ung autre de long.

Deux rideaulx de taffetas jaulne, de l'un desquelz a esté desrobbé par ung bout de longueur une aulne et demye le laiz d'un taffetas.

Item, une tappisserie de vollerie contenant sept pieces, cinq grandes et deux petites, aux armaries de feu monseigneur le legat.

Une table de cedre.

Et oultre ce que dessus contenu en l'inventaire a esté trouvé en lad. chambre du parc ce qui s'ensuit :

Ung grand challict de boys à deux marches fourny de lict et traversain.
Une couchette de boys fournie de lict et traversain.
Ung bancq et une chaire de boys.
Deux landiers moictié de fer et moictié de cuyvre.

EN LA CHAMBRE APPELLÉE LA CHAMBRE DE VELOURS VERT, ESTANT PREZ LAD. CHAMBRE DE PARC.

Une tappisserie de velours vert contenant neuf pieces en chacune desquelles sont les armaries de feu monseigneur le legat d'Amboise, faicte à restis de drap d'or et quatre escripteaulx de toile d'argent contenant la devise dud. feu sieur legat d'Amboise, et en la piece qui estoit au chevel du lict en a esté desrobé deux aulnes et demy-quart de long de la largeur d'un velours.

Un lict de camp, chalict et bastons couverts de velours vert et ciel et pentes de mesmes semé des armaries de feu monseigneur le legat, les frenges de fil d'or en soye verte, avec une paillasse.

Deux rideaulx de taffetas vert.

Ung poisle de velours vert où sont les armaries et devises de feu monseigneur le legat d'Amboise, les pentes de velours vert et les frenges de fil d'or et soie verte, semées des armaries et devise dud. feu sieur legat d'Amboise.

Ung tappis de velours vert qui ne vault pas beaucoup, servant à la table, ung peu bruslé par le parmy.

Ung aultre tappis de velours vert doublé de toille, servant à ung dressoir, qui ne vault que peu de chose.

Et oultre l'inventaire, y a esté trouvé ce qui s'en suit :
Ung lict et traversain servant au challict de lad. chambre.
Ung buffet, une chaire, ung escren.
Une table avec ses traicteaulx, le tout de boys.
Deux landiers moictié de fer et moictyé de cuyvre.

EN LA GARDEROBBE DE LA D. CHAMBRE DE VELOURS VERT.

Ung banc couvert de velours vert sans barre, duquel a esté desrobbé quelque portion de velours par l'un des boutz.

Ung autre banc avec la barre, couvert de velours vert.

Une table carrée pareillement couverte de velours qui est desrobbé par le bout.

Ung challict en façon de lict de camp painct d'or et d'azur, garny de ciel, dossier, rideaulx et couvertures, les soubzbassements et les quatre pillers dud. challict, le tout d'écarlate rouge, et les pentes du ciel de velours cramoisy, et les frenges de fil d'or et de soie rouge dont le soubzbassement de la ruelle a esté desrobbé de la frenge du ciel en deux endroictz, garny aussi led. challict d'une paillasse; le tout selon led. inventaire aud. an M V^e quarante dud. deffunct cardinal d'Amboise. Et oultre ce que contient ledit inventaire, nous a esté dict par led. Bernardin Guere, par cy devant cappitaine dud. chasteau de Gaillon, que le petit rideau de derrière a esté desrobbé puis troys moys en çà.

Item, une couverture de mesme escarlate pour la couchette.

Et oultre l'inventaire a esté trouvé en lad. garderobbe de lad. chambre verte ce qui s'ensuyt :

Une couchette de boys fournye de lict et traversain.

Item, ung lict, traversain et paillasse pour le lict de camp de lad. garderobbe.

Deux landiers de fer et de cuyvre.

Ung buffet de boys.

AU CABINET DE LAD. GARDEROBE DE LA CHAMBRE VERTE.

Ung siege percé couvert de velours vert.

Une petite table portée sur deux petites potences de fer.

AU CABINET DORÉ ESTANT PREZ DE LAD. CHAMBRE VERTE.

Ont esté trouvez vingt troys trousseaulx de cuyvre dorez où sont enchassez? en formes de pierres precieuses, et troys aultres longs trousseaulx garnys pareillement de plusieurs pierres en façon de pierres precieuses en pente oud. cabynet et huict autres en la voulte de hault.

Deux tables portez sur pentes de fer.

EN LA GRANDE GALLERIE NATTÉE ENSUYVANT.

Seize pulpittes de boys portez par ferreure contre la hucherie de lad. gallerie.

Une grande piece de toille painete du pourtraict de la cene de Nostre Seigneur.

EN LA PREMIERE CHAMBRE DU PORTAIL SUR LE JARDIN.

Une tappisserie contenant six pieces faicte à chasseurs de Louvyns.

Une couche en façon de lict de camp à gros pillers dorez garnye d'un ciel, dossier et pentes de drap d'or, de velours cramoisy par bendes, la couverture de mesmes de drap d'or et velours, les frenges dud. ciel de fil d'or et soye rouge et jaulne, laquelle frenge a esté quelque peu robbée, lesd.

PIÉCES DIVERSES. 537

pentes deublez de taffetas rouge, et si y est lad. couche garnye d'une paillasse et troys rideaulx de damas cramoisy.

Et oultre le contenu en l'inventaire, ont esté trouvez en lad. premiere chambre du portail sur le jardin les biens qui s'en suyvent :

Ung lict et traversain estant en lad. couche verte.

Une couchette avec ung lict et traversain.

Une table avec les traicteaulx.

Ung banc, une escabelle, un buffect et deux chenetz moictié cuyvre et moictié fer.

AU CABINET DE LAD. CHAMBRE.

Une vielle chaire.

Une table et deux traistaulx.

Et une perche pour ung banc.

EN AUTRE CABINET DE LAD. PREMIERE CHAMBRE EN PORTAIL SUR LE JARDIN.

Une couchette avec le lict et traversain.

Une table avec deux traicteaulx.

Une escabelle et deux petits landiers de fer.

EN LA SECONDE CHAMBRE EN PORTAIL SUR LE JARDIN.

Ung challict et une couchette de boys garnys chacun d'un lict et traversain et ung viel tour de ciel et fons de mesme tappisserye à chasseurs de Louvyns et deux riddeaux de serge verte servant aud. lict.

Ung banc, une table et deux traisteaulx.

Ung buffect.

Deux landiers de fer.

Une vieille chaire.

Ung aultre petit benoistier d'argent blanc dont l'ance est rompue avec son goupillon, pesant II^{m} VI° v g^{s}.

Ung petit bassin et deux chopines, le tout esmaillé, pesant IIII^{m} v^{o} VI g^{s}.

Ung calice d'argent doré et esmaillé servant à mon seigneur, pesant III^{m} III° VI g^{s}.

Ung benoistier d'argent avec son aspergés, pesant xi^m v g^s.

Deux chandeliers esmaillez, poisans xix^m iii^o.

Ung calice d'argent doré avec sa plataine, pesant ii^m iii^o v g^s.

Une petite boete d'argent doré à maictre pain à chanter, pesant i^m ii^o vi g^s.

Deux chopines d'argent doré, i^m vi^o ii g^s.

Une clochete d'argent doré, i^m iiii^o i g^s.

La grant croix d'argent blanche qu'on porte davant monseigneur, pesant xii^m.

La grant croix d'argent doré faicte à Tours qu'on porte davant monseigneur, pesant xix^m iii^o iii g^s.

La masse d'argent esmaillée ainsi qu'elle est, viii^m iiii g^s.

La clochete d'argent de la chambre, ii^m i^o.

Ung tableau d'or ou dedens est figuré l'arbre de Jessé à personnages et esmaulx, et dessus les couvercles les armes de monseigneur, pesant iii^m vi g^s.

Une grant paix d'argent doré esmaillée ou a ung Dieu assis sur le tombeau et aux coustés Nostre Dame et sainct Jehan, pesant xiii^m vi^o vi g^s.

Le reliquaire de sainct George avec la relique, pesant iiii^m vi^o vi g^s.

Ung petit goupillon d'argent doré, pesant i^o vi g^s.

Ung petit tableau d'argent doré emaillé par dedans, pesant i^o demi i g^s.

Ung crucifiement de corail noir avec Nostre Dame et sainct Jehan garnis d'argent doré.

Une petite boitete ou il y a plusieurs reliques.

Une belle pierre de pourfir garnye de marqueterie.

Deux *saincts franas*[1] en forme de table garny d'argent doré ou sont les troys Roys.

Ung corporalier de drap d'or aux armes de la passion.

Une petite boete à hosties ou a ung petit ymage de Nostre Dame.

Une representacion Nostre Seigneur intitulé *ecce homo* et ung petit Jesus, le tout en papier, et une boete faicte d'or traict.

Ung petit tableau ou y a sainct Jehan Baptiste et sainct Françoys, faict à lesguille, ou il y a des rooés sainct Françoys et sainct Claire.

  Somme toute de l'argent de la chappelle, ii^o iiii^{xx} viii^m ii^o iiii^{gs} et demy.
  Somme de l'or de lad. chappelle, xix^m vi^o.

---

[1] Safre, safrenen, orfroi, etc.

PIÈCES DIVERSES.

Ung autre petite boete faicte à l'esguille, à mettre hosties, avec son estuy.

Ung petit flascon fait à l'esguille, de soye perse et rouge.

Ung corporalier faict à l'esguille aux armes de la passion.

Quatre petites pieces de boucassin bordées de soye faictes en façon de mouchours.

Une paire de mitaines de laine garnies de broderie.

Des gans et des sainctures.

Une petite couppe d'yvoire ou a troys images au couvercle.

Ung petit tableau en façon de heures couvert de camelot de soye violet ou est la representacion de Nostre Seigneur au monument, garny d'argent doré.

Ung petit tableau sur voirre ou est figuré le Sainct Esperit.

Ung aultre tableau en boys ou est Nostre Dame tenant son filz entre ses bras.

Ung aultre petit tableau ront ou est Nostre Dame tenant son filz et Joseph.

Ung aultre petit tableau ou est figuré l'Anunciation.

Ung aultre petit tableau ou est Nostre Dame tenant son filz.

Ung aultre petit tableau ou est une mere Dieu fort noire.

Ung grant tableau de Nostre Dame de pitié et aultres ymages.

Ung aultre tableau sur voirre de sainct Jehan Baptiste, rompu.

Ung aultre tableau comme sainct Jehan Baptiste baptize Nostre Seigneur.

Une chasuble de drap d'or.

Une aultre chasuble de damas blanc garnye de mesme.

Ung messel.

Ung canon.

Ung livre de benedictions.

Le livre que donnat le maistre des ceremonies de Romme.

Ung corporalier de broderie.

La bouete de velours cramoysy à mectre pain à chanter.

Le parement d'autel de damas blanc.

Le parement du bas d'autel de drap d'or.

Le constre-autel de velours cramoysi ou est l'Assumption Nostre Dame.

Le hault de l'autel de toille et de satin cramoysi ou a au meilleu ung sainct George de broderie.

Deux dalmatiques et sandalles de taffetas blanc.

Deux plaz de porcelaine.

Ung mirouer de courail avec quatre cuillers et des forchetes garnis d'argent doré.

Le mitre blanc.

Le mitre de monseigneur.

Deux chandeliers de jaspe vert dont la patte de l'ung est rompue.

Ung petit benoistier de jaspe vert dont l'aspergetz est d'argent doré.

Une escriptoire de jaspe vert dessus laquelle a ung petit enfant d'argent doré.

Ung beau tableau de la Nativité Nostre Seigneur que a faict maistre André de Solario, peintre de monseigneur.

Le tableau de Perusin ou est la deposicion de Jesus-Christ avec plusieurs personnages.

Le grand tableau rond contenant Nostre Dame, son filz, ung petit sainct Jehan bourdé d'ung large bort d'or bruny.

Ung moyen tableau carré ou est Jesus-Christ mort.

Ung beau contre-autel en façon de tabeau richement faict de broderie ou est la flagellacion Nostre Seigneur.

Deux petis tabeaulx carrés et couvers ou sont deux figures de sainct Jehan.

Ung tabeau carré et couvert ou est ung Salvator mundi.

Ung aultre petit tabeau de Nostre Dame faict de broderye.

Ung petit tabeau de l'Assumption Nostre Dame couvert de voyrre tres beau.

Une Veronique de broderie couvert de uimple[1].

Vita Christi faict par figures couvert d'argent richement esmaillé.

La lignée des Roys de France faicte en ung rondeau de parchemin figuré par ung arbre començant Priamus *le jeune* et Anthenor et ung estuy de cuir noir.

Deux chasuble-tunicque, dalmaticque et une chappe de drap d'or frizé de broderie fort riche avec deux estolles. Trois fanons de drap d'or, troys aulbes, troys amittz garnis de paremens de drap d'or.

---

[1] Guimpe?

Ung contre-autel de semble or frizé et les deux borz de drap dorrez ou sont les armes de monseigneur.

Ung parement du bort d'autel de damas cramoysi figuré tout semé de fleurons de toille d'or et d'argent.

Une aulbe fine à paremens de broderie fort riche escriptz Jeshus dont les manches sont fort estroites.

LA BRODERIE ET TAPISSERIE.

Une piece ou est l'imaige de sainct George faicte richement de broderye sur drap d'or.

Ung ciel de drap d'or ou est l'imaige de sainct Jehan Baptiste aulx armes de monseigneur.

Une aultre piece de sainct Martin faicte sur toille d'or.

Ung pouelle de toille d'or ou y a ung saint Jehan Baptiste.

Une grande couverte de velours pers brochée de filz d'or, ung large bourt entour.

Une piece de satin cramoysi bourdée de satin bleu semée de florons d'or et d'argent.

Une piece de tafetaux jaune ou est l'imaige sainct Martin aux armes de monseigneur.

Une piece de tapisserie ou est le siege de Rodes.

Item, vingt-une piece de tocque d'or qui servent à la chambre dorée du pavillon Nostre Dame, avec une coultre pointe de tafetas jaulne et ung ciel de damas jaulne ou il y a ung soleil au meillieu, avec la couchette de taffetas jaulne doublée de sarge vert; sur lesquelles pieces y a quatre ymaiges de sainct Jehan et quatre armaries de monseigneur faictes de broderie.

Item, vingt-trois pieces de toque d'argent servans à la seconde chambre dudit pavillon, en ce comprins ciel, ridiaulx et couvertures, et y a six ymaiges de saint Jehan et quinze armaries de monseigneur faiz de broderye.

Item, treize pieces de taffetaz blanc, tant grandes, moyennes que petites faictes de feuilletz et oyseaulx de broderie, et six ymaiges de sainct Jehan avecques douze armaries de monseigneur, ung ciel de damas blanc faict à la mode d'Ytalie à rondeaulx et clochetes dorées, dont le doussier et les goutieres sont de damas blanc avec une couverte de damas blanc et une aultre petite couverte de bocassin; le toult servant à la chambre de monseigneur.

Ung pavillon de satin cramoysi doublé de taffetas vert à bordure d'or.

Ung aultre pavillon de taffetaz blanc frengé entour à double frenge de fil d'or et de soye.

Ung aultre pavillon de satin cramoysi double de taffetaz changeant d'or, brodé d'or et d'argent.

Ung aultre pavillon de viollet à barres d'or à ung grant et large bort de broderie d'or et d'argent.

Ung ciel de bocassin blanc à la mode d'Ytalye.

Ung ciel de damas jaulne et rouge avec quatre pendans et une couverture de mesme.

Ung tapis de velours vert à mettre sur une table, doublé de sarge vert.

Ung ciel de taffetaz jaulne et rouge et bleu avec une couverte et trois pendans de mesmes.

Ung aultre pavillon de toille blanche frangé de soye jaulne et rouge.

Ung grans poille de soye et fil d'argent à barres environé entour de lanbeaulx aux armes de monseigneur.

Troys cornetz et ung huchet donnés par le roy d'Angleterre, garnis de sainctures de drap d'or.

Ung aultre grant cornet à sainctures de cuyr, troys houppes de filz d'or et soye rouge, chacune de troys boutons.

Ung barragan turquin.

Ung aultre barragan de soye et fil d'or et d'argent.

Une petite piece de tocque d'or.

Une petite piece de tocque d'argent avec troys petis demourans.

AULTRE TAPISSERIE DE SOYE ET BRODERIE ESTANT A GAILLON.

PRIMO, À LA CHAMBRE D'EMPRÉS LA GRANT SALLE BASSE.

Ung ciel, dossiel[1] et pentes de damas blanc à franges de fil d'or et soye blanche.

[1] Dossier.

Troys ridiaulx de taffetaz blanc.

Ung lit dont les batons et soubassemens sont vestuz de damas blanc, une coultre pointe de damas blanc.

EN L'AULTRE CHAMBRE PRÉS LAD. GRANT SALLE.

Ung lict de champ à gros pilliers tout doré, garny d'ung ciel doré et de pentes de drap d'or et velours cramoisy avec la couverture; le toult faict par bendes moytié drap d'or et moytié veloux à franges de filz d'or et soye rouge.

Item, troys ridiaulx de veloux cramoisy.

EN LA CHAMBRE BASSE DEDANS LA TOUR.

Ung lict en façon de lict de champ, garny d'ung ciel et doussiel et pentes de drap d'or, les franges de fil d'or et de soye d'or rouge; plus troys ridiaulx et une coultre pointe de taffetaz jaulne avec une petite couverture de damas jaulne pour la couchete.

EN LA CHAMBRE HAULTE PRÉS LA CHAPPELLE JOIGNANT LA GRANT SALLE HAULTE.

La tapisserie de cuyr doré contenant neufz pieces avec la couverture du lict de mesme cuyr aulx armes de monseigneur.

Item, le hault et bastons couvert de mesme cuyr, plus deulx carreaux dudit cuir. *Item*, ung ciel de mesme sans doussiel dont les pentes dudit ciel sont de toille d'or et les franges de fil d'or, plus troys rideaulx de taffetaz jaulne.

Nota que en la chambre de parement au bout de la grant salle haulte ont esté mises les belles pieces de broderie contenus au premier article du chapitre de la broderie en les feuilletz precedentz.

Plus, en ladite chambre, deux rideaulx de taffetaz jaulne.

EN LA CHAMBRE DU BOUT APRÉS LAD. CHAMBRE DE PARC.

La tapisserie de veloux vert contenant neufz pieces, à chacune piece les armes de monseigneur faictes à rozies de drap d'or, et à chacune d'icelles quatre escriptiaulx de toille d'argent où sont escrips la devise de mondit seigneur, plus le ciel et pentes de semblable veloux et armes et devises que dessus, plus le lict en façon de lict de camp et les bastons couvers de veloux vert, plus troys rideaulx de taffetaz vert. *Item*, le banc et barre couvert dudit veloux vert, plus ung poisle de veloux vert ou sont les armes de mondit seigneur et devise dessusd. à frange de fil d'or et soye verte.

Item, la couverture de veloux vert pour servir à la table. *Item*, deux carreaulx de veloux vert ou il y a à chacun deux houpes. *Item*, ung aultre carreau de mesmes sans houppes, plus une contre pointe de taffetaz vert doublée de mesme. *Item*, ung aultre tapis de mesme veloux doublé de toille verte servant au drescheur de ladite chanbre.

EN LA CHAMBRE DE LA TOUR FAICTE DE MENUSERIE.

Ung lict en façon de lict de camp, le chanlit doré et azuré. *Item*, le ciel, doussiel, troys rideaulx, couverture, soubassement et quatre piliers dud. lict; le tout d'escarlate et les pentes dudit ciel de veloux cramoisi doublés de mesmes veloux, les frenges de fil d'or et soye rouge. *Item*, la couverture de la couchette de drap d'escarlate.

Item, troys poisles, l'ung de drap d'or à pentes de veloux pers semé de fleurs de liz, ou douisiel d'icelluy, les armes du Roy en deux lieux et les franges de fil d'or en soye bleu.

Le second poisle de drap d'or, les pentes de drap d'argent seméez d'armynes et deux escussons de Bretaigne, la frange d'or et de soye blanche.

Le troisiesme poisle de veloux vert à pentes de drap d'or et frange d'or et soye verte.

Item, au cabinet de la chanbre de veloux vert ung banc couvert de veloux vert et ung tapis de table de mesme veloux.

TAPPICERIE DE LAINE.

Six pieces de tapicerie de laine nommée la carvanne.

Sept pieces de tapicerie de verdure à personnaiges bestes et oiseaulx, avec trois paviots.

PIÈCES DIVERSES.

Dix pieces de tapicerie à personnaiges, bestes et oysiaulx, avec troy paviotz.

Dix aultres pieces de tapicerie de verdure à personnaiges et bestes, aux armes de monseigneur, avec deux paviotz.

Dix huit pieces de tapicerie à rameaulx, petis enffants et oyseaulx, aux armes de monseigneur servans en la grant salle.

Sept pieces de tapicerie de meme verdure à bestes et oysiaulx et avec deux paviotz.

Douze pieces de tapicerie jaulne à arbres et oyseaulx avec ung paviot.

Dix aultres pieces de tapicerie jaulne à oyseaulx avec trois paviotz de mesme et ung branchier.

Neufz pieces de tapicerie de verdure à personnaiges avec deux paviotz et un branchier.

Neufz aultres pieces de tapicerie nommée lez Boquerons avec ung paviot.

Dix sept pieces de tapicerie blanche semée d'arbres et de verdure, ou sont les armes de monseigneur, comprins le ciel et troys paviotz fort usez.

La gargniture de trois chambres de sargetes de diverses couleurs, fort vielles et usées.

Huit grans tapis de Turquie.

Dix moyens tapis de Turquie.

Six petis tapis de Turquie.

Plus ung petit que a emporté Paujas.

Six tapis de pié de Turquie.

Deux carreaulx de drap d'or.

Ung aultre carreau de drap d'or pour servir à la chapelle.

Deux carreaux de toile d'or.

Deux carreaux de toile d'argent.

Deux carreaulx de velours en grains.

Six carreaulx de veloux noir.

Quatre carreaulx de veloux violet.

Deux vielz carreaulx de drap d'argent.

Deux aultres vielz carreaulx de veloux vert.

Troys carreaulx à ung cousté de velour cramoysi et l'autre de cuyr.

CHAIRES.

Une chaire couverte de toille d'or et le coussin de mesmes, dont le dossier est de drap d'or rehaulcé à franges d'or et de soye.

Une aultre chaire de drap d'or, le coussin et doussier de mesmes, laquelle a esté rompue à Gaillon et en a on emblé aucunes parties de la couverture des piez.

Deux chaires de veloux vert et leurs coessins de mesmes.

Une chaire couverte de veloux teinct et le coessin de mesmes.

Troys chaires dorées avec leurs coessins de veloux noir.

Une chaire de fer aux armes d'Orleans, garnie de veloux.

Une chaire et coessinet et dossier de veloux jaune.

Une aultre chaire couverte de veloux viollet.

Une chaire à barbier avec son coessinet de velours cramoysi.

Deulx aultres chaires dorées telles quelles, garnies de velours noir.

Item, à la maison de ceans sont trente quatre lictz telz quelz, tant lictz que couchettes, dont y en a qui sont fort vielz.

Item, y a en la chambre de monseigneur ung lict de camp doré, ung aultre semblable en la chambre dorée du pavillon Nostre Dame.

Item, à la chambre haulte dudit pavillon ung aultre lict de camp, et en la chanbre prés la chappelle ung aultre lict de camp neuf, faict à pors espicqz. Toutes les aultres couches et couchetes sont de façon commune, sans toille.

Item, quinze paires de landiers de façon commune, fors deux de la chambre dorée qui sont plus riches. Aussi les cuysines sont fornies de landiers et chenetz comme il apartient.

Item, y a quinze chambres ou salles fournies de tables, bans et dressoués.

Plus quatre chaises à coffre et doussier.

ENSUIT LA TAPISSERIE NEUFVE DE LAINE ESTANT AU CHATEAU DE GAILLON.

La tapisserie de banquet contenant dix pieces, à sçavoir, six grandes et quatre petites, aux armes de monseigneur.

PIÈCES DIVERSES. 547

La tapisserie de volerie, contenant sept pieces, cinq grandes et deux petites, aux armes de monseigneur sur lesdites cinq grandes pieces.

La tapisserie de verdure bordée, faicte à bestes et oysiaulx et arbres, contenant huit pieces comprins le ciel.

Ung aultre tapisserie non bordée de verdure, faicte à bestes, contenant huit pieces comprins le ciel et les pentes.

La tapicerye de bergerye, contenant six pieces aux armes de monseigneur.

Item, la tapisserie faicte sur champ rouge à personnaiges, aux armes de monseigneur, contenant sept pieces.

Item, la tapicerye faicte à fontaines, contenant huit pieces comprins le ciel.

Plus unze pieces de boscherons aux armes de monseigneur.

Item, huit aultres pieces comprins le ciel, faictes à bestes et sauvaiges, aux armes de monseigneur.

Item, une aultre tapisserye faicte à connins, contenant huit pieces comprins le ciel, aux armes de monseigneur.

Item, la tapisserie de vignerons vendengeurs, aux armes de mon dit seigneur, contenant sept pieces comprins le ciel.

AULTRE TAPISSERIE VIELLE QUI FUST LIVRÉE PAR BERNARDIN DE MARSCAY.

PRIMO.

Ung ciel, doussiel, troys pendans et une couverture de damas jaulne et rouge. Ung aultre ciel et troiz pendans de taffetas jaulne et gris et une couverture de mesme; une vieille tapisserie de sarge verte contenant sept piés avec une couverture de mesme couleur et ung pendant.

Plus ung viel Ioudier.

Item, dix pieces de verdure avec ung pavillon de toille blanche.

Item, une aultre tapisserie de sarge jaulne et rouge, contenant x pieces, avec le ciel de mesme.

Item, ung pendant vert qui sert de couverture.

Ung ciel de toille noire, ung dossier et une vieille couverture de layne biguarrée.

Item, une tapisserie de bergerye contenant vii pieces, ung ciel de verdure sans pendant et ung grand tapis de vielle verdure.

Item, une vielle tapisserie de verdure contenant xii parties.

Plus troys pieces de tapisserye à fleur de liz.

Item, deux pendans de sarge verte et deux aultres pieces de mesme coleur.

Item, plus, de sarge rouge cinq pieces.

Item, a esté livré par ledit Bernardin xii lictz, quatre couchettes et deux loudiers dont il en y a de fort vielz.

Plus quinze platz, onze escuelles, sept saulciers, deux brocz, quatre guytes, troys pos, deux chopines, ung demion d'estain.

Plus ung bassin à barbier, vii chandeliers, quatre paesles, une colovre d'arain.

Plus troys broches, ung gredil, deux paelles à frire, deux autres vielles paelles et une cramillie.

Item, sept draps de lict de toille de lin rompuz, six de chanvre, six pieces de dressoirs et sept doubliers d'œuvre de Venize qui ne valent guyeres.

LA LIBRARYE DE MONSEIGNEUR.

Ung bel et magnifique breviaire en parchemin usaige de Rome, couvers de drap d'or, qui fermoit à fermeaulx d'or en quatre endroiz, dont en y a troys perduz.

Ung aultre beau petit breviaire en parchemin usaige de Rome, couvert de veloux tainct en graine, garny d'argent doré à ouvrage de Venise.

Ung livre d'istoires sans escripture, couvert d'argent doré et esmaillé, ou est la transfiguration Nostre Seigneur d'un cousté et la resurection de l'aultre, avec les armes du roy et de monseigneur par dedans sur argent blanc.

Ung livre en parchemin commenceant *Legatus viam corripiens*, couvert de satin cramoysi garny d'argent doré, ouvraige de Venise, avec six cordons de soye rouge à houppes.

Valere le Grand en deux volumes de parchemin couverts de veloux vert.

Les Oraisons de Cicero en parchemin, couvertes de veloux cramoysi, à deux fermaus d'argent blanc.

Vita Christi en parchemin, contenant deux volumes, couvert de veloux violet.

Ung moyen volume en parchemin començant, *Hieromyanum*, couvert de veloux violet.

Les espitres sainct Hierosme en parchemin, couvert de veloux violet.

Ung volume en parchemin, *De constitutionibus rerum*, couvert de veloux en graine.

Ung volume en parchemin, *De civitate Dei*, couvert de veloux jaune.

Les Espitres sainct Pol en parchemin, couvertes de veloux en graine.

Ung aultre volume en parchemin nommé les Triumphes de Rome, couvert moytié de drap d'or et l'aultre de veloux noir.

Ung Ptholomée en parchemin escript et figuré à la main, couvert de cuyr noir à la mode d'Ytalie.

Les Epitres de Seneque couvertes de veloux cramoysi, bordés à seinture de G. garny de cuivre doré.

Ung psaultier de parchemin, lettre bastarde, couvert de veloux noir.

Ung aultre petit volume commenceant *Albertus Cattaneus*, couvert de satin bleu.

Ung aultre petit volume commençant : *Sodalii carmen pastorale*, couvert de veloux noir.

Ung anthiphonier en parchemin, moyen volume, couvert de satin rouge.

Ung aultre volume, *De meditactionibuz sancti Bonaventure*, couvert de satin violet.

Ung messel en moyen volume, couvert de veloux violet.

Ung breviaire de chambre, moyen volume, de lettre bastarde, en parchemin.

Ung aultre volume en parchemin des miracles Nostre Dame, couvert de violet.

Une bible en parchemin, petit volume, couverte de veloux tanné.

Ung confessionnal en parchemin, couvert de damas noir.

Ung aultre petit volume en parchemin ou est contenue la descripcion d'Ytalie.

Ung aultre petit volume en parchemin ou est l'oraison de la réduction de Milan.

Ung aultre petit volume commenchant, *Ecce scribi vobis unum myrabile*, couvert de velours cramoysi.

Ung aultre petit volume couvert de satin bleu aux armes de France.

Ung aultre petit volume couvert de satin jaune, commenceant, *Compendiosus sermo de indulgentia plenaria*.

Ung aultre petit volume couvert de satin vert ou est l'oraison des Florentins.

Ung aultre volume, *De laudibuz trium virorum*, couvert de cuyr tanné.

Ung petit volume en parchemin, commensant, *Institutum ratificationis*, couvert de cuyr tanné.

Deux grans volumes en parchemin contenant partie de la bible, couvert de cuyr rouge.

Ung aultre moyen volume en parchemin commenceant : *Incipit*[1] . . . . . . *sancti Hieronimi presbyteri*.

Ung beau messel en parchemin, usage de Rouen, couvert de cuyr blanc.

Ung aultre volume en parchemin commenceant, *Incipiunt rubrice decretalium*, couvert de cuyr blanc.

Ung aultre moyen volume en parchemin, *De cultu vinee*, couvert de cuyr.

Ung aultre moyen volume en parchemin commenseant, *In principio creavit Deus mundum*, couvert de cuyr rouge.

Ung psaultier commenté, en parchemin, couvert de cuyr blanc.

Ung aultre petit volume en parchemin, à celebrer la messe.

Ung psaultier en parchemin, petit volume, avec plusieurs oraisons, couvert de cuyr et garny d'argent blanc.

Ung aultre moyen volume en parchemin nommé les Tragedies de Seneque.

Ung aultre petit volume en parchemin commenceant, *Valerii Maximi Francorum etc.*, couvert de cuyr rouge.

Ung canon en parchemin, couvert de cuyr rouge.

Ung aultre petit volume nommé *Leonardi Aretini*, relié à la mode d'Ytalie.

Ung aultre petit volume en parchemin, *De potestate generalis concilii*, couvert de cuyr rouge.

---

[1] Aliàs *sermo*.

PIÈCES DIVERSES. 551

Ung Institute en parchemin, couvert de cuyr rouge.

Ung aultre petit volume, *De unitate sancte matris ecclesie*, couvert de cuyr rouge.

Unes heures en parchemin, couvertes de cuyr rouge.

Ung Salluste en parchemin, *De bello jugurtino*, couvert de cuyr noir.

Unes vielles decretales en parchemin, moyen volume, dont les ays sont rompues.

Ung pseaultier commenté en papier, couvert de cuyr rouge.

Deux volumes en papier, reliez en parchemin, *De confiscatione Mediolanentiam*.

Ung petit volume en papier, *De floribus sancti Bernardi*, de satin violet.

Ung aultre petit livre commenceant : *Presentis argumenti*, couvert de cuyr rouge.

Une oraison en papier, couverte de satin rouge.

Ung petit livre d'acquitz en papier touchant la conté de Satizannes.

Troys volumes de la Bible escrips par le soubz-prieur des Augustins de Rouen, deux couvers de velours noir et l'aultre de cuyr rouge.

Troys volumes du grand décret, dont le premier contient les distinctions, le segond jusques à la XIXᵉ cause, et le tiers contient le reste des causes avec *De penitencia*.

Deux volumes des œuvres de Seneque en parchemin, couvers de velours en graine, garniz de fermaus de laton doré.

Ung grant volume en parchemin, nommé Froisart, couvert de velours jaune richement enluminé et hystorié, garny de laton doré.

Ung aultre grant volume en parchemin nommé Titus Livius, richement enluminé et hystorié garny d'argent blanc à ouvraige antique.

Ung Plinius en parchemin qui n'est pas prest de couverture.

Les Epistres sainct Cyprien en parchemin, couvertes de veloux noir.

Les Questions tusculaines, couvertes en parchemin, couvertes de veloux tanné.

Justin en parchemin, couvert de velours noir.

Paulus Orosius en parchemin, couvert de velours noir.

Pseutonius en parchemin, couvert de velours noir.

Ung volume en françoys couvert de velours noir fermant à deux fermaus d'argent doré nommé *Le Sentier et somme abregié de theologie*.

Josephus, *De antiquitatibuz*, en parchemin richement enluminé et hystorié, couvert de velours noir.

Ung *Manipulus curatorum* en parchemin, couvert de velours noir.

AUTRE LIBRAIRIE ACHAPTÉE PAR MOND. SEIGNEUR DU ROY SEDENT (*SIÉGEANT*).

AUGUSTIN.

Augustinus, super psalmos, couvert de drap d'or et quatre fermaus d'argent.

Augustinus, de Civitate Dei, couvert de cuyr rouge à ouvraige doré, garny de deux fermaus d'argent doré.

Augustinus, super psalmos, tercia pars, couvert de cuyr jaune à fermaus de laton.

Collectorium sermonum sancti Augustini, couvert de cuyr jaune à fermaus de latum.

Augustinus, contra Faustum, couvert de cuyr rouge garny de quatre fermaus d'argent doré.

Epistole sancti Augustini, couvert de cuyr jaune à fermaus de laton.

THOME.

Thomas, super primo sentenciarum, couvert de cuyr noir à ouvraige doré, garny de fermaus de laton.

Thomas, super secundo sentenciarum, couvert de cuyr rouge à ouvraige doré, garny de fermaus de laton.

Thomas, super tertio sentenciarum, couvert de cuyr violet à ouvraige doré, garny de fermaus de laton.

Thomas, super quarto sentenciarum, couvert de cuyr vert, garny de fermaus de laton.

Quolibeta sancti Thome, couvert de cuyr rouge, garny de fermaus de laton.

Prima pars sancti Thome, couvert de velours vert, garny de quatre fermaus de laton en façon de coquilles.

Prima secunde sancti Thome, couvert de velours vert sans fermaus.

Secunda secunde sancti Thome, couvert de cuyr rouge, guarny de fermaus de laton.

Tercia pars sancti Thome, couvert de velours vert, guarny de laton à coquilles.

Questiones sancti Thome, De malo, couvert de cuyr rouge à fermaus de cuyvre.

Diversa opera sancti Thome, couvert de cuyr violet, garny de fermaus de laton en façon de coquille.

Residuum questionum sancti Thome, De veritate, couvert de cuyr noir à ouvraige doré, garny de fermaus de laton.

Sanctus Thomas, super Matheum, couvert de cuyr rouge, garny de troys fermaus d'argent doré.

Sanctus Thomas, super Lucam, couvert de cuyr rouge, garny de quatre fermaus d'argent doré.

Sanctus Thomas, super Marcum, couvert de cuyr rouge à ouvraige doré, garnys de troys fermaus d'argent doré.

Sanctus Thomas, super Johannem, couvert de cuyr rouge à ouvraige doré, guarny de deux fermaus de cuyvre.

Sanctus Thomas, super Ysaiam, couvert de cuyr rouge à ouvraige doré, garny de deux fermaus de cuyvre.

Sanctus Thomas, De celo et mondo, couvert de velours vert sans fermaus.

Sanctus Thomas, super phisicam, couvert de cuyr jaune à fermaus de cuyvre.

Sanctus Thomas, super epistolam Pauli ad Romanos, couvert de velours tanné, garny de deux fermaus de cuyvre.

Sanctus Thomas, super epistolam Pauli ad Galathas, couvert de cuyr rouge, fermant et garny d'un fermeau d'argent doré.

Commentum sancti Thome de anima, couvert de cuyr noir, garny de fermaus de laton.

BONAVENTURA.

Bonaventura, super secundo sentenciarum, couvert de cuyr rouge à ouvraige doré, garny de fermaus de laton.

Bonaventura, super secundo sentenciarum, couvert de cuyr rouge, ouvraige doré, garny de fermaus de laton.

Bonaventura, super tercio sentenciarum, couvert de cuir à fermaus de laton.

Bonaventura, super quarto sentenciarum, couvert de cuyr rouge à ouvraige doré, garny de fermeaulx de laton.

NICOLAUS DE LIRA.

Nicolaus de Lyra, super Genesim, couvert de cuir rouge, garny de troys fermaus d'argent doré.

Nicolaus de Lyra, super libros Regum, couvert de cuyr rouge, garni de quatre fermaus d'argent doré.

Nicolaus de Lyra, super Salomonem, couvert de cuyr rouge, garny de quatre fermeaulx d'argent doré.

Postila de Lyra, super Apocalipsim, couvert de velours vert, garny de fermaus de laton.

ATHANASIUS.

Athanasius, super Paulum, couvert de cuyr rouge, garny de quatre fermaus d'argent doré.

Athanasius, super epistolas Pauli, couvert de cuyr rouge à ouvraige doré, garny de fermaus de laton.

TITIUS LIVIUS.

Titi Livii de bello macedonico, couvert de cuyr vert à ouvraige doré, garny de fermaulx de laton.

Titi Livii de bello macedonico, couvert de cuyr rouge à fermaus de laton.

Titi Livii de bello punico, couvert de cuyr rouge, garny de fermaus de laton.

Titi Livii ab urbe condita, couvert de cuyr rouge, garny de fermaus de laton.

QUINTILIANUS.

Declamationes Quintiliani, couvert de cuyr jaune, garny de fermaus de laton.

Marii Fabii Quintiliani, couvert de cuyr jaune, sans fermaus.

Ptholomeus, en grant volume, couvert de cuyr rouge, garny de fermaus de laton en façon de coquille.

Liber insularum, couvert de cuyr noir, garny de fermaus de laton.

Omelie Aimonis, couvert de cuyr rouge, garny de fermaus de laton.

Basilius contra Simonium, couvert de cuyr noir, garny de fermaus de laton.

Tractatus de divertionibuz et alia etc., couvert de cuyr violet à fermaus de laton.

Plutarcus, couvert de cuyr rouge, garny de fermaus de laton.

Domitius, super Juvenale, couvert de cuyr rouge, ouvraige doré, garny de fermaus de laton.

Virgilii Buei, couvert de cuyr noir, garny de fermaus de laton.

Matheus Palmerius, de temporibus, couvert de cuir jaune, garny de fermaus de laton.

De proprietatibus rerum, couvert de cuyr jaune à fermaus de laton.

Tertulianus, de carne Christi et aliorum, couvert de cuyr rouge, garny de quatre fermaus d'argent doré.

Glosa quatuor doctorum super Ysaiam et alia, couvert de cuyr rouge à ouvraige doré, garny de fermaus de laton.

Omelie et sermones diversorum doctorum, couvert de cuyr rouge, garny de troys fermaus d'argent.

Omelie diversorum doctorum, couvert de cuyr rouge, garny de fermaus de laton.

Glosa quatuor doctorum super Genesim, etc., couvert de cuir rouge, ouvraige doré, garny de fermaus de laton.

Richardus, super quatuor sentenciarum, couvert de cuyr rouge, garny de fermaus de laton.

Herodotus, couvert de cuir vert, garny de fermaus de laton en façon de coquilles.

Donatus Actiorolus in Ethicen etc., couvert de cuyr rouge, garny de fermaus de laton en façon de coquilles.

Donatus in Virgilium, couvert de cuyr rouge à fermaus de laton.

Hugonis de sacramentis, couvert de cuir vert à fermaus de laton.

Francisa Philelphi, couvert de cuyr rouge sans fermaus.

Diverse orationes Philelphi, couvert de cuyr rouge, ouvraige doré, garny de deux fermaus d'argent doré.

Leonardi Justiniani vite Plutarchi, couvert de cuyr rouge, garny de fermaus de laton.

Somma de septem viciis, couvert de cuyr rouge, garny de troys fermeaulx d'argent doré.

Herodoti Hilicarnaci, couvert de cuyr rouge, garny de fermauts de laton.

Chrisostomi diversa opera, couvert de cuyr noir, garny de fermaus de laton en façon de coquilles.

Rabanus Maurus, super evangeliis, couvert de cuyr vert, garny de quatre fermaus d'argent doré.

Eusebius, de temporibus, couvert de cuyr rouge, garny de fermaus de laton.

Pugio Raymundi contra Judeos, couvert de cuyr rouge à fermaus de laton.

Johannis Damasceni tractatus, couvert de cuyr rouge doré à fermaus de laton.

Laertii Diogenis vite super quatuor proverbiorum, couvert de cuyr rouge doré à fermaus de laton.

Porphirii, super Oratium, couvert de cuyr rouge, à fermaus de laton.

Secunda pars Plinii, couvert de cuyr jaune à fermaus de laton.

Epistole Plinii Cecilini secundi, couvert de cuyr rouge, garny de fermaus de laton argenté, en façon de coquilles.

Liber rethoricorum cum ceteris sequentibus, couvert de cuyr rouge sans fermaus.

Donatus, in Therameni, couvert de cuyr noir, garny de fermaus de laton.

Petri Comestoris historia scolastica, couvert de cuyr rouge à fermaus de laton.

Aristoteles, de animalibus, couvert de cuyr rouge doré, à fermaus de laton.

Andree Contrarii reprehensio in Platonis, couvert de cuyr violet, garny de fermaus de laton.

Liber de locis stellarum, couvert de cuyr violet, garny de fermaus de laton.

Argiropolus in Ethicen, couvert de cuyr vert, garny de fermaus de laton.

Ysagoge Porphirii Aristotelis, couvert de cuyr vert, garny de fermaus de laton.

Liber tripartite Cassidori, couvert de cuyr noir, à fermaus de laton.

F. Petrarcha, de remediis fortune, couvert de cuyr rouge, garny de fermaus de laton.

Hystorie Florentine, couvert de cuyr tenné, garny de fermaus de laton.

Excerpta collectarum diversorum operum Benardi, couvert de cuyr tenné, à fermaus de laton.

Epistole Leonis papæ, couvers de cuyr violet, à fermaus de laton.

SCOTUS.

Scotus, super primo sentenciarum, couvert de cuyr rouge, ouvraige doré garny des fermaus de laton.

Scotus, super primo sentenciarum, couvert de cuyr rouge doré, à fermaus de laton.

Scotus, super secundo sentenciarum, couvert de cuyr rouge à ouvraige doré, garni de deux fermaus d'argent doré.

Scotus, super tercio sentenciarum, couvert de cuyr rouge doré à fermaus de laton.

Scotus, super quarto sentenciarum, couvert de cuyr rouge, garny d'un fermaut d'argent doré.

Scotus, super quarto sentenciarum, couvert de cuyr rouge doré, garny de fermaus de cuyvre.

Scotus, super universalia Porphirii, couvert de cuyr rouge, garny de troys fermaus d'argent doré.

Quolibeta Scoti, couvert de cuyr rouge doré, garny de fermaus de laton.

Epistole Hieronimi, couvert de velours noir, garny de deux fermaus d'argent blanc.

Moralia Gregorii, couvert de cuyr vert doré, garni d'un fermaut d'argent doré.

Sermones sancti Ambrosii, couvert de velours violet, à deux fermaus d'argent doré.

Biblie textus, couvert de cuyr rouge, garni d'un fermaut d'argent doré.

Concordance biblie, couvert de cuyr rouge, garni de deux fermaus d'argent doré.

Super epistolas Pauli, couvert de drap d'or sans fermaus.

Epistole sancti Pauli, couvert de velours cramoisi, garni de deux fermaus d'argent doré.

Tercia pars somme Alexandri Deshalles, couvert de velours cramoysi, garny de troys fermaus d'argent doré.

Lapi Castinclionei in vita Artexerxis, couvert de velours rouge à quatre fermaus de laton.

Lactancius Firmianus, couvert de velours rouge, garny de fermaus de laton.

P. Ovidii Nasonis de arte amandi, couvert de velours noir, sans fermaus.

Commentum super phisica Aristotelis, couvert de velours cramoisi, garny de deux fermauts d'argent doré.

Josephus, de Bello judaico, couvert de velours rouge, garni d'un fermaut d'argent doré.

C. Julii Cesaris belli Gallia, couvert de velours cramoisi, garni de quatre fermaus de laton doré.

Declamationes Platonis, couvert de drap d'or sans fermaus.

Epistole Cypriani, couvert de velours violet, garny de troys fermaus d'argent doré.

Epithome Justini, couvert de velours violet, garny de quatre fermaus de laton doré.

Quorumdam vite per Donatum Actiorolum, couvert de velours violet, garny de deux fermaus d'argent doré.

Vincentii hystorialis prima pars, couvert de cuyr rouge, garny de fermaus de laton.

Vincentii historialis liber quartus, garny de deux fermaus d'argent doré.

Ciceronis epistole familiares, couvert de cuyr vert, à fermaus de laton.

Ars vetus Ciceronis et alia, couvert de velours rouge à fermaus de laton.

Omelie Jo. Crisostomi in evangelium secundum Matheum, couvert de cuyr tanné à fermaus.

Remigius, super Matheum, couvert de cuyr tanné, garni de deux fermaus d'argent doré.

Beda, super Lucam, couvert de cuyr vert, garny de deux fermaus de laton.

Beda, super paraboras Salomonis, couvert de cuyr noir, garni de fermaus de laton.

Beda, super Apocalipsim, couvert de cuyr rouge à fermaus de laton.

Prima ethi. Aristotelis, couvert de cuyr vert, garny à fermaus de laton, façon de coquille.

Methaphisica Aristotelis et alia ejus opera, couvert de cuyr, tenue à fermaus de laton.

Strabonis prima pars, couvert de cuyr vert, garny de fermaus de laton.

Strabonis secunda pars, couvert de cuyr vert, garni de fermaus de laton.
Strabonis de situ orbis, couvert de velours rouge à fermaus de laton.
Laurencii Vallensis de notulis, couvert de cuyr noir à fermaus de laton.
Laurencii Vallensis Thucididis, couvert de cuir violet, à fermaus de laton.
Dyalectica Laurencii Valla, couvert de cuyr violet, à fermaus de laton.
Troys volumes non reliez et imparfaictz.
Cirillus *sic erat in capite* presté à monsieur de . . . . .

Ja. de CASTIGNOLLES.

Deux fort grands chandeliers à tenir torches, qui ont esté apportez de Lyon ou moys de septembre v^e et neuf, l'un pesant liii^m et l'aultre pesant liii^m, pource, pour les deux, cvii^m.

Ung grand bassin apporté de Lyon le jour dessusdit, faict à feuillage tout doré par dedans, pesant ix^m iii°.

Un grand pot d'argent, de mesme façon dud. bassin, tout doré par dehors, poisant ix^m vi° ii g^s.

Ung petit chandelier d'argent blanc rompu, poisant ii^m vii° demy.

Quatre petites pieces d'argent blanc, poisant iii° vii g^s.

Une ferriere d'argent blanc avec son estrapillon pendant à une chesnette, le tout poisant iii^m vii°.

Deux grans pieces de coural enchassé en argent doré.

Une autre piece de coural de monseigneur de Marseille.

Une belle gibeciere de broderie.

Une belle pierre d'autel.

Une bouteille de cuyr.

Ung petit coural emmenché de coural.

Ung autre petit cousteau emmanché de jaspe.

Unes belles heures en parchemin usaige de Romme, donnéez par monsieur de Paris.

Ung barragan turquin pour mettre sur table troys petites fiolles ou y a du bausme.

Ja. de CASTIGNOLLES.

www.ingramcontent.com/pod-product-compliance
Lightning Source LLC
Chambersburg PA
CBHW071705300426
44115CB00010B/1312